Александр
ПОЛОВЕЦ

БП.Между прошлым и будущим

Книга первая

Об Авторе

Александр ПОЛОВЕЦ член Союза писателей Москвы и Русского ПЕН-центра, родился в 1935 году в Москве. Окончил Московский полиграфический институт, работал в различных издательствах.

Эмигрировал в США в 1976 году. Работая в международной издательской фирме, одновременно основал в 1977 году в Калифорнии. русское издательство "Альманах", выпустившее ряд книг, в частности, первую на Западе русско-английскую двухтомную антологию анекдотов из Россиии «Недозволенный смех», первыми изданиями «Центральный Дом Литераторов» Л.Халифа по рукописи вывезенной нелегально из СССР, сборник «Русская кухня в изгнании» П.Вайля и А.Гениса, и др.

С 1980 г. по 2000 год – главный редактор и издатель, основанной им, газеты «Панорама», ставшей самым популярным еженедельным газетным изданием на русском языке в США. Автор книг выходивших в США - "Беглый Рачихин и другое"(1987 и 1996 г.г.), «И если мне суждено» (1991), "Для чего ты здесь..." (1995), "Такое время" (1997), "Все дни жизни" (2000), "Булат" (2001), и изданных в Москве - «Мистерии доктора Гора» (2006), «БП. Между прошлым и будущим» (2008), множества газетных и журнальных публикаций в американской и российкой периодике.

Президент Всеамериканского культурного фонда, носящего имя Булата Окуджавы, с которым он дружил многие годы.
Живет в Лос-Анджелесе.

Александр Половец
БП. Между прошлым и будущим -
Трилогия. Книга первая

Подготовка текстов к изданию: редактор Галина Лисицкая
Иллюстрации: художник Леонид Кацнельсон
Обложка: художник Андрей Рыбаков

Издательство Accent Graphics Communications, Montreal, 2012
672 с.
ISBN: 978-1-927480-53-3

СОДЕРЖАНИЕ

Часть 4. ...ОСОБЕННАЯ СТАТЬ

Часть 5. ...ЗАМЕТКИ ПО ПОВОДУ

Часть 6. РАЗГОВОРЫ И ВОКРУГ...

ВМЕСТО ПОСЛЕСЛОВИЯ

ПРЕДИСЛОВИЕ

Татьяна Кузовлева

ВЕЧЕРА ПОД ЧАСАМИ, ИДУЩИМИ ВСПЯТЬ

Так входят в лес. По просеке. Вдоль жизни. Вдоль памяти. И не всё ли равно – с востока на запад или с запада на восток. И задержаться на миг – всё равно что остаться навечно.

Так входят в реку, где отмель падает в обрыв. Где опасно закручены водовороты. Где течение сносит в сторону, а ты во что бы то ни стало держишься намеченных ориентиров на том, другом берегу. И выплыть – значит выжить.

Так вхожу в эту книгу, где события и люди расступаются, чтобы затем плотно взять в кольцо, в котором ты если и не действующее лицо, то – очевидец, единомышленник, друг.

Вхожу в книгу, где авторские отступления не уводят в сторону, а строго держат главное направление движения. Направление выбора судьбы. Где время – то прогибается под ногами болотной топью, то выгибается твердью, хребтом, на котором, кажется, и устоять- то невозможно, только – перешагнуть, идти дальше. Не останавливаясь. Не оглядываясь. Но как? – если стрелки часов неумолимо раскручиваются в обратную сторону. И прошлое перемещается в настоящее, а настоящее сдвигается в прошлое. И выстраивается мост между Будущим и Прошлым (БП. Хотя у автора может быть и другое толкование названия книги).

Я листаю эту книгу не первый вечер под часами, идущими вспять. Я и сама – на мосту, взгорбленном над Настоящим. Вздыбленном поверх него. Но опоры-то моста – именно здесь, рядом со мной, с нами, в нашем сегодняшнем дне. Мост этот нельзя ни миновать, ни обойти – столько судеб, не счесть, ярких, часто – драматических, подчас – трагических, принадлежащих не только России, но и миру, сошлось на этом виртуальном мосту. И всё же тут – всё реально: и голоса, и лица, и характеры, и улыбки, и тревоги, и надежды, и разочарования, и дружеские объятья, и осторожная отстраненность, и готовность откликнуться на чужую беду, и христианское прощение тех, кто обидел, предал. Тут – Россия, Америка и снова Россия. Тут наше давнее и недавнее. И главное, – по этому мосту нельзя идти строем, в ногу. Обрушится. Только – вольным шагом, «нестроевым».

И какие имена звучат здесь! Почти каждое – знаковое: Окуджава, Гладилин, Городницкий, Ахмадулина, Мессерер, Саша Соколов, Лимонов, Аксенов, Евтушенко, Кунин, Коржавин, Олег Лундстрем, Авторханов, Довлатов, Шемякин, Губерман, Крамаров, братья Шаргородские, братья Сусловы… Это и есть кольцо, которое объединило тех, кто оказался физически и духовно отторгнут советской системой. Чей выбор судьбы зависел отнюдь не только от личной воли. Тут вмешивалась беспощадная воля государства, тут стальными траками прошлась по живой плоти интеллигенции советская власть. Все они, и не названные мной, но оттого не менее достойные упоминания, собраны Александром Половцем в его вроде бы автобиографическом повествовании.

Да и разве вместить в одну биографию соприкосновения и сосуществование стольких миров – литературы, музыки, живописи, театра, кино, политики (взять хотя бы три встречи в Белом доме с президентом Биллом Клинтоном)… И всё же – все эти миры вместились в одну судьбу, в одну биографию, с ее разновозрастными этапами, с военным детством, армией, учебными и рабочими буднями, с неожиданными, цепко выхваченными из окружающего образными деталями, с немногословными откровениями, забавными и трогательными частностями. Со всеми мытарствами многолетнего вживания в другую среду.

…У каждого советского эмигранта была своя капля, переполнившая чашу унижений и предшествовавшая расставанию с родиной. У Александра Половца этой каплей стала фраза, завершившая встречу-допрос, брошенная ему в середине семидесятых, как бы через губу, оскорбительно и высокомерно партийным функционером: «Свободен!» – прозвучавшая как «поди прочь». Ты – чужой. Не наш.

«Если бы только этот партийный хмырь знал, насколько пророческими окажутся его слова!.. Свободен. Уезжаю, всё! Увольняюсь. Риск? Да, немалый – это помнят отказники тех лет…». Он и уехал. Вдвоем с двенадцатилетним сыном. 1 апреля 1976 года. Как в пропасть с обрыва. Австрия. Италия. Америка. А там – «страна эмигрантов и апельсинов» – Калифорния.

Его нынешний дом в Каменном каньоне Лос-Анджелеса уже многие годы обживают русские поэты, барды, прозаики, артисты, музыканты, композиторы… Не любому открыт дар собирательства. Не всякая личность наделена безошибочной интуицией угадывания, притягивания к себе талантов, отмечена таким безграничным интересом к жизни. Такой неутомимой жизненной и творческой энергией. Ему – открыт. Он – наделен и отмечен.

«Отец», отнюдь не крёстный, а действительный, крупнейшего в Америке серьезного русского еженедельника «Панорама» («величественная» – полушутя, но вполне серьезно когда-то отозвался о ней в своих заметках Сергей Довлатов), его главный редактор с основания в 1980-м и до 2000-го года. Теперь, следуя вспять за часовой стрелкой, можно проследить, как «Панорама» стала не только для нашей эмиграции 70-80-х, но и для десятков зарубежных университетских кафедр славистики необходимой и неоценимой – она знакомила с неподцензурными прозой и поэзией, публиковала беседы с известными дипломатами, политиками, общественными деятелями, артистами, прилетавшими в разные годы в Лос-Анджелес; она непредвзято и объективно рассказывала о событиях в мире, о стране, где родились и прожили большую часть жизни наши бывшие соотечественники, где остались их близкие и друзья, осталась их светлая и горькая память.

«Панорама» никогда не была эмигрантским изданием – она была и в силу традиции остается сегодня американской газетой на русском языке. Именно поэтому она принесла ее редактору и издателю столь широкую известность в разных частях русской Америки.

Свидетельствую: оставивший «Панораму» несколько лет назад, он до сих пор узнаваем русскими американцами.

– Половец, вы? – радостно бросается к нему пассажир рейса Москва – Лос-Анджелес в Шереметьевском аэропорту. – Я ведь один из первых ваших подписчиков. Спасибо!

– Тот самый Александр Половец? – оживляется в лос-анджелесском офисе "Bank of America" миловидная блондинка, владелица русского турагентства. – Надо же! «Панорама» была для меня и моей семьи единственной связью со всем, что мы оставили, уезжая из СССР...

– Не узнаете? Это я принес вам первую рекламу. С тех пор храню все годовые подшивки «Панорамы»... – улыбается немолодой мужчина, пришедший на лос-анджелесскую презентацию книги А.Половца «Мистерии доктора Гора», опубликованной недавно в Москве.

«Панорама» родилась не на пустом месте – к ней он шел, шаг за шагом накапливая опыт, – то берясь за издание небольшой газеты «Обозрение», макет которой выклеивался по ночам (днем – работа в одном из американских издательств), вручную, буквально на полу в одной из первых его квартир; то публикуя нелегально вывезенные авторами из СССР рукописи, то пытаясь организовать первый в Лос-Анджелесе магазин русской книги. Но и через многое ещё – ради хлеба насущного...

В Америке у него вышло шесть книг, известных у нас и отмеченных критикой, – "Беглый Рачихин и другое"(1987, 1996), «И если мне суждено», «Для чего ты здесь...» (1995), "Такое время" (1997), "Все дни жизни" (2000), "Булат" (2001).

В России вот эта книга – вторая после «Мистерий...». С расшифрованной в конце повествования аббревиатурой БП. С бесценными письмами бесценных корреспондентов. С редчайшими фотографиями, подобных которым, убеждена, нет ни в одном частном архиве, а те, что воспроизведены в книге, – лишь небольшая доля хранящегося у автора. То же самое можно отнести и к отбору текстового материала.

Словом, всё вместе – это свидетельства писателя, для которого «дух отрицанья, дух сомненья» и сегодня определяют оценку происходящего вокруг. А совестливость и порядочность высвечивают чистоту жизненной позиции.

Это дает автору право говорить от имени тех, кто в разные годы не захотел, не смог поступиться чувством человеческого достоинства. Одни – оставаясь в стране, находясь во внутренней эмиграции, другие – не легко и не просто принимая решение о выезде, без надежды когда-нибудь вернуться. Кому в итоге пришлось легче, не будем судить. Люди мыслящие всегда и при любой системе оказываются в зоне риска. И всетаки – парадоксально! – среди покинувших в разные годы и по разным причинам нашу страну не так уж мало унесших в себе почти болезненную причастность ко всему, что происходило и происходит здесь и сейчас, сохранивших неослабную приверженность русской культуре, любовь к родному для нас и здесь и там русскому языку. И я с благодарностью думаю о них.

* * *

«…Однажды, – рассказывается в «БП», – парень, служивший сторожем в Пушкинском музее, Сергей Волгин, прочел четверостишие, поразившее Булата настолько, что он запомнил и вот теперь по памяти смог его воспроизвести. Я его тоже запомнил:

Обладая талантом,
Не любимым в России,
Надо стать эмигрантом,
Чтоб вернуться мессией…

Черт меня дернул тогда влезть со своей шуткой:
– Неплохо, – прокомментировал я, – хотя редакторский опыт подсказывает: стихи можно урезать вдвое.
Булат вопросительно посмотрел на меня, и я продолжил:
– Здесь явно лишние 2-я и 4-я строки. Смотри, как хорошо без них: "Обладая талантом… надо стать эмигрантом…". Вот и всё».

* * *

Хотелось бы оспорить это? Хотелось бы. Хотя бы потому, что за державу, как всегда, до смерти обидно. А за нас, от которых многие имена были до последнего времени закрыты, пожалуй, обиднее всего. Теперь эти имена возвращены. И принадлежат многие из них не только настоящему, но и будущему. Для меня это особенно очевидно, когда перевернута последняя страница книги, которую я начала читать под странными часами, идущими вспять.

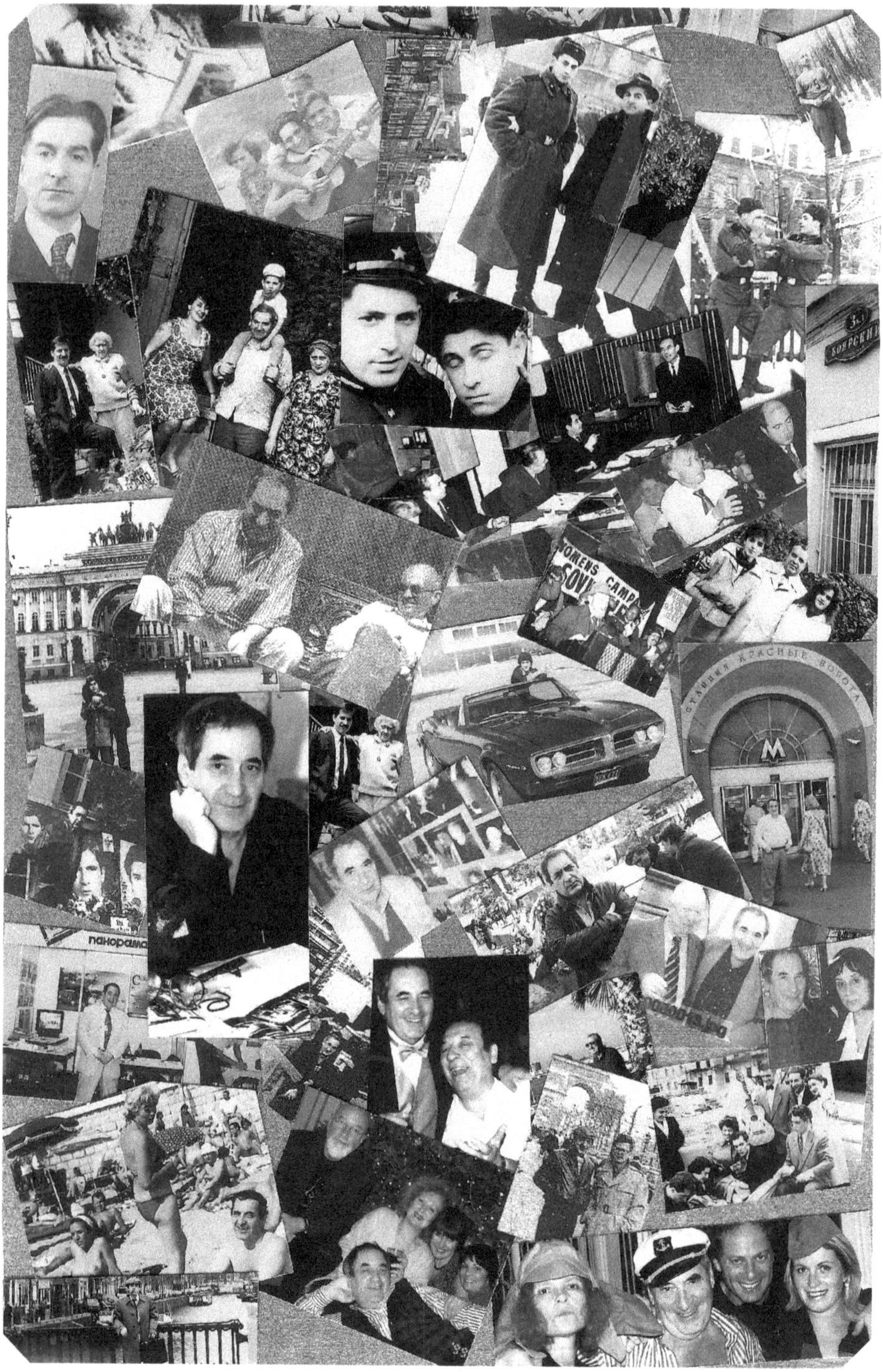
СТАНЦИЯ КРАСНЫЕ ВОРОТА
М
панорама

КНИГА ПЕРВАЯ.
СВИДЕТЕЛЬСТВА

*Только берегись, и тщательно храни душу твою,
чтобы тебе не забыть тех дел, которые видели глаза
твои, и чтобы они не выходили из сердца твоего
во все дни жизни твоей, и поведай о них сынам твоим
и сынам сынов твоих.*

Второзаконие, 4:9 (Пятая книга Моисея)

Вступление

Часы, как и должно быть, устремлены движением стрелок в некое «после» – именно это их функция. И это нормально.

Хотя не всегда: вот как-то досталось автору купить в магазинчике, где продавались всякие забавные штуки, такие часы, в которых стрелки шли назад, и соответственно цифры на них располагались по кругу в обратном порядке. Ну, как обычные смотрелись бы своим отражением в зеркале, висящем напротив. Я поместил эти часы на стену рядом со старыми – прямо над письменным столом.

И не напрасно – эти часы очень помогли, когда я приступил к попавшим в эту книгу заметкам, собирая их из памяти, из главок публикаций, сделанных в разное время и в разных изданиях за эти годы: если наблюдать за их ходом, следом за стрелками легко оказаться там и тогда, когда всё еще впереди.

А теперь уже нет – не всё. Ну, а что было – было.

Часть 1. НАЧАЛА...

Глава 1. Отец

Город не первый день бомбят. Сначала из динамиков – вогнутых центром внутрь черных бумажных тарелок – раздается: «Граждане, воздушная тревога!..» И снова – «Граждане, воздушная тревога!..» И так – пока не пустеют густо заселенные квартиры: жильцы поспешно перебираются в тоннели метро, в подвалы домов – теперь это бомбоубежища. С собой захвачено самое необходимое, узелки, рюкзаки всегда наготове.

Никто не знает – надолго ли оставлено жилье? Да и вообще, уцелеет ли оно? Отстукивает в динамиках метроном – и так до следующей тревоги, а они – все чаще и чаще. Город пустеет: эшелон за эшелоном увозит людей: ополченцев, наспех сформированные воинские части – на запад, эвакуируемых – на восток.

Наверное, это первое, что сохраняет твоя память: открытые двери товарного вагона. Теплушка. К стенам прикреплены сколоченные доски, образуя подобие нар – на них как-то умещается население вагона. По нескольку десятков человек на вагон: женщины и дети. Хотя есть и старики – их немного: не все решились оставить город ради неведомого – даже если оно сегодня выглядит спасительным. Людей эвакуируют из осажденного города. И почему-то здесь же, в вагоне – несколько вовсе не старого вида мужчин. Остановка – и снова никто не знает: долго ли простоим? Этого обычно не объявляют: бывает, поезд трогается почти сразу, так что можно запросто не успеть взять только что купленные, а чаще – вымененные на вещи продукты.

А бывает, поезд стоит часами. И даже сутками. И тогда вагоны отцепляют на запасные пути, давая путь спешащим к фронту составам с военной техникой и встречным – с товарами осажденному городу, этих меньше, гораздо меньше.

Люди бегут куда-то за платформы – там уборные, дощатые, наспех сколоченные в эти дни домики с прорезанными в полу над выгребной ямой дырами. Редко кому достается попасть в станционные – вонючие, загаженные – уборные. Поезд стоит... стоит... Снаружи, где-то внизу – закутанные толстыми вязаными платками по самые брови тетки с корзинами и бидонами, они протягивают к раздвинутым дверям теплушек – буханки, крупно нарезанные куски тыквы, стаканы с семечками, стеклянные банки с топленым молоком... светло-коричневая пенка, покрывающая поверхность молока, – всё за нее можно отдать!

Даже на расстоянии видно, какие они толстые – и тетки, и их шерстяные платки. За спинами теток – колонка с кипятком, туда бегут с чайниками, с термосами из всех теплушек. Когда и где еще остановится состав в другой раз, когда достанется бросить щепотку заварки в алюминиевую кружку или в тот же чайник, кто знает...

И почти сразу – в твоей памяти проявляется следующий кадр. Ты, с трудом дотянувшийся до окна (оно крохотное – квадрат, вырезанный в стене вагона, забранный железной решеткой, – наверное, вскарабкался на чей-то чемодан), увлеченно просовываешь в решетку одну за другой чайные ложечки. Они, подхваченные встречным ветром, исчезают в проносящихся за стенами вагона кустах, но ты этого не видишь – окно почти под самым потолком, в него не заглянуть.

Потом родители будут говорить, что ложки серебряные и должны были служить основой будущего благополучия твоего и мамы – там, куда сейчас несет вас состав, забитый московскими беженцами. Вас эвакуируют. Эвакуация – совсем новое слово для всех в вашем вагоне. И в соседних тоже.

Дальше – картины чуть яснее.

* * *

Раевка, Башкирия, год 1942-й... Большая комната, непокрытый деревянный стол, на нем желтоватые запотевшие кирпичики с округлыми краями – это замороженное сливочное масло, принесенное с местного базара. Некто совсем небольшого, почти детского роста, даже ты это замечаешь, с морщинистым лицом, потом окажется – ваш дальний родственник, перекладывает кирпичики листками газетной бумаги, на боках их образуются рваные типографские строчки.

Он почему-то снова здесь, когда масло куда-то уносят. Вот он разматывает куски темной, плотной на вид материи, трясет ею перед тусклой керосиновой лампой, приговаривая: «бостон-финдиклер, бостон-финдиклер» – под эту абракадабру, кажется, и выменено на материю у местных башкир масло. А на улице – много снега, слепяще-белого снега.

Тот же, 1942-й. Бийск, Алтайский край. Кажется, здесь и правда – самый край земли. А вот уже – цельные сюжеты, они навсегда заняли место в твоей памяти.

...Из самых ярких, пожалуй, вот этот: рынок, нестарый мужичонка в солдатской гимнастерке, он одной рукой придерживает зажатый под мышкой костыль, другой пытается прикрыть голову – а именно в нее целится попасть деревянным дрыном преследующий его некто. Скорее всего, – выбежавший из-за прилавка торговец, у которого инвалид пытался что-то спереть, или недоплатил рупь.

Лицо инвалида в крови, он под ритмичными ударами обиженного торговца пошатывается – точно им в ритм, неуверенно переставляет ноги, то ли топчется на месте, то ли ковыляет, когда к его гонителю присоединяется еще один мужик, и еще один... Инвалид медленно перемещается в сторону ворот, торговец не отстает от него, теперь уже небольшая толпа следует за ними – молча, иногда кто-то из толпы сочувственными возгласами подбадривает торговца, как бы соучаствуя в справедливой экзекуции.

* * *

...Кладбище разбитых грузовых машин, самое замечательное место в городе. А может, и во всем мире – оно почти в центре города. Свалка автомобилей – это по-настоящему здорово! Вот ты в группе пацанов исследуешь останки моторов под проржавевшими капотами, лавируешь в кабине между пружин, выпирающих из того, что было водительскими сиденьями, чтобы собрать неведомо как попавшие сюда детальки в почти настоящие «пистолеты». Боёк-мечик-пружинка, сера со спичечных головок утрамбована в углубление металлического столбика, опоясанного крупной резьбой, столбик ввинчен в цилиндр вместе с бойком, потом...

О, потом зажатая пружинка выпрямляется, боёк ударяет в серу! – следует громкий хлопок, дым... Хлопки этих пистолетов всегда сопровождают уличные приключения твоих бийских сверстников. Расположена свалка неподалеку от вывезенного из Москвы котельного завода, где работает теперь отец.

Ага, о заводе: твой отец вывозил его – сначала почему-то в Барнаул, или в Кусу, потом сюда, в Бийск. На войну отца не пустили – он один из первых в стране специалистов по электросварке, годы спустя, уже в Москве, у вас, приезжая из Киева, ночевал Патон-отец, зачинатель советской электросварки, теперь его имя носит институт в Киеве. А завод в Бийске, может быть, только в названии сохранил слово «котельный»: здесь в закрытых цехах делают что-то для войны, кажется, корпуса авиационных бомб. Хотя, может, здесь их и начиняют чем-то, несущим смерть фашистам.

Отец – начальник цеха, дома он появляется не часто: спят все заводские там же, где работают. Тебя приводили как-то к нему на работу: огромное пространство, где-то далеко наверху покатый потолок – он собран из стеклянных квадратов, покрытых копотью, зияет дырами. Тесно, совсем рядом друг с другом, установлены непонятные металлические сооружения, между ними деревянные сваи, поддерживающие фанерный сарайчик – контору начальника. Первого этажа нет – сваи, между ними дощатые ступени ведут сразу на помост, забранный невысокими перильцами.

Зато когда отец все же приходит, в доме может появиться сахар, а чаще – сладкая темно-коричневая тягучая патока – это отходы сахарозавода, заменяющие и мед, и варенье, и вообще все сладости. Иногда отец приносит белый хлеб и, главное, – пряники! В другие дни твоим и твоих сверстников главным лакомством становится жмых. Это тоже отходы производства – от заводишка растительных масел: неровные коричневые куски спрессованных остатков отжатых на масло семечек – тогда это подсолнечный жмых, или сероватые, они чуть тоньше и обладают куда более изысканным вкусом – соевые.

В патоку можно окунуть скол жмыха или кусок хлеба – чем не пирожное, о них рассказывают пацаны постарше, успевшие познать эту радость и навсегда её запомнить. Патока выдается по продуктовым карточкам, но и продается на рынке. Или выменивается на привезенное беженцами барахло – одежду, сервизы, часы...

Так вот, пряники. Сейчас ты, получив свою порцию – несколько поблескивающих глазурью замечательных круглых кусочков запеченного теста, нарезаешь их крохотными квадратиками и укладываешь в бумажном кульке на полку рядом с большой печью: они засохнут, станут хрустящими, и тогда их можно грызть, запивая горячим чаем. Праздник! Ты ходишь неделю рядом, поглядываешь на полку, где хранится твое богатство, и ждешь – когда лакомство созреет. Наконец, этот день настает, ты придвигаешь к стене расшатанную табуретку, залезаешь на нее и каким-то недетским усилием, едва удерживая равновесие, дотягиваешься до края заброшенного туда кулька.

Кулек пуст – его содержимое пришлось по вкусу тараканам, густо населяющим город Бийск Алтайского края. Ты и сейчас, вспоминая этот эпизод, умеешь оценить глубину трагедии семилетнего пацанка, обреченного родиться в предвоенные годы и заброшенного общей бедой сюда, в стоящий на слиянии рек Бии и Катуни сибирский городок, охваченный со всех сторон живописнейшими горными грядами.

Совсем смутно, но помнятся тебе походы с первым по жизни другом Борькой на берега Бии. Вот ведь, через десятилетия запомнилось имя, и даже фамилия – Балахнин! Да – Борька Балахнин – надо же, удержал в памяти полвека. Так бы сейчас уметь. А больше вспомнить ничего не удается. Хотя – нет: еще была цыганка, там же на рынке схватила твою руку, повернула ладонью кверху: «Нет у тебя рубля, так тебе скажу – быть тебе поэтом». Поэтом ты не стал – да, Господи, откуда цыганка слово это знала – «поэт»... А ведь запомнил ты это точно – тебе тогда уже близилось к десяти годам, отчего не запомнить. А может, она и не цыганка вовсе?.. А кто тогда?..

Глава 2. Дворяне Боярского переулка

Почему-то яркой картиной задерживается в твоей памяти парадная лестница дома у Красных ворот, по которой вы поднимаетесь – с мамой и Полей, Полякой, горбатенькой женщиной из подмосковной Сходни, которую застала в твоей семье война и которая вместе с тобою прошла все круги эвакуационной эпопеи. Она и после войны живет еще несколько лет с вами – пока ты взрослеешь до состояния, определяющего ненужность няньки в твоем доме.

Отец догоняет вас у самой двери квартиры – у него в руках бидон с медом. С настоящим медом – потом, вспоминала мама, ты приставал к ней: мы теперь богатые, да? У нас столько мёда!..

Дом у Красных ворот. Через несколько страниц ты можешь позволить себе процитировать твой не однажды опубликованный рассказ «Анна Семеновна» – в той его части, что дает представление об этом доме, о населявших его людях.

Твой двор не был чем-то отличающимся от сотен и, наверное, тысяч московских дворов – та же послевоенная пацанва, в меру хулиганистая, иногда на грани уголовщины. Нормальные игры: футбол с тряпичными мячами, чеканочка (чека), с мелочью, расшиши, расшибалы, когда монетой покрупнее, нередко – пятаками царской чеканки, надо было попасть с расстояния нескольких метров в кучу мелочи и разбить ее, подобрав как приз победителя те денежки, что вылетали из кучки, дотянуться до них мизинцем, отмерив им расстояние от остальных монет. Или – пристенок: тоже с монетами – ударив ребром медяка, надо было попасть им, отлетевшим от стенки, в кучку мелочи на асфальте.

Конечно, и карты – у тех, кто постарше, эти играли на деньги – очко, сека, три листика (когда не было денег – на щелбаны). Но и «стычки» – драки: часто беспричинные.

В общем, двор у Красных ворот как двор – шпана, прилежные школьники, только ты лучше помнишь первых... Зимой – самодельные коньки: к деревяшкам, узким брускам, прибивались полоски листового железа, такими лентами опоясывали дощатые ящики, в просверленные дыры вдевалась веревка, ею бруски прикручивались к валенкам – получались коньки. Теперь металлическим крюком можно было ухватиться за борт проезжающего по Боярскому переулку грузовика, или за бампер легковой «эмки» – протащила тебя машина сотню-другую метров – и отскакивай скорее, не то беда: шофера были сердитые, за плечами многих оставались фронтовые годы.

И еще – набеги на подвальные склады, один такой, овощехранилище, был и в подвале вашего двора: особо соблазнительны были арбузы, они куда слаще принесенных родителями с уличного развала. Потом участковый милиционер искал зачинщиков. Это еще что – бывало, «брали» уличные киоски, когда те закрывались на ночь – ребята постарше тащили папиросы. Но и картонные коробки с соевыми батончиками, влажной пастилой, этим они вместе с вами, с мелюзгой, тоже не брезговали. Случалось, вскрывали палатки с пельменями и водкой – тогда и долго еще после она продавалась из деревянных будок прямо на улице, ночью они не охранялись. А висячий замок – какая это преграда?

Были и такие забавы – подленькие подловы: на тротуар подбрасывался кошелек, от него тонкая ниточка тянулась под деревянные ворота, из-под них или сквозь узкую щель между рассохшимися досками наблюдатель следил за тем, как прохожий, радуясь находке, нагнувшись к кошельку, собирается его поднять – а тот прямо из-под его руки отдовигается... прохожий повторяет свою попытку, ничего не понимая. Может, ветром сдуло? Потом всё повторяется – кошелек отползает на несколько сантиметров, и раздосадованный прохожий, наконец, прихлопнув к асфальту, крепко ухватывает находку, ожидая обнаружить деньги. Беда, если, опасаясь снова упустить кошелек, сожмет его в руке – из кошелька выдавливается ему в ладони нечто, о чем и писать-то не хочется...

А из-за ворот раздается хохот – те же, кто как бы безучастно стояли рядом на улице, смеяться опасались, можно было схлопотать по шее от обманутого, а то еще чего покрепче – тогда нередко люди, и даже не криминальные, держали в кармане кастет, свинцовую чушку или раскрытый перочинный нож. Время было такое...

Вот так шутили пацаны... Иные из них уже успели отсидеть. Существовал среди вас настоящий уголовник, отбывший срок в колонии, Мишка-Рыжий – твой сосед по этажу. Он считал себя уркой, да, наверное, и был таким – «блатным», и хотя Рыжему едва исполнилось восемнадцать, когда его выпустили, жила с ним того же возраста «маруха» – кажется, и правда, имя ее было Маруся. Несколькими годами позже он тебе, уже 14-летнему, настойчиво предлагал лечь с ней в постель:

– Ты смолишь?

– Да нет, – отвечал ты ему, – не курю, пока.

– Кореш, да ты что, я другое спрашиваю... (здесь следовал эвфемизм нынешнего «трахаться»). Валяй! – обеспечиваю как другу.

Бог тебя уберег тогда от раннего опыта, да и Мишка, оказалось, не случайно пытался тебя уложить с ней – потом разбирайся, кто – чего... Слова «шантаж» вы тогда – ни он, ни ты – не знали, но, наверное, твои родители его знали. Вот бы ты был хорош: он, точно, списал бы на тебя их дитя – чего от него ждать еще-то? – месяцами тремя-четырьмя позже Маруська рожала.

Под его, или его друганов началом ходили вы двор на двор «разбираться», что, бывало, кончалось скверно: пырнут кого-то финкой в живот, и кто-то отсылается в детскую колонию. Наверное, это с подачи Рыжего приезжала к Красным воротам выяснять отношения пацанва из неблизкого Черкизова. А так – Боярский переулок на Хоромный тупик, по-соседски: кого-то отлупили из ваших, мстить шли все. За своих «держали мазу», даже и за тех, над кем в другой день могли бы и сами зло шутить, устроить «тёмную».

* * *

Стрелки движутся – вот они снова возвращают тебя в сороковые – теперь к одному из сильнейших впечатлений той поры. Однажды родители, оставив тебе на неделю некоторую сумму, достаточную для еды, уехали в подмосковный дом отдыха. Теперь ты покупал себе пельмени, сам варил их дома, жарил яичницу, разогревал на плите заготовленные родителями котлеты, кипятил чай, соседи помогали при необходимости по прочим домашним делам и вообще присматривали за тобой.

Да куда там – присмотришь за двенадцатилетним, в общем беспроблемным, но и в меру шпанистым семиклассником! И однажды, столуясь в общепитовском заведении, напротив башенки старого здания НКПС, ты, сев за столик, готовый приступить к трапезе, заметил, как сидящий здесь же, рядом, нестарый и по тем временам прилично одетый мужчина – взял пустую тарелку, крупно нарезал луковицу, покрошил кусок черного хлеба в тарелку, достал из кармана четвертинку, вылил ее целиком в ту же тарелку, сыпанул туда соли и перца, всё размешал и стал оттуда хлебать алюминиевой ложкой. Потом тебе объяснили: это была – «тюря»...

А тогда ты с ужасом, исподтишка, наблюдал за соседом по столику. С ужасом, потому что – вкус водки был тебе уже известен. Совсем недавно, в Виннице, куда ты был отправлен на лето, в гости к родным, тебя выворачивало после «коричневой головки» местного производства, распитой с местными, такими же, как ты, мальцами...

Глава 3. Брегет и другое

А карманные часы фирмы «Мозер» – вспомнишь?

Стрелки совершают еще оборот назад. Годом-другим раньше было вот что. Кажется, шел год 46-й... Страна понемногу восстанавливалась. Уже год, как подписан договор о полной и безоговорочной капитуляции врага – только следы войны еще долго не стираются из людского быта, из памяти – тем более. Глубокие следы.

Вернувшиеся с фронта пытаются найти свое место в непривычной и непонятной им жизни. Не всем и не всегда это удается: рабочие, оторванные от станков, мальчишки, взятые прямо из классов и брошенные на передовую (которая оказалась совсем близко, начинаясь чуть ли не за забором школы), деревенские мужики, едва овладевшие основами грамоты по ликбезовской программе, – все они оказались перед необходимостью приспособиться к совсем новым, не обязательно справедливым обстоятельствам.

Вот трамваи и автобусы развозят по утрам заспанных служащих – небогато, кто в чем, по возможности аккуратно одетых... Вот на продуктовых рынках красномордые перекупщики расхваливают свой товар, аппетитно разложенный на длинных дощатых прилавках, а карточки-то еще не отменены, в магазине – не достанешь, здесь не подступиться – цены!.. Тут же, по периметру базарной площади, деревянные лавки-магазинчики с ширпотребом.

На полках – рулоны мануфактуры, на вешалках – ношеные, но вполне приличные пиджаки-брюки, женские кофточки, обувь. А в соседней палатке всё новое – это доставляется сюда с заработавших «красных треугольников», «большевичек», причем нередко, а может, даже и всегда – это товар «левый», то есть выпущенный там сверх или в обход государственного плана, и, естественно, ни в каких официальных отчетах не значащийся. Сюда же поступает продукция артелей, часто «инвалидных», т.е. трудоустраивающих инвалидов.

Удивительные для советской поры образования – вроде бы государственные учреждения, действующие легально, а на самом деле вполне частные. Это там создавались немереные капиталы, возникало племя «цеховиков», армады подпольных предприятий, выпускавших все, что могло составить дефицит – пластиковые сумочки, грампластинки, записанные на рентгеновской пленке, раскрашенные вручную акварелью открытки с портретами Целиковской, Абрикосова и других кинозвезд тех лет, нескончаемые серии целующихся пар «люби меня, как я тебя», а спустя ещё годы – джинсы с поддельными этикетками известных американских фирм...

В открывшихся комиссионках и скупках – радиолы «телефункен», фотоаппараты «лейка», лаковые куртки и перчатки, немецкие и швейцарские наручные часы, опасные бритвы и инструменты «золинген»... – много, много трофейного товара. Заводы же отчасти пока бездействовали, оставаясь без сырья, без персонала, во многих работали только отдельные цеха. Другие, эвакуированные в глубокий тыл, там и оставались, перейдя на выпуск новой продукции: так, Харьковский тракторный, эвакуированный в Нижний Тагил, выпускал в войну Т-34 («тридцатьчетверки»), знаменитые танки, – там он и остался. А ХТЗ – отстраивался заново. Как и ЗИЛ – только-только возвращался к выпуску грузовых, главным образом, автомобилей – копий американских «студебеккеров», полученных от союзников в войну по ленд-лизу, вдрызг износившихся на российском бездорожье...

Заводам позарез нужны были квалифицированные работники – такими в войну стали женщины, подростки: теперь им пришла пора вернуться в семьи, в школы. Вот и получалось: недавнему солдату, а то и офицеру – ступай в подсобные. Если повезло – в милицейские части, это кого брали: и зарплата, и городская прописка

А была еще возможность – уголовный мир: сохранившиеся с довоенной поры, возникшие в течение войны и сразу после нее банды, вроде знаменитой «Черной кошки», грозы жителей Москвы и Ленинграда, в первую очередь пополнились за счет массовой демобилизации. Бандитизм расцветал...

* * *

Коснулось это и вашей семьи: твой дед по отцу, живший в Ленинграде, был убит налетчиками. Его не ахти какое наследство было поделено между сыновьями и дочерями: твоему отцу, как старшему, достались массивные карманные часы с курантами. Золотые крышки открывались одна за другой – их было, кажется, по три с каждой стороны, одни прикрывали механизм брегета, другие – его циферблат, на котором каллиграфически было выведено таинственное слово «Мозер».

Будучи заведенными, часы проигрывали тонкими колокольчиками довольно сложную мелодию. Завод кончался – и часы умолкали до следующего раза, что происходило, главным образом, по твоей настоятельной просьбе. Насколько сегодня помнится – было это всего-то два или три раза. А однажды отец принес домой открытый механизм брегета – его золотой корпус на глазах отца, как он потом рассказывал, был отделен от механизма, положен в скупке драгметаллов под ручной настольный пресс, и часы перестали существовать.

Куда делся потом этот механизм – ты не знаешь, и спросить давно уже некого. Зато вскоре у мамы появилась шуба из теплой окрашенной в черный цвет цигейки – она прослужила ей потом много холодных московских зим. Ты помнишь эту шубу, уже с потертыми рукавами и проплешинами, а самой коже так ничего и не делалось – наверное, могла бы служить шуба и сегодня где-нибудь на зимней даче.

Прошло полвека – эти часы оказались в твоём рассказе «Брегет». Рассказ получился мистический – не обязательно по воле автора, не знаешь по чьей, так уж написалось, но в рассказе часы не просто показывали время и не просто наигрывали мелодию, – но надиктовывали своему хозяину его судьбу, каждый раз возвращая его ко дню приобретения часов.

Другим механизмом, существовавшим и игравшим немалую роль в твоей тогдашней жизни, стал электрический фонарик – это благодаря ему ты, закрывшись с головой одеялом, проглатывал изрядно потрепанные томики романов Майн Рида, Стивенсона, конечно же, «Робинзона Крузо», «Мюнхгаузена» заодно с «Капитаном Врунгелем» – все, что приносили десятилетнему пацану родители или доставалось тебе по обмену от приятелей и соучеников. Почему под одеялом – да потому, что в небольшой комнате, где вы тогда жили, свет к ночи выключался – утром родителям на службу. А тебе-то когда было читать? – не за счет же дворовых дел, которых всегда набиралось предостаточно на послешкольные часы.

Тогда же и пришло твое первое увлечение – Алка, некрасивая сероглазая девочка с пепельными волосами, заплетенными в тугие косички, спадавшие на худые плечики, – она принимала участие во всех мальчишеских играх, включая и футбол. Ты неплохо стоял в воротах – в настоящих, они вели с вашего двора в Боярский переулок и были большей частью закрыты огромными, покрашенными в коричневый цвет створками. Так что вы могли смело бить по ним мячом: лететь ему, даже пропущенному вратарем, дальше все равно было некуда. Играли вы обычно в одни ворота – на две (а бывало и больше) команды. Наверное, твое увлечение возникло тогда, когда после особенно ловко пойманного тобой мяча Алка, она стояла в защите, показала тебе поднятый большой палец – «Молодец!». Ты и потом, бывало, замечал на себе ее внимательный взгляд.

А еще потом тебе довелось «стыкнуться» – так вы называли драку, происходившую не обязательно по-злому: просто, бывало, подойдет один пацан к другому и предлагает – «Стыкнемся?». Отказаться – позор, смываемый только в драке! Уговариваются с секундантами – те всегда готовы: до первой крови, до первой боли и так далее, а завтра – дерутся уже сами секунданты. При этом не всегда побеждал тот, кто сильнее или ловчее.

И вот, когда ты откликнулся на такое предложение, да и как можно было отказаться – Алка стояла где-то неподалеку,

– и едва приняв боксерскую позу, ты получил увесистую затрещину, другую, третью: за твоим соперником выстроилась очередь пацанов из соседнего двора, пятеро их было или шестеро, каждый из них считал своим долгом подойти к тебе и хорошенько врезать.

Было не очень больно, но обидно безмерно – Алка же молча наблюдала за происходящей на ее глазах экзекуцией. После этого ты ее сторонился, что не требовало специальных усилий – жила она не в вашем дворе, а как раз там, откуда объявились твои обидчики. Ваших же рядом никого не оказалось: происходило все на нейтральной территории – площадке, отделявшей ваш дом от тыльной стороны старого метро «Красные ворота» и служившей удобным переходом из Боярского переулка к Кировскому проезду.

Глава 4. После войны

Стрелки движутся – круг, еще круг, еще...

Несколько оборотов, и они возвращают тебя в 45-й. Вот и последний военный салют – победный, особо торжественный голос Левитана, гремящий с «колокольчиков» на столбах с электро– и телефонными проводами: «...двадцатью четырьмя артиллерийскими залпами!». Потом – гулянье на Красной площади, как ты туда попал, наверное, с вашими дворовыми, не вспомнить, идти-то и было с полчаса – по Кировскому проезду... через Кировскую же улицу... через площадь Дзержинского мимо «Метрополя», или по узкой улице 25 октября – и ты там! Сейчас и не различишь – что из того празднования сохранилось в твоей памяти, а что вычитано годами позже из свидетельств в нем участвовавших...

Классе в 3-м, кажется, вы близко сдружились с Колькой Мануйловым – худющий, высокий (почему и прозвище ему было «шкилет»), прыщавый парнишка сидел с тобой за одной партой, жил он где-то в Харитоньевском, или на Чаплыгина, недалеко от школы: родители его часто уезжали, надолго

– наверное, они были как-то связаны с дипломатической службой, и в их отсутствие вы проводили у него дома немало времени, деля просторное жилище с эрдельтерьером Тобиком, флегматичным рыжим существом.

А еще была у них богатая библиотека, и, став постарше, вы помаленьку таскали из нее книги – в букинистический. Изымались из шкафов, главным образом, старые томики, наверняка забытые, как вам казалось, родителями и никому не нужные, в картонных переплетах, обтянутых темной корчнево-серой бумагой. Букинисты же их охотно брали. Уже не вспомнить, на что вы тратили вырученные рубли, но однажды, будучи замечен за этим нехорошим занятием, Колька подвергся порке. А ты был отлучен от их дома – хотя, может, и сам перестал ходить туда, стыдно было...

Вы и в классе шалили вместе. Но и порознь: помнишь, как-то вскочил ты, пока учительница Антонина Михайловна, ваша классная руководительница, отвернулась, стал вращать на шпагатике за ее спиной бронзовую чернильницу – и чернила выплеснулись. Она растерянно оглянулась, приложила листок промокательной бумаги к расползшемуся пятну, села за стол и, открыв классный журнал, долго, не поднимая головы, молча его рассматривала. Молчал и класс. Тебе и сегодня неловко вспоминать этот эпизод – скорее всего, вязаная кофточка была единственной у наверняка небогатой, если не нищей, учительницы.

А дружили вы с Колькой, пока не разошлись по разным школам: ваша 305-я была начальной – четырехлеткой. Располагалась она на внутренней стороне Садового кольца прямо напротив НКПС (Народного комиссариата путей сообщения) – здания конструктивистской архитектуры, увенчанного квадратной башенкой с большими часами, видными издалека. Окончив четвертый, Колька попал в 657-ю, ты – в 313-ю, или наоборот. Однажды, уже отслужив в армии, ты встретил его случайно в метро. Удивительно, но тебе показалось, он совсем мало изменился за прошедшие двадцать лет – бывают такие лица. Вы перебросились несколькими фразами – и все...

Потом появился Мишка Некрасов. Жил он в доме через дорогу от вашего со стороны Боярского переулка. В том же подъезде жил поэт Алексей Недогонов – мало кто это имя сегодня знает. Вообще-то Мишка был Кон, заметно картавил, его родители, как ты сейчас понимаешь, были репрессированы, и воспитывался он в странной семье – Любиньки Некрасовой и Коли, ее брата, живших вместе в состоящей из одной комнаты квартирке. Им было тогда лет под пятьдесят, может, чуть больше, вам же они казались совсем пожилыми.

Двери их квартир – его, такая же однокомнатная, оставшаяся от родителей, – были одна напротив другой, на той же лестничной площадке. Так вот, за Мишкой числились две заслуги, ускорившие твое взросление (он был старше на год). Первая – всё же в кавычках: он приучил тебя курить, что послужило предметом крупного разговора твоих родителей с Любинькой. «Мы все курим, и Миша курит, а вы со своим разбирайтесь сами!» – примерно таким ты запомнил ее монолог в передаче мамы.

Мама, даже уже и совсем пожилая, смеясь, часто вспоминала этот эпизод, и его «Наше вам с кисточкой!», донесшееся из-за наружной двери, куда Мишка, заявившись к вам в гости как ни в чем не бывало, был ею выставлен после разговора с Любинькой. Курить ты бросил много лет спустя – после бесчисленных, не всегда упорных, не всегда искренних, что говорить, попыток. И непросто же было отказаться от пагубной, но и приятной привычки!

А вторая его заслуга у тебя не вызывает и по сей день сомнения: у Любиньки и Коли была превосходная библиотека, Мишке они привили любовь к поэзии – и вы зачитывались с ним вместе сборничками Есенина довоенного издания. Какие-то стихи ты переписывал в «общую» толстую тетрадку, и с той поры многое удерживается в памяти, чем нередко вызываешь вопросы – как ты это помнишь? А так... Помнишь.

С Мишкой вы всё же как-то пересекались и потом, много-много лет спустя. Он стал строительным прорабом, рано женился, обаятельная Люся родила ему двух ребят – оба белоголовые, а Мишка брюнет, и Люся – тоже брюнетка. Ну и что – бывает. Природа порой и не такое позволяет себе. Ты навестил их на Преображенке, где они жили. Как-то вы случайно узнали друг о друге. Казалось, он совсем не переменился и духовно, и в манерах, а больше вы с ним пока не встретились.

* * *

Поливальные машины медленно, театрально, как на параде, ползли за колоннами пленных, как бы смывая следы, оставляемые ими на улицах города. Время давно стерло это шествие из памяти москвичей. На следующих страницах у тебя будет случай вспомнить эти колонны.

И все же долго еще оставались после немцев выстроенные ими по своим проектам жилые двухэтажки – в такой досталось жить и тебе. Она протянулась во дворе массивной постройки в Измайлове, занявшей почти весь квартал. От угла его начиналась Первомайская улица. Из окон проезжавших по ней автобусов были видны зеленоватая вода заросшего водорослями неухоженного пруда и по другую сторону – лесопарк, ставший впоследствии знаменитым: это здесь разогнали выставку художников, по чьим картинам проехались бульдозерами – отчего потом она так и называлась – «бульдозерная».

За прудом, пройдя через мостик от вашего дома над небольшим протоком со стоячей водой, сразу выходишь к приземистому дому старинной постройки, он протянулся фасадом вдоль Измайловского шоссе. Здесь, в доме – детский садик, куда ты водил сына. Теперь все пространство, разделявшее парк и измайловские улицы, застроено корпусами гостиниц, появился рынок – огромная барахолка. Не та, «самодеятельная», возникшая в девяностых, – блошиный рынок с развалами домашней утвари, порой антикварными, с поделками мастеров-кустарей, акварелями, гравюрками на стендах – их авторы здесь же охотно подписывали проданное...

Потом барахолку закрыли – мешала, наверное, кому-то. Новый, отстроенный рынок вместил в себя множество лотков, магазинчиков с привезенным из дальнего и ближнего зарубежья барахлом – главным образом это одежда, электроника сомнительного происхождения и, соответственно, качества; рынок, вполне подконтрольный неким структурам, может, отчасти и тем же городским, но больше, считают – криминальным.

Но это все потом, а тогда тебе досталась комната, выделенная отцу, чтобы расселить вас – родителей и тебя с Ольгой и родившимся у вас сыном. Естественно, родители остались жить на проспекте Мира – в том же доме потом жил Шукшин. Трехкомнатную же, куда вас отселили, соответственно занимали три семьи. Сосед снизу Витька, пьяница, бил жену Нину, и тогда она запиралась от него у вас. Так вы и жили, пока не переехали в полученную уже тобой квартиру на Красной Пресне. Без Ольги – она к этим дням ушла из жизни...

Глава 5. Анна Семеновна

44-й год, декабрь... Война скоро кончится – об этом уверенно говорят в очереди, что задолго до рассвета выстраивается в Орликовом переулке. Фасад продуктового магазина, когда-то тщательно оштукатуренный, празднично-желтый, теперь весь в сколах, в комьях смерзшихся грязевых брызг, оставшихся с долгой осени. Пытаясь сохранить остатки домашнего тепла, женщины кутаются в платки, бьют себя по бокам, приплясывают – отчего снег под их ногами сбивается в плотную корку, темнеет и становится скользким. Болтаются, постукивают пустыми бутылками авоськи: обещали с утра молоко. Скользят по насту деревянные костыли, много костылей – на них опираются одетые в шинели со следами споротых погон совсем ещё не старые дядьки.

Война скоро кончится. Скоро.

«24-мя артиллерийскими залпами!» – нарочито растягивая слова, совсем как диктор Левитан, вещают в самодельные рупоры – обрезки водосточных труб – пацаны, забравшиеся на припорошенную ночным снегом огромную, занимающую чуть не четверть всего двора, кучу угля. Уголь свален ближе ко входу в подвал – там дворовая котельная. Грубые, хрипловатые мальчишеские голоса победно поднимаются вверх, вдоль стен нашего двора-колодца, составляющего утробу пятиэтажной кирпичной громады.

Дом занимает весь квартал, отделяя собою Кировский проезд от Боярского переулка. Перед ним – гранитная арка станции «Красные ворота»; там, в вестибюле метро, клубится пар, образованный врывающимся в открытые стеклянные двери морозным воздухом. Удивительный пар, не похожий ни на какой другой: возникая, он тут же смешивается с постоянно витающим (только здесь, только в этом метро!) волшебным запахом моего детства – запахом шоколадных ирисок.

* * *

Итак – немцы в Москве. Пленные: по Садовому кольцу движутся колонны. Они сворачивают в Кировский проезд, идут мимо метро. Они нескончаемы – тысячи людей, одетых в зеленоватую форму, едва укрывающую от колючего зимнего ветра. Охраны почти нет – нельзя же считать охраной этих молодых, может, чуть старше нас, ребят с болтающимися за плечами, дулом вниз, совсем не страшными карабинами. Или – открытый газик с лейтенантом, тарахтящий рядом с колонной. Чего же с ними так долго воюют?.. Кто-то из бредущих в колонне безразлично, пустыми глазами смотрит вперед. Кто-то шагает, опустив голову. Другие любопытно озираются по сторонам, на ходу заговаривают с остановившимися прохожими, протягивают самодельные зажигалки и перочинные ножики – в обмен на хлеб.

Хлеб у москвичей уже есть. Появилась на столах (пусть и не у всех, потому что цены пока коммерческие) всякая снедь – рыба, колбасы, сыр.

У нас дома всё это бывает – приносит из «орса» отец. Орс – это «Отдел рабочего снабжения», нечто вроде распределителя для тех, кто сюда «прикреплен» от своего учреждения, не обязательно – завода. И ведь, правда, многие семьи так в войну выжили. А кто-то, прежде всего, сотрудники «орсов», близкие им – обогатились, сбывая продукты «налево», по блату, через рыночные ларьки. Правда, попавшихся, бывало, расстреливали. Время такое...

Ещё не взяты Будапешт и Прага, и целёхонький, неразрушенный стоит Нюрнберг, и германскую столицу по-настоящему тоже пока не бомбили... Отец снова в Москве, теперь он восстанавливает производство и снова живет в цеху – как тогда, с того дня, когда его вернули сюда из призывного пункта. Вернули и нас в Москву – меня, маму и верную мою няньку Полю, в последние дни 41-го прошедшую с нами в скотской теплушке маршрут Москва – Раевка – Бийск... А теперь – обратно.

Наша квартира понемногу оживает – возвращаются из эвакуации старые жильцы, подселяются новые. Здесь семь комнат. Вернее, семь высоких – их наличники почти упираются в лепной карниз потолка – дубовых дверей. Когда-то сиявшие лаковыми поверхностями искусно подогнанных друг к другу досок, а теперь матовые и тёмные, они усиливают своей странной огромностью постоянный полумрак длинного коридора. Слабые лампочки едва освещают его; электрический свет отражается неяркими бликами на глянце выложенного замысловатыми многоугольниками паркета.

Я и сейчас, спустя много лет, закрыв глаза, вижу отчетливо наш коридор. Он совсем не похож на типичный московский: здесь отсутствуют сундуки в темных углах, и педали велосипедов, подвешенных крюками на уровне глаз, не заставят вас, проходящего, прижаться к противоположной стене. Наш коридор широк и просторен. К тому же он совершенно пуст – даже мой велосипед, собранный из частей и деталей по меньшей мере трех довоенных веломашин, хранится в прихожей квартиры на первом этаже, где живут бабушка с папиной сестрой.

А больше ребят в квартире нет – если не считать совсем маленьких Юрку с Мариной. У них долго еще не будет своего велосипеда – и потому что рано им, и потому, что давно живут без отца. Юрка хотел, чтобы во дворе знали – отец их на фронте пропал без вести. То есть погиб, скорее всего. Он и правда погиб – но в заключении. Тогда же знать нам этого было нельзя.

Квартира когда-то вся принадлежала Семену Ароновичу Кливанскому, видному меньшевику, совершенно невероятным образом не задетому частыми лопастями мясорубки, запущенной четверть века назад его политическими оппонентами. Он и сейчас живет здесь со своей дочерью Бэллой, старой девой, служащей корректором в научном издательстве. А может – редактором. Она почти всегда дома, ее гости часто приносят в охапке толстые портфели и сумки, из которых высовываются лохматыми углами пачки рукописей.

Кливанские – самые редкие гости на кухне. Оба ходят бесшумно, она – кутаясь в длинный махровый халат, он – в полосатой пижаме, накинутой на ночную рубашку, склонив блестящую, опушенную венчиком седых волос, лысую голову. Желтые светляки лампочек пробегают по стеклам его пенсне. Оба высокие, носатые, неулыбчивые. За их дверью – всё, что осталось после многократного «уплотнения», как называется подселение к хозяевам квартиры новых жильцов. Разных, но всегда чужих. Год за годом Кливанские отступали, освобождали комнату за комнатой, стаскивая в самую просторную из пока остающихся им всё дорогое и необходимое. Хотя их жилплощадь и теперь велика, там выгорожены целые три комнаты, и все они, по московским меркам, просторны. Причем две – светлые, с окнами на улицу.

У нас одна комната, окно её выходит на черный ход. Поэтому здесь всегда горит свет, даже когда дома нет никого, – так нам кажется лучше. Нашей комнатой, самой дальней от парадного входа в квартиру, завершается коридор. В торце его две узкие, покрашенные масляной краской двери – уборной и ванной с газовой колонкой, фитилёк колонки всегда зажжен. Сбоку – еще одна: сразу за нашей стеной кухня с семью столами и двумя покрытыми рябой эмалью газовыми плитами. И – черный ход.

А за другой нашей стеной, с которой спускается плотный старый ковер, укрывая собою топчан с пружинным матрасом – на нём я сплю – живет Анна Семеновна Шарф. Её комната больше нашей раза в два, высокое окно выходит в сторону двора. Самого двора отсюда не видно – надо далеко высунуться из окна, и только тогда можно заглянуть в этот огромный, кажущийся бездонным колодец. Зато из ее окна видны ряды крыш соседних домов – с нашей стороны дом имеет пять этажей (мы живем на четвертом), а с противоположной – лишь четыре. Вон Козловский переулок, начинающийся клубом Министерства морского флота, куда мы по десятку раз бегаем смотреть «Небесный тихоход», «В степях Украины» и, конечно, «Чапаева»... Вон они – Харитоньевский, Фурманный... И чуть левее, в сторону Садового кольца – Хоромный тупик.

Крыша нашего дома – это отдельная история. Для меня она начиналась поздней зимой 44-го, когда, проникая сюда через чердачные лабиринты, мы собирали с гремящего, крашеного охрой железа осколки зажигательных бомб. Осколки эти можно было выменять на противогазные маски, резина которых совершенно незаменима при изготовлении первоклассных боевых рогаток. Или – на запчасти для самодельных пистолетов-хлопушек: кажется, их называли «мечики», и собирались они из трубочек, бойков, пружинок и каких-то металлических загогулин. О них я, кажется, уже рассказывал.

Вскоре снесли дома по другую сторону Садового кольца – на их месте стали строить высотку. К тому времени у меня появилось увлечение, отчасти переросшее спустя годы в первую профессию, – фотография. Появился и реликтовый фотоаппарат с растягивающейся гармошкой – «мехом», и к нему – металлические кассеты, в которые вставлялись стеклянные пластины. С этим «фотокором» я забирался на крышу нашего дома и снимал все стадии строительства нового здания, до самого его завершения: в это здание вскоре переехал НКПС. Где они сейчас, эти кадры – наверное, там же, где стеклянные негативы из ленинградского «Большого дома», – но о них потом.

* * *

Между прочим, крышей же могла завершиться моя недолгая жизнь – когда однажды, в первую послевоенную зиму, мы затаились там, устроив засаду на лазутчиков с недружественной нам Домниковки. Покидал я ее почему-то последним; часы, проведенные на звенящей от морозного ветра жести, свели мёртвой судорогой кисти обеих рук. Позже, обнаружив себя дома, я едва мог вспомнить, каких усилий стоило мне, десятилетнему пацану, распластанному на скользкой от намерзшего льда и снежной пороши покатой поверхности, доползти, упираясь локтями, до чердачного люка, чтобы почти замертво свалиться в него...

Вскоре на все входы в чердак навесили тяжелые замки, – наверное, не без настояния моего отца.

На окне у Анны Семеновны плотно, шершавыми глиняными бочками друг к другу прижались горшки с маленькими кактусами. Кактусы – это увлечение Анны Семеновны, у них даже есть свои имена. И мне эти кактусы разрешается поливать. Еще мне дозволено рассматривать сквозь мерцающие темные стекла внутренности шкафов, которые, собственно, составляют стены ее комнаты. Там – книги.

Русских совсем немного – один или два шкафа. Все остальные изданы где-то за границей: вот Данте – множество томов в темных шагреневых переплетах, раскрыв которые можно подолгу рассматривать удивительные сюжеты старинных гравюр. В соседнем шкафу – Сервантес, это испанский шкаф. Вот – Шекспир, разумеется, на английском. Все эти книги Анна Семеновна давно прочла. И продолжает читать...А над ними – рукописное объявленьице: «Не шарь по полкам жадным взглядом – здесь книги не даются на дом».

Помню очень много немецких книг – Фейхтвангер, Шиллер, Гейне... Их больше всего – не поэтому ли мои родители условились с Анной Семеновной, что она, помимо общепросветительных тем, будет учить меня немецкому?.. И ещё (но это уже за моей спиной) – пытаться исправить мои, скажем так, не отличающиеся особым изяществом манеры, обретенные в целиком захватившем меня теперь общении с красноворотской шпаной. А впрочем – и с преображенской, и с черкизовской: туда мы нередко «срываемся» на подножках трамваев, идущих от Каланчевки, выяснять наши непростые отношения.

Теперь Анна Семеновна столуется с нами, что позволяет ей исключить из своего быта магазины, а заодно продлить наши занятия до практической проверки усвоенных мною навыков. Как сейчас помню: укоризненно глядя на меня, она перекладывает из «неправильной» руки – в «правильную» нож или возвращает на стоящую рядом тарелку вынутый у меня почти изо рта огромный ломоть хлеба. Ах, Анна Семеновна, Анна Семеновна, – я ведь, правда, и сейчас, прочно забыв всё, чему меня учили в те годы в школе номер 305, на Садовом, я ведь и сейчас помню ваше «Гутен таг, фрау Майер, вас костен ди айер? – Ахт пфениг. – Ахт пфениг?! О фрау Майер, дас ист зер тойер!».

И помню, как, прикрыв ладонью глаза – чуть выпуклые, всегда внимательные и удивительно, совсем не по возрасту живые – как вы задумчиво слушаете стихотворение, которое я сам, сам написал под впечатлением прочитанного томика Лермонтова – в виде редчайшего исключения вы разрешили мне унести его к себе в комнату «...только на один день!».

Эти стихи, кроме вас, Анна Семеновна, не видел никто.

Потом я часто ловил на себе её внимательный взгляд, – так смотрят, когда собираются что-то сказать – важное и необходимое. Он смущал меня и тревожил, мне даже казалось, что я могу ощущать его спиной, покидая её комнату...

Несколько лет спустя, когда ей, наверное, уже было далеко за 70, я заметил в ее руках учебник китайского языка. Она стояла у плиты, следя, чтобы из крохотной кастрюльки не выкипело молоко, и посматривала в самоучитель. «Анна Семеновна, – удивился я, – зачем это вам?». Насколько чудовищна мера бестактности подобного вопроса, адресованного пожилой женщине, в голову мне, разумеется, не приходило. Ну ведь, правда, – зачем ей? В Китай она, что ли, поедет?

На всю жизнь я запомнил ее ответ. И по сей день я вспоминаю его и даже цитирую – когда есть тому подходящий повод. «Видишь ли, – сказала она, глядя куда-то поверх моей головы, – вот заметь: я всегда опрятно одета, я трижды в день чищу зубы. Я знаю, что буду делать сегодня, и планирую все, что собираюсь сделать на этой неделе. Я живу так, будто знаю, что буду жить вечно». Потом она посмотрела на меня, едва дотянувшись, положила мне, как когда-то, сухонькую, покрытую с тыльной стороны старческими родимыми пятнами ладошку на плечо – что было уже совсем нелегко при ее маленьком росте – и добавила, улыбнувшись: «...Хотя, вообще-то, я готова умереть в любую минуту». И, повернувшись, прошаркала войлочными тапочками по паркету к своей двери.

* * *

...А вскоре меня провожали в армию. Повестки были уже у всех собравшихся сегодня в нашей «главной» комнате и еще в крохотной пристройке к кухне: холодная кладовая всякими правдами и неправдами была отцом превращена в дополнительную жилплощадь, позволявшую мне иметь свою отдельную конуру. Умещались там только топчан (теперь я спал здесь), некое подобие письменного стола, сколоченного «по месту» знакомым плотником, и дощатая табуретка с полукруглой прорезью в сиденье.

Сегодня, на проводах, комнатка служила нам неким буферным пространством, куда втискивались отужинавшие, чтобы присоединиться к нестройному хору, голосившему под аккордеон всё, что в те годы пела молодежь. А пели мы тогда вернувшиеся из долгого забвения студенческие куплеты, вроде этих – «Через тумбу, тумбу – раз...», или еще – совсем уже старинные «Крамбамбули» – в которых припев подхватывался всеми присутствующими, и непременно в полный голос.

– Соко-о-о-лики... – а-ой-люли... – поддерживали мы поющего. – Давайте пить... – выкрикивал аккордеонист, он же запевала. – Кр-р-рамбам-були! – вопили гости. Между тем, время перевалило за полночь... Перед моими глазами до сих пор, как будто было все это только что, Анна Семеновна, сжавшая виски ладонями: она мечется по коридору, умоляюще глядя на нас.

Эх, мерзавцы мы, бесчувственные мерзавцы – ну хоть бы кому из нас пришло на ум одернуть орущих!

К шести утра на нескольких таксомоторах почти все мы добираемся до районного военкомата – где-то за Чистыми прудами. Здесь нас отделяют от провожающих: теперь уже совершенно другие парни окружают меня – одетые кто в потасканную телогрейку, кто в совершенно немыслимого вида дедовский зипун, вытащенный из дальнего чулана, кто в старое солдатское обмундирование – гимнастерки, хлопчатобумажные галифе и подобную им рвань. Считается (и впоследствии подтверждается полная справедливость этого суждения), что в армейских каптерках, куда вся гражданская одежда будет сложена по меньшей мере на три года, мало что за время службы сохранится. А раз так – чего рядиться-то?

Все навеселе – кто-то еще не отрезвев от проводов, кто-то захмелился уже поутру. Пить продолжают и здесь – пока втихую, потому что вокруг снуют старшины и сержанты-сверхсрочники, должные сопровождать наш состав. И позже, в теплушках – там пьют уже в открытую. В ход идет всё: у меня и сейчас на губах жив вкус тройного одеколона от путешествовавшей из рук в руки алюминиевой кружки, в которую и мне кто-то плеснул теплой водки. Здесь начиналась другая жизнь – но сегодня не о ней...

Совсем не о ней.

* * *

Вернемся же в нашу квартиру – дней на десять назад. Уже известна дата сбора, мы с родителями наносим прощальные визиты родным, чьи семьи разбросаны по разным, немало отдаленным друг от друга, концам Москвы. И потом, один уже, я объезжаю приятелей. Или – они приезжают ко мне. С соседями мы будем прощаться ближе ко дню моего отбытия. Но вот Анна Семеновна останавливает меня в коридоре и зовёт к себе в комнату.

Она подводит меня к шкафу с русскими книгами, копошится с минуту, пытаясь раздвинуть плотно прижатые друг к другу толстые их корешки, и осторожно, потягивая то за один уголок, то за другой, вытаскивает оттуда конверт. Отогнув клапан, она бережно вынимает из конверта старую фотографию. Это фотопортрет. Необычный ракурс: камера снимала сбоку и немного сзади, и кажется, что объект этой фотографии совсем рядом и смотрит от нас куда-то вдаль – так, что невольно хочется проследить за его взглядом. Черты лица знакомы... Ну да – это Федор Шаляпин.

Правый верхний угол занят надписью, стилистически не вполне совершенной, но весьма выразительной: «Милая Аллочка! Вступая на самостоятельную дорогу в жизненном пути, не всему доверяйся слепо». Дальше следует размашистый росчерк подписи и дата: «24 апр. 913 г. СПб.» Она протягивает портрет. «Знаешь, – говорит она, – мне уже много лет. Ты вот уходишь в армию, а вернешься – меня, может, не будет в живых. Возьми, на память...». Я растерян – не столько щедростью дара, это я смогу оценить лишь годы спустя, – но прямотой, с которой она вдруг говорит о возможности своей смерти.

«Анна Семеновна, ну как же... три года – не так много, мы с вами, конечно же, увидимся... А кто она – Аллочка, кому подарен портрет?» – «Аллочка – это я, – поджав губы, Анна Семеновна смотрит куда-то в сторону. – Так меня называли». Больше ничего она не сказала. Ничего. А я, балбес, и не пытался выудить из нее хоть какую-то подробность, пусть самую малую, определившую наставительный тон надписи, адресованной ей великим уже в те годы певцом.

Конечно же, не увиделись... Спустя два года, когда мне позволен был десятидневный отпуск и я, убегая от патрулей в подходящем к Москве ленинградском экспрессе (в столице шел первый молодежный фестиваль, солдат-отпускников отлавливали в поездах и отправляли обратно в части) – так вот, когда я добрался до нашей квартиры, её в живых не было уже с полгода.

...Анна Семеновна, как всегда, оказалась права.

Спустя почти двадцать лет я снова уезжал из Москвы, на этот раз навсегда. Позади были месяцы полной неопределенности – формального отказа в выезде не было, но не было и разрешения. Подававшие одновременно со мной прошение на право покинуть страну давно уже были в Израиле или в Италии – на пути в Америку, в Австралию, в Канаду. И кто-то уже был там... Мы же, я и сын, ждали. Тому полгода, как я нигде не работал. Время от времени сын, продолжавший по инерции ходить в школу, подводил меня к стеклянной двери балкона.

– Па, гляди, они опять здесь, – говорил он, кивая на прогуливавшегося по тротуару невдалеке от нашего подъезда человека. Неподалеку стояла «Волга», разумеется, черного цвета. Словом, слежка была демонстративная, совершенно открытая. Напугать, что ли, хотели? Так же демонстративно они оставляли после своих как бы тайных визитов в нашу квартиру сдвинутые с места стулья, на столе – вынутые для просмотра из шкафа книги.

Однажды я по-настоящему испугался – мне показалось, что они унесли хранившийся между книг портрет Шаляпина. Портрет нашелся – и я с облегчением перепрятал его, убрав подальше от любопытных глаз незваных визитеров. Господи, да знали бы они о моем наивном тайничке в туалете – достаточно было лишь чуть сдвинуть оргалитовую плитку в потолке, чтобы прямо на голову свалились сотни фотокопированных книжных страниц.

Думаю – просто пугали. Иначе – жил бы я сейчас в Штатах!

* * *

Прошли еще недели. Всё уже оставалось позади: зловредная «Софья Власьевна» (так на московских кухнях называли

советскую власть) пригрозила на прощанье корявым пальцем
– о разрешении на выезд мы узнали спустя неделю после того,
как срок его истёк – и наконец выездная виза, одна на двоих,
была у нас на руках. Теперь времени на подготовку и отъезд
получалось чуть больше двух недель – что всё же было достаточным, поскольку вещей на отправку у нас не было. Это если
не считать книг, с которыми я не хотел расставаться. Те, что
вывозить было не дозволено, я роздал друзьям: и заветный
томик самого первого издания Надсона, и вставленные в
чужой переплет мемуары вдовы Мандельштама, и берлин-
скую перепечатку философа Соловьева...

Коробки с книгами удалось довольно скоро пристроить на
отправку «медленным» грузом. Шел густой снег, сотрудники
грузовой таможни вручили нам, толпящимся в очереди, неу-
клюжие фанерные лопаты: хотите, чтобы скорее – расчищайте
подъезды к складу. Может быть, москвичи-«отъезжанты»
76-го года, если кому-то из них доведется читать эти строки,
вспомнят последние числа марта, грузовую таможню на
Комсомольской, сугробы снега у входа – и сумасшедшего в
сбившейся на затылок нерповой кепке, машущего деревян-
ной лопатой в ритм «Варшавянки»:

– В царство свободы дорогу грудью проложим себе!..

Ау, ребята, этот сумасшедший – я... Не знаю, откуда у нас,
тогдашних эмигрантов, бралась отчаянная, безрассудная
дурость – ведь известно было, что и с подножки самолета
снимали кого-то, почти уже успевшего почувствовать себя за
границей. ...Я пел, отбрасывая лопатой в сторону пушистый,
не успевший слежаться в тяжелые пласты свежий снег. Кто-то
из шурующих рядом со мною посмеивался, кто-то шарахался
в сторону, едва разобрав слова...

Наконец, все таможенные процедуры были (не без помощи
дорогой ронсоновской зажигалки – да что за чепуха, это же
просто сувенир, берите!) закончены – и ящики с книгами
уходят с весов на тележку надежно «смазанного» грузчика: в
его же ведении и деревянные ящики, от прочности которых
зависит сохранность багажа. Незадолго до этого, взглянув на

обложку журнальчика с фривольными фотографиями, забытого среди отправляемых книг, молодой таможенник вскинул брови:

– Это еще что?

– А что такого, я же не привез в страну, я же увожу, – наивно ответствовал я.

– О, если бы привез – мы бы не так говорили! – быстро оглядевшись по сторонам, он незаметным движением смахнул журнал со стола куда-то вниз, следом за зажигалкой. – Конфисковано! – сообщил он мне, ухмыльнувшись, после чего дело, кажется, пошло быстрее.

Но оставались еще фотографии...

У меня, любителя фотодела с мальчишеских лет, скопились многие сотни отпечатков, и, не знаю уж почему, в ящики с книгами их положить не позволили. Отобрав те, что составляли для меня самую дорогую память, я вынул их из альбомов и заложил в толстые конверты. А как быть с портретом Шаляпина? О его существовании знали сотрудники Бахрушинского музея и всяческими способами пытались выцыганить фотографию для своей экспозиции – тем более, что был портрет уникален: как выяснилось, ни в одной шаляпинской публикации воспроизведен он не был.

Мне же расставаться с портретом решительно не хотелось – в конце концов, он для меня составлял добрую память о женщине, мягко, но решительно противостоявшей влиянию на десятилетнего пацана страшной улицы послевоенной Москвы. И пусть старания ее были, чего уж скрывать, не всегда успешны, – память о ней становилась с годами дороже и уважительнее. Была – не была, решил я и засунул фотопортрет среди десятка совсем старых, почти дагеротипных фотографий далеких предков, передаваемых «на свободу» моими родными.

«Наши уезжали в начале века – вдруг найдешь там кого-нибудь», – напутствовали они меня. Эти дагеротипы сослужили свою службу – я действительно нашел родных (вернее, они меня – потом, спустя годы, мы вместе рассматривали старые фотографии), и с их же помощью выехал со мною портрет: пограничник в Шереметьеве пролистнул их веерно – и бросил в чемодан, сочтя неинтересным подробное разглядывание.

...Зато все мои фотографии – и те, где я был снят в солдатской форме, и те, на которых было больше двух человек, – остались провожавшим меня друзьям. Ко мне они все попали, но спустя годы. Фотопортрет же, благополучно миновав вместе с нами границы Австрии, Италии и, наконец, Америки, снова занял свое место. И снова не на стене: чернильная надпись на нем стала бледнеть, и я счел за благо оставить его в конверте – том самом, в котором он достался мне десятки лет назад.

Случается, я вдруг забываю – где он, где хранится прощальный подарок Анны Семеновны. Это может произойти со мной в любой час, даже ночью. Где же он? Потом я, конечно, нахожу его и, не вынимая из конверта, перекладываю в новое, как мне кажется, более памятное место...

Иногда же я достаю из конверта фотографию, рассматриваю её – и наступает момент, когда за чертами Шаляпина, как бы из небытия, проступает передо мною тёмное пространство огромного коридора, из глубины которого медленно, слегка ссутулившись, идет мне навстречу маленькая женщина. На её плечи наброшен широкий, окутывающий всю её фигурку платок, волосы гладко, на пробор, расчесаны, выпуклые глаза внимательно смотрят на меня. Она улыбается и, кажется, готовится что-то сказать. Я хочу, я очень хочу узнать – что она говорит мне? Но вот видение исчезает. Подержав какое-то время портрет, я прячу его в конверт и убираю – до другого раза.

Узнаю ли я когда-нибудь – что не успела сказать тебе Анна Семеновна?[1]

---

1   Рассказ, посвященный этой замечательной женщине, приведен полностью в завершении трилогии.

Часть 2. ...У ПОРОГА

Глава 1. Под шорох иглы патефона...

Близкая моя приятельница, обладавшая звучным, хоть и не вполне поставленным голосом, охотно пела в нашей компании. Были мы все студенты Московского издательского техникума, потом – институтские сокурсники, сумевшие сохранить прочную взаимную приязнь по сию пору.

Сами горланившие традиционные "Колумб Америку открыл...", "Через тумбу-тумбу раз...", но и "Был очень огорчен один усатый тип...", мы охотно слушали Танюшку, а пела она все, что просили собравшиеся, – подолгу и не ломаясь, поскольку очень любила это занятие и даже мечтала о профессиональной певческой карьере.

Просили же мы чаще всего то, что составляло лучшую часть ее репертуара – старые городские романсы, жанр, который власти в те годы помогали широкой публике прочно забыть: во всяком случае, с эстрады, а тем более из радиопрограмм он был тотально вытеснен бравурными Лебедевым-Кумачом с Александровым и братьями Покрассами.

Но жанр как-то сохранялся – главным образом, на старых патефонных пластинках. В Таниной же семье сбереглось еще и немало папок с пожелтевшими нотами – родители ее оба были музыканты высокой культуры, а двоюродный брат после Гнесинского училища и Московской консерватории вырос в известнейшего ныне дирижера Николая Некрасова, чуть позже будет случай назвать его имя снова. Он в свое время научил кого-то из нас бренчать в меру наших способностей на семиструнке, а Таню – еще и множеству романсов, давно, как мы заметили выше, не исполняемых публично.

А сейчас вспомнилось мне, как в модных темно-синих плащах и элегантных белых шарфиках во главе с будущей знаменитостью выкатывались мы из подъезда, соседствующего с тогдашним филиалом Большого театра на Пушкинской (здесь в крохотной старой квартирке жил один из нас), добирались до скверика у Большого, усаживались с гитарами на ограждающий его низкий парапет ближе к углу, что почти напротив "Метрополя", клали перед собой велюровые шляпы – они тоже считались атрибутом высокой моды – и, представьте себе, нам подавали! Ну, не столько образовывалось в шляпах мелочи, чтобы доставало, перейдя проспект, осесть на оставшуюся часть вечера в "Метрополе", да и делали мы все это, конечно же, дурачась... Но все же.

"Дремлют плакучие ивы...", "Всегда и везде за тобою...". Вот, записал я эти строчки – и почудилось, что и сейчас мог бы, взяв гитару, припомнить несколько несложных аккордов – слова-то я точно не забыл. Это, между прочим, сорок лет спустя...

Еще запомнил я в ее исполнении новые для тех лет песенки, своим строем и мелодикой очень близкие к городскому романсу. Пела Танюшка "Клены" – и все мы, даже будучи в определенной степени веселости (хотя, честно сказать, пили мы сравнительно немного, и больше по установившейся традиции), не смели подтягивать ей, но только молча слушали, как она, растягивая в нужных местах слова, выводила:

...И другие влюбленные
Вот под этими кленами
Тоже, может быть, вспомнят
О нашей любви.

Пела она из Ады Якушевой – еще почти неизвестной, а мы почему-то знали имя поэтессы: "Слушай, на время время позабудь...". Простой, трогательный мотив, простые и бравшие за наши юные души слова. Но вот даже и сейчас, когда среди нынешних исполнителей становится модным выйти на публику с давно, казалось, забытым романсом или даже песней военных лет, ни разу не довелось мне слышать эту песенку.

Кажется, именно от Татьяны годы спустя услышал я "Снег". Услышал впервые. Не очень умелая гитара задавала вальсовый ритм, низкое Танино сопрано поддерживало его:

Снег, снег,
Снег, снег,
Снег над палаткой кружится.
Вот и кончается наш
Краткий ночлег...

Мы не готовили себя в геологи, да и вообще тяги к зимовкам под открытым небом не испытывали – разве что Колька Лавров, мой ближайший друг, душа нашей компании, лучше всех овладевший искусством игры на гитаре, иногда утаскивал чуть ли не силой кого-то из нас на Пахру или Сенеж к пробуравленной проруби ловить подмосковных окуньков "на мормышку". А этот "Снег", обойдя десятки казенных и самодеятельных, зовущих "за запахом тайги" песенок тех лет, пришел – и сразу оказался принят чуть ли не за непременную часть ритуала студенческих посиделок.

Знали ли мы тогда автора слов и мелодии? Скорее всего – нет. Да и вряд ли задавались вопросом – кто же это так точно угадал кратчайшее направление к душам нескольких поколений послевоенной молодежи. Вряд ли... Сейчас, когда нам уже по многу лет, с Аликом Городницким мы дружны – а тогда он к нам пришел одним из первых российских бардов – и "Снегом" тоже.

Это потом – как обрушилось: галичевские "Облака", "Бумажный солдатик" Окуджавы, и вслед им – "Атланты", "На материк", "Над Канадой...":

...Над Канадой небо синее,
Меж берез дожди косые.
Хоть похоже на Россию,
Только все же не Россия...

Вот и снова о нём... Мы уже знали, что автор "Снега", как и перечисленных выше песен – Городницкий. Александр Городницкий, – но не многим больше. Да, признаться, и что нам было за дело – кто он, откуда? Геолог? Путешествует? И хорошо – будет больше песен...

Путешествует... Да, Городницкий путешествовал: в геолого-разведочных экспедициях, в краях, откуда, бывало, группа возвращалась в неполном составе; он плавал – по воде на паруснике "Крузенштерн", под водой, погружаясь в батискафах чуть ли не в Марианскую бездну. А еще – экспедиции на Памир, дрейф на станции "Северный полюс"... Замечательный человек – с ним мы еще встретимся и подружимся: в жизни – множество раз, а позже и на этих страницах, давно написана глава, полностью ему посвященная.

А тогда... Наступила эра бардов, современных нам авторов слов и музыки, исполняющих свои песни. Песни, потому и названные "авторскими". Мы собирали уже не только старые пластинки, но и магнитофонные бобины (кассетников еще не было) с записями Кима, Клячкина, Высоцкого. И, конечно, Окуджавы. А когда удавалось, слушали их непосредственно, чаще всего на учрежденческих и институтских вечерах – такая традиция возникла в годы, названные оттепельными. И при немалом давлении, оказываемом на ее хранителей, продолжилась через десятилетия – справиться с ней власти уже не могли. Кому совсем везло – встречались с бардами дома, у общих друзей или друзей этих друзей.

И еще – появился "журнал с дыркой", как называли любители студенческой песни "Кругозор", с вложенной в него гибкой пластинкой (в его создании – немалая заслуга быстро набиравшего популярность Юрия Визбора).

* * *

Первой "консерваторией" моих сверстников-приятелей, естественно, был двор нашего дома: там в конце 40-х, сбившись кучкой на площадке черного хода, затаив дыхание слушали мы блатные песенки, привезенные недавно освободившимся из мест не столь отдаленных Мишкой Рыжим. "Таганка", "Мурка" и "Когда я был мальчишка..." – это из разряда самых безобидных, что мне довелось от него услышать.

В пионерских лагерях нас увлекала другая и, конечно, тоже неофициальная романтика. "Жил один скрипач, молод и горяч, пылкий и порывистый, как ветер...", "Есть в Батавии маленький порт...". Но, правда, и "Огни притона заманчиво мигали"...

Шли годы, с ними пришло, почти отошло увлечение Вадимом Козиным, Петром Лещенко. Именно – почти. Ну как объяснить, что в памяти живо сохраняется звучание тенора, пробивающегося сквозь шорох патефонной иглы? Будто сейчас слышу я манерно выговариваемые певцом слова: "Завял наш бЭдный сад, осыпались листы... Но я храню ваш образ берЭжливо...".

А еще – Марфесси: его "цыганские" пластинки можно было купить у барыг на Коптевском рынке, выменять на того же Лещенко... Правда, связано это было с определенным риском: настоящие пластинки попадались не часто, да и стоили немало, а больше в ходу были отходы рентгеновских лабораторий – плёнки. Укладываешь только что привезенную плёнку поверх настоящей пластинки, опускаешь на нее иглу патефона и слышишь: "Лещенко хотите? Х... вам, а не Лещенко!" И мерзкий смех...

Правда, случиться такое могло только, если ты новичок и не знаешь, у кого берешь товар: постоянные производители записей такого, конечно, не позволяли никогда – их знали меломаны в лицо. Или можно было найти пластинки случайно, как это произошло со мною, в завалах дачного хлама подмосковной "гасиенды" – в Челюскинской жили наши родные...

В те же годы изредка появлялась на эстрадных площадках, главным образом в парках "культуры и отдыха", Изабелла Юрьева, но мы вполне довольствовались ее граммофонными записями. "Весна не прошла, жасмин еще цвел...". "Камин, гори, огнем охваченный...". Это годилось для поддержания интимной атмосферы при соответствующих обстоятельствах – но не больше.

Зато правдами и неправдами проникал я в какие-то небольшие клубы, где выступал вернувшийся из эмиграции

Александр Николаевич Вертинский (о чем – ниже), по многу раз смотрел фильмы ради коротких эпизодов, в которых успел сняться наш новый кумир. С тем же Колькой Лавровым охотились мы за напетыми в таинственных бананово-лимонных Сингапурах дисками, а то и теми же рентгеновскими пленками, из которых извлекалось едва слышимое "Что вы плачете здесь, одинокая глупая деточка..."

* * *

А однажды случилось такое... Наверное, это был 52-й год, ну, может быть, 53-й. Полиграфический техникум занимал трехэтажное строение на углу Петровки и Дмитровского переулка, откуда рукой подать – в одну сторону до ледового пятачка с громким именем «Динамо», и в другую – до улицы Горького, служившей променадом тогдашней молодежи, съезжавшейся сюда – прошвырнуться на «Бродвей» – со всех концов Москвы и Подмосковья.

– Хиляем по Бродвею, – решали мы, срываясь с вечерних занятий. В темно-синих плащах китайского пошива, в темных же шляпах (на шее обязательный легкий белый шарфик-кашне), толстая микропорка подошв – примерно так выглядела униформа стиляг того времени. «Хиляя» мимо заветного Коктейль-холла, что размещался напротив Центрального телеграфа, мы с трудом продирались сквозь толпу крикливых девиц и ребят – «сыров», полубезумных поклонниц Лемешева или габтовской балерины Лепешинской (их так и называли – лемешихи, лепешихи...).

А «сыры» – это потому, что их главным тусовочным местом был находившийся здесь же фасад магазина «Сыры». Они могли устроить бурю оваций своему кумиру, но могли и сорвать чьё-то исполнение в самый ответственный момент, когда певец забирается на верхнее «до» – свистом, несвоевременной овацией – их, конечно, гоняли контролеры и даже милиция, самых крикливых знали в лицо, билетёры по наущению администрации театра стояли на входе грудью, но в зал они как-то всё равно проникали.

Итак, мы – а это были я, Колька Лавров, Толя «Серов» (его настоящая фамилия была иной, но он «сырил» Серова, отсюда кличка) шли по «Бродвею». Пел тогда в Большом Серов, тенор не очень заметный на фоне Козловского, Лемешева, на фоне корифеев вокала Нэллепа, Лисициана, Михайлова Максима Дормидонтовича, Пирогова Александра Степановича – этого «сырили» мы с Лавровым, – потрясающий был бас, к тому же великолепный актер – лучше него я Мельника не помню, лучше его Годунова – не помню. Словом, направлялись мы от исходной точки всегдашнего маршрута – Манежа – вверх, к Пушкинской площади. Там наш «Бродвей» кончался.

Кажется, был с нами и Коля Некрасов, тогда студент Гнесинки, подрабатывавший игрой на домре вечерами в оркестрике Камалдинова перед сеансами в кинотеатрах. Сегодня Николай Николаевич Некрасов – народный артист СССР, заслуженный деятель и так далее... Ну да, это он остановил нас: «Смотрите, чуваки, кто идет!». Мы замерли, как по команде, не сводя глаз с высокой прямой фигуры, одетой схоже с нами – темный плащ, белое кашне, но с обнаженной головой. Идущий нам навстречу опирался на трость, шел, глядя поверх голов, и, кажется, никого не замечая, а может, и правда не замечал – неспешно к нам приближался Александр Вертинский.

Откуда нам было знать, что живет он теперь здесь же, на Горького, 14, и видели его нередко в Елисеевском, куда он заглядывал «...за теплыми калачами, рокфором и ветчиной», вспоминала много лет спустя Марианна, старшая его доченька.

К этому дню я уже имел счастье дважды присутствовать в небольших клубных залах, где допускались его выступления по возвращении из эмиграции (да и узнавал я о них случайно, от кого-то), что по тем временам было верхом либерализма. Правда, потом говорили, и даже писали в мемуарах, что были у Александра Николаевича Вертинского в эмиграции некие «особые заслуги перед оставленной родиной» (ведь неспроста, рассуждали мемуаристы, вернувшийся из эмиграции, три года прожил он в «Метрополе», в номере с роялем). Правы они, нет ли, но исполнитель своих «ариеток» он действительно был гениальный.

Да я, сколько буду жив, не забуду старичков и старушек в старомодных костюмчиках и вечерних платьях, хранившихся, видимо, без употребления десятилетиями в сундуках и комодах. Они заняли здесь, задолго до начала, первые несколько рядов. И не было им дела до причин и подробностей возвращения в страну кумира их молодости... Зал затих, но едва на сцену вышел из боковой кулисы Вертинский, они, как по команде, встали и первыми зааплодировали. Я не уверен, что в тот вечер все в зале знали, кто он – Вертинский, а так, прочли на доске объявлений клуба – и заглянули, вечер свободный, почему бы нет...

К роялю прошел невысокий человек, положил руки на клавиши. Это был он – Брохес, чье имя десятилетиями помещалось на граммофонных дисках, выпущенных зарубежными фирмами (чаще всего к нам попадали пластинки «Супрафона»), – строкой ниже, сразу под именем певца. Вертинский молча оглядел зал, отвечая на аплодисменты, склонил голову, немного прождав, поднял высоко над головой руки, согнул их в запястьях и речитативом, заметно грассируя, произнес: «Над г-о-о-озовым мо-о-о-гем вставала луна... во льду зеленела бутылка вина...».

Да и можно ли забыть такое – старички и старушки с передних рядов дружно достали платочки из ридикюлей, из нагрудных карманов пиджаков, приложили их к глазам и так просидели до последних аккордов: «...Нет, вы ошибаетесь, д-у-уг до-огой – мы жили тогда на планете д-уго-о-о-й!».

И в последний раз слушал я Вертинского в Ленинграде. В клубе офицеров, кажется. Сорвавшись в самоволку из части, где отбывал положенные три года обязательную воинскую повинность, переодевшись у родных, живших на Старом Невском, в гражданское, я мало рисковал наткнуться на кого-нибудь из наших – публика, заполнившая зал, была преимущественно штатская и всё больше пожилая – из сохранившейся части ленинградской интеллигенции, чудом не задетой лопастями сталинской мясорубки. И – войны. Ну как про них пел сегодня Вертинский: "...И давно уж не моден, давно неприличен ваш кротовый жакет с легким запахом амбр...".

Если память меня не подводит, в этот самый вечер, в какой-то момент, Вертинский после второй или третьей песенки вдруг опустился на одно колено и стал шарить ладонью по полу, придерживаясь другой рукой за стойку микрофона. Зал напряженно молчал минуту, другую, занавес затянули, люди, оставаясь на стульях, сначала шепотом, потом уже в полный голос переговаривались в ожидании: что случилось?..

Но вот занавес уполз, снова открыв сцену, раздались вступительные аккорды. "Мат-го-сы мне пели п-го ост-гов...", – грассируя, продолжал Вертинский. Как бы и не было этого неожиданного перерыва. А было вот что, рассказали потом: Вертинский заметил, что из манжеты выпала запонка, вероятно, очень недешевая, и пока ее не нашли, петь он отказывался.

Прошел день или два, в "Вечернем Ленинграде" появилась крохотная заметка: "Скончался артист Александр Николаевич Вертинский...". Ни подписи, ни слова сочувствия родным. Выходит, мне случилось быть на его последнем выступлении. На самом последнем.

Спустя десятки лет популярность Вертинского вернулась в страну – с многократно умноженной силой, в чем недавно я убедился, оказавшись приглашенным на вечер его памяти в Дом журналиста: его "ариетки" исполнял молодой человек, мы с ним только что познакомились в ЦДЛ, откуда и это приглашение. Он старательно грассировал, подражая Вертинскому, что, наверное, было совершенно необязательно – и без того он довольно точно передавал интонации, подслушанные скорее всего в граммофонных записях.

Или на компактных дисках: сегодня их можно приобрести в каждом ларьке, оттого, думаю, и зал в этот вечер был полон. Жаль, не вспомню фамилию молодого человека – он действительно был обаятелен, очень. Хотя бы и тем, что возвращает сегодня россиянам имя замечательного артиста. И всё же – не больше... Странное чувство подсказало мне последнюю фразу: наверное, это ревность к памяти Вертинского – ведь казалось, что только мы, моё поколение, храним старые грамзаписи, знаем, любим его песенки, а стало быть, располагаем правом собственности на память о нем.

* * *

Если уж об армии – как не вспомнить Сашку Остренина, баяниста и песенника, с его "Малышка спит, колышет ветер шторы...". В недавнем телефонном разговоре со Смеховым – Веня готовился через день участвовать в популярной российской телепередаче, посвященной самодеятельной песне, – я напел ему из набора остренинских песенок полублатную, но допущенную старшиной к неофициальному исполнению в казарме перед вечерним отбоем "Я лежу в окопе тесном узком, прижимая к сердцу автомат, вспоминаю шелковую блузку, бывший урка, а теперь солдат...".

Веня вопил от восторга на том конце провода: "Я непременно покажу ее Эдику! (Э.Успенскому, ведущему телепередачи "В нашу гавань заходили корабли..." – А.П.). Не знаю, показал ли – передачу я не видел, да и текст послать ему не успел, хоть и обещал. А Остренина встретил я случайно на улице в районе Красной Пресни много лет спустя – в качестве, как он не без некоторого смущения сообщил мне, инструктора тамошнего райкома партии...

Хотя определенная тяга к общественной деятельности наблюдалась у Сашки и тогда, в армии: самодеятельные концерты, отдушина в солдатских буднях, привлекала всех мало-мальски способных – будь то бренчание на балалайке или чтение стихов ("художественным" его можно было назвать с большой натяжкой) – ни один из них не обходился без Остренина, он-то их и готовил.

В один из таких концертов я сидел где-то в первых рядах, обернулся к сидевшему на стуле за мной повару, дремучему выходцу из западной украинской деревеньки, и предложил ему, вполне миролюбиво, трепаться с соседями чуть потише.

– Мешаешь же, – шепнул я ему.

– Заткнись, жидовская морда! – прозвучало это негромко, но так, что сидящим неподалеку было слышно. Я и сейчас помню, как, ни секунды не задумываясь, обернувшись, сильным ударом в лицо сшиб его со стула, раздался грохот. В зале повисла тишина, напряженная: видимо, все выжидали реакции сидевшего здесь же командира взвода, старшего лейтенанта Муравьева.

Наверное, он поступил правильно, сделав вид, что ничего не слышал и что вообще ничего не произошло. А ведь десять суток "губы", может, даже и гарнизонной, мне светило, как пить дать.

Армия, армия... Здесь стоит рассказать об одном из нарядов, гарнизонном, в который мне довелось однажды попасть, – то есть, на дежурство по Ленинградскому гарнизону. Такие наряды набирались из разных воинских частей округа, и существовала так называемая разнарядка для попавших в них: направляли кого – куда. А выбор (конечно, не от нас зависящий, это решало начальство – дежурный офицер по городу) был немал. Патруль по улицам города, например... гарнизонная гауптвахта – тоже не худший вариант... охрана военных объектов, скверно – если зима и если дежурство наружное...

Но и не только военных – так мне досталось однажды дежурство, обстоятельства которого я помню по сей день и когда приходится к месту – непременно о них рассказываю. Сделаю это и сейчас, раз уж вспомнилась армия – из трех лет службы память сохраняет самые яркие эпизоды, вроде этого маленького чуда, когда я не только избежал наказания, но и в лице избитого повара получил источник дополнительных порций в обеды, очень он зауважал меня после того случая – раб, он и в армии раб, вдвойне.

Так вот, в один из гарнизонных нарядов досталось мне ночное дежурство в коридоре «Большого дома», кто не знает – так называли Ленинградское управление КГБ: из его окон, говорили, Сибирь видна... Четыре часа дежурства тянулись томительно долго: длинный коридор заперт с двух сторон, вдоль него опечатанные наклеенными лоскутами бумаги с гербовыми печатями двери, иные – и с навесными замками, не заглянешь, да и зачем бы...

Прихваченная городская газетка прочлась быстро, ничего другого с собой не оказалось – только и была в кармане шинели записная книжица, куда я время от времени заносил мысли, казавшиеся мне важными. Так и сейчас... Мыслей стоящих сегодня оказалось не густо... Совсем не густо, зато спать хотелось, как и положено ночью молодому и здоровому младшему сержанту советской армии.

И хорошо, что иного не оставалось, как только курсировать по коридору вперед-назад... вперед-назад: сто метров туда, сто – в обратную сторону... Я и не вспомню сейчас, чем привлекли мое внимание сваленные перед одной из дверей картонные коробки – было их там две или три. Их крышки не были плотно закрыты – так, верхние сторонки были небрежно зацеплены одна за другую. Мусор не успели выбросить, подумалось патрульному, он и зацепил носком сапога крышку одной из коробок.

В неярком свете дежурных ламп блеснули стеклянные пластины – негативы, такие, какие я, подросток, проявлял в пластмассовых кюветах, осваивая допотопный «фотокор». Я взял лежавший сверху, поднес его ближе к свету и стал разбирать текст, плотно занимавший всю пластину.

– Почему, почему я не заметил эти коробки хотя бы часом раньше! – корил себя я потом многие годы, да и сейчас корю. И вы поймете, почему. Приведу по памяти содержание тех нескольких пластин, что я успел прочесть.

«Комиссару государственной безопасности (следовала фамилия). Рапорт. 14 ноября 1942 года на Пискаревском рынке гражданин Чуркин В.В., проживающий по адресу (такому-то), распространял слухи о поджоге продовольственных складов города и о предстоящем голоде, чем сеял панические настроения среди присутствующих граждан. Гражданин Чуркин В.В. задержан по моему предложению и препровожден дежурным милиционером в районное отделение милиции, где содержится в настоящее время до получения указаний». Далее следовала подпись: „оперуполномоченный, старший сержант госбезопасности, скажем, Пупкин П.П."

Другие негативы в этой и в соседних коробках содержали рапорты того же Пупкина о подслушанных им разговорах на трамвайной остановке, в очереди в булочную, у колонок, откуда граждане осажденного города добывали воду...

«Скоро в город войдут немцы... – вел провокационные разговоры гражданин... он задержан.....». Подписи, читавшиеся на этих стекляшках, были того же Пупкина. Лейтенанта Пупкина... Старшего лейтенанта Пупкина...

И дальше оказались – рапорты, обращенные к капитану госбезопасности Пупкину... майору госбезопасности Пупкину... Нетрудно сегодня предположить, где те граждане, на кого стучал товарищ Пупкин, на кого ему стучали. Хотя, кто знает, что стало потом с самим Пупкиным – с ними ведь всякое случалось. Только я сегодня не об этом. Даже совсем не об этом. Просто вспомнилась армия.

* * *

Приносил нам в казарму какие-то песенки (хотя чаще стихи) из увольнительных двадцатилетний поэт Сережка Артамонов – нас одновременно загребли в армию из Москвы, везли в Ленинград в одной армейской теплушке, здесь мы с ним сошлись и подружились на последующие годы. Стихи его тех лет выдавали незаурядный поэтический дар автора и поражали зрелым мастерством. Из запомнившегося вот фрагмент из нескольких строк – о парнишке, он умирает, у него чахотка:

...На улице мокро, зонты и тучи,
Скажите, доктор, мне будет лучше?

Мне только девятнадцать,
Я хочу жить...
Скажите, доктор –
Двадцать мне никогда не будет?

Из чужого же, помню, приносил он охальные двустишия-эпиграммы, вроде таких: "Я не лягу под стилягу", "Молодому поэту: писал про нежность, а сам – промежность", "Стыдливой девушке: она, краснея от стыда, шептала – милый, не туда...", ну и так далее. Или, вот еще вспомнилось: "Она была бледна ужасно, когда шагала под венец – она была на всё согласна, и даже на худой конец...". Демобилизовался и Артамонов. Его и по сей день помнят в московском литературном мирке, главным образом по службам в журнальных редакциях.

Спустя деятилетия мне повезло найти его в Париже – Сережка когда-то намекал, что состоит в далеком родстве с Инессой Арманд (не отсюда ли русское "Артамонов?"). Вот и Париж, наяву, взаправду. А стихов он давно не пишет, как-то неохотно, отвечая мне, заметил Сергей. Теперь он режет по дереву, и из-под его резца выходят удивительные иконы – о чем не так давно была пространная иллюстрированная публикация в московском "Огоньке".

Вот такое получилось отступление. Память – она как ловушка, попал в неё – и выкарабкиваешься, пока не отпустит...

* * *

Мы не просто любили музыку... Эти слова ты услышал десятилетия спустя от замечательного музыканта, с кем и не чаял встретиться когда-либо... да еще у себя дома, за тысячи верст... или миль... или километров от родных мест – как кому нравится, а пока – пока вот что.

Москвичи твоего поколения – и не только они, должно быть, помнят этот ледовый пятачок, затесавшийся меж жилыми кварталами самого центра города – на Петровке, неподалеку от Столешникова переулка. На беговых коньках сюда не пускали – не та площадь. Зато на сточенных под фигурные коньки "гагах" ("канады", больше подходившие для самодеятельных пируэтов, которыми славились московские пацаны той поры, были далеко не у многих), на этих самоделках – сколько угодно! Вы и пропадали на вашем пятачке многие часы – нередко за счет занятий в учебном заведении, расположенном совсем неподалеку, в Дмитровском переулке.

Но не только близость ко льду привлекала вас сюда. В те годы любая ритмичная музыка, напоминавшая джазовую, а тем более настоящие синкопы, звучавшие с заезженных до почти полной их неслышимости пластинок предвоенной поры или привезенных из-за границы и чудом попавших в ваши руки, были для вас притягательны: они как бы приобщали слушателя к особому клану посвященных в это великое таинство – трепетное поклонение джазу.

Повторим все же: что никак не мешало вам занимать с ночи очередь у касс Большого театра, когда там выбрасывались билеты на будущую декаду – чтобы в десятый раз попасть, скажем, на "Русалку" или "Годунова" – если в них, скажем, пел Александр Степанович Пирогов.

* * *

Так вот, этот крохотный, по московским понятиям, каток, носивший по каким-то причинам громкое название "Динамо" (кажется, он принадлежал этому спортивному обществу), особо привлекательным был для вас оттого, что там звучала настоящая джазовая музыка. Пусть чаще всего советская – Цфасмана или оркестра Утесова, но со всеми атрибутами настоящего джаза – не самого последнего в ранжире всемирно известных исполнителей. Да, это был джаз!

А уж когда доставалось попасть на заграничный фильм – песенки из него немедленно становились вашими шлягерами, естественно, и со словами, придуманными кем-то из ваших же. И почему-то чаще с непристойным смыслом. Ну вот, «Чаттануга Чуча» из «Серенады Солнечной долины» – откуда вам было знать, что там было у Гленна Миллера, зато вы пели: «А на полу сидела муха, а муха та была баруха...». И поскольку вы только и могли различить слово «чуча», то и получалось: «О бэби-бой, обоеполая кобыла, о бэби-бой, двоякодышащая лошадь, о бэби-бой, у вас торчит из ... чуча». Вспоминать неловко, но ведь было. Было!

И, конечно, сленг «лабухов», джазовых музыкантов: «лабать» – играть на саксофоне, на любом духовом инструменте, на барабане, «кочумай» означало «перестань», нотосочетание «до-ре-ми-до-ре-до» – «а пошел ты на...», «сурлять» – пойти до ветру, деликатно выражаясь. Ну и так далее... Пользоваться им означало чувствовать себя приобщенным к особо почитаемой касте.

С начала пятидесятых к упомянутым выше именам советских титанов прибавилось еще одно – Олег Лундстрем. Знали вы про Лундстрема совсем немного, и потому вокруг имени его ходили легенды: кто-то говорил, что он освободился из тюремного заключения, чем удивить в те годы было трудно, и потому вы верили в такую возможность... Кто-то утверждал, что он вернулся из-за границы, где выполнял некую важную государственную миссию...

Как бы то ни было, но оказаться в саду Баумана, например, в день, когда выступал этот коллектив, считалось большой удачей. А вот над катком "Динамо" джазовые мелодии, не объявляемые дикторами, но просто несущиеся из подвешенных над раздевалками и по бортам площадки "колокольчиков", слышались почти всегда, что в особой степени способствовало популярности сего замечательного места. И многие из этих мелодий были записаны в исполнении джаза Олега Лундстрема. В общем, тебе было что вспомнить из лет, составивших начало 50-х, когда он оказался у тебя дома, и об этом ты расскажешь после – в главе, посвященной той встрече.

Но ведь этой встречи могло бы не быть, как ничего для тебя не было бы вообще после марта 53-го. Тебя бы не было...

Все занятия остановлены, уроки отменены на ближайшие день-два. На сколько? - никто точно не знает. У преподавателей мокрые глаза, кто-то, не сдерживая рыданий, шепчет: "Что же теперь будет... с нами, со страной...». Студенты притихли, обсуждая вполголоса - что дальше делать?

Кинотеатры – закрыты, каток, наверное, тоже. Репродукторы не выключаются во всём городе, из них доносится медленно и торжественно выговариваемое Левитаном: «Прощание народа с товарищем Сталиным Иосифом Виссарионовичем состоится в Колонном зале Дома Союзов...». И ещё – вместо него, кто будет?

Это совсем рядом, половина квартала – и вы на Пушкинской. Идем? Пошли – дошли до пересечения Дмитровского с Пушкинской улицей – стоп! Здесь только что появились конные милиционеры, они перегородили перекресток. Всё – дальше не пройти. За ними сразу же, на ваших глазах, образуется второй заслон – грузовые автомобили с военными. Ну, решись вы получасом раньше – уже стояли бы в очереди одними из первых – а теперь она протянулась куда-то к площади, к бульварному кольцу, хвоста ее уже и вовсе не видно.

– Пацаны – в обход!

Идём, только куда? Назад, по Дмитровскому к Петровке, там можно проходными дворами выйти обратно, на Пушкинскую. Нет, уже – не можно: все ворота плотно закрыты, их охраняют патрульные солдаты, милиция – где как. Закрыты и двери подъездов: квартирами можно было бы, через черный ход, попасть во двор, дальше проще. Уже – нельзя. Вы поднимаетесь по Петровке к бульварам – может, пройдем через площадь?

Поздно – перекрыты все подходы к Пушкинской. Остается идти вдоль бульваров, чтобы потом свернуть где-нибудь в сторону Садового, а там – прорваться к Пушкинской, пристроиться к очереди, конец которой теперь вообще неизвестно где. Так вы доходите до Трубной площади. Продолжать?

Вот тут и происходит чудо: вам удается выбраться оттуда живыми – через чьи-то квартиры, по высокой каменной стене, к ней вы оказались прижаты обезумевшими людьми. Кто-то из-под ног напирающей толпы воет нечеловеческим, последним, предсмертным воем. Кто-то хрипит рядом с вами, распластанный вдоль стены – этот кто-то мог оказаться тобой.

И не бренчать бы тебе под гитарку «Шеф отдал приказ – лететь в Кейптаун, говорят, что там зеленый мавр...». Мелодия, известная вам как «Танго журналистов», вскоре получила новый вариант слов: «Приди ко мне, моя чува, тебя люблю я – за твои трудодни дай поцелую...». И не твистовать с девчонками под «Чаттанугу-чу-чу»... Всё – об этом хватит.

Глава 2. Там, на Якиманке

...Да, там ты впервые услышал Евтушенко, читающего свои стихи. Москва, Якиманка (тогда улица Димитрова), Литературный музей. Кажется, шел 58-й...

А спустя четыре полных десятилетия вы сидели с ним за тысячи верст от Якиманки и вообще от России.

– Помнишь?

Ты придвинул магнитофон ближе к сидящему напротив, по другую сторону журнального столика, Евтушенко – так запись будет надежнее, он же, обращаясь к тебе, неторопливо рассказывал:

– Вот ты присутствовал на том выступлении и знаешь, что оно действительно было первым, когда я, молодой поэт, впервые за все послевоенные годы был допущен выступить перед публикой. А сейчас расскажу одну вещь, которую ты не мог знать. Там, по Якиманке, проходила правительственная трасса. И много лет спустя, на Кубе, Микоян рассказал мне, как он впервые услышал мое имя.

Обычно он ездил по Димитрова. Мимо Литературного музея правительственная машина всегда проезжала нормально, без препятствий, а впереди шла машина с охраной. И вот вдруг Микоян увидел толпу, перегородившую неширокую улицу. Машина затормозила.

– Что это? – спросил он. – Что здесь происходит?

– Как – что?! – ответили ему.– Евтушенко!

– Я, – говорит Микоян, – сначала не понял, я даже не сообразил, что это фамилия.

– Ну, и что это такое? – переспросил у стоящих неподалеку.

– Поэт! – ответили мне громко и с презрением, даже узнав меня. И после этого я запомнил ваше имя, – досказал Микоян.

– Это было мое первое публичное выступление, – продолжал Евтушенко. – А дело в том, что тогда не было индивидуальных выступлений поэтов: они выступали только коллективно – за исключением юбилеев. Зал в Литмузее был очень маленький, и его чуть ли не разнесли. У меня сохранилась фотография, сделанная с улицы: в окнах стоят люди.

– Да, – вспоминал ты, – я был одним из них – у окон. Меня протащил на этот вечер Володя Киршон, наш общий приятель. Помню все в деталях: стоит пижонистый Евтушенко – белая рубашка, черный галстук, шарфик, по-моему, какой-то светлый на шее: ты объяснил, что простужен... Зал был забит, на улице собралась толпа не сумевших попасть внутрь. И ты, раздвинув нас, подошел к окну и стал читать тем, кто оставался на улице. Я все это так отчетливо помню... Когда мы подходили к зданию, я подумал: «Быть и нам на улице». Киршон говорит: «Мы сейчас пройдем!» – «Как это?» – засомневался я. – «А вот пройдем!». И мы действительно прошли – спасибо брату Киршона, Юре, с которым ты, помнится, близко дружил.

– Потом, много лет спустя, – вспоминал Евтушенко, – Володя работал у меня заместителем директора картины... А тогда... Дело все в том, что тогда тиражи книг были катастрофически маленькими. Сейчас мало кто может себе представить, что, например, книги Пастернака и Мартынова, изданные тиражами 3 или 5 тысяч экземпляров, лежали спокойно на прилавках – их везде можно было купить. Не было массового интереса к поэзии... А потом он вдруг хлынул. Люди переписывали стихи в тетрадки, солдаты не раскуривали на самокрутки газетные листы со стихами.

* * *

В редакции «Литературки» – она давно переехала с Цветного бульвара (для своих – с «Трубы», потому что рядом

Трубная площадь) в район Сретенки – ты бываешь, приезжая в Москву. Правда, теперь – реже.

Написал «Цветной бульвар» – и вспомнилось многоэтажное здание редакции, солидные кабинеты руководства (куда тебе не случалось попадать), но зато и зал, где происходили читательские или клубные встречи с литераторами – память об этих встречах до сих пор в тебе живет. Да и фотографии отчасти сохранились – спасибо твоему увлечению.

Вот жестикулирует со сцены Василий Захарченко: «У меня замечательная профессия – я путешественник!». Африка... Канада... Новая Зеландия... Еще бы — редактор популярного журнала, свой человек в Отделе пропаганды ЦК. Ну и так далее... И в другой день – недавно выпущенный из лагерей Алдан Семенов. Этот вспоминает другое. «Прохожу я мимо помойки, кто-то роется в объедках, хотя какие там объедки – в лагере? Подошел ближе, гляжу - Киршон...». Владимир Киршон, отец моего приятеля Володьки Киршона, успешный советский автор (помните «Чудесный сплав», например?), - из лагеря он не вернулся. А в другой вечер читает свое Леонид Мартынов, с замечательным, с необыкновенным умением, позволявшим вроде бы совсем обыденным словам, поставленным в его строфе рядом, вдруг зазвучать сочно и особенно: «Вода благоволила литься... Она блистала столь чиста...». Кто-то про него, помнится, выразился: «Мартынов пишет, будто берет каждое слово острием иголки...».

А еще литературные семинары, которые вела рано ушедшая из жизни молодая поэтесса Ирина Озерова.

И уж совсем отдельное - посиделки в пивном баре, в подвале Дома журналиста на Суворовском бульваре с ребятами из редакции: какой там был замечательный треп и какие подсоленные ржаные сухарики, подаваемые к пиву, какие раки! Нет уже многих из твоих тогдашних приятелей, как, впрочем, нет и того бара - а есть теперь новое, подвальное же заведение, пристроенное к фасаду дома, где открытым, недорогим по нынешним московским ценам шведским столом предлагают скверно приготовленные суши или что-то похожее, и еще какую-то, в общем, съедобную, чепуху.

Но и дом на Цветном бульваре уже не тот. Здание занято множеством контор, среди которых есть и издательские. В один из приездов тебя завел туда Арканов — его приятель Виктор издает группу газет очень успешных и очень желтых: бизнес один из самых востребованных в сегодняшней России, но сейчас не об этом. Хотя и об этом – тоже...

А тогда... Ты сидишь с Игиным за столиком у стены, разрисованной и исписанной грифелями: здесь завсегдатаи оставляли о себе память двустишиями, шаржами, думали – навсегда. Какой там – навсегда... Художник рассказывает о Светлове, они тесно дружили. Потом (вы оба в легком подпитии) ты провожаешь его до Кировской, кажется, там живет его дочь, Игин в давно не новом демисезонном пальто, в валенках, поверх них — галоши. Таким ты его запомнил.

* * *

Офисы Виктора занимают здесь полный этаж, но, кажется, отчасти помещаются и на других этажах тоже. Экскурсия грозила затянуться.

Смертельно хотелось есть. «Все, – шепнул я Арканову, – если Виктор не с нами, едем, ему передашь мой привет». Оказалось – с нами, и спустя полчаса мы втроем сидели за столиком, отгороженным от соседних аквариумами с живыми рыбами, и с какими! Прямо за мной лениво шевелила плавниками черная пятнистая рыбина: мурена – догадался я. Сидеть к этой зловещей твари спиной стало как-то неуютно.

– А можно ее зажарить? – обратился я к прислуживающему нам молодцу, одетому в адмиральскую, что ли, форму.

– Отчего, можно... если не шутите.

Конечно, я шутил, и он это знал тоже. Краем глаза я следил за Виктором – после аперитива он стал заметно развязнее, пробежав глазами меню, заказал десяток блюд, не глядя на цены. «Лихо», – отметил я про себя: здесь нет блюда дешевле

50 долларов (это в тех случаях, когда цена проставлена. А чаще – она просто не была указана).

– Дешевле сотни ничего там нет, – шепнул мне Арканов, когда мы, изрядно навеселе, покинули «Крабхауз», выйдя на Горького. И я вспомнил: именно здесь, на втором этаже, размещался «Коктейль холл» – почти напротив места, где мне случилось впервые увидеть вживе Александра Николаевича Вертинского... Джип Виктора укатил в сторону Пушкинской, а мы с Аркановым не спеша прогуливались по «Бродвею» еще с полчаса. Потом и мы разошлись по домам...

Глава 3. Авторханов и другие

Переделкино, май 2002-го. Домик-музей Булата. Совсем недавно дача, наконец-то, стараниями вдовы поэта Ольги и, конечно, не только ее, получила статус музея – государственного. Это может означать какие-то новые средства.

Но может и не означать...

А пока все держится на доброхотах. Сохранить бы домик, не дать ему разрушиться, сберечь бесценные экспонаты. Нет у них другой выгоды...

Сберечь теперь, когда Булата не стало... Их совсем немного, имена их не всегда на слуху. Вот – Ришина. Ирина – многолетний куратор домика-дачи Булата, места, где ему писалось, где его навещали счастливчики, те, кому это было можно. Здесь остается все, как при нем, – будто никогда он не покидал Переделкина, не покидал нас, чья жизнь необратимо обеднена уходом Булата.

Вот комната, пройти по ней и не задеть колокольчики, свисающие с книжных полок, с оконного карниза... Булат любил колокольчики, сам подвешивал их к потолку, к лампе... их собралась коллекция, одна только она – уже музейный экспонат – сотня, две, три экспонатов, их присылали отовсюду. Сначала Булат привозил из поездок, потом их стали слать со всех концов страны, из других стран, отовсюду. Булат по сей день почитаем. И даже – больше.

Прийти сюда – это как вернуться в "тогда", в прошедшее. И кажется, будто Булат вот-вот скажет "Ну, пока..." Рыбакову, живущему совсем неподалеку и составляющему Булату компанию в его прогулках по переделкинским улочкам-аллейкам. Нет – "жившему", "составлявшему", потому что Рыбакова тоже не первый год нет. Булат открывает калитку, рука его прощальным жестом приподнимается, он боком проходит за ограду дачи и, не торопясь, поднимается по невысокому крыльцу, входит в домик.

Вот Булат протянет руку к выключателю: в крохотной прихожей, справа, всегда распахнутая дверь в кухоньку, зажжется неяркая лампа в абажуре над столом в гостиной. Она же – столовая, она же – приемная, когда Булата навещали коллеги, друзья, просто книжные люди. И последняя комнатка – это та самая, с колокольчиками. Однажды она тебя здорово выручила: вы с Ольгой приехали в Переделкино, а правильнее сказать – она тебя привезла, ты за день до того жестоко отравился, и это уже отдельная история, а в тот день вел встречу Евтушенко, у тебя едва хватило сил кивнуть ему с порога и дойти до комнаты с колокольчиками. Здесь на узкой спартанской тахте ты в полудреме провел несколько часов...

В общем, и по сей день все здесь так, как было, когда здесь жил Булат. Только появившаяся в последнюю очередь постройка – бывший сарай – существенно преобразилась, стала двухэтажной. Теперь здесь – служебные помещения: крохотный коридорчик, две комнаты, слева и справа – в них едва умещается по письменному столу – и задняя – "зал", где могут собраться человек двадцать, двадцать пять от силы, столько здесь стульев.

Здесь происходят "камерные" встречи: на твоей только памяти здесь выступали поэты – Евтушенко, Городницкий, Вознесенский, Соколов, Ахмадулина, выступал сын Пастернака. Выступал Вячеслав Иванов и, конечно, "метропольцы" – Аксенов, Гладилин, Попов Женя, Ерофеев Виктор, разве всех назовешь! Встречи здесь – каждую неделю по выходным. Неловко тебе упоминать себя в этом ряду – но случилось побывать здесь и тебе "докладчиком". А теперь – уже дважды...

И еще, позади дома выстроили помост-эстраду: здесь поют под гитару, свое и Булата, здесь читают стихи. И тогда скамьи и стулья, занимающие остаток территории дачи, едва вмещают пришедших, приехавших. Здесь остаются, даже если погода гонит в дом, под крышу: есть же зонты, плащи. И все остаются. Не пустует в такие дни и дощатый просторный стол – он рядом со скамьями. Чаепития с баранками – это тоже здесь традиция. Бывают пития и не только чая – правда, только по очень специальным датам.

Сегодня – как раз оказия специальная: Булату на его Арбате установлен памятник. К тебе подходит Юра Щекочихин, он уже не просто корифей разоблачительной журналистики, он депутат Государственной думы. "Узнаешь?" – Щекочихин подводит к тебе мужчину примерно наших лет. Ты всматриваешься в лицо, нет – все же незнакомца. – "Да Жаворонков я, Жаворонков!" – "Генка!". Вот ведь как: теперь Генка – журналист "Общей газеты" и очень ценим Егором Яковлевым. Дальше происходит такой диалог:

– Руфина не доложила!

Ты вспоминаешь: Руфина была начальником службы, куда тебе удалось пристроить Жаворонкова.

– Чего – не доложила?

– Да одной фотобумаги не досчитались тогда коробок двадцать, а то и больше. Она же могла нас всех засадить! Ты что, забыл, сколько мы намножили одного только Авторханова. А Володьку Парийского взяли вскоре после твоего отъезда.

* * *

Ты был знаком с Авторхановым. Но уже много лет спустя. Теперь правильно было бы сказать – имел привилегию быть с ним знакомым. Сначала заочно – через томики его "Технологии власти", отпечатанные на тончайшей бумаге "тамиздатом" – эти посевовские издания ты встретил многие годы спустя уже в эмиграции. В Италии, потом здесь, в Штатах... И не только в магазинах, не только в каталогах книготорговцев, но и предлагаемые бесплатно благотворительными организациями, как-то связанными здесь с потоком людей, устремленным при первой возможности из Советского Союза на Запад.

Ты хорошо помнишь: недавние граждане СССР, теперь эмигранты, с неподдельным ужасом, внедренным в сознание опытом всей их предшествующей жизни и вывезенным с собою, – здесь, в Америке! – отталкивали от себя эти книжки. Страшно!.. Могут взять!..

А тогда, на исходе шестидесятых, вы как-то умудрялись, обернув в газетные листки, читать их в городском автобусе, не всегда даже понимая, сколь чудовищен риск, которому вы подвергали себя, друзей, давших на несколько часов эти томики, или тех, кто ждал их к вечеру того же дня – желательно в умноженном уже количестве за счет отснятой фотопленки или бумажных копий.

Но не только. Несовершенны были те ксероксы, едва попавшие в российские учреждения и находившиеся под самым бдительным надзором спецотделов. Солженицын, Бажанов, братья Солоневичи – все это пришло к вам потом... Кто-то из твоих друзей тех лет наверняка прочтет эти строки и вспомнит вместе с тобой странички вашей жизни, которые ты перелистываешь сегодня.

Спустя годы ты, сам не веря себе, знакомился с Авторхановым – уже по-настоящему – здесь, в Лос-Анджелесе. Готовились его встречи с читателями газеты, кто-то из них мог знать имя гостя только понаслышке, и уж никак не были знакомы с его книгами – да и как могли бы? Это понятно.

И вот теперь ты проводил с ним многие часы, возил гостя по городу, сидел в застольях у общих друзей – это были преимущественно живущие в Калифорнии представители немодной теперь национальности – чеченцы, как и сам он. Все эти дни тебя не оставляло ощущение, что ты соприкасаешься с самой Историей.

А впрочем, так оно и было...

Глава 4. Кажется, разгоняют...

Калифорния, год 2004. Которую неделю ты собирался поставить объявление в газету, и наконец... Всего несколько строчек: просьба позвонить – обращенная, если не к нему самому, то к знающим новый телефон Кагана. Михаила Евсеевича Кагана – недавно его номер сменился. Как его найти? Когда ты составлял текст объявления и когда передал его в газету для публикации, Каган был жив.

Газета вышла именно в тот день, когда его не стало. О кончине Кагана тебе сообщила его знакомая на другой день. Один день, всего один день... И вот – обширный инфаркт.

Самое время вспомнить 1964-й. Стрелки на часах – оборот за оборотом... оборот за оборотом... Их снова не видно. А видно вот что.

Институтский ромбик, приложенный к диплому, – итог шести лет занятий вечерами. Где они, эти вечера? – да там они, вместе с твоей молодостью остались на Садово-Спасской в обветшалом особняке института. Остались там и дни на политиздатовских фотоучастках. Отслужившего в армии, тебя туда взяли, а так бы – вряд ли. Госполитиздат же! Сохранились в памяти колбы со спиртом-ректификатом, в каких-то случаях спирт был необходим по производственным обстоятельствам. Производственным? Сами понимаете. Инженер-лаборант Бельченко с хитрым видом сообщал – скоро зайду. Разумеется, не с пустыми руками. Закуска – за нами... Ждём, Володя, очень ждём!

А Вася Гучков, один из лучших фотографов, не закусывал. Его огромный двухкомнатный аппарат обеспечивал высочайшее качество репродукции портретов вождей. После Васи ретушерам делать было нечего. Хотя, конечно – было: там родинку убрать, там ус подправить... Но оптика должна содержаться в идеальной чистоте, иначе – как обеспечить качество? Вася – обеспечивал.

Однажды решили добавлять в его колбы со спиртом нашатырный. Понятно зачем – кто такую гадость возьмет в рот. Несколько дней Гучков ходил хмурый, в курилке не показывался.

– Глядите, – заметил кто-то, – Вася снова гуляет!

И правда: гуляет. Установили за ним слежку, обнаружили – что-то полезное в жизни из школьных уроков физики Вася усвоил надежно: из колбы спирт выливался на блюдце, которое помещалось между оконными рамами под лучи солнца. Что испаряется раньше, у чего удельный вес легче, так? Так. Дальше рассказывать?

Первой жертвой «нашатырного» новшества оказался не кто иной, как ты.

Итак: в конце длинного коридора, замечаешь ты, лаборантка Шурочка, в её руке поблескивает вместительная колба, наполненная на две трети – разумеется, спиртом. Ты с безразличным видом направляешься ей навстречу, Шурочка приближается, поравнявшись с ней, ты заговорщицки подмигиваешь:

– Дай хоть нюхнуть!

– Нюхни, не жалко, – Шурочка, обычно неподкупная и непреклонная, протягивает колбу, приподняв пробку, и наблюдает, как ты, склонившись над колбой и вдохнув полной грудью, с остановившимся дыханием и вытаращенными глазами, пытаешься ей сказать что-то... Ты ей всё скажешь, но только потом, подкараулив момент, когда никого рядом не будет.

Были на твоей памяти в «Красном пролетарии» и почище истории – куда там Гучкову с его блюдцем! Миллионы валютных рублей, а значит, настоящих долларов, под хвост коту отправлялись: купили у западных немцев автомат, выдающий негативы – прямо с цветных картинок, тех же самых портретов, например, – и становится ненужен Вася с его фотоаппаратом, как и не нужны ретушеры. Человек может подвести, хорошо, если случайно, а если – нет?! Политика... Автомату – все равно, что или кого копировать, он не подведет. А начальству – не все равно, ему отвечать в случае чего.

Ты был в группе, назначенной для его освоения. Год бились – нет качества! Нет – и всё, не хочет автомат копировать портреты вождей. Пригласили специалиста из Германии: они изготовили автомат – вот пусть сами теперь разбираются! Разобрались, конечно: для текстильной промышленности – лучше аппарата не придумаешь, объясняет эксперт, а для издательства – вряд ли... И списали машину с баланса. Куда, кому она попала потом и попала ли вообще – тебе это осталось неизвестным. Хотя что-то из обретенного тогда опыта тебе сгодилось позже – в дипломной работе.

* * *

Институт патентной информации.

– Каган, начальник производства: ротапринты, допотопные копировальные аппараты, машинистки, корректоры, ну и тому подобное. Кто не знает...

– Здрасте, очень приятно, Половец, – принимаю службу микрофильмирования.

Принял, конечно, а она тебя? Небольшое окно в тупике длинного коридора подвального этажа огромного здания Патентной библиотеки. Окно прорезано в стене рядом со всегда закрытой дверью. Дверь открывается, только чтобы впустить или выпустить. Перед окном несколько человек терпеливо дожидаются своей очереди – когда, наконец, ярко красивая блондинка протянет руку к прорези: «Что у вас?» – «Вот, нам срочно нужны копии патентных описаний, здесь их номера и страны». – Блондинка забирает заполненную форму, бросает на нее взгляд и укладывает в стопку таких же листков. Она поднимает голову и роняет: «Месяц». – «Как месяц? Нам нужно теперь, завтра! Ну, через день хотя бы...»

– Следующий! – доносится из окошка.

Следующий – это ты. Извинившись перед стоящими у окна, ты обращаешься к блондинке:

– Можно вас на минутку!

Было – «не можно». Пришлось просто войти в помещение, когда дверь на минуту оказалась открыта.

– Гражданин, вы что, не видите разве – посторонним вход сюда запрещен!

– Знаете, я не совсем посторонний. И вывеску я вижу. Просто теперь я ваш начальник. С сегодняшнего дня...

К вам подходят сотрудницы – одна, другая, они окружают вас, с любопытством, не таясь, разглядывают новенького, как бы прикидывая – сразу дать ему понять, кто здесь главный, или позже?.. Пытались, конечно, и не раз: каста подборщиков описаний патентов, женщин, работающих с архивом, в котором несколько миллионов документов, держит за горло начальство – да и, правда, как без них? Все остановится. Не все твои предшественники такое выдерживали. Тебе – пришлось выдержать, но это всё стало понятно потом.

А пока – «Ой, так это вы! Извините, пожалуйста! Извините! Нас предупредили, но мы же вас не знали...» – Теперь блондинка становится по-настоящему красивой, она доброжелательна и любезна – спустя некоторое время ты ей мягко намекнул: так бы надо и с клиентами... А еще спустя время вы подружились с Ниной, она стала верным союзником и немало помогла тебе в нередких поначалу разборках с новыми коллегами.

Говорят, Нина Шанто (такая фамилия досталась ей от бывшего мужа-венгра) скончалась совсем нестарой... Царство ей небесное – славный был человек. И умница. Жаль.

Спустя всего год – ты и Каган оба в «Патенте», возникшем только что из ваших служб. Это вы его «возникли». Каган теперь – директор, ты – его первый «зам». По издательству – при твоём и при его назначениях на должности – прокатилось активное, хотя чаще тайное недовольство кадровиков. Все же – Комитет по изобретениям при Совмине Союза. Теперь это ваше ведомство: Михайлов Олег Александрович, директор вашего института, сумел настоять – ему нужно было вытягивать провальные службы, а вы – умели и могли.

Однажды тебе случилось быть в его кабинете, когда начальник отдела кадров (он же – «ПВО» – противовоздушная оборона, если кто не помнит, – обычное должностное совмещение тех лет), косясь на тебя, сидящего в углу, чуть поодаль от стола Михайлова, прошептал: «Но она – гречанка...». Разговор шел о приеме в институт, кажется, новой машинистки. – «А как у нас с греками – план выполнен? Или пока – нет?» – с серьезным видом спросил кадровика Михайлов. «Олег Александрович, с греками у нас все в порядке», – заглянув в принесенную с собой папку, доложил тот директору. «Ну, тогда берите гречанку!» – улыбнулся Михайлов. Умница, он много лет прослужил в ЮНЕСКО в качестве заведующего библиотекой, и теперь, вернувшись в страну, получил это назначение.

Еще год, два... три... Теперь «Патент» – объединение, с самой-самой информационной техникой, с филиалами, с издательскими и исследовательскими службами – прообраз вполне современного капиталистического предприятия. Тогда, в СССР! Свой бюджет, который надо обеспечить любой ценой. Чаще всего ценой бессчетных часов, проводимых там вами ежедневно, а то и еженощно. Но зато и свой транспорт – сначала полугрузовой микроавтобус, его ваши кураторы – любители грибной охоты, бывало, заимствовали на выходные дни, тогда вам довелось побывать, и не раз, в «Лесных далях», на правительственных дачах.

Впечатляло там всё: и «закрытые» магазины – для своих, и кинозал, и охрана по периметру на подъезде за километр до дач. Летом там обосновывался Евгений Иванович Артемьев, зампред вашего ведомства, с женой Ларисой Григорьевной, теткой вздорной и требовательной, ее и сам Артемьев побаивался. Не то было на службе: «Половец, – поучал он тебя, когда ты заходил к нему с ходатайством за кого-то провинившегося, – учти: на работе лучше иметь твердый шанкр, чем мягкий характер!». И первым смеялся остроте. Хотя к самому нему относились сослуживцы и подчиненные неплохо, чему способствовало, кроме прочих достоинств, чувство юмора, которое у него присутствовало в полной мере.

А в «Лесных далях» спустя три десятилетия ты оказался сам, в качестве отдыхающего, по купленной через обычное турагентство в Москве путевке. Да, нормально – но ничего особенного. Ну, не совсем – «ничего». Стандартные корпуса со стандартными же чистыми номерами, коридорными дежурными (с одной из них ты разговорился – архитектор, другой работы не находится, а жить надо: «Вот, устроилась как-то здесь»). Недорогая столовая с неплохим меню – да, закрытый бассейн – да, лес – да, действительно, хорош. Только до райских кущ сегодня не дотягивает... Да.

Появились в «Патенте» потом и легковые машины – для тебя с Каганом, водители в три смены, что при вашем графике совсем не было излишней роскошью.

Забавный эпизод: Суворовский бульвар, Дом журналиста. Час-другой после работы, когда удавалось, провёл здесь с приятелями в пивном баре – глядишь, скоро ночь. Ты подходишь к телефону на столике вахтера у входа, набираешь номер дежурного: «Патент?» – пришлите Калошина на Суворовский». Так бывало не раз и не два. Вахтер, обычно всегда тот же, отставник-военный, но и, наверняка, на действительной службе в «органах», стал встречать тебя полупоклоном – «Патент?» – и протягивал телефонную трубку, не дожидаясь, когда ты ее возьмешь сам. «Патент» – значит, такой пароль, как же иначе! И значит, – свой, значит, коллеги...

А Коля Калошин, водивший в вечерние часы твой служебный «Москвичок-универсал», оказался одним из немногих, кто пришел через несколько лет тебя проводить в эмиграцию. Хотя и работал в правительственном гараже. Такое не забывается: спасибо тебе, Коля.

* * *

Когда-нибудь потом ты расскажешь: о том, как Каган, полагаясь на безусловную поддержку ваших кураторов и на свои личные надежные (так ему казалось) связи с руководителем Всесоюзной Торговой палаты, обладателем замечательной фамилии Питовранов, с его коллегами (известными своей службой «там»), затеял гонения на «недругов», между прочим, еще недавно им же самим на работу приглашенных... А к тому времени в «Патент», помимо издательских, входили «элитные» службы – отделы патентных исследований, лицензионный.

Вот из числа их сотрудников директором были «назначены» предполагаемые недруги. А это были бывшие дипработники, переводчики, патентоведы, и ведь кто-то из них наверняка был «вернувшимся с холода», т.е. вернулся в страну после выполнения специального задания. Вот тот же Лисицин, заместитель Кагана по патентной службе, отбывал у нас наказание, потеряв в горах Греции, будучи в состоянии подпития, свой диппаспорт. Он нам и сам рассказывал об этом при случае.

Лисицин оказался одним из «недругов» директора. Ведь тогда, и правда, многие считали, что «враги» те были самим Каганом придуманные. Зачем? – кто знает... Честно говоря, ты и сейчас так считаешь... Плохо всё это кончилось – так плохо, что и вспоминать не хочется, и для вашего директора – в первую очередь.

Когда-нибудь ты всё же расскажешь и о том, как Арвид Янович Пельше, председатель Комиссии партийного контроля, – нечто вроде гестапо при ЦК КПСС – кричал на вашего министра – «Что это вы, товарищ Максарев, устроили у стен Кремля синагогу!»... Был тому повод, ой – был.

Ведь, и правда – в «Патент» поступали, невзирая на «5-ю графу». Твоими заботами немало здесь оказалось и бывших сокурсников, и студентов-заочников Литинститута – вот и Жаворонков был среди них. И как-то это вам удавалось!.. Не в последнюю очередь с покровительства того же Максарева Юрия Евгеньевича, светлая ему память, – порядочнейший был человек, так считали все, кому с ним приходилось общаться. Ну, почти все – тот же Пельше так не считал.

Ещё несколько слов о самом Кагане: после войны, от звонка до звонка в танковых частях, к его биографии прибавились два или три года заключения по «бумажному делу», громкому, посадившему не один десяток сотрудников Комитета по печати, вспоминать вслух об этом Каган избегал. А что там было на самом деле – теперь вряд ли кто вспомнит.

Руководителей служб «Патента» все равно потом разогнали, начиная, естественно, с директора. Ты не дожидался, когда дойдет до тебя очередь, ушел сам. Хотя, скорее, всё же – из солидарности с Каганом: в ведомстве, да и у своих сотрудников ты был на хорошем счету, могли и не тронуть. Ну и, естественно, следом за тобой оставили службу коллеги, тобою сюда приглашенные.

– Что это вы все там натворили? Ну вот ты, почему уходишь? – Максарев всё, конечно, понимал и, наверное, не ожидал услышать от тебя настолько прямого ответа (ты тогда пришел к нему с заявлением-просьбой об увольнении): «Не мы натворили, Юрий Евгеньевич – наши родители...» – «Ладно, иди...», – взяв ручку, черкнул на уголке заявления – «рассмотреть», подписался, ничего больше. Он поднялся из-за стола и протянул тебе руку. И сразу отвернулся в сторону огромного окна, его стол стоял рядом, окно выходило на площадь Дзержинского, таким ты Максарева и оставил, покинув его кабинет, – смотревшим куда-то в сторону бронзового Дзержинского. О чем он думал?..

А ты сейчас, стоя рядом со столом, вспоминал его ответ на просьбу позвонить в Шостку директору завода, производящего кинопленку, – так советовал тебе Романов, тогдашний министр кинематографии. (В Госкино ты ходил на прием к нему, конечно же, с письмом Максарева. «Надейся, надейся... – услышал тогда ты на прощанье от министра: великий Шекспир (он сделал ударение на первом слоге – Шекспир) сказал: «Надежда – посох страждущего...».) Романов выглядел совсем по-западному: безукоризненный костюм, предельно элегантен, доброжелателен, улыбчив... и для нас ничего не сделал. Оставалось, разве что, напрямую звонить на завод.

– Не по чину все же вам, министру...- несмело говорю Максареву.

– Брось, если для дела – я дворнику позвоню.

И звонил, когда было нужно – министрам финансов, Средмаша (эвфемизм закрытого, суперсекретного Комитета по атомной энергии)... И только когда раздавался звонок с маленького, стоящего в самом углу его кабинета, столика – там были кремлевские «вертушки», белая и красная, – он брал трубку двумя руками и осторожно подносил ее к уху.

Сколько бы времени ни длился разговор, он оставался стоять с телефоном в руках. Даже если звонил не первой руки инструктор из ЦК. Боялся Юрий Евгеньевич этих людей. Неспроста боялся: имел как-то он неосторожность, представляя некие новинки советской науки и техники на ВДНХ, возразить Хрущеву. И в том же месяце перестал быть председателем Комитета по науке и технике Совмина. Ваш же комитет был лишь при Совмине, что означало для Максарева существенное понижение. Так-то...

– Пошли, пошли, – заторопил тебя Сидельников, помощник Максарева, он, сопереживая (вы приятельствовали не первый год), зашел с тобой. Так ты и попрощался со службой, которой были отданы пять лет, может быть, самые яркие в состоявшейся к тому времени части твоей биографии. И не самые легкие.

* * *

Стрелки... оборот за оборотом, теперь их ход становится не быстрым, он замедлен. Теперь – за ними высвечен год 74-й. Ты – руководишь издательским предприятием (комбината Минздрава Союза!). С твоим-то паспортом... Да, так уж снова случилось: издательский отдел института мединформации при твоём участии, какое там участие! – твоими хлопотами становится независимым учреждением. То есть, конечно, зависимым – сколько их, степеней зависимости, было у любой советской конторы, кто не знает! Но и все же: прямое подчинение ученому совету союзного министерства избавляет тебя от чудачеств – да мало ли от чего еще – тогдашнего директора института, человека в общем не злого...

В какой-то из будних дней 74-го, оказавшегося критической точкой твоей биографии, круто направившего её в новое русло, ты открываешь конверт с зарубежными штемпелями: содержание – приглашение в Германию, «демократическую» ее часть, конечно. Иначе – как же, как же – дошло бы оно до тебя! Мало ли было в пути инстанций между отправителем и адресатом? Итак, симпозиум по информатике – прямое попадание, это тебе. Что ж, «демократическая» – тоже сойдет. Всё равно – заграница, какая ни есть: привезти сыну чего-нибудь такого, вроде «жувательной» (так он выговаривает) резинки, белый шоколад, обувку из хорошей кожи, а раньше – что-то его маме, родителям, друзьям... Ты их ожидания никогда не обманываешь – как можно!

Ты еще не забыл свою первую поездку за рубеж – ту, самую первую, в 67-м. В середине пути, на границе СССР–Польша, меняют вагон-ресторан: к составу цепляют немецкий, здесь вы будете кормиться остаток пути – до самого Берлина. Здесь к тебе приходит первое ощущение заграницы. Обеденное время – ты усаживаешься за столик, помня первую часть пути: официант подойдет в лучшем случае через полчаса – столики все заняты, вагон полон.

Спустя минут пять замечаешь: вон он – в конце коридора, с кружками пива. Кружки удивительным образом держатся в числе, явно превышающем количество пальцев на обеих руках этого парня. Может, их у него больше десяти? Да нет: ставит кружку перед тобой, убеждаешься – пальцев десять, как у всех. Обед из трех блюд занимает минут пятнадцать, включая пятиминутное ожидание официанта... Хотя никто и никого не торопит. То же – в Берлине, то же – в Лейпциге (ты гость на ярмарке), то же – в Потсдаме.

Не забыл ты и ту, другую поездку за рубеж, в Прагу. Между прочим, весной 68-го... Да, да – «Пражской весной».

Поначалу всё складывалось замечательно: группа человек 25, народ преимущественно из твоего издательства и еще несколько из других, все члены профсоюза работников культуры, укомплектована, все комиссии пройдены, все наказы проф- и партруководства выслушаны: время непростое – Дубчек проявляет себя не вполне стойким коммунистом, поддается интригам ФРГ и Австрии, а через них, разумеется, действует мировой империализм. В общем, будьте, товарищи, бдительны!

Будем, конечно, будем! Чемоданы уже наполовину упакованы сухой колбасой и консервами: сэкономленная на еде валюта заполнит высвободившееся в них место шмотками и сувенирами – было всё как положено.

Было, пока радио не передало сообщение ТАСС: советские войска вступили в Чехословакию... Ладно, забыли – ну, не повезло. А ведь какие были условия – «научный туризм»! То есть, половина расходов оплачена профсоюзом. Жаль. Чемоданы распакованы, снова заняли своё место в шкафах и на полках. И вдруг – звонок из горкома профсоюза:

– Ну, вы собраны? Выезжать готовы?

– Что?!! Куда выезжать? Там же сейчас такое...

– Всё в порядке – вот и поедете укреплять дружбу с братскими народами Чехословакии. Вопросы есть?

Вопрос ты задал на польско-чехословацкой границе то ли «таманцам», то ли «кантемировцам» (сейчас уж не вспомнить, какая дивизия раскинула там свой бивуак), когда ваш автобус остановился с ними рядом, и из него вышли путешественники, чтобы размять ноги и справить неотложные нужды.

– Как там, успокоилось? Стрелять перестали?

– Да езжайте, не бойтесь... правда, до вас там один наш автобус перевернули, но без туристов, пустой.

И вы поехали. Программа визита была существенно скорректирована: вместо десяти дней с посещениями коллег и с поездками в другие города – через три дня вас из Праги переместили на всё оставшееся время в санаторий в Нижних Татрах. Только и осталось в памяти – русский язык жители Праги забыли все – начисто! Пришлось на почте и в магазинах объясняться жестами – но и тогда не всегда понимали. И удивительная экскурсия – на русское кладбище, вел её пожилой гид, скорее всего, из белых эмигрантов. Почему – кладбище?

Вроде в планах этого не было. Но зато в запущенном, неухоженном уголке ты вдруг заметил небольшой крест и надпись на нём «Аверченко».

– Это он, тот самый – писатель Аверченко? – полюбопытствовал ты.

– Да, он, – коротко ответил гид.

– Так почему же могилка так запущена?

– Никто не ухаживает, некому...

И еще – надписи по-русски на парапетах Карлова моста: «Дубчек, мы с тобой, будь ты с нами». Или вот: «Иван, иди домой – твою Машку е..т». Видимо, они поначалу были написаны черной краской, которая проглядывала местами из-под белой – ею, по команде властей, были замазаны надписи. Черные буквы обвели линия в линию – отчего они не перестали читаться...

Эх, найти бы сейчас эти фотографии, ведь сохранял ты их в конвертах все эти годы. Может, еще найдутся.

* * *

Итак, ГДР? – Прекрасно! Министерское начальство «за», местный профсоюз, местное партначальство, естественно, тоже – они же люди, и они не сомневаются: без сувениров никто не останется, традиция... Теперь последняя инстанция – парткомиссия райкома. Это всегда, кроме инструктора, заведующего «спецотделом» (т. е., уполномоченного ГБ), десяток пенсионеров из активистов, из военных отставников. Сидишь в приемной, с небольшими интервалами открываются обитые коричневым дерматином двери, в приемной людей остается все меньше и меньше. Вот выходит группка женщин, по всем признакам, провинциалок, они весело переговариваются: впереди Франция, конкурс поваров – не уроним честь страны! Не подведем! Конечно, не подведут.

Приглашают следующего, твоя очередь, можно входить, ты пропускаешь вперёд сослуживца, он тоже должен ехать в ГДР. За эти дни он сбросил килограммов десять (что было ему совсем не во вред) – он почти уверен: не пропустят же! Кадровик из Минобороны, разжалованный Хрущевым полковник, отсидел своё в лагерях: дело было громкое – взятки. Да и как было их не брать, если предлагают, вот он и распределял выпускников академий – в испрошенном теми направлении. Нынешний выезд для него мог бы означать полную реабилитацию. Сейчас ты его успокаиваешь: „Не волнуйся, может, пропустят...“ – в чём сам не очень уверен. Сопереживаешь, разумеется, но и любопытно – по его поводу. (Тебе-то что? – все бумаги в порядке, трижды уже выезжал). Минут через десять коллега выходит, сияет – пропустили!

– Ладно, иди, – на ходу бросаешь ему, – вечером обмоем.

Всё, что происходит дальше, похоже на фантасмагорию. Из-за стола тебя приветствуют улыбками, приглашают подойти ближе. Два-три стандартных вопроса – политическое положение, лидеры ГДР, ну и тому подобное. Папка с твоими бумагами переходит из рук в руки, их наскоро пролистывают... Кто-то из сидящих за столом задерживает на ней взгляд, шепчет что-то соседу, передаёт ему папку, тот – дальше, по кругу. Ты догадываешься – анкета! Неужели?

– Слушайте, – раздаётся из-за стола, – а зачем вы, собственно, туда едете?

– Здесь же всё в бумагах сказано! Приказ по Минздраву, вот рекомендации. Служба! – пытаешься ты что-то добавить. Тебя уже не слушают:

– Что-то вы разъездились, дорогой товарищ, – вот в Польше были, даже два раза, в Чехословакии, да и в ГДР уже бывали! Многовато – так ведь вы, наверное, еще и нашу страну не всю знаете, а вы вон куда! Мне кажется, товарищи, мы должны воздержаться, какое будет мнение? Воздерживаемся? – единогласно... Вы свободны, – это уже к тебе.

Если бы только этот партийный хмырь знал, насколько пророческими скоро станут его слова! Свободен! Прямо сейчас, прямо за дверями комиссии, ты понимаешь: «Свободен. Уезжаю, всё!». Увольняюсь. Риск? Да, немалый – это помнят отказники тех лет.

Потом – всё по-заведенному: просьба об освобождении со ссылками на здоровье, залежавшуюся кандидатскую, ревизия...

* * *

Новый поворот стрелок, они постоянно меняют направление: вперед-назад, вперед-назад...

Отступление: лучше бы его не было. В 1976-м, когда ты уезжал из страны, Каган, конспирируясь всеми возможными способами, тайком – опасно же быть в связи с «отъезжантом»! – а он, по протекции друзей, снова занимает «ответственную» должность – просит тебя прислать и ему «вызов». То есть приглашение – из Израиля. Такие «приглашения» тогда лепились в Израиле сотнями, тысячами, – липовые, в основном, от никому неведомых «родственников». И ведь все знали, что это – «липа»! Например, ты, подавая в ОВИР прошение о выездной визе, сообщил, что тебя ждет не дождется и мечтает как можно скорее заключить в объятья в Иерусалиме родная по двоюродной бабушке тетя-израильтянка. Потом, правда, оказалось, что имя приглашающего – мужское. Значит, это был «дядя». Да...

1978-й. Вот ты уже встречаешь в Лос-Анджелесе Кагана, перебирающегося сюда из Нью-Йорка. С ним жена Таисия Ивановна, Тася, и их любимица, вредная злая пожилая болонка Буся. Одна съемная квартира, другая... за главного грузчика, естественно, ты. Здесь вы еще успели что-то сделать вместе – выпустили книгу Халифа «ЦДЛ», например, тайно привезенную автором в эмиграцию.

Набирала книгу Тася на примитивной наборной машинке, привезенной Каганом из Нью-Йорка – ты прислал ему туда на нее несколько сот долларов, выкроенных из зарплаты. Помнится, не очень большой, даже, скорее, просто маленькой. После этого «ЦДЛ» издавали в России, дважды, кажется. Годами позже, обнаружив книгу на прилавке магазина, ты позвонил Халифу прямо из Москвы – да знает ли он об этом? Оказалось, знает, и даже какой-то гонорар за нее получил. Ну, и слава Богу.

А тогда, спустя некоторое время по приезде, Каган написал несколько текстов для «Панорамы», иные были удачны, потом – перестало у него получаться. И вы разошлись. Ну, не «как в море корабли», а так... ему показалось, что он и сам может «делать» русскую газету. Сделал – один или два номера, в чём ему помогли твои же приятели, тоже недавние эмигранты, сумевшие к тому времени обзавестись небольшим печатным станком.

В эмигрантском мирке, где читателей пока совсем мало, еще одна газета – не что иное, как прямая конкуренция твоей, а ведь ради неё ты оставил службу, где тебе неплохо платили... И кроме расходов в твоём нынешнем бюджете нет ничего. А Каган – ведь это ты помог ему здесь выхлопотать госпособия, медицину – тоже бесплатную, на него и на жену. Вот ведь как... Грустно тебе это вспоминать сегодня, не надо бы, да и нет теперь Кагана. Но и не забывается.

Светлая ему память...

От выпущенного халифовского тиража у тебя чудом уцелел единственный экземпляр – остальные как-то разошлись, большую часть книг ты передал тогда же самому автору. Правда, богатым он от того пока не стал – ни тогда, ни сейчас. Что жаль...

Глава 5. В дорогу

И вот он – последний трамплин, Всероссийское добровольное общество автомотолюбителей! Оказывается, и здесь хотят свое издательство. И всё повторяется. Только концовка куда занимательнее: «Уезжаю», - говоришь ты начальнику отдела (теперь почти – «издательства»). «Надолго?» - спрашивает он. «Да насовсем...», – он все еще не понимает. А когда понимает – тебе, глядя на изменившееся лицо начальника, становится его жаль. Потому что легко представить себя на его месте.

А потом...

Да ничего особенного. Конечно же, ты знал: терзать будут, а как иначе, - центральный, что там «центральный» – самый центральный район Москвы. Здесь же прописан ЦК партии, другие органы верховной власти страны – и вот, такое ЧП - сам вернул в райком свой партбилет!

Нашел дверь с табличкой «Отдел учета», вхожу. «Вот, примите, уезжаю...». Всё для дежурной отдела обычно - не я первый протягиваю ей в окошко книжицу: по правилу, отбывавшие в долгосрочную командировку в капстрану, а, стало быть, всё люди непростые, оставляют здесь «на хранение» свои документы. «Присядьте, пожалуйста, сейчас всё оформим!» - ну само воплощение чиновничьей любезности... Честное слово, в какой-то момент мне стало жалко тётку понявшую, вдруг, почему я здесь - надо было видеть её лицо. А лучше – не надо. «Ждите!». Резко захлопнув дверцу окошечка, она скрылась.

Год шел 75-й, «разгар застоя» – это сейчас так шутят. Наверное, всё же они обладали каким-то сверхчутьем: не зажать сейчас, сразу – потом будет поздно. Поздно стало через полтора десятка лет. А тогда...

А что – тогда? Ну, сказал ты сразу: если будете на собраниях «подвергать» – да не приду ни на одно! Делайте, что хотите. Терять мне нечего.

– Да нет, мы так, для формы, – доверительно шепнул в коридоре Новик, отставной полковник, это он был твой прямой начальник и, пожалуй, самая светлая личность из всех тамошних кадров.

– Ладно, – согласился ты, – раз без этого никак.

– А как иначе – ведь из партии положено исключать общим собранием.

– Так ведь я сам исключился!

– Нет, так не бывает, надо, чтоб коллектив тебя...

Новик, и правда, хотел сдержать обещание – куда там! – не смог он совладать с праведным гневом отставных майоров-полковников:

– Да судить его надо, изменника родины!..

– Исключить его из профсоюза!..

И так далее – вот ты и поднялся со стула, где предусмотрительно пристроился в самом последнем ряду, дверь прямо за спиной.

– Не имеете права... – только и сказал ты, захлопывая её за собой.

Новик догнал тебя у самого выхода на улицу:

– Ладно, ладно, мы уже договорились, всё будет спокойно: в протоколы занесут, что следует, зайди ровно на минуту, не больше, без тебя, заочно, никак нельзя.

Вернувшись в зал, ты только и сказал:

– Зря ругаетесь – меня в Израиле ждет тётя, ну никак она без меня не может. А то бы – я никогда... – развел руками и, кажется, улыбнулся.

– Да он еще и издевается над собранием! – кто-то рядом буркнул вполголоса. Но – вполголоса.

Потом была недолгая торговля: «вы мне справку в ОВИР – я вам заявление об уходе по собственному желанию». Карта, казалось тебе, была козырная – до тебя, вроде прецедентов не было: чтобы самоисключались, чтобы самоувольнялись... Всю последующую неделю ты курсировал между районным ОВИРом, куда отнес заявление с просьбой о выездной визе, и начальством автомотолюбителей: не хотели, ну никак не хотели они дать тебе требуемую характеристику.

Ты просил – любую! Самую плохую – мол, плохой работник, прохиндей, прогульщик – да пишите, что хотите! Не давали...

– Они обязаны дать, иначе заявление рассматриваться не может, – объяснял овировский капитан.

– Так скажите им это! – потом ты, сидя напротив Новика, от которого в большой степени зависела скорость получения нужной бумаги, слушал его диалог с ОВИРом: ему оттуда объясняли, что характеристику выдать тебе просто обязаны, и подтвердили, любую – но с тремя подписями.

– ...они же детей наших с собой увозят! – уже слабо, скорее для проформы, пытался возражать Новик.

– Ваших?! – тут ты не сдержался. – Своих! Своих! – завопил ты в лицо оторопевшему Новику, едва он положил трубку.

* * *

Оставался еще военкомат – следовало сняться с военного учета, сдать военный билет и получить соответствующую справку.

– Хорошо, хорошо, – убеждал тебя толстый пожилой майор, вытирая со лба пот бумажной салфеткой, – давай сначала на сборы, переподготовишься с другими запасниками, всего две недели, да и сдашь билет.

Ты не сразу врубился, что майор говорил это серьёзно.

– Вы что, не понимаете, что я в Израиль уезжаю! И мы будем «вражеские стороны»! Для кого вы будете меня переподготавливать? Для израильской армии?

В общем, сдал ты ему билет, получил справку в соседней комнате, а выйдя оттуда, заметил в коридоре толстого майора: кажется, здесь он тебя поджидал. Пристроившись рядом, пока ты шел по длинному коридору, он, не поворачивая к тебе головы, как-то в сторону, спросил: «А что, там правда хорошо? Лучше, чем здесь?». Эх, майор, майор – сейчас бы ты ему многое рассказал бы, а тогда...

А тогда, опасаясь подвоха, да мало ли чего можно было ожидать в этих стенах, только и сказал: «Разное говорят. Приеду – увижу сам...».

Глава 6. Таможни, границы...

Москва, Шереметьево-2, год 2001-й.
Клянусь, этот диалог не придуман:
– Что в чемодане?
– Книги.
– Столько?!
– Да весь с книгами. Будете проверять? Открыть?
– Не надо – платите за перевес, у вас лишних 20 килограммов. Видите? – действительно, стрелка весов угрожающе склонилась вправо. Весы работают...
– То есть, как лишних? Они не «лишние»! Это – подарок!
– Да вот так: подарок или нет – не имеет значения. Оплатите пошлину!

– Но эти книги мы дарим российскому фонду культуры! Дар это, понимаете?

– Ну и что? Дары тоже облагаются налогом.

– Слушайте, а еще я везу в дар деньги – видите, указано в декларации, – это собрано в Штатах, между прочим, людьми не всегда состоятельными, чтобы передать здесь, в России, на самые неотложные нужды культурному фонду Булата Окуджавы. Это же благотворительность!

– Ну и что? Вам говорят – платите!

– Но почему?

– Таможне тоже надо жить.

– Так... Теперь понимаю. Будет квитанция? Или так?

Только что такое милое личико моей собеседницы каменеет, оно больше не кажется мне привлекательным.

Любопытно все же, что она ответит? Молчание...

Успокаиваюсь – с чем тут спорить? Таможне нужно жить? Наверное, да.

Рассматриваю лоскуток желтоватой бумаги: между слепых строчек с прочерками ярко видна размашисто вписанная шариковой ручкой цифра: 100 долларов. И подпись, невнятная закорючка. Прохожу несколько метров до окошка, из которого дама-кассир куда-то смотрит мимо меня. Годы явно не пощадили ее, неумело наложенная косметика только подчеркивает возраст. Мне почему-то становится жалко ее. И ту, на выходе возле весов, ждущую меня у чемоданов, – тоже жаль. Вынимаю стодолларовую купюру. Получаю печать на заветную бумажку. Пошлина оплачена!

Но почему именно столько обозначено в квитанции – не 98 и не 101 доллар? Будто я, упаковывая чемодан, знал расценки услуг российской таможни и рассчитал точное количество книг и их вес, чтобы не затруднить ее сотрудников поиском сдачи.

– А ведь, – соображаю я, – не стоило мне заносить в декларацию те несколько тысяч долларов, что я везу с собой, не собираюсь же я вывозить деньги обратно! Так чего же было их декларировать? И шел бы я через «зеленый» коридор, там теперь редко кого надолго останавливают и редко чью поклажу ставят на весы. Словом, не спас я эту сотню.

Вспомнить бы мне тогда свой предыдущий приезд сюда – года за три до нынешнего, когда груз мой состоял из 20 или даже большего числа коробок с газетой и экспонатами стенда «Панорама», уже построенного в зале готовящейся газетной конференции… Для участия в ней нас и пригласили.

О собрании этом – отдельный разговор и в другой раз… Хотя, почему в другой? Сейчас это как раз кстати.

Итак...

Москва, Шереметьево-2, год 98-й.

«Панораме» предстоит участвовать в работе 1-го Между-народного конгресса русской прессы в Москве. Конгресс инициирован агентством новостей ИТАР-ТАСС. В общем, дожили: мы, журналисты, редакторы, издатели русских газет в зарубежье, недавние «отщепенцы», приглашаемся за счет организаторов конгресса и селимся в одной из лучших гости-ниц страны – «Международной». Но всё это, так сказать, антураж.

А главное – как было не принять такое предложение: это же шанс для нашей, совместной с российскими изданиями, ну хотя бы попытки изобрести средства, которые закроют кормушку так называемым газетным «пиратам».

Новоявленные, большей частью кустарные газетки, про-дюсеры телепередач на русском языке, беззастенчиво крадут тексты для заполнения пространства между рекламными объявлениями на печатных полосах и в эфире. Кажется, все они должны были бы серьезно досаждать обкрадываемым изданиям и телеканалам, и прежде всего – российским. И, конечно, досаждают: были даже попытки судиться с ними.

Да нет – цель конгресса обозначилась в первый же день его работы иной. Даже совсем иной: для всеобщей коорди-нации следует неотложно сформировать главный орган. А, в общем-то, он уже существует, разумеется, он в Москве, и уже генерирует некое «информационное пространство», из которого остаётся черпать содержание всем русским (включая и зарубежные) периодическим изданиям для своих публикаций – ну, совсем как из «ноосферы» Вернадского экстрасенсы черпают свои прозрения. Причем, безо всяких затрат.

Я поблагодарил организаторов и учредителей 1-го конгресса (кажется, их уже прошло три с той поры – работает же идея!) за гостеприимство, а оно действительно было беспредельным и простиралось от бесплатных ресторанных, там же, в гостинице, обедов и до заключительных заседаний... в Сочи.

Со второго дня работы конгресса я в зале не появлялся.

* * *

Так вот... Эти коробки (со свежим тиражом газеты, с изданными нами книгами, с листовкой, с микрофильмами) пошли отдельным конвейером туда, где ожидавшие меня в предвкушении серьезной работы таможенники сообщили мне: «Итак, начнем взвешивать!».

– Пожалуйста. Взвешивайте.

– А вы встаньте рядом и убедитесь, какой у вас серьезный перевес. Вам придется очень, очень много платить за такой груз!

– Простите, а что, существуют какие-то нормы? И при чем здесь таможня? Разве это не работа авиакомпании – за перевозку груза ей все уплачено. И ведь я привез это в страну – не вывожу же!

Здесь я слово в слово, но, как принято сейчас говорить, с точностью «до наоборот», повторил сказанное мной за 20 с лишним лет до того и по другому поводу.

А тогда было...

Москва, грузовая железнодорожная таможня, год 1976-й. Тогда, в складском помещении, где-то за Ярославским, кажется, вокзалом, я перед столом таможенника открывал коробки со своим грузом, отправляемым в место нашего предполагаемого поселения, т.е. в Израиль, куда формально мы все в те годы уезжали. Это только в редчайших случаях самые отважные и уже имевшие родственников в Штатах, покупали билеты не в Вену, как мы все – где должна была решаться судьба «отъезжантов» (куда едем дальше?..) «Отъезжанты» – как, осуждая, но больше с завистью, открытой или скрытой, нас тогда называли. А были еще «ожиданты» – резерв для пополнения «отказников». Вот такое у нас было остроумие…

Итак, таможня... Этот эпизод я упоминал в одном из рассказов, названном в память о замечательной женщине её именем – «Анна Семеновна». С выдержками из него читатель мог познакомиться в первых главах книги, здесь же позволю себе воспроизвести лишь ту сцену, на этот раз сохранив её подробности, – чему обязывет документальность главы.

В одну из книг, задолго до того, был мной заложен невесть каким путем оказавшийся у меня старый, с выдранными страницами, выпуск американского «Плейбоя» – чтобы малолетнему сыну не попался на глаза. Заложил я его и забыл о нем надолго… Молодой таможенник, пролистывая «веером» альбомы с фотографиями, отложил их в сторону, двумя пальцами вытащил из солидного формата русско-английского словаря – кто же тогда без него уезжал! – обложку журнала с сохранившимися в ней несколькими страницами и, наконец, подняв голову, посмотрел мне в лицо – до этого он тщательно разбирал содержимое коробки. Как это он в коробке, туго набитой книгами, углядел именно эту?

– А это что? – озабоченно и строго, насколько подобное состояние можно изобразить, вопрошает меня парнишка с погонами таможенника. Он продолжает листать, совсем неторопливо, странички, замечаю я через его плечо, в общем-то, довольно невинные. Натура, ничего такого…

– Ну и что, – я наивно смотрю ему в глаза, – журнал-то американский.

– Вот я и говорю, американский, и еще какой – вы что, не знаете, что провоз таких журналов через границу запрещен!

– Обождите, обождите! Я ведь вывожу это. Можно сказать, избавляю страну от растлевающей и отвлекающей строителей светлого будущего пропаганды, не так ли? – а про себя думаю, что же я такое несу!

Таможенник, внимательно на меня взглянув, как бы оценивая, чего еще можно от меня ждать, выдвинул ящик своего стола и, коротким движением забросив в него останки злополучного журнала, быстро произнес:

– Конфисковано!

Я, уже не сдерживая улыбки, протянул ему свой английский «ронсон», самую модную по тем временам зажигалку. Зажигалка немедленно отправилась следом за журналом. Внимание таможенника после этого эпизода настолько притупилось, что возвращал он в коробку альбом со старыми фотографиями – чуть ли не с дагеротипами, снятыми в начале прошедшего века, а то и раньше, намеренно собранными мной в один толстый потрепанный альбом, – почти не глядя. А там между портретами бородатых дедов в ермолках и чинно сидящих рядом с ними дам в чепцах и детишек в матросских костюмчиках – там, между всеми этими реликтами покоился фотопортрет Федора Ивановича Шаляпина с его собственноручной надписью, адресованной в 1913 году моей воспитательнице Анне Семеновне.

Портрет и сейчас со мной.

Хотя все и всё понимали, мне даже при оформлении багажа предложил кто-то из служащих на таможне – вы уже скажите, чтобы слали его прямо в Штаты. Еще чего! Провокация – это и ежу понятно, это они, чтобы отменить «на законном основании» визу: мол, обманываете советскую власть! Как же, как же, так им и скажут…

Мой груз – это книги. Только книги. Да еще – в свободное пространство в одну из коробок я сумел впихнуть складной журнальный столик с полированной крышкой, приобретенный мной в «Детском мире» за несколько рублей, чтобы до отъезда дома оставалась хоть какая-то мебель – все остальное было раздарено друзьям, и мы с сыном уже несколько недель жили в пустой квартире, кровати мы отдали последними.

Зачем я прихватил этот столик с собой – сам Бог не ведает, думаю. Но рассказ-то мой сейчас не об этом. А вот о чем.

Вернемся после этого отступления, в год 98-й.

Москва, Шереметьево, таможня.

– И вообще – это привезено по приглашению ваших властей! Я же – груз просто сопровождаю.

Здесь мне пришлось несколько слукавить: последующую неделю я от нашего стенда почти не отходил. Еще бы – возле него постоянно толпились газетчики – журналисты, издатели и не только: за минуты до открытия выставки пожаловал – вскоре стало понятно, почему – тогдашний российский премьер Степашин в сопровождении причастного в то время к верховной власти царедворца Волошина.

– Не знаем, не знаем… – таможенники неторопливо похаживали вдоль замершей, как бы под тяжестью моих ящиков, конвейерной ленты.

– Ну, так и узнайте у вашего начальства, – нагло заявляю.
– И вообще, можете все это оставить у себя.

Аргумент подействовал: поняли они, что не по коммерческим делам этот гость здесь, и много с него не слупишь…

– Узнаем, узнаем… – На лице таможенника, до того выражавшем нарочитую деловитость, обозначилось разочарование ходом событий. Да и мне, утомленному долгим перелетом, торчать возле наших коробок еще неопределенное время совсем не хотелось.

– Ладно, давайте я вам заплачу – сотни хватит?

В 98-м году, когда этот диалог имел место, предложенная сотня составляла, думаю, двухнедельное жалованье моего собеседника. А то и больше. О, если бы я умел запечатлеть борьбу чувств, обуревавших парня, облаченного в серомышиную форму таможенника! А оставались-то мы с ним вдвоем возле замершей конвейерной ленты – мои ящики были выгружены последними. И наверное, не случайно – для серьезного разговора и чтоб поменьше посторонних.

Прошел еще час, я провел его невдалеке, дочитывая свежие российские газеты, прихваченные с рейса. Наконец, прибыли гонцы от руководства таможни, получившего к тому времени соответствующие разъяснения от организаторов конференции... Авторитетны все же власти на нашей родине.

* * *

Скорее казусные, нежели критически важные обстоятельства остаются в памяти, разве что для рассказов в порядке обмена личным опытом. Ну, у кого-то не пропустили бабушкину вазу, хотя цена ей никакая, но память ведь! У кого-то разворотили тумбочку в поисках сокровищ.

У мамы моей, она выезжала годом позже, так сложилось, зачем-то отправленный ею сюда письменный стол изуродовали, пройдясь топором по полированной столешнице, да так, что потом я из принципа, замазав чем-то глубокий шрам, хранил этот стол как иллюстрацию к дням окаянным... Проверяли, наверное, не двойная ли крышка. А скорее, со зла – не все же нам втихую завидовали.

Москва, Шереметьево-2, граница. 1976 год.

Таможня – таможней. С ней вроде бы все ясно. Граница же – иное. Настоящая граница, она – не стеклянная, забеленная матовой краской переборка, за которой мы переставали быть подсоветскими гражданами и оказаться за которой мы должны вот-вот. Та переборка просто стала физическим барьером, отделив одну нашу жизнь от другой. Настоящая граница – физически неосязаемая, она продолжается в каждом из нас. Так мы теперь и живем.

Итак, Шереметьево-2. Редко кому, из стоящих сейчас в нашей очереди, доводилось бывать здесь раньше: аэропорт – международный. Удивительно звучит по радио: пассажиров, отбывающих рейсом номер такой-то в Манилу... отбывающих в Женеву... в Иоганнесбург... просят пройти на посадку.

Ждём... Ждём, когда скажут нам – Вена... Мы здесь с 6 утра, хотя наш рейс – где-то после полудня. Мы предупреждены: будет подробный досмотр ручной клади. При нас небольшие чемоданчики, баулы – у кого что – по одному на пассажира. На будущего пассажира. Пока мы здесь, пока мы ждем объявления, разрешающего следующий шаг к границе, – мы еще не пассажиры. Это – у каждого здесь в мыслях. Власть – коварна. Ждём, ждём. И даже потом, заняв место в самолете, мы ждём, что вот кто-то войдет в салон и назовет чью-то фамилию: пройдите, пожалуйста, к выходу. С вещами. И ведь бывало такое…

А сейчас я стою в небольшом, отгороженном плотной занавесью пространстве. В комнате, кажется, последней из анфилады ведущих к выходу, к последней двери, это за ней – ступени, короткая и показно неторопливая прогулка к трапу самолета (а ведь как хотелось пробежать эти последние метры!).

Здесь таких закутков, заметил я, несколько. Это уже личный досмотр. «Пожалуйста, снимите плащ. Пиджак. Ботинки». Жду, сейчас услышу – брюки… Нет – только пред-ложили вывернуть карманы и сложить все на небольшой тумбочке, она здесь же. Покажите бумажник. В пиджаке и плаще на моих глазах прощупывают каждый шов.

Да нет же у меня с собой ничего такого, спокоен я – все, что следовало передать – ушло через австрийское посольство. Но там не взяли пачку писем: из ссылки врач Штерн пишет своим сыновьям, письмо отца Винса, баптистского пастора – тоже из ссылки. Я выхожу из закутка. Со мной – ничего недозво-ленного… Рядом стоит сын, неуверенно на меня поглядывает – все письма у него в наружном кармане плащевой куртки с небольшим цигейковым воротничком: начало апреля, еще прохладно. В другом, тоже наружном – небольшая иконка, новодел, копейки ей цена, но очень, очень просили меня взять ее друзья, готовившиеся к отъезду, разрешения еще не имевшие. «Выпустят нас – там отдашь».

Отберут на границе – и, правда, Бог с ней. А письма – ну, скажу, случайно остались в кармане. Ничего вроде в них такого нет – быт, просьбы. Хотя, кто знает… На сына никто не обращает внимания.

После дополнительной проверки виз и еще каких-то бумаг и, конечно, наличной валюты – по 100 долларов на человека, взамен оставленных квартир, нажитого добра за многие годы, взамен утраты друзей, близких. Утраты – мы знали – навсегда.

Теперь нам предложено пройти к самолету.

Вот тогда отложился он в нас – главный рубеж, отделивший нас от нас же – но уже других.

Вы, прошедшие тем же путем, конечно, замечаете этот рубеж – при встречах даже с самыми близкими, оставшимися в Москве… в Киеве… в Минске…

Я замечаю.

Часть 3. ...СО ВСЕМИ ОСТАНОВКАМИ

Глава 1. Рим – открытый город

Мадам Бетина и её клиенты. Наверное, это "мадам" не случайно прилипло к её имени – Бетина. Дом в Вене, куда селили беженцев, вполне возможно, вмещал не один десяток кабинетов. Там благонамеренный бюргер или чиновник магистрата, исправно по утрам являющийся на службу в отутюженном костюме и идеально начищенной паре недешевой обуви, или бакалейщик, или даже полицейский еще недавно могли испытать радости земные, и даже неземные, дома недоступные. Стало быть, Бетина и была настоящая "мадам".

Шло время, Бетина старела, старели ее гости. "Кадры" её служащих, принимавших в своих комнатах гостей, тоже не молодели. Набирать тех, кто помоложе? Искать новых клиентов? – можно, конечно... Но куда выгоднее оказалось, наскоро прибрав и подкрасив комнаты, заменить бархат на окнах дешевым тюлем – хотя и бархат сохранялся, но только в кабинете Бетины. Отсюда мадам теперь руководила процессом размещения беженцев из СССР в "кабинетах", где ещё сохранялись запахи дешевых духов, смешанные с повисшим здесь навсегда духом нормальной человеческой похоти.

Хотя, может быть, это были только слухи, и, может быть, на самом деле это строение, унаследованное Бетиной, служило дешевой гостиницей, или это был просто "доходный", то есть со сдаваемыми в наем квартирами, дом. Всё могло быть, но теперь мадам Бетина имела контракт с еврейскими организациями, по всей видимости, с американским ХИАСом, прежде всего, принимавшим еврейских эмигрантов со всего мира.

Офисы ХИАСа в Вене были подобны потревоженному улью: коридоры заполнены ожидающими приема беженцами – пробиться через эту толпу к нужной двери порой оказывалось совершенно невозможно. Многодетные семьи, кричащий младенец, отталкивающий открытую – до стеснительности ли тут!.. – грудь пытающейся накормить свое дитя совсем юной, почти девочки, мамаши. Седобородые, в ермолках, ветхие главы кланов, оставивших насиженные двумя столетиями Черновцы и Хацапетовки – их принадлежность к клиентам ХИАСа казалась вполне очевидна, но и много молодежи – иные для убедительности перед визитом к чиновнику занимали у сидевших здесь же стариков ермолку. Их хитрость нередко приводила к вопросу – "Ну, хорошо, вы религиозный еврей, так? – и почему бы вам не ехать в Израиль... а вы проситесь в Америку". Кстати, среди временных служащих ХИАСа было немало ребят, набранных в Израиле, куда они сами незадолго до того эмигрировали. Ну, ладно – репатриировались, в Израиле предпочитают это выражение, что вообще-то справедливо.

Только все же справедливо было говорить "беженцы" – люди ведь и правда бежали. Пусть легально, но бежали – надо ли объяснять, от чего? И – почему? Хотя сегодня, пожалуй, – надо. А в американских учреждениях эмигрантов так и называли – беженцы. Это потом, уже поселившись в Нью-Йорке или в Бостоне, беженцы становились "постоянными жителями", обладателями так называемой "грин-карты", не сразу, но два года спустя получали такой статус, – хотя к середине семидесятых эти удостоверения перестали быть зелеными, полиняв, приобрели цвет обычных документов, кажется, бело-розовый.

Впрочем, не только ХИАС – был еще Толстовский фонд, преимущественно для этнических русских, хотя нередки были исключения, так ведь и ХИАС принимал тоже и русских, и армян, и даже узбеков – отличи еврея из Ташкента от узбека, еврея из Баку – от азербайджанца... Была ещё католическая ИРЧИ – так, кажется, называлась организация со схожими функциями, были что-то еще и кто-то еще.

Так вот, беженцы повалили вдруг в Вену переполненными эшелонами, самолетами и, кажется, даже автобусами откуда-то из Чопа, через Польшу, через Венгрию, Чехословакию – всеми доступными и, бывало, недоступными способами. Еще бы, оказалось – можно уехать! Пару лет назад сама мысль – уехать? – казалась бы фантазией. И вот – уехали... Но как? – вагоны, пересекавшие границу Австрии, немедленно брались под охрану: вооруженные короткоствольными автоматами солдаты, в казавшейся беженцам необычной форме, стояли в тамбурах, на подножках, в коридоре вагона: совсем недавно погибли израильские спортсмены. Лучше не рисковать – арабы очень не хотят и боятся усиления еврейского государства за счет беженцев из СССР. И вообще – откуда бы то ни было.

Ну, хорошо, Вена, а что дальше? А дальше – у кого что. «Израиль? – пожалуйста, с дорогой душой!». Ночь, от силы две, в Шенгенском замке – и на самолеты. «В Америку? Это сложнее, тогда – в Рим. Учтите только, визу получите не скоро, если вообще получите. Может, в Австралию? А хотите остаться в Европе?» – «Не знаем... не знаем...» – «У вас кто-то есть в Европе? Нет? Ну, тогда – сначала Рим».

И теперь очень кстати оказалась мадам Бетина с ее кабинетами: те пять-семь дней, вернее, ночей (больше в Вене редко кого задерживали) были необходимы для предварительного определения судьбы беженца – люди должны были где-то спать, не в коридорах же ХИАСа...

Итак – да здравствует мадам Бетина, покровительница всех беженцев!

* * *

– Па-а-а, – канючил сын, – да я в жизнь не выучу английский!

И так – каждый раз после ухода репетиторши-"англичанки", она нанята для закрепления знаний, получаемых сыном в английской спецшколе на Красной Пресне, туда он ходил вот уже пять лет.

– Выучишь! – слышал он не очень уверенный ответ. И вот, на третий или четвертый день в Вене, выглянув в окно, выходившее во внутренний двор-колодец, я слышу, как мой сын бойко перекрикивается с местными пацанами, кидающими футбольный мяч, по-немецки! Дела, подумал я тогда, – значит, выживем...

Рим, Рим, Рим... Я и сейчас сохраняю в памяти эти полгода как, может быть, самое светлое приключение в нашем путешествии, растянувшемся вот уже почти на тридцать лет. Наверное, такому настрою души способствовало, прежде всего, не проходящее ощущение (признаться, что и по сей день оно непроходяще? – охотно признаюсь), что вот ведь, вырвались! Не верилось...

Нет работы? – Будет. Денег нет – будут. Не примут Штаты – в Австралию! Или в Канаду – там принимают всех. Да, в конце концов, если что – и отсюда, из Италии, не погонят. Вон сколько "израильтян" – так мы здесь называем покинувших Землю обетованную. Там они жили некоторое время – кто дольше, кто меньше – после выезда из СССР. „Эй, вы хоть бы займы вернули!" – укоряли их из Израиля, и ведь за дело укоряли...

Словом, бездомным никто не становится – потому что всегда остается «в запасе» Израиль – это мы знаем. А оттуда постоянно прибывают – и в Рим тоже – эмиссары (часто – сами недавние советские беженцы), с подробными, всегда честными рассказами о том, что ждет там репатриантов – пусть и не совсем полными, как говорили в Риме уже побывавшие в Израиле. Но и всё же, кто-то из ждущих въездных виз в Штаты меняет маршрут, чтобы вскоре оказаться в израильском «ульпане», языковой школе-общежитии. И остается там навсегда. Но об этом лучше расскажут те, кто живет, или жил там – не это наша тема сегодня.

Остаться же в Европе мечтают, разумеется, главным образом, представители интеллигенции. Может, и оттого так, что принято считать: эмиграция из старой России во Францию издавна сложилась как традиционная для причисляющих себя к творческой элите. Хотя разве только из России?..

Правда, тогда это не называлось эмиграцией.

Зато здесь, в Риме, кто-то из "израильтян" обзаводится старенькими микроавтобусами. С их помощью, при почти полном оступствии у нас денег на путешествия, можно объездить значительную часть юга и севера Италии – как это делаем мы с сыном. Спасибо вам, хозяева и водители тех автобусов, – где вы сегодня?.. Флоренция, Венеция, Неаполь – да и сейчас на душе сладко, когда слышишь: "Вернись в Сорренто!". Вернулся бы... Пока не случилось – в Риме не раз с той поры был, в Венеции бывал, а в Сорренто – нет. Напрашивается – «пока – нет»...

Какие-то деньжата у нас потом заводятся, правда, совсем крохотные: сын, подрабатывая на бензозаправке, протирает стекла машин, подносит шланги, возвращается домой чумазый – усталый по-настоящему. И тогда он высыпает на стол кучу мелочи и, откинувшись на спинку стула, картинно заявляет: «Отец, корми!». А еще мы отдаем, почти сразу по прибытии в Рим, перекупщикам кое-что привезенное – они из наших же, из эмигрантов – увозят товар на городскую барахолку «Американо».

Тут, впервые открыто, у людей проявляется коммерческая жилка: вот и наш попутчик, театральный актер, заводит себе место на «Американо». Да кто из эмигрантов той поры не помнит этот рынок в центре Рима: туда попадают прихваченные и нами, по совету бывалых людей, кубинские сигары, какая-то советская оптика, дурацкий прицел для ружья, матрешки и тому подобное.

Выручка, сложенная с пособием, выдаваемым ХИАСом на жильё и еду, делает нас беззаботно расточительными: в Венеции мы едим мороженое в открытом кафе между колонн на площади Святого Марка, кормим нахальных голубей, они ходят прямо под столиками между наших ног, собирают крошки. И всё это – под негромкую музыку: струнный оркестрик играет за нашими спинами вальс из «Доктора Живаго»... Вот она, ностальгия! – отвечаю я и по сей день, когда меня спрашивают: не скучаем ли мы по оставленной родине. По Венеции – да. И вообще по тому времени...

Ночуем мы в Венеции в кельях монастыря – приютили монахи, за деньги, конечно. За небольшие. В тот день мы шикуем: дожевав прихваченные с собой в дорогу бутерброды, заказываем настоящие итальянские макароны под белым грибным соусом, щедро посыпанные пармезаном (он стоит в баночках здесь же на столах). И чтобы сытнее было, поедаем весь наличный белый хлеб (он тут же на столе, рядом с пармезаном).

Велико же было наше изумление, и отчасти даже паника, когда хозяйка этой пиццерии (или кучины?) принесла нам счет: в нем было точно указано количество съеденного нами хлеба. Разумеется, – и цена его была проставлена. Теперь я никогда не ем хлеб с макаронами. Наверное, и мои друзья, москвичи Лёня и Надя, и дочурка их Янка – с ними мы вместе путешествовали. Недавно я гостил у них в Нью-Джерси, и когда Яна увезла детей к себе домой, их внуков,– сейчас этим ребятам больше лет, чем тогда было ей, – вспоминали мы с её родителями и макароны с хлебом. И еще много чего из той жизни. Конечно, память подсказывает прежде всего забавное.

Ну вот, такой эпизод, к примеру: возвращаюсь я как-то из Рима в нашу Стеллу-Поляре – это следующая остановка за пролетарской Остией, где ютится большинство эмигрантов – жилье в Риме попросту нам не по карману. Нашу Стеллу-Поляре эмигранты называют «фашистской» – наверное, оттого, что район более аристократический, дачный, на самом берегу моря. Итак, подхожу к Центральной почте, а она и была-то одна на все поселение, под мышкой несу блок или два «Мальборо» – кто-то кому-то просил передать из города, мне можно было доверить сигареты, я курил много лет трубку.

Обращается ко мне знакомый:

– Закурить не найдется?

– Нет, – коротко отвечаю. – Не курю, – добавляю для верности.

Проситель изумленно не сводит глаз с блоков сигарет – они не завернуты, они прижаты у меня под мышкой – на виду. «Да-а-а, жмот... – читаю у него в глазах, – таких поискать надо», – думает, наверное, он. Вспоминали мы с Лёней и этот эпизод. Посмеялись...

Площадка перед почтой – место особенное: здесь всегда толпится десяток-другой нашего брата: кто-то ждет, когда кончится сиеста – местный четырехчасовой обеденный перерыв. И для госслужащих тоже – для них даже в первую очередь. О, Италия, благословенная страна! Так вот, здесь, помнится, почти всегда можно было встретить неприметного, скромно одетого человека – в меру общительного. Правда, выборочно: знакомства он заводил редко, о себе рассказывал немного, почти ничего. Мне он как-то сказал, когда я спросил его, так, между делом – кто он, откуда? – Да тихарь, тихарь я...

Что это должно было означать: стукач, что ли, с нами засланный в эмиграцию? Или – что ничего о себе говорить не хочет? Хотя знали про него с его же слов – юрист он. Просто юрист. Добавляли: где-то работал следователем... И ведь оказалось – не врал: это ему, кажется, доэмиграционный опыт помог, спустя некоторое время, стать соавтором множества популярных детективных книжек. Вторым их автором, а на самом деле, может, и первым, станет известный сценарист: потом, выясняя это обстоятельство, кто был каким по счету, они жестоко разругались, даже судились. Просвещенный читатель легко вычислит их имена, они у читающей публики на слуху. Ну, да и Бог с ними обоими...

Глава 2. Почему у нас не включается телевизор

Автобусы приезжают ночью, чтобы успеть с отбывающими сегодня в Штаты к раннему рейсу «Рим–Нью-Йорк». «Счастливчики» – говорят про его пассажиров остающиеся здесь в ожидании въездных виз. Так ли и все ли – покажет недалекое будущее: кто-то и сам окажется в этом автобусе, а кто-то – нет... Что нормально – на всех удача поровну никогда не делится. Только думать об этом сегодня не хочется.

Пока же расхожей фразой становится: «Да землю буду копать, полы мыть буду!». Это рассуждает владелец диплома мединститута – впустили бы лишь, приняли бы Штаты... Только потом там, в Штатах, оказывается, что он уже не хочет мыть полы. А хочет снова быть доктором. Кинооператор хочет снимать фильмы, конечно же, в Голливуде. Журналист хочет работать в газете. Биолог хочет снова смотреть в микроскоп, а не присматривать за больной старушкой, куда его поначалу направляют сотрудники местных учреждений, ведающих приемом новых эмигрантов. Ну и так далее...

А пока биолог присматривает, доктор пока моет пол в госпитале, журналист пока в ночную смену сортирует печатную продукцию – брошюрки, рекламки. Доктор всё же сдает, в конце концов, труднейшие экзамены на английском языке, он снова учится в ординатуре, теперь американской, и, наконец, открывает свой офис. Оператор снимает в Голливуде фильмы, биолог оказывается в группе ученых – претендентов на Нобелевскую – и получает ее. Но это все – потом.

О журналисте – пока умолчим...

* * *

...Гостиница совсем недалеко от аэропорта Кеннеди: наутро беженцы, они уже почти американцы, разлетаются кто куда... Куда послали. Правильнее было бы сказать «где приняли», или куда пригласили – а этих приглашений, повторим, ждут в Италии несколько тысяч человек. Кто-то будет ждать месяц-другой, а кто и полгода, как мы с сыном. Случается – и дольше, «приглашение» может и не прийти вообще – такое тоже бывает. И что тогда?

Да ничего страшного – рано или поздно гостей «разбирают» сердобольные еврейские общины, о чем мы уже говорили – торонтская, мельбурнская или даже новозеландская. Реже – берлинская. Женевская и парижская – почти никогда. Так семьи моих близких друзей – братьев Шаргородских – попрощались в Риме: Алик улетел со своими в Швейцарию, Лёва – в Нью-Йорк.

Встретились всё же они в Женеве – правда, спустя годы... Лёва там и ныне, о чем рассказ будет дальше. Алика уже нет – скончался в Америке после неудачной операции на сердце, а до этого братья успели издать десяток своих книг – в Европе, в Америке и даже снова в России...

* * *

Итак – первая американская ночь. Поздний ужин – здесь же, в гостинице. Накрыты столы, кажется, в каких-то служебных или даже подсобных помещениях, но, несмотря на поздний час, кормили сытно – стандартный набор: суп, второе, чай с булкой – и по номерам. Завтра ранний подъем. В углу комнаты на тумбочке телевизор. Господи, какой тут сон! – американское же телевидение – хоть несколько минут, хоть просто взглянуть, увидеть что-нибудь по какому-нибудь из десятков каналов (так нам говорили), настоящую американскую передачу.

Несколько минут? Да я час уже бьюсь, пытаясь включить телеприемник – кручу десяток ручек на передней панели, заглядываю за заднюю стенку, легонько (и не очень) по нему постукиваю – телевизор молчит. «Так... – думаем, – веселое начало: оказывается, и здесь в гостиницах не всё гладко. Вот те и Америка!». Утром жалуюсь, как могу, с учетом наличного скромного английского: не работает.

Дальше происходит следующее: появляется служащий, он заметно огорчается, произносит «сорри», на всякий случай подходит к приемнику и... легонько тянет на себя ручку, которую я продолжаю демонстративно крутить во все стороны – вот, мол, ваш хвалёный сервис! Экран начинает светиться, звучит голос диктора – передают утреннюю сводку новостей.

Ну кто мог знать, что «у них» и это – «не как у нас». Теперь-то, убедившись на личном опыте, что Америка – страна не самая отсталая, мы повторяем, поднимая в очередной раз тост за эту страну: и слава Богу, что «не так»! Хотя бывает и так... А казусы, и не только с техникой, случались у нас постоянно первые дни, даже месяцы.

Вот, например, знакомый, оказавшись в 76-м году единственным приглашенным в аризонский Финикс, утром в снятой для него квартирке пытается включить газовую плиту, чтобы зажарить себе первую американскую яичницу... Не успев поднести спичку к конфорке, он отдергивает в ужасе руку: вспыхивает огонь, сам! Пожар!.. Спустившись на первый этаж в квартиру управляющего домом, просит того немедленно подняться к нему. Здесь он, заикаясь, пытается объяснить: «Глядите, глядите, look! – сейчас будем гореть!». Поворачивает ручку, огонь вспыхивает – look!

Наконец, управляющий начинает понимать, в чем дело. Потом он долго-долго смеется, втолковывая новому жильцу, как работает газовая плита в Америке. Может быть, когда-нибудь собрание на эту тему веселых рассказов появится на прилавках книжных магазинов. Может быть, – но то, что без нашей помощи, это точно. Это сейчас смешно, а тогда...

Вот и нам с сыном совершенно не смешно, когда по пути из Хьюстона на пересадке в Далласе мы пытаемся найти дорогу к терминалу, откуда через полчаса наш самолет вылетает в Лос-Анджелес. Кто знает Далласский аэропорт с его терминалами – между ними ходят поезда, вроде метро, – поймет наше смятение...

Английский, каким мы располагаем к исходу первого американского месяца, уже позволяет задать вопрос «как, куда» – но ведь надо еще понять что тебе отвечают. Негр-носильщик, проезжающий на электротележке по одному из бессчетных переходов, где мы блуждаем, останавливается и пытается понять, о чем его спрашивают, а потом и объяснить, в каком направлении нам следует торопиться.

Убедившись же, что его разъяснения не вполне доступны нашему пониманию, он переходит на испанский. Тут мы уже вообще перестаем что-либо понимать. Проходит время, пока до него доходит, что мы не из Мексики – выходцы оттуда, даже прожив в Америке годы, могут вообще не говорить по-английски – что сплошь и рядом.

– О-о-о, фром Раша! – его это почему-то ужасно вдохновляет. – У нас нет переводчиков с русского, – хохочет негр, я протягиваю ему наши билеты, взглянув на часы, он, не переставая смеяться, подхватывает чемодан, из которого, собственно, и состоит весь наш груз, забрасывает его на тележку-платформу, нас ставит рядом. К самолету мы успеваем в самые последние минуты посадки. Дай ему Господь здоровья – ведь мы могли бы и по сей день плутать по лабиринтам Далласского аэропорта – и тогда не было бы этой книги. И вообще многого бы не было...

Глава 3. Калифорния: штат апельсинов и эмигрантов...

С первых шагов в Техасе, едва ступив на землю Хьюстона, вы знаете – это не то место, где хотелось бы жить. Даже совсем не то. Вы даже не сразу понимаете, что это всё ещё планета Земля и что не на другую, ближнюю к Солнцу, вас доставил из Нью-Йорка «Боинг»: обжигающе удушливый, густой, наполненный почти на ощупь вязкой влагой воздух, – это встречает нас великий, богатый и щедрый по-американски штат Техас. Но ведь не разгар лета, сентябрь уже! А что здесь – в июле?

Не понимают, однако, ваши гостеприимные хозяева из местной еврейской федерации: почему уже на второй неделе ты просишь их занять вам триста долларов, или просто купить билеты до Лос-Анджелеса – туда зовет московский приятель Валера.

– Слушайте, – говорят они тебе, и ты почти понимаешь их английский (техасский!), – мы сняли для вас квартиру, три месяца вам не нужно за нее платить... может, и дольше. С первого дня ваш холодильник полон еды, в шкафу посуда, две кровати застелены чистым бельем, во дворе вашего дома – бассейн, так ведь?

– Всё так, – отвечаешь, – спасибо. Большое.

– И чего же вам не хватает?..

– Трехсот долларов на билеты в Лос-Анджелес, – смущенно повторяешь, правда ведь, неловко просить денег. – Да я верну их обязательно, сразу, как только начну работать!

– Слушайте, поймите же, наконец: вы же в Америке! У вас нет работы, нет медицинской страховки! В Калифорнии вас никто не ждет! Вы там пропадете. Да и английский ваш слабоват – здесь-то вы им быстрее овладеете.

Этот аргумент тебе становится понятен, когда через пару дней раздается стук в дверь:

– Хай! Я ваша учительница английского языка.

Наверное, при других обстоятельствах ты бы не нашел в себе решимости отказаться от помощи этой рослой, миловидной брюнетки, – настоящей американки! Тем более, что при первой же вашей беседе она дала понять, что не замужем... пока. Эта беседа так и остается единственной, потому что на другой день ты повторяешь просьбу: нам бы билеты... пожалуйста.

Тебя по-прежнему не понимают – ну как объяснить этим милым, гостеприимным людям: здесь, в Хьюстоне, нет и пяти семей, где говорили бы по-русски, тебе просто нечего делать! И как передать им вопль твоего сына, прозвучавший накануне вечером в вашем «апартменте», когда вы готовились ко сну:

– Папа, смотри! Таракан!!! Еще!!! И здесь!!! И там, на стене!!!

Эти монстровидные техасские существа здесь невыводимы, объяснили вам потом: климат, как специально для них – влажно, жарко.

Так и случается, что к исходу третьей недели американской жизни вас встречают в лос-анджелесском аэропорту – нет, не Валера, зазвавший вас с сыном сюда, – а его друзья, семейная пара из «старой» русской эмиграции. С ними он и сам познакомился не так давно, на церковной службе. И подружился, вскоре эта дружба и на вас распространилась. Ведь правда, замечательные были люди – Мария Матвеевна, ей и тогда было уже хорошо за семьдесят, мужу её Николаю – 50 с немногим, казалось. Его и звали все – Коля.

Фамилию они носили его – Йорк, конечно же, получилась она из переиначенной Колиной – Юрьев: не все недавние совподданные из числа перемещенных лиц, т.е. при разных обстоятельствах побывавших «под немцами» (если не с ними), решались сохранить в Штатах своё подлинное имя, и причины тому бывали основательные. А Марию Матвеевну называли – только полностью, добавляя отчество, даже и земляки по шанхайской эмиграции, откуда все они перебрались в Штаты.

Валера – он за год жизни в Штатах перепробовал множество работ, даже машинами пытался торговать у фордовского дилера, проявлял микрофильмы в лаборатории и, ошиваясь, как всегда, у дверей голливудских киностудий в поисках хоть какой-нибудь работы, совершенно неожиданно ее получил: кто-то из технарей, занятых на обработке плёнки, не вышел вечером на работу. А Валера – вышел! – благо подвернулась кому-то под руку его анкета: Ленинградский институт кино-инженеров, ЛИКИ всё же... Вышел впервые – в ту самую ночь, когда вы прилетали.

Видите: «какой-нибудь»... «кто-то»... «кому-то»... – много, очень много неопределенностей в вашей новой жизни – вы это понимали почти сразу. А пока пристраиваетесь с сыном на матрацах, занятых Валерой у владельца дома – он живет здесь же, по соседству. С утра ты выходишь в город – надо что-то соображать насчет работы: деньги вот-вот кончатся. Хотя некоторое время будет приходить пособие из ХИАСа, возвратное – его беженцы должны вернуть благотворителям. И обычно возвращают. Хотя, бывает, и нет. Ты – да, едва начав работать. Но это – потом. А пока...

Итак, год 76-й, бульвар Сансет. Бульвар знаменит не только одноименным фильмом – здесь существует знаменитый променад. Вот клиент подбирает шлюху (или двух сразу, что не редкость), он не вылезает из автомобиля: опустив стекло, манит пальцем стоящую на панели негритянку. О, её фигура способна вызвать зависть балерины высшего класса

– что становится заметно, когда она склоняется к открытому окошку... короткий торг, открывается задняя дверца, машина откатывает, часто просто за ближайший угол. Здесь все и происходит – в самой машине, на заднем сиденье, или рядом, в мотельчике, где за гроши всегда найдется комната на полчаса-час. Правильнее сказать – происходило: к исходу восьмидесятых очистили бульвар, хотя мотельчики стоят те же, сюда приезжают из других кварталов и даже районов города. Так что не торопитесь сюда, любители экзотики, поздно...

Но ведь здесь же, на Сансете, почему-то множество вывесок небольших печатных и копировальных мастерских. Они, и только, уж поверьте, побуждают тебя здесь регулярно появляться – ну, а куда с твоей профессией еще соваться поначалу? Для местной общины вы ведь, и правда, не подарок, вас здесь не ждали – в Лос-Анджелес и без вас стремятся из Рима советские беженцы – и вот их-то, уже приглашенных, в первую очередь должно принять, помочь... А что делать с незваными? Сотрудников местной общины несколько успокаивает ваша первая встреча: всё, что ты у них просишь, – медицинское обслуживание для сына. Только.

Вот и ходишь теперь по улицам и – честное слово! – по-настоящему ломаешь высокий каблук: туфли куплены в Италии, они остроносые, модные (старые, московские, похоронены в римском мусорном баке). Так, прихрамывая, и заходишь в двери под вывеской "PRINTING" – «Печатная», или что-то схоже. Никто не отказывает, дружелюбно улыбаются – «О, рашэн – как интересно! Оставьте телефон, мы вам непременно позвоним... когда потребуется». До сих пор звонят...

А еще ты рассылаешь свои «анкеты-резюме», выполненные на английском (это отчасти с помощью местной общины) – здесь Валера тебе содействует в полной мере, он с утра приносит газеты с объявлениями «требуется»: помаленьку ему становится тесно с вами. А, может, просто опасается, что заживётесь. Ну да – он молод и холост, на что ему постояльцы. Да еще бесплатные.

Так... Что-то надо делать, деньги на исходе. Отстояв, даже отсидев, положенное в очереди, – скамьи, много стульев, хватает на всех – ты на бирже труда, здесь ты тоже по совету Валеры; народу не так уж много, что явно вопреки легендам советской прессы, – подходишь к столу.За ним восседает невероятных, ну просто нереальных размеров негритянка. Она приветливо интересуется – какая у тебя профессия? И что ты вообще умеешь? Оказалось, что ты знаком с фотографией. Полистав стопку лежащих перед ней бумаг с запросами от учреждений, принимающих новых сотрудников, – до компьютеров здесь еще остается лет 10-15... – вот! – выуживает она листок из стопки.

И уже через пару дней пытаешься понять, зачем ты здесь – в мастерской, где на ручных станочках переносят рисунки с шелковых трафаретов на виниловые сумочки, на майки... Оказалось, хозяин, молодой и прогрессивный, мечтает все процессы осовременить. И, конечно, сделать их дешевле. Вот, говорит: здесь один русский художник до вас купил эти штуки, так он сразу почти уволился, что с ними делать? И вскоре ты показываешь мексиканке – их здесь несколько, молодых, смешливых женщин – как превратить фотоувеличитель в репродукционное устройство: вот фотокамера, она крепится на окуляр, вот боковые осветители экрана – бац! – пленка в проявке, теперь можно через тот же увеличитель проецировать рисунок на будущую печатную формочку.

Всё. Так ведь и правда – всё: к исходу первого месяца Валера достает из почтового ящика – твоя корреспонденция пока продолжает приходить по его адресу – конверт: это приглашение тебе на беседу в издательство. Трудно поверить – в американское! Мексиканки уже все умеют без твоей помощи – уходишь оттуда с чистой совестью.

Забавно: много лет спустя выяснилось, что этим русским художником был Лёва Мороз, твой нынешний близкий приятель. И выяснилось это как-то случайно, кажется, за общим застольем. Да, сейчас – забавно. А Лёва в свое время, чуть раньше тебя, получил здесь свою порцию хлопот по обустройству жизни, которую надо было начинать заново. В его случае это прозвучит – разверни чистый лист бумаги. Или холст – не грунтованный, просто кусок материи. И рисуй... Нарисовал – и ведь совершенно замечательную картину: у него свои мастерские, может быть, даже лучшие в Штатах, тиражировать здесь свои работы дано не всякому художнику, даже знаменитому. Лёва сам их выбирает. Так-то...

Наверное, стоит остановиться чуть подробнее на описании этого периода. Не биография же пишется, в конце концов, хоть местами получается похоже. И всё же, снова – о тебе.

Надо ли рассказывать, как с привезенной фотокамерой «Киев» (по тем временам – достижением советской промышленности «на уровне мировых стандартов», благо что вывезены из побежденной Германии оптические заводы Цейсса) ты ходишь по дворам «русского» района города? Здесь кучно селятся эмигранты из Советского Союза – и, стало быть, должна быть клиентура. Да и правда: плохо ли, оперевшись на сияющий под калифорнийским солнцем капот новенького «Шевроле» (машина – соседская, да кто там узнает...), позировать на фото, которое пошлётся родным в Черновцы! Или не пошлётся...

– Нэ... я плохо получился, нэ бэру! – А как ему получиться «хорошо», когда четыре подбородка и свисающее над ремнем брюхо в сочетании с багрово-синюшными щеками не способна спрятать самая замечательная оптика! Даже, наоборот, – выявляет оптика, и подчеркивает всё, на что в жизни внимание не всегда обратишь. «Взять бы, – думаешь, – тебя за твоё мясистое ухо, подтащить к зеркалу – любуйся, красавец, какой ты есть!»

Дома пленка вместе с отпечатками отправляется в мусор, там теперь они – денежки за пленку, за печать в лаборатории... И твоё время – тоже там, вместе с надеждой на приработок к ночной работе. Хорошо, если из пяти двое удовлетворятся твоей продукцией. Бывало – и никто. Привыкаешь ты в эмиграции помаленьку к этим фигурам. А то ведь не знал, что они существуют. То есть, может, знал, догадывался, а вот самому встретиться – не довелось. Да...

Теперь довелось: солнечная Калифорния особо притягательна для южан – одесситы, киевляне составляют здесь большую часть быстро растущей числом общины эмигрантов из СССР, москвичей совсем немного, ленинградцев еще меньше. Кто-то уже неплохо зарабатывает, кто-то – на пособии от общины, потом и от государства – пока, а то и навсегда. Однако на столах у всех красная икра, закуска это рядовая – американцы «рыбьи яйца» не едят, поэтому стоит она здесь совсем недорого.

А какие тосты можно порой услышать в застольях!

– Да что ты мне такое говоришь – твой следователь козел, вот и всё! Вот мой следователь был человек – это да!

Забавно? Ладно, переходим к другой теме.

Итак, теперь ты работаешь в издательской фирме. Сама фирма в Лондоне, в Лос-Анджелесе, и не только здесь – «Даймонд Интернейшенэл корпорэйшн» – звучит-то как – «интернейшенэл»! У фирмы своя типография, и эта работа нашлась по газетному объявлению, представьте себе! Вспомним: послал анкетку – и Валера сообщает: тебе звонили, потом и конверт передает – приглашают на беседу. Он тщательно инструктирует, что надеть, как причесаться, как себя вести – важна каждая мелочь! Очень, очень он заинтересован в твоём скорейшем трудоустройстве!

Ничего обидного, всё правильно – пора снимать свое жильё.

И опять – матрацы на полу, у сына свой, у тебя свой, здорово! Обживетесь еще! Обжились, пусть не сразу – даже пишущую машинку купили. Английскую – зачем, вряд ли сам понимаешь, наверное, профессиональное – как же без пишущей машинки! Прихваченная с собой из Москвы пока путешествует в «медленном» багаже морем, вместе с книгами,

а больше в нём ничего и нет. Эта куплена на «гараж-сейле»
– француженка, не очень владеющая английским, как и ты,
переезжает, избавляется от ненужного хлама.

Практичный Валера предупреждал – у самих хозяев товара,
не торгуясь, ничего не покупать, еда в супермаркете – другое
дело, там цены твёрдые. Ваш торг в переводе с английского,
которым владели вы примерно одинаково, звучит примерно
так. Ты: «Сколько стоит?». Она: «Пять долларов». Ты: «Нет,
шесть!». Она: «Нет – четыре». Ты: «Хорошо, даю семь!». Она:
«Три!». Ты – «Даю восемь!».

И так – пока ты (покупатель!) не поднял цену до десяти
долларов. Присутствующий при этом сын посматривает на
тебя с сомнением, прислушивается к торгу в пол-уха, его
больше занимает витрина велосипедного магазина. В конце
концов, француженка, понимая, с кем имеет дело, повторяет
начальное – «Пять!». На том вы и сходитесь, и улыбаясь,
довольные друг другом, расстаетесь.

Сын пока приглядывается к новому велосипеду, но и
примеряется уже к твоему хорошо подержанному «Опелю»,
– ваша первая американская машина оказалась немецкого
происхождения. Спустя несколько лет и сын сел на свою
первую. Ему везет куда больше: где-то в негритянском районе
города вы приобретаете спортивный «Понтиак-Трансам». У
машины открывается брезентовый верх, у нее двигатель с
турбиной! Сегодня – это был бы антик, бесценный, но и тогда,
убоявшись расхода бензина, спустя год, вы продали ее – уже
вдвое дороже купленного.

Появляется у вас, наконец, и новая русская пишущая
машинка (теперь их и здесь можно купить: конъюнктура
сложилась, вон сколько «русских» понаехало), следом за ней
– ты начинаешь листок «Обозрение». Сначала это четыре
странички тетрадного формата – ты и сейчас сохраняешь
этот выпуск. Его твой новый товарищ, дай Бог ему здоровья
и сил еще на много лет, показывает издателю местной американской газеты Блейзеру, – и вскоре «Обозрение» становится
частью издания Фила. Ты пока сам пишешь статьи, сам их

набираешь на пишущей машинке, сам выклеиваешь полосы – и так следующие два года...

А ещё у Фила своя телепрограмма, своя радиопередача, – теперь ты и там получаешь время: на радио это ежедневные 10 минут – пленки ты наговариваешь дома, потом отвозишь их в редакцию. Телепередачи с твоим участием происходят от случая к случаю: одну из них ты проводишь с сенатором Генри Джексоном – это он автор поправки к американскому закону, принятой Конгрессом, и это он подвиг Кремль открыть эмиграцию евреев, прежде всего, из СССР. Сначала – приоткрыть: ты и сам оказался в первых нескольких тысячах оставивших страну...

Огонь и вода. Засуха. Долго нет дождей, мелеют водоёмы. Запасы воды в Южной Калифорнии близки к критической нижней точке отсчета. "Граждане, экономьте воду!" – это призыв муниципальных служб. Воду покупают по ценам невероятно высоким в других штатах. «Кризис, граждане!» – и граждане экономят воду: на кухнях, в душевых кабинах, реже поливают цветы во двориках, и даже фикусы в домашних горшках – того и гляди засохнут...

Не всем, однако, пришлось в эти дни менять жизненный уклад. Помню, минувшим летом, в самый разгар засухи, живущий в Санта-Барбаре приятель показывал мне угодья в полутора-двух милях от своего не бедного дома – с подземным гаражом, в котором мирно покоятся "Мерседес", спортивный "Ягуар" и... ладно, не стану продолжать, вроде всё ясно. Так вот: по-настоящему роскошная, даже уникальная растительность в саду моего приятеля, составленная из самых экзотических представителей калифорнийской флоры, кажется, оказалась обречена – для ее полива не хватало воды... Когда он говорил это, я действительно видел в его глазах слезы. И это было не просто чувство собственника, теряющего принадлежащее ему нечто. Как и, наверное, не просто зависть побудила его комментировать журчание, издаваемое сотнями разбрызгивателей на аккуратно подстриженном зеленом поле, примыкающем к дому его соседа:

– Там-то все выживет: воду в цистернах привозят – за много миль.. Но ведь – 30 тысяч долларов...

– В год? – с уважением уточнил я.

– В месяц!

Так что все же – да здравствует капитализм, спаситель калифорнийской флоры! Ну, хотя бы ее части...

* * *

Моя невозмутимая мама. А еще было такое – потрясение настоящее, когда под городом затряслась земля. В тот раз ночевала мама у меня – такое было часто. В это утро мы проснулись от грохота – по комнатам летали книги, посуда, телевизор вообще оказался у противоположной стены. Раздался еще толчок, сопровождаемый гулом и грохотом.

Выскочив из спальни, перепрыгивая через опрокинувшиеся стулья, я вбежал в комнату к маме: она, невозмутимо оставаясь в постели, возмущенно произнесла:

– Саша, когда это кончится?!

Что, мол, за безобразие? Полураздетые, мы вскочили в машину и рванули к дому на недальней улице, где сын снимал квартиру. Его жена Ира, закутанная в одеяло, и сын с новорожденной дочкой на руках стояли на улице в толпе соседей по дому. И так было по всему городу.

Да, за радость, даже за счастье жить в благословенной Калифорнии приходится иногда платить. И страхом – тоже.

* * *

А эти заметки могли остаться в архиве автора в числе опубликованных некогда текстов, и, скорее всего, оставались бы там невостребованными до поры...

Вот она – пора, десятилетие спустя.

Сменяются на экране телевизора кадры хроники: разграбленные жилые дома, зияющие провалами витрины магазинов и ресторанов – они разбиты не чудовищным разгулом стихии, обрушившей на побережье мириады тонн воды, – но самими людьми. Людьми ли? Сохраняют ли эти, громящие соседское жильё, человеческий облик?

Газеты, телекомментаторы политически корректно избегают этой темы. Мутация дармоедов – поколение за поколением – неминуема. Тогда был Лос-Анджелес.

И вот теперь – Новый Орлеан. Эти...

Итак, двое суток позора...

“...Градоначальник с топором в руке первый выбежал из своего дома и, как озаренный, бросился на городническое правление.

Обыватели последовали его примеру. Разделенные на отряды... они разом во всех пунктах начали работу разрушения... Пыль... затмила солнечный свет... От зари до зари люди неутомимо преследовали задачу разрушения собственных жилищ...” (Н.Салтыков-Щедрин. “История города Глупова”).

Год 1992-й, май. К утру над городом повисли черные облака. Столбы маслянистого дыма упирались в них клубящимися кронами: основания их, обозначив собою линию горизонта, сливались с едва различимыми силуэтами далеких строений. Там, в десятке-другом миль, догорали подожженные минувшей ночью дома.

Это потом стали вспыхивать новые. Орды вандалов квартал за кварталом перемещались к многоэтажным, мерцающим серебром застекленных фасадов, зданиям пристойного Мид-Уилшира и почти сразу – к вымершему вдруг без толпы праздношатающихся туристов Голливудскому бульвару... А здесь, совсем рукой подать – и Западный Голливуд, с его адвокатскими конторами, излюбленными околокиношной молодежью барами, с его ресторанами, где встречаются за ланчем снобы из контор по торговле недвижимостью и биржевые маклеры, с его лавками, торгующими антикварной чепухой, с его не очень дорогими бутиками. Здесь же рядом и наша редакция.

– Страшно? – спросила меня Эмма Тополь, позвонившая утром с радиостанции “Свобода”.

Нормальный вопрос. И я бы мог задать его свидетелю подобных событий. Эмма готовила передачу о... – здесь она, кажется, запнулась, – “ну, в общем, о том, что у вас происходит”.

Страшно? Да нет, в то утро страшно еще не было. Ну, несколько десятков пожаров – как раз там, где живут сами поджигатели. Несколько супермаркетов разграблено – как раз те, что обслуживают их семьи...

Но вот на экранах телевизоров появились проломы, ведущие в торговые залы магазинов. Дверей больше не было, и не было огромных, во всю высоту стены прозрачных витрин: их заменили искореженные остовы рам, окаймленные неровными зубцами выбитых стекол. И в этих рваных ранах возникали людские силуэты с пластиковыми мешками за спиной, набитыми всем, что в них могло уместиться, всем, что можно было унести. И оскаленные торжествующими улыбками физиономии. Джунгли...

Хотя – какие джунгли? Способен ли зверь – самый дремучий, самый безмозглый, сознательно или ненароком, – разрушить собственное логово? Зоологи утверждают – никогда! Инстинкт не позволит.....

А человек может.

Когда в 65-м в лос-анджелесском районе Уотс происходило нечто подобное, сотни торговых и мелких промышленных бизнесов закрылись. Закрылись навсегда – в том числе первый в этом районе крупнейший супермаркет, незадолго до этого отворивший покупателям свои двери. Владельцы винных и продовольственных лавок, хозяева химчисток и ремонтных мастерских потеряли все, что имели, – и прежде всего, средства к существованию. Негры среди них составляли абсолютное большинство. Стоимость продуктов в Уотсе и соседних с ним районах резко подскочила – за продуктами приходилось ехать в самые отдаленные магазины. Ехать – если было на чем. И если было чем за них платить – десятки тысяч клерков, продавцов и рабочих за те 3,5 дня, что длились бунты, стали безработными.

Это было в 1965-м.

* * *

А сейчас... Первым я увидел выступление мэра Лос-Анджелеса. Потом один за другим на экране телевизора возникали – шеф городской полиции, шериф, начальник пожарной службы. Вот из своей резиденции в Сакраменто к населению штата обратился губернатор. И вскоре – Сам-Американский-Президент. Руководители полицейских и пожарных служб обходили большинство вопросов допрашивающих их журналистов, подчеркнуто демонстрируя желание остаться строго в рамках своей служебной компетенции. Столько поджогов. Столько магазинов разграблено. Столько убитых... Хотя нет – в тот час убитых еще не было.

По-настоящему все началось после выступления Брэдли. Многомиллионная аудитория, добрую четверть которой составляют чернокожие жители города, услышала своего мэра-негра: присяжные, оправдав полицейских, отлупивших задержанного ими чернокожего бандита, вынесли несправедливый вердикт, поэтому принять их решение, смириться с ним – невозможно! Как следовало понимать его слова?.. Теми, к кому апеллировал мэр, его слова были поняты однозначно – и все его последующие выступления, и все его призывы к соблюдению порядка уже не могли ничего изменить.

Мэр – лицо избираемое, ему крайне важны голоса этой четверти лос-анджелесского населения, поставившего его на пост. Ну, а чем, не переставал спрашивать я себя тогда, руководствуется глава городской полиции? Долгие часы – пока загорались первые десятки пожаров, пока громили первые магазины, пока избивали до смерти случайных автомобилистов и пешеходов, оказавшихся в зоне досягаемости банд чернокожих подростков, пока топорами и револьверами эти деклассированные подонки пытались остановить пожарных, унимавших огонь, – долгие часы полиция города оставалась парализованной.

Неужели только амбиции? Хотите, мол, судить полицейских – посмотрите, каково без них!

Или – президент, потребовавший федерального расследования поведения полицейских, задержавших пьяного уголовника. А если и это расследование подтвердит правильность решения жюри – какой реакции американских нацменьшинств будем ожидать? Вся страна загорится? И – пресса... Казалось бы, за мои годы в западной журналистике давно пора принять очевидное: сенсация на экране – это зрительский рейтинг – это дополнительная реклама – это больше денег продюсерам телепрограммы. И лишние секунды, "горячие" секунды на экране – дополнительная возможность показать себя зрителю. Замечательная возможность!

Но вернусь к началу событий. Только что обнародован приговор. Присяжных, отказавшихся от интервью, быстро увозят в неизвестном направлении. Разочарованные репортеры бросаются к микрофонам в самую гущу протестующих, которых пока не так много. Пока это отдельные группки, размахивающие наспех намалеванными фломастером транспарантами. Пока все ограничивается словами. Правда, какими! Нескончаемые потоки ругани и проклятий – в адрес судьи, в адрес присяжных, в адрес белого населения страны, в адрес системы американского правосудия – и вообще, в адрес своей страны, в адрес Соединенных Штатов Америки.

Всё истеричнее становятся доносящиеся из растущей толпы выкрики – и репортеры всех, я подчеркиваю, всех телеканалов и радиостанций, соревнуясь друг с другом, выискивают самых громкоголосых, суют к самым их ртам микрофоны. Цензоры уже не успевают снимать с фонограмм обильный мат, дополняющий тексты вопящих в микрофоны женщин.

Честное слово – за эти несколько часов, перескакивая с канала на канал, я не увидел ни одного кадра, показывающего хотя бы одно выступление, ну, хотя бы несколько слов в поддержку решения жюри...

* * *

Трудно было судить, насколько оказалась подмочена репутация шефа полиции в эти дни. Не думаю, чтобы она уж очень его тревожила – он все равно уходил.

А вот мэру города при ближайшем голосовании трудно будет удержаться, думал я, – если только у него самого не достанет мужества до всяких выборов подать в отставку. Он долго был в этой должности, ничем особенным не отметив свое правление, – каким он запомнится согражданам после нынешних событий?

Согласно "Глуповскому летописцу", 21-й по счету градоначальник города Угрюм-Бурчеев подвигнул жителей Глупова разрушить свой город – и тем вошел в историю. А какую память оставил по себе входящий в новейшую американскую историю Том Брэдли? Мэр-Поджигатель? Поджигатель своего города... Его уже не первый год нет в живых. Но вот международный аэропорт в Лос-Анджелесе назвали его именем.

Об одном предшественнике Угрюм-Бурчеева в том же щедринском "Летописце" было сказано: от него глупцовы "кровопролитиев ждали", а он чижика съел. При лос-анджелесском градоначальнике кровопролитие состоялось: когда я взялся за эти заметки, одних смертей было зарегистрировано уже больше 50. И каким "чижиком" накормил он своих горожан, загнав их на вечерние и ночные часы в дома. И тем исчерпав проблемы – потому что улицы города опустели, а значит, и усмирять стало некого.

Но, наперекор всему, город продолжал жить. Помню, ко мне в дверь постучала женщина. В эти дни открывать незнакомым не принято – но увидев в глазок миловидное молодое лицо, я вышел на порог.

– Не хотите ли подписать петицию в пользу избрания президентом США Росса Пэрро?

Знаете, я, совсем недавно голосовавший за Буша, подписал. Наверное, не я один – потому что не я один слышал выступление нашего тогдашнего президента, убедительно сыгравшего на экранах миллионов телевизоров свое возмущение оправдательным вердиктом присяжных.

Ведь что интересно: негры его все равно не полюбят, и их голосов он не найдет. У либералов есть Клинтон. И Браун. Так кому он хотел помочь – ку-клукс-клановцу Дюку?

* * *

Надеюсь, Эмма Тополь поверила искренности моего ответа: тогда мне, действительно, страшно не было. Не потому, наверное, что я такой храбрый: просто банды громил были достаточно далеко – и от моего дома, и от редакции. А окажись в непосредственной близости, не уверен, что они вызвали бы у меня презрительную улыбку – улыбку Клинта Иствуда, поигрывающего парой пистолетов у пояса...

Страшновато стало чуть позже, когда я счел уместным досрочно завершить рабочий день редакции и просил сотрудников взять домой несколько компьютеров. Так, на всякий случай. И когда я решил, что маму лучше забрать из ее квартирки в Западном Голливуде. И потом, когда, рассовав в джипе наличный ружейный арсенал, я пробирался через чудовищные пробки, образованные спешащими эвакуироваться из своих офисов служащими. А тогда я действительно не испытывал страха. Поверьте, я даже не испытывал особой неприязни к непосредственным участникам событий этих двух дней. Наверное, либералы правы – им действительно следует сочувствовать. И их надо жалеть – потерявших человеческий облик, попавших в капкан развратившей их системы, при которой можно получать не заслуженное и брать не заработанное. Ведь это так естественно, когда вдруг начинает казаться – дают мало! И тогда – почему не отобрать!

А мой страх... в эти часы он казался вытеснен куда более сильным чувством: стыдно было за беспомощность самой демократической в мире демократии – в критические часы неспособной действенно защитить себя от порожденной ее же добротой разнузданной армии варваров.

И еще – чудовищно стыдно за самого себя, за наше общее бессилие изменить что-либо в этом грустном раскладе...

Потом, когда Эмма, поблагодарив меня, остановила магнитофон и мы заговорили вообще об оправданности использования силы, о необходимой и предельной степени ее применения – не знаю, насколько уж кстати, я вспомнил Хиросиму. Сейчас вот говорят – можно было бы не бросать бомбу. Можно было бы обойтись...

Наверное, можно, но это – сейчас. А тогда мало кто сомневался в том, что ценой тысяч жизней были спасены миллионы.

Так где он начинается, этот предел? Правда, это уже другая тема...

Когда лет двадцать пять назад старожилы вспоминали о нью-йоркском районе Брайтон-Бич, каким он был до поселения там эмигрантов из Союза, главным образом из Одессы и Киева, – плакать хотелось. Совершенно изумительное место: громады небоскребов Манхэттена, навсегда заслонивших собой небо – они совсем не рядом... А здесь – прибрежная полоса с променадом, здесь можно пройтись вдоль набегающих на песчаный берег волн, полной грудью вдыхая океанский воздух, отчасти и это составляет счастье аборигенов района. Им завидуют горожане из всех «боро» – районов мегаполиса. Курорт!

Был курорт... пока уличные банды, большинство в которых составляли пуэрториканцы и чернокожие, не вытеснили отсюда местных жителей, главным образом, пожилых людей среднего достатка. Члены банд и между собой не были дружны: рассказы о побоищах на Брайтоне не сходили со страниц газет. Полиция? – она, конечно, не оставалась в стороне, но что можно было сделать с этим отребьем – арестовать? Так судьи их на другой день отпускали из предварительного заключения...

Всё волшебным образом переменилось с конца 70-х: жильё там сегодня по стоимости приблизилось к квартирам в престижных районах Манхэттена. Почему? Может быть, на этот вопрос может отчасти ответить такая история – хоть и произошла она на другом побережье Америки, у нас в Калифорнии. Я вот о чём...

...Иногда мне случается встретить Мишу где-нибудь в общественном месте или столкнуться с ним на улице. Киевлянин с забавным прозвищем Сусик, он оказался в Калифорнии в середине 70-х, примерно тогда же, когда и мы с сыном. Будучи человеком торговым и инициативным, он сумел и здесь продолжить карьеру, которая, надо думать, неплохо кормила его до эмиграции в Штаты – Миша был мясник.

Открыл он здесь мясную лавку в не самом, осторожно выражаясь, престижном районе Лос-Анджелеса, по соседству с домом, где тогда я снимал однокомнатную квартирку и где зачиналась предтеча «Панорамы» – крохотное изданьице «Обозрение». Миша оказался самым первым, кто предложил поставить свою рекламу в «Обозрение», почему и я к нему по-соседски заглядывал иногда – за новым текстом объявления и заодно отовариться продуктом.

А однажды, подойдя к дверям его магазинчика в условленное время, я обнаружил их закрытыми. Пожав плечами, решил позвонить ему на другой день.

– Приходи, – коротко сказал Миша, – магазин открыт, я на месте.

Зашел я к нему спустя еще несколько дней, а в один из них мне рассказали следующее.

В пустой в этот час магазин к Мише заглянул молодой негр, потерся у прилавка, вроде что-то рассматривая, вынул пистолет и, вертя им перед лицом Сусика, коротко бросил: «Мэн, мани!». «Мани? Сейчас будут», – спокойно, по-русски, сказал Миша, нагнулся за прилавок, и хорошо отточенным мясницким топориком ударил негра. Тот, заливаясь кровью, еще как-то сумел выскочить из дверей магазина, где был подхвачен подругой, ожидавшей его с очередной добычей. Она впихнула дружка в машину и резко рванула с места – в ближайший госпиталь.

Говорили, что негр уже в приемном покое последний раз открыл глаза – и перестал жить. Миша же позвонил в полицию, вскоре приехали полицейские, допросили его, осмотрели место события, одобрительно похлопав Мишу по плечу и весело переговариваясь, уехали. А больше Мишу по этому поводу никто не тревожил...

Мораль? Да нет здесь никакой морали, так просто вспомнилось: вчера Миша оказался в зале ресторана, куда и я заглянул на застолье по поводу дня рождения своего приятеля.

Глава 4. Нью-Йорк, красный «Феррари» и другое...

– Валер, займи три сотни... Сможешь? Лечу в Нью-Йорк, обратно через десять дней, верну сразу же: получка через неделю, а собрался сейчас, условился там с людьми... – На другом конце провода напряженное молчание.

– Знаешь... у меня сейчас напряженка... Может, обойдешься?

– Может, и обойдусь. Ладно, привет.

Конечно, обошелся. И слетал, и с людьми встретился, познакомился с самим Седыхом, с его коллегами. Кто такой – Седых? Ну да, сейчас мало кто его помнит. А ведь это корифей русской эмиграции, всех её "волн" – послереволюционной, послевоенной, и теперь – нашей, советской, что ли – как еще её назвать, хотя в сущности-то "антисоветской", верно? Издатель и редактор единственной тогда (монархический листок в Сан-Франциско – не в счет, кто его читал?) русской газеты в Штатах Андрей Седых, по рождению Яков Моисеевич Цвибак, действительно был человеком неординарной судьбы: Куприн, Мандельштам, Бальмонт, Милюков, Ремизов, Шаляпин, Бунин... их имена постоянно мелькали в его мемуарах.

Неутомимый потентант... Вот его газета отмечает семидесятилетие издателя. Кто-то в посвященных ему, вполне комплиментарных (как же иначе!), стихах так его назвал. Боже! Полемика вокруг этого "потентант" не стихнет еще много номеров: затюканный автор будет цитировать римских классиков, энциклопедии с пояснениями – мол, следует понимать, что юбиляр есть человек еще не полностью реализованных возможностей. Куда там! – повод засветить свое имя в газете случился замечательный, вот и засвечивают...

Седых вполне радушен, он почти сразу предлагает представлять его «Слово» на Западном побережье Штатов. Чем-то ты внушаешь ему доверие, может, оттого, что кто-то к твоему приезду успел показать ему «Панораму».

Естественно, и у тебя с собой припасен свежий номер. Вот и «представляешь» ты «Новое Русское Слово» в Калифорнии пару последующих лет. Как, спросите? – да так: оформляешь подписку, добываешь «свежих» авторов, сам туда что-то пописываешь. Но – и рекламу, чем обретаешь новый для себя опыт, очень пригодившийся вскоре же.

Впрочем, кредитор, у кого приходится всё же перехватить несколько сотен в дорогу, получает должок на другой день по твоем возвращении...

* * *

Повторить поездку в Нью-Йорк тебе случается лишь ещё тремя годами позже. Нет никакой возможности (а если честно – решимости) оставить хоть бы и на несколько дней газету. И только теперь, не скажешь в просторном, но всё же удобном кресле "Боинга" ты оказываешься обложен грудами непрочитанных рукописей...

5 часов, 3 тысячи миль, их как не было.

Попробуем что-то вспомнить из того, что стоило бы хранить в памяти и сегодня.

Первая ночь в Нью-Йорке, не в самом – за городом. Домашняя финская баня, притом, что жара на улице несусветная, короткое застолье. Несколько часов блаженного сна. На другой день – бытовое обустройство: жилье, машина, звонки приятелям и знакомым, а какие-то – и по службе.

В тот, 1985-й, год "Панораме" исполнилось пять лет. Выжили, надо же! Отметить это обстоятельство собрались друзья – и твои личные, и редакции: между теми и другими грани стирались быстро. Просторный лофт у Славы Цукермана заполнили человек сорок, может, больше. Жара была редкая – надрывались огромные вентиляторы в окнах – только проку от них было немного. Вся заготовленная выпивка осталась почти нетронутой – это притом, что собрались-то журналисты и писатели... Только за пивом пришлось посылать доброхотов неоднократно.

"Новое Русское Слово". Теперь это совсем не та редакция, с которой знакомил тебя Седых. Ты не успел еще забыть три комнатенки в не лучшем районе Манхэттена: допотопный линотип в подвале, допотопный же печатный станок и несколько коробок на деревянных поддонах – на них умещается весь тогдашний тираж газеты. Здесь же типография Мартьянова, его русские календари не одно десятилетие были самым массовым и самым востребованным в русской Америке изданием. Не тот ли Мартьянов, кто участвовал в покушении на советского полпреда Воровского? Да, тот самый.

Разное теперь, в этот приезд, говорили про Седыха: он субъективен... он не жалует другие газеты на русском языке (теперь его газета не одинока)... каких-то авторов он "зажимает"...

А ты снова вспоминаешь тот, первый визит в его газету. Были тогда у тебя в портфеле кроме свежей "Панорамы" несколько экземпляров книжечки "Анекдоты из СССР", это ими начиналась твоя книгоиздательская деятельность в Штатах, не считая нескольких мелких, грошовых заказных работ. И был тогда у тебя билет на обратную дорогу в Лос-Анджелес, купленный на занятые деньги. И был загородный дом, где накормят и спать оставят. А больше ничего.

Вот и попросил ты кого-то из сидевших за одним из двух столов, что были ближе к двери в комнату редактора, помочь встретиться с Седыхом. А тебе сказали: он занят. Он очень занят. И завтра тоже. И послезавтра. И вечерами. И ночами. Он домой забирает с собой чемоданы рукописей. И утром приносит их прочитанными. Правленными. Отвергнутыми. Потому что днем ему некогда. Всегда.

И тогда ты поймал Седыха в коридоре. И загородил проход. И сказал:

– Я – Половец. Альманах. Лос-Анджелес.

Кажется, он понял только "Лос-Анджелес". И предложил:

– Пойдем ко мне в кабинет.

Его "кабинет" помнится тебе крохотной комнаткой, заваленной грудами, горами машинописных листов, книг, среди которых каким-то чудом умещался письменный стол с пишущей машинкой и телефоном. Спустя минут десять от начала беседы Седых попросил секретаршу (это была местная поэтесса, её стихи появлялись в "своей" газете с завидным постоянством) – полчаса не прерывайте нас. Через два с лишним часа ты вышел от него. Эти два часа сохранили тебе многие месяцы. Потому что Седых говорил об издательствах в Америке то, что ты и сам познал бы, только много позже.

А еще вспомни, как настороженно, год спустя, уже в Лос-Анджелесе, рассматривал Седых новые выпуски окрепшей, настолько насколько это получалось, "Панорамы"...

* * *

И, завершая эту главку, заметим (не по злопамятности, а так – для справедливости), что друг твой Валера вскоре после твоего возвращения из Нью-Йорка купил свой первый дом: может, ему тех трех сотен как раз не хватило бы, одолжи он их тебе, и что бы тогда?..

Не будем держать на него зла, чего уж тут. Всё же, вечное спасибо ему: это он со своими "Жигулями" помогал тебе с заболевшим отцом добраться при необходимости из точки "А" в точку "Б", когда у твоего "Москвичонка" уже были другие хозяева. Вот отец его, следом за ним приехавший в эмиграцию и знавший, как в свое время еще там, в Москве, ты выручил его сына (да что выручил – от тюрьмы спас!), очень был на него сердит.

Отец Валеры и его мать успели в Москве и с твоей мамой подружиться – перед их выездом из Москвы.

Вспомним мы ещё, дело прошлое, как Валера, собравшись эмигрировать, увольнялся из "Патента" с должности руководителя службы микрофильмирования. Не тут-то было – обнаружилась недостача кинопленки – пустяшная, в несколько сот тысяч метров... Расходовали её миллионами метров, не продал ее Валера и не пропил, это было понятно – учёт, наверное, был скверный.

Только для компетентных "инстанций" может ли быть лучший повод упрятать "подаванца" куда-нибудь подальше, откуда и Москва покажется вожделенной заграницей. А пока его привели к тебе бывшие коллеги из "Патента" – ты с ними сохранял и после ухода оттуда добрые отношения многие годы. "Надо помочь..." – просили они. Получилось – звонок в Таллин, начальнику филиала Паллингу: "Уно, пришли в Москву сколько можешь из запаса, очень нужно!". Звонок в тбилисский филиал, его начальнику Эдилашвили: "Гурамчик, поможешь?". В ереванский филиал Багдасаряну: "Эдик, выручай парня!".

Так и Господь с ним, с Валерой, думаешь ты теперь, да и раньше – тоже. А к Валере мы еще вернемся – в новых главах и по другим поводам.

Хотя можно начать и здесь, так, для памяти: ну вот, например, его поместье в Санта-Барбаре, с замком, включенным в книгу охраняемых государством архитектурных объектов, там только вода для орошения зелени обходилась ему во многие тысячи ежегодно...

Приобрел поместье твой друг Валера, избавившись с большой для себя выгодой от поначалу очень успешного предприятия: на добытой ржавевшей где-то в американской провинции проявочной машине, восстановленной им самолично – он, использовав доэмиграционный опыт работы в "Патенте" и обретенное там умение, научился дублировать черновые киноматериалы для последующего монтажа – не на дорогую пленку с серебряным фотослоем, а на дешевую с диазо-заменителем. И теперь Валера сумел предложить студиям услуги по ценам существенно меньшим, чем у его коллег.

Опуская технические подробности, отметим только, что пришедшая цифровая техника сделала его (как и его конкурентов) услуги студиям ненужными. Разумеется, купившие его предприятие (кажется, выходцы из Ирана) почти сразу обанкротились и долго потом таскали Валеру по судам – обошлось, однако...

А еще Валера косвенно упомянут в твоей документальной повестушке о загубленных жизнях его бывшей супруги, привезшей в Америку Валере сына, и её друга, бежавшего в Штаты из киногруппы Бондарчука при съемках в Мексике ленты о Джоне Риде. Ни её, «Куколки», ни её друга Рачихина давно нет в живых.

Только всё это было потом. Да мало ли еще чего было потом. Ну, например: ещё у Валеры был дом, почти на самом берегу океана, и в гараже стояли там рядом спортивные «Мерседес» и «Феррари». Называть цифры – сколько они стоили? – обойдётся, и так ясно: может, даже столько, сколько сам дом, где красавцы покоились в гараже. Да, всё же покоились, по делам ездил Валера на обычном американском «Олдсмобиле» – а эти, так, выгодное вложение капитала, инвестиция...

Так вот, однажды ты приехал туда, в гости к Валере, с замечательным актером, близким другом твоим, Крамаровым – Савва тоже теперь жил в Калифорнии. Жил...

Приехали вы с Савелием в твоём новеньком двухместном спортивном «Ниссане»: у него открывалась крыша, мотор его был усилен мощной турбиной – лучшей машины у тебя с тех пор, пожалуй, и не было, а теперь, наверное, уж и не будет.

Только что купленный тобой, на Валеру впечатления он не произвел: «Садись лучше в «Феррари» – сам всё поймешь!». Савелий легонько плечиком потеснил тебя – «Дай-ка я первым прокачусь!». Валере было всё равно – и в машину рядом с ним, на единственное пассажирское место, сел Крамаров, они легко снялись с места и почти мгновенно скрылись с глаз. Ты же вернулся к столу, где оставалась еще пара гостей, и вы продолжили лёгкую трапезу, которую вдруг прервал резко звонящий телефон: «Говорят из дорожной полиции, красный «Феррари» – ваш?».

– Что, что случилось?

– Он в серьезной аварии!

– Где? Люди – живы?

Ровно через десять минут вы уже стояли рядом с тем, что осталось от «Феррари»: машина уткнулась передом, которого уже, собственно, и не было, в покосившийся от мощного удара электрический столб. Не вписался Валера в поворот, намереваясь развернуться в обратном направлении. Теперь он и Савелий с забинтованными головами лежали на

носилках рядом, под надзором полицейских их уже переме-
щали в санитарную машину.

Последовав за ними в госпиталь, мы узнали, что Валера
отделался ушибами и ссадинами, а Савелию аккуратно, под
корень, оторвало ухо – это оно было прибинтовано к голове,
когда мы его увидели на носилках. Савва только косил на нас
своим глазом, не поворачивая головы, и носилки почти сразу
скрылись в жерле санитарной машины.

Быть бы тебе на его месте, и была бы у тебя другая поза –
чуть левее, или чуть правее – может, сейчас и некому было бы
записывать это памятное событие. А ухо у Саввы прижилось,
он с ним, с пришитым, потом еще снялся не в одном фильме.
Так-то...

К Савелию мы еще вернемся – в будущих главах.

Глава 5. Откуда есть пошла...

Сказать, что «Панорама» всегда приносила новые дружбы,
да нет – бывало, разрушала старые. Вот Юз Алешковский
– с ним мы оставались в приятелях с московских времен,
познакомившись на проводах в эмиграцию одного актера.
Наверное, уже тогда Юз подумывал об отъезде. Я вспомнил,
чуть ниже, как высылал ему через «контору» книги «Ардиса»
и многие другие. И годами позже Юз уехал действительно. Да,
так дружба и продолжилась здесь.

Приезжал Алешковский в гости, учил правильно жарить
на раскаленной сковороде бифштексы – действительно,
вкусно получалось. А еще рассказывал он, как приставал к
нему в языковой школе эмигрант, грузин с виду, в широчен-
ной кепке-«аэродроме»:

– Вот ты писатель, да?

– Да – отвечал Юз, – вроде, да.

– Значит в картинах понимаешь?

– В каких? – удивился Юз.

– Мне вот совет нужен – я из Кутаиси вывез картину, очень
много заплатил, кому надо. Картина – Рембрант называется.
Сколько она стоит, а?...

Я и по сей день люблю рассказывать эту байку. А еще из Нью-Йорка Юз присылал в газету рассказы, чаще всего – из серии «Последние слова подсудимого», советского, разумеется. Написаны они были говорком улицы – здесь так не говорят даже те, кто раньше говорил. И однажды я ему сказал:

– Юз, ну хватит, давай что-нибудь еще, другое.

– А эти – что? У меня еще много их заготовлено для книги.

– Вот для книги их и побереги – в газете они как-то изжили себя: читатель-то наш оттуда давно уехал, может, хватит с него...

Юз грохнул трубкой, кажется, я даже и в Лос-Анджелесе слышал этот звук. И больше он не звонил. Лет двадцать прошло с той поры – а нам не случилось больше говорить с ним. Разлучила нас редакторская принципиальность... Так-то.

Что-то похожее было и с Левой Халифом: не показался мне его стих, хотя охотно его прозу печатал, и вот даже книгу целую издал – «ЦДЛ», чем и по сей день горжусь. А тут – заперло: ну, не очень был стих, честно. Рёв Халифа в трубке у меня по сей день в ушах:

– Как?!! Не нравится?!!

И тоже пропал лет на несколько. Вспыльчивый Лёвка. Я ему сам как-то потом позвонил, отошло все, дружим снова, хотя и живем на разных побережьях.

* * *

Губерман... один день пробыл в городе Игорь в тот раз, всего-то. На ночь он всё же остался у меня, улеглись мы далеко за полночь, при том, что вылет из Лос-Анджелеса предстоял ему где-то часов в 7 утра: это устроитель его выступлений в Штатах сэкономил на билете, думаю. А может еще почему, только рано я не встаю и уже в отсутствие Игоря нашел записку, оставленную им на столе: «Спасибо за разговоры...».

Говорили мы о том, о сём, о людях – участниках так называемого "литературного процесса", вспоминали россиян прежде всего, но и тех, что за пределами России. И, естественно, о самом "процессе".

– Ну вот, например, – говорил Игорь, – смотри, что происходит: поэт счастлив, что напечатал стихи, это теперь возможно и, в общем-то, доступно – издал сборник за свои деньги, или нашел себе мецената. Другое – что от этой лёгкости появляется на прилавках? Хотя, конечно, помимо мусора, много стоящего.

Много всё же... Вот, публицистика, статьи, появились хорошие имена – так это, преимущественно, для газет, для тонких журналов, верно? Романы... одна из возможностей опубликоваться – толстый журнал. Только потерял, по-моему, сегодня такой журнал свое назначение.

И здесь я не мог не согласится с Игорем:

– Вот я начал тебе говорить по поводу чупрининского журнала (понятно, я имел в виду "Знамя") – смотри, что было: несколько лет подряд мы, в меру наших возможностей, поддерживали этот журнал скромной премией за лучшую публикацию по предложенной нами номинации "Россия без границ". И на протяжении трех лет она вручалась от имени "Панорамы" –среди ее лауреатов поэтесса из российской провинции, превосходные были стихи, потом Андрей Волос, в другой год – Войнович Владимир...

А потом... я вообще, веришь ли, ничего не смог в нем найти, ну не удалось мне обнаружить нечто, на мой взгляд, значимое в годовом комплекте журналов. А ведь "Знамя" традиционно считался одним из достойнейших литературных изданий! Памятен мне в этой связи такой эпизод, – продолжал я. – Итак, в тот раз был "год Войновича". Деньги, естественно, были скромные, в пределах нашего бюджета, и может быть, даже где-то вне этих пределов: однако поддержка живущих в России писателей сегодня дело, вроде бы, святое, и я не должен тебе объяснять – почему. В общем, фактически делились мы с ними своим гонорарным фондом.

На вручении наград каждый лауреат выступил с ответной речью. Валера Бегишев, наш представитель в Москве, был на той встрече, слышал выступление Войновича и потом прислал мне его текст. Чуть позже речь писателя была опубликована и в самом журнале, и в "Литературке" (наверное, и еще где-то) – в сокращении. Но и из того, что осталось, было понятно: Войнович высказался тогда в том смысле, что, с одной стороны, премии – это хорошо, но, с другой стороны, брать награды из рук новых богатеев, которые, как кость, как подачку кидают их оскудевшим литераторам – обидно... Дословно я слов Войновича, конечно, не вспомню, но что-то было вроде «Вот, жируют, а нам, как купцы, со стола подбрасывают куски...». Ну каково, а?

– Но выступил-то он после того, как взял премию... – полувопросом перебил меня Игорь.

– Вот-вот. После того.

– А Чехов – при таких убеждениях – он бы не взял. Короленко, Успенский – и они, если бы выступили, то уж точно не взяли. Но – если уж ты взял, то не выступай, хотя бы! Не знаю, – продолжал Игорь, – я как человек, который ни от кого никогда не получал премий, может быть, несправедлив, но я уверен: если взял, то не выступай!

Очень близко тому, как прокомментировал Гладилин, когда ему стал известен этот эпизод.

Вскоре и Гладилин позвонил из Парижа: «Ну, и не брал бы, если так видишь, а коль всё же принял – «спасибо» скажи, или просто смолчи», – возмущался Анатолий Тихонович, и ведь по делу.

– Ну а в связи с журналами, да и вообще... – продолжил Игорь. – Я ничего не могу сказать аргументированного, может быть... но я точно знаю: в России все будет хорошо, и, наверное, это основа моего оптимизма. Чудовищно талантливая страна! В смысле людей – талантливая.

Потом стало совсем поздно и мы разошлись по спальням, а перед тем условились, что соберусь я, наконец, вот уже спустя два десятилетия в гости к нему – в Израиль. А то всё здесь, да здесь – в Калифорнии... Ну, иногда в Москве еще. Я и собрался, взял билеты: через Франкфурт на «Люфтганзе» – прямых полетов из Лос-Анджелеса не было, нет их, кажется, и сейчас, и дальше уже – на израильскую «Эл Ал». Упаковался, дозвонился тамошним друзьям, Губерман уже был готов встретить меня назавтра...

Я и сейчас помню, как трубка звенела голосом сына – «Папа, какой Израиль! Сдай билеты! Там война!». Война – не война, а «интифада» в тот день, действительно, началась. И в общем, даже не опасения за собственную безопасность, хотя и это тоже, конечно, но и очевидная неуместность отпускных удовольствий была явна: людей же убивают на улицах!...

Билеты я пытался сдать – взять-то их взяли, только денег за них не вернули. «Какая война?» – с наигранным удивлением ответили сотруднику агентства путешествий, куда я принес билеты. «У нас нет никакой войны... Деньги за билеты мы не возвращаем.».

Ну, нет – так нет. Жаль, конечно, было полутора тысяч долларов, только разве сравнится это чувство с тем, которое ощущаешь здесь, в домашнем уюте на расстоянии в тысячи миль, когда в телевизоре начинают снова и снова мелькать кадры хроники из Израиля... Хроники воюющей – на своей территории – страны.

* * *

Не случилось тогда, а Губермана встречал я – в нашем аэропорту, здесь, в Лос-Анджелесе. Вот и в тот вечер, разговоры – разговорами... а помню, не в первый раз убеждал Игорь, листая страницы фотоальбомов: «Напиши книгу...»

– Какую же? – спрашиваю, – давно написан «Вертер», – отшучивался я, укладывая высокими стопками альбомы с фотографиями обратно на полки.

– Да ты полистай их, – Игорь провожал взглядом альбомы, – открой старые номера газеты – вот и вспомни фигурантов твоих заметок, обстоятельства... Интересно же!

«Может, прав Игорь? – всё чаще возвращаюсь я к этой мысли. – Вот и Таня Кузовлева, близкий мне человек, – тоже говорит...».

– Зачем, – спрашиваю уже её, – теперь-то кому, ну, кому это интересно? Было – и было. Быльём поросло.

– Всегда, – возражает Таня, – сохраняется круг тех, кому не безразлично проживаемое здесь, сегодня. Да и мы сами, – категорически завершает она спор, – нам это надо!

Может быть... может быть... А ещё вот что: даже и теперь, когда редакция перестала для меня быть обязательной и повседневной службой, представляется мне, что газета остается притягательным полюсом, на который всё собиралось: обстоятельство за обстоятельством, встреча за встречей...

Только что позвонил мне Лёва Мороз – приходи на выставку в галерее. «В моей, – сказал он, – галерее»! Конечно – приду. Да и как не прийти – ведь это после него, тогда мне не знакомого, началась служебная часть моей американской биографии. Впрочем, об этом уже было в первых главах...

Сейчас же – из того, что сохранилось в записях, в публикациях, – я пытаюсь выбрать из них «самое-самое».

Начать надо бы, наверное, вот с чего.

А было такое: в Мичигане молодой ученый-славист основал небольшое издательство – с двумя-тремя сотрудниками. Слависта звали Карл Проффер...

Я бы назвал эту главу так:

Глава 6 ...Выполнивший миссию

В самом начале 80-х мы говорили о замечательной художнице-литовке Алиде Круминой с Игорем Димонтом, ленинградским режиссером, её близким приятелем – где они сейчас? Знал я Игоря не близко. Однажды он заглянул ко мне, когда я дожевывал прихваченный из дома бутерброд, заменявший и ланч, и обед – пойти куда-то, даже в соседний "Макдональдс" времени всегда не хватало.

– Тебе не противно? – Игорь брезгливо косился на остатки бутерброда.

– Противно что?

– Да вот это! Что это? – он показал на остатки моего ланча.

– Как, что – еда: хлеб с колбасой...

– Вот-вот – с колбасой!

– Не понял, – отвечаю, – колбаса телячья, из русского магазина, свежая. Всё нормально.

– Именно – телячья. Это же плоть убитого животного... Убили ребёнка у коровы, не дали ему вырасти. А ты знаешь, – укоризненно продолжал Игорь, – что в мясе убитого животного сохраняется ужас смерти? Оно же знало, что сейчас умрет! Убили теленка, а ты ешь его...

Вот так мыслил Игорь. К этой теме мы больше не возвращались, хотя виделись довольно регулярно.

Вегеританцем я не стал – люблю рыбу, креветки, моллюсков всяких при случае поглощаю с удовольствием, пью молоко, ем куриные яйца. А мяса – не ем, не хочется. Ну это так, к слову.

Так... В тот раз, или в другой, когда говорили мы с Димонтом совсем о другом, но вот после этого разговора родились строки, которыми я открывал заметки об Алиде Круминой, художнице. После их публикции у меня дома появилась одна из ее удивительных картин.

Приведу же начало этих заметок, кажется, оно здесь к месту.

Итак:

"...Когда город спит, когда он ест, смотрит телевизор, когда он пьет, обсуждает, соблазняет и мечтает, когда город строит планы на следующий день, и когда город спит... есть еще какой-то небольшой невидимый никому мир. Этот мир обособлен и непричастен к суете города.

Это - мир творцов, особых людей среди нас, как бы иронически или несерьезно мы порой к ним не относились. Пианист, не имея зала, не имея слушателя, часами остается у фортепиано, композитор исписывает тонны бумаги, зная в своем сердце, что никакой оркестр никогда не исполнит его музыку. Художник подолгу просиживает за мольбертом и не тратит время на мечты о том, что кто-то его оценит, кто-то восхитится его образами, кто-то поймет и озолотит его. Эти люди творят, не расчитывая на будущие доходы, не думая о своих будущих успехах или неуспехах, не ожидая компенсации или высокого места в обществе.

Творить для них – внутренняя потребность. Это их способ жить, выражать себя, «строить мосты» к другим людям. Сопротивляемость обстоятельствам у них высокая... общество может их не признавать, они творят, не ожидая аплодисментов ни сегодня, ни завтра... никогда».

Продолжив эту мысль сегодня, добавлю и следующее: всегда жила русская литература потайная, скрытая, недоступная. Рукописи передавались надежными друзьями, от одного – другому. Ни официальной издательской редактуры, ни цензуры...

Саша Соколов, Бродский, Цветков, Лимонов... В том же ряду оказались и Аксенов, и Алешковский, и Копелев – все они оставили страну, при разных обстоятельствах, но причина всё же была одна. Теперь – это история. "Не приведи, Господь, – слышу я сегодня, бывая там, – чтобы она вернулась..."

А сейчас – о том, что сохранилось в записях, в публикациях – я попытаюсь выбрать из них «самое-самое». Начать надо бы вот с чего...

Так и жила эта литература в подполье многие годы, но вот томики с эмблемой старинного экипажа, маркой "Ардиса" заняли место в тамиздатовской библиографии – рядом с изданиями "Посева", "Граней", "Имки-пресс". Вот я достаю Набоковские – из него у меня сохранилась почти вся серия – от "Подвига", датированного 1974-м годом, (это прямой репринт с парижского издания 32-го года, там сохраняются все "ъ") – здесь еще нет "экипажика", появится он в 79-м на томиках "Стихи", "Король, дама, валет", изданные в 78-м "Весна в Фиальте" и "Другие берега" его не содержат.

Издания "Ардиса" стали знать в России. Даже и при том, что на книжных полках они могли оказаться лишь в спецхранах, оставаясь доступными лишь тамошним литературоведам.

И вот ночами застрочили по всему советскому пространству пишущие машинки, страница за страницей перепечатывались с этих томиков дневники вдовы Мандельштама, записки Анатолия Марченко, просочившиеся на волю сквозь тюремные стены, – там, в заключении, их автор и закончил свою земную жизнь. А книга его осталась.

С той же целью изводились тысячи и тысячи листов фотобумаги в домашних лабораториях. И не только в домашних – я уже вспоминал в связи с моим старинным приятелем журналистом Жаворонковым лабораторию в Институте мединформации. Генка, тогда в числе еще нескольких беззаветно доверявших друг другу приятелей, доставал и доставлял сюда "исходный материал" для последующего копирования. Нам с ним тогда обошлось, а кому-то – нет...

Но и за рубежами первые же выпущенные "Ардисом" книги известили о "неофициальной" русской литературе – существует, оказалось, кроме экспортируемых томиков Шолохова, Фадеева. Правда, и Достоевского, и Чехова – валюта же! А эта – она не вдруг, но вошла всё же в университетские программы на кафедрах славистики.

Авторитет Карла Проффера (кстати, "полным профессором славистики" стал он в 29 лет) признавался теперь безоговорочно. Университетские друзья мне рассказывали: теперь ежегодный каталог "Ардиса" – основа пополнения русских разделов их библиотек, в чем вскоре я и сам убедился.

Кажется, с 1969-го исчисляют начало "Ардиса". Мне до отъезда из Москвы тогда оставалась еще полная семилетка. Сегодня я вряд ли вспомню, что нам там досталось хоть бы и просто подержать в руках из обнаруженного после в каталогах Карла. В Риме существовала, наверное, и сейчас существует, Толстовская библиотека, говорили – с самым полным за рубежом собранием русских книг. Она, правда, после обязательных, на последние лиры (а других у нас, естественно, и не бывало) экскурсий по стране, оставалась предметом нашего паломничества в те дни, что мы ждали виз – кто американских, кто канадских. Хотя, какой – дни! – месяцы...

А теперь – что-то сразу обнаружилось на полках крохотного, в одну комнату лосанджелесского магазинчика. Назывался он почему-то "Терек" – наверное, оттого, что хозяином его я застал пожилого армянина по имени Артем, перекупившего недавно магазин у грузина. Грузин? Здесь, пожалуй, уместно вспомнить, что существовала в те годы небольшая калифорнийская колония кавказцев – оказавшихся после революции в Харбине, в Шанхае, еще где-то.

Недавно, разбирая архив, обнаружил я чудом сохранившийся розовый листок, корешок чека – первой американской зарплаты сына, полученной им в качестве "баз-боя" (убиральщика посуды, что ли) в ресторане "Кавказ", владельцем которого был тоже армянин, в прошлом – хозяин ресторана с тем же названием в Харбине. Ерванд Маркарян рассказывал, что выступал там и Вертинский до своего возвращения в Союз.

"Терек" книжным был лишь отчасти: немалая часть его помещения, отнятая от репринтов раритетного "Стрельца", изданного в 1915-м году, была занята морозильниками и прилавками, содержавшими пельмени, русские колбасы, доставленные сюда из Сан-Франциско – там их готовили умельцы из самой многочисленной в те годы колонии русских эмигрантов. О них будет у меня еще случай вспомнить чуть позже.

И всё же на полках у Артема, среди совписовских изданий разных лет, оказались представлены и изданные "Ардисом" Блок, Бурлюк, Крученых, Кузмин, Хлебников, Ремизов, ранний Маяковский. При мне уже там появились повести Войновича, "Метрополь". Правда, при мне же, то есть к середине 70-х, возникли и другие места, где можно было купить русскую книгу.

Созданию одного из них поспособствовал и я, обнаружив в "Городе ангелов" небольшую тогда колонию говорящих по-русски жителей, мне показалось, что, может, как раз этим, то есть – торговлей книгами и стоило бы здесь поначалу заняться. "Поначалу" – это когда, при в общем благополучном течении службы в местном рекламном издательстве (там я преимущественно отсиживал свои часы ночью, иногда вечерами) оставалось еще дневное время.

И вот, условились мы, так сказать, кооперировать со стареньким и почти глухим хозяином букинистического магазина на бульваре Святой Моники, обычно пустовавшего – в чем я скоро убедился. Но зато расположен магазин был в районе преимущественного расселения активно прибывавших в те годы новых советских эмигрантов.

Теперь в моём распоряжении оказались несколько полок, которые я заполнил купленными у приезжих книгами: помимо действительно книгочеев-владельцев домашних библиотек, брали их с собой эмигранты в большом количестве, заполняя дозволенный к вывозу вес. Случалось, деньги еще у людей оставались, при ограничениях на провоз через границу мало-мальски ценных вещей, и тем более ювелирных, именно книги казались богатством, и они в понимании "отъезжантов" становились самым выгодным вложением капитала. И теперь, освободив чемоданы и коробки, горе-коммерсанты не знали, что с книгами делать.

Эксперимент, по взаимному согласию с хозяином магазина, мы в тот же год остановили, хотя "товара" я закупил достаточно, при сложившихся темпах реализации книг, хватило бы их до морковкина заговенья, как выражались наши деды.

Только теперь стала всё больше увлекать меня другая идея. Еще и сейчас, бывает, в компании приятелей-эмигрантов середины семидесятых, мне напоминают: помнишь, мы смотрели на тебя, как на сумасшедшего, и говорили – "больше ему не наливайте!", когда ты сообщал нам: есть идея – здесь нужна русская газета. Да...

А ведь и правда, оказалась нужна.

Но это всё – потом. А пока я листал в "Тереке" возвращенные читателю Карлом "Зависть" Олеши и "Египетскую марку" Мандельштама; и ещё – "Неизданного Булгакова"; и еще – "Пушкинский дом" Андрея Битова. А потом – и повести Искандера. Потом был издан "Ардисом" Юрий Трифонов – уже в английском переводе, чего, естественно, у Артема не было... Кстати, переводили с русского на английский (и на другие языки тоже) сами Карл и Эллендея, его жена.

И еще – 15 томов Набокова, часть которых впервые увидела свет в русском переводе в "Ардисе". Вспомним, что

Набоков писал по-английски – могло ведь случиться, что русскоязычному читателю его романы оставались бы недоступны еще долго, до нынешних перемен в России.

Было тогда такое помещение в жилом доме, в самом центре Манхэттена: там одна из просторных квартир оказалась складом русской литературы, изданной за рубежами СССР. Запамятовал я название этого учреждения за давностью лет, зато хорошо помню даму, руководившую пополнением этого хранилища, но и пересылкой разными способами книг за "железный занавес" – её фамилия была Штейн... Да, Вероника Штейн, и мне довелось переслать с ее помощью Алешковскому книги по составленному им списку – в нём оказались, главным образом, издания ардисовские... Наверное, не случайно. Юз знал, что заказывать.

А Проффер... не боялся он и умел рисковать: в 1977-м году привез Карл на Московскую книжную ярмарку сотни книг, вроде бы для своего стенда – ни одна из них не вернулась в Америку, все они начали подпольную жизнь в России – чаще всего в виде тысяч фотографических и ксерокопий, ими ночами зачитывались и Москва, и дальние окраины России. А Карлу отказали во въездной визе на все последующие книжные выставки и ярмарки в Москве...

И ведь, надо понять такое: почему юноша, не имеющий никаких славянских корней в своей родословной, стал профессором-славистом, причем, крупнейшим ученым? Правда ведь, ну почему именно ему досталось выполнить эту миссию?

"Русская литература в изгнании" – так назвали устроители конференцию, проведенную в 81-м году Калифорнийским университетом. В изгнаньи? Это по строчке Нины Берберовой: "Мы не в изгнаньи, мы в посланьи..." Съехались тогда в большом числе посланники русской культуры, и правда, изгнаные разными способами из своей страны. А теперь на табличках, прикрепленных к лацканам курток участников, значились Франция, Англия, Германия... И конечно, – Америка.

Кажется, именно после этой конференции Алешковский дописал приведенную выше строку Берберовой, предварив её словами "Не ностальгируй, не грусти, не ахай…" – "мы не в изгнаньи, мы в посланьи (охально уточнив – "в посланьи… куда"). Может быть, даже и не без основания.

Я перебираю фотографии, которые сделал тогда – стареньким фотоаппапатом, в условиях совсем не павильонных… Вот перед входом на кафедру на скамью присел Некрасов… Сейчас перерыв – Виктор Платонович говорит со мной, рядом – кто-то ещё из гостей. Неподалеку – Коржавин: нас и здесь сфотографировали незаметно, потом мне эту фотографию подарили, теперь она хранится у меня рядом с другими – на них Коржавин в нашей редакции.

В той же папке его записка: "Столько авангардных изданий – почему бы нам с тобой не затеять журнал с названием "Арьергард"?". "Успех гарантирован!" – уже по телефону убеждал меня Коржавин. – "А деньги?" – "Достанем?" Достаем до сих пор. Совсем недавно оказался в московском Доме литератора на его творческом вечере: блестящий ум, не замутненный возрастом, превосходная убедительно звучащая речь, множество стихов, прочитанных по памяти, его долго не отпускали с трибунки. Правда, меня он узнал «наощупь» – зрение Эмма потерял совершенно…

– Ну, и как там в Лос-Анджелесе?

– Да всё так же, – отвечаю. Вездесущий цедээловский фотограф Миша и здесь запечатлел нас – спасибо ему. Память, всё же – когда еще раз свидемся…

А вот, снова черно-белая продукция моего фотоаппарата, скверная, – слабая оптика, мало света, плохие проявка и печать. И всё же: длинный стол на сцене, за ним Довлатов, Аксенов, Соколов Саша, Лимонов, Алешковский, вот Боков, он только что из Парижа, Лосев – он прибыл из Бостона, американец Боб Кайзер (его томик, переведенный на русский – "КГБ", тоже досталось когда-то, до эмиграции, подержать в руках), вот Войнович, он живет в Германии… Рядом – Оля Матич, она заведует кафедрой славистики, конференция – это ее инициатива, ее труд. Уникальный кадр. На трибуне – Проффер, сейчас его сообщение.

А вот, тоненькая папка с письмами Карла ко мне. Часть их машинописные, часть – написанные от руки, есть по-русски, есть и по-английски, среди тех и других. Многие касаются нашей с ним кооперации: моя редакция, бывало, выполняла для изданий Карла набор, "Ардис " не всегда справлялся сам, а Карл хотел - чтобы быстрее, бытрее!...

Да и мы не всегда справлялись, и тогда я поручал набор кому-то из знакомых, бывало и иногородним (так, к примеру, набирались томики Набокова, новый роман Аксенова): компьютеров в редакциях, наших, во всяком случае, тогда еще не было - но были композеры со сменными головками. А как-то, Карл через нас передал Наташе Ш. эти головки. Цитирую его письмо мне: «Я отправил ей... – она упорно не возвращает. Наша работа остановилась потому что второй комплект сломан. Хочу убить её, но передумаю, если она возвратит проклятые фонты. Поможешь?»... Это письмо датировано 24-м январём 84-го.

Писем немного, всего несколько, чаще всё решалось по телефону, «по-американски». Но было еще одно письмо, кажется, последнее: Карл сообщал в нём, с долей юмора, – наверное, в те дни ему этот тон давался непросто – о том, что вот, ему поставили скверный диагноз, и тут же добавлял что-то вроде – «всё равно придётся выжить...» Этого письма в папке не оказалось, есть другие, этого – нет.

А сегодня я вспоминаю нашу с ним последнюю встречу. Было это в Вашингтоне, в доме Аксеновых, куда мы вернулись после прогулки по умирающему от летней жары городу, к вечеру, в кондиционированную прохладу квартиры. Мая, жена Василия Павловича, примостилась на ковровом покрытии рядом с кондиционером, почему-то устроенным над самым полом, и чуть ли не припадая к нему ртом, ловила струю холодного воздуха - она едва нашла силы подняться с пола, чтобы нас встретить.

Часам к десяти квартира вдруг стала наполняться людьми, один гость, другой... Правозащитники Людмила Алексеева, Алик Гинзбург - он только что из Парижа... Ближе к полуночи в дверь позвонили, это были Карл и Эллендея Профферы, нагруженные невероятным количеством бутылочек и банок – пиву Карл отдавал предпочтение перед другими видами хмельного. Он был бодр, много шутил, легко переходя с английского на превосходный русский, когда чувствовал, что так его собеседнику легче.

А спустя месяц пришло то письмо. Выяснилось вскоре, что Карл болен неизлечимо. Неизлечимо? Почему? Да не может быть такого! Оказалось – может. Были испробованы все доступные методы и лекарства, апробированные и экспериментальные. В конце концов врачи вынуждены были опустить руки. И однажды утром его сердце не выдержало огромных доз наркотиков, снимающих боли.

Карла Проффера не стало. Ему шел 46-й год...

А русская литература продолжилась – и в Америке тоже, от той точки, которую успел поставить последней изданной им книгой Карл.

Глава 7. Там, где нас есть...

Здесь хорошо там, где нас нет...
М.Жванецкий

Левушка Шаргородский тогда занимал должность председателя Ленинградского группкома драматургов; пьесы и постановки по сценариям, написанным им и его братом Аликом, шли в десятках столичных и провинциальных театров.

Оставаясь в этом качестве, братья засобирались уезжать из СССР. Навсегда. Потому-то вполне естественно, а оттого вдвойне каверзно и даже опасно прозвучал вопрос, заданный Леве в соответствующих инстанциях – когда, казалось, разрешение уже в кармане и чемоданы, упакованные в дорогу самым, по тогдашнему нашему пониманию, необходимым в дороге скарбом, сдвинуты ближе к прихожей...

– Слушайте, – сказали ему инстанции, – не валяйте дурака! У вас с братом есть все. Ну, ради чего вы оставляете Нашу Шестую Часть Планеты?

– Да ради остальных – пяти шестых, – почти не задумываясь, ответил он...

Теперь, спустя семь лет, Лева ждет тебя в Каннах, давно уже ставших для клана Шаргородских чем-то вроде дачной зоны. Потому что от Женевы до юга Франции (до Португалии... Гонконга... продолжайте произвольно этот список – не ошибетесь) и впрямь рукой подать.

Задержка на пару дней в Париже, чтобы встретиться там с Лимоновым – как же иначе... Эд (теперь он предпочитал "Эд" недавнему приятельскому "Эдику" и, тем более, "Эдичке", принесшем ему первую американскую славу) к этим дням достиг своей тогдашней цели, он теперь писатель интернациональный. Число изданных переводов его книг, как и тех, что находятся в разных стадиях издательского процесса, достойно зависти коллег – это и о тех, кому повезло родиться за пределами его родного Харькова, но и вообще Советского Союза. И еще ты успеваешь встретиться с Димой Савицким – он работает на французские журналы и почти никогда – на русскую прессу. Но об этом – потом.

А сейчас: ты впервые ступаешь ногой на землю Французской Ривьеры...

Горит Монако. Путевые заметки, что в те годы появлялись в эмигрантской прессе, вызывали подозрение – рождение их казалось тесно связанным с бесплатными брошюрками для туристов, разложенными в гостиничных номерах на пути следования авторов этих заметок. И записывать их, и читать – занятие одинаково скучное. Хотя можно, конечно, предположить, что не всем путешественникам везло так, как повезло вам: вы видели горящий Монте-Карло.

Горящий – во всех смыслах. В прямом – потому что горели холмы, составляющие большую часть территории этого экзотического княжества и придающие ему совершенно неповторимое очарование. И в переносном – тоже... Об этом сегодня и стоит рассказать подробнее.

Представьте себе картину: арендованный вами крохотный, по американским понятиям, "Рено" на ста шестидесяти километрах в час (при официально дозволенном здесь пределе сто тридцать) несется по пустому шоссе – это в пятницу, к вечеру! – приближаясь к столице столиц игорного мира. А на встречных полосах бампер к бамперу едва движутся машины: десятки тысяч туристов, да и постоянных жителей Монте-Карло, оставив отели, виллы, рестораны, казино, стремятся покинуть город, окруженный пылающими отрогами холмов и завесой дыма, относимой ветром за много километров в сторону – до самой Ниццы...

Вот уже неделю не удаётся съехавшимся из всех прилегающих районов пожарным и войсковым частям затушить огонь, пожирающий, как пишут европейские газеты, "со скоростью скачущей лошади" гектар за гектаром кустарники и лес, своей фантастической красотой принесшие этим местам славу "жемчужины Франции". (Деталь: вы не видели ни одного пожарного вертолета – тушили только с земли... Может быть, в том и причина, что так долго?). Сгорело несколько богатых вилл, жители которых спасались от наступающего пламени в бассейнах. Погибла семидесятичетырехлетняя мадам Давид: будучи вывезенной из своего дома, оказавшегося в зоне пожара, она зачем-то вернулась в него. Ее обгоревшее тело находят только на третий день...

Словом, когда вы, воспользовавшись объездом (выезды на Монако со всего шоссе оставались закрыты) и наблуждавшись по горным дорогам, пробиваетесь, наконец, в Монте-Карло, город почти пуст. Кроме экзотически выряженной королевской стражи, на дворцовой площади никого нет. Если, конечно, не считать вас – Лёвы, его жены Лины и тебя. Все сувенирные лавки и магазинчики безлико таращатся задраенными ставнями и спущенными жалюзи.

Какая-то суета еще наблюдается внизу на площади, образуемой тремя зданиями, главным из которых, конечно, следует считать казино – оно своим по-настоящему величественным фасадом отгораживает вид на море, перламутрово поблескивающее у самого подножия обрыва, сразу за узкой полосой набережной. И вот ещё – о площади: с одной ее стороны приземистое, почти полностью застекленное здание, вмещающее ресторан и залы с игорными автоматами; и напротив него – гостиница, в которой обычно останавливаются (лучше бы сказать, позволяют себе остановиться) гости.

Наверное, они богаты чрезмерно: они промышленники и кинозвезды. И издатели, литераторы, между прочим. Русского языка там слышно не было, – иное в девятнадцатом, ну и в начале 20-го века – тогда было. Ну и, естественно, здесь всегда присутствуют профессиональные, кому не изменила удача, завсегдатаи игральных залов. Так вот: обычно эту площадь даже и в будние дни можно пересечь лишь проталкиваясь плечами между стоящими на ней зеваками и наступая им на ноги. Сегодня площадь пуста, и только одинокие парочки изредка пересекают ее, чтобы поглазеть на хозяев подзываемых к гостинице лимузинов.

– Ой! – не перестает восклицать Лева, хватаясь за голову. – Они же горят!

– Вижу, – отвечал ты ему. – Вон, гляди – справа еще одна полоса огня, только что ее не было.

– Да нет же, – досадливо морщится он. – Это я сам вижу. Я тебе о казино говорю, о ресторанах!..

Он так искренне переживает, что в какой-то момент тебе казаться: не иначе как, получив гонорар за очередную теле- или кинопостановку (братья Шаргородские к этим дням стали популярны уже и в Европе – за их сценариями охотятся известные режиссеры и продюсеры), Лёва вложил его в местный игорный бизнес – о чем ты ему немедленно сообщаешь.

– А что! – подхватывает он, – вот-вот вложим, да, Лина? – Лина, кажется, не возражает.

К чему все это вспоминать сегодня? А вот к чему: по возвращении домой, в Штаты, ты ожидаешь, что, может быть, даже первым вопросом к тебе будет что-нибудь вроде: "Ну как, что там осталось от Монте-Карло?". Оказывается же, что событие, вести о котором в течение недели не сходили со страниц европейской прессы, не удостоились и двух строк в американской. Во всяком случае, никто, буквально никто из тех, с кем тебе в эти дни доводится встретиться и кто расспрашивал тебя о поездке – никто из них ничего об этих пожарах не слышал...

Ты подумал – тебя разыгрывают. Разобрав высокую стопку скопившихся в твоё отсутствие газет, после политических вестей из Европы ты обнаруживаешь сообщение о том, что на королевских скачках в Англии лошадь по имени Мюрель сломала ногу и бедняжку пришлось пристрелить. Во Франции в то же самое время еще у четверых молодых людей, подверженных содомскому греху, нашли зловещий СПИД, группа протестующих против апартеида в Южной Африке, наскоро сменив плакаты, переместилась от здания МИДа ближе к Министерству здравоохранения – фото этих демонстрантов занимает четверть газетной полосы. Ну, и все такое...

А о пожарах в Монако – ни полслова. И ты спрашивал себя, что же еще, кроме океанских миль, отделяет Старый Свет от Нового. Что, всё-таки?.. Ответов, наверное, много.

А вообще-то выходит, и впрямь – стоим антиподами ногами друг к другу, головами в разные стороны...

Так вот, знайте: в пятницу, 25 июля 1987 года, горел Монте-Карло! И если кто-то при тебе станет утверждать, что ничего подобного не было, потому что "в газетах об этом ничего не писали" – Не верьте! – скажешь ты: видел ты сам. При свидетелях.

Они. Они – это советские. Не просто рядовые советские граждане, но – "выездные". Не забудем, о каком годе идет речь, сегодня этот термин не всем и понятен, разве что мы, эмигранты семидесятых, помним его полный смысл... Первый раз в этой поездке ты видишь их в парижском аэропорту имени Шарля де Голля.

В России привыкли говорить – "хорошо там, где нас нет...". Повторяли механически, не очень-то вдумываясь в смысл сказанного. А что, собственно, вдумываться: должно же, в самом деле, быть на свете ну хоть где-то, хоть за тридевять земель такое место, где людям хорошо. В общем – хорош сказ, да не про нас...

А эти – другие. Их философия, их кредо – быть там, где нас нет. Правильнее сегодня сказать – где нас тогда не было. В других компаниях. В других магазинах. В других санаториях... Но и в других больницах...

К тому же, были и тогда (слава Богу, пока еще есть) Санта-Моника, 5-я Авеню и Мэдисон-Сквер. Есть теперь и Брайтон-Бич, наконец, с его вызывающим изобилием и полным довольства населившим его сословием новых американцев. А еще – есть земли с таинственными названиями – Барбадос... Мартиник... Галапагосские острова...

Да, тогда нас здесь не было. А они – они уже были. Ну, не обязательно на Мартинике (хотя, почему – нет: рассказывал же тебе приятель сына Подгорного, как тот регулярно наезжал в Ливию, что ли, а может, Занзибар, охотиться на носорогов)... Но то, что бойкие табунки наших, подгоняемые "руководителем", бодро галопируя, пересекали лондонскую Оксфорд-стрит или нью-йоркскую Лексингтон, устремляясь в дешевые магазинчики, торгующие сомнительного происхождения "фирменной" радиоаппаратурой, – и то, что кто-то из них тогда уже краешком глаза косил в витрины стокгольмских "секс-шопов" и паскудной ухмылкой провожал взглядом девчонок с бульвара Клиши – это уж точно было.

И сейчас есть – здесь достаточно россиян обосновалось фундаментально. Но это уже другие. Совсем другие. А в тот раз, слоняясь по залам международных рейсов в ожидании своего самолета (спасибо агенту из бюро путешествий, это его заботами ты провел там около шести часов, что косвенно способствовало появлению этой части заметок) – ты лицом к лицу столкнулся с ними. В том, что это "они" – сомнения не возникало: скверно пошитые из дорогой материи костюмы, сбившиеся набок галстуки (составлявшие важнейшую часть туалета еще только у служащих аэропорта и группки японских бизнесменов – одежда остальных транзитных пассажиров состояла из шортов или джинсов и маек-тишорток)...

Двое мужчин... право, здесь затруднительно подыскать нужное слово: если бы можно было сказать о двоих "взяли в кольцо" – это было бы самым точным... Они именно взяли в кольцо третьего члена своей группки – женщину профсоюзного, вроде бы, вида, лет сорока, и таким манером, со скоростью спринтеров перемещались от прилавка к прилавку "безналоговых" магазинчиков.

Их челюсти были плотно сжаты – я не заметил, чтобы кто-то из них проронил хотя бы слово, обращаясь к другому. В одной руке у каждого было по добротному кожаному портфелю – по-моему, даже с навесными замочками – не дай бог Джеймсы Бонды из какой-нибудь иностранной разведки посягнут на их содержимое; пластиковые сумки с выпиравшими углами сигаретных блоков и каких-то еще коробок и свертков оттягивали другую.

– Бедные люди, – подумал бы ты, глядя на них сегодня, – бедные богатые люди...

Хотя ты и тогда был готов подумать то же самое. Бедные... – но случайно глаза одного из них скользнули по тебе. Ваши взгляды встретились. Читатель, добрый друг, поверь – тебе стало страшно. Это был взгляд человека, который... который способен на все. С хозяином таких глаз ты бы не хотел служить в одном учреждении. Даже если в разных отделах. Ты бы не хотел встретиться с ним в общем застолье. Ты бы побоялся открыть ему дверь своей квартиры...

За те доли секунды, что вы смотрели друг на друга, ты почти прочел в глазах этого, находящегося в служебной командировке, чиновника (ученого, инженера? – вряд ли в завоеванном им положении эти понятия существенно были бы отличны) его биографию. Тебе показалось, что ты знаешь его бывших друзей – которых он оставил, потому что с ними дружить больше не подобало... Его коллег, беспощадно отжатых локтями и затоптанных на пути к заветной должности

– С Правом Выезда За Границу. За эти доли секунды ты прошел вместе с ним через десятки унизительных допросов, проработок и наставлений в комиссиях – от которых будет зависеть его дальнейшая карьера...

Дорогой читатель, советовал ты в заметках, частично опубликованных впервые в тот год: встретив человека с такими глазами, отойди в сторону, обойди его... А тогда – доли секунды, и вы прошли друг мимо друга. Ты постарался забыть – забыть как можно скорее об этой встрече. И, наверное, вскоре память о ней полностью сгладилась бы (ты давно умеешь забывать все, что не следует помнить), если бы... если бы не еще одна встреча – уже в Лондоне, перед самым возвращением домой.

Простившись с Анатолием Павловичем Федосеевым, крупным инженером и, вообще, человеком необычайно широкой эрудиции и замечательным собеседником (общение с ним по-настоящему скрасило тебе несколько дней), ты шел, кажется, по Оксфорд-стрит. Ты заглядывал в первые этажи магазинов, собственно и составляющих эту столь памятную всем небогатым туристам улицу. Через несколько часов – твой рейс: следовало позаботиться о друзьях, не сомневавшихся в том, что каждый из них имеет право рассчитывать на какую-нибудь памятную штуковину, из тех, что мы обычно привозим из дальних поездок друг другу. И ведь не только традиция – самому тепло на душе.

Войдя в один из небольших магазинчиков, ты задержался у прилавка, рассматривая разложенные на нем пустяки, могущие стать сувенирами, когда вдруг за своей спиной услышал чистую русскую речь. Естественной твоей реакцией было обернуться, поприветствовать земляков, поинтересоваться, откуда они – из Детройта, из Нью-Йорка ли, а может, из Мельбурна или Оттавы? Вспомни, что ты увидел: хорошо одетый негр лет сорока обращался по-русски к очаровательному чернокожему мальчонке. Ты онемел...

Оправившись от неожиданности, ты подошел к ним ближе:

– Какой сюрприз! До чего же приятно услышать родную речь на чужбине!

Негр широко улыбнулся и собирался что-то ответить, мальчонка тоже подошел поближе, с любопытством уставившись на тебя. Пакетик с мороженым, который он держал в руках, потек – белые густые капли растеклись крохотными лужицами по его ботинкам.

– Пошли, нечего здесь делать!

Ты обернулся. Низкий голос, которым была произнесена эта фраза, принадлежал женщине, она была, пожалуй, несколько старше негра, с которым ты пытался заговорить. Встретив подобную ей в московской толпе, ты ничем бы её не выделил: сухопарая, с плоским лицом, с прямыми волосами, схваченными на затылке в жидкий пучок. Там она, скорее, выглядела бы приехавшей из какого-нибудь подмосковного городка в поисках убогого столичного "дефицита" – собственно, такие и составляли, в основном, дневную московскую толпу. Тебе даже показалось, что и нынешняя ее одежда не выдаст в ней "иностранку" – окажись она на советской улице. Женщина подошла вплотную, встала между вами, отгородив собою отца и его сынишку. Те, безмолвно подчинившись ей, направились к выходу.

Право, тебе затруднительно – и особенно сейчас, спустя столько лет, разгадать это явление, да и надо ли? Скорее всего, тебе довелось встретить семью, образовавшуюся из студента, направленного прогрессивным правительством какой-нибудь Гвинеи в кузницу своих руководящих кадров – спецфакультет саратовского (а может, московского) вуза, и подцепленной на танцплощадке расторопной потаскушки из фабричной общаги. А может быть, брак этот спланирован и благословлен в неких "морганатических" инстанциях – тех, в чьем ведении находились подобного сорта ангажементы – естественно, это было первым, что пришло тебе на ум...

В любом случае, осторожность очевидной обладательницы "красного" паспорта в пояснениях не нуждалась: известно же было, что в каждом магазине и на каждом уличном перекрестке капиталистического города советского человека поджидает провокатор, направленный ЦРУ или эмигрантскими организациями (это, конечно, одно и то же). Изловить душу человека, разложить ее и обратить ее порывы во вред советской державе – это его задание, вот что всегда следует помнить.

"Советские граждане, временно пребывающие за рубежом, – будьте же бдительны!" – этой закавыченной фразой полтора десятилетия назад завершил ты, помнится, заметки...

Твой обратный перелет занял примерно сутки, вместо предполагаемых 10-12 часов. Словом, времени для размышлений выдалось у тебя достаточно. О чем ты думал? Ты думал о том, что почти две недели провел в поездке. Лондон и Париж, Марсель и Ницца, Канны и Сан-Ремо... Все это – места, которые 365 дней в году остаются объектами массового паломничества туристов. Они съезжаются сюда отовсюду. И не было такого места, где бы ты их не встретил.

Ты к ним присматривался с того дня, когда досыта наелся великолепным французским мороженым, оставил положенное число долларов в казино Монте-Карло и научился равнодушно проходить, осторожно ступая по раскаленному пляжному песку, между особами прекрасного пола всех возрастов и религий, обнаживших бюсты навстречу ласковым солнечным лучам.

Разумеется, среди отдыхающих чаще всего попадались французы – парижане, в частности, для которых Средиземноморское побережье – то же самое, что для москвича – Клязьма или Болшево. Были бежавшие от своих бюргерских будней западные немцы. Было много англичан. Как-то тебе даже встретились поляки и венгры – им, кажется, было можно... Даже вот советских встретил, дважды.

Были, разумеется, и твои нынешние земляки – из Аризоны и Техаса, из Монтаны и Коннектикута. "Земляки" – это ты об американцах, родившихся в этой стране: страховые агенты и секретарши, водители "траков" и пенсионеры, бизнесмены и фермеры... А так хотелось бы тебе здесь называть земляками и тех, кто стал американцем, уехав из СССР. Наших. Ну, не обязательно – американцем. Канадцем, например. Или изра-ильтянином... "Наших" среди туристов тогда не было. Никого.

И сейчас, спустя годы, ты смог удержать себя от того, чтобы не повторить абзац завершавший первую публикацию этих заметок:

– Дорогие, хорошие, трудяги! Да бросьте вы, ну хотя бы на пару недель, ваши бизнесы и конторы, оставьте ваши таксомоторы, прилавки и бормашины! Заприте двери ваших квартир и усадеб, садитесь в самолет – и неситесь! В Канны и на Аляску, в Мельбурн и Гонконг, в Сантьяго и на Берег Слоновой Кости!.. Жизнь наша не так длинна, а мир необъятен... Он удивителен! Пользуйтесь же возможностью увидеть его! Перемещайтесь по его меридианам и параллелям, широко открыв глаза и вбирая в себя великолепие нашей планеты – великолепие, помогающее с еще большей полнотой ощутить то, о чем всегда следовало бы помнить: сегодня ХОРОШО ТАМ, ГДЕ НАС ЕСТЬ!

Глава 8. Из Европы с любовью

"Я... никогда не буду жить в Париже... в молодые годы..."
М.Жванецкий.

С фотокамерой ты не расстаешься – почти с детских лет. И теперь, рассматривая только что проявленные снимки, ты вспоминаешь, как, прилетев в Амстердам, по совету гостившего у тебя недавно Севелы, заночевал в клинике его доброго друга, доктора, теперь ставшего иглоукалывателем, Наума Однопозова. И как он, будучи твоим любезным гидом, показывал тебе город, вовсе не такой строгий и чопорный, каким Амстердам может предстать на старинных литографиях или на фотоиллюстрациях в нынешних журналах.

Конечно же, Наум провел тебя через знаменитый квартал, даже через кварталы, "красных фонарей" – их много, протянувшихся вдоль веселой набережной "Принца Альберта". И ведь правда – впечатляют! Сотни окон первых этажей, где в купальных, что ли, костюмах красуются, предлагая себя, дамы разного (есть и даже весьма преклонного) возраста. Но, в основном, все же – студенческого: Наум утверждал, что среди них действительно есть студентки местных университетов... и никто, в общем-то, в Голландии не находит предосудительным такого рода приработок к студенческой стипендии.

Ну и ладно.

На следующий день – Париж, здесь поздним вечером тебя встречает на вокзальной платформе продрогший и злой Лимонов. Еще бы: поезд задержался часа на полтора, пришел позже, чем вы полагали – просто не удосужились заглянуть в расписание. Обычные российские дела... И сегодня Эдику приходится мерзнуть. Хотя, ты-то при чем? Он парижанин, не ты. Зато в следующую неделю он на тебе отыгрывается вполне: тебе не доводилось столько ходить пешком со студенческих лет – да и тогда-то в походах разве что.

Лимонов принципиально не признает городского транспорта, хотя в Париже он совсем не плох – метро одно из лучших в Европе, в чем ты всё же скоро убеждаешься... автобусы, конечно. А вы ходите пешком – по Елисейским полям, по Монмартру, по Монпарнасу, и еще по десяткам улиц и площадей, названия которых задержались в памяти из прочитанных книг в далеком детстве...

На третий день ты смелеешь настолько, что, оставив Лимонова поутру за пишущей машинкой (он работает очень много и регулярно), вооруженный знанием трех или пяти французских фраз, начинающихся словами "Где... как... сколько", ты идёшь сам – в Лувр, Нотр-Дам, на Радио "Либерте" к Гладилину, где вы с ним записываете 20-минутную передачу – понемногу обо всём. Даже почему-то о рабочем движении в Штатах: Господи, да что ты-то о нём знаешь?

Оказалось, всё же знаешь

Забегая вперед, вспоминается забавный случай. Когда ваш с Гладилиным разговор записывает на пленку оператор, ты помнишь, что в России "Свободу" глушат надежнее, чем все остальные "голоса" – кто там вас услышит? Оказалось, услышали. Неделей позже, в Падуе, ты остановился у приятеля. В вечер твоего прибытия, едва хозяин накрыл стол – звонит ему из Москвы Жаворонков. Гена, журналист и литератор, начинает разговор со слов: "Ты знаешь, кого я сейчас слушал по радио?" – "Ну, кого?" – "Половца!". Андрюша (так зовут твоего друга и в прошлом коллегу, теперь он – профессор русской литературы в местном университете) спокойно его спрашивает: "А ты знаешь, где теперь Половец?" – "Где?" – "Да он сидит у меня на кухне и допивает свой стакан хорошего сицилийского кьянти"...

Это после десятка лет, в течение которых все вы не виделись...

Италия – будет после, а пока ты навещаешь живущего под Парижем Василия Бетаки, его супруга Иверни Виолета предлагает яства – слов нет! Они оба сотрудничают с "Континентом", с другими русскими изданиями. Еще успеваешь встретиться с Кирой Сапгир. Еще с кем-то, еще с кем-то...

Париж, Париж... Самое время вспомнить и о том, как в этот приезд ты разыскал в Медоне, что километрах в двадцати от Парижа, – вблизи от знаменитого Севра, где веками производят лучший в мире фарфор – твоего армейского друга, Артамонова Сережу, его ты не видел лет 20. Или дольше. Это последний вечер в Париже, и ты звонишь Синявским: к ним случилось приглашение на тот же самый вечер – трубку снимает Мария Васильевна – извиняешься. А пойти к ним так хотелось...

Может быть, стоит вспомнить (с большой неохотой, чего уж тут...) и такое: малочисленная пока парижская колония "новых" русских эмигрантов живет здесь как-то странно, неуверенно. И, кажется, не очень дружно. Приходишь в гости в одну семью, рассказываешь, что завтра приглашен в другую, и слышишь: "Только не говорите, что обедали у нас, могут в доме отказать...".

Зато, вопреки установившемуся мнению, сами парижане вовсе не выглядят ксенофобами, неприветливыми к иностранцам, – неправда! – обнаруживаешь ты. Совсем напротив. Даже не зная ни слова по-английски, они пытаются при необходимости помочь – в магазине ли, на улице или в ресторане – иностранцу, не говорящему по-французски.

А потом ты сел на самолет и прилетел в Падую – к Андрею, сослуживцу в прошлом и доброму приятелю поныне. Полет занял один час и стоил 200 долларов. Если бы ты ехал поездом, на дорогу ушло бы часов десять (ночь), и стоила бы она раза в четыре дешевле. И куда, спрашивается, торопился?.. Читатель же, готовящийся к путешествию по Старому Свету, может сделать для себя в этом месте заметку.

Последующая неделя распределилась примерно так: семь дней с утра и до позднего вечера – выговаривались. Дома, в машине, гуляя по городу, в поезде по пути в Венецию, что всего в получасе езды от Падуи, на вилле Петрарки, где он провел свои последние тридцать лет и где установлен великолепный памятник над его захоронением. Вот только тело его похитили из могилы много лет назад. Да так и не нашли. Сохраняется эта деревушка в неприкосновенности последние четыре сотни лет, и ни одного нового строения за все эти годы там не воздвигнуто.

А старые, похоже, никогда не реставрируются, но выглядят вполне прилично для своих лет. Зато в Венеции немало зданий, одетых в строительные леса – обновляются фасады замков, соборов и просто жилых домов. Смею надеяться – и я теперь причастен к попыткам сохранить этот изумительный город для будущих поколений: средства на реставрацию муниципалитет черпает главным образом из казны принадлежащего ему всемирно известного казино, в котором вполне возможно за вечер оставить (или составить?) целое состояние. И ты там был... не очень долго.

Рыбные рестораны в Венеции считаются лучшими в Италии. В одном из них вы с Андреем отмечаете твое боевое крещение в местном казино.

Была рулетка.

– Смотри, как это делается! – Смотришь, ожидаешь: сейчас твой друг Андрей покажет и объяснит правила. Показывает и объясняет:

– Давай – сначала триста, начнем с малого.

– Лир?

– Каких лир – долларов! Твоих. Буду ставить я – а ты смотри. Учись.

Твои доллары из рук Андрея немедленно и одноразово перекочевывают на столик к крупье – и там остаются. Для тебя – навсегда. Андрей обещает за тебя отыграться – когда-нибудь, в другой раз. В другой жизни? Урок быстрый и впечатляющий.

Следовало ли учиться такой ценой? (Жаль, конечно, этих трех сотен – совсем они не лишние – и ты перекладываешь потощавший бумажник поглубже в карман – тот, что подальше). Зато сегодня ты знаешь – следовало! Потому что эти три сотни сэкономят тебе в будущем, наверное, не одну тысячу: с той поры ты "упертый" скептик, ты не веришь в шальные деньги и потому избегаешь игральный стол, обходишь стороной рулетку вместе с "черным Джеком", что есть разновидность игры в "21" – в "очко", попросту. Разве что так, в автомате оставишь десятку-другую.

А вот на ужин – не следовало тебе есть неведомых моллюсков здесь в ресторане...

* * *

Поезд из Падуи в Женеву идет часов восемь. Меняется форма пограничников, таможенников. Меняется язык станционных вывесок. Но меняешься и ты... Наконец, – платформа вокзала, и на ней – Шаргородский. Узнает тебя Лёва не сразу. Да ты и сам ужасаешься, – случайно взглянув поутру в зеркало, обнаруживаешь опухшую, с мешками под ставшими совсем узкими глазами физиономию – аллергия! Не иначе – после ужина, завершившего ностальгический день в Венеции. Не надо было, наверное, заказывать это блюдо. А как такого не отведать – моллюски в Венеции!

Обещал ты вернуться к рассказу о Левушке, что сейчас с удовольствием и делаешь. Известен благополучный и ухоженный вид женевцев и женевок, их маленьких женевят, их домов, их автомобилей. Во Франции, в Италии старых машин – пруд пруди. А в Женеве – нет. И еще в Швейцарии нет антисемитизма. Наверное, потому, что нет (ну, почти нет) евреев.

А те, что есть – около 30 тысяч на всю Женеву – люди состоятельные, живущие замкнуто; кажется, по принципу "не высовываться". Хотя шли в свое время разговоры о том, что, мол, в центре города снесли старое историческое здание, смахнули со строительной площадки пыль веков и построили современный универсальный магазин, владеет которым еврейская семья...

И есть еще в Женеве полторы тысячи русских. Вспомним, что это пока восьмидесятые, – так? Точнее, пока столько здесь "советских", не эмигрантов. Голоса их жен, вполне внятно окликающих друг друга в самом недорогом универмаге Женевы по-русски, здесь слышны всегда. Как-то Шаргородский спросил у начальника женевской полиции: "Сколько здесь советских?" – и услышал в ответ – "1,5 тысячи". Лёва не удовлетворился, он захотел уточнить:

– А сколько среди них шпионов?

– Я же вам сказал – полторы тысячи! – ответил полицейский.

И, наверное, поэтому Лёва, пробегая утром спортивной рысцой вокруг своего квартала (такой у него моцион) и встречая спешащих на работу в ООН по своим шпионским делам бывших соотечественников, бодро окликал их: – "Ну что, сволочи, хорошо здесь?". Теперь они, завидя вдали плотную фигуру бегущего им навстречу Левы, немедленно переходили на другую сторону улицы, туда Лева за ними уже не бежит. Потому что ему надо спешить домой – скоро придут его студенты, изучающие русский язык. И ему совсем неохота специально тратить время на демонстрацию своего отношения к советским дипломатам.

А в это же время Алик, его брат, составлявший другую половину замечательного тандема юмористов, заводит свой "Фольксваген", чтобы отправиться в университет учить русскому языку и русской же литературе своих студентов. Кстати, не следует думать, что все они, их студенты – швейцарцы. Значительная, если не большая их часть – приехавшие из других стран, они платят за учебу очень большие деньги. И очень напряженно занимаются – чтобы получить диплом швейцарского вуза, столь престижный во всем мире.

Говорят, теперь там и россиян предостаточно. Но это – потом...

Пока же – восьмидесятые... "Новых" эмигрантов, как и "новых русских", в Женеве пока нет – кроме двух семейств твоих друзей, общим числом 9 человек, включая их родителей. Тебе Шаргородские показывают ресторан-поплавок – одна предприимчивая семья несколько лет назад пыталась приспособить его под русскую кухню. Не захотели женевцы голубцов и борщей. Прогорел ресторан...

Отсюда же, с набережной Женевского озера, видны холмы противоположного берега – там виллы, кажущиеся на расстоянии миниатюрными. Лева объясняет тебе, что эти холмы – самое дорогое в мире место, и называет имена кинозвезд, богатейших промышленников мира – это им принадлежат дачные резиденции. Сами хозяева приезжают ненадолго – отвлечься от будней на недельку-другую. Или устроить прием, репортажи о котором появятся на следующее утро в колонках светской хроники.

Вспомни ещё – эту пару часов на швейцарско-французской границе. Небольшое строение на краю деревушки – пограничная застава? Крохотная площадка, со всегда поднятым над ней деревянным шлагбаумом, пересекается аллеей. По аллее – из Франции в Швейцарию и из Швейцарии во Францию – спокойно, не замечая двух позевывающих в своем домике пограничников, прогуливаются степенные мамаши и бабушки с ребятишками, проезжают велосипедисты, спешащие по своим делам. День сегодня пасмурный, с неба моросит холодный дождь. "На границе тучи ходят хмуро..." – совсем не про эту границу. Что характерно.

Не забывается тебе и такое: чепуха, конечно, но и всё же – перелет в багаже небольшой кофеварки-эспрессо из Амстердама в Лос-Анджелес обходится, кажется, в сотню долларов. Можно, наверное, было взять ее в салон... Досадно – ведь везешь ты её в подарок. А сколько "лишнее" место стоит сегодня? Этого ты не знаешь – не рискуешь без особой нужды. А вообще-то из подобной чепухи в большой степени состоит наша жизнь. Разве не так?

Эти заметки не были бы полны, если бы здесь не вспомнить еще и такое...

...Вы пытались когда-нибудь фотографировать из окна поезда? Даже если за плечами у вас немалый опыт, в руках приличная камера и поезд при этом едва ползет, позволяя почти не торопясь выбрать кадр и нажать спуск затвора... то и тогда вы знаете, что задача эта не то чтобы не простая, но почти невыполнимая. Но если, зная все, вы все же решились взять в руки камеру, значит, за окном поезда происходит, проплывает (в худшем для вас случае – проносится) сюжет, упустить который вы не можете себе позволить. И хорошо еще, если оконное стекло не успело покрыться снаружи (а бывает – и изнутри) дорожной пылью и копотью – и тогда одна только его толщина являет собой почти непреодолимое препятствие к мало-мальски приемлемому качеству снимков, на которое вы хотели бы рассчитывать.

К тому же, вы никогда не знаете, что кроется за следующим поворотом, в который вот уже вписываются первые вагоны вашего поезда: может, сейчас в окнах откроется совершенно новая панорама – и новый сюжет. А может – въедете вы в туннель длиною во многие километры, в вагоне станет темно и зажгутся тусклые дежурные лампочки, постукивание колес по стыкам рельсов станет слышнее, а за окнами потянутся овальные стены с мелькающими в них редкими огоньками щитов, напичканных какой-то дорожной техникой.

Все эти обстоятельства я знал, учитывал их – и все же… И все же почти четыре часа, что наш поезд неторопливо и почти неслышно для нас, пассажиров, полз по колее, протянувшейся вдоль узких террас, вырубленных на горных склонах, я не мог себя заставить спрятать дорожный "Пентакс" в чехол и обернуться к сидящим рядом спутникам, моим добрым старым друзьям. В этот день Шаргородские Лева и Лина, прервав свои городские будни, сели вместе со мной на поезд – и теперь, в начале декабря, мы въезжали в самое, наверное, красивое в это время года место на земле – Швейцарские Альпы.

Красота за окнами была почти неправдоподобной. А впрочем, полистайте буклеты туристических агентств, откройте дорожные заметки, коими пестрят журналы и газеты (теперь и на русском языке подобного печатается предостаточно) – соревноваться с рекламными брошюрами мне не по плечу. Замечу только, что не обязательно туристы, но и легко узнаваемые по достоинству и уверенности, с какой они ведут себя, хозяева этой страны (а их тоже оказалось немало в нашем вагоне), – пока не стемнело, не отрывали глаз от окон.

Однако женевские дни подошли к концу, и следующим вечером я уже устраивался в купе вагона, где мне предстояло провести несколько часов до Берлина. Об этом купе отдельный разговор: прельстившись возможностью отоспаться перед остановкой, обещавшей быть весьма напряженной – там меня ждали коллеги из газеты "Европа-Центр", – я доплатил к стандартному билету в спальный вагон какое-то количество франков, чтобы оказаться, как вскоре выяснилось… в стенном шкафу.

Купе было одноместным, как я и хотел, – но кроме откидной полки в нем оставалось место только для умывальника, откидного же столика и одного чемодана. Причем, было оно фактически на втором этаже – потому что как раз под ним находились двери в точно такое же купе. Вам никогда не доводилось спать в шкафу, который бы при этом раскачивался, дергался и слегка подпрыгивал на стыках рельсов? Вот они, хваленые европейские дороги... Будь я чуть опытнее – потребовал бы место в нижнем купе, где тряска, наверное, не так заметна.

Но было в этой ночи без сна и свое преимущество: я лежал с открытыми глазами, припоминая подробности наших разговоров с Левой – и под утро при первом свете, просочившемся сквозь неплотную занавеску в окне, достав блокнот, я записал что-то из рассказанного Шаргородским. Важно ли какие именно части опубликованного потом текста были взяты из блокнота, а какие – приведены по памяти? Не думаю. Во всяком случае, за достоверность всего, что содержится на этих страницах, я могу поручиться – тем более, что, признаюсь, многому из рассказанного Левой я был в свое время свидетелем...

Вот один из нынешних наших диалогов, привожу его по страничке из блокнота:

– Вспомни вопрос, который я задал 15 лет назад тебе и Алику, – тогда вы, отшутившись, ушли от ответа. Как вы пишете? – спросил я вас. – Попеременно, один диктует – другой печатает, так?

– А знаешь, почему мы не ответили? Потому что трудно было ответить: каждый раз мы писали по-разному. Иногда мы приносили заготовки: Алик – свои, я – свои. Мы спорили, обзывали друг друга последними словами. Потом заготовки уничтожались, и, очевидно, все-таки отталкиваясь от них, мы делали что-то третье, часто совсем не похожее на принесенное нами. А иногда мы сидели и придумывали тут же тему. Причем, мы работали, как писал Бабель, – не с фразами, а с каждым словом.

Записывал текст, в основном, Алик. Сначала мы беседовали, потом записывали, думая над каждой фразой по 15-20 минут. Самое трудное было придумать первую. Иногда все текло очень быстро, и Алик едва успевал записывать: мы говорили, и Алик писал одновременно. Ты же знаешь: самое лучшее обычно легко идет. Мы не "как Ильф и Петров" работали: один из нас не бегал за пивом, в то время как другой писал. Нет, мы писали вместе и мы придумывали вместе тему.

Мы писали, как один человек. Иные считают, что люди избраны для страданий, но многие думают, что мы избраны для смеха. Я отношу себя к числу последних. Хочешь присоединиться?

Звучало это очень соблазнительно – присоединиться к избранным, тем, для кого смех есть образ жизни. И профессия тоже – как для моих друзей Алика и Левы. Теперь только Левы...

...Я вспоминал, рассматривая вот уже который месяц остававшиеся не разложенными по альбомам пачки фотографий. Большая часть их была сделана именно там, в Швейцарии, хотя до того я успел провести какое-то количество дней в Риме и в Падуе, а после, застряв из-за нелетной погоды на пересадке, – в Париже. Здесь тоже было что снимать: Гладилин Толя, оставив свои писательские занятия, посвятил этот день нашей поездке по самым сокровенным местам города, хорошо знакомым ему – но не мне, нечастому здесь гостю: таким образом, все парижские часы моя камера опять же оставалась незачехленной.

– Ну, как там, в Европе? – спрашивают меня знакомые. – Стоит туда поехать на недельку-другую?

Лукавцы. Многие из вас съездили в Европу уже не раз.

– Стоит! – уверенно отвечаю я. – Конечно, стоит! Именно так – на недельку-другую... А потом вернуться. Домой. В Америку. Потому что, все равно, мне лично уже совершенно точно известно: "...я никогда не буду жить в Париже в молодые годы". О чем сегодня могу только жалеть...

Глава 9. Выстрелы в Париже

– Саша... – голос в трубке звучал совсем не так, как обычно, и не так, как еще вчера, когда, увезенный Аксеновым из

Филадельфии в Вашингтон прямо с читательской конференции, Гладилин звонил в редакцию – просто чтобы спросить, как дела, ничего более.

– Саша, вчера убили Сергея...

Убили Сергея.

Три недели, что Гладилин гостил в Штатах, оказались примерно такими, какими мы видели их, сговариваясь минувшим летом о его приезде. Впрочем, не вполне. Сколько мы не виделись – лет семь? Да нет, кажется, все восемь – столько прошло от нашей последней встречи в Париже, где вот уже почти два десятилетия живет писатель. Гладилин – человек ночной, ужин после 11 вечера для него – традиция. Только в эти часы и удавалось нам как-то расслабиться, за неспешной беседой вспомнить то да се из московской жизни, обменяться новостями.

И новости эти были отчасти многолетней давности... Да еще перед самым нашим отлетом в Филадельфию – когда в первом часу ночи нагрянул Марик Розовский со своей театральной командой, знавший, кстати (не в упрек ему будь сказано), что у нас ранний самолет. Просидели мы, однако – не скрою, ко всеобщему удовольствию, – кажется, часов до 4 утра. Вот тогда и поговорили...

Мелькали дорожные часы – в самолете, в автомобиле; поклонники "Хроники времен Виктора Подгурского", с которой почти четыре десятилетия назад начался знакомый нам Гладилин, читатели его книг, увидевших свет в России, и тех, что были изданы спустя десятилетия на Западе, готовились к встрече с автором. Его ждали здесь, в Калифорнии – в Лос-Анджелесе и в Сан-Диего, в Сан-Франциско и в Пало-Алто. И еще на Востоке США – в Филадельфии, в НьюДжерси, в Нью-Йорке...

До Нью-Йорка писатель в этот раз не доехал – поменяв дату и место вылета, он возвращался из Вашингтона в Париж. Как, впрочем, не состоялось и наше с ним интервью, содержание его, надо надеяться, не оставило бы равнодушными читателей "Панорамы" – могу судить об этом по шквалу вопросов, который обрушивался на Гладилина во время его выступлений.

– Анатолий Тихонович! Анатолий Тихонович! – перебивали друг друга сидящие в зале. – Над чем вы сейчас работаете? Почему вы ушли со "Свободы"?.. Что на самом деле случилось с Галичем?.. А с Кузнецовым?.. Где сейчас Максимов, что он делает?.. Ну, и так далее.

И он отвечал на вопросы, читал отрывки из написанных в разное время рассказов и повестей, снова говорил – о людях, о себе, о времени. О том, что задумал новый роман – в нем будет Россия, перестройка, ее вожди... О коллегах с радиостанции "Свобода", о человеке необычайного мужества и честности – Викторе Платоновиче Некрасове, дружба с которым осветила годы парижской эмиграции, о том, как пытался он помочь замечательному писателю, выбивая у начальства дополнительные часы радиоэфира...

Интервью наше с Гладилиным все же состоялось – только совсем не к такому готовились мы оба. Совсем не к такому...

Вчера убили Сергея.

О Сергее Мажарове Гладилин рассказывал довольно много, посвящая меня в события семейной жизни последних лет. Главными, конечно, в его рассказах были два чудесных малыша, внук и внучка, подаренных ему дочерью Аллой в супружестве с Сережей. И после развода Мажаров продолжал заботиться о семье – они жили в прекрасном районе Парижа, лето проводили на лучших курортах, куда Сергей прилетал к ним на частном самолете – если не забирал малышей на месяц-другой к себе.

– Словом, отношения в семье сохраняются добрые, – рассказывал Гладилин. – Правда, и сама Алла работает, вполне, между прочим, успешно. Вот уже ждет ребенка от своего нынешнего мужа, француза...

Здесь – самое время вернуться к телефонному разговору. К интервью, если хотите. Хотя, какое там интервью – это был монолог Гладилина, который я лишь изредка перебивал наводящими вопросами.

– 22 ноября, – негромко звучал в динамике телефонного аппарата голос писателя, – в Париже в своей квартире профессиональными выстрелами через дверь (явно работали профессионалы, – подчеркивая мысль, повторил Гладилин) был убит Сергей Мажаров, крупный российский коммерсант. Эта акция – продолжение систематического истребления верхушки российского бизнеса, а также наиболее независимых журналистов, которое вот уже долгое время происходит в России. Это – не мафия. Я в это не верю! – Голос писателя стал жестким. – Потому что до сих пор по всем этим преступлениям еще никого не нашли. Здесь явно работают некие структуры, связанные с государственными звеньями. Цель запланированных убийств – уничтожить строптивых "новых русских", запугать всех остальных и подмять идущий в России процесс – болезненный и очень постепенный, но направленный на капиталистическое переустройство общества, – подчинить его себе. Почему – запланированных?

Некоторое время назад Сереже показали список, в котором он был на 15-м месте. На 14-м был Березовский – его машину взорвали, шофер погиб, а сам он чудом выжил. Напомню: Березовский – это председатель акционерного общества знаменитого автозавода в Тольятти, сейчас его называют "ЛогоВАЗ", там выпускают "Лады"... Тринадцать человек до него были убиты. Во всем просматривается четкий почерк определенной организации...

...Гладилин сказал: определенной организации. Я не стал спрашивать, какую именно имел в виду писатель, да и вряд ли был у него готовый ответ. Как нет сегодня ответа у российской прессы, пытающейся своими средствами расследовать серию совершаемых одно за другим политических убийств.

Политических, потому что убийство коммерсанта, директора завода или журналиста сегодня в России есть политическая акция.

После нашего разговора, день спустя, на моем столе собралась стопка последних выпусков российских газет. Вот они – напечатанные мелким, ставшим непривычным для нашего глаза, шрифтом полосы "Аргументов и фактов", "Собеседника", "Известий"... Откроем наугад – ну, вот эту страницу:

"Сколько стоит подстрелить президента?.. Фанатик подрядится сделать это бесплатно, но шансы его минимальны. Профессионал моего уровня, я думаю, запросит 500-700 зелененьких – и не промахнется. Так что президент может спать спокойно, чего я не могу сказать о президентах банков и концернов..." Это – из "Совершенно секретно", журналист интервьюирует убийцу-профессионала.

– В этом списке, – продолжал говорить Гладилин, – были известные коммерсанты братья Квантришвили – оба они убиты. Был в нем и Сергей Дубов, владелец крупнейшего в России Издательского дома «Новое время», созданного на базе одноименного политического еженедельника, – он, в частности, первым издал всего Солженицына, первым в мире решился издать на русском языке книги Виктора Суворова «Ледокол», «Аквариум», «День М». Застрелили Дубова на пороге собственного дома в Москве... («За год до этого в возрасте 15 лет был убит его сын – выброшен из окна 14-го этажа. Так давили на успешного предпринимателя». – Эту фразу добавила Галина Лисицкая, вычитывающая тексты перед их интернетным изданием, – семью Дубовых она знала близко.)

Жаль, не сохранил я письма Эдуарда Графова, известного в России журналиста, чьими фельетонами в "Неделе" еще на моей памяти зачитывалась российская интеллигенция. Он и "Панораме", по нашей с ним старой московской дружбе, предлагает время от времени свои статьи – надеюсь, читателям памятны эти публикации. Так вот, в одном из писем ко мне он назвал Сергея Дубова блестящим организатором издательского дела, чуть ли не новым Сытиным, и от его имени предлагал осуществить совместные издательские проекты – например, публикацию дайджеста по российской прессе, выпуск которого Дубов к тому времени уже начал в Москве, причем распространял его тогда бесплатно. Спустя какое-то время от заместителя Дубова пришла короткая, но вполне конкретная факсограмма, содержащая предложения о сотрудничестве. Пожелтевшая страничка с факсаппарата сохранилась в нашем архиве. Ответить на письмо мы не успели – через несколько дней Дубова не стало.

Да простит мне читатель это короткое отступление, – я не мог его не сделать... И снова, от Лисицкой Галины:

«Он был совершенно исключительным – добрым, отзывчивым, щедрым человеком. Я таких больше в жизни своей не встречала. Он издал книги отца Александра Меня, принимал участие в строительстве часовни на месте убийства священника. Вдова Сергея Маргарита Федотова за те два года потеряла двух самых дорогих ей людей – сына и мужа. Она не получила никаких денег от издательства мужа («сверху» ей намекнули – «не возникать!») – очень скоро всё было варварски разграблено, чему я свидетель. Так вот, сейчас Рита Федотова на свои, на очень малые средства, экономя для себя на всем, издает великолепно исполненную серию просветительского и научного характера (благо права на нее Сергей Дубов приобрел ранее), – «Историю России и дома Романовых в мемуарах современников. XVII – XX вв.» – уже более 20 томов увидели свет. А еще – документальную серию «Народный архив. Век XX. Противостояние: Человек – Система». Издает от имени своего детища – «Фонда Сергея Дубова» – негосударственной некоммерческой организации, созданной в память о талантливом издателе и предпринимателе, погибшем от руки наемного убийцы. В задачи Фонда входит и оказание поддержки семьям журналистов и полиграфистов, ставших жертвами криминальных структур и современных войн.

Такой она человек – совесть общества, таким был и ее муж Сергей Леонидович Дубов. Светлая ему память...»

Возвращаюсь, однако, к монологу Гладилина.

– Убивали директоров крупнейших заводов, связанных с экспортом металлов, например. Эти люди, по-видимому, не шли на какие-то вещи, которых от них требовали. Они не подчинились. Гибли и журналисты, – ровным голосом, как бы зачитывая текст заявления для прессы, говорил Гладилин, – тот же Холодов из "Московского комсомольца". Холодов не был в этом списке – наверное, есть и другой, для таких, как он: журналист вышел на какие-то очень крупные дела, творимые очень сильной армейской мафией, – где-то на самом верху. И его убрали.

"...За несколько дней до гибели Холодов побывал в одной воинской части и обнаружил, что там проходят суперпод-готовку профессиональные убийцы... В том, что диверсия (убийство Холодова – А.П.) – дело рук профессионалов – сотрудников спецслужб – сомнений уже не остается. Вывод делается на основе анализа технических деталей взрывного устройства. "Аргументы и факты" собщают нам... что в этот день Холодов должен был получить от сотрудника ФСК (Федеральной службы контрразведки – А.П.) компромети-рующие ГРУ (Главное разведывательное управление – А.П.) документы..."

Это – из "Собеседника", номер 44 за 94-й год. Дальше автор публикации размышляет о том, кто же все-таки стоит за кулисами диверсии – ГРУ или ФСК. Столь ли важно это в контексте моих записок – право, не берусь судить. Разве что из любопытства следую за рассуждениями автора – вот еще цитата из той же статьи:

"Внимание публики было умело отведено от ФСК и при-ковано к ГРУ! Что могло и требоваться". И дальше: "Тут мы подходим к самому главному – кто был источником информа-ции Дмитрия Холодова, кто давал ему материалы о военных коррупционерах, кто сообщал ему нечто о ГРУ и спецназе? ...Министр обороны Грачев, человек не слишком далекий и потому прямой, не мудрствуя лукаво, в интервью "Независимой газете" так и заявил: "Дмитрия Холодова использовали как подсадную утку".

И затем автор рассказывает о загадочной гибели двух экспертов из ФСК, которые могли иметь отношение к убийству Холодова, из чего следует предположить, что организовано оно именно этой службой. Собственно, этим тезисом он и завершает свою статью, помещенную, кстати говоря, в разделе "Расследования".

Интересно все же, до каких уровней власти, до каких ее структур позволено добраться сегодня российской журналистике в своих расследованиях?..

– Сереже Мажарову 36 лет, – продолжил после минутного молчания Гладилин.

– Было... – невольно вырвалось у меня.

– Да, было. – Гладилин опять умолк. Молчал и я. – В эмиграции в Вене, – снова зазвучал голос Анатолия, – он оказался, когда ему было 17 лет. Там до сих пор проживает семья, с которой он выехал, его отец – музыкант, пианист, хорошо известный в Европе, Леонид Брумберг. То есть Сергей принадлежал, как теперь принято говорить, к еврейской эмиграции. Мажаров – фамилия его матери. Есть у него и сестра. А теперь остались два маленьких человека с искалеченными судьбами – его сын четырех лет, Алеша, Алексей... И дочь Аня – ей 6 лет. Ну, как им сообщить, что у них теперь нет отца! Этого никто не знает...

Голос в динамике сорвался.

– Сережа переехал в Париж, где начинать ему пришлось с самых низов, – после недолгой паузы заговорил Гладилин. – Никакого отношения к бывшим советским структурам, как и к так называемым "деньгам партии", ставшим основой многих успешных зарубежных бизнесов, он не имел. Первую коммерческую сделку он вообще заключил с бельгийцами. А потом, когда открыли границы, он успешно продал в Россию партию компьютеров – с этого, собственно, и начался этап его бизнеса, приведший Сергея к вершинам финансового Олимпа.

У него было несколько компаний, его московское бюро насчитывало, кажется, сотню сотрудников. А когда он увидел список и когда произошло покушение на Березовского, чья фамилия в списке предшествовала его, Мажарова, фамилии, Сергей закрыл бюро – и все эти люди потеряли работу... Он никогда не делился со мною подробностями ведения бизнеса, да я никогда и не спрашивал его о них, но было понятно, что в своих делах и связях он вышел на очень, очень высокий уровень. Повторю: в списке, который ему показали, он был на 15-м месте, всего же там было 27 имен.

– А кто шел после него? – я не мог не задать этого вопроса, хотя ответ предвидел однозначный. И, конечно, оказался прав:

– Никаких имен, следующих за ним, мне Сергей не называл... Но все предшествующие – имена тех, кого уже нет в живых, разве что за исключением Березовского – это капитаны российской промышленности, экономики, торговли. В России у Сергея была хорошая охрана, здесь же он ни от кого не прятался, жил вполне открыто. Ну, был у него охранник, он же шофер, с которым они расставались в конце рабочего дня. Вот совсем недавно, – вспоминал Анатолий, – Сергей появился на детской площадке, где я гулял с его детьми, без всякой охраны, и мы целый час играли с ними, бегали, дурачились. А охранника он на этот час отослал куда-то...

Да и вообще жил он достаточно открыто, в дом к нему часто приходили друзья. Правда, телефон его в парижском справочнике не значился, а был лишь в так называемой "красной" книге, не предназначенной для широкой публики. Следовательно, и квартирного кода его, кроме самых близких, никто знать не мог. К тому же, набравший этот код должен был появиться на телеэкране в квартире жильца, прежде чем получить возможность подняться на нужный этаж. Значит – привел убийц кто-то из своих?..

Подробностей покушения Гладилин в тот день не знал; разумеется, он много раз говорил с Парижем, где дочь его почти целый день провела в полиции, давала какие-то показания – там ей и сказали следователи, что "работу" выполнили профессионалы. Не многое стало известно и на следующий день, когда Гладилин улетал: убит Сергей был квалифицированно, наповал, хотя стреляли через глухую дверь его квартиры. В сегодняшней России все, кто чувствует необходимость и может себе это позволить, устанавливают бронированные входные двери, укрепляют косяки и рамы. А в Париже-то, казалось, – зачем?

Какие-то подробности, не обязательно достоверные, появились на следующий день после гибели Сергея в газетах "Паризьен" и "Фигаро" – разве что как-то значима может показаться информация о том, что разыскивается полицией для допроса некто Макаров, компаньон в одной из фирм, принадлежащих Сергею.

Да, Сергей был способным предпринимателем, наверное, очень способным – одним из тех, чьими усилиями только и возможно привести к порогу цивилизации страну, заблудившуюся в лабиринтах новейшей истории, бредущую по колено в крови вот уже которое десятилетие.

– К нормальному, хорошо отработанному капитализму с человеческим лицом, – употребил я в разговоре с Гладилиным расхожий оборот.

– Я думаю, что такими способами они построят капитализм со звериным лицом, – заметил Гладилин.

– Говорят, похоже на Америку 20-х – начала 30-х годов: "Великая депрессия", расцвет мафии – и убийства, убийства, убийства...

– Знаешь, скорее все же – нет. Американцы, при всем тогда происходящем, работали, производили ценности, строили и совершенствовали страну, а здесь они только... – Гладилин оборвал фразу, не договорив.

– К тому же в Америке никогда не было столь тесного переплетения, даже срастания государственных структур с преступными, – согласился я.

– Самый главный показатель происходящего – сколько за это время убито людей, и ведь ни один преступник на найден! Убивают не только промышленников – журналисты, сотрудники прокуратуры и милиции, депутаты Госдумы в том же скорбном перечне. Ну, что это за система? Славящаяся превосходно отработанным полицейским аппаратом, она сегодня оказывается не в состоянии найти виновных.

– Остается предположить, что происходит все это не без участия того же полицейского аппарата.

– Из чего можно сделать столько выводов...

И опять обращаюсь я к российским газетам:
"После серии громких убийств стало очевидным, что убийц, как правило, не находят. Власть в этом не заинтересована. Иначе и самое загадочное преступление было бы раскрыто. Об этом говорит бывший шеф КГБ В.Семичастный".

Авторитетно звучит, не так ли? Это – из "Аргументов и фактов".

И, наконец, взгляд мой останавливается на столбце, логично завершающем этот мини-обзор российской прессы:
"Анализ... показывает, что почти каждый случай порожден стихией складывающихся новых экономических отношений. Почти в каждой оперативной сводке фигурируют коммерческие предприятия или должностные лица из этих структур. Так, только в столице за неполный год уже пострадали АО "Альтернатива", "ОТОН", "Мега" и "Рос-стройинвест", корпорации "Виктор" и "Айсберг", фирмы "Бертон" и "Митра", МП "Россия", ГОО "Черкизово", клубы " Манхэттен" и "Найт Флайт", СП Интернэшнл автоцентр", "Финтранскомпания", банки "Столичный" и "Российский кредит", ТОО "Элита", АО "ЛогоВАЗ" (дважды). Глубоко заблуждаются те, кто рассчитывает на стихание этой войны. Пока государство не начнет жестко контролировать процесс становления экономических отношений..."

А может, оно, государство, так их и контролирует?

– Америке на выздоровление потребовалось лет десять, ну пятнадцать. А сколько потребно России?

– Да, сколько?.. – повторил мой вопрос Гладилин.

На этом, собственно, можно было бы и поставить точку. Или многоточие...

И так как до сих пор не возникло каких-то новых подробностей происшедшей трагедии, способных пролить на нее свет, остается только добавить несколько слов к сказанному выше о Сергее Мажарове. Имя его в списке нынешних российских меценатов занимало далеко не последнее место: с первых серьезных денег, пришедших к Сергею, он постоянно и щедро оказывал помощь художникам, артистам, музыкантам. Одной из самых известных его акций, которую, скорее всего, тоже можно было счесть благотворительной – ибо российское кино, как правило, продюсерам его денег не приносит – стало финансирование московских съемок фильма "Лимита".

Лента эта явилась первой самостоятельной режиссерской работой Дениса Евстигнеева, сына замечательного артиста, недавно ушедшего от нас в лучший мир. До того Денис был известен своей операторской работой в фильме Лунгина "Такси-блюз", награжденном множеством премий, в том числе международных. Фильм "Лимита" тоже не остался незамеченным – Сочинский фестиваль "Кинотавр" сделал его лауреатом конкурса.

В сюжете фильма история двух близких друзей.

К развязке фильма одного из друзей убивают.

Ноябрь 1994 г. – Август 2012

Часть 4. ОСОБЕННАЯ СТАТЬ...

Ход стрелок снова скор – теперь они возвращают тебя
в самое начало 90-х.
Итак...

Глава 1. Что они думали?

Пятеро били одного. Не так, как бьют, когда просто хотят проучить – били насмерть. Паренька лет восемнадцати, пытающегося рукавами легкой матерчатой куртки прикрыть лицо, окружали его сверстники. Они по очереди наносили ему удары, норовя попасть в голову, в поясницу. В попытке устоять на ногах, не оказаться лежащим на земле, он наклонился, шире расставив ноги. И тогда один из нападавших, забежав со спины, по-футбольному со всего размаха ударил его сзади – в промежность.

Кажется, ты не вполне контролировал себя, когда потянул дверную ручку, пытаясь выйти из машины. Юра нажал педаль газа, и "Москвичок", стоявший первым на перекрестке Садового кольца и Самотечной улицы, рванул вперед на красный свет. Зеленый зажегся уже над нашей головой.

– Юра, почему они все молчат?! – твой выкрик относился к сравнительно небольшой, человек в двадцать, очереди, протянувшейся к окошку торгового ларька: никто из них, кажется, даже не пытался – не то чтобы остановить избиение – просто снять трубку уличного телефона (он был совсем рядом, в каких-нибудь двух шагах), чтобы вызвать милицию. Кто-то стоял отвернувшись и старательно не замечал происходящего. Кто-то вполне равнодушно, а двое-трое с очевидным любопытством посматривали на творимую экзекуцию.

– Дядя Саша, вы что? – племянник укоризненно косился на тебя, лавируя в густом потоке нещадно чадящих автомобилей. – У них же наверняка оружие!

Было светло – солнце еще только перевалило за зенит, и его лучи, свободно пронизывая невысокие жидкие облака, по-прежнему мягко ложились на расцвеченные осенью золотистые кроны деревьев, выросших по обе стороны Садового кольца – пятнадцать лет назад их здесь не было. И на лица прохожих, толпящихся у перехода в ожидании зеленого света. Превосходные условия для съемки... Особенно, если снимать из окна стоящего автомобиля – незаметно для окружающих. О лежащей у тебя на коленях камере, – ты всегда вынимал ее из сумки, садясь в автомобиль, – вспомнил только тогда, когда ее чуть не уронил, выходя из машины. Примерно полчаса спустя...

...В Москве ты не был 15 лет. Почти 16. Наверное, не спешил бы туда и сейчас: "на территории", так теперь называют свою страну люди, избегающие говорить – "СССР". Хотя формально Советский Союз существует.

И вот – твоя газета аккредитована при Министерстве иностранных дел Союза – это там больше года вылеживалось представление Госдепа США по этому поводу. И еще где-то.

Наверное, большую часть этой главы можно было бы опустить. Да её просто и не было бы, если бы... если бы только оказался прав Фукуяма: идея ученого-политолога заключалась в том, что с концом существования СССР завершена всемирная история, перевернута и закрыта ее последняя страница.

Не случилось так – это нам, живущим в новом тысячелетии, теперь ясно. И история жива, и люди те, ее фигуранты – здесь. Не все, почти все.

* * *

Всё же – Москва. Визит к только что назначенному начальником Управления информации советского МИДа Чуркину. Виталий совсем молод, интеллигентен – он вовсе не похож на чиновника в ранге чрезвычайного и полномочного посла. Вот и первый признак перемен. И ещё – это при нем и даже именно им впервые в истории здесь, в Москве, аккредитовано русскоязычное зарубежное издание.

И что это означает? А вот что: регулярное получение официальных пресс-релизов... участие в мидовских брифингах...

и, между прочим, как признаётся твой корреспондент, открытый доступ в закрытый ресторан при пресс-центре, преимущества чего становятся очевидны при первом же вашем ужине. Коллективный, на 12 персон – да здравствует аккредитация! Но и в знак признательности друзьям, сумевшим организовать тебе приглашение, так называемый "вызов", в необъяснимо короткие сроки – за две недели... Спасибо, Рустам! – век не забудется.

Что там – Дядя Гиляй с его описаниями старомосковских купеческих пиршеств, или Молоховец ("...если у вас неожиданные гости, спуститесь в погреб...") – ну, и так далее... Ты затрудняешься припомнить всё заказанное и поданное к столу: виды икры, маринованных грибов, копченостей – это к закуске, горячее – само собой, естественно, и горячительное – изысканные коньяки, водки, да что там вспоминать! Запомнилась же сумма счета – 900 рублей. Ты долго разглядываешь этот листок с фирменной эмблемкой МИДа, незаметно показываешь его под столом Бегишеву – не ошибка ли? Нет, не ошибка: по-тогдашнему получилось что-то около тридцати долларов. Да...

Вообще-то это второй ужин с пригласившими тебя – первый состоялся в помещении ресторана ЦДРИ (Центрального Дома Работников Искусств) на Кузнецком, помните? Именно в помещении, ресторана как такового теперь не существовало, столик для вас накрыли на приподнятой площадке – бывшей эстрадке. В пустом зале выстроились в один длинный ряд столы, за которыми вскоре разместились человек 50 ("кооператоры", – шепнул прислуживающий вам парень).

Что им подали – вы не заметили, да вообще обратили на них внимание только, когда из-за их стола донеслось нестройное "Боже, царя храни...". Ваши соседи стояли с рюмками в руках по обе стороны стола: трудно было признать в них новых охотнорядцев – скорее, напротив, – лет сто назад, ну чуть меньше, в большинстве своём, как вам показалось, они могли бы сами стать жертвами тогдашних уличных беспорядков... по этническим причинам, понимаете?

Чтобы закончить с этим сюжетом, вспомни, что вам принесли тогда: селедочку, не лучшего качества, холодную картошку с какой-то скромной зеленью, ну, и бутылку водки, естественно...

Да. С едой в городе сейчас не просто плохо, но очень плохо... Предстоящая зима по общему ожиданию горожан обещает быть и холодной, и голодной. Если, конечно, не рассчитывать на чудо. Хотя большинство здесь в чудо верит все меньше и меньше – даже если приход его мог бы ожидаться с Запада...

Почему?

"Помогите нам сейчас, а то всем будет плохо!" – этот призыв постоянно повторяется в газетах, в частных встречах.

Итак – о еде?

Ты всегда спрашиваешь разрешения записать разговор, не забывая напомнить, что плёнку увезешь в Штаты. Никого это не останавливает: "...а чего теперь бояться-то?", но сквозит и нескрываемое безразличие... к собственной судьбе, в том числе. Такого, еще месяц назад, в "разгар увядания перестройки", признаются они, быть не могло. Это тоже – примета времени.

* * *

Люди. Поначалу ты пристаешь к ним с вопросом – был ли путч? Или что это было? Путч – это когда к власти приходят со стороны – те, кто ее не имел, так? – ну и как это можно отнести к августу 91-го? Сейчас – сентябрь. Что – теперь?

Скоро эта тема отходит куда-то – на второй план, на третий, на пятый... Постоянные встречи, большей частью случайные: студентки института, кассирша в продовольственном магазине, водитель, это он помогает тебе успеть повсюду, пробиваясь через пробки загазованных улиц – столько машин здесь никогда не было. Ты оказался для него не самым легким пассажиром!..

Но вот – и загодя условленные: Битов... тассовец в большом чине Субботин... отставник Рясной Володя. И еще:

недавно ведавший всей профсоюзной прессой страны Лавров Николай. И ещё – руководитель Академического оркестра Всесоюзного радио и телевидения Николай Некрасов... Колька и Колька – обращение это сохраняется у вас многие десятилетия.

А еще – Розовский Марк – заявление "восьмерки" его застает вместе с театральной труппой в автобусах, направляющихся в аэропорт Внуково. Театр везет в Одессу и Киев спектакль по пьесе, созданной писателем-диссидентом Юлием Даниэлем, кажется, в 60-м году, "День открытых убийств"... Вспомнив первые минуты смятения и принятое единодушно всеми участниками труппы решение "ехать!", режиссер рассказывает, как навстречу автобусам, катившим в аэропорт, двигались колонны бронетранспортеров. А по обе стороны подмосковного шоссе за деревьями стояли слегка – именно слегка – замаскированные танки.

Итак.

Что же они тогда думали? Каждый о своем...

* * *

Здесь мне и сегодня кажется уместным сохранить содержание нескольких страниц, опубликованных по возвращении Розовского в Москву, в сборнике текстов тех лет.

Итак...

Задавая свой первый вопрос, я как бы исходил из следующей предпосылки: путч – это когда к власти приходят со стороны те, кто ее не имел. В какой степени это определенно можно отнести к августовским "путчистам"?

– В полной, – считал Некрасов. – Реальной-то властью они не пользовались! – убеждал он меня. – Они сидели наверху, но события развивалсь помимо их воли. Возьми тот же союзный договор, который готовился подписать Горбачев: лишая центр власти, он отнимал у них все, что они имели, – посты, привилегии... К положению Горбачева в тот период я отношусь сочувственно – он, действительно, был нерешителен, лавировал, но их победы не хотел.

Той же точки зрения придерживался в беседе со мною и Розовский. Заявление "восьмерки" застало его вместе с театральной труппой в автобусах, направлявшихся в аэропорт Внуково. Театр вез в Одессу и Киев спектакль по пьесе, созданной писателем-диссидентом Юлием Даниэлем, кажется, в 60-м году, "День открытых убийств"... К подобной ситуации – лучше не придумаешь!

– Так вот, – настаивал Марк, – это был самый настоящий путч! Но его неверно называют военно-коммунистическим. Военный – да. Но не коммунистический – потому что коммунисты, участвовавшие в нем, как раз предали коммунистическую идею. Идею бесчеловечную и построенную на насилии: настоящий коммунист, для которого цель всегда оправдывает средства, никогда бы не проявил подобной мягкотелости. Любое кровопролитие в его глазах было бы оправданно.

– Говорят, Павлов во время ареста нашел в себе силы горько заметить в адрес недавних коллег: "Слизняки е...ные, с ними даже путча не совершишь!...".

– Ну да! – охотно поддержал мысль Розовский. – Это же вырожденцы, типичные для нашего времени, в котором коммунистическая идея уже не работает. Она мертва – в чем и убеждает несостоятельность попытки переворота.

– Ну, а что Горбачев?

– Как персонаж этой драмы, – по-театральному ответил Марк, – он, конечно, причастен. Но, зная его характер, вполне можно предположить, что при этом он сделал все, чтобы подставить своих врагов.

– А если бы они выиграли? Ведь заявил же в апогее своей "власти" Янаев: "Мы с Михаилом Сергеевичем еще поработаем!". Ты не думаешь, что у него при любом исходе ситуация была беспроигрышная – "win-win"[2]?– Да, он мог бы выиграть вместе с ними – и сознавать это сегодня очень печально...

Студентки-первокурсницы, Вера и Ирочка, отметив, что их точка зрения совпадает с мнением большинства их сверстников, поддержали это предположение:

---

2   Win (англ.) – выигрывать

– Конечно, Горбачев шел на большой риск, соучаствуя в подготовке путча прежде всего назначением на правительственные посты его основных участников. Да и вообще: путч готовился несколько месяцев, что же, он ничего об этом раньше не знал?! Это был альянс, в котором он был нужен как законный глава государства, чтобы придать легитимность новому правительству. Ну, а потом... потом они могли бы легко избавиться от него.

Любопытный контраргумент, спорящий с этой точкой зрения, нашел Лавров:

– Ни в коем случае! – убеждал он меня. – Ты знаешь, как он относится к Раисе? Ни за что не подставил бы он ее под малейший риск, а тем более не стал бы вовлекать в соучастники военного путча.

Ну, и все-таки – был ли путч?

– Какой же это путч? – вопросом же ответил мне Мальцев.... – Да и Горбачев поначалу был с ними. Потом уже он переметнулся к Ельцину. Люди из правительства стремились продолжить правительственную же политику. Вот то, что сейчас произошло, – это путч!

Почти слово в слово этот тезис повторила кассирша, назвавшаяся Ириной Павловной. Мы зашли с Лавровым в продовольственный магазин – перед самым ужином в его квартире, куда были приглашены мои сокурсники, оставшиеся друзьями на многие, последовавшие за нашей учебой, годы. На столе было все – икра, несколько сортов рыбы, мясные закуски. Я догадывался, чего стоило в эти дни собрать такой стол. И все же Люся не рассчитала – хлеба было маловато.

Не оказалось его и в магазине, занимавшем первый этаж соседнего дома. И тогда я решил взглянуть – а что же там есть? Времени до ужина почти не оставалось, но немного его и требовалось, чтобы, пройдя вдоль прилавков, с грустью убедиться в справедливости опасений москвичей в связи с ожиданием ими голодной зимы. Сидевшая на выходе из магазина у стойки с механическим кассовым аппаратом полная женщина, понаблюдав за мною некоторое время, заметила:

– Ходите, удивляетесь... Все хотите знать?

– С тем и уезжал! – отшутился я.

– Откуда вы, из Америки? Не жалеете, что уехали?

– Жаль тех, кто остался...

Жестокий получился ответ. Но другого в тот момент не нашлось.

...Сок гранатовый, банка трехлитровая – цена... стиральный порошок, пачка двухкилограммовая – цена... филе рыбы, маленькие тушки ставриды – цена... Мой взгляд остановился на ярких конфетных коробках, украшавших верхние полки кондитерского отдела, прилавки которого были совершенно пусты.

– Почем конфеты? – спросил я, обращаясь к кассирше.

– Ни почем! Коробки пустые. Девочки из дома принесли украсить стены.

– А бывают?

– Недавно были, но только в столе заказов – 51 рубль коробка.

Мой спутник, услышав цену, прокомментировал:

– Ровно половина месячной пенсии моей тетки. Если бы не я – давно бы она ноги протянула...

Заметив, что кассирша не только не боится говорить с иностранцем, но как бы и сама задает тему беседы, я спросил ее, что она думает по поводу только что минувших событий.

– Да не было никакого путча! Люди продолжали политику, которая была и до них. Это теперь – да, путч. Потому что новая власть. Горбачев все вел к перевороту, а потом переметнулся к Ельцину – может, по-другому он не мог от этих людей избавиться. Тогда-то они его отстранили, и все происходило помимо его воли. Мы с мужем обсуждали это.

– А кто ваш муж?

– Да в КГБ он. Мы с ним три года на Кубе прожили, последние полгода так домой хотелось! Дни считали до возвращения, потому я и спросила вас – не скучаете ли?..

И еще один собеседник поддержал эту точку зрения – Володя Рясной, известный среди наших общих друзей как консерватор и ретроград (чему, видимо, способствовало бывшее положение его отца, генерала, возглавлявшего в свое время управление Комитета госбезопасности, объединенного в те годы с Министерством внутренних дел). Сам Володя, закончив юридический факультет МГУ на пару лет позже Горбачева и хорошо его помнящий по годам студенчества, недавно вышел в отставку подполковником милиции – к званию этому его привела служба в качестве референта по печати в аппарате министра внутренних дел СССР Николая Щелокова. Читатели могут помнить бесславный конец Николая Анисимовича, подсказавший способ ухода из жизни и пришедшему, спустя годы, на этот пост неудавшемуся путчисту Пуго...

– Какой еще путч? Здесь участвовало все правительство, без исключения! Весь Совет Министров во главе с премьером! Весь Верховный Совет – не только его председатель Лукьянов! Так кто и у кого захватывал власть? Если бы был путч – они бы действовали по другому сценарию. И никто бы не пикнул! Они же просто хотели закрутить гайки: страна-то разваливается. Ни экономики, ни политики... Горбачев безусловно стоял за всем этим, хотя непосредственно в организации вряд ли участвовал. Но – стоял за спиной, науськивал: надо, мол, порядок наводить! Хотел все сделать чужими руками.

А прошло бы все удачно – вернулся бы из своего Фороса... Ну, подумай сам, страна в ужасающем положении, готовятся заключать какой-то совершенно непонятный договор о новом союзе – и глава государства вдруг все бросает и отбывает отдыхать. Да так же не бывает! Ну, а потом он испугался и всех продал!

Убедительно звучит? Как будто бы да. Но не для Битова. Андрей, по собственному признанию, "подпольный человек".

– Неучастие в общественной жизни для меня всегда было видом деятельности, – говорил он мне еще года полтора назад, когда, читая лекции в Лос-Анджелесском университете, неделю гостил у меня дома. - А сейчас, - жаловался он мне уже в Москве, будучи избранным председателем советского ПЭН-клуба, - согласился. И приходится иметь дело с теми же "козлами" (так он называл литературных чиновников, заседающих во всевозможных службах все еще существующей официальной советской организации – Союза писателей).

– Понимаешь, – объяснял он мне, – конечно, Горбачев, как никто, подготовил свое окружение политикой соглашательства, конформизма, растяжек. Он никогда не говорил правды, всегда что-то плел и крутил. Такой он человек: даже когда ему нечего скрывать, он никогда не скажет правды. Возможно, это его стиль, система речи такая. Типичная советская черта. Хотя, может быть, в его положении так и надо было... Он подготовил эту команду. Но он подготовил и состояние общества.

В пользу же его искренности говорит такой аргумент: в первом своем интервью по возвращении из Крыма он заявил, что остается убежденным коммунистом. Поначалу меня охватило отчаяние! Но уже на следующий день он оказался другим – и это убеждает: потому что за эти три дня страна прожила невероятную жизнь, минута шла за год, а он действительно находился в изоляции. И оказался по отношению к народу в единственном числе.

Что же касается вопроса - был ли путч в верхах, для меня он не представляется существенным. У нас все время происходили тайные путчи, которые, правда, становились известными через несколько лет. Важно же сейчас, что путч произошел в душах людей! Он не только обозначил возрождение нашей молодежи – путч произошел и в солдатах, и в милиционерах... в народе! Знаешь, что случилось?

С точки зрения человека, воспитанного этой системой, армия, милиция, КГБ всегда означали власть - неважно, какую на нее вешали вывеску. Нам это было безразлично, потому что всегда было: Они и Мы. И вдруг сейчас в системе "Ельцин-Народ" оказалось единое МЫ. Ну, а возвращаясь к путчу, могу предположить, что его участники, те, кто его готовил, оказались такими же распиздяями, как все в России, и делали они все малоквалифицированно. Хотя существует и такая гипотеза: настоящий путч готовился на 20-е августа, а эти на день поторопились. А еще говорят – опоздали арестовать Ельцина на 20 минут... Все это чудовищно непрофессионально и смешно. Для меня же главное – я увидел ЭТО. На что, откровенно говоря, при своей жизни не рассчитывал.

Да... Где еще 20 коротких минут способны столь безмерно ускорить ход истории? Ведь, наверное, на десятилетия...

Слова тассовца Юрия Субботина, в основном, совпадали с теми, что в адрес заговорщиков произнес Битов:

– Официальная точка зрения (ее мой собеседник, связанный высокой должностью, не мог не привести) – путч был. Но... сделан он на таком низком уровне, так непрофессионально! Вообще же, в моих глазах это была попытка государственного переворота, но государственными же структурами. Не думаю, что сам Горбачев был причастен к его подготовке, но ведь были какие-то намеки, вся ситуация была огнеопасной, и то, что события застали его врасплох, для государственного деятеля совершенно непростительно.

Кажется, ни один из задаваемых мною вопросов не вызывал столь однозначной реакции: когда я спрашивал своих собеседников, как они оценивают нынешнее положение в стране, ответ варьировался только в пределах: плохо – очень плохо – ужасно!

Парадоксально следующее: возникло множество идей, которые ведут к огромным заработкам – даже при ограниченно свободом рынке, существовавшем в те дни в России, но не многие спешили воспользоваться ими. Причины? Неуверенность в стабильности этих свобод. И – боязнь, как здесь говорят, "высовываться": рэкет приобретал поистине чудовищный размах, власти оказались бессильны с ним справиться.

Дать, например, рекламу в газету уже тогда означало пригласить визитеров, предлагающих свою "защиту" – разумеется, в обмен на существенную долю дохода. Порой такую, что дальнейшее ведение бизнеса просто утрачивало смысл. Отказ же платить чреват не только поджогом производственных помещений, но прямой угрозой жизням предпринимателя и его близких. Мой водитель приводил мне множество случаев, в том числе и такой: его коллега, открывший небольшой авторемонтный бизнес, вынужден был вскоре сложить с себя формальные обязанности президента, назначив на это место уголовника из среды рэкетиров – и дела его пошли в гору.

Кстати, разгул преступности в СССР уже выплескивался за пределы страны – и это был не только шантаж или отмывание денег в легальных бизнесах в Европе и у нас в Штатах.

Вот рассказ сына В.Рясного, Ильи – журналиста, сотрудничающего с издаваемым Министерством внутренних дел еженедельным популярным журналом.

– Сейчас, – говорил он, – после ощутимого удара по колумбийской мафии, поставлявшей до 80 процентов наркотиков в США, главная угроза начинает исходить из азиатских советских республик. Сохранившиеся там феодальные структуры хорошо вписываются в структуры международных наркокартелей. Конопля же и мак там лучшие в мире, и когда войска пытаются уничтожить такие плантации, их встречают крестьяне с ножами. Закон практически в этих краях не действует, власти боятся применять силу...

– Между прочим, – продолжал рассказывать Илья, – через Союз проходит трасса доставки наркотиков из Афганистана в Турцию. Пока наши войска в Афганистане, они как-то блокируют этот канал. А когда они уйдут?.. Вся эта Коза Ностра – детский сад по сравнению с нашими восточно-феодальными, да и вообще уголовно-воровскими кланами. Вот совсем недавний пример. Руководство Нижнетагильских лагерей пригласило, точнее, перевело из других зон, двух "паханов" – главарей воровского мира: обычно там, где "паханы", нет поножовщины и существует видимость порядка.

Так вот, эти "короли", сидя в заключении, умудрились подмять весь город, заставив работать на себя значительную часть существующих звеньев городского хозяйства и организуя новые, включая и создание, по их поручению, совместных предприятий с выходом за рубеж... Сейчас, когда государственная власть разваливается, а новые ее структуры остаются в зачаточном состоянии, преступность выходит за рамки традиционных для этой страны форм. Например, налажены каналы переправки золота и бриллиантов прямо с приисков – зарубежным клиентам.

– Но ведь существуют твои ровесники, энергичная молодежь, которая стремится разбогатеть, и достигает этого вполне честным путем – на биржах, в банках, на промышленных предприятиях? – возразил я, вспомнив слова жены известного писателя, живущего ныне на Западе. Майя, так ее зовут, находилась в Москве по личным делам, мы встретились с нею в квартире дочери бывшего лидера советского государства, которого уже почти три десятка лет нет в живых. Не стану называть фамилий моих собеседниц, они слишком хорошо известны, я же в нашем разговоре не спросил их согласия на это. Так вот, они дружно возлагали надежды, связанные с будущим страны, на молодежь, проявившую себя и в деловой жизни, и в период недавнего путча.

– Да, я знаком с такими, – согласился Илья. И тут же добавил: – Знаете, к чему они стремятся? Сколотить хороший капитал и – мотануть на Запад.

Способствовало ли присходившее тогда в СССР укреплению правопорядка? Создаются ли необходимые предпосылки к восстановлению и развитию экономики? Почти все, с кем мне довелось говорить на эту тему, были единодушны в утверждении: пока время теряется попусту.

Вот, например, как оценивал ситуацию Николай Некрасов:

– Мы всегда и везде опаздываем, – с горечью говорил он в телефонную трубку. – Понимаешь, положение страны сегодня противоположно всей Европе: там стирают границы, вводят единые деньги, снимают таможенные барьеры... А мы разбегаемся в разные стороны и считаем, что в этом заключается независимость.

Настороженность звучала и в словах в целом оптимистично настроенного Марка Розовского.

– Конечно, положение сложное. Силы, готовившие путч, живы, хотя и подобрали когти. Знаешь, раненый зверь в своей агонии может быть страшен. Наивно думать, что 18 миллионов коммунистов сгинули без следа. Возможна агония режима. Я не исключаю самых разных ее форм – и террористические акты тоже. Сейчас самое главное – передышка. Я бы сказал, что по-настоящему перестройка началась лишь 21 августа. До этого все саботировалось коммунистами – они, например, делали все, чтобы Москва задохнулась без продовольствия. Я часто езжу по стране. Веришь – вся страна сегодня живет лучше, чем Москва.

Николай Лавров, высказывая свои опасения, был более конкретен:

– Эйфория первых послепутчевых дней прошла. Повседневная жизнь берет свое, и сегодня уже ясно: если в течение двух-трех месяцев на полках не появятся продукты, народ не поймет, что именно сейчас то время, когда надо потуже затянуть пояса и терпеть, то есть пойти на то, к чему всегда призывали советские власти. Ведь только теперь впервые забрезжил свет в конце туннеля. Но люди вконец измучены, и в массе своей такой призыв не примут.

Вот если бы появились продукты, они поверили бы – есть стимул работать. Неважно, где взять деньги – продажей ли неприкосновенного запаса золота, территорий ли... Что нам эти Курилы, голодными смотреть на них и знать, что они наши? Вон на рынке мясо уже 80 рублей килограмм, а того и гляди, будет 160... Кто же его сможет купить?

– Ну, хорошо, продадут какие-то земли... Так территория ведь – не шагреневая кожа, она не растягивается бесконечно! И золотой запас, говорят, уже на исходе...

– Главное, заставить людей поверить! – упрямо повторил Лавров.

А вот комментарий студенток. Ира и Вера:

– Настроение у наших сверстников – беспросветная тьма.

Какая это демократия – болтовня сплошная! Нужно немедленно ввести в полной мере частную собственность – тогда люди будут работать. Все ужасно надоело. После путча первые дни была какая-то надежда, люди стали прислушиваться к призывам сверху... А сейчас – все, как было до него. Я три дня слушала правительственные дебаты, – заключила Ирочка, – и бросила. Они все обсуждают, кто где был эти три дня.

– Болтовня! – жестко повторила за нею сестра. – Такое ощущение, что тебя надурили...

И ведь действительно так, заметил наш собкор в Москве Валерий Бегишев, когда я передал ему этот разговор. Вот рассуди, что они делают. Автомобили делят! Расформировали базу ЦК КПСС – сотни машин освободились. Ну, спросили бы народ – кому нужнее? Ведь у нас больницы без машин, детские сады, таксопарки... Все подобрала под себя новая номенклатура! Отданы машины Совету Министров России и ее Верховному Совету.

А что с продовольствием? Кому об этом лучше знать, как не работнице продовольственного магазина – и я привожу ее рассказ:

– Существует ведь где-то еда. Я не говорю о той, что растаскивается в пути – как было с помощью Чернобылю. Под Москвой стоят неразгруженные вагоны – некому работать. Набирают студентов, приходят ребята, начинают таскать ящики – и вдруг, невесть откуда, появляются здоровые спортивного вида мужики: вам, говорят, сколько здесь платят? Двадцать рублей? Вот вам тридцать – и убирайтесь отсюда, чтобы духу вашего здесь не было. Это мне моя племянница рассказывала – она была среди этих студентов.

Или возьмите наши кооперативы. Это же на 80 процентов спекулянты! Закупают товар в государственных магазинах и перепродают его по тройной цене. На прошлой неделе у нас в магазине продавался ликер "Вишенка" – по 7 рублей бутылка. Раскупили мгновенно. А сегодня он в кооперативных лотках по 50 рублей! Если бы я взяла себе ящик ликера и перепродала его – меня тут же арестовали бы. А им – можно. Или еще пример: в нашем же магазине раскупают муку, как только появится, опять же по госцене. И мясо – добавив мяснику "на лапу". Напекут из нее пирожков и продают втридорога! Нет, чтобы договор с совхозом заключить...

– Так ведь они же вкладывают свой труд в эти пирожки!– попытался возразить ей я.

– Чего там...

Мое замечание повисло в воздухе.

Рясной картину происходящего описывал более масштабно. И – более зловеще:

– Республики размежевываются, все хозяйственные и экономические связи разорваны. Знаешь, чем это кончится? Огромным витком инфляции. И большим голодом. Вот тогда народ снова выйдет на улицы – но уже по-серьезному.

Эмоциональный подход в оценке стоящих перед страной проблем в комментарии Юрия Субботина отступал на второй план – со мной говорил аналитик.

– Конечно, – говорил он, перекладывая высокие стопки только что положенных ему помощницей на стол телетайпных сводок, – сейчас проявляется ряд негативных последствий путча. Происходит смена власти, перестройка управления – и затормозились те реально действовавшие уже процессы восстановления экономики, которые успели сложиться к середине этого года... Плюс ко всему еще идет безостановочный митинговый процесс.

Знаете, есть такая наука – теория катастроф. Она учит – любая перестройка системы после мгновенного положительного эффекта автоматически дает и эффект негативный. Потом все снова идет на повышение положительных показателей, и если в основу заложен правильный расчет – то эффект будет весьма существенным. И я верю в правильность нашего расчета. К тому же я люблю свою страну и верю в нее, в ее людей, – позволил себе эмоциональную ноту Субботин, завершая этот тезис.

Любопытно, что такой, казалось бы, далекий от Субботина человек – и по философии, и по жизненному опыту

– как писатель Битов, в этом оказался с ним полностью солидарен.

– Мой оптимизм, – внушал он мне, – базируется только на ощущении чувств и эмоций людей, возникшем у меня в эти три дня. Только на нем! Все остальное, – после некоторого раздумья добавил он, – быстро приводит в уныние. Представляешь, прозаседав столько дней (он говорил о недавно закончившейся сессии Верховного Совета СССР), разошлись, не приняв ни одного закона – ни о земле, ни о собственности, ни о свободе выезда...

Таким образом, мы по-прежнему остаемся беззаконным обществом. А без законов я не вижу никакого продвижения. Права людей по-прежнему не охраняются. И еще, говоря о людях, – нельзя постоянно жить с ощущением, что на нас может кто-то напасть. А в нас это еще есть. Надо полностью разоружиться – уже сейчас. Выбросить к черту все эти смертельные игрушки!

Разговор наш состоялся перед самым моим отъездом из Москвы – недели за две до инициативы Буша, поддержанной Горбачевым о взаимном сокращении стратегических видов вооружения. Слушая выступления того и другого, я вспомнил Битова. Вот когда слова писателя, едва он успел произнести их, стали пророческими.

Неожиданно единодушной оказалась реакция моих собеседников на вопрос – нужна ли стране помощь Запада?

– Самим нам не справиться, это уже ясно! – почти не задумываясь, ответил Розовский. – Но, – тут же добавил он, – любые подарки вредны. Нам следует немедленно открыть все наши границы, предоставить все возможности для ведения у нас зарубежного бизнеса, для создания совместных предприятий. Если нужно, продавать землю – так делают во всем мире, и слова о том, что нельзя этого дозволять – псевдопатриотические. Прямая же помощь нужна тоже, но очень ограниченная и временная: все сгниет, попадет не в те руки. Главная беда в том, что у нас нет сегодня профессионалов. Мы действительно должны учиться заново, причем самым элементарным законам хозяйствования. И мы научимся им! Ты же помнишь, я – оптимист!

Лавров. Он в нашей беседе не исключил необходимости "подарков", как выразился Розовский, денежных прежде всего:

– Валютный приток помог бы нам увеличить социальные пособия – пенсионерам, многодетным матерям... Срочно необходима индексация цен – она же без валютной помощи сегодня просто нереальна. Ну и, конечно, валюта для закупки еды...

– А как ее распределять? При коррумпированных структурах и их неповоротливости мало что дойдет по прямому назначению, – вспомнил я совсем недавний опыт подобной помощи.

– Да, но ведь тогда распределявший эту помощь центр составляли коммунисты – они были у власти!

– А что демократы? Только что Ельцин подписал указ, вменяющий функции законодательной власти Совету Министров республики. А как же парламент? Про Ельцина у вас рассказывают анекдот. Он заявляет на пресс-конференции: "У нас теперь в стране только свободная печать. Несвободные газеты мы запретили". Шутка вроде бы. Но ведь невозможная в правовом государстве, – возразил я, чувствуя себя действительно некоторым образом шокированным непоследовательностью новых российских лидеров.

– Да, они делают ошибки и будут их делать. Потому что они учатся. Демократии в стране никогда не было! И все, в конечном счете, кончится хорошо – не может не кончиться! Вопрос только – за какой срок. И – с кровью или без нее.

Мне думалось – раз путч прошел бескровно, так будет и дальше. Но вот приходят нелепые решения демократов, бесконечное топтание на месте – и начинаешь сомневаться.. И если до нового года положение не изменится, а без помощи Запада, повторяю, изменить ничего невозможно – можно ждать страшной катастрофы. Навалится суровый голод, массы будут искать, на ком выместить свое недовольство, – и первыми под рукой окажутся демократы.

Несколько по-иному представлял себе помощь Запада Рясной:

– В России 300 миллионов человек. Что же, весь Запад будет работать на Советский Союз, дабы одевать его и кормить?

– Но пример плана Маршалла... – хотел было заметить я...

Володя не дал мне договорить:

– Во-первых, вся Европа меньше Союза. А, во-вторых, – у нас же немедленно все разворуют!

– Так что же делать? – этот вопрос я последовательно задавал своим собеседникам все десять дней. Задал я его и сейчас.

– Только инвестиции. И не в еду или шмотки – но в заводы и фабрики, в современную технологию. А работать наши люди все же могут – если им будут нормально платить, как на Западе, 50-70 процентов от расходов на производство. А не так, как у нас – 10. А то и 5... Тогда и воровать не надо, и держаться будет рабочий за свое место. Наши рабочие не хуже американских, народ работать не разучился. Просто сейчас – не за что...

Володя помолчал. А потом добавил:

– Если все же будет взрыв, то этой зимой. Месяца через три-четыре, когда жрать будет нечего.

– А если обойдется?

– Если обойдется в этот раз – может случиться года через три-четыре. А раньше ушло бы все десять. Но сейчас все быстрее развивается...

О неэффективности прямой продовольственной помощи говорил мне и Юрий Субботин.

– Нужна интенсивная приватизация собственности и прямое инвестирование западного капитала в глубинные структуры хозяйства. И как следствие этого – конвертируемость рубля. Только такая программа даст нам возможность выйти на рынок ценных бумаг, т.е. работать на рынок в системе фондовых бирж. Что касается сроков – если основываться на разработках аппарата Силаева, а они выглядят достаточно квалифицированными, – внутренняя конвертируемость рубля может быть достигнута уже к концу этого года. А к середине 93-го – и внешняя.

Не оспаривая в целом эту концепцию, Битов настаивал на невозможности управиться с проблемами самим. При этом он даже не имел в виду западные деньги, хотя и не отрицал такой необходимости:

– Учителя – вот кто нам сегодня нужен! Чтобы люди, которые состояли бы при такой помощи, не просто следили за распределением ее, но учили, как ею пользоваться с максимальным эффектом. Нужно большое количество западных специалистов – пусть часть средств пойдет на их содержание, это окупится.

– Так не могут же они оставаться здесь всю жизнь? – недоумевал я.

– И не надо! Нам не нужны миссионеры. В наших людях жива ностальгия по логичной и плодотворной деятельности. И с каждым десантом ваших специалистов эффект оказываемой Западом помощи будет все очевиднее.

Люди. Этот вопрос, с кем бы ни довелось мне беседовать в те дни, обычно оставался за кадром: испытав горечь разочарования в навязанном им сверху очередном эксперименте, называемом "перестройка", протянувшемся на пять лет хозяйственной разрухи и завершившемся государственным переворотом, – чувствуют ли себя люди способными сделать новый рывок, который наверняка потребует от них новых и немалых жертв? И еще: смогут ли они, выросшие в реалиях тоталитарной системы, соответствовать правовому парламентарному обществу, которое сегодня призывает строить услышанная, наконец, интеллигенция страны и, следом за нею, их новые лидеры?

Я и сегодня не уверен, что знаю ответ на этот вопрос. Все же не следует забывать, что история еще пишется, и главные ее участники живы; при этом в их число включились миллионы, никогда, я подчеркиваю это обстоятельство – никогда! – на протяжении всей своей жизни не имевшие даже самого ограниченного опыта демократии, свободы, плюрализма...

* * *

Десять дней – такие короткие... и такие длинные. Пытаясь задремать, ты опустил шторку иллюминатора – прямо в него ярко светило дневное солнце, ты откинул назад спинку кресла и прикрыл глаза.

И вспомнил читанный много лет назад фантастический роман забытого тобою автора. Его герой последовательно перемещался из обычного, своего, в параллельные миры, – число которых оказывалось бесконечно.

Начиналось же действие в Москве, со всеми присущими шестидесятым годам реалиями. Герой всегда оставался самим собой, но, по мере перемещений и удаления его от своего мира, что-то менялось. В ближайших измерениях – чуть-чуть. Например, памятник Пушкину оказывался на другой стороне улицы. Или на месте пивного бара обнаруживался кинотеатр. По мере удаления перемены становились существеннее, и вот уже оказывалось, что имя героя другое, и возраст его иной, Москва уже не Москва, и власть в стране принадлежит лидерам какой-то неведомой герою партии. Да и страна уже называется по-иному...

Ты читал этот роман – ну, лет двадцать назад, может, чуть больше. И сейчас в твоей памяти мелькали картины, наполнившие эти десять дней. Пустой цоколь памятника Дзержинскому... Широкая, не по-западному, улица – не Горького, но Тверская... Незнакомое тебе огромное белое здание на набережной с развевающимся над ним российским стягом. Обожженный остов автобуса у здания бывшего Музея революции – символ остро осознанного состояния: да – мы люди! И сами они.

Те, что в преддверии августовских дней оформляли на псковском заводе заказ на четверть миллиона наручников – и те, что, взявшись за руки, встали на пути танковых колонн... Ссутулившиеся фигуры в нескончаемой очереди у дверей закрытого продовольственного магазина – и сотни юношей, поднявших над головами конверты с дисками английской рок-звезды: она сама подписывала их сегодня у порога ново-арбатского магазина грампластинок.

И еще пятеро – на перекрестке Садового кольца и Само-течной улицы... Выжил ли тот парнишка?

– Дядя Саша, да вы что? – у них же оружие!

1991 г.

* * *

В один из последующих моих приездов в Москву провели мы совершенно замечательный день с Борисом Мессерером и Беллой Ахмадулиной – с воспоминаниями об этом дне позна-комились вскоре читатели „Панорамы“, а некоторое время спустя они вошли в сборник – в главу, названную...

Глава 2. «...Где так вольно дышит человек»

Московский смог

– Вот, взгляни, – убеждал меня Мессерер, – разве это плохо? Это было совсем неплохо, и даже хорошо: новостройки, внешне выделявшиеся не только свежевыкрашенными фаса-дами, но и необычной для Москвы, какой я знал её и какой помнил много лет, архитектурой жилых кварталов.

К этому дню я уже находился некоторое время в Москве и уже снова помнил, что есть такой транспорт – троллейбус, что существует репертуарный театр и что творог может быть похожим на творог. Монолог же Бориса Мессерера был вызван нашим с ним спором по поводу некоторых реа-лий нового облика города: меня решительно не устраивали кованые монументы, там и сям вонзившиеся хищными металлическими шпилями в московское небо.

В небо, и без того немало страдающее от климатических перемен и миазмов, источаемых теплоэнергоцентралями и химическими предприятиями, остающимися в черте города, а еще больше от беспощадно ядовитых выбросов, извергаемых автомобильными моторами. Борис же, сам видный художник, больше, как мне казалось, из корпоративной солидарности защищал творения Зураба Церетели, автора этих монументов. (Москвичи утверждают, что личная дружба того с московским мэром Лужковым, теперь уже бывшим, и привела к критическим и, скорее всего, долговечным изменениям в привычном силуэте города. Хотя, кто знает! – добавим теперь...)

Спор наш с художником начался в перерыве деловой встречи: заседало правление Всероссийского культурного фонда Булата Окуджавы. В повестке дня было и мое сообщение о нашем, Всеамериканском фонде. Разумеется, оно было не единственным: вдова поэта Ольга Владимировна Окуджава – она председательствует во Всероссийском фонде... писатель и публицист Анатолий Приставкин... замечательный актер театра и кино Михаил Глузский... Белла Ахмадулина и ее супруг Борис Мессерер...

– Господи! – хочется воскликнуть здесь, – ведь троих из них, названных в этих строчках, сегодня уже нет. За ними выступал руководитель корпорации, обещая частично финансировать проект строительства дома на Старом Арбате – там со временем разместится фонд памяти Булата, под дом уже выделена земля*, выступала на встрече и архитектор этого района столицы...

Присутствовал там и член правления фонда Егор Гайдар – сегодня он больше отмалчивался, но преклонение потомка революционного писателя перед Поэтом при жизни Булата Шалвовича (чье творчество объективно работало на разрушение идеалов, исповедуемых дедом Егора) – а теперь перед его памятью, общеизвестно и вполне искренне.

Светлая память им обоим, приходится добавить здесь...

И вот теперь, спустя несколько дней, мы ехали по московским улицам. Белла – впереди, рядом с водителем, изредка оборачивалась к нам с какими-то замечаниями к монологу

Бориса. Однажды уже сказав, что ничего не имею против новостроек, даже и необычного, на мой взгляд, облика – если люди, которые готовятся вселиться в них, или уже вселились, будут жить лучше, чем прежде, – всматривался я в мелькающие за стеклом кварталы города.

Многие улицы я уже не узнавал – и не потому, что за минувшие четверть века забыл их: просто они стали другими.

А между тем, навстречу и следом за нами протянулись вереницы автомобилей, создающих бесконечные пробки у светофоров и въездов в туннели. Между прочим, меня всегда, когда я оказываюсь в Москве, занимает вопрос – почему туннели здесь строят вдвое уже улиц, которые они соединяют? Ну, действительно, почему?

«Волги», «Москвичи», «Жигули»... Множество «иномарок» – этим словом обозначают все, что не создано в России – «Мерседесы», «БМВ», «Фиаты», «Хонды», «Ауди». Затертые джипами благородного происхождения – «Ренжроверами», «Чероки» и «Тойотами», – попадались их дальние родственники российского производства: уродцы на четырех колесах упрямо тарахтели моторами, измученными низкосортным бензином и, как бы в отместку своим создателям, выплевывали из чрева дрянь – смешанную с городским воздухом, ее, казалось, можно было пощупать рукой.

Москвичи этим дышат и, кажется, уже перестали замечать, что с воздухом что-то не так... Хотя, что сказать: посетив в военные годы Россию, Черчилль заметил: «Людей, которые зимой на улицах едят мороженое, победить нельзя!». А московский смог – это уж точно не сливочный пломбир в шоколаде.

...В общем, немного, больше для проформы, мы поспорили с Борисом по поводу архитектурных изысков московского мэра и перешли к другим темам.

А еще раз мы не сошлись с ним во мнениях спустя неделю. Режиссер Савва Кулиш, старинный друг Бориса, позвал нас на просмотр двух только что завершенных в работе лент. Это вполне совпадало с моими планами – там же, в Доме кино на Васильевской, мы условились в этот вечер встретиться с Леночкой Кореневой. Забегая вперед, скажу, что ее «приветы» американским друзьям заняли потом почти все пространство опустевшего за эти дни весьма вместительного чемодана, с которым я приехал в Москву – разумеется, и тогда не пустовавшего. Зато эти подарки помогли мне по возвращении в Лос-Анджелес восстановить некоторые, уже было утраченные с отъездом отсюда Кореневой, дружеские связи – так что спасибо ей за эту нагрузку.

Итак, о фильмах. Первый, увиденный нами, – о репетиции, вернее, о многих репетициях парада ветеранов войны 1941-45 годов, заслуживает особого разговора. Не потому, что фильм я посчитал выдающимся или что ему суждено стать явлением в российском документальном кинематографе: просто он поможет мне коснуться темы, которую условно я бы обозначил формулой «соотношения кинодокумента и объекта, давшего ему повод». К этой теме я вернусь чуть позже. Хотя не могу здесь не процитировать фразу, произнесенную, кажется, в закадровом тексте и для меня ставшую знаковой в концепции всей ленты: «Старость – это прекрасно. Жаль только, что она проходит...»

Второй фильм был полностью посвящен кончине Окуджавы: вернее, тому, что за ней следовало. Привоз, а правильнее сказать, прилет тела Поэта из Парижа, где его не стало, в Москву... Отпевание... Прощание... Похороны... Кадры следовали за кадрами – большей частью совершенно статичные. Временами мне казалось, что я рассматриваю альбом с фотографиями – скорбными свидетельствами этих скорбных дней. На экране возникали и замирали фигуры и лица, многие из них были хорошо мне знакомы по жизни, и оттого ощущение, что я листаю страницы фотоальбома, усиливалось.

Это не был сюжетный фильм, в нем не было истории, но присутствовала сама История – и мне режиссерское решение казалось здесь вполне уместным. Не то – Борису: именно из-за отсутствия определенного сюжета он счел фильм неудачным.

Глава 3. Огни большого города

Все, что я готовлюсь рассказать, прервав тему "кино", не содержит остросюжетной интриги: читателю, ожидающему чего-то подобного, лучше здесь и остановиться. Нам же на некоторое время, чуть позже, предстоит вернуться в Лос-Анджелес.

А пока...

Мои родные живут во Владимире – три бабы, три поколения. Живут трудно, очень трудно: картошка на зиму со своего участка, иначе зиму не протянешь, две мизерные зарплаты, младшая – болезненная девочка-подросток, ее я, пользуясь старыми связями, время от времени устраиваю на лечение. Разумеется, и старшим помогаю – как могу. Одна из них постоянно пишет для «Панорамы», ее очерки нелицеприятны, в них есть все – нужда, СПИД, коррумпированные власти и криминальные предприниматели, детская проституция... Они, эти три женщины, приезжали в Москву повидаться со мной – подтянутые, прилично одетые, с пристойными манерами. И просили достать им контрамарки в театр Марка Розовского – на билеты им втроем все же не потянуть.

Москвичи – что и говорить, никак не более убоги. И таких, кажется, большинство. Не нам, давним эмигрантам, учить россиян патриотизму. Жизнь там очень непроста и, если позволено так выразиться, многослойна – что могу свидетельствовать лично после визита почти месячной длительности. Я видел и бабушек, продававших с рук остатки семейных сервизов, и новостройки с вывесками по всему фасаду – «Элитные квартиры». При всем этом существуют устоявшиеся понятия: справедливо и несправедливо.

Продолжая разговор о показанных на фестивале фильмах, я думаю именно об этом...

Я не отношу себя к тем, кто готов утверждать, что в документальном кино уже нечего делать после Дзиги Вертова. Оно развивается по своим канонам, находит новые пути и новые методы, и в числе их не последнее место занимают и селективность, и символика. Даже становятся допустимы постановочные сцены, если они работают на идею фильма. И поскольку этим методом, как мне показалось, авторы некоторых сюжетов явно не брезговали, мне искренне хочется понять причины. Форсировать крик отчаяния? Мол, люди, посмотрите, что в нашей стране происходит!!! Ну не сублимированная же нелюбовь к ней – хотя такое тоже случается... Конечно, на расстоянии любить проще: там вот поживи – тогда люби! Может быть, может быть...

Наконец, кто-то из зрителей, как бы услышав мою мысль, спрашивает – а все ли кадры документальны? И еще: что в свою очередь гости думают об американском документальном кино? Отвечая на второй вопрос, один из них (кажется, самый молодой) доброжелательно сообщает, что при всех очевидных преимуществах российского метода и в американском документальном кино попадаются стоящие фильмы. Правда – не часто.

Кто-то из зрителей аплодирует этому тезису, большая часть молча пропускает его мимо ушей.

Может, и правда, думаю я в эти минуты, здесь у бесспорно талантливого кинематографиста срабатывает пресловутый комплекс неполноценности? Мне приходилось слышать утверждение, что его вирусом заражена определенная часть жителей постсоветского пространства – и такое объяснение нередко предлагается, чтобы как-то понять, например, феномен невероятной самоуверенности, для которой не обязательно существуют достаточные основания. Или комплекс "любви-ненависти": его испытывает значительная часть российского общества по отношению к Америке. Хотя – и вообще к Западу, но к Америке особенно.

Любовь – это еще и когда хочется быть похожим на объект обожания. Российское телевидение – хороший пример: не очень талантливые мальчики и девочки беспомощно двигаются в кадрах музыкальных клипов, пытаясь подражать пластичным американским неграм; бесконечные мыльные оперы; реклама, своей назойливостью превосходящая привычную нам, – плюс профессиональная несостоятельность большинства ее творцов.

А также – расплодившиеся клубы, дискотеки, "супермаркеты" (даже если это крохотные продуктовые магазинчики, где прилавки с сомнительного происхождения ветчиной и копченой рыбой – нередко "второй свежести" – соседствуют с дверными замками, домашними тапочками и велосипедами); и англицированные названия частных фирм, даже когда профиль их деятельности – вывоз нечистот со столичных рынков и ярмарок. Во всем этом заметно желание заявить: вообще-то мы такие же, как вы! И даже в чем-то лучше. Опять же, не забывайте – "наша духовность"...

И рядом – стремление винить во всех своих неудачах и бедах ту же Америку. Я отчаялся переспорить далеко не глупых и вполне интеллигентных москвичей, утверждающих, что вся помощь Соединенных Штатов сводилась и сводится к желанию высосать из России последние соки, превратить ее в страну Третьего мира. Что уж говорить об остальной части народонаселения... Вот и готово объяснение живучей тяги людей к руководству, которое "страну в обиду не даст". А такое руководство ждать себя долго, как правило, не заставляет.

* * *

Как-то далеко за полночь, коротая время до сна, я, почти не глядя, механически нажимал кнопки на пультике управления телевизором. Нормально и даже привычно – и у нас не всегда и не сразу найдешь, на чем остановиться глазу – то же и здесь, в Москве... Экран мелькал, менялись каналы: ...на эстраде маршируют длинноногие девочки в усыпанных блестками мини-юбочках... мальчики, обтянутые плотными трико, отчего только и можно заключить, что это все же мальчики – так называемая «подтанцовка», хореограф с ними рядом не стоял...

Кривляющиеся пацаны, вызывающе неряшливо одетые в балахонистые штаны и куртки, бейсбольные, козырьками назад кепочки – неумелая калька с американских негритянских рэп-групп, солист прикрывает под терзающую уши «попсу» ладошкой с растопыренными пальцами причинное место – «как Майкл Джексон»... Задорнов... симпатяги «менты»... Задорнов... Басков... Жванецкий... снова Задорнов... И много рекламы.

...А вот рождественские службы в храмах, торжественные и благочинные – с присутствием высших правительственных и городских чинов. Вот – из студии проповедует молодой попик, упитанный, скудная бороденка, глазки хитры, боюсь заметить, не по-церковному блудливы... Может, это мне так увиделось после знакомства с соответствующими публикациями в местной прессе. Тогда пусть меня простит его приход... И снова – бесконечные сериалы, с убийствами, с потрясающими каскадерскими трюками – на зависть Голливуду, правда, тому, 30-х годов. Но и Николсон в последних кадрах «Шайнинг». Жаль, пропустил фильм.

Стоп: интервью с Леночкой Кореневой. Она уже десятый год снова живет в Москве, активно снимается, работает в театре, чего, к сожалению, – потому что она очень талантливая и незаурядная актриса, – не случилось за предшествующие годы, проведенные ею после недолгого замужества, в Америке. Я насторожился, услышав вопрос интервьюера: «Где же все-таки лучше?». Не ей лично, а вообще – где лучше? Знаете, что она ответила? «В России хорошо отдыхать от Америки. А в Америке – от России».

Умничка... Для первой части утверждения у нее определенно были основания: во многих случаях я близко наблюдал за перипетиями ее жизни в Штатах – в Нью-Йорке, у нас в Лос-Анджелесе. Мне же после недавних визитов в Москву ближе вторая часть ее ответа.

В этой связи все же вспомню несколько событий, в которых мне довелось участвовать в качестве гостя. Но сначала – это.

С Леночкой мы видимся достаточно регулярно – не было случая, чтобы, когда я оказываюсь в Москве, мы, как минимум, не перезвонились бы, а то, если удается, и забегаем пообедать в ресторан Дома кино – мы оба его любим: и за то, что вкусно, и за то, что недорого. И вот как-то после обеда ей потребовалось что-то купить для дома на Тишинке: там, где когда-то на рынке я покупал сыну свежий крестьянский творог. Теперь здесь подземный универмаг с примыкающим к нему базаром, маленьким не по-московски и, кажется, очень дорогим – во всяком случае, он всегда пуст.

Леночка задержалась у прилавка с бакалеей, а я бродил по залу с коляской в поисках какой-то бытовой химии и разглядывал полки и установленные в зале вешалки с одеждой, не глядя бросал в коляску клей и еще прочую хозяйственную чепуху. Дождавшись Леночку, я катил следом за ней к кассам свою тележку и вдруг заметил, что продавцы провожают меня то ли изумленными, то ли восхищенными взглядами.

Только подойдя к кассе, я обнаружил в «своей» тележке огромную охапку галстуков, продажа которых, оплати я их, могла бы, наверное, составить дневную выручку магазину. По невниманию, я подхватил запас товара, привезенный для раскладки по полкам. Бывает же! – смеялись мы потом...

Случилось это как раз, наверное, тогда, когда я останавливался в квартире Павла Лунгина, что на Новом Арбате и Садовом кольце – вот и нужны мне были хозяйственные причиндалы. А Паша в те дни жил у меня в Лос-Анджелесе, что было чистым совпадением: честное слово, мы не сговаривались, так уж вдруг случилось – ему приспело быть в наших краях, а я оказался в Москве.

А год спустя, или даже два, мне кто-то говорит:

– Ты читал новую книгу Кореневой? Там и про тебя, и про гостевание у тебя в Калифорнии московских друзей.

– Нет, – говорю, – не читал.

Теперь прочитал, и вот что там было. Вот и самое место привести эти главки, разумеется, с разрешения автора, как небольшое отступление.

Заодно, подумал я здесь, почему бы не дать отдохнуть читателю, а с ним – и сам переведу дух.

Итак: *Елена КОРЕНЕВА,*
«Нет – Ленка»

...«*САША П.*

Ловлю себя на мысли, что те, о ком вспоминаю с радостью и любовью, как правило, люди, дававшие мне в разных обстоятельствах ночлег. Для жизни в эмиграции это типичная ситуация – не когда дают ночлег, а когда в нем нуждаешься. Стояла я как-то в Лос-Анджелесе на дороге возле телефона-автомата и листала свою записную книжку, потом судорожно набирала номера – один, другой... У моих ног – чемодан с вещами. Я, ежась при мысли о скором наступлении темноты, поглядывала на небо, а места, где переночевать, так и не находила. Те, кому стоило звонить, – отсутствовали или не снимали трубку, кто-то вежливо извинялся, что не вовремя, а к другим было просто неприлично обращаться с такой просьбой.

И вот наконец во мне забрезжила надежда – "Сашенька, какое счастье, что тебя застала! Я поругалась с Марусей, у которой гостила, пришлось собрать чемодан и уйти из ее дома... короче, моя новая квартира, которую я сняла, освободится только через неделю, мне негде сегодня ночевать... ты бы не мог...".

Не дав мне договорить, раздался отеческий смешок: "Леночка, девочка моя, пока я жив, ты на улице ночевать не будешь! Я сейчас за тобой приеду, ты у какого стоишь автомата?"

В доме у Саши Половца я часто бывала. Здесь встречала Савелия Крамарова, которого никогда не знала в Москве. Савелий дружил с Сашей, приходил к нему париться в сауне. Здесь устраивались вечера и ужины, переходящие в завтраки и обеды, для своих. На стене было развешано огромное количество фотографий – Белла Ахмадулина и Боря Мессерер, Вася Аксенов, Илья Баскин, московские актеры, писатели в эмиграции, здесь была фотография Сашиного взрослого сына, моя фотография... и многие, многие другие. Саша познакомил меня в Лос-Анджелесе с Булатом Окуджавой и его женой Олей, когда они приезжали в Америку, и, если не ошибаюсь, Саша помогал организовать лечение Булата Шалвовича. Помню, мы бродили по Родео-драйв, и Саша снимал нас на видео. Саша по профессии литератор, организовал вместе со своим другом, актером Ильей Баскиным, издание русско-язычной газеты-альманаха "Панорама". Пожалуй, это лучшая газета на русском, выходящая в США, и я там печаталась!

Как-то он предложил мне написать что-нибудь об Анатолии Васильевиче Эфросе. Я до сих пор тайно горжусь, что внесла свою лепту в "эфросиану" на том побережье, назвав статью "В поисках автора". В его доме было тепло, роскошно и по-свойски: много места, стены обшиты деревом, в гостиной бар с множеством напитков, холодильник всегда забит чем-нибудь вкусненьким, во дворе – бассейн с ярко-голубой водой, сауна – одним словом, настоящая берлога для русских медведей – зашел и сосешь лапу, пока не накопишь новых сил, чтобы выйти в „американские люди».

Конечно, у Саши сложная личная история, которая не ограничивается описанием его домашнего «рая», но так как он является пишущим человеком, то ему и решать – что поведать о себе миру.

Когда он приезжает в Москву, всегда звонит, даже предлагает ночлег – на всякий случай: "Я тут, в Матвеевском, воздух чистый, хочешь, приезжай, подышишь!"

...Вчером я попала в шумную компанию, где встретила всех москвичей – Наташку Негоду, ее подругу-художницу, рыжеволосую Жужу, супруга Жужи – Сергея Ливнева, Павла Лунгина, заехавшего в Калифорнию из Мексики и направляющегося в Москву, познакомилась с новым поколением русских, живущих в Лос-Анджелесе. Ничего себе ребята – все или успешно работают в Голливуде, или вот-вот собираются.

Позавидовала – когда-то здесь можно было киношников по пальцам сосчитать, а актрис всего три – Андрейченко, Негода и я – три березки среди вражеских пальм. А эти

– новые американцы. Красивые, черт побери, амбициозные – жуть! К ночи, заведенные красным вином и барбекью, русские по старой бродяжьей привычке перекочевали в дом к... Саше Половцу! Сам хозяин в это время находился в Москве. Ну, как всегда – Сашин дом – "странноприимный дом" эмиграции. Сидели возле бассейна на улице и болтали. Когда стало холодать, полезли по шкафам в поисках теплых кофт, свитеров и пледов. Одевшись во все "от Половца", выпили за гостеприимного хозяина и его теплый гардероб»...

Если не ошибаюсь в тот же приезд в Москву было и такое.

Московское издательство только что выпустило мой новый сборник, и надо же было так случиться, что в том же издательстве, и в те же дни, вышла книга Кореневой – отрывок из неё представлен выше. «Книгу – в массы» – нормальный лозунг и естественное желание издателя поскольку это – главное условие его процветания. «Массы» же в этот раз ждали нашего с Леночкой совместного творческого выступления с нашими книгами в странное время – к 10 часам вечера – и в странном месте со входом в помещение с пустынного и тёмного в эти часы двора. Ведущие в него двери не имели вывески – по крайне мере те, через которые нас провели в прихожую.

Рядом с вертикальной вешалкой, на которую встретивший нас служитель, в джинсах и плотно облегавшей впечатляющий торс водолазки, поместил наши плащи, стоял стол, уставленный аппетитными бутербродами с сыром, колбасой, нарезанной селедкой и солеными огурцами. В центре этой гастрономической роскоши стояла початая бутылка водки с окружавшими ее наполненными рюмками. Мы с Леной присели на лавку, ожидая следующих событий, отказавшись поначалу от угощения, зато наш провожатый и водитель издательской машины, доставившие нас сюда, с видимым усердием склонились над столом и до-о-олго от него не отходили.

Долго – это, наверное, показалось нам, но не им – мы же ждали дальнейших событий. Зацепили и мы по кусочку сыра... Спустя примерно полчаса, на ходу застегивая жилетку смокинга и поправляя красный галстук-бабочку, к нам подошел человек, в котором россияне узнали бы известного (если не знаменитого) телеведущего и назвали бы его имя. Церемонно раскланявшись, «смокинг», как я его мысленно стал называть, пожал нам руки и предупредил, что сейчас мы будем приглашены в зал. Зал? Не было похоже, что за внутренней дверью может оказаться что-то похожее на зал.

Скоро, однако, выяснилось, что может: прихожая оказалась лишь пятачком, отгороженным капитальной стеной от анфилады следующих за ней комнат. Первая из них и могла бы по размеру сойти за зал небольшого театра, если бы позади нескольких десятков стульев не стоял дли-и-инный стол – с бутербродами, на этот раз с черной икрой, и прикрытами салфетками тарелками, рядом стояли ведрышки с охлажденным шампанским. В общем, «...во льду зеленела бутылка вина» и всё такое, – позволяю себе замечательную цитату, – уж очень похоже!

На небольшом подиуме стояли два стула и между ними – журнальный столик. Мы присели на стулья, следуя приглашению элегантно одетой девушки, проводившей нас к подиуму. Следом вошел представитель издательства с пачками наших книг, дышащими типографской краской, и разложил их на столике двумя стопками. Мы Леночкой переглянулись – дальше-то что? Спустя минут десять, как-то сразу, помещение стало наполняться – из двери в дальнем углу одна за другой неторопливо входили вроде просто, но с очевидным изыском, одетые молодые женщины – числом, наверное двадцать, может, чуть меньше.

Громко переговариваясь, они заняли стулья, стоящие по сторонам стола и перед ним, – ближе к подиуму. Следом вошел мужчина в смокинге, встал рядом с нами, по очереди представил нас, после чего передал «трибуну» нашему провожатому. Тот в нескольких словах рассказал о содержании книг, наговорил о нас много хороших слов и поднял над головой книгу Леночки. Ей и досталось первой говорить и зачитывать отрывок из книги. Спустя примерно час от начала, когда мы оба отговорили своё и ответили на вопросы, нам вежливо поаплодировали, дамы стали подходить к подиуму.

Они брали со столика книги, иногда по две – «для подруги», – такое объяснение нас вполне устраивало, мы ставили автографы, и в какой-то момент поинтересовались: а где же ваши мужчины, это что – женский монастырь? – «О, у них свои дела, мужчины за стеной, они играют и будут там еще долго!». Играют... – Книги быстро кончились, нас пригласили к столу, налив для начала по бокалу шампанского.

«Вы сейчас перекусите, а потом вместе с нами – в баню! Едем?» Не поручусь, что это приглашение распространялось и на Леночку, для меня же оно звучало очень убедительно. Наша встреча началась ровно в полночь, а то – как хорошо бы... с ними! Куда там: через 8 часов мой самолет вылетал из Домодедово в аэропорт имени Бен-Гуриона, в город Тель-Авив, в официальную столицу государства Израиль, – туда днем раньше вылетел по делам службы мой сын.

Выходило, выступали мы в закрытом для посторонних заведении – так нам по дороге домой в машине объяснил провожатый, вручая каждому по конверту с пятью сотнями настоящих американских долларов. Между прочим, сказал он, фасад того дома выходит на улицу Арбат – «центрее» не бывает.

Была ли там вывеска этого заведения – не могу знать.

* * *

Но всё это было спустя годы, а тогда, в 98-м, мои московские будни продолжались - было чем себя, сбежавшего с конгресса, занять.

Случилось у меня тогда и несколько интервью – российским телеканалам, «Известиям», а вернувшись в Штаты – оказался в Вашингтоне, где был приглашен к беседе в прямом в эфире – на «Голос Америки».

– Чем бы вы объяснили, что конгресс проходил под эгидой ИТАР-ТАСС, а не Российского союза журналистов, например? – спросила меня ведущая передачу.

– Думаю, – ответил тогда я примерно следующим образом, – дело в том, что ИТАР-ТАСС утратил эксклюзивность официального (а в ряде случаев – единственного) источника информации в Советском Союзе, а затем в России. Вот теперь организация ищет свою нишу, заняв которую могла бы снова оказаться повседневно необходимой «верховному руководству».

– К тому же, – продолжил я мысль, – создание организации русскоязычных газет, использующих информационное пространство, формируемое с участием ИТАР-ТАСС и под его эгидой, будет способствовать подаче имиджа России таким, каким он нужен. А отсюда – дивиденды в самых различных областях, вот и понятна нынешняя активность ИТАР-ТАСС.

Год 2006-й. Из интернетных новостей:

«...американская телекомпания ABC показала интервью журналиста Андрея Бабицкого с террористом Шамилем Басаевым. Через два дня Министерство обороны РФ лишило ABC аккредитации. Чуть позже российский МИД предостерег российские госструктуры от общения с телекомпанией и заявил, что не станет продлевать ее аккредитацию, без которой западные СМИ не имеют права работать в России. А в феврале редакция газеты "Коммерсантъ" получила официальное предупреждение от Федеральной службы по надзору за соблюдением законодательства в сфере массовых коммуникаций. По мнению чиновников, в материале "Аслан Масхадов: мой призыв обращен к президенту России", опубликованном 7 февраля, содержалась информация, "обосновывающая и оправдывающая необходимость осуществления экстремистской деятельности". Попытки оспорить в суде законность решения службы не увенчались успехом...»

Когда я знакомился с этим текстом на одном из российских сайтов, вспомнилось мне и такое.

Случился у нас в «Панораме» однажды гость – кажется, это было в разгар первой чеченской кампании. Мы черпали информацию для публикаций в «Панораму» из сводок американского радио и телевидения, из газет. Что-то нам писали наши корреспонденты московские и европейские, люди трезвые и объективные, а других у нас и не было. Как и не было тогда интернета.

Зато возникло несколько газет на русском языке, помещавших между рекламными объявлениями (когда их удавалось собрать) вырезанные и вклеенные в будущие полосы выдержки из российских газет. Ну и Господь с ними, рассуждали мы в «Панораме» – есть они и есть: не конкуренция, в русских магазинах продавцы их дарили хорошим покупателям, а те, бывало, в них дома заворачивали селедку – российские новости они, те, кто продолжал этим интересоваться, и без того знали из продававшихся здесь же российских газет.

Так вот, наш гость – «лицо кавказской национальности», о чем было нетрудно догадаться по внешности его и по легкому акценту.

Гость представился:

– Мамадаев – министр иностранных дел чеченского правительства.

Ни фига себе: министр... иностранных... дел! – и я невольно покосился в окно: не стоит ли там лимузин с дипломатическим флажком и пара джипов с охраной?

– То есть как – прямо из Чечни к нам? – удивился я.

– Зачем из Чечни, из Вашингтона, мы – правительство в изгнании.

– Здорово! Чем обязаны чести? – поинтересовался я.

– У нас к вам серьезная претензия – вы необъективно освещаете события в Чечне, вы называете нас, борцов за свободу, бандитами!

– Не может быть, мы и слов таких в газете не используем, не наш это стиль! – ответил я сразу, даже и не пытаясь вспомнить публикации последних недель. И это была правда.

– Может, это кто-то другой, вы ничего не путаете? – предположил я.

– Может быть... Только так нельзя писать об освободительном движении!

– Так мы и не пишем! Напротив, наши публикации базировались на информации из агентств новостей – вот мы подписаны на сводки Агентства Рейтер – они-то точно такого себе не позволяют.

Разобрались мы в конце концов, – оказалось, и правда: здесь один из самодеятельных «русских» листков перепечатал статью «Правды», кажется, вклеив ее текст на свою полосу – там да, такое было; вот чеченцам кто-то и передал – было, мол, в лос-анджелесской русской газете.

И дальше Мамадаев, поняв, что к чему, обращался уже даже не к нам, а через нас – к читателям, в том числе к гипотетическим российским, их тогда было совсем немного, но уже были: «Если русские не выведут войска из нашей страны – будет им плохо, война перейдет на улицы русских городов, и Москвы тоже! Будут гибнуть невинные люди – и это не наша вина, а Кремля!». С тем мы и расстались...

Беседа с незваным гостем редакции была опубликована без купюр в одном из следующих выпусков «Панорамы». А вскоре возникли и поводы убедиться в его осведомленности, и может быть, правда, в его полномочиях делать подобные заявления: ведь, действительно, вскоре в России стали взрываться заряды, заложенные в жилые дома, в магазины, да и просто на улицах. Кто их закладывал? Разные на эту тему существуют предположения и догадки – может, и не чеченцы вовсе... А тогда – кто?

Трагедия в московском театре спустя десяток лет после визита к нам Мамадаева – можно думать, и это продолжение прозвучавшей тогда угрозы. Так что не выходит у меня из памяти тот визит и по сей день. Чему, отчасти, способствует и сохранившаяся в моем архиве фотография Мамадаева, сидящего вразвалку в приставленном к редакторскому столу кресле для гостей...

Глава 4. Из России с бедой...

Столь высокой концентрации «свинцовых мерзостей» современной российской жизни на единицу кинематографического времени видеть мне давно не доводилось. Может быть – и никогда. А ведь я только что оттуда...

Идет фестиваль фильмов российских документалистов – людей бесспорно талантливых, с очень точным взглядом. Добавлю сразу – и с очень избирательным. Настолько, что порой спрашиваешь сам себя – а, собственно, вписываются ли их фильмы в понятие «документальное кино»? Все здесь правда, но при этом каждая из лент несет в себе столь очевидные элементы произведения художественного, – что вдруг замечаешь: рамки выбранного авторами жанра оказываются размыты, их больше нет.

Но об этом – позже. Сначала же о том, что делает просмотр части этих фильмов не просто знакомством с нелучшими сторонами российской жизни, но и серьезным испытанием для зрителя. Для меня, во всяком случае.

Вот одна из лент, «Монолог» – ее показом открывается фестиваль. Режиссер, он же автор фильма, В.Манский, судя по всему, – москвич. Лейтмотив картины? Я бы определил его так – ностальгия по самому себе 40-, 30-, 20-летней давности. Местами фильм лиричен – настолько, насколько не будут мешать этому обстоятельства, которые я отмечу ниже. Вообще же «Монолог» – лента из тех, что остаются в памяти, и не обязательно за счет ее бесспорных достоинств. Примечательна ее видовая часть, интересен монтаж: здесь скрыта огромная работа десятков людей, отыскавших уникальные кадры любительских съемок и собравших их вместе, чтобы выполнить режиссерский замысел, обозначенный во втором названии ленты: «Частные хроники».

Но запомнится этот фильм зрителю не только отмеченными достоинствами – и здесь самое место упомянуть беду, пришедшую в кинематограф – заметим, не только в российский.

Монотонный голос за кадром (предполагается, что авторский) пересыпан разговорным матом – именно разговорным, каким обильно насыщена речь сельчан и заводских тружеников. Такой матерок заменяет междометия в речи обитателей лагерной зоны, он, наряду с воровской «музыкой» и «феней», есть как бы геральдический знак и для рядовой шпаны, и для «цвета», как величают себя «авторитеты» блатного мира. Он прочно обосновался в домах горожан, причисляющих себя к цвету отечественной интеллигенции. Губерман в своих «Пожилых записках» относит истоки этого явления к концу 50-х годов. Наверное, справедливо – именно в этот период амнистия, распахнувшая двери сталинских концлагерей, выплеснула миллионы «сидельцев», чья речь отнюдь не была академически безукоризненной.

Чуть дальше Губерман пишет: «...В силу многообразия своих жизненных назначений русский мат практически недоступен пониманию людей, проживающих свой век в иной атмосфере». Запомним эту фразу. И еще: «Матом можно выразить все нюансы, спектры и оттенки наших переживаний».

Можно – да. Мы, в общем-то, и здесь не вполне его забыли. Но в данном случае – если эмоциональная насыщенность «Монолога» вполне самодостаточна и в подобных «подпорках» нуждается вряд ли, зритель невольно спрашивает себя – зачем он? Объяснения нет.

Это, кстати, относится и к некоторым другим показанным на фестивале фильмам: мат в них не всегда исходит из уст главных героев (что до определенной степени было бы приемлемо – ими здесь являются люмпен-крестьяне, люмпен-торговые люди и даже люмпен-сельский милиционер). Нет, мат авторский. И он настолько необязателен, что кто-то из привычных ко многому славистов (чаще всего это урожденные американцы, они составляют сегодня добрую половину зрителей) в эти самые минуты, морщась, оставляют свое кресло – благо, в фойе на столиках кипит в бачках кофе и рядом разместились тарелки с холодной снедью.

Так и в последний день фестиваля (второй я, к сожалению, пропустил) – когда в фильме «Опыт креста» на экране возникают сцены, снятые в казахстанской колонии, где содержатся «малолетние преступники», ребята, по разным причинам оказавшиеся на улице и попавшиеся, как правило, на мелком воровстве. Подростки глотают металлические предметы, заделывают себе «мастырки» в тело, вызывающие нарывы и опухоли (зритель, внимание – крупный план), провоцируют заболевание туберкулезом.

И опять на полный экран – гной, хлещущий из вскрываемых нарывов; едва затянувшийся, покрытый зеленкой шрам на шее ребенка: его оперировали, чтобы изъять намеренно проглоченную проволоку. «Ты зачем это сделал?» – спрашивают парнишку. «А, надоело здесь все...» – равнодушно отвечает он. Чему трудно удивиться – после сцен жестоких издевательств «бугров», т.е. старших по возрасту и по местной табели о рангах, над новичками и малолетками.

От «бугров» недалеко ушли и их шефы – штатные надзиратели колонии... Говорят, в американских исправительных заведениях условия содержания детей мало чем отличаются от описанных выше. (Утверждение, которое я не комментирую: кинодокументов по этому поводу видеть мне пока не приходилось.)

А вот – кадры «помывки»: ребята загнаны в некое подобие бани, с абсолютной точностью повторяющей конструкцию гитлеровских газовых камер: трубы подвешены к потолку, из них сочится вода (или «циклон Б»?), под ними – голые ребята...

И опять – мат...

Отметим, что снимал «Опыт креста», по уверению режиссера В. Тюлькина, человек, впервые взявший в руки видеокамеру. Снимал, надо сказать, мастерски. Кто же его учил этому мастерству?

Возвращаясь же к «Монологу»: фильм обращен к понимающей и чувствующей аудитории, он даже во многом лиричен. Но при этом отвратителен и мерзок повторяемый неоднократно на протяжении фильма комментарий автора по поводу любовных связей его родной матери. Тут – откровенное и не спровоцированное ни сюжетной, ни художественной надобностью святотатство.

Савва Кулиш – не только режиссер: еще он руководит Московским союзом кинематографистов. В просторном кабинете, что в здании бывшего Госкомитета по кинематографии, один на один с телевизором я смотрел поставленный им (но пока не вышедший на экран) фильм – по его сценарию и с его участием. Это – один из 10-частевой серии, посвященной ушедшему 20 веку, его название лаконично: «Холокост». Многие сцены этой ленты не менее ужасны, чем те, что сняты в детской колонии. Даже наверняка – более: в них использованы кадры, показанные на Нюрнбергском процессе, как документальные свидетельства преступлений нацистов. Мы не однажды видели эти кадры – в кинохрониках, телепередачах, посвященных одной из самых страшных трагедий века, в Центре Визенталя...

Час длилась картина – и час я не отрывал взгляда от экрана: ведущий, Савва Кулиш, беседовал с группой молодых людей, почти подростков, а старые кадры иллюстрировали его текст. Гетто, концлагерь, газовая камера, горы истлевших трупов... Восстание безоружных узников против фашистской машины уничтожения... Лицо Сая Фрумкина – он, переживший Катастрофу, комментирует эти кадры.

Нужно было видеть глаза ребят! Потом режиссер сказал мне, что его съемки не содержат ни одной поставленной сцены. И приглашенные им юноши – их выбор был в большой степени случаен – специально к съемкам не готовились: это действительно был экспромт.

Искусство документального кино – не только профессиональное умение достоверно отразить объект съемки, запечатлеть ход события – в чем, безусловно, преуспела американская, например, кинодокументалистика. Позволю себе трюизм: это еще и умение направить эмоции зрителя в определенное русло.

И потому задача, поставленная перед собой авторами фестивальных картин, как я ее понял, мне представляется мастерски выполненной: фильмы будят зрителя, будоражат его совесть, требуют от него ответа – вправе ли он спокойно жить, если в том же отрезке времени, на том же витке цивилизации, совсем рядом с ним сосуществует подобное?

И здесь я не могу не вернуться к «Опыту креста». Запоздалое целомудрие: церковные песнопения в последних его кадрах... Звучащие теперь молитвы и псалмы никак не спасают фильм в глазах тех, кому претят экранные жестокости. Как не спасут и тех, кому он посвящен – что понимает зритель. Но фильм этот нужно было создать: как документ он останется ценнейшим свидетельством – для судебно-медицинской экспертизы, когда и если будут судить систему, допустившую подобное. Для следователя. Но и, боюсь произнести, кайфом для садиста...

Оговорюсь – и американское кино не безгрешно. Только что был я на служебном просмотре, предшествующем выпуску на публику нового фильма с участием Джима Кэрри – естественно, в заглавной роли. А значит, фильм задуман как комедийный. Там вообще немало сцен, в которых трудно отыскать изысканность вкуса постановщиков, но одна из них превосходит все остальные – это где главный герой выстрелами в голову пытается добить лежащую на шоссе корову. И тоже на весь экран – голова животного, вздрагивающая от ударов попавших в нее пуль. И ручейки крови, скорее всего кинематографической, не настоящей... Не сомневаюсь: сцена эта вызовет здесь протесты многочисленных обществ в защиту парнокопытных, и в какой-то момент прокатчики фильма решат от нее избавиться.

Что вряд ли произойдет когда-нибудь с описанными выше сценами из фильмов российских документалистов – что тогда останется от этих лент?.. В свое время совграждане, слушавшие радиоголоса, только посмеивались, наблюдая излюбленный метод наших иностранных корреспондентов: заглянуть под мост, чтобы обнаружить там парижского клошара или безумного нью-йоркского уличного попрошайку – вот и готов сюжет об ужасах капиталистического устройства жизни. Но чтобы обращать такой метод на себя?

Нет, здесь зрителю видится совсем другое – боль, боль, боль...

А вот другой фестивальный фильм – «Серый воронок, кому ты нужен?» режиссера А.Шипулина. Испитое лицо сельского милиционера – возможно, по задумке авторов этот герой, столп и основа хоть какого-то законопорядка в поселке, должен вызывать у зрителя пусть не симпатию, но хотя бы сочувствие... Нет, не вызывает – разве что в эпизодах его временного отстранения от обязанностей становится горько за голого худосочного человека с беспомощно свисающим между ляжек предметом бывшей «мужской гордости», присевшего на порог построенной им самим баньки.

...Горько за всю эту жизнь.

Но, может, того и ожидают документалисты, представляющие нам свои ленты: мол, вот, вы тут жируете, горя не зная. А посмотрите, как мы живем!

Знаете, и правда, я давно не живу в России. Страна, где родился и прожил большую часть своей жизни (приведет ли Господь сказать когда-то – «меньшую», и большую – здесь?), ее судьба, естественно, не оставляет нас равнодушными. Конечно же, жизнь в диаспоре рождает новые привязанности, новые приоритеты, что тоже нормально. Но вот в перерыве, сразу после показа этого фильма, один из моих знакомых, тоже эмигрант со стажем, признается, что такого острого желания заорать во весь голос «За что же тебя так, Россия-матушка!» он давно не испытывал...

Вот так: и мужички голые (а на голое тело авторы почти всех увиденных мной в эти дни лент явно не скупятся), и правда российская, как они – голая и уродливая...

Зрителю с определенным жизненным опытом, накопленным в специфических российских условиях, нетрудно понять стремление этих, в общем-то, молодых людей противопоставить сталинскому лакированному соцреализму – для них он сохраняется главным образом в виде архивных лент – нечто прямо ему противоположное. Но я бы все же прочел их замысел прежде всего как порыв обратить внимание аудитории на чудовищные обстоятельства жизни, в которых прозябает сегодня значительная часть населения России.

Ну можно ли без боли смотреть в глаза детей, зябнущих на больничных койках давно не отапливаемых клиник? Это уже не кинофестиваль – это сегодняшние передачи российского же телевидения: в одном только Приморье поздней осенью без отопления остаются 70 тысяч человек... Или – бастующие учителя, не получающие вот уже не первый год (!) свою заработную плату: они протестуют, они пытаются установить на шоссе живую баррикаду – а машины их просто объезжают.

«Умножающий познание умножает скорбь свою...» – по памяти цитирую Экклезиаста. Авторы фестивальных лент приглашают зрителя разделить их скорбь.

И все же... Спасительно сознание, что не состоит нынешняя жизнь в России только из того, что там сейчас называют «чернухой», как и ее население – сплошь из ущербных и уродливых мужиков и баб, начинающих день с кружки самогона! Не я первый, в конце концов, отмечаю, находясь там, спектакли в московских театрах, на которые не попасть, не запасшись загодя билетом. При этом – множество молодых хороших лиц в залах. И свой, пусть скверный, но свой транспорт в рядовых семьях. И – многолюдье на продуктовых рынках. И очереди в бутербродные «Елки-палки» и прочие «Макдональдсы».

А, значит, происходит параллельно еще какая-то виды жизнь – и об этом, в частности, другие фестивальные ленты. Почти все они собрались для показа во второй день фестиваля, который я пропустил, почему и попросил рассказать о них профессора кафедры кино и телевидения UCLA Марину Голдовскую, хозяйку фестиваля.

...А в зале продолжается обсуждение увиденного. Почему-то часть аудитории недовольна и шиканием заставляет замолчать одного из зрителей: он же пытается обратить, причем в довольно мягкой форме, внимание наших гостей на языковые "излишества" и упоминание автором ленты подробностей из жизни своей матери в контексте, мягко говоря, непозволительном. Наверное, так протестующие участники просмотра понимают американское гостеприимство – чтобы гость не обиделся...

Зато выступление профессора Вячеслава Иванова, недавно избранного в Российскую академию, подводя итоги увиденному в эти дни, звучит действительно по-академически точно и при этом вполне сбалансированно: оно вызывает аплодисменты аудитории, равные по энтузиазму тем, что сопутствовали показу фильма Юрия Хащеватского – и на этой ленте следует остановиться особо. Американские кинематографисты могли бы счесть иные приемы режиссуры, используемые их российскими коллегами, студенческими.

Но я сомневаюсь, что подобный упрек прозвучит в адрес фильма, с которым нас познакомили в первый день просмотра – показав последним. Видимо, его как удавшийся опыт имел в виду профессор В.Иванов, вспоминая слова Родена об истинном мастере, задача которого – отсечь от камня все лишнее. Я говорю о ленте "Обыкновенный президент", отснятой в условиях нарождающейся тотальной несвободы сегодняшней Белоруссии очень мужественными людьми. Один из них – режиссер Юрий Хащеватский – привез сюда этот фильм. Мужественными – потому что уже пропал без вести оператор ряда включенных в фильм кадров. Просто так: был человек – и нет. И никто не знает, что с ним. Как и генерал МВД, занимавший несколько лет пост министра внутренних дел Белоруссии – кадры с его участием, где дается нелицеприятная характеристика деяниям президента Лукашенко, одни из самых впечатляющих.

После показа фильма (лента разошлась по республике в количестве 120 тысяч копий) – генерал пропал. Другой участник фильма, депутат белорусского парламента, был жестоко избит. Ну, и так далее.

Лента потрясает – своей точностью и достоверностью прежде всего. И текстом – его создал очень талантливый человек: только так, только в такой манере, на грани памфлета, можно было сопровождать этот жестокий упрек своему народу, выбравшему себе такого вождя. Именно – выбравшему. Отсюда – место для множества аллюзий и параллелей; ими же автор текста (кажется, его имя Владимир Спивак) пользуется умело и очень осторожно: зритель все понимает сам.

Создавалась лента в условиях, при которых у многих документалистов просто опустились бы руки. Массовые сцены – а оператор снимает их как бы изнутри, он почти соучаствует в них – вызывают у зрителя, солидарного с идеей фильма, желание оказаться в кадре, рядом с происходящим. Притом, что в эти минуты по головам и спинам демонстрантов гуляют милицейские дубинки.

Кто-то из участников дискуссии сравнил фильм с "Обыкновенным фашизмом" Михаила Ромма, и сравнение это звучит совершенно уместно. Кто-то – с фильмом Марины Голдовской "Власть соловецкая" – и это тоже вполне правомерно.

Повторю с удовольствием: Марина – профессор кафедры кино и телевидения Лос-Анджелесского университета, где и состоялся показ упомянутых фильмов. Она – обладательница множества наград и призов, в том числе международных, за созданные ею документальные ленты. То, что делает Марина – бесспорно как свидетельство очевидца, но и фундаментально как искусство.

Я не пытаюсь противопоставить ее метод тому, что использовали авторы некоторых увиденных нами картин: ей вовсе не свойственно прекраснодушие. Объектом взгляда ее камеры – а она нередко и режиссер, и оператор своих фильмов – могут быть самые разные явления и самые разные люди. Но все ее ленты отличает очень важное качество – гуманизм. Что, на мой взгляд, роднит ее искусство с рядом лент, привезенных на этот фестиваль.

Актуальность фестиваля и значимость для большего понимания того, что сегодня происходит в России, делают его событийным – и это оставляет надежду на то, что американская судьба показанных в нем картин окажется благоприятной.

В приводимый дальше текст ее рассказа я не вмешиваюсь авторскими ремарками – но поскольку наша беседа заняла немало времени, я позволю себе ограничиться изложением только самых существенных ее тезисов:

Фестиваль проходил под крышей нашей киношколы, спонсором его была также и ЮНЕСКО. Для показа я старалась выбрать лучшее из того, что уже было отобрано (и даже награждено!) этой организацией, да и многими фестивальными жюри. Последний подобный показ в Штатах состоялся в 1989 году – 12 фильмов привозила ассоциация «Советско-американская киноинициатива», основанная в те годы режиссером Рустамом Ибрагимбековым. И с тех пор – ничего.

Что знают американские зрители о происходящем в России? Ведь единственная киноинформация, доступная им – короткие кадры теле- и кинохроники. Документальное кино дает более глубокое представление о жизни и ее духовной сфере – то, что не передается словами: это сама материя жизни, она – в движении, в жестикуляции. В том, что воспринимается всеми органами чувств.... Чем дышит страна, люди, каков ее духовный климат – об этом говорят привезенные фильмы, отобранные как лучшие за последние 3 года.

В американском кинематографе вообще другой язык, здесь привыкли к быстрому «клиповому» монтажу, к очень емкой и насыщенной информации... Российские картины медленные, они с другим ритмом, с другим отношением – они больше напитаны токами жизни. В них больше душевности. И еще мне хотелось, чтобы приехали представители трех разных кинопоколений: почти уходящего (это Хащеватский, проживший тоталитарные годы), и более молодые. Все они

– хорошие, чистые люди, делающие свою работу с тактом, с пониманием, с уважительностью к нашей истории. Они продолжают лучшие художественные традиции, возникшие в советские годы документальной школы.

Например, фильм «Дуня» – об интеллигентной семье музыкантов с двумя детьми. Сын – режиссер фильма, его сестра – автор сценария. В общем, это семья скрипача Жука – сейчас они в Европе. О чем картина? В еврейской семье живет женщина – домработница, приехавшая, как и тысячи ей подобных, из бедной подмосковной деревни и вырастившая двоих детей. 40 лет она прожила как член семьи. Женщина умерла – и вдруг оказалось, что именно она была цементом, скреплявшим семью. Они понимают, что потеряли самого близкого человека... Без слез невозможно смотреть эту замечательную добрую картину.

Или «Метро» – сделала фильм молодая украинская девочка. Съемочная группа подходит к случайно выбранным пассажирам с вопросом – не хотите ли сыграть что-нибудь перед камерой? И вот, прямо здесь, на скамеечке, Она становится Джульеттой, Он, ее спутник – Ромео. А рядом Отелло «душит» Дездемону... Фильм сделан с добрым юмором и, вообще, это очень доброе кино. Оказывается, случайные люди, едущие в вагонах, знают драматургию, они рады соучаствовать в этом сумасшедшем действе...

А еще – «Лицо кавказской национальности»... Это вообще особый фильм. Мы почти до конца картины не знаем, кто Он. Человек идет по Арбату, на него недовольно оглядываются, на каждом шагу спрашивают документы... Ему неуютно. Он живет в холодной квартире, что-то пишет, готовит еду, курит трубку, смотрит в окно, идет по вечернему городу. Двери консерватории. Он идет в зал, слушает музыку... Аплодисменты – и вдруг его приглашают на сцену, он раскланивается. Он – автор музыки. Он спускается в зал, выходит на улицу, идет по пустому, чужому для него городу – к нему никто не подходит. И снова дом, холодная квартира... Это очень нежная, теплая, грустная, щемящая картина.

Глава 5. Москва, здравствуй, пожалуйста!..

Но вернемся в российскую столицу: есть еще несколько эпизодов, о которых стоит рассказать. Я не предполагал оставаться там больше двух недель – у меня и билет был взят, так сказать, двухступенчатый: Лос-Анджелес–Москва, Москва-Тель-Авив. И срок был поделен точно поровну. В Москве я рассчитывал поработать, чего настоятельно требовали дела нашего Культурного фонда Окуджавы – и эта часть программы мне представляется выполненной. Чего не произошло со второй ее половиной: Госдепартамент США рекомендовал американским гражданам временно воздержаться от поездок в Ближневосточный регион. Пришлось подчиниться – к тому же я и сам чувствовал, что прибытие туда для отдыха выглядело бы в эти дни несколько неуместным.

Оставшись в Москве, я сделал попытку компенсировать предполагавшийся отпуск в Эйлате подмосковным пансионатом в "Лесных далях". Москвичи могут помнить Рублево-Успенское шоссе с его "кирпичами" почти у всех съездов – здесь традиционно строились (и строятся) дома для партийно-правительственной элиты; сейчас к ним добавились особняки новых богачей и новых "слуг народа".

Характерная черта российской современности: если в советское время подобные сооружения прятались в глубине леса за высокими оградами и шлагбаумами, останавливавшими посетителей за километры от них, то ныне коттеджи воздвигаются прямо на виду у проезжающих по шоссе автомобилей и ограды, их окружающие, не столь высоки, чтобы не увидеть это великолепие и не восхититься им. Или оскорбиться – в зависимости от точки зрения.

Милицейские посты – через каждый километр. Каждая третья проносящаяся машина (ну – пятая) – с так называемой мигалкой на крыше, требующей от прочего транспорта (в том числе движущегося по встречной полосе) посторониться. Кстати, там это, пожалуй, самая частая причина аварий. Впрочем, сегодня мигалка вовсе не обязательно говорит о высоком чине пассажира – скорее, это признак его богатства. Или – особых отношений с властями. И никакие постановления, предписывающие строго ограничить число этих сигнальных устройств, не работают: их, наоборот, становится все больше – сам убедился, сравнивая нынешнее, так сказать, состояние вопроса с прошлогодним. В общем – "смотрите, завидуйте"...

Пансионат, куда я купил путевку, он в самом тупике, здесь шоссе кончается – тоже перестал быть признаком элитарности его обитателей; притом, что он остается в ведении Управления делами президента России, путевки в него свободно продаются в туристической конторе – чем я и воспользовался. Для любопытствующих: неделя пребывания здесь стоит примерно две с половиной сотни долларов. Плюс несколько долларов в день на еду в местной, очень неплохой столовой – с почти ресторанным меню. По нашим понятиям – дешевка, в захудалом отеле в Мексике дороже.

Но теперь прикинем: у моих старых друзей сын, выпускник юридического факультета МГУ, попал по распределению работать в следственную часть МВД и дослужился там аж до звания подполковника. Знаете, какая у него зарплата? В переводе на американские – 80 "зеленых". Вот и судите, что дорого и что дешево. И, чтобы завершить тему так называемого отдыха в пансионате: почти каждый день я оказывался в Москве, потому что возникли замечательные возможности успеть что-то сверх намеченной программы.

Так, экспромтами, произошли: творческая встреча в Доме-музее Окуджавы в Переделкине – мое объявленное за неделю выступление было встречено гостями с энтузиазмом, вызванным, кроме всего, как мне показалось, интересом москвичей к нашему житью; часовая беседа на Всероссийском радио, в ней приняла участие и одна из руководительниц Российского фонда Окуджавы... Почему-то возникло еще приглашение на телепередачу – при условии, что я буду настаивать в планируемой дискуссии на необходимости применения смертной казни. Я не очень люблю дискуссии, в которых роли спорящих распределены заранее, к тому же, признаюсь, – не сторонник смертной казни. Так что, надеюсь, передача благополучно прошла без моего участия.

А еще были встречи в "Литературной газете" – с ее главным редактором Львом Гущиным, известной жуналисткой Аллой Латыниной, с директором Российского ПЕН-центра, активистом правозащитного движения, актуальность которого, к сожалению, сохраняется и в нынешней России, известным спортсменом, писателем Александром Ткаченко...

Успел я побывать на весьма успешной премьере фильма Владимира Меньшова "Зависть богов" с главной героиней в исполнении Веры Алентовой (помните, оскароносный "Москва слезам не верит"? – тоже Меньшов и тоже Алентова) – в переполненном концертном зале "Россия", с полагающимся в таких случаях солидным банкетом.

А вот один эпизод из моего нынешнего визита в родной город упустить не могу. Читатели "Панорамы", удержавшие в памяти описание дома у Красных ворот в Москве, где прошло мое детство (если они незнакомы с рассказом "Анна Семеновна"), поймут желание автора заглянуть в эту квартиру. И во двор, где мы пацанами собирались для игр – сначала в "классики", потом в "чеканку" и "расшиши", потом в картишки – "буру", "секу"... Ну и так далее: игры послевоенного двора были не всегда безобидны – нередко они кончались приводами в милицию. И кто-то из моих сверстников возвращался оттуда лишь спустя несколько лет, после детской колонии. Если возвращался...

Меня от подобной судьбы спасла не в последнюю очередь баба Хайя, мама моего отца, жившая на первом этаже нашего дома. Дверь ее квартиры выходила прямо во двор – и она как-то чувствовала момент, когда, невзирая на протесты и мольбы внука, следует под любым предлогом забрать его со двора, сбить снег с его ботинок и высушить их на калориферной батарее, а самого его накормить горячим супом.

А то и отвлечь от дворовых занятий проигрыванием на старом патефоне пластинок с довоенными записями:

особенно нравились мне почему-то неаполитанские песни в исполнении Михаила Александровича – хотя по-настоящему оценить искусство этого певца я сумел спустя многие годы.

Длинное получилось вступление к этой части заметок, но без него я бы просто затруднился передать свои ощущения, когда впервые за почти четверть века приближался к занимавшему весь квартал дому, что прямо позади метро "Красные ворота" – старого, своим полукруглым фасадом разделяющего с середины тридцатых годов въезды на Кировский (ныне снова Мясницкий) проезд и Боярский переулок.

Было это в июне года двухтысячного... В парадный подъезд я заходить не стал – там, как мне показалось, размещались какие-то охраняемые учреждения, и объяснять охране, почему мне необходимо подняться на 4-й этаж в квартиру № 13, не хотелось, да и времени не было. Обойдя дом, я подошел к ведущим во двор воротам – они уже были железными, а не крашеными дощатыми, какими я их помнил. Ворота оказались закрыты. Я стал крутиться вокруг, ожидая, что в какой-то момент в них въедет или будет выезжать машина. Потом я заметил, что как раз тот угол дома, где была бабушкина квартира, занят небольшим продовольственным магазином – и двери его открыты. В торце виднелась другая дверь, ведущая прямо во двор – и я вошел в нее.

Что делает человек, когда оказывается в таком положении, в каком оказался я? Он идет и смотрит то, что ему надо. И потом – уходит. Я же подошел к продавщице: не старая еще женщина, несмотря на жару, была закутана в какие-то рабочие многослойные халаты, на руках ее были перчатки с обрезанными пальцами. Склонившись над прилавком, она записывала что-то в толстую амбарную книгу. Покупателей в магазине не было, на меня же она никакого внимания не обращала. Помявшись минуту-другую, я осмелился отвлечь ее просьбой – разрешить мне пройти через помещение магазина и его заднюю дверь во двор. Теперь продавщица заметила меня. "Зачем?" – "Да вот, – отчего-то теряясь под ее строгим взглядом, промямлил я, – родился, вырос, бабушка..." – "Нельзя".

Продавщица больше не смотрела на меня, снова уткнувшись в свой фолиант, а я стоял и прикидывал: ну, хорошо – я стану к ней приставать, объяснять, настаивать или просто пройду мимо нее во двор, она вызовет милиционера, который наверняка кормится от этого "объекта", потому что объект этот на его участке, и у хозяев подобного объекта всегда есть причина уважать и любить своего участкового. "Мне это надо?" – совсем по-одесски спросил я себя – и ретировался... Сопровождавший меня Валерий Бегишев отнесся с пониманием к моему решению и одобрил его – кому, как не россиянину, знать правила поведения горожан в частной торговой точке любимого города.

А я... Весь последующий год я корил себя за проявленную робость. И я дал себе слово: при следующем визите в Москву (если он когда-нибудь состоится) непременно проникнуть и во двор, и в квартиру, где прошло детство и юношество, откуда однажды в самой непрезентабельной одежке и с рюкзаком за плечами меня проводили родители и друзья до самой теплушки на товарных путях Ленинградского вокзала. Я отправлялся исполнять свой гражданский долг "сроком на три года" – столько тогда служили в рядах Советской армии...

В этот дом я больше не вернулся: пока я служил, родители мои сумели пробиться на прием "к самой товарищу Фурцевой" – она тогда возглавляла Куйбышевский то ли райком, то ли райисполком, – и, козыряя моей фотографией в солдатской форме на фоне "боевого красного знамени", получили, как высшую милость родного государства, новое жилье; это тоже была одна комната, и тоже в коммунальной квартире – но уже светлая, с нормальным окном и небольшим балконом, выходящим на открытую солнечную сторону, а не на лестничную клетку черного хода, как это было до сих пор (опять же, смотри описание нашей квартиры в "Анне Семеновне"), и сама комната была достаточно просторна для трех спальных мест, а не одного с половиной...

И еще был балкон – на нем почти свободно умещалась коляска с моим новорожденным сыном, я привозил его из Измайлова, куда отселился к тому времени. На том же балконе отец в последний год жизни проводил много часов. Устроившись в небольшом переносном кресле, он вскоре ронял на колени газету, снимал очки и, прищурившись, вглядывался в постепенно меркнувшую линию горизонта, очерченную зубчатым силуэтом домов. Он уже догадывался о характере своей болезни, хотя мы тщательно скрывали от него беспощадный диагноз, прятали куда-то медицинские учебники, которые он стал приносить из магазинов...

Опять мой рассказ ушел в сторону – но когда я пишу о родном городе, я готов извинить себе эту слабость. Извините и вы меня, читатель. И вот, спустя полтора года я снова здесь, у Красных ворот. На этот раз я никуда не тороплюсь. При входе в парадный подъезд я уже не обнаруживаю никакой охраны – то ли охраняемое учреждение съехало, то ли сказалось общее смягчение нравов. И я смело поднимаюсь на 4-й этаж.

Дверь, ведущая в мою квартиру, почему-то стала стеклянной, через нее можно увидеть часть помещения – две первые комнаты, вмещавшие в свое время две семьи – в каждой по 3-4 человека. А всего было семь комнат – и семь семейных очагов. И были паркетные полы старинной укладки, и двери, ведущие в эти комнаты, из потемневшего за прошедшие десятилетия дуба, и были лепные потолки: вся эта роскошь принадлежала чудом уцелевшему меньшевику Кливанскому, доживавшему здесь же свои годы с престарелой дочерью.

Где она ныне, эта роскошь? Квартира вдвое уменьшилась, пол ее устилал потертый линолеум, стены и двери, ставшие фанерными, оказались выкрашены в какой-то невероятный салатных тонов цвет. Открыты были только крайние две комнаты – в них размещалась теперь контора по продаже и аренде недвижимости, замеченный мной персонал включал в себя несколько молодых людей потрепанной наружности с зажатыми между плечом и ухом телефонными трубками.

Делать мне здесь было совершенно нечего – это я понял сразу. Щелкнув несколько раз камерой, что заставило обитателей конторы наконец обратить на меня недоброе внимание, я покинул некогда родное гнездо и, обойдя дом, свободно зашел во двор через распахнутые настежь ворота. Что можно было понять как большую открытость российского общества, но и объяснить более прозаически: внутри двора на асфальте копошились работяги, занятые какими-то ремонтными делами.

Окинув взглядом территорию, некогда казавшуюся мне гигантским полигоном, специально спланированным для наших дворовых забав, я приблизился к черному ходу, ведущему в секцию дома, где я когда-то жил: именно сюда выходили окна нашей комнаты – и прочел на небольшой укрепленной у входа вывеске: "Театр-студия Михаила Козакова". Вот так – ни больше и ни меньше...

На втором этаже обнаружилось некое подобие театральной кассы – в скромных размеров комнате, служившей, видимо, театральным фойе. Ни Козакова, ни его жены и соратницы по театру Ани здесь не оказалось, что побудило меня на следующий день позвонить ему (благо оказался с собой номер его телефона) с сообщением о таком замечательном совпадении. Мы поохали-поохали, он рассказал мне о том, как на недавних гастролях в Канаде, провалившись в люк на сцене, повредил руку и теперь вынужден отсиживаться дома; мы условились перезвониться и встретиться – чего, в конце концов, так и не произошло.

Возвращаясь же к дому, остается отметить, что жилых квартир в нем больше нет. Ни одной – и это, как я успел заметить, стало судьбой многих строений в черте Садового кольца. Нынешний, так сказать, "Вишневый сад": капитализм, которому чужды и ностальгия, и наши сантименты.

Глава 6. Прощай, Москва?

И вы мундиры голубые...

С тяжелым сердцем скопировал я завершающие заметку слова в её название...

Нашей машине перегородили дорогу два автомобиля, обычный и патрульный: они стояли так, чтобы заблокировать возможность проезда. Возле гражданской легковушки топтались две девушки, очевидно составлявшие компанию милицейским, один из которых неторопливо направился к нашему джипу, помахивая у бедра полосатой палочкой.

Случилось это часов в 10 вечера в тёмной аллейке лесопарка, ведущей из американского городка в Покровском-Стрешневе к Волоколамскому шоссе, откуда рукой подать до Ленинградского проспекта, куда мы и направлялись. Мы, естественно, остановились, милицейский подошел к дверце водителя, Алексей, сидевший за рулем, опустил стекло. Дальше последовал такой диалог:

– Предъявите документы – права, путевой лист.

– Пожалуйста! Вот они...

Сержант помусолив бумаги с минуту в руках:

– А где право на проезд по этой аллее?

– Какое? Вот путевка, вот маршрут...

– Вы что, не знаете, что эта аллея находится в ведомстве префектуры Орехово-Зуево? За проезд без разрешения положен штраф до 7 тысяч рублей.

– Так я же всегда здесь езжу и никогда никто не требовал специального разрешения!.. Может пропустите?

– Нет!

Документы водителя оставались в руках сержанта, его напарник, продолжавший непринужденно беседовать с девушками, только изредка поглядывал в нашу сторону. Ситуация начинала проясняться.

– Сколько? 500 рублей хватит? – Алексей потянулся за кошельком.

Сержант кивнул. Документы Алексея вернулись в его руку, освободившуюся от пятисотрублевой бумажки. Милицейская машина проехала несколько метров, открыв проезд по аллее.

– Сволочи! – бурчал Алексей, – нет на них управы: сколько газеты не пишут – всё без изменения, как грабили, так и грабят.

– Алеша, не огорчайся, давай я дам тебе эти 500 р.? У них же зарплата, говорят, мизерная, вот и подрабатывают...

– На всех не напасетесь, вот меня только за эту неделю тормознули второй раз... И каждый раз – плати!

Этот сюжет вспомнился мне, когда я готовил заметки к новой книге Льва Бердникова «Щеголи и вертопрахи». Причем тут это? Да вот причем: связь униформы и нравов российской старины оказалась столь прочна, что сохраняется она и поныне, спустя три столетия... Ну вот – не пришло же водителю в голову спорить с лихоимцем в милицейской форме, или даже просто просить у него квитанцию.

И, чтобы завершить тему, добавлю только это: по исследованиям, обнародованым на днях, первое место в России по степени корумпированности традиционно занимают люди в мундирах – сотрудники милиции, от постовых, призванных контролировать уличное движение, до генералов, руководящих службами в центральном аппарате МВД.

Дела...

А еще – такое. Пустяк, забыть бы...

Покупая новую «сим-карту» к мобильному телефону я замешкался у стойки, уточняя новый „план" телефонных разговоров – на минуту, ну две, не больше. «Да сколько можно!.. И торчит, и торчит!...», – слышу за спиной. Звучало так, что, дай им волю – мне бы, думаю, точно не сдобровать, отметелили бы по первому разряду.

– Люди, – обращаюсь я к ним, покидая палатку, – ну откуда в вас столько злобы?!... – и, не оглядываясь, притворил за собой дверь.

А ещё...

Рядом с Домом кино пытаюсь разменять сотню долларов в «обменнике», пристроенном к парадному входу в соседний дом: „Разменяйте, пожалуйста, – ведь ещё пять минут до вашего перерыва, верно?" – обращаюсь к беседующей по телефону девице за стеклом. Вот же оно, расписание, на стене. Пытаюсь протянуть ей банкноту в окошечко – резко опускается заслонка, едва не задев мне руку. Всё...

Да надо ли вспоминать эти мелкие, даже вовсе пустяковые мои досады и огорчения, когда у одного близкого мне человека едва не отняли помещение его театра, где за десятки лет он поставил не счесть сколько спектаклей. А у другого – созданный им на пустом месте в центре столицы процветающий ночной клуб-ресторан, о чём я еще расскажу других главах. Оба, кажется, в тот раз отбились...

Это – о тех, кто на виду, и кто успешен. А сколько их, других, чьи жизни так же неотделимы от нынешних реалий российского бытия и ими определяются – разве что масштаб не тот.

И после каждой встречи я отмечаю перемены в друзьях, отдаляющие нас – всё дальше и дальше. Другие они... да и могло ли быть иначе? Не их вина в этом. И не моя. Потому что они живут там, а я, вот уже четвертый десяток – нет. Грустно всё это.

А еще...

Аптека. Небольшая очередь к прилавку, у стоящих – в руках рецепты. Передо мной старушка в потертом жакете, она протягивает в окошко бумажку – там перечислены названия лекарств: „Сколько стоит... а это?.. а это?.. А дешевле „от сердца" нет?" – „Нет, ничего нет!"

Старушка свертывает бумажку, кладет в карман и, немного потоптавшись у витрины с лекарствами, ссутулившись, медленно идет к выходу. Моя очередь, оставляю рецепт на какое-то снадобье: привезу его в Штаты для знакомых – не впрок им пожилым, россиянам в недалеком прошлом, американские лекарства. Прошла минута, не больше, оборачиваюсь к дверям – вижу удалявшуюся спину старушки. Догнать?

Вернуть?.. Ну почему не хватило у меня духа предложить заплатить за нее, пока она стояла рядом! – ведь копейки какие-то... Деликатность помешала, что ли?

Я долго вспоминаю потом этот эпизод, коря себя за нерешительность. А сколько их, таких старушек...

Или – еще это сохраняется в памяти. Нужны цветы – без них навестить вдову близкого товарища неловко, прошу водителя остановить машину у метро: здесь перед входом расположились тётеньки с цветами, аккуратно уложенными в плетеные корзины и хозяйственные сумки. Выбираю подходящий случаю букет, достаю деньги, передаю женщине – она поднимает глаза: „Спасибо большое!".

Мы улыбаемся друг другу, опрятная, подобранная со вкусом, далеко не новая одежда смотрится на ней, я бы сказал, элегантно, выделяя из проходящих в метро, из группы расположившихся рядом женщин с корзинами. Взгляд интеллигентного человека – кто она, учительница?.. научный сотрудник?.. бухгалтер?.. Протягивая мне букет, она добавляет смущенно, как бы извиняясь: „Вот, вырастила – куплю собачке чего-нибудь вкусненького, побалую её." Собачке ли?..

Итак, прощай, Москва – Ленинградка, Шереметьево... Таможня с тщательным „шмоном" чемоданов, благополучно пройдена. Почти благополучно: я везу с собой несколько десятков книг – своих, это вместо гонорара, на что московское издательство охотно согласилось, еще бы!...

– Перевес! – торжествующе, как мне показалось, отмечает на выходе к границе таможенник (...или – кто?), оформляющий багаж и билеты. Пытаюсь объяснить: это не коммерческий груз, и не просто багаж – показываю книгу со своим портретом на обложке. Господи, ну хоть бы улыбнулся! – молча выписывает китанцию, оставляя чемодан рядом с лентой-транспортером. Бегу к кассе, выстаиваю небольшую очередь, – но и всё же, времени-то до отлета остается совсем немного.

Уф... кажется, успеваю. Граница: молодая женщина в форме пограничника рассматривает мой паспорт:

– А, так вы живете в Америке? – Поздоровался-то я с ней по-русски, она поднимает глаза. – Ну и как там?

– Что – как?...

– Ну, наши как там устраиваются. Как живут?

– Да по-разному, – отвечаю ей, – как и здесь: кто-то лучше, кто-то хуже.

То, что я услышал от нее в ответ, меня совершенно ошарашивает. Мне – не знакомому ей, неизвестно кому, она шепчет сдавленным голосом:

– Не говорите! – Не поднимая головы, шлёпает печать на паспорт, кладет его на отделяющий нас барьерчик, и договаривает. – Здесь... – опустили нас ниже плинтуса!

Я и выражения такого не слышал.

Теперь услышал...

И ты, послушный им народ...

Да такой уж послушный?

Спустя два года, тот же водитель, Алексей, мне рассказывал:

«Останавливает меня орудовец – проверка документов, права, путевка и все такое прочее... в отличие от прошлых лет, он вооружен портативным устройством, на котором пробивает мое имя и выясняется, что на мне висит неоплаченный штраф – небольшой, надо было оплатить в прошлом месяце, да все откладывал – завтра, послезавтра, так и не собрался.

Обнаружив это, орудовец заметно оживляется: «Так... я должен тебя задержать и отвезти в отделение – а там заплатишь в четверном размере, да еще и продержат неизвестно сколько – может, и до завтра, – и выжидательно смотрит на меня. – Платить будешь сейчас?» – «Не буду – не имеешь права ни задерживать меня, ни штрафовать – только приставы могут», – отвечаю ему.

Напор орудовца заметно снижается: «Ладно, плати часть сейчас – и отпущу». – «Не буду...» – «Ну, хоть сколько-нибудь дай... Да ты что, мужик, – уже просящим тоном орудовец, – дай хоть сколько нибудь. Мужик, тебе что, жалко денег?»

Захлопнув дверь кабины, рассказывает Алексей, он, не отвечая, тронулся, оставив орудовца...

Честное слово, я не придумал ничего, не добавил от себя ни слова в этом рассказе водителя.

Надо бы снова в город, дождит... Разве что вызвать такси? Подожду... Глядишь, – сын «подбросит» машину с Алексеем, что надежнее всего. Час, другой у телевизора: приметил в анонсе, вот – надо бы посмотреть... или это... мимо! – целые программы сняты с эфира. А так – официальные новости чередуются с популярными „Хочу жениться" и бандитскими сериалами, к чему и мой приятель, бывший калифорниец, руку приложил – продюссирует нечто милицейское, серия за серией, успеха ему...

Милицейское?.. – пожалуйста! „Петровка 38" – это уже сайт в интернете, открываю рубрику „Новости" – 7383 заголовка: „...Санитарка украла зарплату коллеги... Ограбление почты на востоке столицы... В Парке „Дружба" задержали двух грабителей... Грабитель напал на женщину в подъезде дома... Аферист получил кредит по чужому паспорту... Задержан похититель иконы из храма... Разбой в проезде Стратонавтов... Арестован устроивший стрельбу на юго-востоке столицы... Задержан гражданин, напавший на медсестру с отверткой... Похитили больше 100 тысяч из банкомата.. Обезврежена интернациональная преступная группа, напавшая на ювелирный салон..." Это выдержка из сводок за одни сутки, из первой сотни заголовков. Продолжать? Выключаю компьютер.

Пресса: начинаю с „Почты читателя" – пишут вконец отчаявшиеся россияне. И ведь печатают их крик, видно, и газетчикам всё стало «до фонаря», не сажают же. Хотя, бывало, закрывали даже и сами издатели своё детище: „Простите, не досмотрел!..." – как это было с журнальчиком, в рубрике „Сенсации" поместившим текст о вероятной любовной интриге в самых высоких (выше не бывает) эшелонах власти. Нет больше того журнальчика.

Или вот: появилась в интернете заметка, абзац из которой позволю себе здесь процитировать, уж очень по теме...

„Посмотрите вокруг – все ненавидят всех. „Продавщица из Средней Азии обвесила – вон из России! Мерседес с мигалкой проехал на красный свет – сжечь его! Инженеру, работающему в „Доме-2", оторвало руки – так ему и надо, собаке, нечего в „Доме-2" делать!"

Люди вокруг ненавидят узбеков, богачей, бомжей, болельщиков „Спартака" или ЦСКА, депутатов „Единой России", геев. Люди ненавидят власть и ненавидят оппозицию, ненавидят полицию и армию, готовы вцепиться друг в друга в метро из-за места на скамейке или специально затормозить у турникета, чтобы потом подраться с тем, кто попытался пройти следом без билета."

Автор – мой тёзка и даже фамилии отчасти схожи – Александр Поливанов. На другой день хотел вернуться к заметке – нет её. Все остальное того же автора в архиве „Ленты" – пожалуйста! А этой – нет. Стерли – только не из памяти прочитавшего, а тем более – не из сознания там живущего. Не из жизни.

Но осталась в „Живом Журнале" фраза „Ксюши" – Ксении Собчак, девицы неоднозначной репутации, приведу и её: *„Придя в ЖЖ, первое, с чем я столкнулась, это потоки всепожирающей тупой, а, главное, совершенно ничем не подкрепленной ненависти...".* И дальше: *„... В чем-то обиженные и испуганные, необразованные и обобранные, одураченные государством и ближними, поэтому и злые."* Это она о пользователях интернета, но – не только.

Или – вот... Кончаловский: „Ужаснемся самим себе" – назвал Андрон свой блог в интернете. Пересказывать – душа болит. *„Я буду говорить об ужасном в русской реальности,*

– предупреждает он. – *Россия приближается к демографической и моральной катастрофе...*". И цифры, цифры... Вот некоторые: вымирание населения – 160 место в мире по продолжительности жизни... 154-е – по уровню коррупции... 50% населения – за чертой бедности... Только не ради этих цифр я обратился здесь к блогу Кончаловского – цифры широко известны. Но вот его фраза: *„Я вижу толпы недовольных, раздраженных лиц и чужих людей, которые боятся друг друга"* – вот зачем я привел сегодня его слова.

Но это – сегодня. А тогда – день за днем...

– Тебе-то что до этого всего? – говорил я себе. Казалось бы, и правда, – что? Ну, приехал, побыл... повидал близких, заглянул в ЦДЛ, на премьеру нового фильма на Васильевской в Доме кино, обнялся там и там с приятелями. Знаю ведь: скоро домой! – так нет.... Приходит тревожащее ощущение, будто вот и ты становишься частицей той жизни, принадлежишь ей – как никогда не уезжал. Сквозь кожу проникает!

И ведь правда – сквозь кожу: знаком мне кто-то, пробывший там год с перерывами, работа позвала – другим он вернулся. Это после почти сорока лет со дня его эмиграции. Кожа, что ли, тоньше оказалась? Хотя, может, и раньше он был другой... Живёт он в другом городе и видимся мы нечасто. Только замечаю: при наших, ставших редкими, встречах перестаю я понимать его в чём-то, очень для меня важном. Наверное, и он – меня: вот и тем общих почти не осталось – совсем, как с друзьями там. Да и виделся ли я с ними?

Но вот... я дома, едва занес чемодан, включаю телевизор – глазам не верю: на центральных улицах города колонны москвичей: „Требуем от власти честных выборов!". Еще где то... еще где-то... И комментарий власти: „...Ну да – таковы издержки демократии". Издержки, значит... Честное слово, грустно это понимать.

На этой мысли можно было бы и остановиться, только не покидает чувство – будто пытаюсь найти сам перед собой оправдание: отчего я, коренной москвич, любивший свой город, как, наверное, не смогу уже полюбить любой другой, – отчего я больше не хочу там быть даже и малое время. Не от того же только, что на улицах грабят (а где – не?), и не из-за того только, что мздоимцы таможенники...

А ведь там дорогие мне люди – друзья, родные. Те, кто пока там: пока – потому что сохранились сегодня не все мои сверстники.

Такая жизнь...

Прощай, Москва?

Лос-Анджелес, 2012 г.

Часть 5. ...Заметки по поводу

Глава 1. Дипломатия – наука тонкая...

Помню свой первый приезд в Москву – спустя полтора десятилетия после того, как оставил свой город. Уезжали мы тогда навсегда...

Не все, не все здесь, встреченное теперь, было доступно пониманию гостя – каким оказался вдруг я, в недавнем прошлом сам урожденный москвич, чей разум и поныне не вооружен сакральным знанием обстоятельств начального накопления капитала. Да и откуда бы?.. Так ведь все мы, одним прыжком перемахнувшие через пропасть, разделившую два мира, оказавшись на Западе, были такими...

Теперь я бываю здесь регулярно. Российская столица кажется мне той же, что полгода назад. Уличные пробки и загазованность воздуха как были, так и остаются почти неразрешимой проблемой города, так же суетна пристойно одетая вереница прохожих в деловых и торговых районах.

Прибавилось со вкусом и выдумкой декорированных, с подсвеченными витринами бутиков... да прибавилось ресторанов, кафе, ночных клубов, игорных заведений – в центре города: кажется, не осталось кварталов, даже в стороне от главных улиц, где бы первые этажи – ведь и жилых домов тоже! – не были ими заняты. Да поубавилось в подземных переходах число попрошайничающих неопрятных бомжей...

Но сегодня – не об этом...

Хотя и об этом: сохраняется славная московская традиция – люди здесь не упустят возможности добавить аргументов в пользу собственной уверенности в том, что и здесь сейчас жить можно. Ну, конечно же, можно! – и даже лучше, чем когда-либо раньше, если взять последние лет восемьдесят. Хотя, кому как – это и сами они знают...

А все-таки – как?

Эта невыносимая легкость незнания. Характерно сегодня для россиянина, и, прежде всего, для москвича, отсутствие, по крайней мере, явного намерения оставить страну, «свалить» оттуда, эмигрировать – а кроме Москвы, я нигде и не был, и потому оговариваюсь.

Ну, а если такое намерение все же есть? Так ведь и спрашивали меня об этом чаще добрые знакомые, но, бывало, и при случайном разговоре: оказаться в США, например, хоть бы и с коротким визитом – насколько затруднительно и реально ли вообще это сегодня? Поднималась эта тема чаще всего не конкретно, а так, вообще... Соблазнительно ощутить себя полномочным представителем великой державы и, надув щеки, произнести что-нибудь вроде: «Оф коз, вери уэлком ту Юнайтед Стейтс!». Пока поостерегусь...

А по городу ползут слухи: визы получают единицы, и если «отказ» – в последующие несколько лет и не обращайтесь, посольский компьютер ничего не забывает!

...Вот и сетует журналист, трижды побывавший в Штатах: «Если мне сейчас откажут, а мне уже хорошо за 60... Значит, не дождусь». Опасается медик, известный ученый, доктор наук, профессор – он-то совсем не стар и тоже бывал в Штатах, но его многократная виза кончилась в прошлом году: стало быть, не попасть ему, в случае первого «отказа», и на конференции, что запланированы американскими университетами – в следующем году... и еще год спустя...

Эх, нам бы – тогда, в середине семидесятых, думаю я сегодня, эти заботы – «впустят – не впустят». Мы загадывали – «выпустят – не выпустят». И если «не выпустят» – то куда?.. А «не выпускали», сами знаете, куда – особенно самых настырных «подаванцев»...

Опасения моих друзей сегодня мне не безразличны – я и сам кого-то из них жду в гости. Словом, был повод поспрашивать генерального консула США – кто лучше него знает правду? А так – чего бы: только раз и довелось мне побывать в нашем посольстве – как раз в 91-м, когда «Панорама» была в числе трех первых русскоязычных западных учреждений массовой информации аккредитована при тогда еще советском МИДе (радиостанции «Голос Америки», «Свобода» и наша газета).

Итак, я здесь уже второй месяц: оставшееся перед возвращением домой время неумолимо сжимается, а своих вопросов у меня к нашему консулу как не было, так и нет – что, скорее всего, и хорошо... У Джеймса Уорлика сейчас на учете каждый день и даже каждый час: он возвращается в Вашингтон, где его ждет новое назначение, серьезно повышающее дипломатический статус, однако он охотно откликнулся на предложение встретиться.

Запись нашей беседы, счел необходимым я предупредить его, возможно, будет опубликована не только у нас в Штатах, но и в российской периодике – об этом меня просили москвичи, знавшие о предстоящей встрече. «А в каких газетах?» – поинтересовался Уорлик, и, конечно, были у него основания для вопроса. Мне оставалось только заверить его, что издание это будет респектабельным и никак уж не «желтым».

Так что в первую очередь я имел в виду тогда американскую аудиторию: в Штатах всегда хватает тех, кто ждет гостей из России.

Едут, едут и в Россию наши американцы, и «новые», и «старые», – по делам, в отпуск, навестить близких...

О мухах и дипломатии. Собственно, рассказ американского генерального консула занял час, а то и больше, и при публикации я привел его содержание, по возможности, конспективно.

Но сначала – это. Заглянул я в интернет на несколько русских сайтов – что там нового? И не напрасно.

Не могу сегодня не вспомнить моего коллегу давних лет и доброго приятеля Артура Абрамяна, в начале 70-х неожиданно переменившего профессию: он уехал из Еревана, поступил в Высшую дипломатическую школу, поселился в общежитии МГУ и, готовясь к новой карьере, просвещал меня за рюмкой-другой коньяка.

В Армении его не забывали и регулярно поставляли отборнейшие сорта этого замечательного напитка. Так вот, забегая ко мне домой, он поучал:

– Знаешь ли ты, Половец, что такое дипломатия?

– Ну, примерно... – простодушно отвечал я ему.

– Слушай! – перебивал Артур. – Ты видел когда-нибудь, как муха писает? Так вот, дипломатия – это еще тоньше!

Мы оба смеялись и переходили на свежие анекдоты, которые Артур помнил в невероятном количестве.

Мне даже казалось, что все самые свежие новости «Армянского радио» исходили именно от него, что не помешало ему оказаться, по завершении учебы в ВДШ, то ли вторым, то ли пятым секретарем, а может, помощником пресс-атташе нашего посольства в Конго – сейчас не вспомню. А вот почтовую открытку, однажды от него полученную, правда, запечатанную в конверт: обнаженная по пояс чернокожая красавица – я сохранил. Где он сейчас, мой друг Артур Абрамян?..

Мистер Уорлик – остроумный, милейший в обиходе человек, опытный дипломат. Подозреваю, что там, где он овладевал тонкостями профессии, приводили студентам близкую по смыслу аллегорию – что-нибудь вроде этой мухи... И потому нет у меня к нему претензий. Просто интересно было бы понять (хотя бы для накопления опыта) и, может быть, рассказать читателям (если это не есть государственная тайна), какие причины не позволили господину Уорлику, с энтузиазмом рассказавшему мне о заинтересованности Соединенных Штатов Америки в максимальном увеличении числа россиян – представителей всех категорий: бизнесменов, студентов, ученых, просто туристов, посещающих Штаты – упомянуть о так называемых «уточнениях» в процедуре выдачи виз для россиян...

А ведь они уже тогда созрели в недрах Госдепартамента и, спустя всего месяц, были приняты к руководству всеми консульскими службами США. Эти уточнения, очевидно, усложняли процедуру оформления и получения россиянами въездных виз в США – заинтересованному читателю они давно известны...

И теперь о нашей встрече. Принял меня генконсул у себя в квартире, что как бы определяло неформальность предстоящей беседы. (Некоторые предпосылки к этому имелись: я уже был с господином Уорликом знаком – мои внуки и его дочь ходят в одну школу, они и каникулы проводили вместе.) Высокопоставленные сотрудники живут здесь же, на территории посольства – на расстоянии поездки на лифте до места службы.

Пропуск мне был загодя заказан, но дипломат сам встретил меня у проходной (так будет быстрее, пояснил он), после чего последовали стандартные формальности: проверка паспорта, изъятие его взамен пластиковой карточки, удостоверяющей мой статус – «гость», металлоискатель, проверка содержимого моей планшетки, магнитофона и фотоаппарата. Аппарат мне предложили оставить в проходной, но после заверений, что территорию и объекты, расположенные здесь, я фотографировать не стану, и поручительства за меня генконсула, мне разрешили оставить и камеру у себя.

Кстати, в московском представительстве Сохнута (я туда заглядывал к Дине Рубиной, живущей в Израиле, а в тот год возглавлявшей это представительство) служба охраны, пожалуй, покруче нашей, американской, посольской – я до сих пор не перестаю удивляться, что выдержал испытание, мне устроенное там на входе: пришлось вспомнить чуть не всю свою биографию, связи, знакомства и всю родословную...

Такая там служба безопасности.

Госбезопасность — она везде госбезопасность. Здесь позволю себе отступление: лет несколько назад я оказался в круизе, включавшем в маршрут, кроме прочего, и Мальдивские острова. И теперь, где бы я ни оказался, даже помыслить нарушить местные правила, а тем более пытаться фотографировать «запретные» объекты - самое последнее, что мне пришло бы в голову.

А было так. Столица странного государственного образования – Мальдивское королевство – один из островков, на которых и размещается все государство. Обошли мы (десяток туристов, главным образом, американцев) столицу часа за два. Прошли по узкой центральной улице – одно-двухэтажные домики, сплошь занятые сувенирными магазинчиками – прогулялись мимо парка. В глубине его виднеется королевский дворец – этому строению, по крайней мере внешне, даст фору любой из недавно выстроенных состоятельными горожанами подмосковных коттеджей (да и у нас в Калифорнии есть не бедные дома, рассчитанные на одну семью).

Трудно сказать, что там сохранилось сегодня — после катастрофы, обрушившей на островное государство мириады тонн морской воды...

Так вот, завершилась наша двухчасовая прогулка на площади, примыкающей к причалу (пристани здесь просто нет – поскольку мелководье, корабли швартуются в нескольких милях от берега, а туристов доставляют сюда гребные или моторные лодки). Со стороны «материка» площадь, где мы ждали нашего лодочника, ограничена высоким забором с будкой часового. Сам он, вооруженный карабином, рассматривал нашу группу в бинокль, хотя разделяло нас метров пятьдесят, не больше.

Сразу за забором на фасаде приземистого двухэтажного дома можно было разглядеть вывеску. Я и сумел прочесть ее, наведя объектив фотоаппарата, который, естественно, всю поездку болтался у меня на груди: «National Security Council».
– Ха! Мальдивское КГБ! Можно ли было упустить такой кадр? – и я, прицелившись, щелкнул пару раз затвором.

Опустив камеру, я заметил бегущего ко мне с карабином наперевес солдата, или полицейского – кто их там разберет? – машущего свободной рукой и что-то кричащего на мальдивском языке (если такой есть). Но и не требовался переводчик, чтобы понять, что сейчас меня заберут. И я сгину навсегда в подземных казематах этой неведомой мусульманской державы, о существовании которой знают разве что штатные эксперты ООН и сотрудники бюро путешествий, специализирующихся на экзотических турах.

Я стоял, соображая, что следует сейчас делать, и лишь когда солдат, подбежав ко мне вплотную, схватил меня за рукав и потащил в сторону проходной, я вышел из оцепенения. Я видел, что стоявший на вышке часовой держит свой карабин, нацеленный на нас, и оглянулся на спутников, ожидая от них хотя бы моральной поддержки...

Куда там - они, экономно тратящие в круизах скопленный на банковских счетах в предпенсионные годы жирок - тонконогие старички (цветастые шорты, светлые панамки), изморенные диетой бабульки в огромных солнцезащитных очках - все вдруг (я не успел заметить, как) оказались на расстоянии двадцати шагов от меня и, отвернувшись в сторону океана, старательно не смотрели в мою сторону. «Трусы, предатели!» - хотел я крикнуть им, но от страха, растеряв весь свой запас английских слов, только и прошептал: «Гады...»

Едва отняв свою руку у пленившего меня мальдивлянина, я принял, кажется, единственное возможное решение. Я открыл камеру и, засветив пленку, содержавшую бесценные кадры, только что снятые в Таиланде и, кажется, в Малайзии, развернул и помахал ею над его головой для убедительности и протянул ему загубленную фотолетопись части этой поездки. Но что значили все эти кадры, если я уже видел себя где-то в темном подземном узилище - как герой «Полночного экспресса». Так о нем хоть знали родные где-то в Америке, а кто бы знал, где искать меня? Бедный мой сын! - только и подумалось мне.

Наши шлюпки отчаливали к теплоходу через считанные минуты, а следующий заход судна с туристами сюда предстоял где-то через неделю-другую - предупредил нас местный гид - еще когда мы только перешли из шлюпки по шатким мосткам на берег... Я так себя жалел, забытого узника, навечно запертого в каменный мешок, за тысячи миль от дома, что готов был отдать солдату саму камеру следом за засвеченной пленкой.

Часовой, наблюдавший со своей вышки за этой сценой, а продолжалась она минуты две, но мне казалось, да и сейчас так кажется, когда я ее вспоминаю – целую вечность, наконец опустил карабин...

Вот и теперь в проходной американского посольства я зачехлил фотоаппарат, и на всякий случай поглубже запрятал его в планшетку.

Господин Уорлик, встретив меня у проходной и прошел со мной к своей квартире: двухэтажные «таунхаузы» протянулись во дворе в трех десятках метров от служебного здания посольства и прямо напротив него – со стороны Садового кольца этого здания не увидишь, разве что с набережной Москвы-реки.

«Вот он, тот самый дом, – рассказал мне дипломат, – после признания Бакатина, бывшего недолгое время российским министром государственной безопасности (может, как раз потому и недолгое) – дом, нашпигованный прослушивающей гэбистской аппаратурой (возводили его прорабы, не с улицы взятые мидовским Управлением по делам дипкорпуса), и теперь его пришлось полностью разрушить и выстроить заново силами приглашенных американцами из-за рубежа рабочих.

Сейчас здесь такие меры приняты и такие установлены устройства, которые полностью обеспечивают конфиденциальность происходящего в стенах посольства.

Но ведь и наука не стоит на месте...

Глава 2. «Их» голоса

ГОЛОС БУДЕТ ЗВУЧАТЬ – этой утвердительной фразой я назвал публикацию в "Панораме" много лет назад. Сегодня я поостерегся бы повторить это название. Рассказывая о визите в редакцию гостей из Вашингтона, писал я тогда: "...У „Голоса",

– 100-миллионная аудитория, и вещает он на 46 языках, не считая английского...» – рассказывал я читателям, пролистывая информационные брошюры, оставленные в редакции нашими гостями. Да, так было тогда...

Вот несколько слов из брошюр:

«Станция „Голос Америки", вопреки широко распространенному мнению, основана не в годы "холодной войны", но несколько раньше – а именно в 1942 году как противостоящая нацистской пропаганде. Ее передачи, направленные населению стран- союзниц США, но и оккупированных фашистской Германией, должны были внушить людям надежду и уверенность в победе над фашистской тиранией".

А сейчас у меня задача из опубликованного в те годы многостраничного текста сделать компактную главку, чтобы не упустить и это.

* * *

Удача? Наверное, да: отпала, пока, во всяком случае, надобность в поездке; собирался я в Вашингтон вот уже не первый месяц, собирался – и откладывал...

Но вот – факсограмма. И последовавший за ней звонок из столицы: начальник отдела внешних связей правительственного Бюро США по международному радиовещанию и телевидению Джозеф О`Коннелл предлагает встречу в Лос-Анджелесе с директором этой организации Кевином Клоузом. Их визит в наш город краткосрочен – всего один день: Клоуз будет вести симпозиум в Калифорнийском университете по вопросам американского радиовещания на страны Азии и Африки; и потом он готов встретиться с редактором „Панорамы".

Конечно же, редактор, то есть я, рад гостям: целью моей поездки в американскую столицу как раз и были бы встречи с сотрудниками радиостанции „Голос Америки", с ее руководством и, если повезет – с самим господином Клоузом, которому подчинены „Голос Америки", „Радио и телевидение Марти", вещающее на Латинскую Америку, и в определенных аспектах радиостанции „Свобода/Свободная Европа” и „Свободная Азия”.

В нашем же случае „Панораму” интересовал прежде всего „Голос Америки”. А точнее, будущее этой станции – которое уже тогда ну никак нельзя было назвать безоблачным: зависело оно не только от непрерывно уменьшающейся части правительственного бюджета, выделяемой на работу „Голоса”, но и, в определенной степени, от ситуации, сложившейся на самой станции. В частности, в ее Русском отделе...

Цель „Голоса Америки” – нести информацию о жизни США, о жизни американского народа слушателям за рубежом, это и записано в его уставе: именно – американского и именно за рубеж. Он ни в коем случае не должен, с одной стороны, обращать свои передачи или использовать каким-либо образом их тексты для внутриамериканских целей. И, с другой стороны, его передачи должны прежде всего базироваться на внутриамериканских материалах. Для других целей созданы были другие станции, я их уже упоминал выше: „Свобода/ Свободная Европа” и т.д.

Несколько слов и о них, как официальная справка:

"Радиостанции „Свобода/Свободная Европа” – беспрофитные американские организации, вещающие еженедельно более 1000 часов. Это – не подлежащие цензуре сводки новостей, международных и внутриамериканских, общественные, политические, исторические комментарии, культурная и религиозная информация – на Россию, Чехию, Словакию, Венгрию, Румынию, Болгарию, Эстонию, Латвию, Литву, Афганистан. Радио „Свободная Европа” основано Конгрессом США в 1949 году, Радио”Свобода” – в 1951-м; объединены они в рамках одной организации в 1976 году. Их штаб-квартира находится в Вашингтоне. Управляются станции частными гражданами США, не являющимися госслужащими."

Передачи этих станций имеют, – писал я, – главным образом, политическую направленность, и ориентированы они как раз на ситуацию внутри регионов, где живут их слушатели – Восточная Европа, например. С прекращением

холодной войны (если допустить, что она действительно пре-
кратилась) бюджет этих станций по настоянию либеральной
части Конгресса США непрерывно урезался. И кончилось
(опять же, если поверить, что на этом кончилось) урезание
бюджета перемещением радиостанций и тех сотрудников,
кто пожелал следовать за ними, из дорогостоящего Мюнхена
в более доступную Прагу.

Но вот, вопреки всему, сегодня станции выросли в мощ-
ную корпорацию с представительствами в других странах, в
том числе и в Москве. Такие дела...

А что – „Голос Америки"? Ко дню нашей встречи бюджет
радиостанции сократился на много миллионов долларов,
часы вещания – почти вдвое. И почти одновременно внутри
русской службы, в отношениях между сотрудниками отдела
– и с руководством, и друг с другом – возникли коллизии,
приведшие к так называемому „падению морали".

Иначе говоря, – к ссорам, взаимным обвинениям в неком-
петентности и лени, к жалобам руководству и на руководство,
выплеснувшимся на страницы американской прессы. В
том числе – русско-американской. Результат: некоторые из
сотрудников (включая и руководящих) больше там не работают, некоторые переведены на другие, не всегда лучшие
должности. Изменилось ли качество передач за это время? И
если да – то в какую сторону?

Жил я в Америке к тому времени достаточно долго, чтобы
обрасти многими знакомствами, и в Вашингтоне – тоже: с
кем-то из работающих на „Голосе" меня связывали не только
профессиональные отношения, но и, в определенной степени,
дружеские. Таким образом, интерес мой к дальнейшей судьбе
„Голоса" носил и личный характер.

Словом, я собирался в Вашингтон. И вот – „Вашингтон" приехал сюда сам и готов к встрече. Разумеется, я с
энтузиазмом подтвердил желание встретиться с гостями
Лос-Анджелеса. И, сразу после симпозиума, наши собеседники, а их было двое – Кевин Клоуз и Джозеф О`Коннелл

– сидели в в моем кабинете, прихлебывали кофе и отвечали на вопросы – мои и Сая Фрумкина, нашего политического комментатора.

Говорят, понедельник – день тяжелый. В нашей редакции такой – вторник. И гости, готовые к тому, что беседа с ними время от времени будет прерываться заглядывающими ко мне коллегами, не смущались этим обстоятельством. Тем более, что Клоуз и сам в недалеком прошлом журналист: в его послужном списке 14 лет работы в „Вашингтон Пост" – от редактора отдела городских новостей до заместителя главного. А в промежутке – 4 года в качестве шефа Московского бюро этой газеты, с 1977-го по 81-й год. На нынешнюю должность он назначен в январе 97-го – после того как около 5 лет был директором Радио „Свобода". И еще – пять написанных книг, в их числе заслужившая особую награду пресс-клуба – „Россия и русские: внутри закрытого общества". Профессионал, словом, да еще какого класса!

Итак – гости в редакции. Вообще-то, должна была с ними быть еще госпожа Эвелин Либерман, нынешний директор „Голоса Америки", она отсутствует. Но вот, двое высоких гостей (и не только по чину: это действительно рослые, импозантные джентльмены в превосходно скроенных костюмах; именно так и должны, по-видимому, выглядеть правительственные чиновники их ранга) приветливо улыбаются, сидя напротив нас – меня и Фрумкина.

Причина визита становится ясной с первых минут беседы. Ну да, конечно: познакомиться с ведущим русско-американским изданием. Но главное – донести через него читателям, что Америка будет и впредь говорить по-русски с миллионами российских, в данном случае, граждан, живущих там.

Конечно, мы предвидели тему и даже „подбросили" ее собеседникам, начав разговор с замечания Сая о том, что российским средствам массовой информации народ доверяет все меньше и меньше. Причин тому немало: это и пришедшая на смену подцензурному существованию прессы советских времен ее нынешняя вседозволенность, ангажированность нынешних российских изданий.

Здесь я позволю себе небольшое отступление.

Московский журналист, будучи в Лос-Анджелесе, в беседе со мной поведал следующее. Он представляет один из самых популярных и, стало быть, многотиражных российских еженедельников, входя, скажем, в первую их пятерку. Добавлю – независимых, т.е никем пока не купленных.

– Я, – рассказывал мне журналист, назовем его Владимиром, – пытался недавно уговорить нашего главного редактора дать один острый материал, героями которого были отчасти финансовые тузы и отчасти – правительственные.

– Да ты что, хочешь, чтобы нас закрыли? – ответил главный.

– Как? – не поверил я Владимиру, – ...закрыть независимое издание в свободной стране?

– А так. В России – сегодня можно. Лишить бумаги – через свои каналы „попросив" об этом поставщика. Лишить рекламы – опять же, „попросив" об этом рекламодателя. Лишить банковских кредитов – „попросив" об этом банкира. Лишить розничной продажи – „попросив" об этом дистрибютора. Наконец, устроить так, чтобы сам издатель захотел если не заткнуть рты подопечным журналистам и если не закрыть совсем, то продать свое детище. На него-то повлиять способов есть предостаточно. Кстати, знаете, сколько за последние годы погибло в России издателей, редакторов, журналистов? Вот-вот...

– Так что, в политику лезть не будем! – категорически резюмировал беседу со своим корреспондентом главный. И еженедельник остается независимым. Пока.

Наши собеседники все это хорошо знали.

– Госпожа Либерман, – рассказывал Клоуз, – только что вернулась из Москвы. Она провела там неделю, встречаясь с предпринимателями – владельцами новых независимых каналов российского телевидения. И когда я отправлялся на встречу с вами, она напутствовала меня следующими словами: „Помни, главное – телевидение. „Голос Америки" может сделать очень много для создания актуальных программ для Москвы и некоторых районных телестанций". Сама она очень увлечена этой идеей и намеревается сделать все, чтобы претворить ее в жизнь.

– Она же собиралась быть с вами здесь, не так ли? – спросил я.

– Мы просим извинить Эвелин, у нас очень напряженный график, и сейчас она на другой встрече. – Это ответил Джозеф О`Коннелл, в ходе дальнейшей беседы остававшийся молчаливым, но внимательным слушателем.

– Наши читатели, живущие в России и здешние – многие из них до сих пор слушают передачи «Голоса», – недоумевают: с одной стороны, время передач сократили, с другой, многие знают о том, что людей там увольняют, что сотрудники разделились на группировки, враждуют. Вот и на Би-Би-Си недавно была передача об этом...

Кевин ответил не сразу.

– После того как прошли довольно откровенные дискуссии внутри нашего агентства, – заговорил он, – я не хотел бы вдаваться в их подробности, в частности, связанные с изменениями в личном составе отдела. Но я хотел бы заострить внимание читателей на том, что американское правительство весьма заинтересовано как в продолжении русскоязычного вещания, так и в наличии сильного Русского отдела на «Голосе». Эвелин Либерман, которая происходит из русскоязычной семьи (ее мать родилась в России), говорит по-русски...

Ситуация в России выглядит очень обманчиво, – продолжал Кевин, – и вы совершенно правы: СМИ там нельзя назвать независимыми. Да, они освободились от контроля правительства, но независимости в нашем понимании не получили. Там по-прежнему существует дефицит информации. Но теперь у нас есть Бюро новостей в Москве – оно постоянно, почти ежедневно, снабжает нас материалами: это новости, интервью, комментарии на актуальные темы...

– А какие темы вы считаете актуальными? Ну, например, усиление идеологии фашизма в России – это интересная для вас тема? – спросил я, дождавшись паузы.

– Да, конечно – и это обязательно следует включать в программы. Как вы знаете, несколько иные задачи у Радио «Свобода/Свободная Европа»...

– Вы отвечаете и за их программы? – поинтересовался Фрумкин.

– Напрямую не отвечаю. Но наша организация для них – некое подобие «крыши». И у меня там работают друзья. Например, Том Дайн, всего несколько месяцев, как он стал президентом Радио «Свободная Европа». Узнав, что меня с радио переводят на федеральную службу, я стал искать кого-то, кто знал бы Конгресс, Администрацию, регион. А Том большую часть своей жизни занимался внешней политикой: он был внешнеполитическим советником Фрэнка Черча – сенатора, игравшего важную роль в американской внешней политике. Том много путешествовал по бывшим советским республикам.

Как-то он позвонил мне и сказал, что едет в Прагу. И, подумав, что ему это может быть очень интересно, я посоветовал Тому обязательно зайти на радиостанцию „Свободная Европа”. А сейчас он – президент, энергичный, преданный делу, и между ним как президентом „РС/СЕ”, Эвелин Либерман как президентом „ГА” и мной как президентом Бюро международного радиовещания и телевидения, отвечающим за работу этих радиостанций, существует договоренность максимально усилить русскоязычное вещание.

– И, значит, в ваши планы не входит его сокращение? – этими словами я попытался сформулировать главный для нас вопрос.

– Нет! – голос Кевина звучал очень уверенно. – Американское правительство, вне зависимости от разногласий, которые могут возникнуть между людьми тут или там, сознает важность „Голоса Америки” для России.

– Кажется, еще недавно существовали планы объединения “РС/СЕ” и “Голоса Америки”, – нет ли таких намерений сегодня?

Для этого вопроса основания у меня были более чем достаточные, и прежде всего – непрекращающееся давление группы членов Конгресса США, добивающейся экономии госбюджета. Экономии – любой ценой.

– Нет! – отвечая, Кевин, кажется, даже привстал из-за стола. – Они обе нужны. Это – как иметь две газеты, охватывающие разные события. Слушателям нужны обе программы: они помогают лучше понять, что нужно делать, чтобы продолжить переход в демократическое, стабильное, цивилизованное общество.

– Да, – но сейчас часы работы „Голоса" сокращены, – продолжали расспрашивать мы собеседника. – Есть ли у вас планы вернуть станции отобранное количество часов вещания?

– Видите ли, совместное количество часов вещания „Голоса" и „Свободы" составляет 24 часа; около трех лет тому назад мы разделили часы между ними так, что у „Свободы" их 18, а у „Голоса"– 6. И те, и другие получили какую-то часть так называемого „лучшего" времени суток для вещания – вечерние часы, например.

– И они не пересекаются в эфире? – уточнил Сай.

– Нет. Вот это было бы ненужным расточительством. Я думаю, что и слушателям так легче. Аудитория-то одна и та же – и, слушая наши передачи, им не надо „перескакивать" с волны на волну. Правда, сейчас перед нами стоит задача привлечь более молодых слушателей – молодых не столько по возрасту, сколько по отношению к происходящему. Нужны слушатели с изменившимся менталитетом, верящие в преобразования. И, следовательно, нужны программы, отвечающие их запросам. Всем известно, что средства массовой информации в России развиваются и меняются очень быстро – как раз с учетом этого фактора.

– Помогает ли вам в нынешней работе личный опыт жизни в России?

Конечно, я мог бы этого вопроса и не задавать – ответ на него только один. И все же интересно было услышать Кевина: не секрет, что обретаемый опыт, даже схожий по сути, порою приводит нас к результатам совершенно противоположным.

– Очень даже помогает! – с энтузиазмом ответил Кевин. – Четыре года, которые я там провел, – это неоценимый опыт. Один из его результатов, – Кевин улыбнулся, – двое из троих моих детей состоят в браке с русскими. Причем, мой сын живет в России.

– А чем он там занимается? – поинтересовался Сай.

– Спутниковой съемкой земельных ресурсов. И – с использованием полученных данных – разработкой системы продажи личной собственности, относящейся к недвижимому имуществу. Он живет в Москве, но много ездит: большая часть его деятельности – за пределами России. Очень интересно наблюдать, как развивается это направление. А дочь моя замужем за русским и живет в Лондоне.

Моя жена – директор неправительственной организации, благотворительного фонда, собирающего средства на природоохранительные мероприятия в России и бывших республиках СССР. И поэтому она находится в Москве. ISAR – так называется ее организация, очень известная в России. Ее партнер – Социально-экологический союз, российская организация. Моя жена занимается этим уже почти 10 лет. Между прочим, мы готовимся встретить Рождество в Москве с сыном и тремя внуками...

– В Калифорнии погода лучше, – с улыбкой заметил Сай.

– А вы-то в Москве часто бываете? – обратился ко мне Кевин.

Пришлось признаться, что к этому дню единственный раз за многие годы был я там – в городе, где родился и прожил значительную часть своей жизни, – один раз, спустя 15 лет после отъезда. Было это сразу после подавления путча – в 91-м. И что вот, в октябре, должен был лететь туда по приглашению Российского ПЕН-центра: уже были билеты и уже была бронирована гостиница в центре города. Не случилось. Не пустила кончина мамы...

– А знаете ли вы, сколько здесь, в Америке, „говорящих по-русски” радиостанций? – задал я в свою очередь вопрос Кевину.

– Кажется, их очень много...

– Да, теперь – почти в каждом штате. Как бы вы оценили возможность сотрудничества с ними? Ведь их программы – неисчерпаемый источник для трансляции на Россию, – предположил я.

– О, это очень интересное предложение! – Кевин действительно выглядел заинтересованным, он даже показал знаком Джозефу, чтобы тот пометил эту мысль в блокноте, лежавшем на столе перед его коллегой.

– Из этих программ российские слушатели могли бы многое для себя почерпнуть, – стали говорить по очереди мы с Саем. – Вот, например, телевидение: большинство русскоязычных станций показывают здесь российские программы, зачастую, просто воруя их из эфира, либо используя местные фильмотеки. Причем, чаще всего передачи эти очень низкого качества, но за неимением другого наши русскоязычные зрители их смотрят.

Почти то же и с радиостанциями. И в результате, многие из „новых американцев” очень мало знают о том, что же происходит в стране, в которой они сами живут – здесь, в Америке. Встречаясь друг с другом, они нередко спрашивают: „А вы слыхали, что тот (или этот) сказал в Думе?” Так вот: было бы хорошо объединить усилия „Голоса Америки” и русско-американских радиостанций, чтобы создавать программы, ориентированные и на российских, и на русскоязычных американских слушателей.

– Это очень интересно, – выслушав нас, повторил Кевин. – Я обязательно обсужу эту идею в Вашингтоне с госпожой Либерман. Вполне вероятно, она ею заинтересуется. Тем более, что и „Голос Америки”, и Радио „Свобода” всегда ищут новые пути общения с аудиторией, ищут способы донести до слушателей информацию, которая будет им интересна и позволит понять, что и как происходит в Соединенных Штатах.

Но, – добавил Кевин, – существует закон, не разрешающий „Голосу Америки" вести трансляцию внутри страны, связь может быть только односторонняя...

– Так ведь я как раз об этом и говорю: программы русско-американских радиостанций можно было бы использовать в передачах на Россию. Ведь они – неисчерпаемый кладезь информации о жизни русскоязычной американской общины и страны в целом, – мне казалось, что Кевин не вполне понимает, что именно я имею в виду.

– Это, несомненно, достойно обсуждения. Идея использования русскоязычных программ, создаваемых местными радиостанциями, очень интересна, – согласился Кевин. – А „Панорама" имеет свои программы на этих станциях?

– Да. Вот сегодня вечером мы выпускаем газету, а завтра утром на радио будет обзор ее содержания. То же и на телевидении. – Я рассказал и о нашей передаче на русско-американском телевидении „Орбита", повторяемой два-три раза в неделю, и о планах расширения этой программы.

Гости начали торопиться – им еще предстоял прием, завершающий симпозиум (ради которого, разумеется, они приехали и оказались в Лос-Анджелесе).

– У нас нет ответа на все вопросы, – завершил нашу беседу Кевин. –Ситуация в России меняется. Меняются и средства массовой информации. Мы хорошо это понимаем и будем стремиться к максимальной эффективности программ. Сейчас у нас нет тех ресурсов, которыми мы располагали когда-то, наш бюджет резко сократился: теперь ежегодно Бюро международного радиовещания и телевидения выделяют всего 400 миллионов долларов, а не свыше 500 миллионов, как еще недавно. И тенденция идет не к увеличению, а к уменьшению. Так что мы должны очень умело и экономично пользоваться имеющимися ресурсами.

– Но Конгресс не может не понимать, что уж на вашей-то организации экономить следовало бы в последнюю очередь: ведь может случиться, что потом придется потратить гораздо больше – и уже не на радиопередачи...

Кевина, конечно же, убеждать в правоте высказанного мною не следовало – он все это хорошо понимал.

– Мы как раз и обсуждали эти вопросы на встрече с общественностью в Южнокалифорнийском университете (USC). Говорили именно о том, что радиовещание может помочь россиянам многое понять и прийти к правильным решениям мирным путем. И что лучше вкладывать деньги в вещание, чем в вооружение...

– Так ведь не только Конгресс проявляет такую недальновидность: средства массовой информации тоже вложили немалую лепту в искажение роли России на современном этапе.

Эти слова Сай произнес, уже пожимая руки нашим гостям, которых внизу ждал автомобиль. И они уехали – оставив нам сувенирные значки «Голоса Америки» и почти двухчасовую запись беседы на пленке, с коротким пересказом которой я пытался сегодня, спустя много лет, познакомить читателя.

А что же, – спросите вы, – что, собственно, сейчас происходит с Русским отделом «Голоса Америки»? Буду откровенен – прошедшие годы после встречи с вашингтонскими гостями и знакомства с госпожой Либерман уже в Вашингтоне на станции, занимали меня другими темами. Но сегодня, обращаясь к старой публикации, я не мог не поинтересоваться у друзей в Вашингтоне – бывших сотрудников станции, чем она живет сегодня.

И вот, что я узнал: "Русский отдел" номинально еще существует, при том, что его радиопередачи давно прекратились – только тексты в интернете еще и свидетельствуют о том, что какое-то количество сотрудников станции кормится вокруг бывшей мощной службы "Голоса Америки".

Схожа его судьба и с судьбами упомянутых в тексте выше многих, если не большинства, самодеятельных русскоязычных радиопрограмм и телепередач Штатов – где они сейчас?

О станции "Свобода" со штабом в Праге, который в одной из поездок и мне довелось посетить, и о приветившем там меня любезном Иване Толстом – как-нибудь в другой раз. Скажу только – они в полном порядке, и даже больше.

Глава 3. Страсти шпионские...

...Так можно было бы назвать серию публикаций в выпусках „Панорамы" теперь уже двадцатилетней давности.

Посольство США в Москве всегда было, остается и поныне, форпостом американской дипломатии в России, а отчасти и в странах Восточной Европы. Возможности прослушки, и даже видеонаблюдений в его помещениях использовали советские спецслужбы по полной программе как один из тогда немногих и относительно безопасных способов добычи закрытой от сторонних глаз и ушей информации. Американский консул в нашей беседе вспоминал об этом как о явлении, всегда в Москве ожидаемом посольским персоналом и естественном.

Не то – сегодня. Четверть века спустя описываемых ниже событий многое переменилось: СССР перестал быть, эмиграция с бывших его территорий в Штаты стала свободной (ну, почти...) – здесь множество россиян благополучно трудятся, сохраняя при желании гражданство оставленной родины. Есть ли среди них засланные с заданием? – есть, конечно, чему свидетельство ставшие нередкими скандалы и скандальчики с их разоблачением. А сколько их еще впереди?..

Но что было, то было, и память о той эпопее сохраняется у нас, бывших ей свидетелями, а отчасти – и участниками тех событий. Вот и в «Беглом Рачихине» я записал некоторые её эпизоды – интересующихся ими отсылаю к самой повести, приведенной в книге 3-й этого собрания текстов, записанных автором в разные годы. А здесь не упущу их просто как частицу истории нашей эмиграции.

Итак. В те годы, когда холодная война между Штатами и Советским Союзом понемногу сменялась оттепелью, зачастили в Америку с гастролями актеры и даже целые театральные коллективы. Появились в большом количестве, составив конкуренцию почти вечному Солу Юроку, и «наши» импресарио.

В эмигрантской общине разгорелась дискуссия между её аполитичной частью и «непримиримыми», полагавшими, что гастроли эти есть не что иное, как советская пропаганда – попытка пробудить у эмигрантов «ностальгию по родине», расколоть их, создать здесь «пятую колонну». Они полагали, что пока существуют ограничения эмиграции из СССР, гастроли эти следует игнорировать и даже, по возможности, их срывать.

В «Панораме» искали трибуну и те, и другие. И однажды, следуя журналистскому долгу, я, вооружившись фотоаппаратом, подъехал к зданию школы, где предстояло выступление, кажется, группы хора Пятницкого. Я знал, что «непримиримые» готовят массовую демонстрацию – такой материал пропустить было непростительно. Действительно, человек десять с транспарантом прохаживались перед входом в здание, а мимо них текла очередь людей с билетами в руках.

– Глядите, – обратился ко мне один из демонстрантов, показав на противоположную сторону улицы, – шпионят!

– Кто? – не поверил я.

– Да вон же, нас фотографируют!

Действительно, из-за опущенного стекла старенького «Форда» поблескивал объектив фотоаппарата. Мысленно поблагодарив себя за предусмотрительность, я расчехлил свой «Кэнон», заменил стандартный объектив на длиннофокусный, навел его на водительское место «Форда» и сделал несколько снимков. Кадры получились великолепные – на другой день они рядом с фотографией демонстрантов иллюстрировали небольшой фельетон в нашей газете под названием «Идти – не идти...». Имелось в виду: посещать выступления советских гастролеров – или нет.

История эта имела неожиданное продолжение. Для нас оно началось с просьбы редакции «Лос-Анджелес Таймс» разрешить использовать мои снимки в очередном выпуске.

Отчего – нет? Конечно, можно! Было это спустя несколько недель после нашей публикации, и только на следующий день мы узнали об аресте разоблаченных шпионов, в числе которых оказался тот самый водитель «Форда», запечатленный на моих снимках, и агент ФБР.

Это обстоятельство впоследствии дало повод следствию пригласить и меня на судебные заседания в качестве свидетеля обвинения, а по их завершении побеседовать и с самим федеральным прокурором Калифорнии, Робертом Боннером, о чем я рассказываю ниже.

Годы, прошедшие от 85-го, принеся, можно сказать, глобальные перемены в современной истории, попутно существенно повлияли на судьбы фигурантов того шпионского дела: агент ФБР Ричард Миллер, арестованный в 1985 году за передачу советской эмигрантке Светлане Огородниковой, с которой он вступил в интимную связь, секретного документа, отбыв часть срока в заключении, подал апелляцию. И проиграл ее – несмотря на то, что его адвокаты пытались использовать некоторые технические детали проведения допросов Миллера, чтобы скомпрометировать приговор ему – 20 лет тюремного заключения. Сегодня он, наверное, уже на свободе.

Бывшие киевляне Светлана и Николай Огородниковы, тоже осужденные по этому делу, оказались по разные стороны тюремной решетки: Николай – это он, снимавший из окна «Форда» демонстрантов, попал в кадр моего фоторепортажика, – отбыв 5 из 8 лет, был условно освобожден; Светлана отбывала свой 18-летний срок, продолжая утверждать при этом, что она ни в чем не виновата. А бывший федеральный прокурор Роберт Боннер, о встрече с которым я рассказываю ниже, в середине 90-го года получил новое правительственное назначение и отбыл в Вашингтон. Повторив сегодня «в добрый ему час», приведу только эти вопросы, из числа многих, которые я задал ему в том далеком 1986 году в нашей двухчасовой беседе.

– В Сан-Франциско имеется учреждение «Руссарт», которое организует показ советских кинофильмов, выступления советских артистов, торгует советскими автомобилями, организует туристические поездки в СССР. Многие наши эмигранты нередко задают вопрос: следует ли считать организацию, представляющую определенные интересы СССР, «агентом иностранной державы», имеет ли «Руссарт» такой статус? – спросил я прокурора.

– По вопросу «Руссарта» могу сказать следующее: конечно, нам известна эта организация. Да и не может быть сомнений, кому она принадлежит, т.к. «Руссарт» официально зарегистрирована в Америке как советское агентство, если я, конечно, не ошибаюсь. Я не сообщу вам ничего нового, если скажу, что эта организация не раз упоминалась в ходе разбирательства дела «Огородниковых-Миллера». И хотя, в частности, «Руссарт» занимается распространением в США советских фильмов, для всех совершенно очевидна их связь с деятельностью советского консулата в Сан-Франциско.

Тем не менее, прямого отношения эта организация к указанному делу не имела, и я не вправе её сотрудников в чем-либо обвинять. Контакты Светланы Огородниковой с «Руссартом» продолжались в период с 1979-го по 1981-й год. Впоследствии она уже напрямую связалась с консулатом и обходилась без посредников.

Засылают ли намеренно советские власти в составе эмиграции значительное число преступников? – повторил мой вопрос Боннер. – Наверное, у вас сложилось впечатление, что федеральный прокурор способен ответить на любой вопрос, но это далеко не так.

Этот его ответ можно было понимать, что – «да!», – но развивать тему прокурор не стал, оставив её как прерогативу других государственных служб, тех, что занимаются выявлением и разоблачением иностранных шпионов. Помолчав, он добавил:

– Я знаю: в ходе разбирательства дела Огородниковых выяснилось, что до эмиграции Николай провел внушительный срок в советской тюрьме. Кажется, 13 лет. И я не уверен, был ли это один тюремный срок или два... А ещё я знаю, что за короткий период времени после выхода из тюрьмы Николай успел встретить Светлану, жениться на ней и получить въездную визу в Израиль, – завершил тему прокурор.

Вот и – как бы непринужденно, между прочим, – прозвучал ответ на мой вопрос. Ну, подумайте, впустили бы США человека с выездными анкетами и прочими документами, в которых значилась бы многолетняя отсидка в тюрьме? Да нет, конечно, – и значит, документы его были «чисты». А кто их оформлял при выезде из СССР, помните? Да, подумал я тогда, не чужда дипломатия и высоким прокурорским чинам.

Расстались мы на том, что получили разрешение на доступ к материалам следствия по этому делу, из которых можно было заключить, что действовала эта пара топорно, а иногда и просто глупо, и что, скорее всего, не была она специально заслана или подготовлена к агентурной работе за рубежом. Разве что только при необходимости направлялась она пребывающими в США сотрудниками спецслужб – от чего советские дипломаты, естественно, всячески открещивались.

Не то – теперь, можно добавить, имея в виду фигурантов нынешних скандалов, – так ведь и возможности у ведающих специфическим направлением «дипломатии» служб иные. А «Руссарт» – что ему остается, когда десятки российских телепрограмм транслируются непосредственно в дома бывших россиян по их заказу, да и сами они визитируют в оставленные когда-то Конотопы, Мински, Москву и Питер... Вряд ли кому интересны его останки сегодня здесь. Разве что – там...

Такие дела.

Глава 4. Президенты. Моё разрушение мифов

Ну, и что еще случалось примечательного, – думаю я сегодня, размышляя над этими записками, – не упустить бы действительно значимого, да и просто забавного, о чем хорошо помнить. И обнаруживаю – столько еще остается за полями этих страниц! А сколько еще вспомнится, если...

Да нет же, – останавливаю я сам себя, – только не сейчас, и не здесь, потом как-нибудь, если, конечно, этого «потом» достанет на все, чего хотелось успеть. А сейчас, сейчас вот еще что: пока не ушло это во времени так далеко, что и самому вспомнить станет неинтересным. В общем, так...

Случилось мне дважды общаться с президентами стран – бывшим, СССР, и действующим – США. А если считать общее число встреч, так их было всего шесть: три с Горбачевым (правда, одна из них – издали, чего всё же оказалось достаточным для поддержания разрушения мифа первого) и три с Клинтоном – мифа второго. И в том, и в другом случаях обнаружилось нечто, отличное от «широко известного».

Ну вот, например, Горбачев: он вовсе не трезвенник, каким его представляли во время, и долго после, печально знаменитой антиалкогольной кампании: тогда страна лишилась лучших своих виноградников, от чего материальный ущерб и до сих пор подсчитывается.

Но ведь это при нём власти вырубали виноградники, закрывали в городах винные отделы магазинов к вечеру и по выходным. Жаль, конечно, невосполнимые потери природы, только еще грустнее, говорят ученые социологи и медики, – ущерб, нанесенный здоровью граждан, не внявшим пропаганде: они продолжали употреблять столь же интенсивно, как и «до того» – но уже не заводские, пусть даже скверные портвейны, в которых от знаменитого напитка только и содержалось что название, а опасное для жизни содержимое уродливых бутылок, заполнявших полки продмагов.

Между прочим, об этом периоде забавно рассказывает Андрей Макаревич, музыкант, неожиданно проявившийся великолепным рассказчиком-юмористом. Его сборничек авторским слогом напомнил мне некогда изданных «Панорамой» Вайля и Гениса, их «Русскую кухню в изгнании»: книжка эта выдержала впоследствии несколько переизданий в метрополии и не утратила своей популярности по нынешние дни. А также, и может быть, даже еще в большей степени, знаменитую «Москва – Петушки» Венички Ерофеева, и здесь, и там главным героем был именно алкоголь – способы его получения и употребления. Но и тем не менее...

Так вот, первое развенчание мифа произошло в гостиной «Общей газеты» – на одном из журфиксов, которые Егор Яковлев, ныне, к сожалению, покойный, устраивал тогда раз в месяц для друзей редакции, и вообще, для приличных, на его взгляд, людей. Я, оказавшись там с подачи Наташечки Познанской, руководящей не первый год творческими аспектами деятельности ЦДЛ, заметил: Михаил Сергеевич не расставался с рюмкой, регулярно ее наполнял даже и тогда, когда нам случилось обменяться с ним и с Ширвиндтом свежими анекдотами – о чем свидетельствует приводимое в этой книге фото, сделанное Вишневским Володей с помощью моего фотоаппарата. Вот оно и сохранилось.

В другой раз я наблюдал Михаила Сергеевича не так, чтобы совсем издали, но все же на расстоянии – на встрече, посвященной 65-летию моего доброго друга Марика Розовского: Горбачев и здесь, проходя по залу, с удовольствием прихлебывал из стаканчика водку. И наконец, в третий раз – уже совсем недавно, на праздновании юбилея писателя Бориса Васильева. В ресторане на Старом Арбате мы оказались за одним столом, хоть и сидели с разных его краев, я – с одного, он – с другого. Вот и здесь не упустил я случая подсмотреть – выпивает ли Михаил Сергеевич, и что именно? Оказалось, да – так и на здоровье ему! Честное слово, я не из тех, кто желает зла человеку, поставившему крест на семидесятилетней истории Советского Союза, и даже, наоборот...

А к Васильеву, совсем уже недавно, на его дачу – домик, затерявшийся в лесу в районе Солнечногорска, привезла меня Таня Кузовлева. В Москве он редко появляется – только если иногда по медицинским делам. Доехали мы без приключений, невзирая на мерзкую погоду.

Было очень милое, доброе застолье, Зоря Альбертовна, жена Бориса Львовича, расстаралась – стол был обилен и великолепен разнообразием русских, главным образом, закусок. Знакомясь с Васильевым, я поднялся к нему в «светелку» – совсем небольшую комнатенку на втором этаже – там на столе стоял компьютер, стены представляли собой книжные полки, а больше ничего и не могло здесь уместиться.

Мы немного поговорили, я рассказал что-то о себе, о писателе же я знал из только что прочитанной его автобиографической книги – Татьяна заблаговременно мне ее дала. Так что тему я мог поддержать. Отмечу – никак я не ожидал от этого далеко немолодого человека столь блестящей памяти, светлого ума и, я бы сказал, «яркости». Разговаривал он несколько манерно, растягивая слова – со старинными оборотами, выговаривая некоторые фразы тоже по-старинному, что получалось у него как-то «по-благородному», и в этом, наверное, сказывалось дворянство его предков. Слышим — зовут, за столом нас уже ждали, и мы спустились вниз.

И только уже потом, после ужина, мы снова присели с Васильевым – в дальнем углу комнаты стояли рядом кресла – там и продолжили мы разговор, и вот эта часть нашей встречи мне вспоминается без большой охоты. Думаю – и ему. Зря, наверное, стал он меня расспрашивать о впечатлениях от нынешней России. Ну, что я мог ему сказать, ведь мы только едва познакомились!

Был я, кажется, очень, может, даже чересчур осторожен в своих оценках. Я ведь, правда, боялся своей откровенностью поставить его в неловкое положение, да и себя, признаюсь. Вот, например, писатель спросил – что я думаю о наличии мавзолея на Красной площади? Надо было бы сказать – негоже превращать в кладбище главную площадь страны: я ведь и правда так думаю. А только и сказал я ему – вряд ли вождя вынесут оттуда в ближайшее время. Васильев внимательно, изучающе, на меня смотрел и думал, наверное, – вот скользкий тип, и кого же привела ко мне Татьяна! А может, и не думал так. Да и ладно.

Ну, а Клинтон – это отдельная история.

Обращаюсь и к ней, а лучше сказать – к ним, потому что было их у меня три, встречи с мистером американским президентом. И всеми тремя случаями я обязан тому, что состоял членом, правда, не очень активным по отношению к этой организации, Американской ассоциации газетных редакторов и издателей. Оговорюсь сразу: из говорящих по-русски состоял в ней только я. И активность моя выражалась, главным образом, в том, что я не избегал участия в ежегодных встречах, устраиваемых Белым Домом с нашим президентом, и только. Да мало ли это разве!

Мне хватило, чтобы украсить стены редакции, а после каждого визита в Вашингтон и – по особым случаям, юбилейным датам газеты – полосу «Панорамы», и выглядело это внушительно. Не все верили в достоверность фотографий, особенно из Нью-Йорка коллеги-конкуренты (хотя, какие конкуренты: они там – мы здесь, но и все же) подпускали слушок: монтаж, мол, это. Ну и ладно, негативы-то целы и хранятся не только у меня, но и в Белом Доме – тоже, вот и пусть проверят. Хотя, кому сегодня до этого...

Итак, миф первый: президент страны – лицо, пьющее исключительно лимонад, – этот миф я развеял предшествующим текстом.

И миф второй – его развеяла сама жизнь: президент – лицо сугубо моральное, в общем, идеал добродетели. Не про нашего, американского, сказано – что широко известно: было, да все там было, а только его злоключения ничего у меня, кроме симпатии, не вызывали тогда, а сейчас и тем более...

На первой встрече с Клинтоном, в 1998-м, если не ошибаюсь, был обильный ленч с легким вином. На второй, годом позже, нам был предложен легкий фуршет с прохладительными напитками. А в 2000-м – даже и фуршета не было, только лимонады и кола, но зато было другое... Вот об этом «зато» я и хочу здесь рассказать.

Руководство газетной ассоциации расстаралось и в этот раз: при каждом приезде нас возили и в Библиотеку Конгресса на встречу с законодателями – сенаторами, конгрессменами. Так и в этот приезд: легкие закуски, коктейли, в нескольких залах гости сбивались группками вокруг своих, своего штата законодателей. Хотя не возбранялось пообщаться и с другими.

Наши, калифорнийцы, поначалу собрались – кто вокруг представительной и породистой Файнстейн, кто вокруг замухрышистой и крикливой, какой она предстает в своих публичных «спичах» – Барбары Боксер. Я постоял и там, и там, перекинулся с ними какими-то словами, заручился приглашением звонить и заходить при нужде – газетной, разумеется.

Так вот, в этой третьей и последней встрече у меня случилась возможность высказать президенту США в лицо и при свидетелях некоторые итоги своих размышлений.

А было так: после формальной части вместо фуршета нам, десятку, может, полутора десяткам участников встречи, каждому предложили побеседовать неформально с господином президентом. Что было, естественно, с энтузиазмом нами воспринято.

Итак: прежде всего – разрушение мифа о неполной компетентности Клинтона в государственных делах, оно произошло для меня во время его выступления: мы окружили несколько приподнятую над уровнем пола трибунку, и Клинтон произнес (не сказал – именно произнес) блестящую речь, занявшую минут сорок, ни разу не заглянув в бумажку – да ее, кажется, и не было у него с собой. И в предыдущие мои визиты в Белый дом, в 97-м и в 98-м, было то же.

А потом… а потом началось самое-самое: Клинтон спустился с невысокого подиума, мы окружили его и поочередно пожимали ему руку, представляясь, минуты две-три, сколько позволяли обстоятельства, беседовали с ним. Естественно, большинство моих коллег интересовались вопросами экономики, политики внешней и внутренней, а я… Внимание! Я, представившись, когда он подошел и ко мне, сказал Биллу Клинтону:

– Господин президент! Я лично и, кажется, большинство читателей моей газеты не обязательно и не всегда согласны с осуществляемой вами, и демократами вообще, политикой во многих ее аспектах. И даже – наоборот: наш, бывших жителей СССР, опыт, господин президент, сделал нас консерваторами, мы с опаской и даже с тревогой относимся к социалистическим экспериментам, мы знаем, к чему они ведут.

Улыбаясь, Клинтон выслушал меня, кивая головой, – мол, понимаю... И уж совсем неожиданно, даже для себя самого, я добавил:

– Разрешите, господин президент, все же выразить вам сегодня наши симпатии и даже сочувствие в связи с безобразной кампанией, развернувшейся в прессе по поводу ваших, сугубо лишь ваших, – повторил я дважды, – аспектов личной жизни!

Ух... выговорив это, я подумал: да что же это я несу – зачем ему мои сочувствия, да и к месту ли! Знаете, оказалось – нужны, и к месту. Мне показалось, что пока я выговаривал эту фразу, глаза у Клинтона стали влажными. Может, просто показалось... И теперь, когда, чуть повернувшись в сторону, я приготовился уступить место кому-то из ждавших своей очереди сказать несколько слов президенту, в этот самый момент я ощутил у себя на плече небольшую тяжесть.

Я обернулся – это Клинтон приобнял меня. Мелькнула вспышка: нас сфотографировал кто-то из стоящих рядом, кому я предусмотрительно успел передать свою камеру за минуту-другую до того. И, значит, еще один миф – о бесчувственности, присущей поголовно всем представителям верховной власти там и тут – как, мол, иначе к ней пробиться, – развеялся.

Оказалось – можно, теперь я это знаю.

Кстати, как тут не вспомнить предшествующие визиту в Вашингтон анкеты с не очень сложными вопросами: так, формальный «клиринг», потому что о потенциальных визитерах Белого Дома и так все знали загодя в американском «где надо». Поражала проверка, а фактически, отсутствие настоящей проверки при входе в резиденцию президента США, главного лица страны.

Ну, выложили мы при проходе металлодетекторов из карманов ключи, мобильники, кошельки с монетами, наши фотоаппараты мельком повертел в руках офицер из числа двух, стоящих здесь, и вернул вместе с кошельками. Сейчас, наверное, там все не так – после всего, что произошло в последующие годы. Взять хотя бы аэропорты – а только там и достается мне проходить через металлодетекторы.

Хотя нет, в Москве случилось дважды: при визите к Дине Рубиной в Московское отделение израильского Сохнута, она тогда там дослуживала свой контрактный срок, о чем я вспоминал в одной из глав выше. И второй – совсем недавно, при входе в вестибюль здания в центре Москвы, – там размещаются службы телевизионного канала «Культура» и... Государственного симфонического оркестра. Елки же палки! – чего они там боятся: что взорвут главное пианино страны злоумышленники или что захватят передатчик, чтобы обратиться к народам России, припавшим к телевизорам во время очередной передачи довоенного советского фильма?

И опять – кстати: с Диной Рубиной мы выпили по бокалу вина на глазах действующего президента России – он смотрел на нас с очень живого портрета, укоризны в его взгляде явно не было – о чем может свидетельствовать помещенная дальше на этих страницах наша с Диной и с ним фотография.

Вот и получились три президента страны в моей жизни. Правда, действующий российский – остался для меня пока мифом, третьим мифом.

Да, был еще один, не президент, но король. Король мира шахмат, Гарик Каспаров, захоти, мог запросто стать и президентом – одной из всемирных шахматных ассоциаций. Не стал – не захотел. Так вот: за те немногие встречи, что у меня с ним случились, развеялся еще миф: такого ранга шахматиста, кроме шахмат, ничего не должно задевать.

Задевало – и как еще! Будь здесь место, я непременно бы привел нашу с ним беседу, текст которой был опубликован полтора десятка лет назад. И поэтому сегодня я нисколько не удивляюсь призыву Гарри Каспарова к созданию в России «партии нового типа» – лучше не скажешь – конечно же, не той, которую строил вождь пролетарской революции – такая уже была. И ведь, кто знает – может, и станет Каспаров президентом страны. Я бы не возражал, и, наверное, не только я... Поживем – увидим.

Глава 5. Пресса, конгрессы и прочее...

А еще не хочу упустить такое: в 1998-м случилось в Москве не рядовое событие... Думаю, о нем нелишне вспомнить и сегодня. Итак.

Почему, собственно, я принял тогда приглашение устроителей 1-го Конгресса русской прессы? В зарубежных русских изданиях высказывались тогда авторы публикаций в том смысле, что задуман этот форум, чтобы прибрать к рукам эмигрантскую прессу. Сразу, после присутствия там, и особенно теперь, спустя несколько лет, сомневаться не приходится – так оно и было.

Хотя, с другой стороны, своя, российская пресса под боком – казалось бы: попробуй, прибери ее к рукам! Чего уж тут тянуться за зарубежной... Прибрали, однако. Но это теперь понятно и ежу...

А тогда региональные издания российские, главным образом, но и русские в бывших советских республиках явно искали здесь для себя «крышу», сетуя на притеснения.

Повестка, предложенная устроителями для обсуждения, выглядела так: «Имидж России и единое информационное пространство» – это я повторяю формулировку из полученного мною письма-приглашения. Пришло оно от г-на Игнатенко, руководителя Российского информационного агентства ИТАР-ТАСС, инициатора и хозяина этого мероприятия. Виталий Игнатенко – о нём говорили «человек непростой», и понятно почему: он пришел на эту должность с поста главреда политического еженедельника «Новое время», - служба там была известна как синекура для бывших дипломатов, разведчиков или членов их семей... Это так, кстати, - только не о нём сейчас речь, но и всё же..

Вопросы повестки большинству участников, казалось, и правда, были небезразличны, пусть и по разным причинам.

Имидж России? Естественно, родившимся, жившим в России, говорящим на ее языке не все равно, каким представляется, скажем, американскому окружению образ этой страны. Здесь оказались намертво связаны моральные аспекты с практическими. Судите: на Дальнем Востоке советской ракетой сбит южнокорейский пассажирский «Боинг» – и хозяева американских магазинов снимают с полок бутылки традиционно популярной и у нас, в эмигрантской общине, «Столичной». Да Господь с ней, с водкой, «Смирновская», в конце концов, не хуже.

А вот и газетные киоски наотрез отказались продавать (и типографии, соответственно – печатать) русские, наши же – «эмигрантские»(!) газеты. Или вот еще: после финансового обвала в России в августе 98-го американские, да и в других странах, финансовые и промышленные компании стали избегать сотрудничества и заключения сделок с организациями, если их представляли эмигранты из СССР...

Словом – не все равно.

Так же и со вторым вопросом. Я не знал тогда, да и сейчас не знаю, сколько в собравшейся аудитории было тех, для кого наличие русскоязычного «информационного пространства» было едва ли не единственной возможностью существования. Да и вообще, что это за зверь – «информационное пространство»?

Можно было его понимать так: сумма информации, предлагаемой сетью интернет, газетами, телевидением и, возможно, какими-то пресс-релизами, тассовскими, например, бюллетенями – раз уж собрал нас там ТАСС. Теперь – ИТАР-ТАСС...

Уже тогда таких «русских» изданий оказалось множество – их называют интернетовскими, им – что? Приобрел недорогой компьютер – и скачивай тексты из «всемирной сети». А еще оставался дедовский способ – ножницы и клей. Самые «передовые», помимо компьютера, оснастились сканером – выбирай из купленных в киоске изданий, что приглянется.

Вот и представим себе этого издателя. И его читателя. Он, читатель, нетребователен – он только хочет чувствовать себя «в порядке», т. е. чтобы для него стали еще более очевидны преимущества жизни, какую он выбрал. Идя навстречу, потрафляющий ему издатель отбирает убедительные примеры тому из российской прессы, на которые та до последних пор была особо щедра, – и в сумме всех этих изданий получался вполне законченный образ страны, в которой жить нельзя и не нужно – считайте этот тезис расширенным комментарием к главе, посвященной «Литературке».

И еще обстоятельство: для кого секрет, что дорвавшаяся до свободы российская периодика поначалу оказалась зависимой от коммерческих, – а позже и от политических – раскладов поголовно. Ну и что с того, – говорит себе старший бухгалтер или младший инженер, ставший в «заграничной» жизни издателем, – да наплевать! Они – там, мы – здесь...

Что же делать, да и надо ли? – спрашивал я себя. Ответ напрашивался – надо.

Существует, конечно, путь юридический, – размышлял я: есть же такое понятие «авторское право», вот следовало бы привести в порядок тамошние, российские законы, а сейчас уже, сразу – использовать международные, об авторских правах. Получилось бы что-нибудь вроде: «пользуетесь нашими материалами – платите!»

Пожелали бы «заимствующие», да и в состоянии ли они покупать материалы? Здесь и должен бы работать закон. Да будет ли?

Жизнь подсказывала – не обязательно... Такая попытка состоялась: тяжба группы российских газет с дайджестом «Курьер» закончилась ничем. Она показала: ни Союз журналистов, ни российское государственное ведомство по охране авторских прав, ни, в конечном счете, американские законники не оказались способными к организованным действиям. А кто-то, может быть – и незаинтересован, начинал догадываться я.

– Еще можно выбрать такой путь, – рассуждал я перед приездом в Москву, – придумать некое объединение в рамках некоего же Международного газетного союза или Газетной гильдии русской журналистики (назвать-то можно как угодно), и она объединила бы на равных российских газетчиков и нас. Да, всех нас, кто заинтересован в том, чтобы не было недобросовестной конкуренции – со стороны «занимающих», берущих (ворующих – попросту говоря) самые смачные материалы из российской прессы.

Возникни такая гильдия, она могла бы стать сообществом равных и, существуя на членские взносы, способствовала бы добросовестному освещению процессов, происходящих в России. Это – с одной стороны, и, с другой стороны – отслеживала бы соблюдение авторских и издательских прав в самой России и за ее рубежами.

Заинтересованы ли в подобной практике российские инстанции? – продолжал размышлять я. – Они же, естественно, озабочены имиджем своей страны. Это уже не говоря о газетах: кому помешают гонорары из-за рубежа, долларовые, верно же?

А содержание «информационного пространства» – так это вся группа материалов, составляющих периодику. Ведь и мы, «заграничные», – думал тогда я, – могли бы предложить российским изданиям использование наших публикаций. И получится некий банк публикаций, доступ к содержанию которого был бы облегчен прежде всего членам придуманной мною гильдии.

В общем, решил я приглашение принять... Жалел ли я об этом после и жалею ли сейчас, спустя столько лет? Нет. Не жалею. Помню, вокруг стенда «Панорамы» с газетами, с микрофильмами, с компьютерными списками – справочным аппаратом к выпускам за два почти десятилетия, и с непрерывным показом видеофильма о газете было всегда людно.

Первым подвели к стенду тогдашнего премьера Степашина. Позади него маячила невзрачная фигура человека с бородкой – он все пытался заглянуть через плечо Степашина, листавшего «Панораму» – стопка свежих номеров газеты была доставлена самолетом в Москву к самому началу конференции. Оказалось – Волошин, это теперь я знаю, кем он на самом деле был...

Случилось же так, что в этом выпуске на первой полосе крупным планом был портрет Александра Лифшица (удивительно похожего на Арканова – их и сейчас часто путают) – советника Ельцина по вопросам финансов и экономики. Кажется, так называлась его должность – он за пару недель до того был с визитом в нашей редакции, и мы же чуть позже организовали его встречу с калифорнийскими бизнесменами. А в самом уголке той же страницы поместилась крохотная фотография Степашина – сейчас и не вспомнить, в какой связи: видимо, анонсировала что-то репортажное из выпуска.

– А почему это, – как бы в шутку вопросил премьер, – Лифшиц такой большой, а я – маленький?

Отшутился и я:

– Мы и вас сделаем большим: получится крупно, если снимать вблизи – так что, милости просим, заходите в гости!

Рассказывали, что годом позже Степашин стоял перед Ельциным и чуть ли не со слезой вопрошал:

– За что? Я надежный, я так верно вам служил...

Ответа Ельцина история для нас не сохранила – только стал вдруг опальным премьер... Хотя поговаривают, что опасался Ельцин возможных амбиций Степашина, посяганий его на первое место в стране. Кто знает, что там было. Но и не обделил его не последней должностью в правительстве.

В те же дни организовал мне Сафаров, тогдашний заместитель председателя Комитета Госдумы по безопасности (не той «безопасности», которой занимаются на площади Дзержинского, а этой, совсем от нее далекой, так мне объяснили) хождение по коридорам Госдумы.

Уместно здесь напомнить о Сафарове (был он назван и в первых главах, славный оказался парень): это он придумал тогда встречу в Госдуме с председателем Комитета по обороне. Павлович оказался вполне гражданским человеком, одарившим «Панораму» получасовым интервью. Сегодня нет резона приводить текст нашей беседы, хотя в свое время она звучала вполне злободневно.

Предложил Сафаров организовать встречу и с Жириновским, условился уже с его помощниками, я и вопросы к вождю «либералов» успел подготовить, только ждать его возвращения из города я не стал: остаток дня у меня был расписан.

На другой день работы конгресса я оказался сидящим прямо за спиной Березовского. Дождавшись его выступления, я спросил из зала: «Если правительство не вполне лояльно к владельцам крупного капитала, о чем вы сейчас говорили, – отчего бы вам всем не договориться, чтобы единым фронтом говорить с Кремлем?». Березовский только развел руками: «Нам бы между собой сначала договориться».

Все было понятно.

А еще было такое. Примерно в те же годы встретил я в Москве старого знакомого по нашей эмиграции, участвующего (причем весьма успешно) в ресторанном деле – у него несколько ночных клубов. Хотя, по его признанию – проблем тоже хватает, специфически российских проблем. Или вот: по всему городу – плакаты: «Платите налоги! Пора выходить из тени». Это призыв к так называемым «теневикам». Но и ко всем.

Спустя примерно год, уже в Лос-Анджелесе, я заглянул к приятелю, он с короткой побывкой оказался дома и назавтра собирался обратно в Москву. Проблем у него меньше там не стало, и даже, напротив, – они приобрели характер критический. Теперь он рассказывал более обстоятельно – видимо, действительно прижало, – и сейчас его откровенность приоткрыла для меня и тот кусочек современной жизни, к которой я, гостя в Москве, не имел касательства.

Так вот, рассказывал Марк (не настоящее его имя, и пока он остается там, будем так его называть, мало ли что...), однажды к вечеру в его клуб заглянули двое пристойно одетых молодых людей и представились – мы из городской управы, – так теперь называется мэрия.

– Знаете ли, – обращаются они к Марку и его партнеру, – помещение, в котором находится ваш клуб, было отведено ему неправомочно, и теперь оно возвращается законному владельцу, то есть нашему учреждению, нам... Вместе с находящимся здесь клубом. Вести его дела теперь будут у нас. Вот документы: хотите подписать их сейчас – или завтра? А нет – так пеняйте на себя. День-другой и, не приведи Господь, может пожар у вас случиться, а водопровод окажется неисправным... Да сами мы все под Богом ходим... Так что решайте.

Назавтра Марк обратился к своим покровителям, а они у него имелись (конечно, не за так просто) – и в милиции, и в серьезных органах, и, чего уж скрывать, – в структурах, которые пресса деликатно называет «криминальными». В общем, к «крыше»... И во всех этих инстанциях ответ звучал одинаково, с небольшими вариациями:

– Хорошо, мы поставим охрану, ну день она у вас простоит, ну другой – а потом что? Да и вы по городу ездите, в магазины заходите – не можем мы гарантировать вашу безопасность, понимаете? Газеты читаете? Вот-вот.

Теперь Марк не знает, как быть. Оставить дело – но ведь столько туда вложено – и труда, и здоровья, и денег, конечно? Так что – все бросить? А пока Марк возвращается в Москву.

Надолго ли?..

Глава 6. Я вам пишу...

В развитие и завершение темы «Заметки по поводу» пересказ эпистолы автора редактору «Литературки» после публикации в ней статьи, обвинявшей эмигрантов из России в «поливании грязью» оставленной ими страны...

Главному редактору „Литературной газеты”
Юрию ПОЛЯКОВУ

Уважаемый господин редактор!

Позвольте предложить Вашему вниманию тезисы размышлений в связи с публикацией статьи "Неполноценный комплекс превосходства" в рубрике ДИАГНОЗ (выпуск «ЛГ» от 30 июля с.г.)... Уверяю Вас, что реакция на подобную публикацию в США... не ограничится моим откликом, прилагаемым к настоящему письму.

Подпись, дата.

Такой запиской я препроводил свои заметки посланные в «Литературную газету». Мне они и сегодня кажутся не устаревшими во многом, почему я и предваряю выдержками из них рассказ о своем визите к главному редактору "Литературки" - он заключает содержание этой книги.

Итак:

ПОЛНОЦЕННЫЙ КОМПЛЕКС ПРЕДВЗЯТОСТИ, озаглавил тогда я его. «А пропусти я тот выпуск «Литературки», не было бы повода вернуться к альбому с фотографиями 20- и больше -летней давности», - писал я. И дальше: «...В них содержится немало поучительного и по нынешним дням. Вот, например: Нью-Йорк, год 1981. Кабинет тогдашнего главного редактора и издателя «Нового Русского Слова»: справа – Седых рассматривает один из первых выпусков «Панорамы»... И добавлял... "состояние русской периодики в США – тема отдельной статьи, и даже – исследования".

Кроме НРС, действительно в те годы «центральной», как выразилась автор упомянутой статьи существовали сан-францисская «Русская жизнь» и парижская «Русская мысль», полностью обращенные к «старой» русской эмиграции. Это были политически ориентированные издания, малотиражные – они поступали по подписке в русскоязычные семьи на 5-й, а то и на десятый день после выпуска – это живущим в Штатах, и те, что издавались в США. Парижская газета доставлялась в Америку многими неделями, а то и месяцами.

Но и то было хорошо. ...А еще были крохотные машинописные-ротапринтные изданьица, они выходили нерегулярно, журнальными брошюрками литературного и местно-информационного направления, и сыграли колоссальную роль в сбережении русской культуры в эмиграции – и это тоже тема специального разговора.

Издатели их были выходцы из так называемых "волн" российской, а потом и советской эмиграции, хотя правильнее было бы сказать – антисоветской: перебравшиеся в Штаты из Харбина, из Шанхая, из европейских лагерей для премещенных лиц – так называли военнопленных и вывезенных из оккупированных советских территорий во Второй мировой войне.

А еще раньше существовали многочисленные газеты и журналы, издаваемые для русского читателя в Париже, в Праге, в Берлине. Были они и в Штатах – их издавали русские эмигранты, оставившие страну в первые два десятилетия прошлого века.

Традиция объявлений с поздравлениями и извещениями о почивших в бозе на полполосы, а то и на полную, пришла в нынешнюю русско-американскую прессу именно из тех изданий. Я их тоже помню и даже некоторые выпуски храню: вот на треть полосы, причем – первой, объявление о предстоящем кадетском бале в доме Св. Владимира, вот – о встрече вдов юнкеров такого-то полка, вот объявлен пасхальный благотворительный обед, сбор денег на «красное яичко» на "Фарме Рова" (почему-то так называли в тогдашних газетах ферму при Толстовской усадьбе под Нью-Йорком)... поздравления в связи с тезоименитством Его Императорского Величества... извещение о кончине поручика лейб-гвардии г-на Василия Милославского и т.п.

«...Эти объявления, – писал я, – играли важнейшую роль, они нередко были единственным средством общения разрозненно живущих эмигрантов. А публиковавшие их газеты своим существованием позволили сохранить общность российской диаспоры в США, наследниками которой в какой-то степени стали нынешние эмигранты в США, да и в других странах рассеяния.

Автор упомянутой статьи, – продолжал я, – с издевкой выделяет поздравительное объявление неких "Раечки и Семена Попик" – чем они ей досадили? То, что их объявление платное – это, скорее всего, правда – да как иначе могла бы существовать эта газета (неважно – хорошая или плохая в понимании автора статьи) – не за счет же скромной подписки!..

Сейчас я вспоминаю, как на заре «Панорамы» мой сын с сочувственной улыбкой цитировал тезис из американского учебника по организации газетного дела: «...издательская деятельность имеет ту же цель, что и любой другой бизнес – получение прибыли». Для улыбки у сына были все основания – повторюсь, для сочувственной улыбки. Какая уж тогда была прибыль, да и долго потом...».

Да если бы не платная реклама... – вряд ли когда-нибудь у Аксенова, Гладилина, Алексина, Окуджавы возникли бы основания называть «Панораму» лучшим русским изданием, и не только в США, а тем более – отдавать в нее свои тексты. – Уж мы загоняли ее, – вспоминал я, – эту рекламу на отдельные полосы, и в подвалы, и в последнюю секцию, и на края страниц (но никогда, никогда на первые страницы). И всегда оставался кто-то недоволен – то читатель, то дающие в газету рекламу.

Не могу сегодня без улыбки вспоминать такой эпизод: на конференции американских славистов, кажется, в Филадельфии, а может, в Бостоне, к стенду «Панорамы» подошел некто в штатском, представился главным редактором российского «Военного журнала» и потом долго расспрашивал меня: «Кто за вами стоит?». Я нарочито вздрогнул и оглянулся – кто там за мной? Конечно, вопрос его я понял, но он так и не поверил, что ни Пентагон и ни ЦРУ, а лишь подписчики и рекламодатели «стоят» за нашей газетой – и отошел, недоверчиво покачивая головой.

Нелюбовь к реалиям Запада трудно не заметить в тексте Яны Джин (это подлинное имя автора публикации в "Литературке"), но это, как здесь говорят, её проблема – не нравится, и ладно. Потому что – капитализм?..

«Так вот... опираясь на свой опыт жизни в США, включающий редактирование русских газет и их издание, могу утверждать, что подавляющее большинство «русских» американцев (повторяю кавычки за Яной Джин) – все мы с огромным сочувствием наблюдаем за проблемами и трудностями жизни, связанными с переменами на территории бывшего СССР.

Хотя кавычки, и правда, в контексте этой полемики уместны: ну, действительно – хотя бы такой пример: в составе редакции «Панорамы» около 30 человек – евреи, русские, украинцы, армяне, грузины, эстонцы, один узбек, член Союза писателей России и даже одна полу-коми – полуеврейка! И они не просто наблюдают, но, в меру сил, помогают родным и близким. А то и просто незнакомым – как после трагедии в Спитаке, как при сборе средств в Советский фонд АНТИСПИД, или как сегодня – в фонд помощи российским детям, перенесшим операцию на сердце (им руководит Родион Нахапетов), жителям России, Украины, нуждающимся в дорогостоящем лечении, о чем мы узнаем из писем в наши газеты...».

Нужны еще примеры?.. – задавал я вполне риторический вопрос. – И потому есть не что иное, – писал я, – как бесстыдная ложь, основной тезис статьи г-жи Джин, утверждающий, что читатели и писатели эмигрантских газет «дорожат каждым поводом оскорбить Россию».

Яна Джин тут же пишет, – цитировал я: «Статьи, которые можно читать в НРС, как правило, – перепечатки из российских газет». Так о каком, о чьем «комплексе превосходства» пишет автор упомянутого текста и кто им страдает? Не удержусь, чтобы не привести забавный анекдотец.

Беседа у психиатра: «Доктор, я страдаю, у меня комплекс неполноценности!» – «Ну, давайте побеседуем, милейший». После беседы: «Ну что, доктор?» – «Да нет у вас никакого комплекса!» – «Отчего же я так страдаю?» – «Да вы, голубчик, просто неполноценный!».

Кому остается принять эту байку на свой счет – судить читателю...

Так что заимствования НРС у российских авторов можно считать формально оправданными, и уж во всяком случае ненаказуемыми, поскольку нынешний владелец газеты тогда же стал первым заместителем председателя конгресса. За что же его осуждать-то? – его подчиненные в редакции действуют точно в соответствии с уставом конгресса...

– Конечно же, – замечал я дальше, – оснований для озабоченности состоянием зарубежной русской прессы предостаточно, но совсем не там, где их видела Яна Джин... А "Новое Русское Слово"? – здесь я отсылал любопытствующих к опыту работы там писателя Георгия Вайнера, он некоторое время исполнял обязанности главного редактора НРС, о чем оставил воспоминания.

...Автор же "Литературки" пишет о злобной направленности и недоброжелательности читателей и самой газеты НРС по отношению к сегодняшней России... и тут же отмечает, что материалы в ней на 90 процентов украдены или взяты из российских газет.

...Так о каком же «неполноценном комлексе» идет речь? – спрашивал я в письме к главному редактору. – И кому он присущ – эмигрантам или авторам публикаций российских газет?.. И что тогда остается от натужной парадоксальности заголовка статьи Яны Джин, которым щегольнула автор перед русско-американской диаспорой, необязательно осведомленной о действительном положении вещей?

Манерный словесный оборот, но не более.

Отмечал я и тон публикации: оскорбительно выглядело высокомерие, с каким пишет автор о российской эмиграции, как будто речь идет о животных – не о жизни, но о жизнедеятельности... И здесь можно было бы поставить точку, – писал я редактору: "...Обратите внимание: как ловко подобраны имена, приведенные Яной Джин в поддержку ее тезисов: Вайнберг, Ицкович, "несчастные" (хотя все же надеюсь – счастливые) Попики из Нью-Йорка, и случайно затесавшийся сюда Козловский (тоже сомнительный тип...).

– Ну чем не список космополитов безродных! – восклицал я. – Вполне осовремененное из классики – „...Эти вайнберги, айсберги, ицковичи тож – никакого житья от них не стало..." При этом автор изящно не заметила, например, объявления-соболезнования в связи с кончиной актера Всеволода Абдулова, да и многое другое».

– Да, кстати, – завершал я письмо, – настоящая фамилия бывшего издателя и главного редактора НРС Седых была Цвибак, и звали его Яков Моисеевич. Может, пригодится г-же Джин для ее будущих опусов? За этим следовали мой адрес, телефон и, естественно, подпись. А дальше было вот что: статья в «Литературке» появилась вопреки предположениям – моим собственным и моих друзей, причастных к писательству, – после чего последовало мне и приглашение главного редактора посетить редакцию.

Посетил, встретился с Поляковым и не пожалел: тем для размышлений о судьбах российской периодики и всего, что с ней рядом, прибавилось, но об этом - в другой главе.

Часть 6. Разговоры и вокруг...

ВСТУПЛЕНИЕ

Анатолий Алексин

Сколько уж раз я повторял – и прежде всего для себя самого! – что истина от частого употребления истиной быть не перестает. Вот, к примеру, такая: первая примета дарования – это непохожесть, неповторимость. Сборники бесед Александра Половца с людьми, одаренными мудростью таланта и талантом мудрости, – это книги, ни на какие другие издания не похожие. Уверенно подчеркну: перед нами – не собрания интервью, а личности, именно личности, которых А.Половец словно бы приводит к нам в дом – не вместе, не всех разом, а, разумеется, порознь, по одиночке.

Приводит и предоставляет нам уникальнейшую возможность видеть их, слышать и участвовать в разговоре, быть может, не произнося при этом ни слова. Настоятельно повторяюсь: это не интервью, а некий новый жанр бесед – до того раскованных, откровенных, что они вроде и не предназначены для публикаций. Их невозможно пересказать: если вторгнешься, все испортишь. Их невозможно изложить своими словами: у каждого собеседника своя интонация, свой стиль. И ничего нельзя сократить: если из песни слов не выбросишь, то уж из размышлений мудрецов – тем более.

И Александр Половец ни в коем случае не интервьюер в обычном смысле (и ни в каком смысле вообще!) – разговаривает он с известными и знаменитыми абсолютно на равных. И уж безусловно не „провоцирует”, не подталкивает, не направляет „в русло”... Да, всякий раз он – равноправный участник тех самых раздумий вслух о самом значительном для литературы, искусства, науки, политики, а, стало быть, и для каждого из нас (пусть не прозвучит это высокопарно)... Он произносит меньше, гораздо меньше фраз, чем его собеседники, но ведь и одного кристаллика бывает достаточно, чтобы, растворившись, он всему придал свою окраску, свой цвет.

В одном из писем Лев Толстой утверждал, что самое главное в литературе – это воссоздание характеров, ибо только через характеры можно воссоздать Время, Эпоху.

Искусство А.Половца едва ли не прежде всего в том, что он заставляет собеседников выказывать свои характеры если не полностью (порой они недоступно глубинны!), но все же в такой степени, что не покидает ощущение, точно мы давно знаем этих людей не только по их творениям, действиям, но и по их личному отношению к окружающим и окружающему. Мы узнали о них то, что и в произведениях их порою сокрыто... Они вошли в наш дом, а мы – в их мир.

Известную русскую поговорку „Скажи, кто твой друг, и я скажу, кто ты!" можно, мне кажется, на этот случай перефразировать: „Скажи, кого ты выбрал себе в собеседники, и я скажу, кто ты!". А выбрал А.Половец Булата Окуджаву, Василия Аксенова, Гарри Каспарова, Михаила Шемякина, Андрея Кончаловского, Анатолия Гладилина, Виктора Ерофеева, Марка Розовского, Сашу Соколова, Мариэтту Чудакову, Георгия Арбатова... Да не обидятся те, кого не назвал, хоть и уважаю не менее, чем перечисленных: надо же все-таки поставить многоточие вместо бесчисленных запятых.

И вот новая, третья книга „Бесед"... Новое дарение Александр Половец преподносит нам от имени русско-американского еженедельника „Панорама", на страницах которого те „дуэтные" разговоры впервые обретают жизнь. И вновь беседы, после каждой из коих хочется написать: „Продолжение следует". Эти продолжения – наши размышления о прочитанном.

На обложке второго сборника – слова Булата Окуджавы: „Для чего ты здесь...". Хоть это, как говорится, вырвано из контекста, но исполнено философского смысла. Человек эпохи Возрождения Окуджава – поэт, прозаик, композитор, бард – не дает всеобъемлющего ответа, поскольку его не существует, но всем, что сотворил на земле, прокладывает дороги к осознанию того, для чего и во имя чего мы здесь...

И все беседы, в которых мы будто участвуем, прокладывают – каждая по-своему – те дороги и тропы.

Глава 1. Булат

ОТ АВТОРА

Сегодня Оля Окуджава сказала: «Вот, дожили все же – будет фестиваль... В июне. Первый фестиваль памяти Булата. Международный: приедут японцы, шведы, американцы, поляки, будут петь песни Булата на своих языках. В Москве. На Арбате...». Тысячи телефонных миль, разделявшие нас в разговоре, сохранили интонации, с которыми это было произнесено.

...Международный. Помню, Окуджава с некоторым удивлением рассказывал, как его принимали в Японии: аудитория (вряд ли кто из составлявших ее знал русский) подолгу рукоплескала ему, даже если это были только стихи. Или вот еще, вспоминаю я сейчас. Лет 15 назад в числе моих близких знакомых была актриса из Польши, дочка известного варшавского режиссера. До отъезда, кажется, даже бегства из своей страны – не забудем, какое это было время – Катя была дружна с самыми непримиримыми к власти польскими диссидентами и даже открыто входила в довольно узкий их круг. Имя Окуджавы, рассказывала она мне, на ее родине не менее известно, чем у нас в России – и так же почитаемо. Его песни – непременный атрибут, даже ритуал студенческих и профсоюзных сходок популярнейшей тогда «Солидарности»: «Возьмемся за руки, друзья!» – почти их гимн.

Незадолго до того Окуджава гостил в Штатах – на моей памяти в третий раз. В его приезды мы виделись при тех или иных обстоятельствах, а однажды (по-моему, в самом конце 70-х) я имел серьезный нагоняй от Елены Вайль, профессора кафедры славистики, пригласившей Булата с лекциями в ее университет: нагло поправ свои собственные обещания, я задержал Окуджаву в городе на ночь.

Причина была основательная: университет тот отстоял от Лос-Анджелеса миль на 50, мы заобедались – сначала в популярном тогда, первом в Лос-Анджелесе русском кафе «Миша», потом где-то в гостях – ехать за город в ночь никому не хотелось. Словом, волнение Лены было более чем объяснимо. Конечно, наутро Окуджава был доставлен на кафедру, лекции прочитаны, но она долго еще сердилась на меня и при случае напоминала о моей непростительной беззаботности.

В другой приезд Окуджавы наше полное примирение с ней, тогда уже тяжело болевшей (спустя год ее не стало), произошло у меня дома, где он заночевал. Конечно, был ужин в самом тесном кругу, и потом Булат пел, правда, недолго и немного, под каким-то чудом сохранившуюся у меня до нынешних дней семиструнку – изделие подмосковной Звенигородской фабрики.

Словом я имел основания обещать поклонявшейся Булату моей приятельнице, польской актрисе Кате, (чьё расположение, признаюсь, я ещё только завоёвывал в те дни) возможность услышать ее кумира вблизи – может быть, даже у меня дома, вот здесь, в этой комнате. Чего в жизни не случилось – к следующему приезду Булата Катя благополучно вышла замуж за американского доктора, а дальше следы ее для меня теряются. Приведенная далее в тексте этого сборника фотография – та, где Лена Вайль, уже больная и передвигавшаяся лишь с посторонней помощью, сидит рядом с Окуджавой – как раз сделана у меня дома пару лет спустя.

Жаль, однако, что нет на этом снимке той Кати, все еще думаю я: мог же случиться у неё такой в жизни праздник – насколько я помню, Булат не избегал новых встреч и новых знакомств; для него было очень органично и нормально поддержать беседу с только что представленным ему, особенно если знакомство предварялось чем-то, внушавшим Булату интерес.

И вот визуальный пример: в тексте этого сборника читатель обнаружит фотографию – садовый стол во дворе, позади дома, вокруг стола гости, в числе их – Крамаров. По его поводу Булат как-то пошутил: народ узнал, что Крамаров еврей, и обиделся на него. Сейчас он внимательно слушает Савву, он знает, что за образом экранного обалдуя кумира миллионов российских зрителей, кроется умный и тонкий артист. И вот они встретились – впервые и, что очевидно, ко взаимному удовольствию.

А еще Окуджава умел быть снисходителен – как, к примеру, в случайном разговоре с подсевшим к нашему столику в ресторане ЦДЛ подвыпившему книготорговцу, никому из нас дотоле незнакомому. «Я, конечно, не поэт и не писатель...» – традиционно для такого рода бесед начал он и потом минут десять говорил о любви к Булату, к его книгам (верю, не из корысти, хотя и для этого у него были веские основания – книги Окуджавы уже печатались в России и расходились завидными тиражами).

Говорил он не очень связно, Булат терпеливо слушал его, на что-то отвечал – словом, была видимость беседы, вполне удовлетворившей нашего нежданного гостя. Потом кто-то объяснил нам, что, начав на заре «перестройки» свое предприятие со скромного лотка в подземном переходе, этот человек создал книготорговую империю с нешуточным, даже по западным меркам, оборотом. Бог ему в помощь...

Обостренное чувство справедливости Булата – особый разговор. Вот крохотный, казалось бы, малозначимый случай. В моем дворе вдруг заводятся осы – хоть бы и безвредные, но весьма и весьма надоедливые: едва учуяв запах съестного, они с лазерной точностью пилотируют невесть откуда на только что выставленные тарелки с едой, что делает совершенно невозможным не то чтобы полный обед под открытым небом, но и скорое чаепитие.

Однажды Булат возвращается со двора в дом очевидно удрученным. «Что случилось?» – спрашиваю я его. «Да, так... Муравьи осу заели. Не то, чтобы ее жалко – но противно, когда много на одного...»

Что на моей памяти не однажды заставляло Окуджаву умолкнуть в разговоре, не поддержать предложенную тему – это все, связанное с творческим его методом. Искусство Булата, мне кажется, было и для него самого некоей тайной, препарировать которую, объяснять он не пытался: пишется вот так – и все. «Каждый пишет, как он слышит...». Сейчас я думаю, что его удивительный талант отчасти и в том, что работал он с самым обычным языком.

Если так позволено выразиться, с первым словесным слоем – без специальных изысков, без попыток изощренности: он брал валяющиеся под ногами камушки – и строил из них чудесный, удивительный храм. Его слог – это тот, которым мы пользуемся повседневно. Его дар – в способности построить фразу так, что сразу понимаешь: за ней кроется особое значение и особый, сокровенный и близкий тебе смысл. И получается, будто не он, а ты сам только что произнес слова, которые вынашивал в себе многие годы...

Как у него это получалось? Еще и потому, думаю я, что к каждой фразе, к каждой запятой в уже законченном (и спетом ...и опубликованном) тексте он мог возвращаться по многу раз, добиваясь абсолютной точности звучания, абсолютного соответствия их заданной здесь мысли. Мне довелось наблюдать, как перед выступлением он пролистывал стопки машинописных страничек, пожелтевших, а стало быть, увидевших свет не вчера, – и, зачеркивая слова, тончайшим пером вписывал в тесное пространство между строчками другие, более подходящие сегодня, более правильные, более точные.

Несколько таких выброшенных им, наверное, после перепечатки страничек случайно сохранились у меня: вот в «Зворыкине» он заменяет «...память о них» на «...безумие их» - и вся строфа приобретает абсолютную законченность, может быть, даже совершенство. В другом тексте он заменяет определение улыбки тирана с «праведной» на «умильную»: замечаете эффект этой замены?

Не одно поколение литературоведов будет кормиться от того, что принято называть творческим наследием ушедшего.

И музыкальных критиков, и социологов: исследования композиторских находок Булата – обстоятельство, нередко остающееся не замеченным нашими современниками, а удивительный феномен – возникшие от начала 60-х миллионы единомышленников Булата Окуджавы – еще нуждается в объяснении.

Моя задача куда скромнее – вспомнить и рассказать. С известной робостью я предлагаю читателю собранные в одной обложке эпизоды, свидетелем и в какой-то степени участником которых мне довелось быть – от нашей беседы (текст ее был опубликован скромным тиражом годы назад) до только что завершенной в написании главы, повествующей о днях, когда могла прерваться жизнь этого выдающегося человека.

С памятью о них мне никогда не расстаться.

Для чего ты здесь...

Мы возвращались в Голливуд, в многоэтажную, занимающую целый квартал бульвара, респектабельную гостиницу – здесь в этот приезд остановился Булат Шалвович Окуджава «с сопровождающими его лицами». Традиционно эти лица в его творческих поездках есть члены его семьи – Ольга Владимировна и Булатмладший, носящий сценическое имя Антон. Так и в этот раз – не считая, конечно, импресарио, который к настоящему тексту прямого отношения не имеет и потому остается за кадром этих заметок.

Ехали мы быстро, скоростное шоссе, протянувшееся по самому краю долины Сан-Фернандо, выглядело в предночные часы действительно скоростным – вся дорога до отеля не должна была занять больше четверти часа. Только что разошлись те, кого хотел повидать в свой недолгий приезд Окуджава и кого удалось экспромтом собрать в этот вечер – за день до его отбытия из Лос-Анджелеса. Экспромт – он и есть экспромт: планировалось пригласить человек 5-7, откуда взялось еще 20 – известно только Господу. Лишним, однако, никто не стал, несколько минут растерянности завершились экспресс-визитом в ближайший супермаркет – словом, ничто не омрачило застольной беседы, если не считать ее непродолжительности.

Об этом мы, собственно, и говорили сейчас с Булатом Шалвовичем, как бы по инерции возвращаясь к оставленной только что теме: перевернутая жизнь России, новые, невесть откуда пришедшие в нее люди, вчера еще казавшиеся невероятными события... Слушая его, изредка подавая реплики, я вел свой джип машинально, не замечая дороги, – и понял это, лишь обнаружив, что мы въезжаем под арку, за которой начинается территория отеля, совершенно для себя неожиданно. И так же неожиданно я предложил Окуджаве: а не продолжить ли нам с ним беседу при магнитофоне?

Первая половина следующего дня оказывалась свободной, и с утра мы уже сидели в его номере у небольшого круглого столика, на котором я пытался приладить портативный микрофончик - так, чтобы шум работающего кондиционера не перекрывал негромкий голос Булата.

– Я не уверен, что формальное интервью – это то, чего ждал бы от нас читатель. Да и готового плана у меня нет... – признался я. – Попробуем представить себе контуры беседы так: «Поэт и эпоха». А конкретнее – отношение Булата Окуджавы к происходящему в России: что, на его взгляд, случилось со страной, с людьми? Каких еще перемен можно ожидать там?..

Когда все это случилось...

– Знаешь, Саша, мне вообще сложно отвечать на такие вопросы – я ведь не политолог... – заговорил после недолгого молчания Окуджава.

– Именно потому интересно, – вставил я, – потому что не политолог...

– Да, я понимаю, – но поэтому я, быть может, буду произносить какие-то смешные вещи. И, может быть, даже буду, что называется, открывать Америки... Я не думал об этом систематически, но вот что главное: когда все это случилось и когда процесс начал развиваться, я обнаружил, что во мне почти ничего из происходящего не вызывает удивления. Огорчение – вызывает. Горечь, печаль... Вот. Потому что, как мне кажется, я неплохо знаю историю России, увлекаюсь и занимаюсь ею.

Не то чтобы я предвидел это – но, в общем, то, что произошло, и то, что происходит, мне с каждым днем представляется все больше и больше логическим развитием нашей истории, нашего общества вообще. Так называемые национал-патриоты говорят, что Россия – особая страна, ни на кого и ни на что не похожая, и отношение к ней, соответственно, должно быть особенное... Ни на кого не похожая – это действительно так. Ну и что? И Франция ни на кого не похожа, как любая другая страна, – никакого превосходства в этом я не вижу.

Но у России есть свой путь развития, свой исторический путь: те печали, которые мы сегодня испытываем и переживаем, они как раз и есть результат логики развития этих специфических черт. Именно – российских! Если же говорить конкретно, я и до этого уже много раз повторял: Россия никогда не знала, что такое демократия, и большевики, которые столько кричали о демократии, придя к власти, даже маленькие зародыши этой демократии, вспыхивавшие время от времени, попытались вытравить и уничтожить – чтобы удобнее было управлять. Им не нужны были сознательные, самостоятельно мыслящие демократы, им нужны были тихие, послушные рабы. А все это, конечно, прикрывалось флером: культура – флер, искусство – флер, дружба народов – флер...

Жаль, на письме невозможно передать интонацию, с которой Окуджава произносил эти слова, как-то особенно растягивая их – культу-ура... иску-усство... И она, эта интонация, в контексте того, что он говорил, значила так много!

– Служение народу... – рискнул вставить я.

– Служение наро-оду, – повторил с той же интонацией Булат. – На самом деле, все это было ложью, и мы это хорошо знали. Но большевики ничего нового не открыли – они просто усугубили те особенности, которые в российском обществе существовали до того, и главная из них – отсутствие демократии. Отсутствие ее в крови. Конечно, в России всегда были личности, настроенные демократически, мыслящие – этого не отнимешь... Но в целом, если говорить об обществе – оно было холопское, не знающее демократии.

Россия никогда не знала института свободы: Россия знала, что такое воля, но свободы она не знала – то есть воли, поставленной в рамки закона. Поэтому не случайно именно в России родились анархизм, терроризм, пугачевщина, разинщина. А еще – Россия никогда не уважала личность, Россия никогда не уважала закон. Вот это я и твержу все время: пока эти качества мы не привьем обществу, ничего путёвого ждать нельзя.

Конечно, процесс демократизации будет идти – если на него будут настраиваться мыслями, если ему будут споспешествовать: какая-то часть общества понимает необходимость этого, пытается что-то делать. Небольшая часть общества... Я не могу сказать, что все наше общество тупое, холопское – нет! Но слишком большая разница между тоталитарным режимом, который существовал, и внезапно открывшейся возможностью самодеятельности: делай, что хочешь, живи, как хочешь, выкарабкивайся!

Это не свойственно нашей ментальности, нашей психологии, не соответствует стереотипу, в котором мы воспитывались. Мы же все – и руководители, и рядовые – вышли из одной шкуры. Все из одной шкуры... – задумчиво повторил Булат. – Одни чуть умнее, другие чуть глупее. Одни более образованы, другие менее – но, в общем-то, из одной шкуры вышли... Вот это я и наблюдаю, этот процесс, – который меня не удивил и который меня огорчает. Потому что сколько он трагедий несет, сколько печальных ситуаций!..

– Только огорчает – или все же дает какие-то основания для оптимизма?.. Доминанта какая?

– Ну, в общем-то, я от природы оптимист. Но – грустный оптимист. Я верю, что этот процесс будет продолжаться и развиваться. И в то же время я думаю: понадобится, конечно, не одно поколение, чтобы прийти к тому...

Окуджава, недоговорив фразу, задумался. Что он сейчас имел в виду?

– Чтобы новые обстоятельства жизни стали естественны для народа? – предположил я, прерывая затянувшуюся паузу.

– Конечно! Вот в том-то и дело! – он снова смотрел на меня, подперев согнутой кистью руки подбородок. В разговоре – это его любимая поза... – Когда началась перестройка, многие в нашем обществе думали: ну, сейчас, слава Богу, свобода, сейчас парочка хороших указов – и все пойдет по-другому! Не пойдет... Вот приняли, например, новую Конституцию... Многие ее ругают, говорят – нехорошая, неполноценная. Может быть. И все же она резко отличается от брежневской – и в лучшую сторону. Пусть побудет пока – потом посмотрим...

Но в ней есть такой пункт – я не могу сейчас точно привести его формулировку – в общем, о приоритете интересов личности над интересами государства. Никогда же этого у нас не было! Ну и что? Пожалуйста, ввели этот пункт – изменилось что-нибудь? Ничего, конечно, не изменилось – пока есть только декларация. Это ведь тоже нужно впитать в себя...

Что – сейчас?

Здесь я вспомнил, что писатель оставил работу над романом; задуманным как широкое полотно, он рисовал десятилетия, следовавшие за большевистской революцией, – вплоть до нынешних дней; канву же повествования составляла биография самого автора. Первые части романа вышли из печати – и вот...

– Это связано как-то с обстоятельствами, о которых мы сейчас говорим, – с периодом, в котором пребывает постсоветское общество?

– Нет! Потому что я остановился на 37–39-м годах. Дальше начинается война. Войну я по-своему, как мог, уже изобразил, и продолжать роман мне стало просто неинтересно...

– А что сейчас интересно? Вот пугачевская эпопея: это уход от сегодняшних реалий – или есть какие-то другие мотивы?.. – Задавая вопрос, я имел в виду слова Окуджавы о том, что сейчас его занимает тема пугачевщины – но не точное следование известной нам истории, согласно которой развивались события той поры, а нечто иное.

– Нет, нет, нет – не потому, что я хочу уйти от сегодняшнего дня. Я думал... я думаю, – поправился Булат, – если мне удастся... если мне удастся себя настроить как-то, если я найду вот этот крючочек – главный стилистический... Я хочу написать небольшой роман: исторический, но о том, как Пугачев победил и как он стал императором. И окружил себя нужными людьми... И ликвидировал ненужных... Я в этом вижу много аналогий. Получится ли – я пока не знаю, говорят, «загад не бывает богат»... Это нелегкая работа, конечно: надо опять погружаться в историю, тем более XVIII века. Она мне не очень близка: там свои реалии, свои детали – и все это должно быть достоверно. Просто сюжет фантастический, а реалии должны быть полноценными.

– А что сейчас, в нынешних российских реалиях, происходит с литераторами? – этим вопросом я предложил переход к теме не просто актуальной, но, по уверениям живущих там наших коллег, чрезвычайно болезненной.

– Это тоже сложный вопрос, Саша. Это очень сложный вопрос – потому что, как ты сам прекрасно знаешь, наша писательская организация, как и все вокруг, создалась искусственно. У нас 10 тысяч членов Союза писателей – и из них настоящих писателей, может быть, тридцать человек. Сорок. Сто. А что такое остальные? – Окуджава так и произнес – что?

– Остальные... – он немного помялся, выбирая выражение, – ну, либо менее одаренные люди, либо, – здесь тон его стал жестким, – либо люди совершенно случайные в литературе. Но какое-то время они были необходимы властям: нужно было увеличить процент литераторов из рабочих, например, – и их принимали. Из крестьян – принимали... Подхалимов принимали... Понимаешь? Доносчиков...

– И печатали...

– Да! Печатали книжки, помогали их написать. Я сам однажды участвовал в таком деле... – улыбнулся он. – Так что, вот из кого состоит Союз. А теперь рухнула вся эта система подкармливания сверху, поддерживания. Люди остались за бортом. Никому они не нужны, никто их не печатает. Ну

– приходит озлобление, естественно. Когда человек озлоблен – он находит себе подобных, и они сбиваются в стаю. И потом ищут виноватых. А для человека полуграмотного, в первую очередь, кто виноват? Грамота-то раньше не была главным.

А что? И без учебы получалось: ЦК командовал, делал его писателем... зачем учиться? Я не виню этих людей, я о системе говорю. Так же, как я не виню, например... вот ругают графоманов – я же их не ругаю совершенно. Графоман любит писать стихи – пусть и пишет их на здоровье. Я ругаю тех редакторов, понимаешь, которые их издают и выдают написанное ими за эталон. Вот это ужасно! А так – почему же...

– Но сейчас, когда издавать надо не за счет государства, а за свои, никто ведь не напечатает то, что заведомо не продастся? – истина эта казалась мне универсальной: в конце концов, законы свободного предпринимательства объективны и для всех одинаковы...

– Нет, бывает, бывает, – возразил Окуджава. – Вот на телевидении, например, бывает. Пропагандируют, скажем, какую-то маленькую бездарную певицу, называя ее при этом звездой, суперзвездой. В чем дело? А потом выясняется, что это племянница заведующего какой-то редакцией. Вот такие вещи делаются...

– Ну, телевидение – это другое: работает приемник, и оно само приходит в дом, все подряд; хочешь смотреть какие-то программы – смотри, не хочешь – не надо. Но специально-то за них не платишь – и там имеют возможность «втюхать» зрителю что угодно, – не согласился я. – А чтобы человек купил книгу, ему этого должно захотеться. Какой же разумный издатель станет вкладывать деньги в то, что заведомо не будет продано?

– Конечно, конечно... Но вот, к примеру: заведующий редакцией со мной познакомился, я его угостил – и он теперь мою книжку по телевидению пропагандирует. И ее раскупят – вот и все... – коротким смешком завершил фразу Булат.

– Те сто писателей – они все же продолжают работать? – вернулся я к своему вопросу.

– Да, они продолжают работать. У них сложная ситуация: потому что сейчас, в период спасения, так сказать, людям, может быть, и не до литературы в буквальном смысле. Хотя книги и издаются, но уже меньшими тиражами, да и гонорары за них мизерны.

– Мизерны – это как? По сравнению с теми, что были? Или в сопоставлении с нынешней стоимостью жизни?

– Вот я напечатал в журнале «Знамя» роман, маленький – 10 печатных листов. Если бы я раньше его издал в таком объеме, я бы за него получил... ну, 4 тысячи рублей. И, кроме того, я бы выпустил его отдельной книжкой – и получил бы за него, допустим, еще 6 тысяч. И у меня было бы 10 тысяч. Это по тогдашним ценам – две машины «Жигули», так? Сейчас мне за этот роман заплатили 170 тысяч. А машина «Жигули» в долларах стоит так же, как стоила тогда – 5 тысяч долларов. Сколько это в переводе на рубли? 10 миллионов? 15? А я получил 170 тысяч. Значит, сколько мне нужно романов таких написать, чтобы купить машину «Жигули»? Сто... Видишь?

Конечно, я видел. Но и неожиданного здесь, в ситуации, в которую время поставило российских писателей, находил я мало. На Западе, в Штатах, например, труд писателя – хорошего, даже замечательного, отнюдь не обязательно определяет его материальное преуспеяние: чтобы он хорошо заработал – должен прежде всего заработать издатель, т. е. тот, кто вкладывает свои деньги в книгу, кто рискует ими. Таков непреложный закон рынка, и сделать с этим ничего нельзя. Да и надо ли? Об этом мы заговорили чуть позже.

– А много ли сейчас издательств, которые выпускают именно российскую литературу, книги российских писателей – а не переводы, скажем, Агаты Кристи и другие, проверенные рынком бестселлеры?

– Есть такие издательства... А еще я замечаю новую тенденцию – очень, на мой взгляд, отрадную. – Здесь Окуджава вернул русло нашей беседы в ее истоки. – Три года тому назад, – говорил он, – когда готовились к выборам в Верховный

Совет России, в списке баллотирующихся кандидатов были такие, например, имена: Илья Глазунов, Станислав Куняев, еще несколько человек такого типа... Я тогда подумал – плохо дело: потому что Илья Глазунов очень популярен, и когда проходят его выставки – по два месяца, по три месяца стоят ночами очереди на них. При такой популярности, конечно, он пройдет. А если Верховный Совет будет состоять из таких людей, кончено дело. Но вот прошли выборы, и за них почти никто не голосовал, какой-то жалкий один процент. Это говорит о том, что общество состоит не из дураков – люди кое-что понимают.

– Не все, наверное... – вслух подумал я и напомнил собеседнику визит Ельцина на выставку Глазунова: тогда поддержка российского президента многими его сторон-никами – и здесь, и в метрополии – мягко говоря, не была столь уж безоговорочной.

– Да, да, и выставку посетил, и обнял Глазунова, – добавил Окуджава.

– Это можно счесть ошибкой Ельцина? – поинтересовался я мнением Булата. – Или он, как многие считают, хотел лишь на определенную публику произвести определенное впечат-ление, как бы солидаризироваться с нею?

– Да нет... – не согласился Булат. – Его «купил» Лужков, друг Глазунова. А Борис Николаевич... Лужков хороший хозяйственник, он делает полезные дела – это Ельцин ценит. Остальное Борис Николаевич както не учел. Или – не знал. Сказал ему Лужков: «Великий художник, смотрите – очередь на него. Надо пойти!» – «Ну, пойдемте...» – согласился Ельцин. Вот, собственно, и все.

Поэт в России

Казалось бы – живопись и есть живопись. Интересно – неинтересно. Талантливо – неталантливо. А здесь полу-чалось: наши – не наши... То же и с литературой. И тогда я спросил: по наблюдению моего собеседника, присутствует ли в сегодняшних обстоятельствах это свойство народного сознания россиянина: как там было у Евтушенко – «Поэт в

России – больше, чем поэт...»? Соответственно, художник – больше, чем художник. И так далее...

– Я думаю – нет. – Ответ Окуджавы прозвучал уверенно, и при этом не чувствовалось в нем абсолютно никакого сожаления. – Поэзия, – говорил он, – сейчас в России занимает нормальное место. Раньше, в начале 60-х годов, у нас был поэтический бум. Но почему это происходило? Да по очень простой причине. Жизнь после XX съезда партии менялась. А пресса не менялась – она была та же самая. И партия стояла у руководства, и ложь была.

Так вот – поэтические вечера были тогда единственной отдушиной, единственной, где можно было почерпнуть... ну, духовную информацию, понимаешь... Это было несколько необычно – поэтому люди валили на вечера. И они ждали от поэзии чуда. Лекарства ждали от своих бед. Потом постепенно поэзия заняла свое место, бум кончился. Истинные любители поэзии остались, но их никогда не было очень много. А любопытные отсеялись. И сейчас...

– Но вот же, не далее как вчера, – использовал паузу я, – мы были свидетелями тому, как полторы тысячи человек, едва уместившиеся в зале, устроили овацию поэту Окуджаве... Пришли на встречу те, кто совсем недавно оставил Россию, и те, кто живет в эмиграции десять-пятнадцать лет. Там были представлены все слои общества! Так что, можно считать, мы наблюдали отражение энтузиазма современного российского народонаселения... Энтузиазма, проявляемого, как мне кажется, не только в связи с абстрактной любовью к авторской песне...

– Ты что имеешь в виду? – остановил меня Булат. Этого я почти ожидал, потому что знал, как не любит он, когда в разговоре с ним или просто в его присутствии говорят о достоинствах его книг, о его личной популярности... Убедиться в этом я имел возможность очень много раз.

– Я имею в виду отношение к поэту вообще – и к Окуджаве, в частности... – попробовал упорствовать я.

– Не будем обольщаться, – не согласился Булат. – Потому что многие здесь все-таки тоскуют по России. И я для всех

– олицетворение России, вот в чем дело, понимаешь... У них это связано с молодостью, с надеждами...

– Значит, все же ипостась поэта-кумира, поэтапророка сохранилась – пусть не в полной мере, но применительно к определенному поколению людей и к определенной группе литераторов, – настаивал я. – Я думаю, что та часть людей из эмиграции, которая пришла на выступление, она достаточно представительна – и, наверное, для российского населения тоже.

– Может быть... Может быть... Должен тебе сказать, что я никогда на свой счет не обольщался: я всегда считал, что мои успехи, как и любой успех, связаны не столько с моими данными, сколько с качеством совпадения меня с потребностью времени. Вот потому я так прозвучал. А не потому, что я очень большое явление. Нет, – после недолгой паузы продолжил он, – если бы я сегодня вдруг появился с теми своими песнями, такого впечатления это, конечно бы, не произвело. Совсем другая атмосфера сейчас, совершенно другие запросы... Но я – как история уже, понимаешь...

– Признаюсь, я не однажды думал по этому поводу, пытался понять: время – да, совпадение – да... Но присутствует здесь еще нечто. – Не удержавшись, я снова нарушил табу, наложенное Окуджавой на собеседника: «меня при мне не обсуждать!» – Я вижу это нечто, главным образом, в противостоянии сомнительной концепции, выраженной поэтическими же, вроде бы, средствами – «Добро должно быть с кулаками...». И Куняев в этом утверждении вовсе не одинок. Все творчество Окуджавы – это утверждение чего-то совершенно противоположного: добро должно быть добро!

– Конечно, конечно! Кулак – это символ жестокости. Насилия. Ну, я не знаю, я себя обсуждать не хочу. Я никогда себя не анализировал, это не моя задача ...

Естественно. И мне оставалось лишь найти оправдание тому, что граница, допускаемая Булатом, снова оказалась мною нарушенной.

– Я просто ищу объяснения. Препарировать писательское творчество, на мой взгляд, вообще задача малоблагодарная. Вот написалось и написалось... С чем, конечно, не согласятся специалисты, ибо профессией их как раз являются подобные исследования.

– По опыту знаю, – продолжил свою мысль Окуджава, – если я подумаю: хорошо бы написать вот это, и оно произведет впечатление на этих – ничего не получится! Или получится чушь какая-то... Никогда нельзя задумываться над желаниями публики. Я кричу то, что мне кричится. А нравится это или не нравится – не моя забота. Потрафлять публике – это эстрадная манера. Да и то – серьезный эстрадный артист никогда не потрафляет публике, он делает свое дело. Вот Камбурова. Сначала ей было трудно, ее не понимали, не признавали. Постепенно образовался, как теперь это принято говорить, электорат, образовался круг ее почитателей – умных, серьезных.

– Но знаем мы и серьезных поэтов, грешащих слабостью: подбросить публике нечто, наверняка ей понравящееся.

– Есть, конечно! Но вот Пастернак никогда этим не грешил. И Мандельштам... И Ахматова...

– А с Пастернаком не приходилось встречаться? зацепился я за имя.

– Один раз в жизни я с ним столкнулся – и был в полуобморочном состоянии. Потому что для меня он – великий поэт. Я был совершенно неизвестен, не печатался еще. Шел 1948 год. Он приехал тогда в Тбилиси, его пригласили писатели Грузии – и я пошел к нему в гостиницу. Он меня очень хорошо принял, сказал какие-то слова, усадил, предложил – читайте! И я читал. Прочитанное мною на него никакого впечатления не произвело – потому что тогда я писал «под Пастернака». Еще я сказал ему, что учусь в Тбилисском университете и хотел бы перейти в Литинститут. И вот тут он заговорил – но не о моих стихах, а о том, что учиться надо в университете, и что все зависит от того, что в нас заложено, – где бы мы ни учились, кем бы мы ни были...

– Да, в действительности так и есть. Ну, что такое Литературный институт имени Горького? – смешно... В нашем университете преподаватели были не хуже, и знания нам давали более глубокие, чем в Литинституте... – «кузнице писательских кадров», – вставил я. – Но какие дворники там были!.. – Я имел в виду известную байку о талантливейшем Андрее Платонове: согласно ей, писатель, попавший в жестокую немилость, вынужден был ради жилья убирать двор московского Литинститута.

– Нет, – спокойно возразил Булат, – это легенда: он действительно жил там – это правда. А двор не подметал...

Окуджава поднялся, не спеша прошел в угол комнаты, где на стене был укреплен регулятор кондиционера воздуха. – Давай сделаем чуть прохладнее, ты не против? – Он вернулся к столу и, откинувшись в кресле, прикрыл глаза.

Кто на кого влияет

– Есть на «Голосе Америки» русская передача, своего рода «Круглый стол», – предложил я тему. – Поясню, о чем беседуют за «Круглым столом». В прошлом году, например, обсуждалась, в числе других тем, высказанная поэтом Иосифом Бродским идея издать за государственный счет лучшие произведения американской поэзии и раздавать их бесплатно населению – в гостиницах, в супермаркетах, на улице. От чего, по мысли поэта, люди должны будут стать лучше. Приглашенный участвовать в беседе, на вопрос, как я отношусь к подобной идее, я ответил, что очень «за» – если, конечно, лауреат Нобелевской премии имеет в виду реализовать ее за свой счет или с помощью каких-то других благотворительных источников – но не за счет американского налогоплательщика...

А недавно для обсуждения было предложено следующее: как влияет на российскую словесность периодическая пресса, издаваемая за пределами метрополии? Иначе говоря, помогают ли зарубежные издания, оставаясь изолированными от влияния социальных перемен, происходящих в сегодняшней России, сохранить традиции и нормы русского языка? Мы говорили о газетах, о литературе, издаваемой там – и раскупаемой массовыми тиражами. Ведущие программы искали подтверждения (или опровержения) следующей мысли: здесь, в наших изданиях, сохраняется в чистоте русский язык – в то время как в самой метрополии он за эти годы критически переменился.

Словом, ситуация в беседе вырисовывалась совсем такая же, как в годы «белой» эмиграции – ни больше ни меньше!.. В числе аргументов приводился и следующий: обозреватели «Панорамы» П. Вайль и А. Генис публикуются сегодня и в российской периодике, чем непременно способствуют сохранению там культуры и традиций русского языка. И опять я не мог согласиться с ведущими: я действительно не очень себе представляю эссе, скажем, Петра Вайля напечатанным в сегодняшнем «Московском комсомольце».

А то обстоятельство, что он иногда публикуется в «Литературке», а Саша Генис заседает в Букеровском комитете – ну как оно может повлиять на язык, которым заговорила сегодня массовая пресса – в унисон читателю, приученному уже ко всякого рода «тусовкам», «беспределу» и «контактным телефонам», пестрящим на газетных полосах «Московского комсомольца», «Комсомолки» и прочих пионеров печатного (уместно добавить – и непечатного) слова!.. Что думает по этому поводу поэт Окуджава?

– Сложный вопрос... – Булат медленно разминал в пальцах короткую сигаретку. На ощупь найдя зажигалку, он прикурил и так же не глядя положил ее обратно на столик. – Для меня вообще литература никогда не делилась на эмигрантскую и российскую. Российские писатели, где бы они ни жили, остаются ими... Если определение «эмигрант», – перебил он себя, – понимать в политическом смысле, то есть человек, который вынужден был уехать, это другое дело. Но когда говорят «эмигрантский писатель» – это, по-моему, смешно.

– В контексте моего вопроса можно, например, предположить следующее: эмигрировавший писатель сохранил язык таким, с каким он уехал, в то время как остающийся и работающий в сегодняшней России, хочет он того или не хочет, подвержен влиянию языка улицы. У писателя есть уши – он не может не слышать...

Здесь я остановился, сообразив, что почти цитирую поэта. «Каждый пишет, как он слышит...» Господи, ну что с этим делать? Афористичность Окуджавы, емкость почти каждой его строки – мы же увезли это в себе, уезжая из страны. И если таможенник дозволял (случалось же такое!), на дне чемодана, бережно завернутая в дорожные тряпицы, покоилась старомодная круглая магнитофонная бобина с песнями Булата. Помните, как собирались эти бобины?

Это сейчас каждая уважающая себя студия звукозаписи в России, да и в русском зарубежье, строит немалую часть своего коммерческого успеха на выпуске его дисков. Боюсь сказать «по большей части», но нередко незаконном, то есть без разрешения и спроса у владельцев авторских прав. А тогда... Тогда любая запись была незаконной, а перезапись – тем более, потому что приравнивалась уже к «распространению»...

Окуджава моего замешательства, казалось, не заметил.

– Ну, в общем-то, язык меняется – и особенно заметно это в России. Иногда он может меняться под влиянием совершенно чуждых ему вещей, но сама логика его развития объективна: язык воспринимает новое. Крайности – это, конечно, нехорошо, а так, что же – перемены идут, и процесс это совершенно нормальный. Вообще же, меня никогда не интересовало разделение – эмигрантские писатели, российские... Меня интересовало: талантлив он или нет, открыватель или нет. Это самое главное!

Вот сейчас появилось среди молодежи очень много так называемых модернистов, авангардистов. Из истории литературы мы знаем, что это было – и не раз. Но из всего этого моря авангардистов кто-то один по-настоящему проявлялся благодаря своему таланту – и оставался в истории литературы. Александр Сергеевич, например, – ведь молодым человеком он был авангардистом по сравнению с

Батюшковым, с Державиным и с Херасковым. Но благодаря таланту он открыл новое, он создал эпоху. А все остальные померкли, остальные – где-то там...

Или вот группа футуристов – шокировавшая всех и занимавшаяся саморекламой: но из них один Маяковский благодаря таланту, пусть со всеми своими недостатками, неважно, – но утвердился. А Бурлюка уже не очень помнят... Где Бурлюк, где Каменский? Все это смешно... Я вспоминаю сейчас один эпизод, он есть у меня в романе. Мой неродной дядя, муж родной моей тети – был сыном очень крупного фабриканта, принадлежал к золотой молодежи. В первые годы советской власти, во время нэпа, собирались они на проспекте Руставели, гуляли, шантрапили... И приехал в Тбилиси Василий Каменский. Они, встретив его на улице, подошли и спросили: вы пролетарский поэт Василий Каменский? Он говорит гордо – «Да!». И тогда один из них дал ему пощечину: «Вот тебе за это!»

Мы рассмеялись.

– Да, все зависит от таланта, – повторил Булат. – Больше ни от чего. Потому что, когда собирается кучка желающих нашуметь о себе и они издают манифесты, которые и понять-то трудно, – эпатаж это, ничего больше... А потом вот, видишь, – помолчав немного, продолжил он, – допустим, есть (я не буду называть сейчас фамилий) один молодой, очень талантливый... очень даровитый, – поправился он, – человек. Но жизнь его так сложилась, что ему не хватает известности. Он ужасно мучился по этому поводу и решил прошуметь. Произведениями своими он пока прошуметь не может, а прошуметь надо... Значит, что он делает? Он начинает поносить предшествующие поколения: что они все – ничтожества и прочее... Я даже придумал такие четыре строчки, – улыбнулся Булат: чтобы известным стать, не надобно горенье, а надо об... ть известное творенье... Вот этим и занимаются, понимаешь.

– Особенно стало модно на шестидесятников нападать... – добавил я. – Но и все же – судя по оглавлениям серьезных изданий российской периодики, появляются и сегодня новые имена. Вопрос: много ли их? И по силам ли им составить собою самостоятельный, значимый период, может быть, не только в литературе, подобно тому, как это случилось в 60-х? Мы-то здесь, на расстоянии, не всегда можем следить за ходом литературного процесса в России. Иногда я просматриваю каталоги «Международной книги», вижу имя, вижу солидный тираж: ну, думаю, наверно, популярный писатель, а мы о нем здесь и не слышали...

– Я тоже плохо их знаю. В этом смысле я похож на вас, между прочим. К тому же, живу я уединенно, очень мало ко мне в руки попадает такого, чтобы прочесть – и ахнуть. Пока я не встречал подобного у молодых. Нет, наверное, есть... конечно, есть! Но мне по этому поводу сказать нечего.

– А из работающих за рубежом?..

– Сегодня? Ну, вот, скажем, прочитал с интересом Владимова: «Генерал и его армия» – это очень серьезная вещь. И Войнович Володя – я читал несколько его повестей... Аксенова, трехтомник его последний, прочесть еще не успел, так что ничего не могу сказать.

– Американская критика на творчество Аксенова очень благожелательна, самые высокие оценки. И в прессе его охотно публикуют. Вот и выходит, что зря пугали: мол, утратили почву, можно ставить точку на их творческих биографиях... На самом же деле получается, что отъезд писателей из России творческих их возможностей вовсе не отнял. Чаще, наоборот, – расширил их.

– Знаешь, в каком-то смысле на некоторых из них все же отъезд сказался. Но я не судья, я не могу сейчас обстоятельно анализировать – произошло это потому, что он уехал, или потому, что это просто очередная неудача, допустим, как у всех бывает. Что тут судить?

Идущему – осилить дорогу

Мы помолчали...

– Возвращаясь к ситуации в России, что можно сказать по поводу поддержки государством издательств, ставших частными, поддержки отдельных литераторов – следует ли это делать?

– Ты помнишь, – с готовностью поддержал тему Окуджава, – однажды, года два тому назад, группа литераторов обратилась с разговором в правительство – о необходимости материальной поддержки писателей и вообще работников искусства. В ответ выступил кто-то из ваших публицистов, сейчас не вспомню – не то Генис, не то Вайль.

Посмеявшись над этим предложением, он сказал, что в Америке, например, такого не существует, и это, мол, даже смешно. Да, вообще, конечно, к этому должно все сводиться – к самостоятельности пишущего, к его независимости от государства. Но, я думаю, когда происходит такой резкий перелом, переход всей системы из одного качества в другое, нужно год-два поддержать людей – да хотя бы в той степени, чтобы они не наложили на себя руки...

Потому что положение сложилось сегодня просто трагическое. Помочь-то надо чуть-чуть – а потом постепенно свести на нет эту помощь и предоставить возможность жить, как живут все. Мы имели в виду именно этот период... Представь себе: человек не умеет плавать – в других странах люди умеют плавать, а в России не умеют, – и вот решили бросить их всех в воду, провозгласив: будьте как все! Ну как можно! Один, два года надо поучить их плавать – потом пусть плавают.

– Это относится к поддержке конкретных людей или издательских структур? – попросил я уточнить.

– Конечно, издательств! Им государственная помощь нужна сегодня в первую очередь.

С этой мыслью оставалось соглашаться – или не соглашаться. Опираясь на скромный опыт издательской работы здесь, в Америке, я, честно говоря, не склонен был ее разделить, – имея в виду, что отсутствие государственной (да и любой иной) поддержки не помешало в свое время возникнуть, например, издательству «Ардис» в Мичигане, выпустившему сотни наименований русских книг. Или нашему «Альманаху» – а тому вот уже 17 лет...

Да и в самой России жива такая точка зрения: помощь государства определяет полную зависимость от него. Даже если она ничем не обусловлена – что в нашей стране, признаемся, бывает нечасто. Что же касается литераторов, например, их ситуация, действительно, выглядит критически: писать роман можно годами, а как в это время жить? Правда, существует в России замечательная организация, призванная помогать пишущим, – Литфонд. О его судьбе я и спросил моего собеседника.

– Здесь положение совсем не простое. Союз писателей – Российский, не нашей ориентации, так сказать, – это Окуджава произнес усмехаясь, – «бондаревский», требовал, чтобы им передали все имущество Литфонда. И они прошли все судебные инстанции – вплоть до заседания Верховного суда России, на котором и я присутствовал. Серьезнейшее заседание было.

Выступали те и другие – в частности, я, выступая не за бондаревскую, а за противоположную сторону, сказал следующее. Литфонд был образован 150 лет тому назад как независимая организация, призванная оказывать помощь нуждающимся литераторам. Потом, после революции, Литфонд подчинили Союзу писателей. Теперь новые времена, и я считаю целесообразным и логичным, чтобы Литфонд получил свой прежний статус, нормальный – с которым он родился. Суд так и постановил: никакой подчиненности. И помогает Литфонд сегодня и тем и другим – писателям. А средства его образуются из отчислений от гонораров и тому подобное – этих подробностей я не знаю. Пока вопрос решился так. Что будет дальше, сказать трудно: они там настроены враждебно, продолжают интриговать...

– А их, членов бондаревского Союза, численно, пожалуй, больше, чем тех, кто действительно есть писатели?

– Я думаю – больше. В Москве-то их не больше, а по России – безусловно больше. Есть очень много провинциальных организаций... Вот я сейчас вспоминаю Калугу, где я жил, – там тоже есть «писательская» организация. Кто они такие, ее члены? Неизвестно. Они, конечно, примыкают к бондаревцам – я для них вообще черт знает кто: интеллигент, что ли... Словом, непонятно кто – не то еврей, не то грузин, не то армянин... Вообще, что-то такое не наше; не российское.

– Но ведь что знаменательно – открыто не ругаются: я не видел, чтобы в последние, скажем, лет двадцать в прессе кто-то вдруг отругал Окуджаву.

– Нет, ругают за что-то – за 60-е годы, за прошлое; но так – нет, никто.

Оно и понятно – символ времени, символ неприятия подлейшего государственного устройства, духовного ему сопротивления, символ чистоты и порядочности, хранимый среди немногих оставшихся ценностей в растерзанной душе россиянина – иди, отругай его! Вслух я, конечно, ничего такого не сказал: не хотелось напороться на что-нибудь вроде «да ладно, брось ты это...». Но вот совсем недавно отмечалось семидесятилетие поэта – торжества произошли вполне всенародные.

– Много народу было на юбилее? – спросил я Окуджаву. Больше спросил для текста интервью, потому что немало подробностей с этого юбиля дошло и до нас, в том числе и видеолента. Хотелось, чтобы ответил сам Булат – как ему, при его огромной нелюбви ко всякого рода торжественным мероприятиям, показались эти юбилейные дни.

– Не могу сказать – много, театр-то, где была встреча, небольшой. Но набит он был битком. И на площади стояло в течение нескольких часов громадное число людей. Меня просили выйти на балкон, я ужасно не хотел: выглядеть, будто я, знаешь, Ленин, выступающий с балкона дворца Кшесинской, – очень неловко, не для меня это все. Но – заставили, упросили. В общем, я вышел, посмотрел. Знаешь, я боялся, что собрались... ну, бездельники уличные собрались там. Гляжу – стоят нищие интеллигенты...

– А настоящая интеллигенция – нищая? – этим полувопросом я попытался вывести из задумчивости умолкнувшего вдруг Булата.

– Конечно, конечно – да! – прищурившись, Окуджава вставил в мундштучок которую уже за это утро сигарету. – Но все-таки культура наша держится на ней – понимаешь, какая вещь. Вот я представляю себе: библиотека. Библиотекарша, образованная старая библиотекарша... С хорошим вкусом. Нищая. Но для нее существуют только книги! – хорошие книги – и она уговаривает тебя именно эту книгу взять. Это замечательно: она пропагандирует ее...

– И на этом она ничего не заработает, никаких денег...

– Что ты! Какие деньги! И так же в школе. Вот школьный учитель – настоящий учитель, я не имею в виду всяких там прохиндеев. Он трудится тоже за гроши – и вкладывает в тебя, вкладывает... Ради чего? Не ради заработка, понимаешь? Или врач – честный врач, который, работая за копейки, спасает человека.

– Они живы, они есть, они всегда сохраняются в России, при всех режимах. Я думаю, об этом можно судить хотя бы по тому, что Булат Окуджава снова ездит по стране. А ведь был период, когда не стало этих встреч – в восьмидесятые годы, кажется?

– Да. В 80-е, начало 90-х...

– А почему: неужели показалось, что прошла эпоха, что это уже больше никому не надо?

– И так казалось... Да и уже не приглашали. И, вообще, какая-то была ситуация... – Булат задумался, как бы вспоминая. – А сейчас, – он поднял глаза, – сейчас полно приглашений, только езжай! Потом, я тебе скажу, – еще такая отрадная деталь: вот я был в Новосибирске, и мне рассказали, что в течение трех последних лет никакого интереса к искусству там не было. Вообще погасло все это: к примеру, в филармонии в прекрасном зале выступает приезжий скрипач с мировым именем – 15 человек в зале собиралось. И все... А последний год – сплошные аншлаги!

– Есть какое-то объяснение этой перемене?

– Я думаю, люди постепенно приспособились к жизни. Научились зарабатывать, нашли свое место, свою нишу в этой новой ситуации, раскрепостились, пропало безразличие. И хочется им получить что-то для души, хочется освежиться, что ли.

– Освежиться... – повторил я за Окуджавой. – В ноябре, говорят, ожидают события...

Такого рода политика

Беседовали мы примерно за месяц до «ноябрьского» юбилея, и в российской прессе муссировались слухи – может быть, не без подачи заинтересованных сторон, – что определенные силы непременно используют годовщину для «освежения» ситуации в стране: забастовок, демонстраций и, соответственно, уличных беспорядков. А там, глядишь...

– Я не думаю, что произойдет подобное тому, что бывало раньше. Во-первых, люди устали от политики. Да и политика достаточно себя скомпрометировала, такого рода политика, – добавил он. – Митинги там, знаешь, многотысячные... нет, вряд ли. Остались какие-то любители митинговщины, старые коммунисты – «за Сталина!» – но это капля... Единственное, что серьезно может случиться – крупная политическая забастовка. Например, забастовка шахтеров по стране.

Это – серьезно! А так, на площадях и улицах – обычные жители. Ну, сбегутся зева-а-аки, – протянул, как бы подчеркивая пренебрежение этим фактором, Булат. – Я вот себе представил и хотел даже написать рассказ, только я его не написал. И не буду писать, но мысль была такая: 91-й год, некий Ваня, молодой человек, идет однажды по Краснопресненской набережной – и видит, что такое? Какие-то баррикады, понимаешь, там, молодые люди с гитарами, поют. Настрой такой приподнятый у людей, Ельцин на броневике.

– Что такое? – спрашивает. Ему говорят: за свободу мы тут!

– Да? Ну, я тоже!

Приходит 93-й год. Идет он с работы, там же, и видит: опять баррикады. – Вы чего тут? – Мы за свободу! – А, давай, падло!.. И опять...

– Раз уж мы заговорили об октябре – вот стреляли по Белому дому, – а надо ли было?

– Я думаю, это от паники.

– То есть не следовало стрелять?

– Не следовало, конечно! Теперь, уже задним числом, омоновцы и всякие там эти структуры – как их называют – «Альфа», – они теперь заявляют: вообще там одного батальона было достаточно, чтобы всех утихомирить и чтобы все встало на свои места. Ну, а где он был, этот батальон – я не знаю. Знаю, что была паника. Была жуткая паника.

– Люди боялись потерять все сразу...

– Конечно! Была жуткая паника, – повторил Булат, – вот они и стали палить. Потом начались легенды: о том, что там погибло 5 тысяч, что подземными ходами возили трупы... Все это провокация. Конечно, какое-то число людей погибло. Здание... ну, здание – хрен с ним, его уже восстановили, ничего не заметно. Вообще же, я всегда считал: хоть я, конечно, против стрельбы и всего такого, но власть должна быть твердой. Тем более в нашем обществе, незаконопослушном, понимаешь?

Власть должна быть твердой! – убежденно повторил он. – Не жестокой – но жесткой. Она должна опираться не на насилие, но на силу, – уважительно подчеркнул он слово «сила». – А как же иначе? Тогда ведь страдают добропорядочные люди – если какая-то кучка мерзавцев, понимаешь... – не окончив фразы, он, помолчав секунду-другую, продолжил: – Я всегда это считал. Но, вот, к сожалению, Ельцин.... Я уже об этом както говорил тебе: существует такая очень интересная формула – русский может поднять единовременно тонну, но он не может каждый день систематически поднимать по килограмму. Ельцин – типичный русский. Вот он в 91-м году поднял тонну, да? – и заснул. И тут началось черт знает что: и фашисты появились, и вооружаться начали, и дошло в конце концов до 93-го года.

Разбудили Ельцина, он встал, поднял тонну – и опять заснул. Ему в телевизионном интервью Эльдар Рязанов говорит: «Борис Николаевич, извините меня, пожалуйста, но я вам задам такой вопрос. Говорят, что вы всегда нуждаетесь в подталкивании – правда ли это?» Что бы сказал на его месте

Горбачев, допустим, или какой-нибудь другой деятель? Он сказал бы: неправда, у меня есть твердая линия, и я точно знаю, когда и что делать. А Ельцин ответил: «Да, что делать – меня надо подталкивать!» – Булат рассмеялся. – И мне нравится в нем это умение – признавать свои слабости.

– Но имеет ли лидер России сегодня право на слабости? Нация нездорова – и лекарства могут требоваться жестокие, болезненные...

– Конечно! – согласился Булат. – Тем более – нация, которая привыкла на протяжении нескольких веков жить под палкой... Даже не нация – это неправильно. Это же многонациональная страна. Это – общество больно.

Окуджава был прав – я неуклюже употребил американизм, полагая, что и собеседнику он мог уже стать привычен: нация – народ – общество...

– Возможно – то, что я скажу, выглядит крамолой. Но сейчас, прокручивая в памяти задним числом события последнего десятилетия, думаю, что реальные возможности привести страну к подлинной демократии были упущены при Горбачеве: может быть, надо было не революционным путем, но постепенно вводить страну в демократию?

– Да, приучать надо было. Горбачев, в общем-то, был прав в своей постепенности, но был не прав в структурах, которые он постепенно создавал. У него все вывалилось из рук, и все действовало без него. Он уже ничего не понимал: что нужно, что не нужно... Хотя сегодня я могу сказать, что вижу очень незначительное, но все же движение. Я все время наблюдаю, я вижу это. Россия ничего почти не умеет, поэтому она очень медленно это все осваивает.

С чем пришел, человек?

– Американцы из российской эмиграции с симпатией и сочувствием наблюдают за тем, что происходит в России. Я просто не знаю среди своих знакомых кого-либо, кто говорил бы: «чем хуже – тем лучше!». Люди сопереживают, они надеются, что в конечном счете все образуется – мне кажется, это было заметно и на встречах с теми, кто пришел увидеть Окуджаву, услышать его. Можем мы сегодня со страниц «Панорамы» что-то пожелать, в свою очередь, ее читателям?

– Что пожелать? Прежде всего, я думаю, – при любых обстоятельствах сохранять человеческое достоинство. И здравый смысл... Особенно молодежи, тем, кто переживает самую трудную пору – определения себя, своего места в жизни. Решить, кто ты, для чего ты здесь, определиться. Потому что некто, например, даже не подозревает, что он замечательный краснодеревщик – и он мечтает быть врачом. И будет врачом – но умер в нем гениальный краснодеревщик.

– Стало быть, человек появляется на земле с предназначенной только ему миссией? Или все определяется какими-то его качествами, приобретенными в жизненном опыте, не заданными откуда-то «оттуда»?..

– Видишь ли, если бы я был верующим, я, может быть, и сказал бы, что это ниспослано свыше, что это – предназначение Господне. Может быть... Но так как я неверующий... то есть, не то чтобы неверующий, – быстро поправился он, – ну, нерелигиозный, скажем. Я говорю, что это – сочетание, гармония развития природы и личности.

– И значит, наши качества определяются каким-то совпадением обстоятельств? – продолжал допытываться я.

– Это – тайна...

– Но раз тайна, следует, наверное, признать какую-то силу, которая ее создала и хранит...

– Конечно, конечно. Я считаю, что есть такая сила, для меня это – логика развития природы и общества, логика, заложенная в них и объективная для нас.

– Словом, то, что философы называют Логос... И, выходит, нам остается выполнять его волю – не забывая при этом, что существует еще философская категория, определяемая как свобода воли.. Иначе говоря, выбор.

– А самое главное, – добавил Булат, – не прельщаться крайностями. Фанатизм я терпеть не могу. Не только в религии – в обычной жизни. Ненавижу их просто, фанатиков!

Фанатизм – всегда от полуграмотности и от отсутствия здравого смысла. Эти вот крайности – либо красные, либо белые... Либо хорошее, либо плохое...

– Запад как раз от этого лечит. Я знаю многих, кто, пожив здесь даже недолго, год-другой, переменился, научился слушать, обрел способность к толерантности...

– Они, – Окуджава, надеюсь, говорил это и о нас, живущих теперь здесь, – иммунитет имеют, выработали его. Россия этого иммунитета не имеет – против зла, против вот этого всего. Хотя и тут, на Западе, – добавил он, – тоже крайних мнений полно – экстремизма всякого.

– Но здесь это, скорее, маргинальное явление. В России же – общее и возникшее – как раз то, о чем мы сегодня говорили – в результате ее исторического развития. Грустный результат.

– Видишь ли, многовековая палка – большая палка, маленькая, неважно, в особенности страшна сталинская палка – она создала новую психологию. А когда палку убрали – выявилось подлинное лицо... Говорят – ну как же так: раньше у нас была дружба народов, а теперь все воюют. Да не было ее – просто сверху так прикрывалось. А внутри все это было и кипело.

– «Кипел наш разум возмущенный», – не знаю, к месту ли, процитировал я. – Не случайная, наверное, строчка?

– Много чего не случайного... «Закон, что дышло – куда повернул, туда и вышло» – тоже не случайно... Тоже не случайно, – задумчиво повторил Булат. – Или вот – «Веселие Руси есть пити»...

– Ну, это не самое плохое...

– Не самое плохое, но должен тебе сказать: я, как член президентской комиссии по помилованиям, читаю очень много материалов, уголовных в том числе. И я делаю вывод: во-первых, 99 процентов убийств в России происходит на почве пьянки. Один процент – это сознательный бандитизм, а 99 процентов – на почве пьянки. И, во-вторых: 95 процентов всяких преступников – это выходцы из рабочих и из крестьян...

Забренчал приглушенный звонок телефона – вернулась из города Ольга. Я произнес в магнитофон какие-то формальные слова, как бы завершающие наше интервью: спасибо большое, Булат Шалвович, за беседу, наши читатели рады знать, что Окуджава снова в Америке, что он в добром здравии, активен, и мы все счастливы будем видеть его здесь снова и снова и аплодировать ему. Впрочем, почему формальные? Мы ведь действительно так думаем и так чувствуем.

* * *

Первая часть работы с текстом нашей беседы – прослушивание магнитофонной записи и превращение ее затем в машинописный текст – оказалась нелегкой: несмотря на мои ухищрения, фон, создавшийся гудением кондиционера, в каких-то местах почти заглушал негромкий голос Булата, и мне приходилось возвращаться по многу раз к каким-то фрагментам записи, заново прослушивать их. Но зато, когда текст лег на бумажные страницы и когда я заново прочел его, то почувствовал вдруг, что не испытываю ни малейшего соблазна как-то приглаживать его или чистить – что бывает обычным и неизбежным при подобной работе. Колорит живой речи Окуджавы редакторской обработке не поддается. Да и не надо.

Октябрь-декабрь 1994 г.

Боже, благослови Америку

(из культовой американской песни)

Сейчас, годы спустя, все случившееся в те дни порою кажется вычитанным, услышанным от кого-то... Но это было – на твоих глазах и с долей твоего участия в череде неожиданных, не всегда последовательных событий мая 1991-го.

Время уходит, но не уходят вместе с ним из памяти, а наоборот, видятся значимыми даже мельчайшие обстоятельства, при которых все, что случилось – случилось.

Но и не только в памяти дело... Не всегда чувствуешь себя готовым отвечать на расспросы даже близких, а нередко и вовсе незнакомых тебе людей. Все они участливы, доброжелательны, они бережно сохраняют память о замечательном человеке. И все же...

Потому что, рассказывая, надо возвращаться памятью в ту ночь, когда мы с Ольгой Владимировной сидели у телефона и думали... нет, просто пытались сообразить: кого из друзей мы упустили, кто еще не знает о беде, настигшей ее мужа.

* * *

Начало, казалось, было совершенно замечательное. Застал я их телефонным звонком, когда Булат, Оля и Булат-младший – Буля, оказались в нашем штате: там, в Сан-Франциско, предстояла встреча со съехавшимися со всей Северной Калифорнии бывшими россиянами. Когда-то, порывая, а люди это точно знали, навсегда со страной своего рождения, они везли все же с собой в необратимое, как путь через Стикс, странствие самый драгоценный свой багаж. Этот багаж не по силам было отнять у них вместе с гражданством чиновникам ОВИРов: с ними оставался язык, на котором они учились говорить.

И еще – песни...

Тогда, перед приездом Булата с семьей, в короткой и оставшейся анонимной газетной заметке я, помнится, писал об удивительной смысловой емкости каждой строфы, рождаемой талантом Окуджавы, о совершенно особой афористичности его поэзии. Сейчас я добавил бы: тот, кто может не просто уловить, но принять ее философию, ее глубинный смысл, заключенный в бесконечной любви, даже в обожествлении живого и сущего, тому доступно понимание счастья – быть.

Вот вы берете в руки его сборник, ставите на проигрыватель привезенный с собою диск, остаетесь с ним – ну, хотя бы на полчаса... Замечаете? И потом, может быть, спустя недели, вы слышите вдруг собственный голос, повторяющий строки Окуджавы. Как сейчас: я ударяю пальцами по буковкам, наклеенным поверх латиницы моей клавиатуры, наблюдаю на экране рождение этих абзацев – а из памяти не уходит его

...не запирайте вашу дверь, пусть будет дверь открыта...

Говоря сегодня о творчестве Окуджавы, обращаясь к его человеческой сущности, постоянно чувствуешь опасность соскользнуть в выспренную фразу, употребить нечто высокопарное, – а ведь делать этого ни в коем случае нельзя, как бы ни тянуло: сам он не просто избегал, но активно не принимал подобных речевых оборотов, особенно в свой адрес. Дома у меня, вспоминаю я сейчас, если в его присутствии кого-то заносило в эту зону (всегда и вполне искренне), Булат либо сразу переводил разговор на другую тему, либо, быстро найдя себе несрочное на самом деле занятие, покидал место беседы, и минутой спустя мы видели его уже в дальнем углу комнаты – у рояля, например, поигрывающим несложные гаммы, нащупывающим новую мелодию...

* * *

Да. В том разговоре я повторил сказанное по телефону неделей раньше, когда они еще были в Вашингтоне и в вечер после выступления гостили у Аксеновых: жду, буду рад, если решат остановиться у меня – хоть сразу по приезде, хоть после выступления. Правильнее было бы сказать – "выступлений", потому что, помимо лос-анджелесской, предстояла отмененная Булатом позже (как принято у наших импресарио объяснять – "по техническим причинам") поездка в Сан-Диего.

Здесь позволю себе цитату из его письма, пришедшего примерно за год до того: "Дорогой Саша... Приехать, к сожалению, не можем, но, надеюсь, как-нибудь выберемся". (Соблазнительно привести и концовку: "...в Переделкино осень. В России бардак. Но не столько по злому умыслу, сколько по недомыслию. Обнимаю тебя от всех нас. Булат".)

А в этот раз почти условились! Правда, еще тогда, у Аксеновых, как бы между прочим, Булат посетовал на недомогание: шалит сердце, особо почувствовалось это здесь, в Штатах, в поездках по стране. Мне запомнилась его интонация – как он с досадой произнес: "Стенокардия замучила".

– Покажемся врачам в Лос-Анджелесе...

Прозвучало у меня это не очень уверенно: я помнил о некоторой дистанции, которую Булат установил между собой и медучреждениями – и старательно хранил ее...

Так и в этот раз.

– Не знаю... В Нью-Йорке сделали кардиограмму, Оля настояла, вроде ничего тревожного. Да и в Бостоне, на обратном пути, хотел посмотреть кардиолог. В общем, ты поговори с Олей, она ведает этими делами...

Словом, мы не в первый раз загадывали: вот, завершится гастроль – и они задержатся в Лос-Анджелесе, безо всяких уже дел и обязательных встреч, просто перевести дух. И задержались – почти на полгода...

* * *

Поставив автомобиль в дальнем углу двора (мы и там-то с немалым трудом нашли место, хотя по протяженности он занимал солидный голливудский квартал), мы шли следом за группой зрителей к зданию самой школы, где готовилось выступление Окуджавы. На самом подходе к ней нас остановил Квирикадзе – кинорежиссер и сценарист, к тому времени автор нескольких оригинальных лент; последняя из них носила название "Путешествие товарища Сталина в Африку", и это вполне говорило само за себя.

Ираклий в Америке оказался именно с этим фильмом, картина имела успех, и настигший его здесь инфаркт никак не был связан с результатами его визита – не вовремя подвело здоровье. Хотя когда это бывает вовремя?.. Ираклию сделали операцию на открытом сердце, и теперь, несколько месяцев спустя, он вдруг запрыгал перед Булатом. Он подпрыгивал и, подобный большой веселой птице, махал руками-крыльями, на лету объясняя, что американская медицина – лучшая в мире, и вот он, Ираклий Квирикадзе, после такой операции готов ставить рекорды в любом виде спорта.

* * *

Был концерт. Нет, Окуджава не любил это слово – была встреча его с русским Лос-Анджелесом. Бесконечно трогательное свидание, наполненное непрерывным диалогом зала и исполнителя: когда Булат пел или когда он читал стихи, а зал безмолвствовал – все равно этот диалог не прекращался, и, казалось, насыщенные живым электричеством нити протянулись от сцены к слушателям, они как бы продолжали струны инструмента, который держал в руках Булат. Окуджава ощущал это и, воспринимая реакцию сидящих в зале, произносил слова, которые они помнили и которых ждали от него.

* * *

Кардиограмма оказалась скверная – настолько, что Юрий Бузи (фамилия доктора Бузиашвили здесь, для американских коллег и пациентов, оказалась бы совершенно непроизносима), едва взглянув на длинную полосу бумажной ленты, по которой протянулась прыгающая чернильная линия, предложил – да нет, почти потребовал: немедля сделать катетеризацию сердца. Заглянуть вовнутрь, установить точный диагноз и решать – что делать дальше.

– Как? – с грузинским темпераментом восклицал он, опять и опять рассматривая ленту, – как можно!

Он искренне не понимал, "как можно" было отпускать Булата из Нью-Йорка, где симптомы болезни обострились и впервые дали о себе знать по-настоящему, и где врач, наскоро осмотревший его, похлопал весело поэта по плечу и со словами "Все в полном порядке!" дал "добро" на его поездку – дальше, по стране. Нет, не просто поездку – но напряженную работу, протянувшуюся на многие тысячи миль, на меняющиеся временные и климатические пояса, на восемь огромных концертных залов, появление на сцене которых требовало не просто особой собранности выступающего, но свойственной выступлениям Булата полной и самоотверженной отдачи.

* * *

За три или четыре дня до операции – а о том, что в ней будет необходимость, никто из нас тогда не подозревал, – собрались человек тридцать моих приятелей. Это были те, кто хотел слышать Окуджаву вблизи, не будучи отделенным от него рядами кресел. И еще они надеялись перекинуться с ним хотя бы парой слов, пожать его руку.

К этой встрече он, Ольга и младший Булат уже с неделю жили у меня – и я мог наблюдать, как все чаще и быстрее утомлялся он от самой, казалось бы, нетрудной работы, от незначительных усилий, даже от неспешной ходьбы. А в тот вечер...

Ольга, почти не мигая, смотрела на Булата, пристроившегося как-то с краю, в привычной ему манере, на высоком деревянном стуле. Булат читал стихи... поднимал на колени гитару и пел – две, три, четыре песенки... нет, баллады, недлинные, спокойно-размеренные и удивительно мелодичные, но порою вдруг взрывающиеся изнутри неожиданным мажорным импульсом.

Небольшая домашняя видеокамера, установленная на треножник, фиксировала каждое слово и каждое движение Булата, каждый звук, извлекаемый аккомпанирующим ему сыном из старенького рояля. Эта лента теперь хранится у меня отдельно от всего видеоархива, но вместе с другими – где он, Оля, Буля в художественной галерее на бульваре Беверли, на набережной лос-анджелесской Венеции, в Китайском городе...

Потом, много дней спустя, мы – Ольга, Булат и я, сгрудившись вокруг портативного кассетника, слушали двухчасовую передачу калифорнийской радиостанции, часть которой была посвящена Булату: записывал я ее просто так, для памяти. Характерное пощелкивание иглы, задевающей царапины на вертящемся в эти минуты в студии диске, безапелляционно свидетельствовало: пластинка (а это была запись, сделанная несколько лет назад в Париже) не лежала в конверте, дожидаясь своего часа: ее слушали – часто и подолгу.

И я в какой уж раз пытался разгадать тайну, которую знал, правильнее сказать, которой от рождения был награжден Булат, – обходиться без перевода на английский... или японский... или шведский...

Не кажется удивительным, что его строфы растаскиваются по заголовкам в русской периодике, отечественной и эмигрантской. "Возьмемся за руки, друзья..." – придумывать не надо, Булат уже все написал. Или исполненный отчаяния и горечи текст недавнего по тем дням интервью Майи Плисецкой: "Ах, страна, что ты, подлая, сделала".

Но вот сейчас: что, что могло побудить хорошо известного в США и не знающего трех слов по-русски искусствоведа подготовить передачу, а одну из самых популярных калифорнийских радиостанций пригласить его специально для этой цели? Ну, сколько русских слышали в тот час передачу – тысяча? Слушателей должно быть десятки тысяч: время в эфире дорого, даже очень дорого. Стало быть, продюсер программы должен бы быть сумасшедшим, чтобы предлагать передачи, которые разорят радиостанцию. Значит, не разоряют...

* * *

Вернусь к тому вечеру. Когда все расходились – где-то в первом часу ночи, – Ольга шепнула мне: "Видел? Вот так всегда, когда его слушают... Господи, откуда он силы берет? Ты же помнишь его днем сегодня".

Помню. Конечно, помню: он ходил мрачный, сутулясь, по двору, руки в карманах, освобождая их время от времени только затем, чтобы потереть грудь. Ольга горестно смотрела на него и ни о чем не спрашивала. Она знала – жмет. Так, что порой трудно дышать. Вот уже почти месяц. И почти каждый день.

Вечер этот был, кажется, в четверг. А в понедельник следующей недели к 6 утра мы "прописывали" Окуджаву в медицинском центре Святого Винсента: здесь, в госпитале, принадлежащем католической епархии, базируется один из лучших в стране "институтов сердца" – клиника, где умельцы с медицинскими дипломами пытаются помочь Всевышнему исправить Его упущения и недосмотры.

Собственно проверка – серия медицинских тестов – была назначена на 7:00, именно к этому времени появился Юра Бузи, и Булата, уже переодетого в больничный халат с забавными, затягивающимися на спине тесемками, усадили в кресло, оснащенное по бокам большими велосипедными колесами. Рослый санитар и смешливая круглолицая филиппинка, подталкивая и направляя сзади кресло, покатили Булата по бесконечным коридорам, наказав нам ждать результатов теста в отведенных для отдыха комнатках (они были здесь на каждом этаже), или в местной столовой.

Мы выбрали второе: нагрузив поднос картонными стаканчиками с плещущимся в них американским подобием кофе, крупными, не вполне зрелыми персиками и сладковатыми плюшками, провели чуть больше часа здесь же за столиком, время от времени звоня по внутреннему телефону на санитарный пост 4-го этажа, куда вскоре обещали вернуть Булата.

* * *

– Операция неизбежна. Желательно – как можно скорее... Может быть, даже сегодня. Аорта перекрыта на 90 процентов.

Бузи выжидательно смотрел на Ольгу. "На 90 процентов...". Это значит: в сердце на столько же меньше поступает крови.

Мы спустились на первый этаж – здесь, в просторном помещении, смежном с коридором, ведущим в административную часть здания, и разделенном легкими переборками на небольшие клетушки, сидели сотрудники финансовой части и беседовали с выписываемыми или только еще поступающими сюда пациентами. Чаще – с членами их семейств.

Предъявленные Ольгой бумаги, свидетельствующие о купленном ими по приезде в США страховом полисе, произвели должное впечатление на принимавшую нас чиновницу – молодую восточного вида женщину по имени, кажется, Зизи. Или – Заза, сейчас не вспомнить. Удалившись ненадолго вглубь офиса, она вскоре вернулась, приветливо улыбаясь.

– У вас все в порядке, страховка покрывает 10 тысяч.

– А сколько может стоить операция? – это спросил я: разговор, естественно, велся на английском, причем мне не без оснований казалось, что принимавшая нас сотрудница госпиталя живет в Америке не так уж давно. Однако друг друга мы понимали.

– Тысяч 25. И поскольку пациент не является жителем США, вам придется оплатить разницу сейчас. Во всяком случае, до начала операции.

– Но, позвольте: в кармане никто 15 тысяч на всякий случай не носит. И если операцию назначат на сегодня?..

Чиновница заученно (не мы же первые оказывались в подобной ситуации), но при этом и смущенно улыбаясь, пожала плечами... Так...

Бузи, переговорив с доктором Йокоямой, блестящим, может быть, даже лучшим в Калифорнии хирургом, работающим на открытом сердце, и заручившись его согласием на немедленную операцию, уехал в свой офис – его ждали больные. А мы, Ольга, Буля и я, оставив Булата в палате с кучей газет и журналов, советских и местных, спустя полчаса хлебали у меня дома остатки сваренной третьего дня ухи, заслужившей, кстати, высшую оценку моих нынешних гостей. ("Дорогой Саша! Если мы приедем, не забудь приготовить уху!" – это приписка в мой адрес из письма, адресованного Лиле Соколовой. Я и приготовил...)

Что же касается русских газет, их Булат всегда ждал с нетерпением: его волновало все, что происходило на родине, – где бы и как далеко он от ее границ ни оказывался.

Здесь не могу не вспомнить эпизод – вроде бы мимолетный, вроде бы забавный, но и оказавшийся столь значимым в контексте зашедшей как-то у нас беседы, что я запомнил его почти дословно.

При одной московской церкви состоял служкой или кем-то в этом роде парень, слагавший стихи. Булат, сопровождавший Ольгу в дни посещений ею церковных служб, что случалось более-менее регулярно – настолько, насколько позволяла жизнь, – внутрь обычно не заходил, но прогуливался неподалеку от святого храма, ожидая жену.

Служка, назовем его Коля, прознав, что видит вблизи настоящего поэта, показывал иногда Булату свои стихи – хотя то, что Коля делал, и стихами-то можно было назвать с большой натяжкой. Булат, однако, внимательно его слушал, даже иногда давал советы, но всерьез творчество Коли по понятным причинам не принимал.

Заметим в этой связи, что для россиян желание самовыразиться в поэтической форме есть нечто органичное, может быть, как раз и составляющее частицу "загадочной", как ее называют, русской души. Так вот, нечто схожее случалось и в Пушкинском музее, где сторожем служил парень по имени Сергей Волгин - это имя напомнила мне в одном из наших недавних разговоров Ольга. И однажды тот прочел четверостишие, поразившее Булата настолько, что он запомнил и вот теперь по памяти смог его воспроизвести. Я его тоже запомнил:

Обладая талантом,
Нелюбимым в России,
Надо стать эмигрантом,
Чтоб вернуться мессией...

Черт меня дернул тогда влезть со своей шуткой.

- Неплохо, - прокомментировал я, - хотя редакторский опыт подсказывает: стихи можно урезать вдвое.

Булат вопросительно посмотрел на меня, и я продолжил:

- Здесь явно лишние 2-я и 4-я строки. Смотри, как хорошо без них: "Обладая талантом... надо стать эмигрантом...". Вот и все.

Булат улыбнулся. И почти сразу нахмурился: шутка моя была явно не в жилу - она могла быть понята как намек (хотя, видит Бог, ничего я такого в виду не имел).

Булат же и в шутку не мог помыслить, что таланту в нынешней России ничто больше не светит... При этом к так называемым "национал-патриотам" Булат относился с большой осторожностью и недоверием. Помню, как-то, отложив просмотренные номера российских газет, в числе которых оказался и прохановский "День", он заметил: "Кошка – тоже патриот. Это же, в конце концов, биологическая особенность – "русский"... Чем же тут хвастать-то? Что дышу местным воздухом?".

– Ну, что будем делать? – вопрос этот относился исключительно к способу немедленного, в течение ближайших двух-трех часов, получения требуемой суммы. Сама сумма не казалась столь уж невероятной, и располагай мы двумя-тремя днями... Но двух-трех дней не было. Не было и одного – было только сегодня.

Сейчас, добравшись до этих строк, я понимаю степень самонадеянности, с которой начал эти заметки – все, мол, помнится, будто было только что: на самом же деле события тех суток смешались в памяти в одну непрерывную ленту, и точную их последовательность установить сегодня вовсе нелегко...

Кажется, Эрнст Неизвестный был первым, кого мы застали телефонным звонком в Нью-Йорке. Сначала с ним говорила Ольга, потом трубку взял я.

Его реакция была мгновенной:

– Старик, я могу заложить дом – но ведь это недели... А где же сразу взять столько?..

Естественно, это первое, что и мне пришло в голову – но за нереальностью было отвергнуто. Все же, спустя час мы уже знали, что здесь, на месте, мы можем располагать если не всеми 15 тысячами, то значительной частью этой суммы. Следовало торопиться – тогда в три часа дня большинство банков закрывали двери. И было около часа, когда раздался этот звонок.

– Вас беспокоят из госпиталя. Извините, но вас проинформировали не совсем точно: стоимость операции составит около 50 тысяч. И внести их надо сразу. Предпочтительно – сегодня. В противном случае мы выпишем больного.

– Как? Куда выпишете? Его же готовят к операции!

Александр Половец

– Не обязательно домой – мы можем перевести его в другой госпиталь. В государственный...

Что такое государственный госпиталь, я знал: мне доводилось навещать в одном из них, далеко не худшем в Америке, Володю Рачихина: заместитель директора картины, он бежал в Мексике из группы Бондарчука, снимавшего там "Красные колокола". И стал героем моей только что вышедшей книги – я приносил ему в больницу ее сигнальный экземпляр.

Потом... потом Рачихин умер, в книге была дописана "последняя глава", где я привел описание той больничной палаты в бесплатной (для неимущих пациентов) университетской клинике, – и с сохраненным редакцией предисловием В.Максимова книга была издана заново. А за много лет до того я навещал в Боткинской больнице, что почти в центре Москвы, на Беговой улице, приболевшую тещу.

Благодаря каким-то моим тогдашним связям в медицинском мире, ее вскоре перевели из коридора, ставшего ее первым больничным пристанищем, в палату, где тесно, ряд к ряду, одна к одной умещалось несколько десятков коек. "Царство скорби! – комментировала Елизавета Николаевна окружение, в котором она оказалась, – видел бы это Боткин, он бы в гробу перевернулся!".

Не стану утверждать, что нечто подобное я застал, навещая Рачихина. И все же... В общем, о том, чтобы переводить Булата в государственный госпиталь, речи быть не могло. И не было...

* * *

Да, не все способна сохранить наша память: ну как удержать, например, в голове последовательность звонков, которые мы с Олей безостановочно производили, листая наши телефонные блокноты в попытках застать московских друзей, берлинских, нью-йоркских, бостонских... Здесь день – там ночь, этот в отъезде, тот в больнице...

И почти сразу – шквал ответных звонков.

Не только ответных: весть о болезни Булата распространилась со скоростью, потребной на то, чтобы, узнав о ней, набрать на телефонном аппарате мой номер. Аксенов, Суслов, Надеин – из Вашингтона, Шемякин – из Нью-Йорка... Вознесенский... Коротич... Яковлев Егор – это все из Москвы... Ришина Ира, давняя приятельница и соседка по Переделкино – от себя, но и от "Литературки"... А еще "Комсомолка", "Известия"... и вот – сама официозная "Правда".

Очнулись советский консулат в Сан-Франциско и посольство в Вашингтоне: "Что с Окуджавой? Какая помощь нужна?". – "Нужны деньги!". – "Сколько?". – "Много – 40 тысяч, по меньшей мере! Хотя бы гарантии на эту сумму – чтобы провели операцию". После продолжительного молчания: "Будем связываться с Москвой...".

Связываются – до сих пор.

Выручка пришла с неожиданной стороны: один из первых, кто сказал "все сделаем", был живший в Германии Лев Копелев. И сделал, убедив крупнейшее немецкое издательство "Бертельсман", собиравшееся, кстати, печатать сборник Окуджавы, прислать письмо, в котором гарантировалась компенсация госпиталю требуемой суммы. Главное – чтобы операция не откладывалась! Чуть позже позвонил Евтушенко: "Смогу набрать тысяч 10". – "Спасибо, пока – подожди", – Ольга уже держала в руках телеграмму Копелева. Похоже, все устраивалось.

Потом, дни и нередко даже недели спустя, после первых наших бессонных ночей, после операции и после публикаций в калифорнийской "Панораме", ударили в колокола русские газеты и радиостанции Восточного побережья США – когда надо было рассчитываться с госпиталем. И ведь, в основном, рассчитались: небольшую часть, кажется, тысяч 10 госпиталь взял на себя, тысяч 20 собрали эмигранты. Я и сейчас храню их письма – трогательные, преисполненные почтительной любви к Поэту, – которыми сопровождались денежные чеки: на 5, 10, 50 долларов...

И ни копейки из России.

Правда, дошли до нас газетные заметки, что где-то в Донецке или Ростове развернули кампанию по сбору средств "на операцию Окуджаве" – где те деньги, никто до сей поры не ведает.

Не молчала и американская пресса: журналисты в "Лос-Анджелес Таймс", например, с изумлением отмечали энтузиазм, проявленный новыми жителями США при сборе средств на операцию российскому поэту. И помещали фотографии, особо часто ту, трех- или даже пятилетней давности, где мы с Булатом гладим устроившегося у наших ног добермана по кличке Фобос. Откуда газета достала эту фотографию, понятия не имею: может, у наших друзей, может, в "Панораме", где я в те дни появлялся на самое короткое время.

Санитары в голубых халатах катили кровать Булата в операционную, мы до какой-то двери сопровождали его, и я изумлялся абсолютному спокойствию, с которым он встречал эти часы. Уже потом, много позже, снова оказавшись в Штатах, он признавался, что да, боялся операции – но еще больше боялся уронить, как он выразился, достоинство – "показать, что боюсь". А так – "...два раза вдохнул – и уснул".

И знаете, что было одним из первых вопросов Булата, когда он отошел от наркоза и нас допустили к нему? Поглядывая сквозь сеть проводков и трубочек, протянувшихся от его кровати к установленной рядом хитроумной медицинской аппаратуре, он спросил: "Как там Фобос?.." И улыбнулся. Кажется, это было первой его улыбкой после перенесенной только что операции. И своего рода сигнал нам: "Я – в порядке". Так мы его и поняли... Да и потом Булат будет часто вспоминать Фобоса в своих письмах. Вот, к примеру, еще цитата: "Нет-нет, да и представляю себя, ходящим вокруг твоего бассейна, и Фобоса, с недоумением вышагивающего следом...".

Наверное, будет тому достойный повод, я еще не раз вернусь к текстам писем Булата, бережно мною сохраняемым вместе с самыми дорогими сердцу реликвиями.

* * *

Операция прошла благополучно – настолько, что на второй день после нее врачи подняли Булата на ноги и заставили ходить, хотя бы от кровати до двери палаты. Есть у меня несколько фотографий, сделанных тогда в госпитале, одна из них совершенно курьезная: под койкой Булата – судно для известных целей, с фирменной надписью изготовителя 'Bard". То есть "Бард"... Но это – потом. Пока же команда медиков колдовала над Булатом, сердце его, как и положено, было отключено, и длилось это действо часов шесть.

Ольга и Буля в ожидании вестей из операционной не находили себе места, я пытался как-то успокоить их; право, не знаю, насколько успешны были мои попытки – все понятно и так... Где в эти часы был сам Булат? Я спрашивал его потом, ощущал ли он хоть что-то, был ли пресловутый туннель со светом в самом его конце?

– Не было ничего, – коротко отвечал он, не оставляя места для дальнейших расспросов.

На четвертый день мы уже застали его в коридоре. "Понимаешь, – чуть улыбаясь, рассказывал он, – иду и вижу: прямо навстречу мне идет Ганди. Ничего не могу понять. Подхожу ближе – а это зеркало!". Он, исхудавший больше обычного, действительно, становился удивительно похож на знаменитого мудрого индуса.

"Отдали" его нам на 5-й день – после подписания всякого рода финансовых и прочих деклараций. И медицинских наставлений, причем, одно из главных было – много ходить. Что Булат впоследствии и делал – именно те недели вспоминал он в своем письме: бассейн... собака Фобос...

* * *

Предпочтительным, по мнению врачей, должно было быть местонахождение выздоравливающего где-нибудь ближе к воде, к морю. В нашем случае – к океану, что спустя полтора примерно месяца удалось реализовать с помощью моих друзей, больших почитателей творчества Окуджавы: Миша и Лида Файнштейн, живущие в пригородном доме, располагали небольшой квартиркой в многоэтажном здании прямо на океанском берегу в прелестном районе Лос-Анджелеса

– Марине-дель-Рей. Там я почти ежедневно навещал Булата с Олей (Буля, убедившись, что отец выздоравливает, по рабочей необходимости отбыл в Москву).

Так прошел еще месяц. Тогда, да и потом, уже вернувшись ко мне, они регулярно показывались врачам, производившим операцию; Оля залихватски, будто урожденная калифорнийка, водила по городу спортивный "Ниссан", в другие дни выполнявший роль дублера моего большегрузного джипа; не однажды навещал Окуджаву на дому и Юра Бузи. Кажется, это он предложил Булату взглянуть на рентгеновские снимки – "до" и "после" операции. Булат отшутился, наотрез отказавшись: "Не хочу смотреть на сердце – противно!". И, обращаясь уже к Ольге, Буле, мне, стоящим рядом, добавил, улыбаясь: "Оставляю это развлечение вам".

Когда я на несколько дней улетел по делам в Нью-Йорк и звонил домой, чтобы справиться, как там дела, Оля передала мне: разыскивает меня кто-то из "Вашингтон Пост", влиятельного столичного издания. Я "вернул" телефонный звонок, журналистка долго расспрашивала меня – о Булате и о событиях этих недель, с ним связанных.

Мне показалось, она была крайне разочарована, когда вместо того, чтобы посетовать вместе с ней по поводу "жестокости, корыстности американской системы здравоохранения", проявившейся, в частности, в ситуации с Булатом, я стал, напротив, хвалить эту систему, и в особенности госпиталь, где столь блестяще была проведена операция. Статья ее, однако, появилась, после чего вице-президент госпиталя, ответственный и за его коммерческую деятельность, звонил мне, чтобы засвидетельствовать свою признательность по поводу проявленного мною "понимания ситуации".

Так что хочется верить: может, отчасти и после этого разговора госпиталь взял на себя долю расходов по операции – к тому же некую часть ее стоимости в добавление к собранным нами деньгам покрыло и американское государство. Мы же, вспоминая те дни, чаще стали повторять замечательную фразу, которую искренне произносят по разным поводам и урожденные американцы, и новые жители этой страны: "God bless America!" – "Боже, благослови Америку!".

Америку Булат любил, что дает мне основание добавить несколько слов к сказанному выше. Он охотно приезжал, когда была возможность выступить перед университетскими студентами и профессорами, перед бывшими россиянами. Или поработать в летней русской школе в Вермонте – этот красивейший североамериканский штат нам однажды довелось пересечь вместе, на пути из Бостона, где мы условились встретиться в один из его приездов, – в Нью-Йорк. Так что упомяну напоследок два эпизода из тогдашнего путешествия.

Первый – бостонский. В этом городе жило к тому году тысяч 10 выходцев из разных мест и местечек бывшего СССР; народ, естественно, был разный – не только университетская публика, гордость тамошней эмигрантской общины. Но все они сохраняли привязанность к привычным продуктам питания, что и вызвало к жизни два-три продуктовых магазина, где на прилавках рядом с русскими книгами предлагалась краковская колбаса и сыр сорта "мадригал".

Хозяйка одного из них, Инна, принимая нас у себя дома, рассказала, как однажды некто из числа ее покупателей, почувствовав себя чем-то обиженным, вышел из очереди и произнес следующую тираду: "Я вас выведу на чистую воду! Нам-то известно, чем вы здесь занимаетесь!" – "Чем?" – испугалась хозяйка. И правда, кто знает – может, что с санитарией не в порядке, может, продукт попался несвежий... "Вы, – продолжал, разоблачая владельцев магазина, клиент, – вы покупаете товар дешевле, а продаете его дороже!". Рассказ этот вызвал веселье в компании, но и размышления об устойчивости советского опыта, прочно укоренившегося в сознании наших земляков; Булат его потом не раз вспоминал.

И, наконец, набившись в машину Юры Понаровского, брата известной певицы, живущего под Нью-Йорком, мы за несколько часов одолели мили, отделявшие Бостон от Города Большого Яблока, и, изрядно проголодавшиеся, въехали в Манхэттен. Перекусить следовало срочно – вселение в

Александр Половец

гостиницу заняло бы определенное время, есть же хотелось сейчас. Я вспомнил, что мои знакомые – художник Гена Осмеркин и его супруга, бывшая ленкомовская актриса Марина Трошина, готовились на месте купленной ими пельменной открыть русское кафе, и имя ему было уже придумано – ”Дядя Ваня“. Адрес я примерно знал – и вскоре мы въехали в узкую улицу, залегающую, как ущелье, среди небоскребов центральной части города.

Знаете, что мы увидели, подъехав к нужному дому? На ступеньках, ведущих в будущее кафе, сидела Марина и листала только что пришедшую по почте ”Панораму“. Хотя, почему ”будущее“? Для нас быстро накрыли стол и, несмотря на то, что кафе открывалось только завтра, накормили, чем Бог послал – главным образом, пельменями из запасов доживающего последние часы русско-американского кулинарного предприятия. И было это совсем неплохо – как и все то время, что мы провели в этой поездке.

Повторить бы ее сейчас...

После нескольких дней в Нью-Йорке, была ”Аленушка“ – пансионат в Лонг-Айленде, существующий заботами концертного импресарио Виктора Шульмана. Имя это знакомо российским исполнителям, гастролирующим по всему миру – и по его антрепризе, и по дому отдыха, расположенному на берегу невероятной красоты озера. Были лодочные прогулки, была сауна и, конечно, долгие вечерние разговоры за обильным столом: здесь же отдыхал в ту пору составивший нам компанию литератор Саша Иванов с женой – известной балериной Олей Заботкиной.

И были еще годы творчества. Были вместительные, и все равно переполненные почитателями поэта, залы в самых окраинных, самых отдаленных от России уголках нашей планеты. И в Америке – тоже.

Но об этом – когда-нибудь потом.

Зато сберег я вырезку из Нью Йорк Таймс: такое там появлялось не часто – вот она, читатель, владеющий английским, поймёт – почему она здесь уместна:

Итак,

By FELICITY BARRINGER,
Published: July 20, 1991

«*Bulat Okudzhava's adventure was supposed to have a happy ending. For a month, his story has been playing in newspapers from Los Angeles to Moscow along these lines: "Soviet bard diagnosed with life-threatening heart condition while on tour in Los Angeles. Bypass operation urgently needed. Admirers dip into their pockets. Operation successful."But that was before the bill collector appeared. Now Mr. Okudzhava (pronounced oh-ku-DJA-va), the 67-year-old poet, novelist and singer whose evocation of loss and longing gave voice to the pain of two generations of Soviets, is in Los Angeles, $56,000 in debt for his operation and subsequent treatment.Friends and admirers have sent $21,000 to two Soviet emigre newspapers intended for him, but it is not clear whether Mr. Okudzhava and his wife, Olga, who is traveling with him, can raise the remaining $35,000.The tale of the bard and the bill reflects a bittersweet encounter between two disparate cultures. In the Soviet Union, where medical care is free but widely distrusted, American medicine is seen in mythic terms and doctors are considered miracle workers. That miracles cost money is either not widely understood or not widely accepted.Like most Americans, Michael Garko, financial vice president of St. Vincent's Medical Center in Los Angeles, where the operation was performed, was not familiar with Mr. Okudzhava's reputation. In recent telephone interviews, Mr. Garko questioned the notion that it is possible to have renown without substantial resources.But a German publisher, Bertelsman Publishing Group International, forwarded $50,000 to pay the hospital through its American subsidiary after an appeal by Lev Kopelev, a Soviet writer who emigrated to Munich.Because Mr. Okudzhava's bill was covered by private funds and not by insurance, the hospital followed its usual practice for what it terms "private-pay patients" and charged him at its highest rates. This added $6,000 to the bill.Now Mr. Okudzhava owes $50,000 to Bertelsman and $6,000 to the hospital.The first rush of concern for Mr. Okudzhava in late May had led scores of Soviet* emigres to send contributions totaling $21,000 to funds set up for Mr. Okudzhava at Russian-language newspapers in New York and Los Angeles. But the writer still owes the difference between these funds and the debts."There was supposedly this great outpouring of support," Mr. Garko said. "Why don't they go back to this outpouring of support and pay back the loan?" 'I'm in a Low State'For a proud man of Georgian heritage like Mr. Okudzhava, asking for money is more painful than living with the chest pains that led to the surgery. "I'm in a low state," he said in a telephone interview last week from a friend's Los Angeles home where he has been staying since leaving the hospital. "I'm an independent person, I have been all my life. Now I'm dependent on everyone. I've been very poor at times in my life, but I've never asked for a loan."Rochelle Ruthschild, director of the Russian School at Norwich University in Vermont, said: "Soviets have a very different attitude toward money. We are obsessed with money. They haven't needed to be."Yuri Busi, a Soviet emigre who is a cardiologist associated with St. Vincent's, had found that the chest pains afflicting Mr. Okudzhava were the result of a 90 percent blockage of a major blood vessel. He recommended immediate surgery.Dr. Busi took no fee for the test he performed. In fact, said Alexander Polovets, editor of an emigre newspaper, Panorama, based in Los Angeles, the specialist contributed to the newspaper's fund for Mr. Okudzhava. But the cardiac surgeon who performed the operation charged his full fee. Hospital Transfer ConsideredSeeing that money was an issue, Mr. Garko had raised the possibility of whether Mr. Okudzhava should be transferred to the Los Angeles County Hospital. But Mrs. Okudzhava feared a transfer would endanger her husband's life.Mr. Kopelev and Mr. Okudzhava's wife later signed promissory notes guaranteeing repayment of the loan. But Mr. Kopelev said in a recent telephone interview, "I don't have $50,000 just lying around on the table." And, he noted, it is easier to ask for money to save someone from death than from debt.Mr. Garko said of the $50,000 to cover the bill: "I thought the publishers were giving it out of the charity of their hearts. I didn't know it was a loan."So, when he received offers to help pay Mr. Kopelev's bill from the office of the conductor of the National Symphony, Mstislav Rostropovich, and others, Mr.

Garko said he told them there was no need for it. He did ask for their addresses in case there were additional charges.In the end, there was the extra $6,000. Now, Mr. Garko said, it is up to the Okudzhavas and Mr. Polovets to go back on the fund-raising trail. In tones that reflect his ire at news accounts that cast him as the villain of the piece, Mr. Garko insists that Mr. Okudzhava "has been treated no different" from any other private-paying patient. "This is a business," he said.Mr. Polovets, who has lived in this country about 15 years, said: "How can I blame Mr. Garko? He's in a position where he should request money. That's his duty. Of course they charge a little more than they should, but that's the basis of Western medicine, that's why it's good."But Mr. Okudzhava and his wife seem less concerned with the question of cost than the question of payment. Mrs. Okudzhava, in a number of telephone interviews, made it clear she would welcome a reduction of the bill, but made it equally clear that she felt "degraded" by the necessity of asking for it.Mr. Garko said. "If you asked me whether I'd consider the extension of some discount -- absolutely." Must the Okudzhavas request it? "Absolutely."Mrs. Okudzhava also made it clear that returning to the Soviet Union with the matter unresolved was an unacceptable alternative. "My biggest fault was that I took responsibility and didn't send him to another hospital," Mrs. Okudzhava said.Because she and her husband felt comfortable with Dr. Busi, she said: "I put Bulat in the most expensive hospital. I didn't think at that moment about issues of rights and morality and money. I wanted to save him."

ЦДЛ И ОКРЕСТНОСТИ

Итак – Москва.

– Пойдем обедать в ЦДЛ, – предлагает Булат.

Мы входим через главный вход, с улицы Герцена, и задерживаемся у киоска, пестреющего газетами, названия которых мне большей частью незнакомы. И книгами – теми, которые еще совсем недавно следовало обертывать плотной бумагой, а надежнее – переплести заново, чтобы на обложке читалось что-нибудь совсем безобидное...

Выяснив у вечной бабульки, ведающей всем этим богатством, что недавно завезенные сюда в порядке смелого эксперимента выпуски "Панорамы" разошлись полностью, мы следуем в сторону ресторана. Остается пройти просторное фойе Малого зала, мы приближаемся ко входу в ресторан и обнаруживаем здесь некую долговязую фигуру в темном костюме. Она полностью загораживает собою вход, не выказывая намерения уступить нам дорогу.

– Мы – в ресторан... – собираясь спокойно миновать фигуру, произносит Ольга, она оказалась у дверей первой.

– Отсюда – не положено!

– То есть, как?.. – не понимаем мы.

– А так! Не положено, – и, снисходя до нашей непонятливости, фигура поясняет: Будет ремонт.

С места, где мы стоим, хорошо видны двери, ведущие в ресторан: на всем пути к ним никаких признаков хотя бы готовящегося ремонта не заметно. Булат, не меняя привычной позы – руки в карманах, – делает шаг вперед.

– Мы пройдем здесь... – спокойно произносит он.

– Не положено! – повторяет фигура.

– Что?! – Редко, крайне редко доводится мне видеть Булата разгневанным.

Он оборачивается к нам – Ольга, Буля и я стоим чуть позади, готовые вернуться на улицу, чтобы обойти здание и оказаться у бокового входа в него – со стороны Поварской, тогда еще носившей имя Воровского.

– Идем! – Булат двигается вперед, мы – за ним. Фигура оторопело смотрит нам вслед, не делая даже попытки остановить нас.

– Поставили тут болванов! – громко, но уже почти спокойно говорит Булат. – Писатель не может войти в свой дом... Болваны, – повторяет он, не оглядываясь на нас, идущих следом.

Большую часть обедающих в тот год пока еще составляют литераторы, – и к нашему столику непрерывно кто-то подходит, чтобы выразить участие и радость по поводу благополучно завершившейся операции – ее в начале лета перенес Булат.

Потом мы сидим за столиком: слева от меня, лицом ко входу со стороны Поварской, – Булат, справа – Оля и Буля, я сижу лицом к залу. Ресторан почти полон, а посетители всё подходят и подходят. Кто-то подсаживается к кому-то, создаются импровизированные компании. В ожидании неторопливых подавальщиц за столиками беседуют, прикладываясь к не пустеющим рюмкам.

Все нормально, обед в ЦДЛ.

– Посмотри, писатели едят. – Сейчас Булат, сидя вполоборота, кивком указывает в сторону тесно уставленных по всему залу столиков. – Я, было, совсем перестал здесь обедать, противно стало: сплошь торговое сословие. Какие-то лица... А сейчас снова хожу: писателей нынче печатают, видишь – они могут заплатить за обед 50 рублей... – Булат задумывается и потом добавляет: – При средней по стране зарплате 350 рублей. А барахло – нет, не печатают.

Конечно, Булат говорит это о солидных издательствах, в чьих традициях (и утверждаемых где-то на самом верху тематических планах) значились, прежде всего, имена секретарей писательского Союза – отнюдь не обязательно самых талантливых и самых читаемых. Да, тогда, послепутчевым сентябрем 91-го, мы еще не догадываемся о грядущем засилье "барахла" на книжных прилавках России. Но "барахла" уже другого сорта, появление которого закономерно: оно спровоцировано активным спросом существенной части российского народонаселения.

Время от времени кто-то подходит к нам, здоровается, перекидывается несколькими словами. Ерофеев Виктор... Леонид Жуховицкий... Андрей Битов, проведший здесь, что вполне заметно по нему, уже не один час... Оставив свою компанию, он почтительно пожимает руку Булату, кивает нам, сидящим вокруг столика. Отходит, оглядывается, снова подходит, упирается в меня взглядом:

– Половец, это правда – ты?

Битова я не видел два года – с тех пор, как он останавливался у меня в Лос-Анджелесе. А здесь я не был почти 16 лет...

Отобедав, мы некоторое время остаемся за столиком. К Окуджаве подходит еще кто-то, разговор затягивается, я прошу еще кофе и посматриваю в зал, отмечая знакомые лица... В какой-то момент в широком дверном проеме возникает силуэт высокого, опирающегося на палку человека – Сергей Михалков. Слегка сутулясь, он оглядывается, неторопливо пересекает зал в поисках места. Свободный столик находится почти рядом со входом.

Прислонив палку к стене, Михалков садится. Сразу на его столике появляется суповая тарелка, он склоняется над ней, не поднимая головы. Сидящие в зале в его сторону не смотрят, не замечая его. А те, кто видит, быстро и, как мне кажется, демонстративно отводят взгляд.

Удивительно ли? Михалков – один из немногих – открыто поддержал путч. И из первых: кто-то из его коллег просто не успел и, как вскоре оказалось, очень кстати, промолчал. В этот раз обычно острое чутье сановитого писателя подвело его – путч, не начавшись, провалился... А в зале сегодня – сплошь "апрелевцы".

Рассчитавшись с официанткой, мы поднимаемся и идем к выходу. Ольга за несколько шагов до дверей задерживается с кем-то в разговоре. Булат перед самым выходом сворачивает к столику Михалкова и через минуту догоняет нас.

Дождавшись Ольгу, мы выходим из здания.

– Булат, что ты сказал Михалкову?

Ольга выжидающе смотрит на супруга.

– Ничего. Поздоровался, спросил, как дела... А что?

– Он плачет. Склонился над супом – и плачет.

Булат хмурится и молчит.

Мы выходим – через двери, ведущие на Поварскую, – для ресторана они пока единственные, сюда-то нас пытался направить дежурный "болван". Здесь группка, несколько человек, они пытаются пройти в ресторан – куда там: и здесь массивная фигура охранника, заградившая собой вход. От них отделяется Жуховицкий: "Черт возьми! Меня всю жизнь куда-нибудь не пускают, вот теперь и сюда. Держат столики для делегации из ГДР... Дожили – в свой дом, в дом писателей не пускают...". – "Лёня, да плюнь ты на них, – иди!" – роняет Булат. Кажется, прошел тогда всё же Жуховицкий. Не сразу...

Минуло 10 лет. Дурацкий эпизод у входа в ресторан московского Дома литераторов, наверное, следует прочно забыть. Но я по сей день размышляю: что же вызвало тогда гнев Булата – обычно спокойного, все понимающего, умевшего по-доброму не заметить людскую слабость? Ну, действительно, не этот же дурень, загородивший нам вход! Этот, скорее всего, если и помнил имя Булата, в лицо его узнать никак не мог. Что не удивительно: ресторан в тот год готовился шагнуть в реальный, каким его понимают в России, капитализм, место в котором литераторам отводится не самое первое. Коммерсантами, новыми хозяевами ресторана, набран был соответствующий контингент обслуги – что с нее взять...

– Да что ему эта фигура, – понимаю я. – Скорее всего, Булат и не очень-то ее заметил. "Болваны" для него, на самом деле, – те, стоящие за подлой, навсегда рухнувшей, как нам кажется, осенью 91-го, системой. Ее столпы и опора, с огромными мускулами и нелепо крохотной головкой, тогда они только еще явили свое мурло – открыто, уверенно и нагло.

А он, Окуджава, – вот так, не вынимая рук из карманов, а только силою слова, спокойно, почти не замечая, отодвинул тех, вместе с их "не положено". Он прошел мимо них, с гитарой, зажатой под мышкой, с мудрой и горькой усмешкой, – и вошел в бессмертие.

* * *

Мой рассказ был бы неполон, если не вспомнить одну передачу на "Эхо Москвы". Был "живой" эфир – ровно час мы с ведущей программы, Нателлой Болтянской, беседовали о том, о сём: она расспрашивала об Американском фонде Окуджавы, об эмигрантах, и постепенно разговор перешел к московским событиям последних дней. Здесь я не удержался, чтобы не помянуть Сергея Владимировича Михалкова, сегодняшнего, его деяния последних дней.

Теперь это совсем другой Михалков: этот только что освободил помещения Дома Ростовых, испокон веков занимаемые писательскими союзами, – от писателей. Освободил в пользу, утверждают люди осведомленные, себя самого. Нет, конечно, формально – в пользу Международного сообщества писательских союзов. Основателем этого виртуального, как утверждают опять же осведомленные люди, сообщества стал Михалков спустя некоторое время после первых месяцев сумятицы и неразберихи, случившейся в 91-м. Ну, чуть позже. Еще, добавляют они, но уже шепотком, акция по "очистке" помещений особняка на Поварской была поддержана где-то в самых высоких коридорах власти.

Где он, тот несчастный старик, в одиночестве хлебающий суп за дальним столиком ресторана Дома литераторов?

В этот день эфир станции был заполнен еще десятком бесед, – тезисы которых были вскоре, почти сразу, приведены на Интернет-сайте станции. Были там и наши – из программы Болтянской. Я видел их сам, своими глазами... Продержались они в Сети час, а может быть и того меньше. Другие оставались на странице до следующего дня.

Есть о чем подумать, не правда ли?

ВМЕСТО ПРИЛОЖЕНИЯ К ТЕМЕ:

ПОКА ЗЕМЛЯ ЕЩЕ ВЕРТИТСЯ

РУССКАЯ АМЕРИКА: ОКУДЖАВА В КОНТЕКСТЕ ТРАДИЦИИ АВТОРСКОЙ ПЕСНИ

Это сообщение было подготовлено к научной конфереции в Переделкино, посвященной творчеству Окуджавы.

Особая примечательность сохранения в диаспоре традиции авторской песни, но и ее дальнейшего развития, кроется не просто в феномене ее существования. Сегодня можно говорить уже о сформировавшемся за последние четверть века здесь бардовском движении. Подробнее об этом ниже.

Сравнительно недавно Окуджава сетовал по поводу сокращения в тогдашнем Союзе его аудитории (конечно, он имел в виду не только себя), но сокращения числа людей, для которых важнейшей частью существования было присутствие и даже участие в вечерах поэзии, авторской песни, да и вообще в неформальных аспектах литературно-поэтической жизни страны. Он говорил о процессе, сопровождавшем эмиграцию, о грядущем полном забвении самой традиции авторской песни.

К счастью, Булат Шалвович ошибался. Как-то Никитины приводили цифры, действительно не вызывающие оптимизма: раньше концерты с их участием, Окуджавы, определенной группы поэтов собирали стадионы, теперь же – хорошо, когда на их выступлениях собирается две-три сотни человек. Но разве это происходит только с авторской песней? Много ли книг русских сегодня издается тиражом, превышающим две-три тысячи... Анализ причин тому – задача социологов, им его и оставим.

Итак, совсем недавняя популярность – и вот... «Неформальную» песню, используя этот термин, власти пытались хоть как-то ввести бардовское творчество в рамки официальных реалий. И в конце концов, просто делали вид, что все это дозволено и даже санкционировано: ведь иначе оставалось признать, что можно обойтись и без разрешения властей, не спрашивать их.

Не хотелось бы противопоставлять самодеятельную песню другой – прошедшей реперткомы и сопутствующие им инстанции: ведь в числе широко исполняемых оказывались (пусть не очень много их было) песни, признанные нами своими, они и теперь звучат. И в эмиграции тоже: те, что исполнял Бернес, к примеру, озвучившие в свое время фильмы. И вообще – как выразился один из моих собеседников – песни «для души» – что есть, наверное, главное свойство авторской песни.

Популярными могут стать на какое-то время и шлягеры, заметил он, но это песни «для ног» – никакой информации не содержащие, с чем нельзя не согласиться. В авторской песне слова – первичны. В советскую пору в этом жанре, может быть, даже первым (еще перед войной) начал работать Анчаров. Это его называл Высоцкий своим первым учителем. Ну, а хорошая музыка (когда она случается) – усиливает поэзию. И все же: нужно ли доказывать, что в авторской песне слова первичны? Вряд ли.

Правда, случается, что тексты без музыки не звучат – ну «не ложатся они» на бумагу!.. У Высоцкого, у Визбора – стихи «бумага держит». В них присутствует и образность, и техника написания стиха хороша. В жизни существуют не только возвышенные моменты, обычно – главный посыл для поэтического творчества. Как написать – о самом простом, о самых обычных чувствах. Они умели. Об Окуджаве – что уж и говорить! («За что же Ваньку-то Морозова...»). Он поэт прежде всего. Но и композитор многих своих песен.

Окуджава поднял поэтическую планку очень высоко: «доокуджавская» массовая самодеятельная песня – студенческая, туристская – с появлением песен Окуджавы оказалась в большой степени ими вытеснена. Казалось бы, те же три аккорда – с ними можно исполнить и блатную песню, но песни-то получаются разные! И с той поры слеты, костры, компании не обходятся без песен Булата – и когда кто-то исполняет их, всегда находятся люди, которые им подпевают. Песни его не просто знают, но любят – и нередко исполняют достаточно умело.

И здесь уместно отметить, что эти обстоятельства во многом определили живучесть бардовского движения в русской диаспоре: слушая песни Окуджавы, признаются многие авторы, хочется следом создать что-то свое – они дают творческий посыл. На стихи Окуджавы многие пишут песни – и барды тоже, Берковский, например. И исполняют их вполне достойно...

Так что в эмиграции? В волнах эмиграции 70–80-х сравнительно немного было знатоков авторской песни. Для них существовали три-четыре автора – Окуджава в первую очередь. С ними люди сюда приехали – они охотно посещают концерты, в которых исполняются песни этих авторов, покупают их книги.

Приходя на концерты, ищут их последователей, и нередко находят. На поколение же последователей огромное влияние оказало и оказывает творчество Окудажвы, но и двух-трех других авторов, причем не трудно определить – «кто за кем идет». Но вот, интересно отметить, что напрямую «линию Окуджавы» почти никто не повторяет – трудно потому что. Но и, так сказать, «штатных» исполнителей песен Окуджавы нет, хотя два-три человека превосходно их исполняют – тот же Леонид Позен, бывший киевлянин, живущий в Сиэтле и приглашенный участвовать в международном фестивале Окуджавы в Москве.

Трио «Брустиновы и Краснер». Эта группа вообще являет собой феномен: до эмиграции никто из них никак не был связан с авторской песней, начали с исполнения песен Булата, и вот – их кандидатуры вполне серьезно предлагались нами для возможного участия в концерте на Международном фестивале в Москве. Очень интересный ансамбль, непрерывно растущий в творческом и исполнительском смысле. А совсем недавно за две недели подготовили программу для выступления с Берковским – за две недели!

Другой пример: поэтесса Ира Михайловская, сама слагающая песни, тоже поначалу обратила на себя внимание исполнением песен Окуджавы. Любопытно, что она выросла в Штатах, куда была привезена в подростковом возрасте. Здесь я назвал только тех, кто, создавая свои произведения, мастерски исполняют песни Окуджавы и кого я слышал сам. По стране же их много больше – об этом мне и не раз уверенно говорили люди сведущие.

И еще: на 9-м калифорнийском слете авторской песни, где и мне довелось присутствовать, тринадцатилетняя Варенька Мазина, всего год назад – учащаяся московской школы, поразила собравшихся очень точным исполнением окуджавского «Портленда». «Откуда это у тебя? – позже спросил я ее. – Тебя родители научили?» – «Нет – мне песни Окуджавы всегда(!) нравились». С этим она приехала в эмиграцию...

А теперь позволю себе отступление (здесь без него не обойтись): возвращаясь к советской поре, ненависть официальных руководителей тогдашней культурной жизни распространялась не только на творцов авторской песни – Окуджаву прежде всего, как ее родоначальника в стране последних 40 лет ушедшего века. Но и на театральных режиссеров, на художников, литераторов... во всех этих случаях достаточно было – закрыть пьесу, рассыпать набор готовой книги, а то и – бульдозерами их! По этому поводу написано достаточно и сказано немало. Мысль расхожая, трюизм.

Мне же хотелось обратить внимание на один существенный аспект традиции авторской песни – протестный. Не случайно в американской прессе, знакомя широкого читателя с личностью Окуджавы, его сравнивали с Бобом Диланом. И все же, сравнение с известнейшим американским бардом справедливо лишь отчасти – если говорить о популярности, о творческой самобытности. Протест же – нечто иное: понятны его различия в США и в советской России.

В первом случае – он открытый, не нуждающийся в эвфемизмах: Бобу Дилану, например, очень не нравились, скажем, действительно существующие несправедливости в обществе, сформированном капиталистическим устройством страны, ему не нравилась война Америки во Вьетнаме. То же – Джоан Баэс, «Кингстон трио» (кстати, все трое исполнителей выходили на подмостки с гитарами). В нашем же случае авторская, еще ее называли самодеятельной, что априори снижало уровень и значительность жанра – песня являла протест самим фактом своего появления.

И теперь в этой связи спросим себя – но что же побуждает множество покинувших родину сохранять привяанность к бардовской песне, в том числе (может быть, даже главным образом) молодежи, в том числе и оставивших страну в сравнительно недавние годы – когда, казалось, традиция там умирала (Булат Шалвович отмечал это именно такими словами). Казалось бы, все в стране стало дозволено и нет причины для протеста, тем более, молчаливого – то же и с авторской песней – в России, живо осваивающей не обязательно лучшие черты Запада: но вспомните лица людей, не попавших на фестивальный концерт в Вахтанговский театр в июньские дни этого года.

Они стояли у огромного экрана, запрудив Старый Арбат, примыкающий к театру. Они шевелили губами, вторя словам, доносившимся из динамиков, транслировавших песни Булата, исполняемые на сцене.

Я не знаю нынешнюю судьбу «Грушинского» фестиваля, собиравшего в свое время тысячи людей – авторов и исполнителей своих песен, их поклонников. Но в чем, к сожалению, Окуджава оказался прав – современная бардовская песня в России становится явлением эстрады, – он и это отмечал...

И теперь о США: здесь традиция эта, соглашаясь с Окуджавой в оценке состояния бардовской песни в России, не так давно отмечал А. Городницкий, не только сохранилась, но получила дальнейшее развитие и новое осмысление. Здесь проводимые энтузиастами бардовского движения фестивали, как правило, загородные – с ночевкой, словом, в лучших устоях когдатошних российских слетов, и они собирают по тысяче и больше человек. Да, конечно, аудитория концертных выступлений бардов – скромнее, но она существует!

Итак – Окуджава.

Теперь самое время обратиться к роли Окуджавы в этом феномене, но сначала несколько слов из культурной жизни в новейшей истории российской эмиграции в США.

Я пытался найти причины тому в беседах с энтузиастами, а в каких-то случаях – с организаторами бардовского движения в русской Америке. С Анатолием Штейнпрессом, в частности. Все они отводят первенствующую роль Окуджаве – не Галичу, не Высоцкому (я здесь перечисляю тех, кого уже нет с нами), тоже безусловно почитаемым. Здесь уместно отметить, что приезжающие к нам Городниций, Ким, Никитины – сохранили свою аудиторию.

Выступления Окуджавы в Штатах с конца 70-х прошли во многих городах и собрали десятки тысяч – главным образом бывших жителей Союза (но и представителей университетской аудитории), что стало дополнительным стимулом и поддержкой зародившегося массового бардовского движения.

Бывало, гастроли в Штатах нынешних российских звезд, и даже суперзвезд, срывались – билеты не продавались, залы пустовали. И сейчас бывает...

И никогда, подчеркиваю, подобного не случалось с названными выше корифеями авторской песни. Мне, во всяком случае, слышать такого не приходилось.

Можно, конечно, задаться вопросом: а зачем, собственно, все это – слеты, концерты, а теперь даже отборочные комиссии, предшествующие им? Времени отнимает много, капитал не приносит – да для души! Сохранить же ее цельной не всегда удается нам, попавшим в новый мир, жестокий и не всегда справедливый, обрушивающийся на новичка неожиданно, повседневные заботы, управиться бы с ними – а авторская песня и создателям ее и, так сказать, потребителям в этом помогает. Вот зачем, даже на фоне чудес развлекательной индустрии Запада вообще, и американской в частности, может быть, самой мощной в мире и всеохватывающей, остается жить русская авторская песня.

Исходя из сказанного выше, получается, что Окуджава здесь очень при чем...

Немного истории и фактов.

Только в Калифорнии ежегодно проводятся слеты – в Южной и в Северной порознь (и там, и там), число участников близко к тысяче человек. Но и объединенные – общекалифорнийские. В Нью-Йорке – по несколько тысяч человек – и это дважды в год!

Сначала туристские песни, альпинистские, песни геологов: в 60-е годы это было как бы продолжением старостуденческих песен. Везде запрещалось, о зале, хоть бы и самом скромном, клубном, и мечтать было нечего, а в экспедициях, у костра – было можно. Сейчас, похоже, этот вид песни перерождается – в лирические, проблемные, философские зарисовки, юмористические – все это происходит и здесь. Конечно, все они разного уровня. Текст может быть облегченный, но смысловая его нагрузка велика – и рождаются простые фразы, и здесь следом за Окуджавой: «Из окон корочкой...».

Первые объединения калифорнийские: «Камин», «Надежды маленький оркестрик»... О них мне напомнил Толя Постолов, да я и сам помню их основателей, приносивших в редакцию сообщения о вечерах авторской песни, и Толя был в их числе – сам бард незаурядный: когда Окуджава с семьей останавливался в моем доме, Толя и Зина (они порознь не поют – только дуэтом) показали ему несколько своих песен, и Булат слушал их внимательно и заинтересованно.

Многие факты, ранее мне неизвестные, я почерпнул из беседы с ним: например, первые попытки объединить в Нью-Йорке энтузиастов бардовской песни – это был конец 70-х, начало 80-х. Создалась группа: Либединская, только что оказавшаяся в эмиграции, художник Анатолий Иванов – он писал хорошие песни, Постоловы. Сначала в кафе «Русский лес» – тоже одно из первых в городе.

Потом давали концерты в синагогах, в школах – залы там были недороги. Чаще всего исполняли песни Окуджавы, но и свои – Толины песни того периода, признается он, во многом построены в традиции Окуджавы. А здесь, в Лос-Анджелесе, однажды устроили вечер, целиком посвященный Окуджаве – в конце 80-х: тогда барды выступали как исполнители песен Булата.

Любопытно, что и более поздние «волны» эмиграции в этом смысле неоднородны: люди среднего возраста и старшего верны привязанности к бардам, творившим в 60-е и позже, сохраняя в памяти и часто обращаясь к их песням, что о молодежи можно сказать лишь ограниченно. Для молодежи авторская песня становится шлягером. Им тематика Окуджавы, его идеи уже не так близки. Правда, граница здесь размытая, во многом зависящая и от других обстоятельств. Сборный концерт в Вахтанговском театре, фестиваль: в зале впереди меня сидел Чубайс и внимательно слушал, справа Шанцев – этот спал откровенно, тут уж возраст, пожалуй, ни при чем. Может, просто переутомился на ответственной службе?

И все же есть эта граница – то же в эмиграции.

Еще Постолов вспомнил, как в предотъездное лето оказался в Крыму. Собрались в беседке, незнакомая девчонка под гитару исполнила «Пока земля еще вертится...». Песня эта только появилась, мало кто ее успел услышать. Сейчас Толя признается, что это было потрясение – с этой песней они и уехали. И не только они. О чем могу судить и по пониманию, которое находит призыв нашего культурного фонда, носящего имя Окуджавы, задачей его мы видим прежде всего помощь Российскому фонду Окуджавы в сбережении архива Поэта: только в уходящем году в пользу Фонда прошли благотворительные бардовские концерты в Лос-Анджелесе, в Сан-Диего, в Сан-Франциско, в Пало-Алто и в Нью-Йорке. На них собрались средства, позволившие нам закупить для архива Окуджавы современную записывающую аппаратуру, были и частные пожертвования.

Что подтверждает сказанное выше в связи со значением Окуджавы в сохранении и в эмиграции лучшего из культурного наследия, из культуры, в которой мы росли и на которой были воспитаны.

Примечание: некоторые факты, озвучившие этот текст, стали мне известны из бесед с Анатолием Постоловым (Лос-Анджелес), Леонидом Духовным (Сан-Франциско) и Анатолием Штейнпрессом (Бурбанк), за что не могу не быть признателен моим собеседникам: их информация и явилась базой для размышлений, приведенных выше.

Послесловие к главе

СВИДЕТЕЛЬ

Петр Вегин

Этот великий Поэт и Человек настолько дорог каждому из нас, настолько вошел в наши души, что стал бесценен каждый штрих, каждое свидетельство его жизни. Мы не представляли, что он может уйти, и даже – при всей любви и восхищении – не до конца предполагали, как много значил для каждого из нас Булат Окуджава. Пустота, возникшая после его ухода – самое точное доказательство этого.

Те, кого он одарил своей дружбой – счастливые люди. Поэтому свидетельства Александра Половца дороги и бесценны для всех, в чьих душах живет Булат Окуджава. О нем будет еще много написано, но эти свидетельства – первые.

Их связывали многолетние близкие отношения, не только литературные, но и чисто человеческие – мужская дружба. Записи, которые вел в ту пору Александр Половец, сделанные им фотографии сегодня не имеют цены.

Лично я должен отдать дань автору – и уверен, что, прочитав эту книжку, все со мной согласятся – с какой тактичностью он беседовал с Булатом, никогда не навязывая ему своих вопросов, своих позиций, зачастую даже оставаясь в тени, только бы не упустить ни одной детали, мысли, ощущения Поэта. В этом не только высокий профессионализм, но и удивительное почтение к Человеку.

Читая страницы этой книжки, я все время слышал неповторимый голос Булата Окуджавы. Пусть же и каждый, кому посчастливилось слушать его стихи и песни на сцене или в узком дружеском кругу, испытает те же ощущения простого, но волшебного чувства общения с этим безукоризненным Человеком и великим рыцарем русской Поэзии.

Стрелки замедляют движение...
Теперь – ближе к нашим дням.

Глава 2.
Да, литература продолжается...

Василий Аксенов

...Помню, кто-то позвонил Аксенову: «Вася, сейчас по радио передали – тебя советского гражданства лишили!»

– А пошли они все... – спокойно, почти без паузы прокомментировал писатель услышанное, будто давно готовый к подобному обороту. И правда, – чего еще, собственно, было-то ждать от них, ничтожных и пакостных.

В Вашингтоне, где вот уже 15-й год живут Аксеновы, я оказался почти неожиданно: решившись в последний момент участвовать в конференции Американской газетной ассоциации, я позвонил писателю уже из отеля, находившегося в "городе Пентагон" – да, да, есть, оказывается, такой район американской столицы, названный по расположенному здесь военному ведомству.

Спустя день мы навестили общего приятеля, Мишу Михайлова. Вернувшийся только что из Югославии, Миша выставил на стол привезенные оттуда совершенно потрясающие деликатесы и наливки – что при нынешних событиях на его родине явилось для нас полной неожиданностью. Отведав всего понемногу под Мишин отчет о поездке – а рассказ, учитывая диссидентское прошлое нашего приятеля и его писательское настоящее, был весьма красочен – мы с Аксеновым отсели в дальний угол комнаты.

Поговорив о том, о сём, вспомнили университетскую конференцию в Филадельфии, где незадолго до этого провели несколько дней, после чего обратилась к другим темам. Здесь, с согласия Аксенова, я включил магнитофон, и весь последующий час старался как можно реже перебивать Василия Павловича – лишь, когда мне казалось необходимым направить определенным образом нашу беседу. Кто-то из подошедших чуть позже гостей пытался вернуть нас за стол, втянуть в общую беседу – что мы и сделали, но позже.

И если приведенный ниже текст в какой-то степени поможет читающему его взглянуть на наш мир глазами писателя Василия Павловича Аксенова – свою задачу я смогу считать выполненной.

Словом, вот что у нас получилось.

САКСОФОН ПРЕЗИДЕНТА

Начали мы, как говорят, с текущего момента.

– Из всех нынешних кандидатов в президенты США Клинтон кажется Аксенову приемлемым более других, – напомнил я писателю наш недавний разговор. – Нет ли здесь противоречия образу ”нового американца“? По устоявшемуся стереотипу выходец из России должен быть консервативен и, соответственно, тяготеть к правым республиканцам. Клинтон же плоть от плоти либеральной части американской господствующей верхушки. Вероятно, твой выбор выражает определенное мировоззрение, сформировавшееся в эмиграции...

– Да нет тут никакого особенного мировоззрения-то, Саша, – не согласился Аксенов. – Во-первых, я не очень консервативен, как мне кажется. Но и не особенно либерален – в том смысле, который этому придается чаще всего.

Я бы сказал, что я либеральный консерватор. Или консервативный либерал, – рассмеялся он. – А что касается Клинтона – как-то в Америке уж принято, что президент остается на второй срок. Хотя совсем какой-нибудь никудышный не остается... – поправил себя Аксенов. – В этом заключается, если хочешь, некий элемент стабильности системы.

И когда на Клинтона сейчас навешивают всех собак, – продолжал он, – я, честно говоря, удивляюсь. Понимаешь, я стараюсь подходить ко всем делам – сейчас ты можешь в меня швырнуть свой магнитофон! – с физической точки зрения. Например, мне не нравится физиономия Гингрича. Ну – не нравится! Вот смотрю на него – и не верю ни одному его слову. А Клинтона физиономия мне нравится. И он играет на саксофоне – к тому же, очень недурно: у него неплохой свинг. Да и вообще он какой-то... – Аксенов запнулся, подыскивая правильное слово.

– Свой парень? – подсказал я.

– Ну, не то чтобы ”свой парень“... Знаешь, есть у него слабина, конечно. Да и ведет он себя не как президент, надо сказать. Я помню этот скандал в аэропорту Лос-Анджелеса – с его стрижкой. Когда на него все набросились, стали за ним ходить сворой, подкарауливая – вот он не так ступит, не так чихнет – и когда начали цепляться с этой стрижкой, он оправдывался... А ему надо было не оправдываться, ему надо было гаркнуть что-нибудь такое: ”Я президент этой страны, вы что, не понимаете? Меня избрал народ и пока он меня еще не выгнал, вы не имеете права всякую чепуху на меня вешать! Где хочу – там стригусь!“.

Или, например, недавно сенатор Доул без стеснения назвал его ”ненастоящим президентом“... Сенаторам не пристало оскорблять президента своей страны! И еще: Клинтону задают вопрос на пресс-конференции о ком-то из его близких сотрудников, и опять он опрадывается – вместо того, чтобы стукнуть кулачищем по столу и сказать: ”Не имеете права!“.

Но, как ни странно, в этом вот ”непрезидентском“ поведении для меня есть какая-то притягательность: все-таки не вызверился человек, не замонументировался – а ведет себя, как, в некотором смысле, не привыкший к вашингтонскому политикантству провинциал, понимаешь? Это даже симпатично...

ТРЕТИЙ – НЕ ЛИШНИЙ

– И правда, если говорить о состоянии страны, о балансе политических сил – неплохо было бы Клинтону остаться на второй срок, – без особого энтузиазма согласился я с Аксеновым. При том, что республиканская идея мне, в принципе, ближе, но коль у них большинство в Сенате, может, президентом лучше иметь демократа: возникает противостояние, борьба полярных идей, что и способствует справедливому устройству общества.

Кстати, на приеме в Белом доме мне довелось стоять с Клинтоном и его супругой, что называется, плечом к плечу. И, не смейся, первое, на что я обратил внимание – у него совсем не такой нос, каким его изображают на карикатурах. Ну нет у него на носу этой шишки! Да и сам он показался симпатичным. И то, что он говорил, звучало вполне логично и правильно. И мне нравилось, как он вел себя – просто и нормально...

– К тому же, – продолжал свою мысль Аксенов, – все эти "двухсрочные" президенты редко проводят оба срока ровно. У одного хорошим оказывается первый срок, а второй идет как бы в упадок. У другого – наоборот. Скажем, Рейган провел блестяще первый срок, второй же срок был, в общей его оценке, спадом. А вот Клинтон может, как ни странно, второй срок провести на подъеме. Что же касается баланса сил – знаешь, в основном меня окружают демократы: и в университете, и мои знакомые американцы в большинстве – демократы...

– Естественно: университетская среда, писательская – традиционно примыкает к демократам, – заметил я.

– Да, да... И я понимаю, что они имеют в виду, когда говорят об этих "зубрах" Республиканской партии. Со своей стороны, я также понимаю, что если это движение ведут такие, как Ньют Гингрич и некоторые другие физиономии... Опять же подчеркиваю: я стараюсь относиться к этому физиономически – ибо в данном случае другого мне не дано. Да и вряд ли я когда-нибудь разберусь во всем этом... Добавлю – и совершенно не собираюсь разбираться, это совсем не мое дело. Республиканцам тоже есть что сказать против демократов. Словом, обе партии могут друг другу дать поддых, указать на слабости своих политических оппонентов. В принципе, это хорошо – но все упирается в то, что нет ничего третьего.

– То есть нет третьей партии?

– Да. Той, которая была бы альтернативной этим двум. А пока они, являясь альтернативой друг другу, устраивают бессмысленное перетягивание чаши весов.

– Видимо, так думают и многие американцы: когда возник в политике Росс Перо, вдруг стало казаться, что они только и ждали возможности проявить к кому-то третьему свои симпатии.

– Точно. Когда я приехал в Америку, третьим шел Андерсон – и им интересовались, потому что он был третий...

ДРУГОЕ ВРЕМЯ?..

– Нынешней осенью, – переменил я тему, – мы празднуем юбилей "Панорамы". Пятнадцатилетие нашей газеты вполне совпадает с соответствующей датой Аксенова – приездом в США. Тогда, кажется, на втором году твоей жизни в Штатах, ты показывал мне Вашигтон. Помню забавно оформленный мебельный магазин: в нем "жили" такие стилизованные, но очень выразительные роботы: в гостиной, в столовой, даже в спальне – имитируя супружескую ночную жизнь... У меня их фотографии сохранились.

15 лет назад... Предшествовали им месяцы мотания писателя с семьей по Европе – при весьма скромных средствах и отсутствии ясных перспектив. Лишь потом возникло приглашение на временную работу в Южнокалифорнийский университет... И – лишение гражданства, о чем Аксенов узнал много позже. Следом за ним были лишены советского гражданства Войнович и Копелев. "Человека можно лишить прав – но не страны, где он родился, – возмущенно говорил писатель. – Я же – не иммигрант и даже не беженец, но просто высланный!"

Потом – приглашение в Вашингтонский институт Кеннана, на один год. Здесь Аксеновы прижились. Вот отрывок из письма писателя ко мне, датированного августом 81-го: "...Удивительно всё же, как часто в этой электронике происходит путаница: например, наши бумаги в «Имигрейшн и Натурализейшн сервисе» просто-напросто потеряли – и это выяснилось только тогда, когда за наше дело взялся советский отдел Госдепартамента... Вот уже почти рефлекторно называю Америку домом, а между тем, в моем настоящем доме все больше накапливается мерзости...".

Аксеновы еще только обосновывались в американской столице. Их квартира – просторная, особенно светлая, оттого что была обращена всеми окнами в сторону дневного солнца, казалось, притягивала к себе всю жару, на которую способно вашингтонское лето. Майя открыла мне дверь и почти сразу вернулась на облюбованное ею место – коврик рядом с решеткой центрального кондиционера. Решетка была установлена на уровне пола.... А по комнате весело носился ушастый песик, на которого жара, казалось, вообще не действовала.

К вечеру стало прохладнее – и тогда Аксенов повел меня знакомиться с городом: это был мой первый приезд в Вашингтон...

– Они и сейчас здесь есть, эти магазины, только роботы уже не имитируют секс... Застеснялись.

Дальше, опуская детали, перейду к прямому пересказу нашего диалога – таким, каким он сохранился в магнитофонной записи.

– Отчего так? У магазина новый хозяин – или в столице другое время?

– В общем-то, во всей стране стало другое время... Тогда еще слышны были отголоски сексуальной революции 70-х годов: все, что выглядело вызывающе, принималось обществом с восторгом. Конечно, по части вкуса не всегда все это было безупречно, но... А сейчас общество более консервативно во вкусах. И еще – происходит колоссальный процесс размежевания. Например, культура "рэпа" – она сейчас идет вразрез с общей культурой. Тогда бунтарство было общемолодежным, но нынешний "рэп", мне кажется, становится культурой подонков.

– И все-таки, это явление ты называешь культурой?

– Ну, все, разумеется, условно! Во всяком случае, здесь экстремизм эстетический, если это можно назвать "эстетикой". А скорее – антиэстетикой, вызовом бездарностей. "Да, – говорят они, – мы бездарны! Да, мы некрасивы! Да, мы противны! Мы такие и такими мы хотим быть!" Всё это существует сейчас – но настолько в стороне от основного русла жизни в стране...

Американское общество в массе своей остается консервативно, что, кстати говоря, продемонстрировали выборы осенью 94-года – когда высказалась Большая Америка. Поэтому тут все очень непросто. И когда в России говорят, что, мол, вы там живете, в зажравшемся обществе, у которого нет проблем... Это все неверно! Столько проблем – и сейчас, и в будущем – ждет эту страну. А я ее успел полюбить и мне очень не хочется, чтобы некоторые предсказания сбылись. Здесь, в общем, выращивается большая бомба замедленного действия.

– Ты видишь какую-то определенную угрозу?

– Этническую, прежде всего... Видишь ли, правящая элита страны действует очень умно, дабы избежать расового противостояния, здесь все направлялось на создание среднего класса – ну, скажем, более или менее зажиточного слоя – среди меньшинств. Но, с другой стороны, шли какие-то парадоксальные процессы: тот же "афферматив экшн"[3], например. Дело дошло до абсурда, и последствия его вызвали немалое раздражение в обществе. То есть в чем-то стратегически и даже философски правильное направление на практике очень часто становится абсурдным.

– А может, эти программы изначально были ошибочными и только казались правильными? Или не оказалось тех, кто мог бы достойно реализовать правильно задуманное?

– Тут человеческий фактор не учитывался. Предположим, "афферматив экшн" – в принципе хорошая идея: дать

---

3 "Афферматив экшн" (affirmative action) – программа, в соответствии с которой предпочтение при приеме на работу, распределении подрядов на выполнение госзаказов и др. отдается представителям расовых меньшинств, женщинам и инвалидам.

равные возможности для создания в национальных меньшинствах среднего класса. На практике же это становится этакой идеологической доминантой, смыкаясь с тем, что мы называем "политической корректностью", – и всё доходит до полнейшего абсурда!

– А Аксенова каким-то образом задела эта "политическая корректность"? Я имею в виду вынужденность считаться с ее правилами: например, при публикациях в американской прессе, где редакторы многих изданий не позволят и вслух-то произнести, не то что написать в своей газете, что какая-то определенная этническая категория населения рождает подавляющий процент преступности, что именно она является потребителем львиной доли социальных программ. Ну, и так далее...

– Да нет... нет, как писателя меня это не задело ни в коем случае. Но я постоянно сталкиваюсь с этим в академической среде, где оно довольно часто проявляется в каких-то не очень приятных, даже в анекдотических, парадоксальных формах. Как-то на заседании какого-то комитета – а ты знаешь, в университетах их множество всяких, и "сабкомитиз" – подкомитетов, мы выбирали человека на должность, аналогичную моей. И он всем, вроде бы, подходил. Но вот кто-то сказал: как мы можем его выбрать, когда он белый, англосакс, ему больше 50 лет и он – мужчина?!

– То есть ни одного качества, которое давало бы ему преимущество перед другими кандидатами?

– Ну, да! Полный завал... Попробуй, выбери его – на нас же все набросятся: как можно! Мы приуныли, стали вяло обсуждать ситуацию, но вдруг выяснилось, что он заика. И все дружно решили: ах, он заика! Ну, тогда все в порядке, подойдет... Тоже ведь в некотором смысле представитель меньшинства.

– Знаешь, совсем недавно в "Панораму" пришло гневное письмо, а затем последовал звонок: чернокожий таксист, изучавший русский язык в московском Институте им. Лумумбы, заметил в одной из наших статей слово "негр". Руководитель компании, эмигрант из Советского Союза, позвонил мне в полной растерянности: "Я не знаю, что делать! Ничего обидного в статье нет, но он посчитал "Панораму" расистким изданием, поскольку она пишет "негр", а не афроамериканец. Он считает, что его оскорбили...".

– А если бы мы написали "черный", ему не было бы обидно?

– Не знаю, может быть так – хотя "черный" по-русски может звучать вполне оскорбительно... – засомневался звонивший.

Я как мог успокоил его, нашел в энциклопедическом словаре значение слова "негр", сделал с этой страницы ксерокопию и послал её в таксопарк. После этого обиженный, кажется, понял что со словарем спорить нет смысла. Хотя я до сих пор не уверен, что он принял этот аргумент.

– Я вообще не думал, что у меня самого возникнут какие-то сложности с этим, – Аксенов с улыбкой выслушал мой рассказец и заметил:

– Я всегда считал себя, что называется, "колорблайнд"[4] : мне действительно все равно, какого цвета кожа у человека. А теперь, выходит, я должен об этом думать. Быть безразличным к цвету кожи, оказывается, нехорошо – причем, с точки зрения черных. "Блэк из бэттер! Черное – лучше!" И мы должны об этом все время помнить и говорить. Мы не должны относится к ним так же, как я к тебе, или как ты ко мне. Мы обязаны всегда подчеркивать, что он, чернокожий, гораздо лучше, чем мы. Да, конечно, есть среди них хорошие джазисты, например, или спортсмены. Даже – великие! Но значит ли это, что они лучше, чем белые?

– Совсем как в том анекдотическом диалоге: "Армянин лучше, чем грузин! Чем лучше? Я же говорю – чем грузин!" – вспомнил я из серии «армянского радио». – И всё же, нельзя не заметить перемен в американском обществе, вот и ты отметил это: на твоих глазах за эти пятнадцать лет оно существенно переменилось и продолжает меняться, что, в принципе, есть нормальный процесс. До завершения его еще очень далеко, и, вопреки утверждению Фукуямы, история еще не кончилась. Или это не так?

---

4   "Колорблайнд" (colorblind) – не различающий цвета

ЖИТЬ БЕЗ ВРАГОВ?

– Фукуяма, по сути дела, говорил о завершении не истории вообще, а о конфронтации между капитализмом и социализмом. Он советолог и для него это естественно: тогда прошло всего 75 лет от начала существования советской власти, что по сравнению с персидскими империями, ассирийскими – ну просто чепуха. Мгновение... Или золотой век древнего Израиля, царство Давида и его потомков – оно четыреста лет продолжалось. Для нас же советское время казалось вечным. Мы жили в этом.

Мы оба замолчали, но думали, кажется об одном и том же...

Ну да, мы жили в этом. И это было совсем неоднозначно, у каждого в нем было такое, от чего сегодня отказываться вовсе не обязательно. Ну, например , 1960-й год – когда 27-летний врач московской больницы прислал в журнал ”Юность“ свою первую повесть ”Коллеги“. Был 61-й – принесший ему членство в Союзе писателей. И потом – ”Звездный билет“, ”Апельсины из Марокко“, ”Затоваренная бочкотара“ – повести, знаменующие собою социальное, эстетическое и, как показало развитие событий, в значительной степени политическое явление, имя которому ”шестидесятники“.

Это было как массовый прорыв сквозь многослойную светонепроницаемую пелену, надежно окутывающую общественное сознание – если предположить, что оно в каких-то формах существовало в стране. Заряд, несомый поколением шестидесятников, годы спустя сработал, способствовав сокрушению устоев казавшейся вечной империи.

А тогда, от первой публикации до вынужденного отбытия писателя за границу еще оставалось 20 лет...

– Когда Советский Союз проявил склонность к распаду, мы даже несколько растерялись: что же делать без него, как же мы будем жить без врага? Вероятно, человечество без врага жить не может... – Аксенов заговорил первым.

– И его придумывают?

– Да он уже существует! Враг существует!

– О ком ты? Или – о чем?

– Ислам. Вернее, извращение ислама. Я не говорю о самой вере – я говорю о том, что в тоталитарных исламских странах религия используется для создания тоталитарной антизападной, антихристианской идеологии.

– Но таким же образом можно использовать и само христианство, и иудаизм – и вообще, что угодно!..

– ...Вернемся, однако, к теме. Многое здесь переменилось за эти годы. А в себе заметил ли ты перемены?

– Все мы меняемся: вот лысина больше становится, седина появляется и, в общем-то, я, конечно, не тот уже, что был 15 лет назад.

– Это – можно сказать, физические обстоятельства...

– Я бы то же сказал и о сугубо писательском восприятии мира и жизни. Например, я стал замечать за собой совсем недавно, что прихожу в творческое возбуждение скорее от прошлого, чем от будущего. Не от своего прошлого – от исторического: мне гораздо интересней история, нежели современность. Чего я за собой никогда не подозревал: я всегда считался писателем актуальным, писателем сегодняшненго дня. А сейчас вдруг начинаю ощущать, что мне гораздо интересней углубляться в историю.

– То есть сегодня не могли бы появиться, скажем, те же «Апельсины из Морокко»?

– Это всё чепуха, это вчерашний день. Поверь, мне интересно, например, читать историю евреев, историю древней Иудеи. Или – историю Греции... Абсолютно всё, связанное с историей человечества, меня волнует гораздо больше. Должен тебе сказать, что происходит это непроизвольно: я, как это теперь говорят, начинаю «торчать» на этом. Например, два года подряд езжу как бы просто отдыхать на Ближний Восток, в Малую Азию, на Кипр, в Израиль...

И я чувствую, что ловлю настоящий кайф только в этих древних местах, только на этих раскопках. Раньше мне гораздо интересней было, какую новую песенку играют ночью в клубе напротив... А сейчас мне эти клубы абсолютно «до фонаря». Я вот никогда не думал, что к этому приду. Причем, и российская история XVIII века, и XIX-го, и литература этого периода меня гораздо больше интересуют, чем современные. Очень странно...

– Ну, не обязательно – странно. Может быть, просто одна из возможностей развития личности – писателя и, вообще, человека. Но вот сейчас я пришел к забавной мысли: доведись тебе жить лет, скажем, через две тысячи, тебе было бы куда интереснее копаться в исторических развалинах современной России, в том, что от нее к тому времени сохранится, нежели сегодня – в ее сегодняшних делах...

ОБРАТНО НИ ЗА ЧТО

Аксенов молча перебирал страницы какого-то оказавшегося под руками русского журнала. За столом громко заспорили Мишины гости.

И здесь я вспомнил. Вена, 92-й год. Уже была перестройка – и прошла. Был и августовский путч – свои против своих. На обратном пути из Афин я оказался один в австрийской столице – мой самолет в Штаты улетал следующим утром. Недавно мы провели здесь с друзьями три дня и потом еще столько же в Будапеште, приходящем в себя после десятилетий социалистического благоденствия. С друзьями здесь все было нормально. А сейчас – один... И к вечеру, выйдя из отеля, я направился пешком в сторону самой центральной и самой экзотической улицы Вены – Кернтнер-штрассе.

Слабое, очень примерное представление о ней для тех, кто там не был, может составить, например, воскресный променад в лос-анджелесской богемной Санта-Монике. Клоуны, музыканты, акробаты, фокусники... Броские витрины, дорогих и не очень, магазинов, знаменитые венские кондитерские, кафе, рестораны, крохотные пивные заведения – на несколько столиков.

Я неторопливо брел вдоль скамеек, установленных в центральной части улицы под низко нависающими кронами деревьев, рассматривал вывески и размышлял, где бы перекусить. Вдруг до меня донеслось нечто, совершенно выбивавшееся из контекста этого вечера. "Раскинулось море широко..." – нахально, учитывая наличные вокальные возможности, выводил молодой голос.

Я обернулся – и увидел поющего: парнишка лет двадцати, может, чуть старше, водил пятерней по струнам гитары. Неподалеку от него расположилась на скамье группка сверстников, без сомнения российского происхождения. Перед поющим на земле валялась картонка, на которой в свете фонарей поблескивало несколько монет. Наверное, сегодня я бы уже не удивился, может быть, даже не задержал шага, проходя мимо. Но – тогда...

– Ребята, перекусим вместе?

Я ожидал чего угодно – испуга или, наоборот, хамства, осторожных вопросов – но только не мгновенного и безоговорочного согласия.

– Сейчас, он допоет – и пойдем.

Пицца и пиво быстро установили доверие – и вскоре я уже знал, что все они оказались в Вене где-то около полугода назад, все – "нелегалы": кто-то отстал от туристской группы здесь или в Италии, а кто-то сумел незаметно пересечь аж две границы – польскую и австрийскую. У троих за плечами институт, у одного – техникум и два курса университета. Условия, в которых они живут в лагере для "перемещенных лиц", курортными не назовешь: кровать, скудное трехразовое питание и несколько шиллингов в неделю на все про все. А только пачка "Малборо" стоит те же 5 шиллингов. Притом, что права на работу нет. И притом, что надзиратель – скотина-бюргер, ненавидящий славян: "русские свиньи" не сходит с его языка. Но и этот "рай" на исходе – через месяц лагерь закрывается.

– И что будет с вами?

Ребята пожимают плечами.

– А в Америку трудно попасть? – это говорит, кажется, тот, который пел.

– Ну, и что ты там будешь делать, если попадешь? – спрашиваю его.

– Петь, например...

– Ребята, – говорю я, – может, вам податься назад: там сейчас свобода, ничего вам за побег не будет. Можете заняться коммерцией, например...

– Я вчера звонил отцу в Минск, – рассказывает один из них. – У отца там свой магазин. Я говорю – может, вернуться? А он мне в ответ: ”Сюда – ни за что!“

Все четверо согласно кивают головами. Это звучит как общий ответ.

Вспомнил я это к тому, что Аксенов в разговоре не раз повторял: “Мало, мало в России человеческого материала, а он там так нужен...”

Так и откуда бы ему там было взяться – вон куда он устремился.

Говори мы сегодня, было бы что добавить к этому тезису. А тогда...

ВСЯ ПРЕЗИДЕНТСКАЯ РАТЬ

– Я как-то пообщался в России с ведущими демократами, к которым я, в общем-то, отношусь хорошо – но не увидел я в них будущего страны, такого, во всяком случае, какое хотелось бы видеть... Эти люди гораздо больше заинтересованы участвовать в хитросплетениях политиканства – кремлевского и околокремлевского – чем в какой-то основной идее развития российского общества. Увы, но это так! Когда говорят, что вокруг Ельцина собрались мерзавцы, я почти согласен: у президента далеко не блестящий состав команды. Но это еще не мерзавцы. А настоящие ждут за кулисами, они выйдут – и это будут такие мерзавцы, которые просто вырежут всех. Так что давай держаться хотя бы этой, не садисткой власти.

– Ты все же предполагаешь, что новая революция может произойти?

– Она безусловно будет! Я рассчитываю на новое поколение – на новое поколение дельцов. Почему-то, когда произносишь слово ”дельцы“, сразу возникает в башке образ

– "русский мафиози". Я же говорю о дельцах, которые, возможно, допустят существование мафиози – но для них это будет такое, второстепенное дело. Дельцы, вооруженные компьютерами, международным опытом, зарубежными связями – они смогут изменить лицо страны и ее будущее.

– И помогут сделать процесс необратимым... – вставил я.

– Да! И вообще, Россию может спасти только ее принадлежность к Западу, к западной цивилизации: только в этом контексте страна может уцелеть как таковая. Иначе она распадется – с превращением многих ее частей в маленькие фашистские, террористические княжества.

Сегодня этому нашему с Аксеновым разговору примерно 15 лет...

БРАТЬ ИЛИ НЕ БРАТЬ

– Поговорим о другом, – предложил я. – Вот сейчас пришла из России информация: толстые журналы – те, что являлись носителями российской литературы, средством ее сохранения, – лишаются государственной поддержки. Как бы ты оценил такое обстоятельство?

Годы спустя в разговоре с Губерманом мы вернулись к этой теме – она по-прежнему оставалась злободневна и для нас не стала безразлична и спустя годы – наш с ним разговор я перескажу позже в одной из следующих глав.

А тогда Аксёнов рассуждал примерно так:

– Толстые журналы – наша традиция, которую не хотелось бы терять. Может быть, если бы нашлись среди промышленников, среди хозяев частного капитала люди, которые обеспечили бы стабильную финансовую поддержку, организовав некий комитет...

– То есть, помощь должна быть обезличенной? Не так, что конкретный меценат дает деньги на конкретный журнал...

– Нет, я говорю об образовании специального фонда для поддержки – не вообще русской литературы – это слишком абстрактно, а именно толстых журналов. Что было бы куда лучше, чем правительственная поддержка. Какая-то помощь журналам должна происходить. Другое дело, что некоторые редакторы уже начинают искать альтернативные источники, и успешно: сейчас они гораздо меньше зависят от подачек правительства. "Знамя", например, более или менее успешный в этом смысле журнал – он уже меньше зависит от государственной дотации. А "Новый мир", он только на этом и держится: там специально сокращают тираж, чтобы уложиться в выделенный государством бюджет.

Ну, закроются эти журналы – и что? – продолжал Аксенов. – Можно, конечно, сказать так – забудь, их время прошло! И вообще, они все коррумпированные, советизированные, столько уже там грязи напечатано – надо их вообще забыть! А все равно не хочется: ведь кроме дерьма в них много было хорошего. И борьба шла, и время ломалось... Там жила задавленная, но какая-то мысль, какой-то талант жил все-таки. Да и вообще, толстый журнал вошел в традицию русской интеллигенции.

И еще новое обстоятельство – эти журналы в Москве никогда и не купишь. Я был поражен, узнав, что их покупают прямо в редакции: просто приходят читатели в редакцию – и покупают.

ИТАК, ЛИТЕРАТУРА ПРОДОЛЖАЕТСЯ

– Ты в последнее время часто приезжаешь в Россию. Как там писатели в новых условиях, продолжают ли работать?

– Знаешь, продолжают. И литература продолжается, есть некоторое оживление. Это я еще в 93-м уловил. В 92-м наблюдался, я бы сказал, полный маразм, распад и вонь. А в 93-м я приехал зимой и смотрю – они все, мои друзья литераторы, оживленно ходят, с тусовки – на тусовку. Стоят с коктейльчиками, треплются: кто, чего, куда... А тут еще премии появились, и вокруг этих премий начинается некая возня... В общем, какая-то литературная жизнь идет.

– Чтобы с коктейльчиками стоять и говорить «за литературу» – наверное, не обязательно быть большим писателем...

– Но это часть литературной жизни! Это очень важные вещи. Коктейльчики и даже сплетни литературные существуют. Хотя, собственно литературный процесс замедлен. Но он всё таки – есть! Я вот в прошлом году летом в Керчи познакомился с молодыми 20-летними поэтами – и увидел, что они как-то хотят сохранить литературу, там что-то есть обнадеживающее. Такая богема, понимаешь! Но пьют – пьют слишком много. Хотя там всё это всегда было... И это тоже говорит о чем-то: существует жизнь. Так что поле пустым не останется – оно может временами хиреть, и, кажется, вот уже совсем ничего не останется... а потом новое начинает пробиваться. Русские мальчики – они не могут без литературы. Ну, хотя бы для удовлетворения своего тщеславия...

– Но вот, представим себе ситуацию: Аксенов сегодня живет в России. Живет постоянно. Нынешняя среда – не отбила бы она охоты к писательскому занятию?

– Не свали я оттуда, я, видимо, писал бы. Но иначе, потому что как-то иначе бы всё воспринимал. У меня, как у нас у всех здесь, образовалась определенная ментальность. Сегодня мы просто не сможем вернуться туда. Не физически – физически, так сказать, мы постоянно возвращаемся. У меня и квартира теперь есть в Москве, так что я как-то даже не чувствую, что совсем уж оторван от страны. И я возвращаюсь туда – но совсем вернуться туда не можем. Мы «испорчены» эмиграцией, мы еще не стали американцами и немножко перестали быть русскими.

* * *

Квартира. В 88-м году, в самое, можно сказать, либеральное время дверь в квартиру Аксеновых взломали топором, вещи выбросили. Произошло это под аккомпанемент протянувшейся на семь месяцев травли, развязанной в журнале "Крокодил". В ней было все – ушаты грязи, закамуфлированной под литературную критику, "письма трудящихся" и прочий испытанный инструмент уничтожения доброго имени из арсенала большевистского Агитпропа. Особенно бесило их то, что годы пребывания Аксенова на Западе в еще большей степени укрепили его писательскую репутацию: все, написанное им, оказывалось переведенным на английский и другие языки. ”Скажи изюм“, например....

Этот роман начал писаться через несколько месяцев после высылки писателя – как аллегория по мотивам подготовки альманаха ”Метрополь“, только в нем действовали не писатели, но фотографы. А все остальное – почти то же... Потом – ”Бумажный пейзаж“, ”В поисках грустного бэби“, ”Желток яйца“.

Успешность писателя на Западе замолчать не удавалось – соответственно, не прекращалась и кампания по очернению его имени. Забавный пример: маршал авиации в беседе с И.Шевцовым в тон ему заявил – ”За границей действует банда “Аксенов и другие”. Почему Иван Шевцов, автор полуфашистского романа “Тля”, понятно. Но – причем маршал авиации?...

Когда Аксенов впервые после отъезда оказался в России – это было в 89-м, и прибыл он как бы персоной нон грата для советских властей – жить пришлось в доме пригласившего его в Россию американского посла. А во второй приезд – в гостинице “Минск”. Квартиру Аксеновым дали после августа 91-го – хотя решение Моссовета по этому поводу было задолго до него. “Путч потребовался, чтобы вернуть жилье!” – шутил по этому поводу Аксенов.

– Ну, раз уж мы оказались готовы при определенной возможности уехать оттуда, стало быть, до конца мы никогда и не ощущали себя там по-настоящему, – предположил я.

– Знаешь, кто – как. У меня подобного ощущения не было: я-то вообще в эмиграцию не собирался. А сегодня я уже не член той среды: я русский писатель, но отчасти уже и американский. Судить об этом можно и по тому, что я часто адресуюсь к американскому читателю – в равной степени, как и к русскому. Либо даже больше.... Поэтому у меня сложилась такая ситуация – я не всегда ощущаю себя там своим. Я замечаю, что и люди не воспринимают меня...

– Как своего?...

– Они, вроде бы, делят все, что я сказал, на эту ситуацию – "но он же не здесь, не с нами". Они все еще живут своими стереотипами. При том, что часть российского творческого мира находится теперь вообще не поймешь где. По всему миру....

– А ментальность сохраняется – и это влечет за собой проблему, с которой нам в газете нередко приходится сталкиваться: прекрасные, талантливые русские литераторы по разным причинам хотели бы сегодня печататься за рубежом – но редко, когда удается отобрать из присылаемого то, что примет наш читатель. Оно и понятно: россияне привычно апеллируют к знакомой аудитории.... Видимо, необходим все же опыт жизни здесь или еще где-то – но вне России.

– Ты понимаешь, иногда меня раздражает здешняя литературная жизнь: она так не похожа на российскую. Она такая "резервд"* – сдержанная, заключенная в самоё себя. Здесь, правда, нет истерики, которая нас там сопровождала, и поэтому иногда я чувствую колоссальную признательность этой ситуации. Вот возьми мой последний роман – "Московская сага": в России на него были напечатаны омерзительные, похабнейшие, бездарные рецензии. Собственно, даже и не рецензии в привычном нам смысле: они сейчас восприняли этакий метод "рецензирования" – путем пересказа.

Так ведь любую вещь можно пересказать в ерническом, дурацком тоне! А вернувшись в Штаты, я нашел здесь целую пачку серьезных американских и других газет с прекрасными отзывами на этот роман... И я подумал: конечно, всегда приятно то, что положительно, и неприятно то, что отрицательно. Но, с другой стороны, я просто увидел, что это иной уровень. Вот эта вот сдержанность, англосаксонский "андерстэйтмент"** – он дает иногда результаты куда более серьезные, чем наша российская истеричность и колоссально предвзятое отношение. Эту предвзятость я ощутил во всем! В том , например, что я старый уже шестидесятник.

– Ну, к шестидесятникам там сейчас специфическое отношение... – не мог не согласиться я, поскольку слежу достаточно внимательно за определенными публикациями в российской прессе.

– ...Ненавидят меня за то, что я за границей живу – как они полагают, на всем готовом... – продолжал Аксенов.

Можно только представить себе, как теперь завидуют писателю, поселившемуся в Биаррице, на юге Франции, – думаю я сегодня, спустя годы после нашей беседы...

– Думаешь – откровенная зависть? – допытывался тогда я у Аксенова.

– Да нет – не зависть, – поправился он, – а какое-то раздражение: приезжает, мол, некий мэтр, тут печатается... какого, спрашивается, хера – пусть к себе едет! Ну, и так далее... Я не исключаю еще и такую вещь: параметр художественности не любят. Почему, например, на Булата набросились – особенно после присуждения ему Букеровской премии – как свора собак? Да потому, что художественно слишком! Не любят, не чувствуют художественности. А когда сталкиваются с ней, когда видят своими глазами – приходят в ярость.

– В принципе, ты удовлетворен тем, как всё складывается здесь у тебя? Я не говорю сейчас об университетской работе... – Аксенов уже не первый год сетовал: "Вот бы завязать с ней совсем – и только работать, писать бы больше, – так ведь кормиться надо, от одних изданий пока не прожить".

Пришло время – проживает, что и замечательно: врученный ему престижнейший "Русский Букер-2004" – не в последнюю очередь есть результат того.

Но и тогда он говорил:

– Пишется мне хорошо. Думаю, я в хорошей писательской форме. Сейчас начал новый роман и чувствую себя как бы заведенным на это дело. Роман очень сложный, в отличие от "Московской саги", написанный традиционным образом, но с такими постмодернистскими местами, с элементами сюрреализма. Это мой первый роман, где все действие будет происходить в Америке, частично в Лос-Анджелесе. Почему, кстати, я и хочу приехать в Лос-Анджелес, оживить в памяти обстановку.

И в этом романе очень много еврейской темы, которая меня сейчас стала интересовать гораздо больше, чем раньше. Но не потому, что я почувствовал себя больше евреем, чем я был. Видимо, всё связано с моим интересом к истории, к прошлому человечества, ко всему, что мы прошли. В романе у меня сталкиваются два колена одного еврейского рода: два однояйцевых близнеца 120 лет назад сбежали в Америку; один там остался, другой вернулся в Россию – и эти два колена не знали друг о друге совершенно ничего. А потом вдруг один из потомков вернувшегося эмигрирует, попадает в Америку и случайно выходит на этот огромный клан вроде бы своих родственников. Но это уже не его родственники, они – совсем другие... И начинается поиск корней.

– А публицистика много отнимает времени? – тексты печатные и радиоскрипты за подписью Аксенова, когда они появлялись, мы непременно упоминали, а нередко, и цитировали в «Панораме», так что вопрос мой был не случаен.

– Обращаюсь к ней периодически. Иногда пишу по-английски. Когда приглашают... Потому что, если ты сам что-то предложишь, – ну прочтут, скажут: спасибо, интересно. И на этом – всё! Другое дело, когда приглашают...

Аксенова приглашают: на газетные и журнальные полосы самых престижных изданий – здесь и в Европе, на конгрессы, посвященные проблемам литературы, и вообще – современности. Вот забавный отрывок из давнего его письма ко мне: "Собираюсь в Копенгаген на уникальную литконференцию... Маята, как ты знаешь, вернулась из последнего вояжа, как говорится, "ин уан пис", однако без чемодана. В чемодане было много хороших вещей, в частности, пара кирзовых сапог от Е.Попова, ватная телогрейка от него же (я уже представлял, как еду в этой телогрейке в Копенгаген)...". А кроме копенгагенской был еще не один десяток конференций, симпозиумов и т.п.

Сказать же, что писательская судьба в Штатах проста и легка – поверят разве что только в России. Вспомним выступление Аксенова в Вене на литературном конгрессе международного Пен-клуба. Работа конгресса как раз началась его сообщением – воспроизведенным "Литературной газетой" где-то в конце 91-го года. В частности, писатель тогда заметил, что на Западе искусство действительно принадлежит массам – если использовать эту лукавую большевистскую формулу.

Принадлежит по-настоящему – потому что массы платят за него деньги. Хорошо ли это? Наверное, не всегда – потому что нередко финансово успешными становятся бездарные книги. Но они продаются большими тиражами, и книгоиздатели их авторов называют "большими писателями". А авторы книг, расходящихся малыми тиражами, в понимании книгоиздателя остаются "малыми писателями".

В том же выступлении Аксенов с горечью заметил: "Мир коммерции не может не повлиять на мир артистизма. Обратное движение, увы, почти отсутствует....".

Плохо ли это? Как судить.

* * *

Спустя год или два в Лос-Анджелесе гостила Иванова Наталья, заместитель главного редактора «Знамени» Чупрынина. Мы ужинали у её однофамильцев, только ударением отличны их фамилии – у Ивановых Комы и Светы оно на втором слоге, у Наташи, как у большинства – на третьем. Из её рассказа следовало, что жизнь журнала трудна, гонорары мизерны, и что для поддержки авторов введены ежегодные премии по нескольким категориям публикаций.

Сказать, что «Панорама» к тому времени вполне преуспела в финансовом отношении, было бы явным преувеличением. Но и при этом мы захотели, и сумели из скромного бюджета издательства выкроить некоторую сумму, а точнее – полтысячи долларов: для нас она не являлась критической, но россиянину той поры, да и вообще литератору, если он живет от получаемых гонораров, была бы явно кстати. Об этом было чуть выше в связи с нашей премией Войновичу.

А то, что я собираюсь сейчас рассказать, я бы, наверное, и не вспомнил, если бы не...

Так вот, об этом «не»: кажется, в 82-м или в 83-м году я в сопровождении приятеля, Бори Мухамедшина, художника, живущего в Германии не первый год, шел по платформе железнодорожного вокзала Мюнхена, направляясь к кассе, за билетами, поскольку пора было продолжить знакомство с Европой – о чем уже было в предыдущих главах. А этот эпизод... На самом подходе к кассам мы лицом к лицу столкнулись с Булатом, чуть позади него с небольшим чемоданом шел Войнович.

Обнялись – «привет», «привет», «как дела» – ну, словом, всё, как происходит при неожиданной встрече. С Войновичем мы знакомы были слабо, почти никак, – не случилось, и не было ничего удивительного в том, что он после первых «здрасте» почти сразу отошел от нас с Булатом на шаг и заговорил с Мухамедшиным. Мне даже показалось, что он старательно не смотрит в нашу сторону – ну что ж, деликатность проявляет, подумалось. Так и ладно...

Простояли мы так совсем недолго, от силы минут пять, и только перед самым прощанием он обернулся вдруг ко мне со словами – «Зачем же так печатать?». Честно, я не понял, о чем он, пока он не продолжил – «...вот и Соколов». И теперь я сообразил, что Войнович прочел незадолго до того опубликованный в «Панораме» текст моих разговоров с Сашей Соколовым, где тот со свойственной ему прямотой заметил что-то вроде: «Ну, если то, что делает Войнович – это литература, то я занимаюсь чем-то совсем другим...». Наверное, чуть ниже будет повод привести сказанное им дословно.

Там он и по поводу романов Аксенова выразился как-то нелицеприятно (что-то вроде – "манная каша"). Ну и что, дело вкуса. А Аксенову, может, не нравится то, что делает в литературе Саша Соколов. Сказал Соколов – ну, он так думает, и что с того? Так примерно я и ответил тогда Войновичу – что ж тут обижаться-то...

«Как, что? – не согласился Войнович, – мало ли что кто скажет! Надо всё же отбирать, что печатать, и что – нет». Признаюсь, я не нашелся тогда что ответить, кроме как – «Ну, выразился так Саша, это он так сказал...», – да и что я мог ответить писателю, который и страну-то свою оставил как раз оттого, что там отбирали у него же – что печатать, а что нет. Да ведь не только тексты – и квартиру отобрали... Правда, вернулся со временем писатель в возвращенную с переменой власти московскую квартиру – и в час ему добрый.

С того года и до последнего времени почти не пересекались больше наши пути. Войнович продолжает писать, много, зарубежные издания его охотно печатают, да и российские не обделяют вниманием – имя всё же. Что-то мне нравится, что-то меньше. Его роман «2042» так и совсем показался неудачей талантливого писателя. А кто-то им восторгается. Бывает...

Это было уже потом, когда заметил я замечательный рассказ Войновича, опубликованный в «Знамени», явно тянувший на премию, названную нами «Россия без границ» – для авторов, оказавшихся в силу разных причин на жительстве в российской диаспоре.

Об обстоятельствах, сопутствующих вручению ему нашей премии, было выше – забыть бы пора, так нет ведь... О них – чуть позже, там, где комментарий Игоря Губермана по сему поводу.

Вернемся, однако, к нашей беседе с Аксеновым, это так, вспомнилось – к вопросу о поддержке журналов. Поддержали, значит. Ладно, проехали, подумал я тогда – так что и после этого были вручения нашей премии.

* * *

Москва, начало 2000-х. Аксенову присужден «Букер»... После заседаний и множества пресс-конференций в связи "Букером-2004", и после вечера в Большом зале Дома литераторов, за сценой, в неформальной обстановке удалось нам с Аксеновым всё же коротко общнуться. А спустя год читаю в газетах: председателем жюри премии "Русский Букер 2005 года" избран, кто? Точно, Василий Павлович Аксёнов.

И на этом вручении довелось мне быть – спасибо председателю. Правда, в этот раз не обошлось без коллизий вокруг премии, да таких, что вручать премию поручили кому-то из жюри: Аксенов отказался категорически, были тому причины... А кому интересны подробности – полистайте газеты, там их предостаточно.

* * *

Уже который год у меня на полке в числе самых дорогих мне книг, дареных авторами, стоит репринт первого издания "Метрополя".

Вот как вспомнил Аксенов историю сборника в одной из первых российских публикаций, ставших возможными в конце 80-х:

"Идея... зародилась в начале 78-го года в стоматологическом центре Тимирязевского района столицы... В двух соседних креслах полулежали два обвисших пациента, 45-летний с чем-то я и мой младший друг, 30-летний Виктор Ерофеев. Наш общий мучитель доктор Гуситинский, сделав нам уколы новокаина, удалился. Лучшего момента для разговора о текущей литературной ситуации не найти.

Виктор пожаловался, что у него опять что-то зарубили, да и у Женьки, мол, Попова положение ничуть не лучше. Я сказал, что хорошо бы нам всем уехать на какой-нибудь остров и там издать что-нибудь неподцензурное... Да что там острова искать, промычал Виктор, давай здесь издадим альманах чего-нибудь хорошего. Так, под влиянием не исследованных еще свойств зубной анестезии, зародилась идея...".

Десяток лет спустя юмор по этому поводу кажется уместен, – а тогда все же было не до него: визиты чекистов, вскрытые письма, прослушиваемый телефон, уличная слежка... Однако "Метрополь" состоялся – всего 26 имен. Хороших имен. Теперь – неподцензурных. Недавно я заглядывал в мастерскую Мессерера Бориса – это там, на мансарде, в близком тылу Нового Арбата – рождался "Метрополь"... Удивительное место – кажется, там сохраняется аура той поры – чреватой нешуточной опасностью для собиравшихся здесь, но и увлекательной.

В общем, постановление Московской писательской организации в 79-м году вовсе не было неожиданным: "...Крайне низкий писательский уровень... организаторы, по-видимому, и не помышляли о литературных целях. Они ставили перед собой совершенно иные, далекие от литературы, искусства и нравственности задачи". Ну, и т.д.

Это – по поводу сборника, выпущенного машинописным способом в количестве нескольких экземпляров, ставшего чуть позже оригиналом для репринтного его издания Карлом Проффером в Америке. И вскоре из уст первого секретаря Московской писательской организации Феликса Кузнецова Аксенов услышал: "Твой отъезд устроил бы всех".

– Это звучало, – вспоминал Аксенов, – как санкционированное руководство к действию. В тот же день я позвонил знакомому профессору Калифорнийского университета... и вскоре выехал с женой в гости на полгода...

На титульном листе моего репринта, того самого, надпись: "Альманахи всех стран – соединяйтесь! Саше Половцу привет от всей банды. В.Аксенов, 14 июня, 1981". Вообще-то, я люблю автографы Аксенова, как и самого их автора, а автографов этих у меня набралось немало, век не рассчитаться. А однажды был случай, в Калифорнийском университете произошел фестиваль, футуристический, в связи с чем Василий Павлович явился с разрисованным лицом и морковкой в нагрудном кармане, а мне, чтобы не выделялся, вывел на лбу фломастером три латинские буквы: "XYZ". Издали, если не вглядываться, выглядит, скажем так, вызывающе. Вот она эта фотография, передо мной она сейчас.

Кто-то из состава "банды" участников неподцензурного альманаха, со временем, уже здесь, в Калифорнии, поставил и свою подпись. В.Ерофеев... А.Битов... Е.Попов... М.Розовский... Б.Ахмадулина... А кому-то я забыл в их приезд раскрыть альманах на нужной странице. Или – не успел. Значит – в другой раз, но сделаю это обязательно, они обязательно будут сюда приезжать. Не будет только другого "Метрополя" – не перестаю надеяться, потому что не потребуется (даже и сейчас, когда столько всякого на глазах меняется), потому что никогда больше не будет повода в России к самодеятельному изданию неподцензурного литературного сборника.

Очень хочется в это верить.

Декабрь 1995 г.

* * *

Кажется, в те же дни, или в другой раз, я завел Аксенова в лос-анджелесский кавказский ресторанчик, где хозяином и шеф-поваром был армянин, Харут, на американский лад называвший себя Гэри. Ну, Гэри – так Гэри, важно же то, что в свое время он служил главным поваром в павильоне Армении на ВДНХ, и такие шашлыки, как в его ресторанчике, тогда в Лос-Анджелесе никто и нигде не готовил.

Заглядывал и я к нему, чаще с друзьями – показывал им, как и где следует обедать. И потому Гэри, завидя меня с друзьями, не спрашивая, накрывал стол закусками – самыми разными, и называлось это у него «шурум-бурум по-половецки», что означало всего понемногу.

То же начало было нам с Аксеновым предложено и в этот раз, и мы приняли под капустку по-гурийски, копченую осетринку (и, конечно, под кинзочку, петрушку, укропчик) рюмку-другую холодной водки. Это тогда Василий Павлович немного себе позволял, не то что теперь – ни грамма! А тогда Гэри, хитро улыбаясь, поинтересовался у нас: «А ти горный улитка ел?». «Ти» – относилось к нам обоим одновременно, и так же одновременно мы отрицательно покачали головами – нет, не ели. «А что это?». – «Сейчас угощу!». И, так же хитро улыбаясь, он удалился, а минут через десять пред нами дымилось аппетитное даже на вид блюдо – куски чего-то сероватого цвета размером с кулачок ребенка и примерно той же формы.

– Вкусно! – отметили мы, запивая «горных устриц» холодным бадвайзером.

– Ага! – восторженно, громко так, что было слышно во всем небольшом зальчике: – Ти знаешь, что ти ел! – барани яйца!

Сказать, что на нас это сообщение не произвело впечатления, – было бы неправдой. Произвело, но не настолько, чтобы немедленно бежать во двор с двумя пальцами в горле – да нет. Просто приняли мы еще по несколько граммов водки, что в нашем положении было оправданно, запили их крепчайшим кофе из джезвы и, уходя, посмеялись вместе с Гэри...

Послесловие. Четверть века спустя

Что было потом – никто, конечно же, предположить не мог. Не сразу имена ставших по разным причинам и поводам эмигрантами русских писателей начали упоминать – не в сопряжении с привычным "отщепенец" и тому подобными эпитетами – пионерской явилась статья в "Известиях" – а потом стали печатать и их тексты. Сначала Аксенова вспомнил, кажется, "Огонек" Коротича.

Хотя незадолго до того (подсказал мне недавно Гладилин, по долгу парижской службы на Радио "Свободная Европа" следивший за советской прессой) опростался мерзким фельетоном "Крокодил" – и это стало первым упоминанием там имени Аксенова. И пошло: Зиновьев, Максимов, Гладилин... Появились и новые имена – главным образом тех, кто стал писателем уже будучи в отъезде, "в изгнаньи" – Довлатов Сергей, например. Хотя кто его изгонял? Просто стало можно уехать...

Теперь российские издательства стали охотиться за их рукописями, переиздавать книги, вышедшие за рубежами России – в Штатах, в Европе...

Бывает, нам с Аксеновым случается видеться в Москве. Помню, в первый приезд сюда я зашел в книжный магазин, один из "самых-самых", на улице Тверской (для нас, уехавших в семидесятых, она остается "Горького", даже – если по-студенчески – "Бродвеем"). В одном из залов магазина было особо тесно – там скопилось человек пятьдесят, они окружили Аксенова, читавшего отрывки из нового романа, только что опубликованного здесь, в России.

Кажется, в тот же приезд мы зашли с ним обедать в ресторан "Дома кино" на Васильевскую улицу. Зал на четвертом этаже пустовал, и только в стороне, у стены, стоял накрытый "под банкет" стол. Закуски были почти не тронуты – только с краю заметили мы две-три тарелки, с которых недавно ели.

"Ждали гостей на поминки – сегодня хоронили Евгения Миронова... Никто не пришел", – пояснила официантка. Случается и такое. И ведь, правда, хороший был арист, даже очень... Жаль.

А возвращаясь в 2005-й, несколькими днями позже, на вручении "Букера", Аксенов председательствовал поочередно с Кабаковым Александром на творческом вечере-юбилее Анатолия Гладилина, устроенном в ЦДЛ. И я там был, мед-пиво пил, передав перед тем юбиляру памятную медаль Американского фонда Окуджавы, но также и выступил с коротеньким мемуаром, соответствуя тону этой встречи, заданному ее участниками – примерный текст его приведен в главе книги, посвященной моему замечательному другу Толе Гладилину.

Аксенов в тот же день должен был получить премию "За достижения русской литературы в зарубежье" – как-то так она называлась. Отказался В.П. и здесь – прознав, что вместе с ним награждались некие "писатели-чекисты", так он пояснил за ужином, последовавшим за официальной частью вечера Гладилина, причину этого отказа.

Таким был Василий Павлович Аксенов и таким по сей день остается в моей памяти.

1995-2010 гг.

Глава 3. Сорок лет спустя, и потом

Евгений Евтушенко

Сейчас уже и не вспомнить, когда впервые зашел разговор, что вот хорошо бы ему, Евтушенко приехать, пусть и не надолго, к нам в Лос-Анджелес, собрать здесь наших, для кого русский язык не остается просто средством общения с домашними, но и в ком жива память о первых шагах поэта, нередко ступавшего по самой грани тогда дозволенного. А то и преступавшего ее. Евтушенко охотно поддерживает эту тему: да, мол, хорошо бы...

Кажется, это было в телефонном разговоре.

Потом в Нью-Йорке мы оказываемся за столиком ресторана, мы оба любим здесь бывать: это небольшое заведеньице в Манхэттене с теплым названием "Дядя Ваня" и хозяйкой Мариной, бывшей актрисой московского "Ленкома", нашей общей приятельницей. Убедившись, что соседние столики опустели, Евтушенко вполголоса прочел отрывки из только что завершенной поэмы.

С нами сидел его переводчик на английский и приятель – они пришли вместе. Спустя несколько лет его не стало – я знаю, Евтушенко и по сей день не может смириться с этой утратой. В тот вечер я окончательно утвердился в намерении устроить в Калифорнии его встречу с читателями «Панорамы».

Оставалось ждать хорошего повода – и вскоре он представился: наступил юбилейный, 20-й год нашего издательства. Отметить его мы хотели серией встреч с виднейшими представителями русской культуры. Евтушенко живет в пределах относительной досягаемости: от Талсы, штат Оклахома, где в местном университете он ведет курс, до Лос-Анджелеса много ближе, чем, скажем, от Переделкина: так ли уж сложно ему вырваться на день-другой и вовремя вернуться к своим студентам?

Узнав от Евтушенко о нашей договоренности, вмешался в неё один из считающих и, соответственно, называющих себя потомком Александра Сергеевича Пушкина (что сейчас многими источниками, в частности и общепризнанными родственниками поэта, оспаривается) – американец Кеннет Пушкин, готовивший в университете Сан-Хосе вечер памяти, как значилось в его приглашении – "своего великого предка".

Там мы поначалу и встретились с Евтушенко, приглашенным вести эту встречу. Свои стихи он читал на очень пристойном английском – так ведь и аудитория в значительной степени состояла из американских славистов, чьим родным языком не является русский. А спустя сутки мы оба оказались в Лос-Анджелесе.

Три последующие дня прошли, будто их и не было. В утро перед самым его отлетом нам все же удалось остаться на пару часов один на один в его гостиничном номере. Нет чтобы просто поболтать... – не удержался я и, с согласия Евтушенко, включил портативный магнитофончик – по служебной необходимости всегда болтавшийся в портфеле. Спасибо ему – глава "Там на Якиманке" как раз об этом...

Потом пришло время отбыть в аэропорт, потом прошло, а мы всё ждем водителя из редакции, где его носит? Ведь мы в трех шагах от газеты. Кто знает Евтушенку близко, его эмоциональность, выплеснуть её сейчас – лучшего повода было не придумать: он поднимался, садился, поначалу вопросительно, а потом и с негодованием посматривал на меня из разных углов комнаты, где он то и дело оказывался, меряя широкими шагами пространство номера.

– Всё! Вызываю такси!

– Жень, ты что – я же здесь! Ну, не вернусь в редакцию, как обещал там, отвезу сам.

Мы схватили одновременно его чемоданчик, я уступил и подобрал чуть было не забытую впопыхах на полу сумку, быстро к лифту (ура, свободен!), джип запаркован прямо у дверей отеля – спасибо пресс-карте, всё же преимущество, какое-никакое – и по запруженным улицам, хотел бы написать «несемся» – какой там! – ползем к фривею, ведущему в аэропорт.

По дороге еще успеваем переброситься какими-то фразами, Евтушенко отмалчивается, он заметно нервничает. Хотя всё же успеваем, время еще есть... А дальше – вспоминать противно: я, заговорившись, проскочил нужный съезд с фривея. Это ведь хорошо, что Евтушенко не заметил моего промаха, догадайся он – не знаю, что было бы. И знать не хочу. Стиснув зубы, я вцепился в руль, перешел на ближайшую ветку фривея, непонятно куда ведущую, пытаясь найти разворот в обратном направлении.

Успели, однако – в самые последние минуты, – тогда не было еще суровой проверки отлетающих граждан со сниманием туфель, с часовой очередью к рентгеновским аппаратам. В общем, улетел Евтушенко – улетел своим рейсом.

Куда грустнее другой эпизод. Случился он тремя годами позже. Мы снова условились о приезде к нам Евтушенко – теперь уже встречу готовил наш фонд памяти Окуджавы.

Кроме нормальной радости просто повидаться, была еще и корысть в этой затее – не личная, но была: мы с коллегами по фонду рассчитывали, что от сборов при выступлении поэта останется некая сумма, которая пополнила бы скромный бюджет (почти никакой) – из него мы выкраивали что-то для помощи Российскому фонду, который создан почитателями поэта и руководим его вдовой.

Однажды нам даже удалось собрать солидную сумму (чему способствовал и юбилейный вечер-концерт, устроенный для меня друзьями) – на неё и была закуплена самая передовая по тем временам цифровая аппаратура – и видеоархив Окуджавы был перенесен со старых пленок, которые того и гляди стали бы недоступными даже для домашних просмотров. А теперь создано вот уже три видеофильма – их показывают и в Переделкино, и в музее Булата, и по телевидению, и на фестивалях. Там в титрах указано – это проект Российского и Американского (нашего) фонда Окуджавы. Чем и горды мы по сей день.

Так вот: снят просторный зал, запущена реклама газетная, телевизионная тоже – и в Южной Калифонии, то есть у нас в Лос-Анджелесе, и в Северной – в Сан-Франциско. Билеты расходились «как пирожки» – места в залах заполнялись будущими гостями встреч, а сердца устроителей – радостью. Ею я и делился с Евтушенко, он в свою очередь уверял, что вылетит за день-два – для страховки: «Ты же знаешь – я никогда не подвожу!». И правда, Евтушенко надежный, он не подведет.

Подвела болезнь: с кинофестиваля в Сан-Ремо, там он был в составе жюри, его привезли прямо в нью-йоркский госпиталь. Так...

– Старик, – слышу я голос в трубке: – прости... подвожу... гнойный аппендицит... перитонит... я в реанимации, не могу пошевелиться: из меня торчит десять трубок, что-то вливают, что-то отливают. И катетер...

– Успокойся, выздоравливай, всё поправимо...

Хотя, если честно – какой там было «поправимо»: реклама оплачена, за залы внесен задаток, билеты на руках у людей... Сотни билетов – Евтушенко любят, он всегда собирает сотни почитающих его дар. Вот перед ними, перед людьми действительно было неловко. Да и магазины, продав билеты, получили свои комиссионные, купившим же их следовало вернуть полную сумму.

И вернули – как, не спрашивайте. Залы – администраторы благородно вернули задаток. Реклама – вся оплачена загодя и опубликована, тут уж ничего не поделаешь, и только телевизионная на севере Калифорнии повисла: мы условились, что деньги вышлем сразу после проведения встреч, а так – откуда им взяться? Бог ты мой! – сколько мерзких ругательств мы прочли и услышали тогда от дамы, причастной к владению там русской телепрограммой.

Просили же – ну чуть-чуть подождать, расплатимся, обязательно! И расплатились, конечно – послал я ей свой личный чек, чтобы только остановить поток брани...

Спустя год с небольшим Евтушенко приехал, все запланированные с ним встречи состоялись. Состоялись и поездки с ним на мексиканский базар – без этого он, как всегда, отказывался уезжать, ведь там и только там покупаем мы ему яркие рубашки, пиджаки и шейные платки-косынки, без которых его давно уже и не представляю. Ну, любит человек, и ведь, правда, ему в них хорошо.

Мексиканская ярмарка разместилась в самом центре нашего города, вблизи деловых и торговых кварталов – десятков небоскрёбов, их образующих. Потом я всегда с удовлетворением обнаруживаю на нем обновы – яркие рубашки, пестрые косынки и даже широкополые с высокой тульей мексиканские шляпы. Класс! Идет это всё Евтушенко – не зря, значит, тратили время в поисках парковки: в даунтауне любого американского города поставить машину совсем не просто.

Впрочем, и россиянина нынче этим не удивишь, верно? Что и хорошо...

А вот совсем забавный эпизод: однажды утром (Евтушенко остался у меня почти на полную неделю) слышу, зовет он из ванной: зайди – свет не выключается! Захожу, он растерянно щелкает выключателем – вверх-вниз, вверх-вниз, а в комнате по-прежнему светло. Я рассмеялся, и он следом за мной, когда понял: в ванной в потолке установлен так называемый «скайлайт» – (в прямом переводе «свет с неба») – застекленное круглое оконце.

– Женя, – говорю, – надо солнце выключить, чтобы стало темно в комнате... – Здесь я читателя отсылаю к первой книге, там есть глава «Почему не включается телевизор» – вот потому и не включался. Забавно, да? Сегодня да, а тогда – нет, не было...

* * *

Текст беседы в гостиничном номере, обещанный читателям «Панорамы» увидел свет в трёх её выпусках, они и сейчас у меня сохраняются в подшивках. Хотелось бы верить, что содержание её поможет будущему читателю протянуть мысленный мостик между теми днями и их фигуранами к сегодняшним.

Мы вспоминали Литмузей на Якиманке, его там выступление, и еще многое другое из той поры – мне и сегодня кажется уместным сохранить в этих главах пересказ нашей беседы, пусть не полный, но самое из неё памятное. Вот он. Итак...

– Итак, – вспоминал Евтушенко, – началась холодная война и вместе с ней начался зажим поэзии, последовал удар по Ахматовой – великой поэтессе, которую, казалось, мало кто знал...

Казалось. Но я присутствовал на вечере в Политехничеком музее, когда она появилась впервые, – это был коллективный вечер. Зал встал и минут десять, стоя, апплодировал ей. А ведь в то время в зале никто никогда не вставал – только, когда появлялся Сталин. Сталину об этом доложили. Могло ли ему это понравиться?

– Я был на одном из первых, позволенных в Союзе, концертов Вертинского, незадолго до этого он вернулся из эмиграции, – извинившись, – перебил я Евтушенко. – Ему позволили выступать где-то в окраинных московских клубах. Так вот, когда он вышел на сцену, случилось то же самое – весь зал встал...

– Думаю, это был редкий случай. Так вот, после этого Сталин решил придерживать всё интеллектуальное. И жизнь как-то угасала – люди ничего не ожидали от времени. Ожидали многое после Победы сразу – не получилось. И когда появились на этой пустой сцене несколько фигур – сначала я, за мной Белла, Андрей и другие (Булат на сцене появился позднее, хотя он был старше нас, началось возрождение поэзии. И ведь что произошло!

У Мартынова есть такие строчки: «Удивительно мощное эхо, очевидно такая эпоха!» Образовалось эхо – невероятное эхо поэзии. Те же самые стихи Мартынова, которые были изданы в 1945–46 гг. и на которые никто не обращал внимания, стали бестселлером. Они были изданы тиражом 100 тысяч экземпляров. Книги нашего поколения стали поднимать тиражи всей поэзии. Вот тогда, по инициативе Луговского в 56-м году, впервые состоялся «День поэзии»..

Здесь я выключил магнитофон и достал из портфеля книгу, скорее – большой альбом в мягком переплете розового цвета, и положил его на столик между нами.

– Он?

– Сохранил! – удивился Евтушенко.

– Его в армию по моей просьбе привез мне отец, и после я уже сам добывал каждый новый выпуск – многие у меня хранятся здесь и по сей день.

– Книги в то время не продавались, залеживались, – продолжил Евтушенко, видя, что я щёлкнул клавишей магнитофона. – Я выступал вместе с Симоновым и Лукониным в магазине на Моховой – и вдруг случилось нечто невероятное: туда пришла огромная толпа, нам пришлось перенести выступление на лестницу старого здания МГУ, там была самая большая аудитория, и мы читали без микрофона. Молодая Белла, я помню, пришла со мной – никому еще неизвестная. Она стояла в толпе, милые глаза – и я, ориентируясь на эти глаза, читал стихи. Вот так все это начиналось!

Выступлений у меня зарегистрировано, кажется, году в 56-м или 57-м около 350: практически каждый день. Мы выступали бесплатно или за очень маленькие деньги, на агитпунктах, в красных уголках, в школах, в университетах, на заводах – и, наконец, всё это вышло на большую площадь. Это был настоящий апофеоз, когда на первый «День поэзии» на площади Маяковского собралось, как минимум, тысяч 35-40...

КАДРЫ КОРОТКОЙ ОТТЕПЕЛИ

– Как оказалось, наш народ, пройдя сквозь такие страшные испытания, как всеобщая слежка за людьми, преследования, лагеря, всё-таки не потерял живую душу, – вспоминал Евтушенко. – И это, несмотря на страшную цензуру. В «Братской ГЭС» у меня было около 400 поправок. Мне приходилось делать поправки, мы поссорились с моей женой Галей, она даже хотела разойтись со мной... Я понимал, что лучше напечатать с поправками, а уж потом буду постепенно убирать их при переиздании. Потому что, если бы я не напечатал «Братскую ГЭС» в искаженном первом журнальном варианте, лет двадцать ее бы не было вообще.

Двадцать три года не перепечатывали «Бабий Яр», только исполняли его иногда в оратории Шостаковича. Что совпадало с очевидной попыткой реабилитации Сталина, и было ее следствием. Слава Богу – не состоялось, но попытка была, и поэму запрещали печатать. Как и вообще всё, что касалось лагерей или упоминало их. А ведь «Братская ГЭС» была единственная вещь, из которой поколение могло узнать обо всем этом – я имею в виду издаваемое в то время. Всё остальное – Солженицын, да и другая лагерная литература – было запрещено полностью.

– Я помню чуть ли не полуподпольные встречи в «Литературке» с Алдан-Семеновым, незадолго до того вышедшим из лагеря. Говоря это, я вспомнил вдруг, что хранятся у меня где-то снятые мною в те дни и вывезенные спустя 20 лет из России фотопленки с уникальными кадрами. И среди них – Алдан-Семенов. Там он прижимает к груди только что вышедший томик и что-то рассказывает замершим с открытыми ртами молодым парням и девчонкам, составлявшим совсем небольшую аудиторию.

И на соседних кадрах – Леонид Мартынов: «Вода благоволила литься, она блистала столь чиста, что ни напиться, ни умыться, и это было неспроста...». На слегка приподнятой над полом сцене меняются фигуры. Вот жестикулирующий Василий Захарченко: «У меня замечательная профессия – я... – и Захарченко высоко вскидывает над головой руки, – ...я путешественник!» Действительно, объехал к тому времени редактор популярного журнала «Вокруг света» полмира. Дозволили. Хотя, кажется, Захарченко – из другой пленки. И, вообще, из другой жизни. «Надо бы эти кадры отпечатать заново», – думаю я, возвращаясь в сегодня.

– Короткие очень были эти оттепели. – Мне показалось, что Евушенко на какой-то момент тоже оказался в тех днях, отделенных от нынешних четырьмя десятилетиями. – Оттепели почти сразу сменялись заморозками. Но все-таки у всех за душой что-то было... И смотри, Саша, что произошло дальше: сначала, когда цензура была отменена как государственный институт, первые три года допечатывалось то, что было запрещено... «Доктора Живаго» издали. Начали печатать Солженицына, огромное количество эмигрантской литературы. И я впервые в своей «Антологии» напечатал 40 эмигрантов, чьи имена были запрещены совершенно.

Всё пошло сразу и легко. Сегодня многие забыли, что сделал, скажем, Коротич для гласности своим «Огоньком». «Огонек» боролся, практически, за каждый миллиметр свободы слова – и Коротич взял на себя это. Какой скандал был, когда он напечатал Гиппиус и Мережковского! Его вызывали «на ковер», обвиняли в том, что он печатает «фашистов, которые встречались с Муссолини». Да, встречались – мало ли какие заблуждения бывают у людей. Ну, не всё они поняли... Настолько они ненавидели Сталина, что на его фоне Муссолини показался им положительной фигурой...

ПОЧЕМУ ИМЕННО КОРОТИЧ?

– Словом, когда начали возвращать забытые имена, – говорил Евтушенко, – за каждое имя боролись. Сейчас мало кто, между прочим, помнит, что само имя Гумилева в печати было под запретом. Хотя его книжки дореволюционные не были запрещены. Да у него и не было политических стихов, его сборники продавались в букинистических магазинах. И всё-таки один человек, который лично во всем этом виновен, в этой ситуации (замечу: замечательный в юности поэт, ставший официальным бюрократом, хорошо оплачиваемым «борцом за мир»), – Тихонов – впервые произнес когда-то по радио имя Гумилева в положительном смысле. Кстати, его, Тихонова, поэтическая генеалогия восходит к двум поэтам – Гиппиус и Гумилеву: он, безусловно, в своих лучших ранних стихах был учеником Гумилева... А когда я печатал Гумилева, это было еще трудно.

– Тогда зададим себе вопросы (хотя касаются они не только Коротича, можно назвать еще несколько известных имен, и, в какой-то степени, среди них – Евтушенко) – почему именно Коротич взял эту роль на себя и боролся. А, допустим, в соседнем журнале не происходило никаких изменений? И зависело это лишь от самого редактора, от его, скажем, борцовских качеств? Или от положения, которого он на определенный момент достиг? А может, от его особых отношений, сложившихся с властью? – когда кому-то дозволено нечто, недозволенное другим?... – этот вопрос я всегда стараюсь успеть задать своим собеседникам, причастным к тому времени и участникам тех событий.

– Я тебе сейчас объясню одну вещь. Меня приняли в Союз писателей за очень плохую книжку – «Разведчики грядущего». И как-то меня пригласили на официальное обсуждение новой книги: обсуждали Грибачевскую «После грозы». Я пришел туда в белой расшитой украинской рубашке, мальчишка 19-ти лет, самый молодой член СП. Фотография моя была напечатана рядом со старейшиной Союза – Телешовым. И вот я выступаю против человека, которого все смертельно боялись: он был секретарем парткома, секретарем Союза писателей. Его боялись и Сурков, и Симонов.

Это был жестокий властный человек, перед ним все просто дрожали: как раз в те дни Грибачев выступал против Пастернака в своих статьях. А я выступил на обсуждении его сборника и показал явные примеры, мягко говоря, заимствований в его стихах. Я не сказал бы, что это было намеренным плагиатом – но это была болезнь, поэтическая клептомания, когда человек берет чужие строки неосознанно, не замечая этого. И я привел, например, строки из Пастернака: «Кавказ был весь, как на ладони, и весь, как смятая постель, и лес голов чернел в бездонье теплом нагретых пропастей...» – и грибачевские: «Кавказ был весь передо мною, и весь, как смятая кровать...».

Или такие строки, сейчас я, может быть, ошибусь, где Багрицкиц, а где Грибачев: в одном варианте было – «Весна еще в намеке холодноватых звезд, на явор чернобокий слетает первый клест...» И в другом – «Апрель еще в намеке чуть бледноватых звезд, на тополь кривобокий слетает первый дрозд...». Я это процитировал – такие фантастические совпадения. И я сказал: «Ну, как же можно одной рукой брать, так сказать, бессознательно такие строки, а другой их же бить! Значит, вы их всё же любите на каком-то уровне души?». Было полное обалдение...

После этого подходит ко мне один из поэтов, присутствовавших там, и говорит: «Ну, тебе легко! Мы все его не любим – но за тобой-то стоит Сталин!» Я говорю: «Как – Сталин?!» После того, как люди обалдели, что я так смело выступил, у них возникла мысль, что мне разрешено это сделать: «Кто-то за ним стоит!» А кто тогда мог стоять? Только – Сталин. И тогда родилась легенда о том, что Фадеев ходил к Сталину однажды и прочёл ему мои стихи «про Сталина» – все мы тогда искренне писали и воспитывались на Сталине, в детких садах о нем читали стихи и пели песни. Эта легенда существовала, хотя ничего такого не было. Люди вообще любили придумывать...

Да и потом очень часто случалось со мной подобное... Никогда не забуду, например, такого. Я очень дружил с Женей Винокуровым, мы были с ним нежными друзьями до конца его жизни. И однажды мы летели с ним из Тбилиси в Москву – это было после того, как я отправил телеграмму протеста по поводу вторжения в Чехословакию. Грузины меня чуть ли не на руках носили: целовали, обнимали. Говорили: «Ты стал частью литературы Советского Союза!». За огромными грузинскими столами я читал им стихи – их тогда нельзя было напечатать: «Танки идут по Праге, танки идут по правде...». Итак, мы летели обратно с Женей, и вдруг, он на меня нападает: «Ну зачем ты отправил телеграмму, ты же, к примеру, меня унизил, ты всех нас унизил!»

Я был единственным членом Союза писателей, который официально выразил протест по поводу этих событий. И сначала я ничего не понял. «Как – унизил?!» – «Ну, как, – говорит, – я тоже так думаю, но меня бы в порошок стерли, если бы я так сделал! А с тебя – как с гуся вода». – «Ну почему – как с гуся вода? У меня сейчас все книжки остановили... я должен был лететь в Англию – получать мантию в Оксфорде, а мне завернули поездку, и вообще все выступления отменили». Мы в те дни сидели с Галей дома и жгли нелегальную литературу. Она была уверена, что придут и арестуют...

– Выходит, легенда это – о вседозволенности Евтушенко?

– Вот, послушай. Потом – поездки... Все знают, сколько я ездил: да, разрешали, посылали, чтобы покрасивей сделать фасад! Однажды кто-то сказал: личное обаяние Евтушенко советская власть использовала для того, чтобы прикрыть свои психушки! Ну, и так далее... И что я, мол, должен был быть каким-то скучным человеком или выглядеть отвратительным, чтобы подчеркнуть всё это. Но я же этого не могу! Это же чепуха какая-то! А с другой стороны, тогда начали запускать так называемые «дезы» – дезинформацию. КГБ (а там очень не хотели, чтобы я получал Оксфордскую мантию!) пустило «дезу» о том, что телеграмма моя – фальшивка. Это была любопытая работа.

Всё, что сделало наше поколение, что пробивало своими юношескими руками, разламывая железный занавес, – руки у нас были в шрамах от этого ржавого железа... – всё это пытлись дискредитировать разными уловками и хитростями.

МЫ СДЕЛАЛИ ВАС СВОБОДНЫМИ, А ВЫ...

– Следующее за вашим поколение литераторов в России сегодня, мягко говоря, критически относится к вам, к «шестидесятникам», как вас определил в одном из своих эссе Станислав Рассадин, и название это стало нарицательным.. Самый частый упрек в их адрес – если не в прямом сотрудничестве, то в некоем негласном соглашении с властями: мол, вы даете нам спокойно работать, понемногу нас печатаете, а мы вам даем спокойно жить. Да и в среде самих шестидесятников не все единодушны сегодня. Как, впрочем, было и в те годы – обратимся к тому же эпизоду с Винокуровым. Что-то было справедливо в подобных обвинениях? – полюбопытствовал я.

– Винокуров потом просил у меня прощения за это... Там же, прямо в самолете. Это у него вырвалось, понимаешь? А дело вот в чем... но сначала – насчет сегодняшних модернистов, тех, кто без конца устраивает поминки по советской литературе и никак не может похоронить её...

– Это ты о Викторе Ерофееве? – перебил я собеседника, вспомнив публикацию (кстати, первую) в «Панораме», так и названную автором – «Поминки по советской литературе».

– Ну, конечно. Хотя, я не хочу персонализировать. Ерофеев – умный человек. Но хитрый. Он не любит людей, и это чувствуется. А люди, они тоже это чувствуют. Кстати, поэтому все его желания похоронить... это геростратизм позднего постмодернизма. Так получилось с ними: они сегодня могут писать и печатать всё, что угодно. А мы всё же работали – несмотря на тяжесть цензуры, несмотря на столько арестов... Действительно, на долю нашего поколения выпало столько народной любви, даже... может быть, в какой-то степени незаслуженной... Или, я бы сказал – сверхзаслуженной, вот так!

И всё же неправда, что наше поколение не заслужило этой любви. И когда совсем не было слышно живого слова, действительно, наша литература – печатавшаяся и непечатавшаяся, распространявшаяся (ведь многие стихи читали только с эстрады, их печатали с большими опозданиями, как, например, мое стихотворение «Письмо Эй Си») – была этим словом.

Многие песни Булата, многие стихи Возненского публиковались с большими опозданиями и с купюрми. Несмотря на всё, это были единственные живые слова, которые слышал народ – и народ был нам за это благодарен. Мы поддерживали его душу живую... И это не только, кстати, в поэзии – это было и в прозе, и в театре, и в кино. Сверхзаслуженная любовь, она была как бы авансированной. И ничего подобного, возможно, история литературы не знает – такого колоссального уважения к поэзии, которое выпало на долю нашего поколения.

И вот еще что: это был перелом эпохи. Мир устал от холодной войны. Поэты нашего поколения были первыми поэтами, начавшими действительно пробивать железный занавес, выезжать за рубеж. И там, за рубежом, люди обрадовались: они увидели живых людей, которые пишут о любви, красиво читают стихи. Нормальные живые люди... Мы начали собираться вместе. Ведь невероятные вещи происходили: иностранные поэты выступали на своем родном языке перед другой аудиторией!.. Это сейчас я читаю свои стихи по-английски, а тогда я не знал никакого языка, я выезжал – и читал по-русски. Выступали мы с переводчиками.

– Но вот когда Окуджава в Японии выступал – никаких переводчиков не требовалось. А как его принимали!. – я вспомнил, с каким удивлением рассказывал Булат Шалвович о своих поездках в Японию. И во Францию. И в Германию – где, бывало, говорящие по-русски составляли лишь какую-то малую часть аудитории.

– Совершенно верно. А тогда мы почему-то для многих людей во многих странах были воплощением надежд. Между прочим, я получил недавно письмо от одной еврейской семьи, где мальчика назвали Бабий Яр, в память этого трагического события. И в честь моего стихотворения тоже. А у них, – возвращаясь к оппонентам своего поколения, – продолжал Евтушенко, – у них этого нет. Они могут печатать сколько угодно мата, писать о сексе... И всё равно – у них такой аудитории нет.

Был перелом такой в истории, который совпал с развитием массовых коммуникаций. Проясню, что я имею в виду. Конечно же, я просто не могу сравнить себя с Пушкиным: он – в тысячу раз лучше поэт, чем любой из поэтов нашего поколения, разумеется, и я. Но какая аудитория была у Пушкина при жизни? Ну, он в лицее читал про Державина – сколько людей там было? Человек сто, наверное. Ну, с гусарами собирались, с товарищами – тоже где-то сто человек, не больше.

– «Страшно далеки они от народа!», – так что ли? – вставил я.

– Да-да... – улыбнулся Евтушенко. – Понимаешь, появились другие вещи. Когда были напечатаны «Бабий Яр» и «Наследники Сталина», у меня было... 18 стихов опубликовано в «Нью-Йорк Таймс», это невероятная вещь! – она же, вообще, не печатает стихов. Да еще с иностранного языка переведенные... Стихи становились событием не только у нас, но и везде. И этого добилось наше поколение. Если Сталин зарешетил окно, прорубленное когда-то в Европу, мы заново пробивали его. Поэтому у меня есть читатели во многих странах. Ты, кстати, видел: некоторые из шестидесятников американских были на этом вечере в Сан-Хосе – они с тех времен ходят на мои концерты. И это тоже роль нашего поколения.

У меня есть строчки посвященные шестидесятникам: «Мы для кого-то были модными, кого-то славой мы обидели, но мы вас сделали свободными, сегодняшние оскорбители...» Всё правда! – мы дали им свободу, которая им позволила свободно поносить нас. Даже тот самый Ерофеев... Я же не говорю, что он неспособный человек, но теплоты, душевности в нем маловато. Вот что сейчас у нас происходит в поэзии? Всё-таки поэзия без идеализма не может жить – без какого-то романа. Сейчас вся постмодернистская поэзия основана, ну, как бы сказать, – она монотонна в какой-то степени... Там есть сарказм, ирония...

ГОРБАЧЕВ ЗАДУМЫВАЕТСЯ О ЖИЗНИ

– Я не могу представить себе, – согласился я, – чтобы на чтении стихов кого-то из тех, о ком мы говорим, люди плакали. А вчера я, сидя на твоем вечере в зале рядом с нашим замечательным другом Фрумкиным Саем, пережившим Холокост, видел, как по его щекам катились слезы. Что свидетельствует в который раз: кроме собственно формы, существуют очень важные внутренние качества, присущие поэзии и отличающие её от даже самым искусным образом зарифмованной прозы

– Мы все одновременно учились у многих поэтов предыдущих поколений, – продолжал Евтушенко. – Но мы еще учились друг у друга. Вот, к примеру, мне сегодняшние стихи Вознесенского не нравятся. Видимо, ему мои – тоже. Но это неважно... А всё равно, я себя, как поэта, не могу предствить без его ранних замечательных стихов – таких, как «Я Гойя»,

«Осень в Сигулде» или «Белла». У нас было какое-то взаимное переливание. У нас, бывших совершенно разными...

– «Немых обсчитали, немые вопили, медяшек медальки влипали в опилки...», – пришло мне на память. – Я вывез с собой самый первый его сборничек – «Мозаику», с цензурными «выдерками» страниц, сделанными уже после печати и брошюровки... Изданный, кажется, в Ярославле...

– Во Владимире, – уточнил Евтушенко. – Это уникальность судьбы нашего поколения, невольно оказавшегося пророком. Не могу сказать, что мы достаточно логично понимали это. Мне Горбачев рассказал одну историю. Однажды он мне позвонил, тогда я еще был членом парламента, и сказал: «Мы, знаете, сидим с Раисой Максимовной, перечитываем вашу книжку. Нашли давно изданную книжку и вспомнили, как однажды приехали к морю, и у нас была одна история, о которой я не хочу говорить. Отопление там не работало, какой-то курортишко... Давно ведь это было, были ваши стихи с нами, стихи поэтов вашего поколения.

Мы сидели, закутанные в одеяло, и друг другу читали стихи. И, знаете, когда я приехал учиться в Москву, я был совсем другим человеком. Я же вас видел тогда: вы однажды выступали на Стромынке в общежитии, в столовой. Вы не помните такое выступление? Человек 15 пришло, вы читали, и у меня просто голова потом «повернулась» в другую сторону. И я подумал: ведь мы же с вами ровесники. Я задумался тогда вообще о жизни – впервые». А я, честно говоря, просто не помню, когда я там выступал – мало ли где я выступал за свою жизнь!..

– Вот и на нашем вечере вчера бывший военный моряк вспомнил, как Евтушенко приезжал к ним на пароход в 57-м.

– Да, конечно. И очень жалко, что в нашей поэзии такое произошло... В чем, думаю я, недостатки наших модернистов? Мы учились у предыдущего поколения, мы дружили с ним. Когда Ярослава Смелякова выпустили из тюрьмы, Миша Луконин предложил мне вместе встретить его. Для меня это была огромная честь, потому что я знал его стихи наизусть. И вдруг Смеляков стал цитировать мои строчки: он, оказывается, заметил их, нашел где-то там в журналах. И он попросил меня почитать что-нибудь.

Я прочел только что написанное тогда сихотворение «Свадьба». Вдруг он ушел в другую комнату... встал и ушел. «Не понравилось», – мелькнуло у меня. Я вошел туда, в соседнюю комнату, – он лежит на диване и у него на глазах слезы. «Ярослав Васильевич, – спрашиваю я – что, стихи не понравились?» Он говорит: «Дурак! Не напрасно...» – «Что, спрашиваю, не напрасно» – «Жизнь не напрасно прожил». Он увидел во мне частичку себя. Вот такой человек! И еще чего я никогда не забуду: когда я готовил к выпуску «Братскую ГЭС», Смелякова нарочно назначили редактором, потому что знали, как я его люблю.

Его таскали к Ильчеву, который делал ему свои замечания. Они знали, что с ними я не соглашусь, а Смеляков передавал их мне. И однажды он закричал на меня, увидев, что я соглашаюсь с ними... Мы дружили с поэтами того поколения. Я думаю, что-то случилось между нами и поэтами –постмодернистами, условно их так называю... Они начали не с построения собственного крана, а с попытки разрушить чужой. Очень жаль, что много энергии у них на это ушло. Сейчас, кстати, они перестают этим заниматься.

– И появится новое поколение, которое будет отрицать уже их. Диалектика... – предположил я.

– Уже появились другие, которые топчут Ерофеева...– согласился Евтушенко.

НАПОРОЛИСЬ НА ТО, ЗА ЧТО БОРОЛИСЬ.

– Ну, скажем, это – противостояние поколений. Но как объяснить, что внутри нашего поколения возникают схожие коллизии? – повторил я вопрос.

– Наше поколение, с одной стороны, вроде бы очень счастливое: нам нечего жаловаться на жизнь, потому что столько нам судьба отпустила при жизни, как мало кому. Мы получили столько любви, как мало кто. Но, с другой стороны, эта любовь не была как бы бесплатной. Мы заплатили за нее и нервами, и, так сказать, рискованными ситуациями. Это неправда, что всё было безопасно, что всё было разрешено. И вот что произошло: мы боролись за свободу слова, наивно думая, что когда она, эта свобода, наступит и когда отменят цензуру, будет мир и благоденствие.

А поэтому колоссальным ударом, просто психологическм шоком для поколения шестидесятников стало то, что появилась свобода слова и исчезла цензура – сразу же возникла цензура коммерческая, о которой я писал «цензура равнодушием». Люди стали бороться за выживание, многие наши читатели оказались в очень тяжелом положении. Кто были самые активные читатели в России? Традиционно – интеллигенция гуманитарная и техническая. Теперь они, пытаясь выжить, работают на трех-четырех работах.

Ты же знаешь, что кандидаты и доктора наук подрабатывают вечерами в казино барменами, швейцарами, торгуют, «челночат». Я встретил одного человека, дирижера провинциального театра – не хочу называть ни имени, ни города – который вместе с женой стоял на толкучке и продавал джинсы, привезеные из Турции. Не для того, чтобы заработать денег на роскошь – чтобы выжить!

Мы идеализировали свободу, она казалсь прекрасной! А оказалась многоликой. И очень хорошо сказал Стреляный в разговоре с мной, я даже написал стихи основанные на этом. «Женя, – сказал мне он, – не жди свободы лучше человека!» Это правда! Сейчас всё наше общество проходит испытание. Абсолютно другое испытание, не похожее на те, что были раньше. И иногда цензура равнодушием или коммерческая цензура превращается в своего рода политическую – вольно или невольно!

Это всё очень сложно, все просто переходит в другое какое-то состояние...

С КЛЕЙМОМ БУРБУЛИСА НА ЛБУ

– У нас сейчас нет общества, а есть какой-то клан, и непонятно, какое общество формируется из этого. – Евтушенко помолчал, прихлебывая из бумажного стаканчика давно остывший кофе. – Поэтому показателен и тот факт, что нет до сих пор слов для нашего гимна. А для того, чтобы иметь для него какие-то слова, прежде всего нужно понимать – какое общество мы строим. Вот мы говорим: повысить материальный уровень, платить зарплату вовремя... Но ведь даже здесь, в Америке, где общество достаточно материально, разве кто-нибудь будет говорить о том, что деньги – смысл жизни, её цель? Даже люди, живущие по этому принипу, подобного не скажут, постесняются... Они будут говорить о каких-то других ценностях. Иногда искренне, иногда фальшиво, иногда ханжески. А у нас сейчас никто не занимается вопросами духовной жизни.

– Как же не занимается? – возразил я. – Есть даже президентский указ или что-то в этом роде – найти, разработать «национальную идею», объединяющую общество. Звучит, правда, забавно...

– Не делается такое искусственно! Это рождается в обществе, как рождается ребенок: надо, чтобы женщина забеременела, потом ребенка надо выносить.

– Ну, ладно, – переменил я тему. – Мне всё же кажется лично у Евтушенко могут быть основания вспоминать с некоей ностальгией советское время: государственные издательства, тиражи в сотни тысяч. А сейчас – он сам свои книжки издает. И сам же их продает. Да и тиражи у них, наверное, не по сто тысяч...

– Да, конечно. Сейчас у меня собрание сочинений будет выходить в частном издательстве «Вагриус» – тираж 25 тысяч. По сегодняшним меркам – колоссальный тираж для поэзии. Но скажу я тебе такую вещь: какая ностальгия у меня может быть по ГУЛАГу? Никакой ностальгии по диктатуре партии... никакой ностальгии по тому времени не может быть – когда, к примеру, каждый человек, кто хотел поехать за границу, проходил унизительные проверки. У меня не может быть никакой ностальгии по цензуре! Я знаю, как она унижает достоинство челеек. По всему этому у меня нет ностальгии.

Хотя, если говорить честно, – в какой-то степени случилось то, что происходило в 17-м году: мы вступили в период насильственной акселерации истории. Если раньше была насильственная коллективизация, предположим, которая отбросила наше крестьянство, нашу деревню назад, то сейчас есть факт насильственной капитализации. И тоже искуственно акселерированной... А ведь дело в том, что, несмотря на диктатуру партии, несмотря на столькие преступления и ошибки, общество, защищаясь, выработало многое, чему завидовали в других странах. И это правда!

Всё-таки у нас, как нигде в мире, переводили друг друга в союзных республиках. Грузин Нодар Думбадзе, скажем, был всесоветским писателем – его читали, любили. А Чингиз Айтматов! Он что, только киргизский писатель? До сих пор все зачитываюся им. Мы знали грузинскую поэзию. Мы ездили друг к другу. А сейчас... Вот приезжал недавно в Москву театр Роберта Стуруа из Тбилиси – его гастроли стали же сенсацией! Соскучились люди. Банионис как-то выступал: говорит, что народ тоскует по тому времени. Так всё сузилось сейчас! Вот, что мы потеряли, к несчастью...

Я тоже считаю, что Союз был обречен в том виде – это было ясно. Но, к сожалению, не дали стране шанса... А, может быть, все же, был шанс обновления её. Смотри, что получилось – между Грузией и Абхазией! Между Азербайджаном и Арменией! А что происходит сейчас в Таджикистане, где гибнут люди! Я очень люблю Михаила Сергеевича Горбачева, но здесь он был виноват. Хотя нельзя обвинять его в том, что он развалил Советский Союз сознательно. Он не разваливал его – он «упустил процесс». События начали его обгонять – и вот тут он упустил руль машины. А она пошла под гору, и он не мог ее остановить. Он начал делать неправильные вещи, окружил себя не теми людьми...

– Похоже, случилось то, что, по словам механиков, иногда происходит с трактором: мотор идет «вразнос» – и ничто его не может остановить, пока не кончится топливо.

– Да, точно! И вот этого мне жалко. Я тоскую по своим друзьям, которые живут в разных республиках. Вообще, люди стали разъединяться. По-честному говоря, русского колониализма не существовало: если кто и колонизировал нашу страну, так это партия – это у нее оказалась колонизаторская роль. И наказали сами себя: потому что русские крестьяне жили гораздо хуже, чем крестьяне в других республиках. Это же совершенно ясно! Я написал стихи – не знаю, читал ли ты их, они были напечатаны в «Литературке»: «Когда парилки банный лист липучий пристал клеймом Бурбулису ко лбу, кто право дал им в Беловежской пуще решать им всей страны судьбу...». Это все сегодня забыли.

Ну да, Борис Николаевич хотел избавиться от Горбачева. Кравчук хотел сыграть на чувствах националистов, чтобы они забыли его коммунистическое прошлое. Пан Шушкевич просто шел у них на поводу. Они не понимали, что делают в этот момент! Потом они тоже упустили руль, и то, что произошло, оказалось непредвиденно. Так бывает в истории... Я думаю, что в каком-то смысле и Ленин вряд ли мог предположить, что произойдет, какая возникнет гражданская, страшная война, и всё остальное – когда он вступил, к сожалению, на путь мести за своего старшего брата. Он очень любил его – но получилась месть всем.

ВСЯ НАДЕЖДА – НА ПРОВИНЦИЮ

– Отвлечемся от большой политики, – предложил я. – Вернемся к вчерашнему вечеру, к нашему залу. Мы понимаем, что собравшаяся аудитория не случайная: те, кто пришел – пришли именно на Евтушенко, именно на вечер «Панорамы». Мы понимаем, что эмиграция в определенной степени является как бы сколом советского – потом постсоветского общества: то есть всё, присущее различным категориям, существующим там, перенеслось сюда, сохранившись в людях.

Не похоже ли на то, что сегодня эта схожесть меняется, уходит? Здесь, находясь в относительно изолированном культурном пространстве, эмигранты сумели какие-то традиции сохранить; в нынешней же России, пропорции резко изменились – сегодня неизмеримо меньше осталось людей, способных, как когда-то, заполнить стадион, когда Евтушенко читает стихи. Так ли это?

– Общество сейчас расслоилось феноменально – чего не было раньше. Раньше были книги, которые читала вся страна. «Бабий Яр» или «Со мною вот что происходит» знали все. «Не хлебом единым» Дудинцева, «Живые и мертвые» Симонова все читали. А сейчас... я не думаю, что Брынцалов будет читать ту же книгу, которую, предположим, читает Чубайс. Понимаешь? Вот, что сейчас происходит.

– Ну, а сохранилась ли в сегодняшнем российском обществе такая ситуация, чтобы поэт в России был больше, чем поэт?

Заданный мной вопрос не обязательно относился исключительно к оставленной нами стране. Философы и специалисты обществоведения до сих пор не пришли к единому объяснению этого феномена: что за ним стоит. Загадочная русская душа? Особенности российской истории, формирующие народное сознание? Или – угнетающие его... Ответ Евтушенко мог бы каким-то образом, пусть косвенно, подсказать возможное объяснение.

– Ситуация-то сохранилась, но читатель стал сейчас нищим. Вообще, картина, хочу тебе сказать, следующая. Не буду ничего обобщать, но вот я ездил по уральским городам, где рабочим не платят зарплату по шесть и больше месяцев. Там не были стадионные толпы, но даже в этих маленьких городах собиралось довольно много людей – от 500 до 1000 человек. Там, где нога поэта не ступала давно, люди приносили книжки, чтобы получить автограф. И вопросы задавали... Всё-таки семена были когда-то брошены, они существуют. И семена эти могут долго лежать, прежде, чем в землю их опять бросят... Может быть, у нас земли нет?.. Она сейчас плавится тоже, так что не надо плакаться, что у нас такая плохая стала литература. Да, сейчас она в кризисе. И мне, например, не нравится, что пишет тот или иной из моих сверстников.

Здесь Евтушенко перечислил несколько хорошо знакомых имен – тех, с кем, главным образом, связано было наступление литературной оттепели в первые послесталинские годы.

– ...Однако они существуют, они же талантливые писатели, – продолжил он. – Я обожаю ранние стихи того-то, – перечислял он, – или рассказы этого, но то, что они публикуют сейчас... Я в них верю! Может быть, человеку сейчас непросто... С писателем бывает так: трудно адаптироваться. А потом что-то происходит – и идет прорыв. Писатель, который однажды написал прекрасное произведение, он, конечно, несет эту возможность в себе. Это то же самое, как и в обществе, как в наших душах.

И, может быть, сейчас я тоже не на уровне своих лучших стихов. Но это не означает, что мы не сможем снова написать что-то такое. Есть и другие – очень хорошие поэты. Я прочитал Кушнера однотомник – замечательно! И кто еще сейчас потрясающе просто расцвел – Женя Рейн. Одно за другим – он пишет замечательные стихи.

Там и помоложе ребята есть – и среди них много хороших. Хотя пока не выплавляются большие поэты. Время сейчас не способствует появлению такой фигуры, такого национального поэта. Но это явление временное. Да и как же стать национальным поэтом, если нация сама не может понять, что она такое, и когда вокруг всё как-то плывет? Это пройдет. Я считаю, что у России – так же, как мы говорим о природных ресурсах, которые неисчерпаемы, – есть и человеческие ресурсы. Я бы сказал так: я видел столько хороших людей там, в глубинке, что это излечило меня абсолютно. Иногда в Москве видишь столько грязи! Хотя это всегда было: столько жестокости, столько желания ухватить...

Страна наша излечивается из провинции. Начинает вырастать – оттуда. Скорее всего она будет жить по принципу лоскутного одеяла. У меня были стихи, в которых я предсказал это. И я считаю, что она кусками будет выздоравливать, стабилизироваться. Мне одна женщина сказала как-то, когда я возмутился: «Ну, как можно, мол, забивать стадион и слушать такие песни, какие поёт Киркоров!» А она усмехнулась: «Знаете что, Женя, триумфальная вульгарность есть первый признак стабилизации».

С другой стороны, это всё внушает надежду...

ПОЭЗИЯ ВСЁ РАВНО СУЩЕСТВУЕТ

Мы уже стояли перед светофором на въезде в аэропорт, когда я спросил Евтушенко:

– Ты удовлетворен приездом сюда?

– Просто счастлив! Я встретился со старыми друзьями, я увидел, сколько моих стихов, сколько строчек из них живет среди людей. А для читателей «Панорамы» добавлю: пусть они не забывают, что поэзия существует. Только из русских газет она сейчас уходит. Это очень, очень жалко!

– Наша редакция охотится за хорошими стихами, да находим их совсем нечасто...

– Сейчас гонорары в России настолько низкие, что существовать на них могут только псевдописатели, писатели чтива, такие, как некая Донцова и другие – их издают массовыми тиражами, – согласился Евтушенко. Даже Вознесенский в одном из последних интервью признался, что гонорара за последнюю книгу ему едва хватило на банкет после выступления. Это правда – он не притворялся!

Мне предлагали стать деканом факультета искусства в одном из университетов, с зарплатой 800 тысяч рублей, что примерно 130 долларов. Пенсия, которую я получаю – 400 тысяч рублей – где-то около 60 долларов. Люди вынуждены подрабатывать. Но стихи пишут.

Это Евтушенко произносил уже выходя из машины, и я выключил магнитофон. Выгрузив багаж, мы обнялись. Носильщики, подхватив чемоданы, скрылись вместе с поэтом за широкими стеклянными дверьми, ведущими к бесконечным коридорам аэровокзала, из которых совсем рукой подать до других городов, других стран.

До другой жизни?

* * *

Прошло время. Совсем недавно готовилась и моя встреча с читателями в ЦДЛ, звоню Евтушенко в Переделкино – не заглянешь? – так, без особой надежды, но и не пригласить не мог, а он говорит: «Знаешь, постараюсь, если вырвусь в город». Вырвался, хоть и к самому завершению, потом, естественно, спустились мы в «нижний» буфет, набралось там участников банкета человек тридцать, был и Щекочихин Юра.

В какой-то момент он наклонился к Евтушенко с бокалом в руке (или с рюмкой, что скорее), что-то сказал забавное в адрес Евтушенко, в шутку, конечно, Евтушенко вспылил, резко ему ответил... а через минуту они уже мирно беседовали за столиком, уставленным снедью и бутылками.

Отходчив Евтушенко, хотя и легко может вспылить: вот, совсем недавно случилось мне участвовать в проводимом Российским ПЕН-центром выборном собрании. Там произошел диалог – не просто на высоких тонах, на супервысоких – между ним и Сашей Ткаченко, директором ПЕНа, председателем на этом собрании. Добавлю – с активным участием в полемике Евгения Рейна... Здесь не место разбирать – кто был из них прав и кто – нет. А только, казалось, теперь станут врагами давние друзья – не стали. После собрания я застал их в фойе мирно беседующими – как ничего и не было. Это – хорошо.

Все бы наши так – куда там...

1998-2010 гг.

Глава 4. Когда мы были молодыми...

Илья Суслов

– Илюша, сейчас мы с тобой должны начать интервью, а я вот смотрю на тебя и, вместо того, чтобы, как это принято, задавать тебе вопросы, мне петь хочется. Что-нибудь вроде: «...когда мы были молодыми и чушь прекрасную несли...“.

Мы сидели с Ильей за садовым столиком и прихлебывали из совсем по-российски граненых стаканов остывающий чай.

Суслов улыбнулся:

– А я вспоминаю другую песню: "Когда мы были молоды, ходили мы по городу...". Слушай, Саша, сколько же лет мы знаем друг друга?

По прикидке выходило, что немало. Правда, никто из нас не вспомнил, где мы сталкивались тогда – то ли в "Литературке", куда я заходил еще где-то в конце пятидесятых на семинар к Наташе Озеровой (кажется, так звали молодую поэтессу), то ли на Суворовском бульваре, в Доме журналистов... Скорее всего, там, в подвале, где подавалось превосходное пиво с замечательными, изрядно подсоленными черными сухариками.

ВСЕ БЫЛО ПРОСТО, НО ТРУДНО...

Вот о том, что было тогда и что случилось с ним после, я и расспрашивал моего собеседника. Не только читателя ради – но и как бы проверяя свою память. И не только о нем самом: тесная дружба связывает меня уже много лет с его братом Мишей, одним из лучших в свое время российских кинооператоров, а теперь и американских.

– Я могу тебе и про Мишку рассказать, – охотно подхватил Илья, – и про нашу историю. У нас одна из самых забавных историй эмиграции...

Я прожил в Союзе замечательную жизнь. Я был одним из самых счастливых людей в России! Почему? Я все сделал своими руками. Все! Вопреки советской власти, вопреки родной коммунистической партии. А удалось мне это потому, что я был честен и умел делать то, что я делаю. Конечно, меня не взяли в институт, куда я хотел попасть. А хотел я попасть на редакторский факультет Полиграфического, но это был 51-й год – и был "процент": принимать нашего брата еврея на тот факультет, куда я шел, дозволено было 0.6% общего числа нацменов, поступающих в вуз. А я сюда готовился с 6-го класса! И сколько умных людей мне тогда говорили: ты идиот! Куда ты лезешь? Тебя не возьмут. Там берут одного еврея на весь поток.

Но я был единственный, кто получил четверку за диктант. А диктант был жуткий. Знаешь, такой: «Аполлинария Никитична разогрела конфорку...» и т.д. Там в каждом слове можно было сделать четыре ошибки. Точка с запятой, неправильно поставленная, считалась ошибкой. Ты вот думаешь, что точка, а там в диктанте стояла точка с запятой. И все получили тройки и двойки. Я получил четверку единственный, а они так посмотрели на меня: слушайте, Илья, очень хорошо – но всё же...

И я не попал на редакторский факультет, а взяли туда Витьку Фогельсона, которого ты, наверное, помнишь – потому что Витька Фогельсон, во-первых, был записан русским, и во-вторых, у него был колоссальный блат. Его туда приняли, и он стал замечательным редактором в издательстве "Советский писатель". Он был редактором всей поэзии. А потом он женился на актрисе театра "Современник" Толмачевой и, мне кажется, что он не жив сейчас. Тяжелая это была работа – редактировать советскую поэзию.

И вот там, в институте, был человек с интересной фамилией Жидовецкий, который «брал». Он подошел ко мне и сказал: "Иди сюда, мальчик! У тебя мама есть?" – "Мама у меня есть", – ответил я. И он мне сказал: "Скажи своей маме, чтобы она мне позвонила!». Я спросил: "Зачем? Вы кто?". Он сказал: "Меня зовут Жидовецкий. Я завхоз этого института. Так пусть она мне позвонит". Мама ему позвонила. И я сдал все экзамены на технологический факультет. Получил все пятерки.

Но я никогда не учил математику, физику – я все списал у соседа. Он получил тройку, а я пятерку. Потому что я красиво и чисто написал. И я стал инженером, потому что Жидовецкий получил от мамы то, что он попросил. Мама моя до сих пор не говорит, что она ему дала. Наверное, поделился с начальством, не дурак же он. Он не один работал – это была система коррупции. И это был единственный институт, куда нашего брата принимали. Хотя еще, правда, был Рыбный...

Кончил я институт – и меня стали отсылать в Казахстан, в город, где проводились ядерные испытания. Названия его не помню, какой-то маленький городишко. Мне давали 80 рублей, зарплату мастера цеха, и без права возвращения в Москву. Ехать туда было бессмысленно, это было равносильно смерти, и надо было как-то выкрутиться. Я говорю: ”Я не могу, я болен“. ”Что у вас болит, Суслов?“ – ”Горло“. В общем, я убедил, что ”у меня болит горло“, и мне дали свободный диплом. А под свободный диплом я устроился.

– Но как всё же случилось, что ты после окончания института не был загнан куда-то? – Надо ли напоминать читателю, как обходились с выпускниками московских вузов, не имевшими ”большой руки“ где-нибудь наверху, а тут – не в Хацапетовку какую-нибудь засылают, а оставляют в Москве.

– А меня загоняли. Но дело в том, что я в институте был популярен. Я был в художественной самодеятельности Полиграфического. Была у нас пара – Суслов и Бидерман, очень популярная в те годы. Были шоу, мы готовили институтские капустники и гоняли их по всей стране. Это потом, после нас уже пошли 1-й Медицинский – МОЛМИ, Авиационный. А мы были первыми. У нас были куплеты и пародии, мы пели песни, и всё было очень смешно. И меня все знали. Институт был очень маленький – 600 человек на пяти факультетах. Это потом он разросся. Художники, редакторы, технологи, механики и экономисты – пять факультетов.

ЧТОБЫ НАРОД НИГДЕ НЕ СКУЧАЛ

– В общем, все было просто – но трудно, потому что у меня в паспорте было написано не так, как надо. Была ”графа“. ”Суслов! Вы нам нужны, нам нужны мастера. Выходите на работу завтра. У вас паспорт с собой?“ Они открывали паспорт, и вдруг – Суслов Илья Петрович, еврей. Какая оплошность! Тогда действовали три партийных правила: не брать, не увольнять, не продвигать! И слышал: «Ах ты, черт, совсем забыл, только вчера взяли человека на это место. Я вам позвоню, когда у нас что-нибудь появится».

Ну, а потом меня всё же взяли на фабрику ”Детская книга“. И работал я там несколько лет начальником цеха. У меня в подчинении было 400 рабочих. Я был начальник! Разговаривал со всеми на ”ты“. Я – рабочему: ”Что же ты, Коля, по натуре и по валу план не выполняешь? Ты что, хочешь прогрессивки лишиться?“ А он: «Илья Петрович, не беспокойтесь, все будет сделано». И приносит мне цифры. Главное, чтобы цифры были! И я те цифры вычислял, и у меня выполнение плана было всегда на 104,8 %, что вело к прогрессивке.

Я был не только начальником цеха, а еще выступал в самодеятельности, которая стала потом полупрофессиональным эстрадным ансамблем ЦДРИ ”Первый шаг“. Я был конферансье ансамбля. Это был хороший ансамбль: из него вышли Савва Крамаров, Майя Кристалинская, Майя Булгакова, Илюша Рутберг, весь джаз Саульского, Гаранян, Зубов. Замечательный был ансамбль. Нас готовили к фестивалю молодежи в 57-м году. И там пели мою песню ”Москва, мой город, мой городсад, Тебя, мой город, обнять я рад!“ Я придумал слова, а музыку – Борис Фиготин. Потом мы с ним писали еще. Мои песни пела Шульженко. Она выходила и говорила: ”А сейчас я спою песню моего друга Ильи Суслова“.

А мы не были знакомы с ней... Я не знаю, почему она это говорила. Песня называлась ”Песня о старом друге“. Она начиналась так: ”На свете есть много хороших людей...“. И еще мои песни пел Трошин. Я для него написал комсомольскую песню ”Кто сказал, что прошли те года, о которых слагают легенды...».

Итак, я остался в Москве. Я был известный парень. А потом я стал членом правления ЦДРИ и открыл там клуб творческой молодежи в кафе “Молодежное”. Туда актеры и художники приезжали, там разрешали подавать коньяк, и мы проводили время совершенно замечательно.

И вот однажды на улице я встречаю своего старого институтского знакомого Осю Офенгендена. Ося был художником журнала "Юность". Он был фронтовиком, вся грудь – в орденах и медалях. Он мне, заикаясь, говорит: "Слуша-ай, Иллю-ха! Идем со мной, ты будешь заведовать редакцией журнала "Юность". Если не ты, то меня сделают. А я не-не хочу, я ху-ху-дожник! Я ничего этого не понимаю, а ты всегда был начальник. Ты всегда был "Илья Петрович", а я для них "Оська!". Я говорю: "Ты дурак какой-то, Оська! Ты же знаешь, я беспартийный, но еврей". Он говорит: "К нам назначили нового редактора, Бориса Полевого. Он, по-моему, еще не разобрался, что к чему, и тебя возьмут". Я говорю: "Ты морочишь мне голову". Он говорит: "Идем со мной!".

Он взял меня за руку, а у меня был обеденный перерыв на работе, на фабрике "Детская книга", и отвез в конюшню графа Воронцова, где размещался Союз писателей СССР. А во флигеле налево – журнал "Юность". Он меня вводит, и навстречу нам попадается Борис Полевой, который говорит: "Ося! Где вы пропадаете?". А Ося отвечает: "Борис Полевой! Я вам привел заведующего редакцией журнала «Юность»". Полевой говорит: "Вы кто?". Я говорю: "Я Илья Суслов". Он говорит: "Пьете?". Я говорю: "Нет!". – "Вы приняты".

– Это было так, как я тебе рассказываю. Я остолбенел. У советской власти не было в правилах так принимать на работу. Ты должен заполнить анкету, ты должен пройти первый отдел. Полевой, правда, был секретарем Союза писателей, главным редактором журнала. Он – настоящий человек. Или – повесть о настоящем человеке. "Вы приняты!". С дурацким вопросом: "Вы пьете?"... Кто спрашивает советского человека – пьет ли он? Конечно, пьет! Но он никогда не признается в этом. Кстати говоря, я тогда не пил. И я позвонил к себе на работу и сказал, что я ухожу. А потом я сказал: "Ося, а где гарантия, что он меня завтра возьмет? Может, он пьян?". Да, когда он это сказал, из другой комнаты вышел Валентин Петрович Катаев, который сдавал ему дела. Я сказал: "Здравствуйте, Валентин Петрович". Он сказал: "Здравствуй, мальчик". И ушел. И Полевому бросил: "Вот видите, вот видите...". Что это значило, я не знаю.

Наутро я вышел на работу и стал заведующим редакцией журнала "Юность". Я увидел, что они живут бедно, что у них канцелярские столы еще сталинские. И стены у них бедные, и всё у них омерзительно. Я забыл тебе сказать, что до этого я был председателем совета молодежного кафе "Аэлита". Я открыл это кафе. Я вообще был зачинателем молодежных кафе. Тогда открыли два кафе: одно на улице Горького – "Молодежное", второе на Садовом кольце – "Аэлита", в Каретном ряду. И это были исключительно популярные кафе. Я написал статью в журнал "Молодой коммунист": молодежь нуждается в этом, чтобы уйти с улицы. И там у меня еще был эпиграф из Достоевского: "Надобно, чтобы человеку было куда пойти!". "Мы будем воспитывать молодежь в молодежных кафе! – обещал я. – Мы будем их знакомить с писателями, поэтами, художниками, с культурой".

И главное, – чтобы сняли с этих кафе план, потому что люди будут приходить к культуре, развиваться, а не выполнять план столовых Общепита. Когда это прочитал секретарь моего райкома партии, он меня вызвал и сказал: "А что же с планом будет?". Я ответил: "Это предприятие будет работать без плана. Я выберу директора, если меня выберут председателем совета. У нас будет еда вкусная и коньяк продаваться". Просто я очень любил, чтобы продавался коньяк. "Чтобы народ нигде не скучал, – сказал я ему. – А плана не будет". Представь себе, – он согласился, и у нас было единственное советское предприятие, где не было плана. Я тогда думал, что мы вообще единственные в мире, где нет плана.

ОНИ МНЕ ПОМОГУТ

– Я всегда был демократ, но не до такой степени, чтобы пускать в это маленькое кафе, где было всего 60 или 80 мест, всю Москву и весь Советский Союз. Я это сделал для себя и своих друзей. И для тех, кто там выступал. А там выступали бедные забитые джазмены, которых никуда не пускали. Они у меня играли на рояле, я сейчас фамилии запамятовал, все-таки это было очень давно, и барды – Юра Визбор, например... Пели замечательные песни. Приходил Евтушенко, приводил Роберта Фроста. Бедный Роберт Фрост... Американский поэт, старик, он никак не мог понять, куда попал. А ему объясняют, что это за кафе... Помещение было убогое, но разрисованные стены. Роберт Фрост постоял минуты две, хотя для нас и это было большое счастье.

Потом меня вызвали в КГБ. Я спросил: "А где ваш КГБ?" – "А вот вы зайдете в райисполком, там есть одна комната номер 13, она всегда закрыта. Вы постучите, там человек в глазок посмотрит, и вы скажете: "Я к полковнику Спиридошкину" – или как там его звали... Я поделился со своими заместителями, и они сказали: иди, потому что у тебя нет выхода. А я думаю – что же это они мне приписывают? Или вербовать меня будут?

Я вхожу. а там ласковый дядька в штатском сидит и говорит мне: "Илья Петрович, вы открыли молодежное кафе, это очень хорошо, но вам нужна охрана" Я говорю: "Какая охрана?" – "Вам нужен человек наш, который будет сидеть в зале и просто смотреть". "За чем же он будет смотреть?" – "У вас много иностранцев, и наше присутствие просто по закону необходимо". Я говорю: "Кто же у меня будет сидеть?". А он: "Я вам сейчас покажу". И в комнату входит член моего совета... А я думал, что он архитектор.

Он мне говорит: "Ты не смущайся, я капитан. Я давно там сижу – и мы друзья". – "Как же ты мог скрыть от нас такой важный государственный вопрос?" – спрашиваю я его. "Это просто, чтобы вы знали, что если там завяжутся какие-нибудь неприятные дела, мы поможем". Они мне помогут, да? Я думаю – не буду я связываться с советской властью, советская власть, знаешь, что делает... Я только спросил: "Вы нам мешать не будете?" – "Мы вам мешать не будем. Вы же делаете важное дело".

И он сидел у нас всегда – причем с большим удовольствием. Вот так нас терпели, терпели – а потом взяли и снесли бульдозерами. Не могли они это вытерпеть.

– Так они на вас обкатывали бульдозеры до художников? – заметил я, вспоминая знаменитую «бульдозерную», как её потом называли, выставку неофициальных художников в Измайловском парке в Москве.

Долго еще терпели! Потому что всё у нас было не посоветски. Это было жуткое антисоветское местечко, да еще еврейское. И стали меня исключать из комсомола за это. За что? – спрашиваю. За антисоветские выставки. Да и вообще, за что угодно. Я сказал: "Вы не можете исключить меня из комсомола, потому что я уже выбыл по возрасту. Я в комсомоле был до 28, а сейчас мне тридцать, так что вы не можете этого сделать, и мне на вас плевать". Я сказал это Васе Трушину, секретарю райкома комсомола – а нас там обсуждали всерьез.

Уже будучи в эмиграции, я как-то открыл газету и натолкнулся на имя генерала армии Трушина, первого заместителя председателя КГБ СССР. Это было в брежневские времена, и я подумал: как вырос человек! И если бы он исключил меня из комсомола – какая честь быть исключенным таким важным генералом.

СТОЯЛА ТИХАЯ ВАРФОЛОМЕЕВСКАЯ НОЧЬ

– Я пришел в литературу – там и остался. Была «Юность», потом журнал «РТ» – ты помнишь, был такой, похожий на журнал «Америка», и я был там ответственным секретарем; потом было Центральное телевидение, у меня была замечательная должность – старший редактор отдела приключений и фантастики ЦТ. А оттуда я уже попал в "Литературную газету", где мы открыли "Клуб 12 стульев". Там я проработал 8 лет. И поскольку я за эти годы хорошо узнал советскую власть, советскую жизнь, то прямо с этого места подал на выезд в «государство фашистского типа Израиль...»

Я сам бы не подал, потому что боялся за своего брата Мишу, замечательного кинооператора на "Мосфильме": он был первым кинооператором, представленным к Ленинской премии – за фильм "Шестое июля". Это была классная работа в художественном отношении. Представили, но не дали. Так вот, пришел ко мне Миша и сказал: пора линять! "Куда же нам линять?" – спрашиваю. Отвечает: "Мы должны уехать в Израиль". И я сказал: "Хорошо, давай уедем в Израиль!".

– Знаешь, а ведь твоя работа в «Литературной газете», да и предшествующие ей – это не только твоя биография, но в какой то степени и биография нашего поколения. Вот и рассказал бы ты чуть подробнее нашим читателям об этом времени, – предложил я Суслову.

– Почему нет? – охотно согласился Илья. – Когда я работал ответственным секретарем «РТ», заведующим отделом был рыжий парень с бородой, его звали Витя Веселовский. Он закончил факультет журналистики МГУ и был женат на Тане Харламовой из "Вечерки", а та была дочкой адмирала Харламова, отвечавшего за американский ленд-лиз. То есть он все забрал у американцев во время войны, но обратно ничего не отдал – вот этим и был знаменит.

А поскольку Витька был член партии, а про его маму мы ничего говорить не будем, потому что он никогда про нее не говорил – мама у него была... ну, немножко подкачала: она была похожа на всех министров сегодня в России (Суслов имел в виду 3-4 человек в тогдашнем правительстве России, например, Лифшица), он был рыжий русский парень. И его взяли в "Литературную газету" – новую, только что реорганизованную. ЦК решил, что это будет хорошее влияние – через интеллигенцию на массы, и что в газете будет первая тетрадка литературная, а вторая – общественная.

Главным редактором стал Чаковский и он взял себе заместителя из «Вечерней Москвы» по фамилии Сырокомский. Чаковский был человек хитрый и умный. И он дал Сырокомскому задание набрать новый коллектив. Потому что он знал: если Сырокомский наберет плохой коллектив, он его уволит. А если Сырокомский наберет хороший коллектив, то редакция будет работать. И Витьку Веселовского взяли, а он вспомнил про меня и позвонил: "Приходи ко мне заместителем, потому что мы будем делать сатиру и юмор".

Я был знаком с сатирой и юмором, я знал всех сатириков по разным обозрениям, по капустникам: Горина, Арканова, Розовского и других. Он меня, наверное, потому и позвал. И, кроме того, я был хорошим работником. Я бы даже сказал, что был отличным редактором. Таких сейчас не делают! Я гордился собой: я умел это делать, я любил это делать. Веселовский говорит: ”Сиди, сейчас тебя вызовет Сырокомский“. Сырокомский меня встречает – такой бизнесмен, в очках без оправы, на тебя не смотрит. Говорит: ”Где вы работали?“. Отвечаю: ”Там-то, там-то...“ – ”Ну что ж, будем делать новое большое, серьезное дело. Что вы можете предложить?“. Я говорю: ”Предлагаю сделать страницу сатиры и юмора и отдать ее нам – и мы будем ее делать“. – ”Вы что, с ума сошли? Где вы возьмете столько материала?“. Отвечаю: ”Это уже наша забота“.

Я не знаю, как это вообще пришло мне в голову. Это была чудовищная смелость, потому что где, действительно, было взять еженедельно полосу веселого материала при советской власти? Мы даже не знали, как назвать эту страницу. Это был чистый экспромт. ”Клуб 12 стульев“ появился чуть-чуть позже... А я пришел в первый номер новой «Литературки»... Сырокомский говорит: ”Это какая-то довольно странная идея... надо подумать. Подождите меня в коридоре“. Я сел в его приемной, а Витька стоит в его кабинете.

Сырокомский говорит: ”Ну, давайте его дело, давайте посмотрим...“. Открывает мою анкету, и я слышу: ”Вы что, с ума сошли! Да что же это такое, у нас же явный перебор! И вы знали это, Виктор Васильевич... И вы же знаете – меня съедят в ЦК, а вы опять их приводите! У нас русская газета, в конце концов. И потом, кто сможет сделать целую страницу?“. Я открываю дверь, потому что все слышу, и говорю: ”Я это сделаю. И, кроме того, вы уже сказали, что я принят...“. Вот такая наглость... И тогда он сказал: ”А я своих слов не меняю“. А я ему: ”Спасибо, Виталий Александрович!“.

Так мы стали работать. И работали очень хорошо, потому что я сразу отказался от армии сатириков-«крокодильцев», кроме пятерых: эти пятеро были очень талантливые поэты – Лившиц, отец Леши Лосева, Бахнов, замечательный поэт и замечательный сатирик, Масс и Червинский... Старику Рыклину я давал что-то делать, хотя он, конечно, к тому времени уже был не смешон. В газете мы поместили объявление: мол, у нас большая страница, а авторов мало, и поэтому просим читателей принять участие в нашем деле. Для этого у нас открыт свой отдел писем, и всё, что будет талантливо, мы напечатаем. И подписались: Администрация "Клуба 12 стульев". Мы так себя назвали. Почему мы себя не назвали по именам? Мы думали, что мы не будем вечны, а когда-нибудь потом историки откроют архивы и скажут: ах, так вот это были кто! Вот так мы играли в дурацкие игры.

Я привлек тех, кого мало печатали или не печатали вообще, потому что они были остры: Горина, Арканова, Розовского, Богословского, Сашу Иванова – я открыл его тогда. И еще я открыл 200-250 авторов хорошего класса, включая такого мальчика, как Сережа Бодров, который недавно чуть не получил премию "Оскар" за свой фильм "Кавказский пленник".

Мы работали очень тяжело: потому что было надо мной девять цензур. Причем, я был беспартийный – ты не забудь! И меня контролировало девять вышестоящих товарищей, включая двух членов редколлегии, двух замов и главного редактора в конце концов. Если им что-то не нравилось, они ставили галочку – и материал слетал. Единственное, чего я добился: каждый материал я показываю четырем разным людям; четыре раза – одному нравится, другому не нравится. После четырех раз, если он не нравится, материал шел в папку "нет", и я больше не мог его показывать. У меня была папка "нет" в два этажа. Для того, чтобы сделать одну газетную страницу, я делал их четыре – каждую неделю. Это почти шестнадцать страниц на машинке, почти печатный лист. Печатный лист первоклассного юмора и сатиры – довольно трудное дело.

Но была читательская поддержка... Потому что мы придумали читательские рубрики: "Фразы", "Рога и копыта",

”Ироническая проза“. В Ленинграде появилась целая плеяда сатириков, братья Шаргородские, например; приходил несчастный Довлатов, которого я никак не мог напечатать. Я воспитал целую плеяду художников-карикатуристов, и четверо из них у меня были фаворитами – Вагрич Бахчанян, Виталий Песков, Владимир Иванов и Игорь Макаров. Мы работали очень напряженно.

Они требовали, чтобы я вступил в партию. А я говорил: ”Не нужен я в партии: если я буду в партии, я буду следовать партийной дисциплине, а значит, ни одного острого материала не пройдет. Но без острого материала – что за газета! У вас был 300 тысяч тираж, а мы вам сделали 3 миллиона“. Помню, мы заказали профессору Шляпентоху социологическое исследование, и он показал, из-за чего вырос тираж: на первом месте по читательским отзывам была 16-я страница, ”Клуб 12 стульев“, потому что нашу газету читали по-еврейски, справа налево, с конца то есть. Их, эти отзывы, они не могли поставить на первое место. В «Литературной газете» на первом месте должна быть литературная часть, потом международная страница, а ”Клуб 12 стульев“ – на третьем месте. Но я обиделся и сказал, что у них ложная, советская социология: мы-то знаем, что тираж газеты вырос из-за сатирической страницы.

И так было восемь лет. А после 68-го года стало невозможно дышать – цензура заработала как бешеная. Они боялись каждого намека, даже если это был невольный намек.

Например, когда вошли танки в Прагу 21 августа. Газета вышла 22 августа, в среду. Естественно, материал был подготовлен загодя. У нас была такая рубрика: ”Что бы это значило?“. Мы давали фотографию, а читатель должен был придумать подпись к ней. И самые остроумные ответы мы помещали. В тот раз фотография была грузинская: сидит старик, заложив четыре пальца в рот, и свистит. Что бы это значило? Я говорю: Витя, мы пропали, мы получим два миллиона писем с подписью: «Это мое отношение к вторжению в Чехословакию!»

Чаковский был в ярости. И действительно, мы получили множество писем с такой подписью. Отдел писем курировал КГБ, и все "плохие" письма отсылались туда, а люди сумасшедшие, пишущие такие вещи, ставили свои подписи и обратные адреса... Естественно, жди неприятностей. Но мы же не знали, что будет вторжение! "Почему поместили эту провокационную карикатуру?" – "Да откуда нам знать, что вы войдете туда?" – "Как вы смеете так говорить – это наша армия, освободительная!"

– Что, действительно на таком уровне разговаривали? – почти не поверил я.

– Клянусь! Обращаюсь к Артуру Сергеевичу Тертеряну, заместителю главного редактора. "Артур Сергеевич, дорогой, ну не будем детьми! Откуда мы знали, что вы войдете?" – "Что значит, "вы"? – "мы" вошли!"

Всё это осталось в истории. И сегодня историк будет смотреть и скажет: смотри, какая смелая фотография в дни вторжения! А мы это сделали за два дня до вторжения, но это редакционный секрет, который через тридцать лет можно рассекретить.

А тексты действительно мы печатали замечательные. «Бурный поток», например, придумал и писал Марик Розовский. Он же выдумал Евгения Сазонова. А потом уже мы все писали. Но первая строчка была его. Это было очень мило. Администрация "Клуба 12 стульев" – это были Веселовский и Суслов. Мы придумали приз «Золотой теленок». Между прочим, мне присудили этот приз несколько лет назад, я уже был в эмиграции, и они напечатали какой-то мой рассказ и за него мне дали "Золотого теленка", которого я и придумал. Это было трогательно. Они прислали диплом. Я спросил: "А деньги, деньги-то где?" И они сказали: «У России больше нет денег». Так что ничего у них не изменилось.

– А "Литературная газета" тебе попадается? – поинтересовался я.

– Я её выписываю – на работу, её и «Независимую газету». В Информационном агентстве США (ЮСИА) я уже много лет – 23 года. Из них 15 лет был в журнале "Америка" редактором. Последние пять лет работаю в ЮСИА, делаю так называемый "русский файл": это американская беспристрастная информация, получаемая мной из всех американских источников, начиная от Белого дома и кончая Министерством обороны и Организацией Объединенных Наций. Я компоную её в блоки по 10 тысяч слов и посылаю на перевод в Россию, в Москву. У меня там бюро, очень хорошее, с ним я работаю много лет. Это американская компания, открывшая такой бизнес.

– И они за ночь переводят тексты?

– Да, утром я прихожу, а на моем компьютере уже полный русский перевод. Я редактирую его, посылаю обратно в наши посольства в бывшем Советском Союзе. А они уже распространяют его по правительственным и другим организациям. И мы пользуемся большим успехом. Это единственное американское печатное издание такого рода на русском языке.

– Выходит, "Литературку" ты выписываешь по долгу службы?

– Как тебе сказать... Я смотрю, как они делают "12 стульев". Это дело продолжает мой старый товарищ Паша Хмара. Но... понимаешь, там сейчас свобода слова, и поэтому наш подпольный эзопов язык вроде ни к чему. Тогда это было – да! А теперь это все можно говорить вслух. И когда ты говоришь вслух, это уже не сатира, а публицистика. Уже другое качество. И уже – не то. Это уже не та страна.

Я люблю читать их фашистские газеты – например, "Завтра", которую издает мой старый знакомый Саша Проханов. Он теперь начальник националистско-патриотического большевистского движения. Они называют нынешнее правление "оккупационным режимом", обзывают Ельцина ужасными словами. Отсюда, из Америки, читать это очень хорошо: ты здесь сидишь и читаешь, что они друг о друге думают...

И МЫ КРАСИВО РАЗОШЛИСЬ

– Илюша, по-моему, здесь было бы уместно подробнее остановиться на твоей американской биографии, – предложил я.

– Ну, вот: когда Миша пришел и сказал – «давай поедем», нас схватил Яша Бронштейн, сценарист. Он делал тогда так называемое «киргизское» кино. Это была такая великая волна. Он, Кончаловский и еще кто-то работали над этим. Он сказал: "Ребята, мы, конечно, едем! (А был он очень близким Мишкиным другом.) Но не в Израиль". Я ему говорю: "Это еще что такое?! Мы должны ехать туда, куда нас зовет наш сионистский долг, наш народ и тетя Циля, которая нам прислала приглашение!".

Это особая история, кстати, с ОВИРом. «Тетя» в конце концов оказалась дядей. Я объясняю в ОВИРе: "Это самый близкий мне человек!". Инспектор смотрит на меня язвительно и спрашивает: "А как зовут вашего дядю?". Я говорю: "Там написано". – "Ну так повторите – как его зовут?" – Я говорю: "Вы издеваетесь надо мной: что, я не знаю имя моего дяди – мужа тети Цили?!" Она говорит: «Идите, идите, Суслов. Получите ответ. Мы знаем эти дела». Было ужасно смешно... И страшно: а вдруг не пустят?

Они и не пустили. А потом они все же меня выпихнули, с беременной женой. Кстати, наш сын – первый ребенок эмиграции нашей волны, родившийся здесь буквально через неделю после нашего приезда. Сейчас ему 24 года. Он родился в Кливленде, Огайо. Так сказать – кливлендянин. Сейчас он закончил университет в Вашингтоне и приехал в Лос-Анджелес искать счастья и карьеры в Голливуде.

– Подавая документы на выезд, ты оставался в "Литературке"?

Мы оба хорошо помнили, что сопутствовало подобным заявлениям в те годы, и ответ его я почти предвидел.

– Нет. Я поступил очень порядочно. Дело в том, что мой предшественник, Витя Перельман – сейчас он здесь издает журнал "Время и мы", а тогда он был заведующим отделом в «Литературке», – подал на выезд прямо с этого места. И был невиданный, чудовищный скандал. Но Витя хотел создать паблисити, чтобы под это его выпустили. И что они, мерзавцы, сделали? Они его задержали и еще выгнали с работы в

"Литературке" 50 внештатных евреев. В том числе, помнится, Белоцерковского, профессора Янова и других.

Множество людей потеряло из-за этого работу. Я не хотел такого повторения и не хотел подводить моих товарищей. Так что сначала я подал заявление об уходе. Я сказал, что очень устал, и врачи советуют мне отдохнуть. "Если вы хотите отдохнуть, мы вам сейчас путёвку дадим в Ессентуки или в Сочи. Идите, Илья, отдохните!" А больше всего за меня переживал мой лучший враг и лучший друг Артур Сергеевич Тертерян, заместитель главного редактора "Литературной газеты"...

Мы с братом решили подать в одно время. А Мишка работал тогда на "Мосфильме" главным кинооператором картины. Мне дали две недели, как положено, и Мишке тоже. Подходит ко мне ответственный секретарь "Литгазеты" Горбунов и говорит: "Слушай, старикан. Я тебя вычислил. Ты едешь в государство фашистского типа Израиль". Я говорю: "Это что такое, да как вы смеете! Это провокация!" – "Да ладно тебе... Если Суслов с "Мосфильма" и Суслов из "ЛГ подают одновременно на увольнение, значит, они едут в государство фашистского типа Израиль!" Я говорю: "Вот и ложь! Вот и неправда! Мишка тоже заболел и тоже нуждается в отдыхе и покое. Два брата-дегенерата нуждаются в покое. Им надо отдыхать в доме отдыха "Дубулты".

Но Чаковский был мне так благодарен за то, что я ушёл! Он понял, что я хотел создать расстояние между собой и "Литературной газетой". Понимаешь, когда из КГБ позвонят Чаковскому, он скажет: "Какой Суслов? У меня нет никакого Суслова". – "Ну, тот, который в "12 стульях" работает". – "Ах, этот! Так он давно ушёл. Давайте даже разговаривать не будем об этом". В общем, он мне был ужасно благодарен. Он приходил к доктору Файну, который сейчас профессорствует здесь, и говорил: "Я никак не могу понять, чего ему не хватает? Почему такие люди, как Суслов, должны уезжать?". А Сёма Файн ничего не мог объяснить, он и сам готовился к отъезду.

Когда я увольнялся, Чаковский позвал меня в свой кабинет и сказал: "Илья, я вам ужасно благодарен. Спасибо за работу. Я не знаю, что бы мы без вас делали. Позвольте мне вам преподнести небольшой подарок", - и протянул мне маленький ящичек. Я посмотрел - это были кубинские сигары. Я не курил сигар, а Чаковский обожал их. Я ему сказал: "Большое спасибо, Александр Борисович! Желаю вам счастья и здоровья! Я был счастлив работать в «ЛГ» даже при вашем участии и при участии всей нашей замечательной власти". Он сказал: "Вы можете закрыть свое хайло?". Я сказал: "Считайте, что я этого не говорил". И мы разошлись очень красиво.

А теперь - продолжение с этим ящичком сигар, пока я не забыл. Я положил его среди своих книг, мне тогда, в 1974 году, разрешили вывезти мою библиотеку. Собралось около 300 книг с автографами, подаренных мне авторами: я был литературный начальник, и они все дарили мне свои книги с автографами. Спустя много лет, в Америке, я обнаружил среди книг аккуратный деревянный ящичек с сигарами. Я стал думать, что бы с ним сделать.

В Вашингтон я езжу на метро. Однажды, выходя из метро, чтобы взять свою машину и поехать домой, я увидел сигарный магазин. Я зашел и говорю хозяину: "У меня есть сигары. Я хочу знать, что они стоят". Он говорит: "Приносите!".

На следующий день я взял их с собой в машину и заношу продавцу сигар. Тот смотрит на них безумными глазами и спрашивает: "Что вы хотите с ними делать?". Я говорю: "Я не знаю. Я хочу их продать". - "Кому вы хотите продать?". - "Любому, кто купит их у меня". - "А сколько вы за них хотите?". - "Вот это я и хочу выяснить". - "Но они - кубинские, в Америке этого делать нельзя. Вы случайно не агент ФБР?". - "Нет", - говорю. "И вы не подосланы с контрабандой?" - "Это не контрабанда. Эти сигары сделаны 25 лет назад. Вот какой-то там штампик, и там написан год изготовления".

Я вижу - его всего колотит, будто он никогда таких не видел. Там лежали сигары, вручную скрученные. Я их, правда, не раскрывал, кто знает, может, там уже от них одна пыль осталась. Он говорит: ”Я их у вас куплю“. Я говорю: ”Пожалуйста! Сколько вы мне за них дадите?“. Он говорит: ”Давайте посмотрим каталог“. Он открывает иностранный каталог – эти сигары продаются по всему свету, кроме Америки, потому что у нас на кубинские сигары эмбарго. В английском каталоге штука таких сигар стоит где-то 5 англ. фунтов, это 10 долларов приблизительно. Значит, то, что у меня есть, стоит 250 долларов.

Он говорит: ”Плачу!“, вынимает наличными 250 долларов, берет у меня эту коробку и прижимает ее к груди. И я иду домой рассказать о том, как я из ничего сделал 250 долларов. Я доволен, я счастлив и рассказываю своей родне. Потом я задумался. Что я наделал? Я отдал их по 10 долларов за сигару, в то время как я слышал или видел по телевидению рекламу: какой-то босс курит сигару, у него ее вырывают и бросают, а он кричит: не смей этого делать, она стоит 70 долларов! А я отдал за 10. Значит я, как всегда, продешевил. Из этого я сделал вывод, что бизнесмена из меня не получится, что мне лучше не бизнесом заниматься, а работать на государство – что я всю жизнь и делаю.

– Вернемся, однако, к отъезду. Твоя семья одна из первых попала в Штаты...

Поскольку мы были беременны, я очень хотел уехать в Америку прямо из Рима. А нас тогда отправляли из Москвы в Израиль через Рим. Я выехал первым, а Миша, его жена Ира, её родители, моя мать и мой папа остались заложниками. Мишу тогда не выпустили, потому что он снял фильм о Ленине. И партия, и КГБ были уверены, что он знает о Ленине что-то, чего нельзя знать другим. Мы, например, уже знали, что писательница Мариэтта Шагинян была у Поспелова, который в ЦК занимался марксизмом-ленинизмом, и заявила ему: ”А вы знаете, что Ленин на самом деле Бланк?!“ Остолбеневший Поспелов сказал: ”Этого только нам не хватало!“. А она ему дала найденную в архивах бумагу, подтверждающую это. Он взял бумагу и сказал: ”Мариэтта Сергеевна, я эту бумагу должен положить в сейф". А она ему: "Клади, клади, голубчик, я сделала 100 копий". Вот оказалась такая неприятность с Владимиром Ильичом. Я до сих пор это переживаю...

Я просил в римском посольстве, чтобы меня скорей впустили в Америку. А работник ЦРУ, который притворялся, что он переводчик консула в Риме, хороший такой парень, спрашивал: "И что вы так торопитесь?". – "Хочу, чтобы мой сын родился в Америке, тогда он будет иметь право стать президентом США". Он посмотрел на меня, как на больного. "А если будет девочка?". – «В нашем роду рождаются только мальчики».

Это было смешно и, как оказалось, сработало: нас, в конце концов, пустили в самолет. Так что в Италии мы прожили всего недели три. Я очень хотел уехать, а меня проверяли – партийный я или беспартийный. "Можете проверять десять раз, – сказал я им, – я беспартийный и еврей. Так что у меня два положительных качества. Раньше это были отрицательные качества, а здесь это положительные качества. Раньше я говорил: беспартийный, но еврей".

И меня пустили в Кливленд, и Марик там родился. Надо было работать, а я по-английски только и знал: ай лав ю, хелло, хай и гуд бай. Это был мой разговорный язык. Я пошел в школу при Еврейском центре и долго там учился, но это ничего не дает. Улица дает, и работа дает. А теперь, ты видишь. я стал редактором переводов с английского, очень тонких и очень точных. Не дай Бог, пропустил ошибку – будет третья мировая война! Я не имею права на малейшую ошибку в интерпретации, в переводе.

Вот что делает жизнь – я стал переводчиком с английского на русский. С английского на русский я могу перевести любой текст без словаря. Теперь моя жена – американка. Она независимая женщина, с самостоятельной зарплатой, больше меня зарабатывает, можешь себе представить! Работает в Джи-Ти-И – это телекоммуникационная фирма, всемирная, где она менеджер по стратегическому планированию. И поэтому ей платят хорошо. Мы живем под Вашингтоном в Потомаке, растим девочку Джези, ей уже семь лет.

КОГДА ЗАКРЫТА ТЕМА

– Раньше я много писал и печатался – у тебя в ”Панораме“, в «НРС», выпустил пять книг. А потом произошла революция в России в 91-м году, и я вдруг с ужасом понял в этот день, что больше писать не о чем, потому что империя кончилась...

– Закрыли сатирику тему?.. – И до нашего разговора с Ильей не раз литераторы – кто шутя, а кто и всерьез – сетовали при мне на это обстоятельство.

– Да, а что ты думаешь? Действительно, они закрыли тему. Я писал сатиру на то, что я хорошо знал – на советскую власть, на коммунизм. А здесь я сказал моему коллеге, писателю Семену Резнику: ”Ты знаешь, что они нас закрыли этой революцией. Нет теперь коммунизма – и антикоммунизм закрылся. Что теперь будут делать советологические центры?“

– Илюша, – не согласился я, – не всё тобой написанное обязательно строилось на противостоянии их идеологии. Многое читается с интересом и сейчас.

– Наверное, ты прав... Я много тогда выступал. Я выступил в 50 городах – в Америке, Канаде, Израиле, в университетах, в еврейских центрах. И я довольно хорошо это делал. Да ты и сам устроил мне пару выступлений в Лос-Анджелесе. Но после этого я перестал писать и перешел к категории забытых писателей. А тут вдруг меня позвали в Балтимор. Собрались какие-то люди, которые помнили меня, мои книжки. Я прочитал свои рассказы, поднял глаза и увидел, что они плачут. Они смеются и плачут. Я спросил: ”Что вы плачете? Это же смешно“. Они говорят: ”Это так трогательно, эта такая светлая грусть“.

И потом встал один человек и сказал: ”Илья Петрович!“. Я вздрогнул. Меня Ильей Петровичем не зовут уже двадцать четыре года. ”Можно, – говорит он, – я прочту вслух ваш рассказ?“ – ”Никто еще при мне не читал моих рассказов, я сам их читаю, и я хорошо читаю“, – отвечаю я ему. А он повторяет: ”Дайте мне прочесть ваш рассказ“. И что удивительно, он выбрал именно тот рассказ, который я собирался читать следующим. И это так странно было слышать...

– Вернемся, однако, к предотъездному твоему времени, – предложил я. – Давай поговорим о том влиянии, какое оказывала 16-я полоса «Литературки» на умонастроение людей: согласись – она создала, можно сказать, определенную эпоху, сформировала некий пласт интеллигенции, духовно объединив его вокруг вашего «Клуба».

– Ты знаешь, я сейчас очень внимательно слежу за российской прессой, за телевидением: у меня на столе стоит так называемый ˮрусскийˮ телевизор, и я слушаю новости прямо из Москвы через спутниковую антенну. Они обзывают нас «шестидесятниками» – именно обзывают, и это для них, молодых, звучит совершенно отрицательно... Они говорят сегодня: эти шестидесятники хотели улучшить советскую власть. Я не знаю, кто хотел улучшить советскую власть! Я не хотел её улучшить – я хотел, чтобы она умерла, потому что она мне мешала.

Я не хотел советской власти, я не любил коммунистов, но я ни разу в своей жизни не встретил настоящего коммуниста! Я не встретил человека, который бы отдал жизнь за партию. Зато я встречал лицемеров и карьеристов... А теперь про нас говорят, что мы хотели улучшить советскую власть, что мы в нее верили! Никто не верил в советскую власть из моего окружения! Зато мы немножечко погубили ее имидж в глазах интеллигенции.

Мы не были могильщиками советской власти, но мы все сделали, чтобы эта поганая власть была смешной. А когда власть становится смешной, она теряется. Советскую власть и коммунизм погубила гласность. Кое-какие факты, которые разрешили – из истории России, о 37-м годе, о Гражданской войне, о революции, о Ленине... Это была гласность, но это не было ниспровержение. И Советский Союз рухнул под этой тяжестью...

– Можно, наверное, говорить, что эзоповская гласность с 16-й полосы в каких-то формах создала своего рода клан внутри интеллигенции... – повторил я.

– Знаешь, я никогда не печатал вещи, рассчитанные на весь народ: я печатал вещи, рассчитанные на своих людей, на свой круг, на тех, кто скажет: ну, ты дал вчера! А потом начальство меня вызывало, и происходил такой диалог: ”Что это вы себе позволили!“ – ”Что, что я себе позволил?“ – ”Как вы могли пропустить такую гадость про нас, понимаешь!» – “Почему вы думаете, что это про советскую власть, почему вы так испорчены, что все плохое вы сразу относите к советской власти? Это вовсе не про власть, а про бухгалтеров». А рассказ был такой: ”Я их ненавижу. Они деньги любят, они «Р» не выговаривают“. Если заменишь одно слово, совершенно ясно, чей это монолог. А я сказал, что у нас есть отдельные бухгалтеры, которые отвечают этому образу...

Или, например, я печатаю фразу: ”Стояла тихая варфоломеевская ночь“. По первому чтению он не понимает и пропускает. И если он пропустил, значит это завтра появилось в газете. Потом начинается хохот. Евтушенко приходит: ”Ну, знаете, такой фразы я никогда не читал“. – ”Какой фразы?“ – ”Стояла тихая варфоломеевская ночь“. – ”Ну?“. А тут: ”Илья Петрович, зайдите к главному редактору“. Он: ”Это про что?“. Я говорю: ”Это про варфоломеевскую ночь, которая была очень тихая“.– ”И что тут смешного?“ – ”Я не вижу тут ничего смешного“. – ”Если это не смешно, почему вы это печатаете?“ – ”Потому что это парадоксально. Тихая – и варфоломеевская...“ – ”Идите отсюда!“

И я играл Швейка каждую неделю. Ты должен быть искренен, как американский актер, ты не должен улыбаться или усмехаться. Не смеяться над людьми, потому что это некрасиво. Главный редактор мне всегда говорил: ”Сколько у нас читателей, Илья Петрович?“ – ”У нас миллион читателей. Весь советский народ читает «Литературную газету»“. Он мне: ”Не говорите глупостей! У нас шесть читателей, шесть! И все шесть наверху, и, представьте себе, что одному из них не понравилось, что вы напечатали. И где вы тогда будете? С каким билетом волчьим я вас отсюда выпущу – догадываетесь?“.

– Да, в подобных ситуациях мы действительно ощущали себя участниками игры – забавной, а еще в большей степени

рискованной. И ведь было интересно жить в этом! – Говоря
так, я был совершенно искренен. Теперь, вспоминая, глядя на
многое уже другими глазами и с другим опытом, мы радуемся
всё же, что прожит нами такой замечательный период жизни.
Но вернемся в наше время и к твоей биографии: при том, что
ты весьма успешен и после эмиграции – не навещает ли тебя
ощущение некоей потери? Ведь столько там оставлено...

Илья задумался.

– Не можем мы, Саша, вступить в одну реку дважды. И
нет у меня ощущения потери... Я прожил ту жизнь, теперь я
живу эту жизнь.

Люди считают, что мы эмигранты. Мы – не эмигранты, мы
беженцы! Мы ушли из той страны. Мы ушли от той системы.
Мы не должны забывать, кто мы. Мы не должны забывать,
что при всей прелести нашей прошлой жизни и при всех её
ужасах – потому что не все жили такой жизнью, какую мы с
тобой прожили –   была и другая, действительно ужасная
жизнь... Мы ушли из страны и системы. Оба этих понятия
там, в России, враждебны нам, они враги наши.

– Это – в ретроспективе. Но нет уже той системы, и нет
той страны...

– Да, но страна, которая сейчас есть, мне не нравится
ужасно: от гусей отстали, а к уткам не пристали... – так,
кажется, в пословице? Эта дикость, воровство, которые они
называют капитализмом, они прививают стране. И еще:
чтобы заставить русский народ и российские предприятия
платить налоги, должно пройти два-три века. Потому что
должны вымереть люди, которые считают: с какой стати они
должны платить какому-то Ельцину "свои деньги" – это они
так называют налоги. Никаких реформ там нет – это чушь!
Предприятия не работают.

Посмотри, что делается в Китае! Китайцы выпускают кон-
курентоспособную на мировом рынке продукцию, и потому у
них экономика на подъеме. Вот эта рубашка на мне китайская,
вот эти джинсы сделаны в Китае. А где – русские? Покажи
мне хоть какой-нибудь русский продукт! Кроме разве что

разрисованных, иногда по-настоящему талантливо, матрешек – одна в другой: это такая русская тайна, завернутая в русский секрет. "Энигма" такая. Ничего там нет и не может быть, с моей точки зрения!

– Ну, хорошо, рассмотрим другой ракурс: весь антураж 16-й полосы «Литературной газеты», её эзоповский язык определились той системой, в которой мы жили, так ведь?

– Ну да, это продукт системы, при которой за анекдот уже не убивали. А раз не убивают, значит он появляется.

– Система вызывает сатиру своей недостаточностью, своей уродливостью. Сегодняшняя российская система, к сожалению, достаточно уродлива и безобразна. Так где же тогда сегодняшние Горины, Аркановы, Сусловы? Их нет сегодня...

– Ну, почему? Остались Аркановы... уехали Сусловы. Мы вымрем, появятся новые люди, чей юмор, как русский язык сегодня, нам будет непонятен. Это другая страна, другая культура. Они задействуют, по их словам, русский новояз. Рекламируют по телевидению женскую косметику, и мужской голос за кадром с блатной интонацией говорит: "Купите та-тата... Кто не знает, тот отдыхает!". Если бы ты разговаривал сегодня с новым русским на их новоязе, то ничего бы не понял. Так что я не имею права писать об этой России. Я не имею права писать о новых русских. Я их не знаю – да и знать не хочу!

– Не так давно на эту тему была передача «Голоса Америки». Принимали в ней участие Аксенов, Лосев и я – по поводу сохранности русского языка и форм, которые он принимает... Интересный получился разговор. А ты считаешь, язык, которым заговорили в России, – это навсегда?

– Когда мы приехали сюда, я поступил на «Голос Америки», и со мной работали представители первой эмиграции. Они не могли слышать литературный язык нашей волны эмиграции. Для них это было дикостью! То было поколение людей, которые говорили "аэроплан", "крестословица"... Слова, существовавшие до революции. Вторая эмиграция (работали и её представители у нас) была в массе своей малокультурная. Бывшие солдаты, они привнесли в речь язык тюрьмы, язык

ГУЛага, язык армии. Мы чуть-чуть его исправили, конечно.

Тот, что приходит сейчас в Россию, – это тяжелый приблатненный язык русской провинции и англицированного компьютерного текста, его терминология. Застрелиться хочется, когда я слышу: "киборд", "скрин". А русские газеты! Они все хвастают знанием английского – и англицизмы влезли в журналистский язык. Это все равно, как в Канаде украинка выглядывает в окно: "Перестаньте сигать у виндовы, чилдринята!". То же самое происходит в русском языке. Язык Тургенева... да кого сейчас волнует язык Тургенева! Русский язык – это язык-губка. Он впитывает. А есть языки-стенки: от них отскакивает. Есть языки, в которых запрещено применение англицизмов – французский, например. Извольте придумать французское слово! А Россия все больше впитывает англицизмы. Хотя, с другой стороны, это поможет интеллигенции быстрее интегрироваться в мировую экономическую систему: все они говорят на английском, все они знают компьютерный язык.

– Ну, так стоит ли об этом сожалеть?

– Вряд ли: язык идет вперед. Это страна идет назад. Я однажды написал фразу, и мне ее вычеркнула одна эмигрантская газета. Я написал ее, когда еще был Горбачев: "Россия, как и ее партия, нереформируемы". А редактор этой газеты сказал: "Идут же, идут реформы, что он пишет такое?!". И он взял и вычеркнул эту фразу – как моя цензура в свое время вычеркивала мне их из рассказов. Я ему позвонил и сказал: "Слушай, это моя точка зрения. Я так думаю, Илья Суслов. Ты можешь сослаться на меня". А он мне: "Я просто не могу себе представить, что ты прав!" – "Ну, так, говорю, и напиши – что я не прав, но мою фразу оставь!"

МЫ – ДРУГИЕ

– Вот как раз об этом я и хотел тебя спросить, так сказать, под занавес: каким ты видишь будущее страны?

Илья заговорил сразу, не задумываясь.

– Отвечу. Россия выживет, если она будет состоять из нескольких "Россий". Она и сейчас распалась на регионы, которые совершенно не подчиняются центру, что бы там ни говорили. Она должна экономически распасться на несколько стран. Необходима дробность, которая обеспечит самодостаточность регионов и побудит их торговать друг с другом. Ну, например, Сибирь, Дальний Восток. Честно говоря, фактически уже отпал Сахалин. Давно не принадлежат управленческому центру России Курильские острова, о которых спорят наши русские националисты – это все ушедшие вещи, власти не могут их прокормить.

Идет война губерний и губернаторов между собой. Все стараются побольше нахватать фондов из центра, но деньги растворяются в воздухе. Людям не платят зарплату, шахтерам, например, годами. Учителям не платят зарплату. Если уже и учителям не платят, возникает ненависть к этому режиму, тоска по прошлому: будь Сталин жив, был бы порядок. При нем всегда цены снижали: на гинекологические кресла – на 10 процентов! На пудру сахарную – на 3 процента! А эти зарплату не выдают...

– Тем не менее, существуют политические амбиции тех, кто сегодня руководит страной. И существуют экономические интересы и связи – так что вряд ли легко произойдет распад. А если и произойдет – то всё это может вызвать гражданскую войну. Не страшно ли?

– Вот уж чего я не желаю России! Но я не вижу для нее будущего: потому что, когда страна ничего не производит, когда ей посланы миллиарды, а все это разворовывается, но зато появляются новые миллионеры, с неизвестно откуда взятыми деньгами... когда становятся банкирами в 30 лет, и у них по 100-150 миллионов долларов, когда появляются мальчишки, которые, приехав сюда, идут в ювелирный магазин и покупают своим женам кольца по 20-25 тысяч долларов... Или когда они покупают здесь, в Лос-Анджелесе, Версаль. Я видел этот дворец, купленный неким господином Ф. Я спросил, сколько ему лет? Мне сказали – 32.

Ты видел этот дом? Ты должен поехать и посмотреть. Это Версаль! Наверху горы снесена макушка и построен дворец. Гараж на 12 "Роллс-Ройсов". Окружено все это решеткой Пушкинского сада. Брокер, который это продавал, сказал мне, что это не единственный его замок. И я вычитал не то в "Вашингтон Пост", не то в "Вашингтон Таймс", что этот господин объявлен в розыск международной полицией и российской службой безопасности. Все его имущество конфисковано. То есть его прихлопнули. А деньги остались материализованными в виде дворца, которым будут пользоваться американские пионеры.

– Которых нет. Да и в России, кажется, тоже их не осталось. А ты там так и ни разу не был?

– Я уже сказал: нельзя вступить в одну реку дважды. Я боюсь встречи со старыми товарищами. Потому что мы уехали, а они остались. Поезд ушел. Как мы живем и как мы выжили – их не интересует. Все эти истории-байки, которые мы вспомнили сегодня, им до феньки. Что они могут мне рассказать? Они все в вещах каких-то... А мы – нет. Мы – другие.

Ты не можешь приехать в Россию, как я приехал в Прагу в прошлом году, например. Она меня поразила – это прекрасный, интересный город. Там ты себя чувствуешь американцем. Доллар там еще доллар. И ты себе можешь позволить то, что не можешь позволить в Швейцарии, где ты себя чувствуешь бедняком и нищим, сколько бы денег ты ни привез.

– В то время как в России сходить в ресторан – полумесячная зарплата среднего американца, – добавил я со слов бывающих там знакомых.

– А я не хочу ходить в России в ресторан и оставлять каким-то негодяям полумесячную зарплату! – живо продолжил Илья. – Кто эти люди? Я не чувствую никакого родства с ними. Я знаю о них все, потому что я в информационном бизнесе – я знаю о России все! Чувствовать это там и получать инфаркт я не хочу. Особенно я не хочу получать инфаркт от встречи со старыми товарищами.

– Ты и на Самотеку бы не зашел? – я имел в виду редакцию «Литературки», где столько лет провел за служебным столом мой друг и собеседник.

– Понимаешь, если бы я был там, то я бы зашел и на Самотеку, и в Безбожный переулок, и на 1-ю Мещанскую, и на Суворовский – где было столько выпито, в Клуб писателей на улице Воровского. Посмотрел бы – а меня, скорее всего, никто бы не узнал, потому что я очень состарился. Я бы тоже никого не узнал, потому что кого я знал – умерли. А с теми, кто жив, я виделся здесь. В Штаты они приезжают – ни они, ни я не чувствуем от этих встреч удовлетворения. Что-то ушло...

– Интересно. А вот брат твой с удовольствием туда ездит, – заметил я, имея в виду, что Миша вот уже несколько раз был приглашен туда работать над новыми фильмами. И работал.

– Он другой. Он менее политизирован, чем я. И, кроме того, он не просто творческий человек, он киношник – а это, так сказать, международный жанр. Он не сценарист и не режиссер, а кинооператор. Он видит кадр, композицию, а не действительность. Он видит искусство, а не жизнь.

Я здесь выжил, я работал, написал пять книг, которые там никогда бы не издал. А сейчас там не интересуются мной. Помню, мне позвонил за неделю до смерти Сережа Довлатов. Он, кстати, автор всех рецензий на мои книжки. Так вот, он сказал: "Илья, со мной случилось вот что: меня напечатали в России! И более того, собираются издать собрание сочинений. Я почему вам звоню: потому что с вами произойдет то же самое. Я только хочу вам сказать, что мне это радости не принесло. Это чуть поздно. Я хочу вам сказать, что когда это с вами произойдет, это может не вызвать радости. Чтобы вы не боялись этого чувства". Я сказал: "До свиданья, Сережа. Спасибо". Они и меня начали печатать при перестройке, а потом перестали. То ли я им неинтересен...

Илья задумался.

– То ли время переменилось, – добавил я.

– Да, – согласился Илья. – Время переменилось. Но они еще нас откроют. Мы – исторические писатели. Мы стали историческими писателями, потому что пишем об империи, которая больше не существует. Это - как дикари, которые победили Рим и пишут историю Рима. Это мы. А Рима уже нет! Нет Советского Союза. Нет Русской империи. И мы - как её осколки, как осколки "Титаника". Они нас ищут. Открывают. Знаешь, сколько стоит осколок "Титаника"? Огромные деньги - миллион долларов. Я не знаю, может быть, я очень резко говорю о России, но я не хочу врать. Я не считаю ее моей страной. Это страна, где я родился. Я не хочу принадлежать тому, что там сейчас происходит. Чувствовать себя частью этого.

– Но, во всяком случае, тебе не может быть безразлично то, что там происходит?

– Нет, нет! Конечно, нет. Но когда им будет нужен заместитель премьер-министра по пессимизму, они могут спокойно ко мне обратиться. Я могу работать без зарплаты. А писать про Ельцина, про Жириновского или про Ленина и Зюганова я не хочу.

– "Поздно, Дубровский, – сказала Маша..."

– Правда, поздно, – согласился Илюша Суслов, мой старинный друг, а теперь и соавтор: записывая нашу беседу, я старался, по возможности, сохранить не только смысл сказанного им, но и замечательный колорит его живой и легкой речи.

Сентябрь 1998 г.

Глава 5. Атлантида, любовь моя...

Александр Городницкий

Потом... - это после первых песен (автора которых я тогда не знал, ни лично, ни имени его), услышанных мной, прошли годы - об этом я вспомнил в первых главах. Так вот, потом прошло много лет, и здесь, в Америке, во время недолгой поездки, Саше - профессору Александру Моисеевичу Городницкому, ученому-океанологу, доктору геолого-минералогических наук, академику Российской Академии наук, но и Поэту – вдруг стало 60. И мы оказались в тот вечер в доме под Лос-Анджелесом у наших общих приятелей.

Сидели впятером – Городницкий, хозяева дома Марина и Юра Гурвичи, мама Юры и я. Был скромный, поскольку экспромтом собранный, но все же праздничный стол с юбилейным тортом. Была гитара, которую по завершении трапезы мы вложили Городницкому в руки. И он, не отнекиваясь, пел для нас. И, как мне казалось, для себя.

Потом... Потом он снова был в Лос-Анджелесе – уже не один. Аня, мало того что жена поэта, но сама поэтесса, оставила мне свой сборник с очень крепкими стихами.... А еще год спустя он звонил мне из Москвы, узнав о кончине моей мамы, рассказал об операции по высвобождению зажатого у него позвонками нерва и, помня о достававшей меня схожей проблеме, предостерегал от подобного шага.

И годом позже он снова в Лос-Анджелесе, снова ненадолго – в этот раз у меня.

О чем мы говорили? Да о многом. О чем могут беседовать сверстники, за плечами которых десятилетия, прожитые пусть по-разному, но большей частью в одном кругу и, соответственно, с немалым числом общих приятелей? За несколько часов до его отъезда в нашей прощальной беседе я попытался как бы собрать все воедино.

Хоть похоже на Россию...

– Давай, – предложил я, – назовем темы, к которым мы успеем за оставшиеся часы вернуться... Вот, к примеру, твои лауреатовские дела – это же потрясающе: премия имени Булата! А еще – бардовская песня за границей. И, если успеем, – наука и фантазии, здесь тебе тоже есть что сказать. Начнем с Окуджавы... – я едва закончил фразу, а мой собеседник уже говорил, сразу выделив самое для себя важное. Этот разговор продолжил тему, возникшую при первой нашей встрече – в Калифорнии...

– Когда умирает человек, „изменяются его портреты", – замечала Анна Андреевна Ахматова. Но не портреты

Окуджавы – и во всяком случае, не для меня. К моему счастью, я был дружен с ним в последние годы его жизни, когда он жил в Переделкино... Он и в жизни-то был мерилом совести, я бы даже сказал – одним из последних рыцарей нашего поколения. Известие о его смерти застало меня неожиданным образом – 12 июня я оказался на Южном Урале, где был председателем жюри фестиваля авторской песни. Светило яркое солнце, на склонах горы и вокруг озера сидело несколько десятков тысяч человек. А именно той ночью перед нашей встречей по Би-Би-Си передали известие о смерти Булата. Мы не поверили, звонили в Москву и даже просили по интернету проверить – так ли это. В 10 утра стало ясно, что это правда...

Читатель мог заметить: о чем бы мы с Городницким ни говорили, рано или поздно обращались мы к Окуджаве – над нами как бы витала незримо его тень и почти въявь слышался его голос. Добавлю: в тот день я никак не мог предположить, что публикация текста нашей беседы точно совпадет с днем памяти поэта, с очередной годовщиной его кончины. Однако совпало – безо всяких с нашей стороны специальных стараний.

– И вот, ярким солнечным днем, – продолжал рассказывать Городницкий, – мне предстояло объявить радостно настроенным людям о кончине Булата. Чудовищная миссия... По горе, где стояли люди, просто пошел стон.

А теперь мне присуждают премию имени Булата Окуджавы. Представляешь, что я испытывал, когда президент вручал мне ее? „Эта премия не мне, но самой авторской песне", – сказал я ему. И еще я сказал Ельцину, что рад: вот, впервые в моей стране, в России, стала возможной премия за авторскую песню.

Ты же помнишь: ничего, кроме гонений и травли, не испытывали ее основоположники – Галич, Окуджава, Высоцкий – и ничего не получали от государства. А то, что в России вообще возникла такая премия – при всех недостатках и ужасах нашей жизни, криминале и тому подобном – я считаю важным критерием свободы. Об этом я сказал президенту, и он это воспринял: „Это не мне премия – это всем им! Спасибо, – сказал я ему, – за тех, кто не успел ее получить: я понимаю, что я лишь некая передаточная инстанция". Ельцин пожал мне руку: „Правильно, это будет хорошая им память!"

Будучи одним из них, первых трех-четырех, не назвал себя Городницкий в числе основоположников... Отметив про себя это обстоятельство, его я поправлять не стал.

– А вообще-то, Ельцин понял, о чем идет речь? – не вполне адекватный вид тогдашнего российского президента давал мне основание задать этот вопрос: все же вряд ли сам он водил пальцем по списку – мол, „вот этому мы и дадим премию Окуджавы".

Городницкий кивнул: вроде понял. Да ведь это и не столь важно – сказанное слышали не только те, кто стоял рядом, но миллионы телезрителей и радиослушателей.

– Премию мне вручали 11 июня, накануне годовщины смерти Окуджавы, потому что 12 июня праздновался День Независимости России.

„...Надо же, такая судьба: родился в день, совпавший два десятилетия спустя с днем, назначенным для празднования Победы... Умер в объявленный ныне праздник – День России", – я достал с полки незадолго до этого вышедший сборник, в котором приведены были мои горестные заметки по следам кончины Окуджавы, и показал Городницкому этот отрывок.

– Помню, он был в „Панораме". А Кушнер тогда отозвался: „И кончилось время, и в небе затмилась звезда"... Я не ожидал, что меня выдвинут на эту премию – меня поставили перед фактом. Выдвинула меня родная писательская организация города Ленинграда, Литфонд и газета „Вечерний Ленинград", которая любила Окуджаву – он был почетным членом ее редколлегии.

В положении о премии была записана замечательная фраза: „За выдающийся вклад в русскую поэзию и вклад в авторскую песню, соизмеримый с вкладом Булата Окуджавы". Я считаю это для себя величайшей честью. Будут еще лауреаты, но то, что я стал первым, ко многому меня обязывает. Я передал эти деньги Музею Булата Окуджавы.

Очень важно, чтобы такая премия существовала, чтобы существовало это направление – и дело вовсе не в том, что в денежном выражении это нечто символическое. Важно, чтобы имя Окуджавы осталось навсегда, как критерий нравственности не только в литературе, но в общественной жизни России.

Мне рассказывал потом Сережа Чупринин (гл.редактор журнала „Знамя". – А.П.), который был в комиссии (потом и в газете появилась большая статья) о том, как это все обсуждалось: тогда выяснилось, что кроме меня не было вариантов вообще. Ким не выдвигался, но если бы предложили его, я бы снял свою кандидатуру. Вот сейчас подали предложение на Кима, и я думаю, что он получит премию все-таки (Юлий Ким эту премию получил. – А.П.). „Новый мир" выдвинул Новеллу Матвееву, но она перед этим получила Пушкинскую премию, а в один год две премии как бы не полагается...

Знаешь, в тот раз перед присуждением была большая борьба: вдова Булата, Ольга Владимировна, переживала, чтобы эта премия не ушла к эстрадникам-гастролерам – премия все же должна оставаться в рамках литературы. И пока это как будто так и складывается.

На премию Булата в нынешнем году достойные претенденты: Юлий Ким (я сам к этому выдвижению приложил большие усилия) – его выдвинула Московская писательская организация, Римма Казакова письмо подписала, Ассоциация российских бардов – общественная организация, где я являюсь президентом, и поддержал Литфонд. Журнал „Новый мир" выдвинул поэта Дмитрия Сухарева, это очень талантливый поэт.

В общем, все выдвинутые достойны премии, я их всех люблю, но Дмитрий Антонович Сухарев поступил блестяще: он возглавлял вечер 16 ноября в ЦДЛ – шел сбор средств в помощь Киму, который в Израиле ожидал операцию. Сухарев позвонил Киму, а на следующий день подал бумагу в Комитет по госпремиям, что снимает свою кандидатуру в пользу Кима. Сухарев – настоящий поэт и настоящий человек. Я снимаю шляпу перед ним.

Вперед – в арьергард!

– Говоря о будущем авторской песни, мы понимаем, что она будет жить ровно столько, сколько будут рождаться люди, способные продолжать эту традицию. Так вот, как, по-твоему, обстоят дела с теми, кого вы могли бы назвать своей сменой? – спросил я.

Городницкий ответил не сразу.

– Довольно сложно, хотя есть и в этом поколении талантливые люди. Окуджава считал, что авторская песня родилась на московской кухне – а эта полоса закончилась. Мне представляется, что самая характерная черта нынешней песни, которую по-прежнему зовут авторской, состоит в том, что она перестала быть авторской. Недавно в "Новой газете" я опубликовал большую статью, назвав ее – „Из авторской песни выбыл автор".

Дело в том, что я являюсь председателем жюри самого большого фестиваля в России – Грушинского, который каждый год собирает десятки тысяч человек. И я вижу, как все меняется, как все стремительно перемещается в сторону эстрады. Это явление перестало быть предметом литературы, это больше не поющие поэты, какими были Окуджава, Галич, Высоцкий... Просто пишутся неплохие тексты – и возникает как бы эстрада, но под гитару. И другие люди выходят на передний план, и все как бы размыто... Я в этом вижу настоящий кризис авторской песни. Хотя интерес к ней огромен не только в России, но и за рубежом.

– Интерес к чему – к песне того времени, с которого мы отсчитывали ее начало, или к песням, создаваемым сегодня? Все же время идет: может быть, оно естественно приносит с собой иные оценки и иные критерии? – я не успел договорить, а Городницкий уже отвечал:

– Критерии, конечно, меняются. Сейчас люди больше хотят развлечений. И – отвлечений. Им не так интересны уже страшные вещи, о которых писали Галич, Высоцкий... Но вот лирический герой Окуджавы был и остается всегда. На вечере памяти Галича 19 октября в Москве с грустью отметил, что в Большом зале Политехнического музея оставалось много свободных мест. Знаешь, самым поющимся автором после смерти, что может многих удивить, является Юрий Визбор. Концерты его памяти проводятся – причем при всегда битком набитых залах. Выходят диски, кассеты... И когда обращаются ансамбли к авторской песне, поют Визбора, в основном. Тому есть разные причины, я просто констатирую это как факт.

Что же касается сегодняшнего дня, – продолжал Городницкий, – очень интересно, что с авторской песней происходит то же, что происходило в наше время с литературой: существовали две русские литературы – одна в Советском Союзе, а другая в зарубежье. Так вот, сейчас авторская песня во многом переместилась в зарубежье.

В последние годы произошла очень интересная вещь: возникли клубы самодеятельной песни. Начались они именно с авторской песни – хотя на самом деле создали их люди, я бы сказал, сочувствующие авторской песне, сами поющие и пишущие. Конечно, среди них немало откровенных графоманов. Но, в конце концов, не в этом дело – я всегда с симпатией относился к этим людям еще и потому, что в самое трудное брежневское безвременье они внутри затхлого чудовищного полицейского государства создали свободно мыслящий социум.

Их было несколько миллионов человек – и благодаря им сейчас все это существует. И даже расширяется с развитием эмиграции – в Америке, Германии, в Израиле... Да, особенно в этих трех странах, где очень большая русская диаспора, в основном, еврейская, но и этническая русская тоже.

И дело тут не в чистоте расы: принадлежность человека к той или иной культуре определяется языком прежде всего, а вовсе не нашим, российским подходом – „по крови". Вот сейчас образовались так называемые КСП – клубы самодеятельной песни – в Израиле, в Германии, в Америке, и каждый год там проводятся слеты, фестивали, конкурсы. Причем, они превращаются во все более массовое движение.

Камо грядеши

– Интересно, что главная проблема для культурной части русскоязычной эмиграции – это проблема утраты языка следующим поколением: ваши дети свободно переходят на английский, потому что языковая среда у них тает, как в колбочке свеча: вспомни, как на уроке физики нам показывали – нет кислорода – все чахнет. Я это видел в Германии – там дети переходят на немецкий. Эта проблема во многих семьях существует. У меня самого такая же проблема в Израиле.

И, представь себе, увлечение самодеятельной авторской песней совершенно меняет всю ситуацию. Я почему это знаю? В Германии, где мне пришлось провести два месяца после операции, я много общался с эмигрантами. И здесь, в Америке, когда приезжаю к вам... В этот раз в Лос-Анджелесе и в Сан-Диего я встречался с очень талантливыми молодыми ребятами – компьютерщиками, физиками, которые пишут тексты и поют. Есть несколько интересных авторов и в Сан-Франциско.

Они проводят фестивали, и, представляешь, дети, уже терявшие интерес к русскому языку, поют эти песни. Я видел сегодня девочку десятилетнюю, которая вернула себе язык – она поет Окуджаву и еще что-то. А петь ведь нельзя с акцентом и неправильно – это уже слух, это звуковое. Так происходит сохранение языка – через песню. И не только языка. А для их родителей это как бы утоление ностальгии и сохранение связи с их детьми.

Булат Окуджава в последний год говорил: „Знаешь, стихи пишутся у меня, а песни нет. Мелодии ушли все". Я говорю:

„Булат, наш с тобой разговор напоминает старый анекдот, когда один мужик другому говорит – я уже семь лет импотент, а тот отвечает: а я, тьфу-тьфу, только второй год". И если ты обратил внимание, Саша, в книжке, тебе подаренной, очень много стихов, написанных за последние годы, а песен среди них мало... Вот, а сначала в нем одни песни идут. Мелодии как бы ушли, и я не знаю, в чем дело.

Но я точно знаю, что стихи и песни – это разные вещи. Если говорить серьезно, мне как-то сказал Булат, незадолго до смерти: „Понимаешь, Алик, раньше мы были в авангарде, вроде – мы первые дали „магнитофониздат", а сейчас, обрати внимание, как все поменялось – мы в арьергарде, в этом разнузданном мире наркоты, хард-рока, прагматики, рынка и прочего криминала. Авторская песня – одна из немногих вещей, которая борется за человеческую душу".

...Время, кто остановит твой бег? Часовая стрелка в третий раз обошла свой круг, а сколько еще оставалось, о чем было бы непростительно не вспомнить сейчас и не упомянуть. И я вспомнил:

Атлантида, любовь моя

– А знаешь ли ты, что определенной части твоей зарубежной аудитории грозят большие неприятности: говорят, что в ближайшие 30 лет Калифорния перестанет существовать, – здесь я плавно перехожу к твоей другой ипостаси. Итак – ты геофизик, – сказал я об ожидающих наш штат неприятностях как бы в шутку, но мой собеседник принял тему вполне серьезно.

– Я все же думаю, что Калифорния не перестанет существовать.

– Вот здесь, – показал я на гранки, – статья, что появится в выпуске „Панорамы", который ты до возвращения в Москву не увидишь. Это компиляция, но подготовил ее наш сотрудник Лейб Плинер, человек весьма эрудированный. И здесь как раз поднята эта тема. А именно: существует, утверждают некоторые ученые, 70 процентов вероятности сильного землетрясения в Калифорнии. А сильным считается по шкале Рихтера 6,5 и выше баллов. Недавнее Нортриджское имело силу 6,8 балла.

В одном из тезисов этой статьи сказано, что предвидеть землетрясение почти не представляется возможным. То есть можно сказать, с какой степенью вероятности оно произойдет – например, в течение 30 лет. Как произойдет тектонический сдвиг и где конкретно будет эпицентр землетрясения, более точно пока вычислить не удается. И я хотел бы спросить тебя: что ты по поводу этого предсказания думаешь?

– Я присутствовал в Москве два года назад как профессор геофизики (и выступил с докладом) на научной конференции „Геофизика XXI века”. И вот что сказал в своем сообщении доктор геолого-минералогических наук, кстати, один из главных духовных иерархов Московской духовной академии: землетрясения предсказать нельзя, потому что это промысел божий. А ты, между прочим, обратил внимание, что землетрясения бывают часто в тех регионах Земли, где происходят какие-то катаклизмы – войны, социальные волнения – в Армении (Спитаке), в Турции?

– И что – скапливается некая энергия, которая способствует? – поинтересовался я.

– Скорее, – наоборот, – не дал мне договорить Городницкий, – я здесь вижу обратное. По-видимому, существуют геопатогенные зоны, находясь в которых люди становятся агрессивными из-за того, что они в постоянном стрессе живут, живут в ожидании землетрясения. И это со временем становится у них явлением генетическим. То есть возникает обратная причинная связь.

В принципе, мы знаем, где могут быть землетрясения, но мы не знаем – когда. Помню забавный случай... Когда Звиад Гамсахурдия был президентом в Грузии, мне позвонили домой с радиостанции Би-Би-Си, из их московской редакции: профессор Городницкий, мы просим вас прокомментировать заявление Гамсахурдия о том, что большевики специально устраивают землетрясения на Кавказе, чтобы подавить независимость кавказских народов, в Грузии, в частности. Ну, ответил я им, большевики многое умеют, но, слава богу, трясти землю они еще не научились, поэтому заявление Гамсахурдия расценивайте как политическую провокацию.

– Так уж и не могут! – У меня, действительно, были основания усомниться. – Недавно мне попались на глаза сразу несколько публикаций по поводу нового оружия – тектонического: создается серия направленных взрывов, влияющих на кинетическое состояние земных пластов – и в определенной зоне на расстоянии многих сотен километров возникают землетрясения...

– Ну, на это у нас нет ни денег, ни возможностей, – Городницкий задумался, видимо, проигрывая мысленно подобную вероятность. – В принципе, проводить серии подземных направленных взрывов огромными ядерными зарядами, чтобы сдвинуть там где-то пласты земли... теоретически это возможно, но практически – маловероятно. Пока это нечто из области фантастики. Что же касается того, что Калифорния вскоре погибнет – я очень сильно в этом сомневаюсь. Останется время – я бы взглянул на статью, о которой ты говоришь, чтобы ее прокомментировать.

– Здесь автор напрямую пишет о скорой гибели нашего штата, но вообще-то существует ряд публикаций, не вполне научных, я бы сказал, шаманских, в которых предсказывают это. Авторы – от Нострадамуса до современных ученых... – я продолжал упорствовать.

– Что ж, здесь действительно сейсмически активная зона, – не дослушал меня Городницкий. – Рихтовая зона, уходящая под Калифорнию. Ты не видел фантастический фильм „Гибель Японии" – о том, как не стало этой страны?

– Нет. Но здесь автор пересказывает теорию десяти тектонических пластов, которые движутся относительно друг друга, – добавил я.

– Если ты имеешь в виду теорию тектонико-литосферных плит, так у меня есть целый ряд книг на эту тему. Это общепризнанно, это все правильно, но при чем здесь Калифорния? Хотя, вообще-то, дно Тихого океана задвигается под Калифорнию с довольно большой скоростью – 5 см в год...

– И ты можешь что-нибудь по этому поводу сказать нашим читателям?

– Я могу сказать, что опасность землетрясений и сильных катаклизмов существует в Калифорнии, но вероятность того, что Калифорния вся утонет – этого не может быть, насколько мне представляется. Я же в свое время делал доклад в Израиле, и мне пытались там доказать, что Мертвое море превращается в океан, что Израиль отделится от арабских соседей и станет островом – а там существует разлом типа вашего Сан-Андреаса. Этот разлом „сработает" – и вот тогда только и кончится интифада: Израиль отделится от арабских соседей, к нему присоединится Синайский полуостров, и все это уплывет в океан. Они спрашивают меня: когда? А я отвечаю: скоро, через 5 миллионов лет.

– Значит, если тебе предложат и ты откажешься поселиться в Калифорнии – то не по этой причине?

– Я бы, вообще-то, и не отказался: замечательный солнечный край, одно из самых красивых мест на земле. Во всяком случае, здесь нет, как на Восточном побережье, чудовищных ураганов.

– Ну, хорошо, переходим плавно к следующей теме. Значит, Калифорнии не грозит судьба Атлантиды. А что мы знаем про нее, эту таинственную страну?

– Атлантида – это миф, легенда. Моя точка зрения по поводу Атлантиды – это тоже модель, основанная на легенде, на описаниях Платона, а также, добавлю, на реальных фактах. Во время моего погружения на батискафе в Атлантическом океане, западнее Гибралтара, где существует система подводных гор Хорс-шу, на одной из крупнейших подводных возвышенностей на глубине всего лишь 100 метров под уровнем моря (а основание их проходит на глубине 5 километров) были обнаружены странные сооружения, похожие на руины древнего города.

Я сам туда погружался, у меня есть кое-какие фотографии, зарисовки, на которые можно обратить внимание читателей, и я неоднократно выступал со статьями и лекциями на эту тему. Речь шла о том, чтобы организовать туда новую экспедицию. И как раз у нас всякие „дефолты" пошли – а сейчас нет ни денег, ни времени этим заниматься. В принципе, это дело достаточно интересное. Но, кроме того, я как геофизик на основании этих фактов, перечитав Платона с позиций современной геологии, попытался дать причину гибели Атлантиды.

Существуют две точки зрения по этому поводу. Большинство людей, включая и авторитетных ученых, – таких как академик Милановский, с которым я был дружен, и американских ученых Бекона и других, – считало, что Атлантида погибла в Средиземном море: на острове Тира было чудовищное извержение вулкана, что и послужило причиной ее гибели. Я же полагаю, что там погибла не Атлантида, а крито-микенская культура, что и датируется временем извержения вулкана Сантарин – около полутора тысяч лет до нашей эры.

А в это же время на западе погибла Атлантида – примерно там, где писал Платон, то есть за Геркулесовыми столбами: я предполагаю, что это могло быть как раз в системе подводных гор Хорс-шу, на которых мы работали. Мы выявили однозначно две вещи – первое, образцы базальта, отобранные с вершин подводных гор, показали, что эти базальты застывали на поверхности, а не под водой. Значит, это была огромная горная страна, которая быстро затонула.

– Видимо, в какой-то период времени профиль земной поверхности претерпел очень серьезные изменения. Писали недавно, что где-то в горах Арарата нашли остатки ковчега: океан заместился горами...

– Это был потоп. И, видимо, в связи с главным катаклизмом, с гибелью Атлантиды – что мне кажется вполне реальным с позиций современной геологической науки. Так же, как реально и то, что евреи уходили из Египта, а волна, утопившая войско фараона, – это цунами, судя по описаниям

Библии. Цунами же возникло в результате взрыва того же вулкана Сантарин. Все связывается по времени, те же примерно 1500 лет назад до н.э. Все можно увязать в единую систему, которая определяется как первая известная нам глобальная катастрофа.

– Определить – да, но все это невозможно проверить. Разве что когда-нибудь появится „машина времени" и удастся пропутешествовать в ту эпоху. Хотя и об этом начинают говорить серьезные ученые: например, разрабатывается теория одномоментности настоящего, прошлого и будущего. Ты, вообще, веришь в такую вероятность?

– В обратимость времени, в „машину времени" не очень верю...

– Вот бы при жизни нашего поколения изобрели! Пока же нам приходится обращаться к прошлому мысленно – что тоже достаточно приятно иногда...

– Я с удовольствием пришлю большую статью, если это интересно читателям „Панорамы". Это то, чем я на старости лет начал отвлекать себя – как бы стык мечты и реальной науки. И в этом всегда получается интересный эффект. Именно – на стыке! Я как ученый уверен, что внутри каждой науки человечество выявило все, что можно, а все новые открытия остаются возможны как раз на стыке – на стыке науки и фантастики.

– Алик, последний вопрос: как тебе удается сочетать научную работу и творческую?

– Признаюсь: очень хреново! Организм уже с трудом выдерживает такое напряжение. Но на самом деле, я не могу не похвастаться: у меня в прошлом году вышла во Флориде книга „Магнитные бури океана". Это работа моей лаборатории, наш 15-летний труд. Чтобы в Америке вышла книга русского ученого на русском материале – дело не частое, и я как российский ученый очень этим горжусь.

– Но, действительно, как ты все успеваешь? У тебя в лаборатории есть какие-то обязательные присутственные часы? – полюбопытствовал я.

– Нет. Но надо кормить лабораторию, и что-то там постоянно делается. У меня есть график, которым я сам себя закабаляю.

– А большая ли лаборатория?

– Нет, 12 человек.

– Ну, и кормятся люди как-то?

– Кормятся, хотя не очень. Но существуем, это самое главное.

– Слушай, ведь лаборатория-то – это дело государственное! Почему же ты сам должен добывать для нее деньги?

– Да, и у нас есть бюджет – от Института океанологии имени Ширшова. Бюджет крохотный, вот мне и приходится этим постоянно заниматься. И что касается литературных работ – тут тоже напряженно. Вот сейчас в Питере у меня вышла большая книга „Избранное“ – в ней стихи и песни. В Израиле вышли избранные стихи. А сейчас, я говорил уже тебе, взялся писать книгу для „Вагриуса“. И еще выступления время от времени. Приходится кормиться именно выступлениями, потому что как завлаб я получаю зарплату величиной 45 долларов...

Ну, ничего, как-то жизнь продолжается.

В тот раз эти слова завершили нашу беседу – ту ее часть, которую я постарался передать в последующей публикации в газете.

А жизнь и правда продолжилась, подарив мне радость еще не раз обнять Алика. Об этом сейчас и вспомню – о чем-то с удовольствием, о чем-то с меньшим. Сначала – о первом.

Спустя несколько лет, при участии Городницкого (хочу надеяться, что прямой связи между этими событиями нет), мне был вручен билет Союза писателей Москвы – Городницкий стал одним из рекомендующих, и вторым был Ерофеев Виктор. Таков уж порядок, существующий испокон веков, и ничего с этим не поделаешь. Так ведь и не надо, наверное.

И теперь – о событии, никому из причастных к нему радости не принесшем, да как не упомянуть! Премии нашего фонда складываются, главным образом, из устройства нами выступлений приглашаемых гостей – были среди них Евтушенко, Смехов... вот и Городницкий после планового концерта-встречи выступил в пользу Американского фонда Окуджавы.

Собралась сумма в несколко сот долларов, которую Городницкий целиком передал нашему представителю, и которую в тот же вечер похитили вместе с сумочкой злоумышленники, вскрывшие багажник его автомобиля. Погоревали мы, ну да что поделаешь...

Ладно, – рассудили мы, – еще не вечер. А с Городницким мы при встречах вспоминаем этот эпизод с лёгкой грустью и с надеждами на светлое будущее бюджета так нелепо пострадавшего фонда, и на наше личное.

1996-2005 гг.

Глава 6. Новый капиталист

Юлиан Семенов

День был как день. На наборном участке, будто переговариваясь друг с другом, попискивали компьютеры. В приемной – она совсем крохотная: стол секретаря да пара стульев для гостей – надрывно звонил телефон, почему-то никто не снимал трубку... Там сейчас два-три посетителя дожидались кого-то из наших сотрудников – кажется, тех, с кем как раз в эти минуты у нас шла рутинная редакционная летучка.

– К вам гости, из Москвы... – Людочка, извинившись, стояла в дверях моей комнаты. – Спрашивают, когда вы сможете с ними встретиться?

Отступление первое

Из Москвы... Я никого в этот день не ждал из Москвы. Да и вообще... совсем недавно встречи с первыми посланцами новорожденной советской гласности казались – и наверное, действительно были – информативны и занятны сами по себе... Теперь же, с катастрофическим (в самом доброжелательном смысле этого определения) ростом их числа, ситуация решительно переменилась.

И надо было наскоро учиться искусству уклоняться, не нарушая этикета, от ставших здесь традиционными файво-клоков, на которых приходилось бы вежливо пожимать ладошки советских товарищей, похлопывать друг друга по плечу и изображать при этом неподдельную радость оттого, что вот, встретились ведь!..

Или еще так: бывало, завершив в очередной раз подобный ритуал, лавируешь между тесно стоящими гостями, незаметно пробираясь ближе к выходу и стараясь при этом не уронить картонную тарелочку с худосочным бутербродом, которой ты балансируешь на отлете. Вдруг краем глаза замечаешь: кто-то из них, помешивая ненужной уже соломкой кусочки льда в пластмассовом стаканчике, протискивается к тебе и снова оказывается рядом.

– Ну, – как бы в продолжение незаконченного разговора склоняет он голову ближе к собеседнику, изображая своей фигурой определенную степень любезности, – так какие же у вас к нам предложения?..

Вот так... Предложения. Выходит, его появление здесь вызвано не более как желанием выслушать нас. И, может быть, потом, при удобном случае, подумать – чем же нам здесь помочь... Господь с ними, со всеми.

Словом, сообщение помощницы было мною воспринято без должного энтузиазма. Тем более, что были у меня собственные планы на оставшуюся часть дня, загодя и достаточно обдуманные. А все же... а все же – из Москвы... Ну, не условились заранее. И, может, вовсе не по делу – так, на пару минут, просто с приветом от друзей...

– Они хоть назвались, кто такие?

Людочка, как бы проверяя себя, заглянула в крохотную розовую бумажку – на таких она обычно записывает для передачи мне телефонные сообщения...

– Да вот, один – Семенов, писатель. И другой – его помощник...

– Семенов? – не понял я, – какой Семенов? Уж не Юлиан ли? – как бы пошутил я...

– Да... Юлиан.

Мы все, кто был в комнате, замолчали. Я переваривал Людочкину информацию. Мои собеседники приготовились прервать летучку.

– Хорошо, попросите несколько минут подождать. Предложите кофе...

Отступление как информация

СЕМЕНОВ, Юлиан Семенович (род. 8.X.1931, Москва) – рус.сов.писатель. Окончил ин-т Востоковедения (1953). Начал печататься в 1958. Автор повестей: "Дипломатический агент" (1959) – о востоковеде И.Т.Виткевиче, "49 часов 25 минут" (1960), сб.рассказов и повестей "Уходят, чтобы вернуться" (1961), повестей "При исполнении служебных обязанностей" (1962), "Петровка, 38" (1963), "Дунечка и Никита" (1966), "Майор Вихрь" (1967), "Семнадцать мгновений весны" (1969). По сценариям С. поставлены кинофильмы "Пароль не нужен" (1967), "Майор Вихрь" (1968) и др.

Соч.: Новеллы, М.,1966; Пароль не нужен, М.,1966; Вьетнам, Лаос, (Путевой дневник), М.,1969.

Лит.: Аннинский Л., Спор двух талантов, "Лит газета", 1959, 20 окт.; Борисова И., Чего хочет победитель?, "Лит. газета", 1962, 19 апр.; Филиппова Н., Турков А., Спорить, но верить!, "Комс.правда", 1962, 19 окт.; Светов Ф., "Просто" или "не просто" детектив?, "Новый мир", 1964, №1; Кармен Р., Так держать! Письмо в редакцию, "Лит.газета", 1967, 9 мая; Сурганов Вс., Уроки истории, "Правда", 1970, 27 апр.

Так выглядел далеко не полный мартиролог моего гостя в "Краткой литературной энциклопедии", изданной в 71-м году в Москве – более поздний ее выпуск мне пока не попадался. Да. А ведь с той поры прошло без малого 20 лет...

* * *

– Ну, привет! Как дела? – приветствие Семенова звучало так, будто мы в прошлый раз виделись с ним вчера. Его спутник, пожав руку, присел на стул, устроив его сбоку и чуть сзади от Семенова. Молодой, мне показалось, – лет тридцати с небольшим, славное интеллигентное лицо... И в этот раз, и при нашей встрече на другой день, он больше отмалчивался.

А я краем глаза наблюдал, как он вытаскивал наугад из стопки последних выпусков "Панорамы" случайные ее номера, рассматривал их, будто вовсе и не участвуя в нашей беседе, но вдруг, в каких-то ее местах, когда Семенов умолкал – то ли подыскивая нужное слово, то ли пытаясь вспомнить чье-то имя или дату события, – как он легко завершал оборванную Семеновым фразу нужной справкой. И я не могу вспомнить, чтобы Семенов, не согласившись, возразил ему...

– Александр Плешков, мой ближайший помощник и заместитель по всем новым начинаниям, – представил его Семенов, одновременно вываливая из пузатого портфеля на мой стол с полдюжины поблескивающих черными глянцевыми обложками томиков.

– Вот, смотри: это – первые три тома серии "Детектив и политика" – издание московской штаб-картиры Международной ассоциации детективного и политического романа, – быстро надписывая мне на память титульные их листы, демонстрировал Семенов вполне прилично изданные книжки.

Я взглянул на оглавление первого сборника: Гийом Аполлинер – прозаическая новелла "Матрос из Амстердама" открывала собою рубрику СОСТАВ ПРЕСТУПЛЕНИЯ. В других разделах я обнаружил очерк Гдляна и Додолева – журналист, вероятно, помогал литературной записью известному своими разоблачениями следователю – "Узбекское" и прочие скандальные дела с главными действующими лицами из числа советской правящей элиты... (Господи, прости мне этот принятый на Западе трюизм, – подумалось по завершении последней фразы: какая уж там "элита"...). Потом шел отрывок из цикла "37-56", принадлежащий перу самого Семенова, и ...рассказ Лимонова "Дети коменданта" – без ссылки на "Панораму", в которой он был впервые напечатан – кажется, с год тому назад...

– А вот, – продолжал мой гость, развертывая газетные листы формата нашей "Панорамы", – вот наша новая газета, пока ежемесячная, название ее – "Совершенно секретно": потому что в ней будет публиковаться впервые, – Семенов поднял вверх указательный палец, как бы обращая мое внимание на значительность того, что он готовился сказать – все, что у нас было НЕЛЬЗЯ.

Я разглядывал газету, гости молчали.

– Ну, и что будем делать? – прервал молчание Семенов.

– А что... что, собственно, мы должны делать? – смешался я.

– Как это "что?" Мы должны сотрудничать!

– Должны? – опять не понял я. – Допустим... А в чем?

– В чем?! – удивился моей непонятливости Семенов. – Вот, например, у нас нет бумаги, а у вас ее навалом. И с набором у нас пока проблемы...

– А как у вас с долларами? – стал нащупывать я для Семенова почву, на которой, как мне казалось, его издание могло бы в Америке стоять достаточно твердо. Кто знает? – думалось мне. Человек он, конечно, многоопытный... за границей его видят чаще иного советского дипломата... Но писатель ведь, романист...

– Доллары-то у меня есть, – нисколько не удивившись моему полунамеку, быстро отреагировал Семенов. – Я их экономлю для своих ребят, – он кивнул на Плешкова, – должны же и они ездить!

Против поездок Плешкова и других коллег Семенова я не возражал.

Разговор продолжил молчавший до этого Плешков:

– И вообще... мы сегодня не видим никаких препятствий к диалогу со всеми русскоязычными изданиями, которые выпускаются здесь...

Семенов не дал ему договорить:

– Мы готовы сотрудничать с армянскими изданиями. С еврейскими изданиями. Поскольку мы мучительно ищем бумагу...

Я все еще не улавливал связь между неожиданным визитом и желанием моих собеседников сотрудничать с зарубежной прессой, с одной стороны, и хроническим недостатком бумаги в советских издательствах – с другой.

«Разве что, – думал я, – разве что и впрямь разверзшиеся перспективы сотрудничества с советскими коллегами побудят местных издателей открыть свои закрома: а там – дух захватывает! – аппетитно поблескивают округлыми формами многотонные рулоны типографской бумаги... тысячи рулонов... Хотя нет, вряд ли распахнут – я-то их, своих американских коллег, знаю».

Тем временем наша беседа замедлила темп, предмет ее стал как бы истончаться – как тот самый рулон типографской бумаги, подходящий к концу в печатной машине. Наверное, происходило это по моей вине: потому что я никак не мог взять в толк, чем все же я могу быть полезным моим неожиданным и вполне приятным собеседникам? Разве что решусь бескорыстно поделиться с ними скромными ресурсами нашего издательства...

И тогда я подумал, что надо бы продолжить нашу встречу на следующий день. «Почему бы, – подумал я, – не предложить Семенову, известному писателю, человеку незаурядному и информированному, встретиться специально, побеседовать не наспех».

– Конечно! Больше того, – подхватил мысль Семенов, – мы потом сможем одновременно опубликовать текст в наших изданиях, ты – здесь, а я – у нас...

На том мы и условились. Тем более, что моим гостям вскоре предстояла встреча, на этот раз оговоренная заранее, где-то в Голливуде, где вроде бы предполагался к постановке фильм по сценарию Юлиана Семенова.

* * *

И настал день второй. Мы, уже никуда не торопясь, снова сидели вокруг моего стола, пили скверный, сваренный "по-американски" кофе и неспешно переговаривались. Потом, с общего согласия, я пристроил на ножку студийный микрофон, направив его овальное рыльце в сторону моих собеседников, и нажал магнитофонную клавишу записи.

– Дорогой Юлиан, вот несколько вопросов, – начал я официально, не подозревая еще, что наша сегодняшняя встреча затянется не на один час. – В связи с изданием, которое тобою сейчас начато...

– Изданиями, Саша! – укоризненно уточнил Семенов.

– Ну да, – поправился я, – изданиями. В частности, с новой газетой – названной тобою "Совершенно секретно", и другими... Недавно у нас гостил Виктор Ерофеев, он рассказывал о состоянии издательских дел в СССР, но больше об изданиях элитарных – и в частности, той литературы, которая до последнего времени в стране не публиковалась: об издании трудов российских философов, о той части художественной литературы, которая по разным причинам была недоступна советскому читателю. Сегодня мы, наверное, будем говорить о книгах, которые ждет массовый читатель?.. Тот, например, кого интересуют детективы...

– Ну, Саш... – как бы не соглашаясь с самой постановкой вопроса, густым баритоном протянул гость. – Давай, для начала, я еще раз представлю тебе моего друга, Александра Плешкова – первого моего заместителя и в газете "Совершенно секретно", и по серии "Детективы и политика". Этот человек из первых поверил в то, что я затевал, и без его помощи дело бы просто не состоялось. И еще я хочу заочно представить тебе членов нашей редколлегии, совершенно молодых ребят, но очень нужных для советской журналистики... и литературы, – после небольшой запинки добавил

Семенов, – таких, как Артемка Боровик, Евгений Додолев, как Лиханов... понимаешь, старик, – перешел он на совсем уже доверительный тон, – я боюсь этой фурмулировки – массовый читатель, – потому что, как ты знаешь, у нас манипулируют не словом, а дубиной.

Я замер, ожидая продолжения фразы.

– И дубина "массовая литература", "массовое искусство" – это весьма, я бы сказал... с моей точки зрения, это – РАСИЗМ в литературе!

– Я не хотел сказать "ширпотреб", но сейчас мы говорим именно об этом, – испугавшись употребленного Семеновым определения, попытался оправдаться я. – Потому что, – продолжал я, – при всем моем уважении к твоему жанру, не станем забывать, что есть вещи, которые читает широкая публика, и есть другие вещи, которые какой-то части читательской аудитории неинтересны... или недоступны. Сейчас же мы говорим о жанре, который доступен всем, что есть безусловная заслуга этого вида литературы, – ну хотя бы потому, что гораздо лучше, когда человек читает, нежели, к примеру, пьет горькую. И, может, не столь уж существенно при этом, какого уровня литературу он читает...

– Точно! – быстро согласился Семенов. – Но этот жанр литературы создал не Семенов, естественно, и даже не Конан Дойль. Его создали Аристофан и Шекспир. И Лермонтов в "Тамани". И Достоевский – в "Преступлении и наказании". Уговоримся сразу: если это литература, которая овладела массой, – она несет в себе нечто! В строках, как сейчас, или между строк, как раньше – в брежневский и в сталинский период...

И слава богу, исполать ей – эта литература крайне нужна, она одна из самых нужных литератур. И она может быть не просто сиюминутно нужной, но даже пророческой! Грэм Грин – кстати, почетный президент нашей европейской ассоциации "Детектив и политика" – да это он ведь предсказал в "Тихом американце" начало трагедии там, во Вьетнаме! И он же в "массовой литературе" – "Наш человек в Гаване" – предсказал, так сказать, падение Батисты.

Я не решился прервать собеседника напоминанием того обстоятельства, что в свое время Грэму Грину был запрещен въезд в США за крайне антиамериканскую направленность его литературной и общественной деятельности. Сегодня, в контексте нашего разговора, невольно подумал я, имя этого популярного писателя, может быть, все же не самый удачный довод в пользу ассоциации "Детектив и политика". По крайней мере, ее европейского филиала... Однако я промолчал, и Семенов продолжил:

– Так что наша литература... мы к ней относимся очень серьезно – именно потому, что она рассчитана на массового читателя, – закончил он фразу. – Мы публикуем материалы, которые несут на себе печать какой-то секретности и тайны, а рядом печатаем экономические обзоры. Мы боремся за свободный рынок. Да, мы понимаем, что сейчас сломать Госплан, сломать плановую структуру совершенно невозможно... (Как, однако, быстро летит время – оказалось, возможно: сломали, и еще как. Другое дело, что воздвиглось на ее месте... – А.П.). Да, наверно, и не-це-ле-со-о-браз-но, – с расстановкой, придающей особенную значительность этому слову, произнес Семенов.

– Да... но вот мы все же боремся за рынок. Казалось бы, ну какое это имеет отношение к массовому читателю... ан нет, имеет! – с энтузиазмом завершил мысль Семёнов. – Мы получаем огромное количество писем по этому поводу, – продолжал он. – Значит, это интересно. Что же касается литературы нашего жанра, если брать чистый детектив, то ведь согласись с тем, что во времена Сталина наша литература была запрещена – последний детектив был, если можно это назвать детективом, «Мисс Менд» Шагинян.

До этого был гениальный детектив, политический триллер (Семенов произнес thriller подчеркнуто чисто, демонстрируя, мне показалось, – ненамеренно, близкое знакомство с английским) – это был "Гиперболоид инженера Гарина". Потом все кончилось. А началось-то все, прости меня, с Нилина. Жестокости испытательного срока... И все это было написано в жанре детектива. Детектив – это вторжение в массу! Понимаешь, ну, как это говорится: когда идея овладевает массами, тогда создается новая ситуация. Так что мы относимся к этому жанру серьезно и пытаемся быть барьером на пути халтуре, серьезным проблемам. И, действительно – чем больше людей вовлечено в политику, тем лучше для страны, – совершенно неожиданным пассажем завершил этот тезис Семенов.

– Ну, хорошо, – перешел я к другой теме, – а что это за Международная ассоциация?

– Три издания – это результаты ее труда, – начал рассказывать Семенов. – Сначала мы, представители детективного жанра, встретились на Кубе. А потом – в Мексике, где собрались мексиканцы, уругвайцы, кубинцы, испанцы, американцы... это было три с половиной года тому назад. И там мы сконструировали концепцию организации. Понимаешь, писатели есть скорпионы, и ты это прекрасно знаешь, но мы попытались собрать "брадерхуд" (братство – А.П.), – опять не без изящества употребил английский Семенов. – Мы, – продолжал он, – люди жанра, который третируется – и в Соединенных Штатах, кстати, тоже. Да, да, да!.. – заметив мой протестующий жест, быстро заговорил Семенов, – сплошь и рядом.

Понимаешь – особенно для молодых ребят это секонд-хэнд арт, секонд-хэнд литерачер... да. Так вот, мы против этого – мы собрались и создали то, что по-русски называется Международная ассоциация детективного и политического романа, по-английски – Интернешнл крайм райтер ассоси-эйшн, по-испански – Ассоционе интернациональ эквиторес полисьякос, по-французски... (Тут я чувствую себя вынужденным сдаться – доверившись тем читателям, чье знание французского позволит безошибочно произнести на этом языке название Ассоциации, в русском же сокращенно обозначенное трехбуквенной аббревиатурой "ДЭМ").

А Семенов продолжал:

– Понимаешь, я вздрагиваю, когда слышу "литература полисьякос"! – Он рассмеялся, но быстро стал серьезным. – А что делать, если латиноамериканский, испанский контингент не приемлет слово "детектив"! Как, между прочим, его сплошь и рядом не приемлют в СССР... Так вот, создали мы эту Ассоциацию...

– Конечно, надо уточнить, – вставил Плешков, – что основная идея... что "драйвинг форс" (движущей силой – А.П.) при создании организации был он сам, Семенов. Он был силой, сплачивающей вокруг себя людей, он знал их раньше – что очень важно...

– Но когда организация перестала быть ассоциацией двадцати сотоварищей, – продолжил Семенов, – а расширилась до сотен людей, возникли кое-где разговоры: Семенов? КГБ, ЦК, рука Москвы... И я – а у нас только что кончился конгресс в Акапулько – подал в отставку с президентского поста. Чтобы, понимаешь, спасти эту организацию – первую международную организацию писателей жанра, в котором всегда есть конфронтация – условно говоря, "красные" и "белые".

– А не означала ли эта отставка, – глаза мои светились наивным любопытством, – не означала ли она признания того, что действительно – "рука Москвы", действительно – "КГБ" и прочее?.. Сложилась ведь точка зрения, что поскольку Юлиан Семенов имеет доступ к таким источникам информации, к которым другие, работающие в жанре детектива, его не имеют...

– Не-е, не-не, милый, – не дал мне договорить Семенов. – К этому источнику информации имел доступ Вася Аксенов: помнишь – Горпожакс? (Тут моего собеседника, видимо, подвела память. Семенов имел в виду выполненный в жанре детектива роман "Джин Грин – Неприкасаемый", авторы которого Горчаков, Поженян и Аксенов укрылись за псевдонимом Горпожакс. И поскольку роман носил пародийный характер, авторам его, как позже засвидетельствовал в разговоре со мною Аксенов, ни за какими допусками и никуда обращаться не было надобности. – А.П.). А здесь писали "про

ЦРУ проклятое", которое уничтожает и мучает людей... Что ж, авторы – они все цэрэушники, что ли?

– А Толя Гладилин, который написал книгу "Вечная командировка" – о контрразведке и так далее... Я его, кстати, недавно встретил в Париже. – Семенов произнес конец фразы с неожиданно теплой интонацией, которую с одинаковым основанием можно было отнести и к французской столице, и к живущему там уже много лет Гладилину, заметки которого время от времени украшают страницы нашей "Панорамы".

– Так вот, видишь ли... – после недолгого молчания продолжил Семенов, – ваши странные американцы, итальянцы и французы избрали меня вот только что, когда я подал в отставку, пожизненным почетным президентом-создателем этой ассоциации. А теперь я, так сказать, абсолютно отошел от дел... руководят сейчас мексиканцы, американцы, канадцы – я ушел в сторону.

И тут я, кажется, проявил полную неделикатность:

– Ну, а все-таки, – спросил я его, – имеют ли хоть какие-то основания под собою эти разговоры, возникающие вокруг твоего имени?

– Старик! – Семенов даже привстал из-за стола, – ты понимаешь, старик, – голос его звучал почти страдальчески, – мне надоело развивать этот вопрос! Откровенно тебе говорю: я генерал-лейтенант КГБ. В мои задачи входят диверсии и дезинформация. Ну, что я тебе могу ответить еще? У меня на счету вот здесь в банках Лос-Анджелеса три миллиона долларов, и я содержу разведывательную сеть. В Голливуде, в основном. Чтобы они делали фильмы про советскую власть. И про необходимость победы перестройки в Калифорнии.

– Ну, тогда я, как добропорядочный американец, должен немедленно настучать на тебя, как минимум, в налоговое управление, – принял я шутку с подачи Семенова, – потому что с этих твоих миллионов наверняка не были уплачены налоги...

– А вот пускай ищут, как они здесь лежат.

– Надо еще добавить, – вмешался Плешков, – что он уникальный генерал-лейтенант, потому что, будучи беспартийным и полурусским...

– Скажем так... – приготовился продолжить фразу Семенов.

– Нет, ну почему, все возможно во времена перестройки... и даже до нее, – опять голубея глазами, сказал я. – Вот ведь есть товарищ Луи, например (Виктор Луи – советский журналист, по национальности еврей, имевший официальный статус корреспондента зарубежных изданий, был известен в западном мире своими связями с советскими правительственными органами пропаганды и, как многие считают, с Комитетом государственной безопасности. – А.П.). Прецедент...

Мои собеседники помолчали. Стало ясно, что и эта тема себя исчерпала.

– Я ведь задал вопрос, – произнес я, совершая мягкую посадку с головокружительной высоты, на которую вознес нас свободный полет мысли, – я задал вопрос для того, чтобы услышать на него ответ. В какой-то форме я его услышал и могу больше не возвращаться к этой теме. Но почему вообще возникли эти разговоры? Как ты думаешь, чем они вызваны?

– Моими романами, – быстро ответил Семенов. – Но ведь получается так, что Мартин Голдсмит, которого мы принимали в гостях и чей "Парк Горького" печатаем, получается, что он должен быть старшим лейтенантом ФБР (Семенов произнес на американский манер – Эф-Би-Ай). Да, да, если он в этом романе проявил такое знание... («Парк Горького» – детективный роман американского писателя. Действие романа разворачивается, в частности, в Москве, в нем участвуют разведки СССР и США. – А.П.) Ну, в общем, мне эти разговоры надоели. Это во-первых.

И во-вторых: было бы гениально, если бы я был генералом КГБ. Или даже полковником. Хорошая пенсия, между прочим. Хорошая пенсия... – задумчиво повторил он, – и мне будет из чего платить своему шоферу и няньке в Ялте на даче. Хотя сейчас очень цены повысились, овес подорожал... А вот то, что мне позвонил Андропов после моего первого романа "Пароль не нужен" и поздравил меня, и потом пригласил к себе, и я у него был – это правда. Он тогда мне сказал грандиозную вещь: "Слушайте, а вот я посмотрел фильм "По тонкому льду". Это роман нашего работника (он в Чека работал, Брянцев... Жора Брянцев). И вы написали сценарий. А там торчат чекистские уши. Зачем вы это сделали?"

Я говорю: "Мне нужно за дачу расплачиваться, Юрий Владимирович". А он: "Не делайте этого, пишите свою литературу, как вы написали "Пароль не нужен". Роман о Блюхере и Постышеве...". – Более того, я могу тебе рассказать, и это будет интересно – сейчас я буду это публиковать в Советском Союзе. Я его просил о допуске к архивам. На что он мне после долгого молчания сказал: "Ну, слушайте, вы же сепарейтед" (наверное, Андропов сказал это по-русски – "не живете с женой", но Семенов произнес именно так – separated). – "Да, я не разведен с Катей (Екатерина Сергеевна Михалкова-Кончаловская, жена Ю.Семенова, мать двух его дочерей. – А.П), – согласился я. – Ну и что?" – "Вот, вы не живете вместе. И все мы про вас знаем: вы много путешествуете, вам не чужды застолья... Ну, какой вам смысл держать в голове высшие секреты государства? У вас есть фантазия, и сейчас появляются книги, более-менее приближающиеся к этой". – Он постучал пальцем по томику Плеханова, который был заложен белыми, красными и синими штучками. – Фантазируйте!...". – В общем, объясняться по этому поводу я ни с кем не хочу! – снова распаляясь, с нажимом произнес Семенов. – И замечательно! Пускай считают трижды генералом! Лучше бы еще – маршалом! Ну, хорошо... – Мы оба с облегчением рассмеялись.

– А вот сейчас, в эпоху гласности – упростилась ли задача пишущих на тему о работе, например, советской милиции. Трудно ли кому-то другому – не Семенову, а Иванову, Петрову...

– Но вот братья Вайнер прекрасно писали...

– Это опять имена... Есть их несколько человек. А вот если новый начинает писать... и хочет разузнать, скажем, о работе той же Петровки? Здесь у нас существует закон о свободе информации – то есть любой гражданин США имеет право затребовать в ФБР досье, ну, хотя бы на самого себя. И ему его дадут, а если нет – он будет судить ФБР...

– Минуточку, – не согласился Семенов, – Грэм Грин показал мне досье на самого себя, которое он с трудом через адвоката получил в ФБР, хотя директор ФБР мистер Сэшн – мой автор, он печатался в первом номере "Топ сикрет". Но там было многое черным зачеркнуто. Он говорит: "Я пытался и на просвет посмотреть, и в отраженном свете – ничего не видно!".

– Может, там, – предположил я, – были замараны фразы, которые не имеют к нему прямого отношения? – Моя попытка заступиться за американскую демократию, кажется, успеха не имела.

– Я думаю, что там были упомянуты имена стукачей, которых надо спасти и вывести из дела, понимаешь? – удачно возразил мне мастер жанра. – Так что тут не так уж все просто, – не без ехидцы добавил он.

– Нет, но все-таки, может ли у вас сегодня любой прийти на Петровку и сказать: ребята, меня интересует дело – ну, не Леньки Пантелеева, а что-то более свежее?

– Так и происходит! Наши молодые так и делают. Они приходят не только в пресс-бюро МВД или КГБ, которые созданы для того, чтобы помогать журналистам...

– Вот как раз через эти пресс-бюро, через них-то можно многие вещи и не получить – бог с ними. Но благодаря своим личным связям они устанавливают прямые отношения и получают значительно больший доступ, чем там, – это уже говорил Плешков.

Семенов, выслушав реплику своего помощника, продолжил:

– Но, видишь ли, старик, при том при всем, когда я писал "Петровку, 38", после которой часть интеллектуалов перестала подавать мне руку, – я же написал "о жандармах, сыщиках", как, мол, Семенову не стыдно... а ведь я впервые, по-моему, рассказал в этой повести о московском подполье, о наркоманах в Москве, о проституции в Москве, о мафии в Москве – это было в 63-м году, кстати говоря.

Здесь эта книга издавалась пять раз, и были прекрасные критические заметки, даже в журнале "Тайм" – журнал вышел с моим портретом на обложке, что у них здесь считается крайне важным. Вообще, все получилось очень смешно, я не собирался этого писать... А было так. Я возвращался с Северного полюса в очередной раз, ехал из аэропорта в машине, меня остановил милиционер и сказал: у тебя морда красная. А я не спал 25 часов, полет был длинный. И он у меня потребовал штраф.

Я ему: у меня денег нет, я с Северного полюса лечу! И он отобрал мои права. Было это в воскресенье, и я в ярости понесся на Петровку – а тогда еще к красному мандату корреспондента относились уважительно. Я им говорю: где ваш начальник? Пришел маленький такой человек, цыганского типа. Это был генерал Иван Парфентьев, начальник МУРа – он дежурил тогда. Ну, я на него наорал, а он говорит: "Да вернем мы тебе права, дадим мы тебе еще одни запасные! Ты посмотри, они же у меня нищие все, сыщики старые перелицовывают пиджаки, потому что когда за щипачами ходят в троллейбусе, у них все пуговицы отрывают... а мы им костюм дать не можем запасной". Понимаешь – возникла тема.

Вот и сейчас наши ребята – Женя Додолев, например... – перешел к злобе дня Семенов. – Он работал с прокуратурой по всем этим делам, выезжал в Узбекистан, в Таджикистан... То есть сейчас все это открыто существует, и ко всему этому – я стучу по дереву – есть доступ.

Юлиан, действительно, постучал костяшками пальцев по доске моего стола, как бы подытоживая сказанное выше. Выглядел его жест убедительно, и я счел возможным перейти к следующему вопросу, который давно держал в запасе: я попросил его поподробнее представиться нашим читателям. Ну, разумеется, знают они его по имени.

И еще, они знают, что он автор десятков теле– и киносценариев, следящие за местной прессой знают, что причислен он ею к самым богатым советским гражданам – журнал "Пипл" как раз за пару недель но нашей встречи посвятил несколько страниц ему самому и описанию принадлежащих ему домов, квартир, дач и прочего имущества. Открывался этот раздел журнала приводимой здесь фотографией Семенова...

* * *

– Ну, а о себе расскажи всё же, Юлиан... – Я, кажется, сказал ему "Юлик", – так уж было принято обращаться к нему в писательском кругу или когда в разговоре вспоминали его.

– Стари-и-и-к... – протянул Семенов, – этого я не умею. Это умеют делать американцы. Я пишу книги. И, кстати, меня избрали пожизненным президентом Ассоциации по предложению не советских и не социалистических, а, так сказать, общекапиталистических писателей. Сейчас я пытаюсь помочь Горбачеву. Помочь перестроечным процессам, которым нелегко в стране. А реальная помощь, с моей точки зрения, – это бизнес, потому что бизнес по своей природе очень демократичен.

До недавнего времени, как тебе известно, слово "бизнес" в нашей стране было полуругательным. И я всегда поражался тому, что у нас избегают слова "предпринимательство". Я специально залез в словарь Владимира Даля. Для меня Даль – как Хемингуэй, как Пушкин, как Библия, как Ленин! Вспомним 21-й, 22-й годы, концепцию новой экономической политики...

Так вот, слово "предприимчивость" – это маленькие дела по Далю. "Предпринимательство" – это большие дела. Бизнес сокрушает, так сказать, двухсторонние железные занавесы, потому что на Западе, ты это знаешь, очень много людей, которые боятся русских, не верят русским... Основания там, не основания – это другой разговор. Но вот это надо проламывать. Бизнесом!

– Извини, – изловчился вставить я, – но если сегодня у вас, "на Востоке", сами русские не верят русским, чего уж говорить о Западе!.. Сами себе не верите... Ну, ладно. Вернемся все же к твоей биографии: как ты стал писателем, известным писателем, может быть, даже самым известным писателем в СССР?

Семенов ненадолго задумался.

– А издательство, которое ты организовал, – спросил я его, – оно является кооперативным, или это какая-то новая форма, неизвестная еще ни на Западе, ни у вас?..

– Совершенно верно, – ответил Семенов, – это новая форма, неизвестная ни на Западе, ни у нас. Причем, у меня уже два издательства: одно – это "Джойнт венчур кампани", – опять перешел на английский Юлик, – первое совместное издательство. Советский Союз – с Францией. С капиталистической страной. То есть Запад с Востоком. И президент "борда", правления, – беспартийный писатель Юлиан Семенов.

Понимаешь, это, в общем, беспрецедентно! Опять-таки, это возможно, естественно, только при Горби (он как-то особенно вкусно произнес – "Горби"). А к кооперативному издательству я не имею никакого отношения. Не потому, что я против кооперативов – это моя надежда, кооперативы! – Сейчас голос Семенова звучал энтузиазмом первых недель НЭПа: казалось, гордая медь валторн несла откуда-то из давнего далека: "Куем мы к счастию ключи-и-и!..".

– В данном случае, – где-то почти под потолком плыл голос Юлиана, – я готов повторять Ленина: если мы станем страной цивилизованных кооператоров – мы построим социализм! Спорь с этим... не спорь... неважно – я ставлю как раз на эту концепцию.

Мы чуть помолчали: я – оценивая услышанное, Семенов – как бы что-то припоминая.

– А второе издательство, – продолжил Семенов, – это тоже беспрецедентное: московская штаб-квартира Международной ассоциации имеет свое издательство. Вот мы запускаем пятитомник Агаты Кристи. Затем мы выпускаем трехтомник Грэма Грина.

– А экономические аспекты такой организации – какую жизнь они диктуют издательству? – напрямую спросил я

Семенова. – Допустим, государственное издательство имеет выделенные ему в плановом порядке бюджет, фонд заработной платы, бумагу, типографские мощности. Что происходит в данном случае – существуют ли штатные сотрудники, которые работают, готовят рукописи к изданию? И выпускающие, которые осуществляют связь с типографией? Бухгалтер, который чего-то там должен считать и учитывать? За счет чего они существуют, кто им платит?

– Плачу всем я, – коротко ответил Семенов.

– Из своего кармана? – уважительно поинтересовался я.

– Почему? – обиделся Юлиан, – из первой прибыли! Сначала я взял в банке 200 тысяч кредита, как я тебе рассказал, для серии "Детектив и политика"...

– То есть как? – удивился я, – издательства-то еще не было! Значит, ты получил в банке кредит, не обеспеченный каким-либо имуществом?

– Совершенно верно: в данном случае дали кредит, видимо, под Семенова.

– Но не лично же Семенов получил этот кредит? – продолжал волноваться я, изумляясь возможностям, открывшимся перед советскими издателями. – Не на свое же имя ты его взял? Организация его получила?

– Московская штаб-квартира Международной ассоциации – она получила кредит. Моя организация.

– И для этого потребовалось какое-то решение Совмина или хотя бы Госплана?..

– Для этого потребовалось мое письмо и сообщение в газетах о том, что я был избран в Мексике на эту должность.

– Письмо кому?

– В Министерство финансов.

– А отдел пропаганды ЦК или подведомственные ему службы в этом деле не участвовали? Комитет по печати, например?

– Абсолютно! Например, когда я создавал ДЭМ, совместный советско-французский проект, ко мне позвонили вааповцы (ВААП – Всесоюзное агентство по охране авторских прав, образованное в 1973 году. – А.П.) и сказали: «Все

Александр Половец

издательства нам платят». А я им сказал: «Мы платить ничего не будем: мои французские партнеры будут против». И они это приняли очень спокойно. Понимаешь?.. Но, конечно, если бы не Фалин, который тогда был директором АПН и которого я очень высоко чту, если бы не его поддержка – он же мне дал комнатку в АПН, чтобы я мог связываться с коллегами, – где у меня факс, где у меня телекс? – понимаешь...

– И сколько же у тебя сейчас сотрудников?

– Я тебе на этот вопрос отвечать не буду. Потому что если я тебе скажу, ты можешь не поверить. Значит, так... В «Детективе и политике» четыре, нет шесть... штатных. А на договоре уже человек 15.

– Ну, и они получают, как положено, заработную плату?..

– Не как положено, а как я захочу! – не дал мне договорить Семенов. – Вот сейчас был Женя Додолев с нами в Мексике, был Артемка Боровик, и был Дима Лиханов. Это три самых ведущих молодых журналиста (не смею здесь редактировать прямую речь Юлиана: видимо, он знал, что говорит, именно так у него и прозвучало – «самых ведущих»). Они в «Огоньке» все работают. Но у меня они – члены редколлегии.

А Дима Лиханов перешел ко мне. Надо только посмотреть, как он выступает, как он точен в своей позиции, как он агрессивен в своей журналистике. Я просто взял и прибавил ему зарплату. У меня нет накаких штатных расписаний – сколько у меня должно быть людей, сколько я должен положить заработной платы. Мы создали директорат...

И еще одно отступление, вынужденное

Незадолго до нашей с Семеновым встречи попал мне в руки январский выпуск издаваемого в Израиле журнала «Круг», а в нем – публикация, посвященная сыну известного журналиста-международника Генриха Боровика, Артему. Надо же, подумал я, прочтя эту статью, не везет семье Боровиков – сначала у отца были за рубежом неприятности, сейчас – у сына. Хотя иные говорят, бес парня попутал – он, мол, от доброго сердца хотел навести мосты между семьями ребят, отбившихся в Афганистане от своих однополчан, и ими самими.

То Фалин, то Боровик... Вот ведь в каком окружении приходится трудиться. Может, в конце концов, оттого и распущены слухи завистниками талантливого писателя?.. – размышлял я, пролистывая израильский журнал.

Писалось это, когда Боровик-младший только еще завоёвывал известность, но уже заявил о себе как один из самых талантливых российских журналистов той поры. Жаль парня…

* * *

– А налоги государству вы платите? С сотрудников, например, налог подоходный удерживаете? – продолжал я расспрашивать Семенова.

– Все должны платить. Кроме меня – потому что я получаю рубль зарплаты в год. Это для того, чтобы быть полностью независимым, – ответил Семенов.

– Я говорю вот о чем: скажем, тысячу рублей получает там Вася или Петя. Ему бухгалтер зарплату выписывает?

– Деньги он получает у бухгалтера. А сейчас мы переходим на американскую концепцию – каждый сам декларирует свои заработки. Но пока только идет обсуждение. Я был категорически против налогов с писателей. Тогда, сказал я, запретите по телевидению показывать "Ясную поляну"...

Признаюсь, будучи много лет оторван от союзного телевидения, я не понял этот тезис, но и уточнять его смысл не стал, поскольку очень уж здорово меня задело нынешнее обилие свобод в издательском деле, что следовало из рассказа Семенова. И мои собственные двадцать с лишним лет, потраченные там, как теперь выяснялось, в сугубо застойной суете московского издательского мирка, сейчас казались загубленными совершенно напрасно.

– А при выпуске газеты "Совершенно секретно" существует какая-то предварительная... читка – не сотрудниками редакции, а где-то на стороне? – осторожно поинтересовался я.

– Называй цензуру своим именем, – расправил плечи Юлиан, *как бы увидев перед собою представителя этой живучей организации.* – Она никем не отменена! И по-прежнему существует Главное управление по охране государственных тайн в печати...

– И рукописи приходится тащить туда?

– Видишь ли, да... Но они... как бы это сказать... мы – международная организация, но мы оперируем на территории СССР. Значит, мы должны руководствоваться законами Советского Союза. И мы отправляем рукописи в цензуру. В Главлит, – поправился он. – Но вот пока у меня не было ни одного столкновения с ними. И вообще, должен тебе сказать: я защищал цензуру – может, потому, что мне повезло, и я, вот как Симонов, допустим, как Чаковский (А.Б.Чаковский – бывший главный редактор "Литературной газеты". – А.П.), я мог ходить напрямую даже во времена Брежнева. И драться за фразу!

Все остальные шли только через издательство. Понимаешь, старик, ведь самое страшное – это прежде всего самоцензура. Вот есть у меня такой роман «Бриллианты для диктатуры пролетариата». Помню, я пришел с ним к одному очень либеральному издателю, а было это в 71-м году. Сюжет романа вкратце выглядел так: семья, где один брат – резидент ЧК в Ревеле, один – заместитель Уборевича по политчасти, один – умер от голода в Воронеже, будучи секретарем губкома, а один был сотрудником охраны и воровал бриллианты.

Выходило, что при наличии парящих над советской территорией всевидящих американских спутников прятать государственные тайны, если они и оставались в каком-то виде, было вроде не от кого. Тема сама по себе угасала. И тогда я вспомнил, как Юлиан жестоко обошелся в своем романе с моим добрым другом и вообще человеком достаточно известным в международных медицинских кругах и весьма уважаемым в русско-американской общине, профессором Самуилом Файном. Устами одного из своих героев он сделал его неудачником, преследуемым корпорацией западных медиков. И еще он его... повесил.

Эта пикантная подробность, украсив собою сюжет романа и придав ему должную направленность в оценке перипетий эмигрантской жизни, вызвала сочувствие у многих друзей и пациентов знаменитого в России медика. Ну, а те, кто здесь с ним знаком, дружит или лечится в его клинике, – те пожимали плечами: чего, мол, с них взять...

– О, прежде всего, я счастлив, что Самуил жив! – чувствовалось по тону Семенова, что вопрос этот не был для него неожиданным, и еще – определенное облегчение, что я задал его в весьма деликатной форме. – Я его очень любил и очень люблю! – с энтузиазмом продолжал Юлиан. – И, понимаешь, когда мне об этом рассказали в Советском Союзе – его друзья! – я писал об этом с болью. Потому что я встречал несчастных эмигрантов. Старик, далеко не все состоялись, правда? Увы...

А Файн – гениальный врач, и это известно всем в Советском Союзе. Там до сих пор жалеют, что он уехал от нас. Конечно, мне досадно ужасно, что так получилось, но он-то понимает, и слава богу, ты присутствовал при нашем разговоре вчера (я действительно, в первый приход, по телефону соединил его с Файном), мы восстановили наши старые добрые дружеские отношения, и я счастлив, что он преуспевает! Дай ему Господь, этому великому врачу...

Говорилось это с искренним волнением, конец фразы никак не давался моему собеседнику, и я попытался прийти ему на помощь:

– Знакомые, в общем, подвели, да?

– Да! Они все мне рассказали в подробностях, – оживился снова Семенов. – Ему руки переломать за это надо! – продолжал он, имея в виду некоего собеседника, подтолкнувшего романиста на столь рискованный поворот сюжета... – И психологически я в это поверил: потому что Файн – это человек кристальной честности, и если он увидел, что операция сделана плохо, значит он, не зная Запада, мог сказать такую фразу – я бы руки переломал тому, кто вас оперировал! (Именно эта фраза по сюжету романа послужила причиной преследований, которым якобы подвергся Файн). Там (очевидно, Юлиан имел в виду наше "тут") свои законы, а в Советском Союзе – свои. Так что я счастлив, что все это кончилось...

* * *

– Итак, – я перевел разговор в другое русло, – ты сейчас занимаешься не только детективом. Вот мы говорили о Бердяеве... Почему именно Бердяев? Как это корреспондируется с жанром, с которым, главным образом, связывают твое имя?

– Здесь мне показалось, что Семенов стал уставать, возможно, сказывалось напряжение, неизбежное в подобных поездках.

– Но это же не только детектив! Вот другие мои вещи... "Версии" мои, например, – ты же их не знаешь, правда? И не слыхал о них... а я их писал, начиная с 70-го года. Но поскольку вы здесь ничего не читаете... Вот, в одной из моих "версий", например, я настаиваю, что Петр Первый был убит, а не умер. Вторая – история убийства Петра Аркадьича Столыпина – почему он был убит, как он был убит? То есть я нашел заговор – и тех, кто входил в этот заговор.

– Ну как же, ясно – жидомасоны... – предложил я.

– Это ясно для других авторов, – не принял шутку Семенов, – для тех, кто писал такого рода романы, понимаешь... А вот у меня там открылось точно, что сказала государыня, и как этот заговор – Курлов, Спиридович, Кулябко – был осуществлен, как под это был найден провокатор, несчастный Богров, и как вся эта комбинация была разыграна. "Версия три" – это О'Генри – почему он был посажен, как он был посажен.

Самоубийство Маяковского: согласно "Версии четыре" – это был вызов антисемитской гнусной кампании против Лили Брик. И ведь я докопался, почему он покончил с собой! Вот ты знаешь, что он был арестован вместе с Николаем Иванычем Бухариным? – Семенов с очевидным удовольствием произносил отчества по-старорусски, обрубая серединный слог – Аркадьичем, Иванычем... – с первым секретарем Московского комитета РСДРП! В девятьсот седьмом году...

А ты знаешь, что Маяковского начали замалчивать в 29-м, когда Коба повел атаку на Бухарина? И первым пришел к нему маленький Николай Иванович – кстати, он работал напротив того дома, где застрелился Маяковский. Он работал начальником НТО Наркомтяжпрома. Принеся! А ведь тогда вырывали из журналов его портрет, опубликованный по поводу 20 лет его работы.

Это все прошло – и слава богу... И слава богу, – повторил он. – Так вот, все это нашло своего читателя в СССР. И слава богу, – в третий раз повторил Семенов. – Я пишу для него, для советского читателя в первую очередь. Только для него – сказал бы я так. Я очень рад, когда меня переводят и читают на Западе, все это приятно... но тенденциозность русскоживущей (клянусь, так он сказал – русскоживущей, не русскоговорящей, не русскомыслящей, даже. Наверное, лучше и точнее не скажешь – хотя собеседник мой скорее всего оговорился. Вот ведь, подумалось мне, у талантливого человека и оговорки талантливые.), тенденциозность живущей здесь на Западе диаспоры и тенденциозность нашей прессы... т.е. вы теряете что-то, что нужно смотреть. Поэтому вы теряете многих авторов.

Тут я ничего не понял и задумался. А Семенов тем временем продолжал:

– То есть, вы здесь знаете – это хорошо! А это – плохо! Да, да, да, – заметив мой протестующий жест, настаивал он.

– Но это неправда! – возразил я.

– Тогда прорецензируй мои вещи! Прочитай вот эти мои вещи и прорецензируй их – я их писал с 62-го года – тогда я не мог их публиковать. Прочитай, прорецензируй... – Семенов положил ладонь на верхнюю из уложенных стопкой книг, принесенных им вчера. – А "Версии" я тебе обещаю прислать.

– Какой уж из меня рецензент, – неуверенно возразил я. – Да и не очень-то люблю я так: "это, мол, вроде хорошо, а вот это – не совсем..."

– Рецензировать, – сформулировал Семенов, – вовсе не значит говорить – что хорошо или что плохо. Это значит рассказать, о чем идет речь, – объяснил он.

– Но я-то о другом сейчас говорю, – продолжал я слабо сопротивляться. – Вот ты утверждаешь: "Вы здесь знаете – что хорошо и что плохо, и объясняете это вашим читателям". Да ничего подобного! В редакционных текстах "Панорамы" ты такого не обнаружишь...

– Я не говорю про "Панораму" в данном случае, – настаивал Юлиан. – Возвращаясь же к вопросу, где и для кого пишут, для кого издают книги, заметим, – время-то меняется: может, вскоре здешняя пресса составит конкуренцию твоим изданиям в России. Согласись сам: в открытом обществе – если так справедливо говорить сегодня применительно к СССР – нет никаких причин к тому, чтобы не только "Панорама", но и "Континент", скажем, не имели доступа к читателю. Вот и Максимов (редактор "Континента" – А.П.) прислал мне недавно письмо для публикации, в котором прямо пишет, что видит своего читателя в России. Прежде всего – в России.

Забавно, бывает же так: в тот самый день, когда печатался выпуск "Панорамы" – в нем помещалась как раз эта часть беседы с Семеновым – появилась свежая "Тассовка", мы получали их из Нью-Йорка по заключенному недавно контракту с советским новостным агентством. Итак:

«В.МАКСИМОВ В МОСКВЕ
Москва, 12 апреля в ДК МГУ на Ленинских горах по инициативе Независимого вашингтонского университета состоялась встреча с известным русским писателем Владимиром Максимовым. С 1974 года В.Максимов живет в эмиграции. В настоящее время – в Париже. "Я позволил себе осторожный оптимизм", – сказал В.Максимов, отвечая на вопрос об отношении к властям и о своем приезде в СССР.

Отвечая на вопрос сотрудника "Экспресс-Хроники" о своих недавних публикациях в советской прессе, Максимов заявил, что если закон о печати останется только на бумаге и "Экспресс-Хроника" не получит статуса полноправной газеты, то он прервет все официальные контакты в СССР. В.Максимов ответил и на другие многочисленные вопросы.

На вечере выступили Эрнст Неизвестный, Булат Окуджава, Наум Коржавин, Игорь Золотусский, Юрий Эдлис, Игорь Виноградов, Эдуард Лозанский.

(Из "Экспресс-Хроники", выпуск 16(14) за 17 апреля 1990 г.)".

Отступление, завершающее тему

Вот я заново просматриваю текст, – ту его часть, что сохранена для нынешней публикации. Сегодня читатель знает – нет Артема Боровика. Нет и самого Семенова. А вот о чем читатель может не знать – о том, что Плешкова нет тоже: мне рассказывал Лимонов, как Плешков вскоре после визита в Штаты, когда мы с ним и познакомились, приехал в Париж, чтобы подписать договор о публикации нового романа Эдика в изданиях "Совершенно секретно".

Утром они должны были встретиться в городе, Плешков не пришел. Лимонов позвонил в гостиницу и услышал: ночью Плешков умер. Отравился, что-то съел за ужином. В Париже? В недешевой гостинице? Кто теперь объяснит, кто ответит... Никто по сей день и не ответил. Вот оно – "совершенно секретно".

...Годы спустя мне кажется уместным завершить текст выражением, придуманным именно Семеновым. Итак, информация к размышлению: число погибших журналистов только в России в 2005 году составило 47 человек – это по официальным сведениям. А до того были: Листьев... Щекочихин... Боровик Артем... Хлебников... Это те, чьи имена пока на слуху. А всего в мире – сколько их? И сколько их еще будет?..

И ещё: вот текст подписи к фотографии, служившей также и заголовком статьи о Юлиане Семенове: "В триллерах Юлиана Семенова злодеи – сотрудники ЦРУ, – и некоторые говорят, что их автор работает на КГБ" (Журнал "Пипл"). Оставим же эту информацию на совести редакции популярного американского журнала.

Апрель 1990 г. – Май 2006 г.

Глава 7. Семь жизней писателя Владимира Кунина

Да – книги его изданы во многих странах и на многих языках... Но ведь то же происходило совсем, кажется, недавно с томиками Севелы или иначе, скажем, с романами Тополя. Признаюсь: подаренные автором при нашем знакомстве книги я сумел прочесть уже после встречи – и вот тогда многое, о чем я лишь догадывался, беседуя с Куниным, стало объяснимо и достоверно. Я говорю прежде всего о совершенно замечательной личности, стоящей за книгами моего недавнего собеседника. Американцы называют это "персоналити" – и я не знаю, как лучше сказать это по-русски.

* * *

От главы – к главе... И каждый раз, когда кажется – всё, никого не упустил вспомнить: а это ведь, как снова пережить первую встречу, и многие встречи – потом. И потом еще и еще... Вот – Кунин.

Еще задолго до нашего знакомства я знал, что на его счету множество киносценариев: вот его „Интердевочка“, эта лента оказалась выплеснута одной из первых на гребне гласности за пределы России, и как-то сразу покорила западного зрителя – ее стали знать везде. Это потом уже, после нее пришли на Запад Михалко́вские ленты, потом был „Такси-блюз“ Лунгина, повторяемый и по сей день кабельными телеканалами...

Кунин прежде всего писатель, сценарист – это производное: книги его изданы, они продолжают издаваться, и не только по-русски... Вот и теперь не забывает Володя, – дальше в тексте я так и буду звать Кунина по имени, сохраняя в обращении к нему тогдашнее «вы» – прислать мне новый, только вышедший томик: мы дружны уже больше полутора десятка лет, это точно.

– Вообще-то, жизнь моя, начиная лет с 15, была бурной и путаной... – задумчиво рассказывал он в тот раз. – Творческую же ее часть правильнее отсчитывать с начала 50-х, когда я в цирке работал акробатом...

– Акробатом?.. – я подумал, что ослышался.

– Я был двукратным чемпионом Союза по акробатике, – невозмутимо продолжал Кунин. – Потом начал проигрывать соревнования по возрасту – мне уже стукнуло 28 лет, и тогда я ушел работать в цирк.

Теперь я счел уместным, не высказывая удивления, просто смолчать...

– У меня было два номера, включавших в себя рекордные трюки, – и однажды на детском утреннике я, работая без страховки с партнером, разбился. Тогда же я, пока отлеживался в госпитале, написал рассказ. Тяга к исповедальной, какой-то маленькой прозе у меня появилась вдруг, и совершенно непонятно почему. Рассказ получился такой, я бы сказал, сладкий – а в нем я написал все, что знал про цирк.

Приехавший случайно в наш город главный редактор журнала „Советский цирк" Анатолий Иванович Котляров спросил меня: „Это правда, что ты написал рассказ?". – „Правда", – сказал я. Он прочел этот чудовищный, слабый, каким я вижу его сегодня, рассказ и... напечатал его. Видимо, что-то его поразило – ну, как если бы обезьяна заговорила вдруг человеческим голосом. Тем более, что подписал я рассказ так: „Владимир Кунин, артист цирка".

В общем, с полгода провалялся по разным больницам – начиная от Средней Азии, где это со мною произошло. Долго лежал в Москве, в Центральном институте травматологии и ортопедии (ЦИТО), где меня собирали по частям с моими одиннадцатью переломами. Тогда-то я написал еще рассказ и повесть „Местная анестезия", которые, надо думать, напечатали уже из жалости ко мне. А когда я вышел – ручонка одна у меня не работала... И вдруг – приглашение собственным корреспондентом в журнал „Советский цирк".

Ручонка... Помню, слушал я Кунина не перебивая, и только отмечал про себя его удивительную манеру произносить слова: каждое он выговаривал отдельно и отчетливо, и звучало оно как-то штучно, будто по-конфетному завернутое в красочную обертку, и оттого очень самостоятельное и значащее.

– И начались мои командировки, – продолжал рассказывать Кунин. – Я снимал комнату в Москве на Маросейке – и мотался по различным циркам страны, писал корреспонденции, фотографировал. И за это время напечатал около 80 очерков и статей – до тех пор, пока в одном из них не описал бедственное положение артистов передвижных цирков. Собралась коллегия Министерства культуры, и я был изгнан „за пасквиль", „за очернение действительности".

А спустя месяц – неожиданное приглашение спецкором в газету „Советская культура": говорили, Фурцева, тогдашний министр культуры, поспособствовала. После этого особых гонений я не чувствовал – разве что, когда получил из Франции приглашение от Марселя Марсо принять участие вместе с маленьким сыном Вовой во встрече Нового года в его театре, наше Министерство культуры ответило, что месье Кунин так занят, так занят, что не может выехать. И вообще, вся советская журналистика держится на нем, так что, пожалуйста, не трогайте его...

– А каким образом Марсель Марсо узнал о вас? – поинтересовался я.

– Впервые посетив Россию, он подарил журналу „Советский цирк" свои рисунки и маленький очерк – его впечатления о Москве. Тогда-то мы и познакомились с ним и с его переводчицей Лизой Муравьевой, потомком – не больше и не меньше – Муравьевых-Апостолов, вернувшейся недавно из Парижа, где она родилась и выросла.

Этот период своей жизни Кунин вспоминал с очевидным удовольствием:

– Марсо попросил, чтобы мы сопровождали его в поездке по стране. И мы месяц были с ним вместе и, надо сказать, жутко подружились. А спустя несколько месяцев он прислал мне приглашение...

– И после отказа знаменитый мим всё понял и, как всегда, смолчал, – не удержался я от шутки.

– Ну, естественно. А потом была моя статья «Это вам не стационар» – после чего я был изгнан уже отовсюду. Статья, действительно, выглядела антисоветской. Я вернулся домой, в свой родной Ленинград, и сел писать киносценарий. Сценарий, который назывался „Я работаю в такси". После демобилизации я действительно работал в такси – а куда бедному летчику податься было?

– Что, что – летчику? – Да, было чему изумиться...

– Я восемь лет был военным летчиком, – невозмутимо продолжал мой собеседник. – Поэтому и хотел начать разговор с того периода, который мне представляется более бурным и забавным, чем вся моя остальная жизнь – включая и писательскую деятельность... Это потом я стал профессиональным сценаристом, и с тех пор по моим сценариям было снято 32 фильма. Мне, конечно, повезло редко....

Словом, возник сценарий "Я работаю в такси", а режиссер Лев Цуцульковский на Ленинградском телевидении снял картину, где главную роль шофера такси исполнил блистательный актер того времени, к сожалению, ныне покойный, Ефим Копелян. Картина получилась довольно посредственная – но ее все равно никто не увидел; распоряжением ЦК партии она была запрещена в день объявленной премьеры с формулировкой, звучащей примерно так: "Все отвратительное, увиденное Куниным из окна его автомобиля, когда он работал в такси, он втиснул в этот сценарий".

Произошел беспрецедентный случай: картину не просто запретили, но смыли ее негатив – то, чего вообще никогда не бывало. Это уже стараниями первого секретаря Ленинградского обкома господина Толстикова, который хотел быть святее Папы Римского. Что, впрочем, дало возможность режиссеру Цуцульковскому впоследствии говорить, что он снял блистательный антисоветский фильм. На самом же деле, картина была полное дерьмо.

По художественным достоинствам, по сценарным и режиссерским – в одинаковой степени. Было в ней все плохо! К тому же, попала вожжа под хвост партийным деятелям

– и они обрушились на картину. Да и шла она во временной параллели с хуциевской "Мне двадцать лет", которую тогда же разгромил Госкино. Бред сивой кобылы – постольку-поскольку та была произведением искусства, а наша "Я работаю в такси" – посредственной поделкой.

– Вы что, и сами увидеть ее не успели? – не мог поверить я.

– Никто не успел. Ее сняли с премьеры 3 января 1963 года. Картина была закрыта, а я потерял возможность следующие четыре года подписывать собственной фамилией любую корреспонденцию и работал под чужим именем.

– Но хоть копии какие-то остались?

– Ничего. Картина была уничтожена полностью – такого в отечественном кинематографе еще не было. Я же начал перебиваться с хлеба на квас, пописывая всякие "Голубые огоньки" под чужими фамилиями, делясь с теми, на кого я выписывал гонорары. А поскольку я всю жизнь при автомобиле (тогда у меня была старенькая "Победа"), я "халтурил" по всему городу. Кепочку на глаза, чтобы никто не узнал (перед этим я много раз вел передачу "На арене и за кулисами" по телевидению, так что меня в лицо знали достаточно хорошо), надевал старую кожаную летную куртку, поднимал воротник – и "вам куда?".

Так вот мы жили.... А за это время я написал сценарий "Хроника пикирующего бомбардировщика". Помните, там у режиссера Наума Бирмана снимались Олег Даль, Гена Сейфулин, Лева Вайнштейн, Толубеев... И эта рукопись каким-то образом (сам я и по сей день не очень пробивной человек) и стараниями моих друзей попала к замечательному писателю. Я говорю о крайне, на мой взгляд, неординарном во всех своих оценках – как в любви, так и в ненависти – человеке, о Юрии Павловиче Германе. Он мне вдруг позвонил – и это было, примерно, как если бы маршал Рокоссовский спрыгнул в окоп к бедному солдату. Я жил тогда в крохотной коммунальной квартире, жена Ира фактически кормила нас с ребенком – она была художником по костюмам в театре. Я же почти ничего не зарабатывал...

Он сказал: "С вами говорит Герман". Я не мог себе представить, что мне может позвонить САМ ГЕРМАН, и послал его подальше, думая, что кто-то из моих друзей подобным образом развлекается. Словом, я бросил трубку и тут же раздался второй звонок – после чего я уверовал, что это действительно Герман. Он пригласил меня на дачу, я приехал – и он стал говорить, как понравился ему мой сценарий. Тут же при мне он позвонил знаменитому режиссеру Иосифу Ефимовичу Хейфицу и попросил заключить со мной договор.

Так вот, собственно, и началась моя кинематографическая жизнь. Это был 65-й год. Вскоре, по настоянию того же Германа, вышла моя первая книга в издательстве "Молодая гвардия". В ней были "Хроника пикирующего бомбардировщика", повесть "Я работаю в такси" и двенадцать рассказов, которые назывались "Про цирк и не про цирк".

– И против публикации "Я работаю в такси" не было возражений? – Я помнил, что там, в верхах, так просто ничего не забывалось. И не прощалось.

– Представьте себе, книга легко проскочила через ЦК комсомола. Называлась она "Настоящие мужчины". За "Хронику пикирующего бомбардировщика" я даже получил литературную премию ЦК ВЛКСМ и Союза писателей – "имени Н.Островского" – о чем я с гордостью рассказывал всем в течение года, а потом и сам о ней забыл.

Так я и стал профессиональным сценаристом. Мне, конечно, повезло редкостно. Хотя звание Заслуженного деятеля искусств по давно поданному на меня представлению мне не присваивали, и когда я спросил "почему?", кто-то из высокопоставленных чиновников, прекрасно относящихся ко мне, ответил: "Знаешь, старик, ты у нас ведущий мелкотемщик! Ты не улавливаешь момент – поэтому у тебя нет звания". Вот и все!

На самом деле, из 32 картин мне самому нравятся только 5... все остальные средненькие. Хотя, смею думать, картины были все же хуже сценариев – говорю я сейчас столь нахально, поскольку во времени, да и по существу, отодвинулся от всего этого и могу взглянуть со стороны. Только от пяти картин я получаю удовольствие – от воспоминаний о них. От каких? Ну, прежде всего, ”Хроника пикирующего бомбардировщика“. Наивная картина – но наивно было и время.

Мы были наивны, взгляд мой был наивен и чист. Картина действительно оказалась сделана очень неплохо – и она завоевала популярность, и была продана в 50 стран. Да и по сей день она идет по телевидению. А ведь столько лет прошло... Это была моя первая картина. Второй, – которая мне нравится, – стала ”Старшина“ – очень неплохая картина, с превосходным актером Владимиром Гостюхиным. Режиссером был Николай Кошелев, и за эту картину мы получили Государственную премию им. Довженко. Потом – ”Трое на шоссе“ (снимал ее Анатолий Бобровский) с А.Джигарханяном, В.Акуловой и В.Невинным – рассказ о тяжелой, не всегда праведной работе водителей грузовиков-дальнерейсников.

Я всегда пишу о том, что пропустил через себя, – и в этот раз я на зиму сам пошел работать водителем тяжелого 24-тонного грузовика с холодильной установкой-рефрижератором. Не скрою, я играл в их игры – и заработал больше, чем получил за сценарий. Сценарий шесть лет пролежал в Госкино, поскольку считалось, что Кунин в нем идеализирует бандитов. ”Бандиты“ – это шоферы-дальнерейсники, которые восполняли все огрехи государства по непоставке продуктов и фруктов в дальние сибирские районы из центральных, подменяя собой государство. И, естественно, хорошо зарабатывали на этом.

Это был год, когда умер Брежнев. На съемки мы приехали в Карпаты. Я вспоминаю, как замечательно работали дальнерейсники: брали государственный груз из Ленинграда, предположим, во Львов – расстояние 1620 км. Я приходил во Львов, разгружался, за 25 рублей покупал у диспетчера штамп, справку, что обратного груза нет (это в то время, как сотни тысяч тонн гнили под дождем и снегом), и уходил в Карпаты через один из перевалов – Раховский, Межгирский или Мукачевский.

Я с пустым, но запломбированным фургоном в 17 метров длины шел через перевал по обледенелым горам, приходил и становился под яблочки: 372 ящика по 32 кг каждый, не греши – отдай, помещались в "фуру", в мою чешскую АЛКУ. Мы сговаривались за 2500-3000 рублей, что увезу я их в Тольятти – а это еще 2450 км. Клиенты ночью грузили ящики, потому что был строго запрещен вывоз фруктов. Тайно, чуть ли не огородами, я должен был пересечь перевал – на каждом дежурила милиция.

– А как же пломба? – удивился я. – Пломбу-то как восстанавливали?

– Что ж, у уважающего себя водителя, думаете, нет пломбиратора? – даже с некоторой ехидцей рассмеялся Кунин. – Вот так! И шел я ночью.

На такой машине положено ехать не больше 320 км в сутки, или 10 часов, – а мы делали по 500-600 км. Все так делают, чтобы сэкономить время. Я должен был, пройдя перевал, получить некую сумму от клиентов, которые вылетали самолетом на конечный пункт. Это были деньги для "отстрела" от милиции – каждый перевал стоил от 300-400 рублей (и это были очень большие деньги). В ночь милиционер зарабатывал на этом перевале до 5-6 тысяч.

Естественно, из них следовало "отстегнуть" секретарю райкома, председателю горисполкома – и самому ему оставалось рублей пятьсот. Милиционеры были не менее опытные, чем мы. И вот, представляете: подъезжаешь, у тебя все опломбировано, и липовые документы, что везешь госгруз, а он смотрит на задние оси фургона и говорит: 32 ящика, 11 тонн 600 кг нагрузка. И в морозном воздухе яблоками пахнут эти 12 тонн, как ты фургон не опечатывай. Ты говоришь: "Ну, сколько тебе, командир?" – "А то ты не знаешь расценок", – отвечает он. И ты ему отсчитываешь.

– Ну, вот: а говорят, что рэкет – что-то новое для России... – прокомментировал я.

– Ничего подобного. Я этот рэкет на себе испытал. Помню, был у меня совершенно замечательный случай:

”Сколько стоит проход Киева?“ – спрашиваю. ”Стольник!“ Прекрасно! Мороз минус 12. Подкатываю со стороны Мукачевского перевала. Вдруг выскакивает парень в полушубке. В свете прожектора видна морда – картинно пересеченная шрамом, в руках светящаяся палочка. ”Стоять! Стоять! Вправо!“

Останавливаюсь... Я сижу высоко, в большой кабине. И у меня диктофон, очень серьезный по тем временам диктофон был, он включался на звук голоса и выключался автоматически. Под свитером – чувствительный микрофон, как пуговичка. И я, зная, что ему надо дать сто рублей, протягиваю четвертак. Мне интересна его реакция. Он так палочкой нежно отводит мою руку и говорит: ”Питерский? Ты же интеллигентный человек. Ну как же можно мне, офицеру, коммунисту – 25 рублей“. – ”Слушаю тебя, командир, – сколько?“ – ”Стольник, естественно!“

Я говорю: ”Правильно! Ты сейчас с меня возьмешь стольник, так я сейчас пройду Киев, а в Броварах, на выходе – следующий стольник. Обижаешь, командир!“ – ”Хорошо, говорит, – еду с тобой!“ – ”Садись!“

Он садится ко мне в кабину и едет со мной через весь Киев. И когда на следующем КП на выезде из Киева выскакивает второй такой и кричит: ”Стоять! Принять вправо!“ – мой вылезает и говорит: ”Вася, все нормально, все уплачено! Фирма гарантирует!“. Я говорю: Спасибо, командир!“. Он отвечает: “Спасибом не отделаешься, пришли еще пятерочку”. Я говорю: “За что? Я же тебе стольник отслюнил!”. – “Как за что – ну, а на такси? Мне на свое КП возвращаться, не могу же я из этих денег платить!” – возмущается он.

Попал мой сценарий к заместителю министра МВД Борису Владимировичу Заботину, генерал-лейтенанту, бывшему прокурору Ленинграда: у Анатолия Бобровского он был постоянным консультантом всех картин, которые тот снимал по Ю.Семенову. Прочел Заботин сценарий и спросил: “Владимир Владимирович, откуда вы все это знаете?”. Отвечаю: “Я проработал несколько месяцев водителем!”.

– "Вы что, писали на магнитофон?" – Я говорю: "Да". – "И пленочка сохранилась?" – Я говорю: "Да". – "Умоляю, уничтожьте!" – сказал он при Толе Бобровском. – "Пристрелят!" – "Кто?" – "Наши!".

И я уничтожил. Но хорошая получилась картина. Это была третья. А четвертая картина, которая мне нравится, – "Чокнутые". Вот, „Чокнутые", например, – эту ленту снимала Алла Сурикова на „Мосфильме". Это была сатирическая история постройки первой железной дороги Петербург–Царское село длиною в 20 верст. Эпоха – николаевская Россия. Я же сумел сделать историю 150-летней давности абсолютно актуальной, по сегодняшнему дню. Там снималась замечательная когорта актеров. Ужасно смешная картина вышла – веселая, милая. Прекрасно снята операторски.

И пятая картина, последняя – «Ребро Адама», которую я привез в Штаты. Она получила призы на многих международных кинофестивалях, в 1992 году в Италии я получил за этот сценарий Главный приз итальянского кинофестиваля «Золотой Флайяно» – как лучший сценарист года. В «Известиях» была статья: «Американцы купили „Ребро Адама" сходу». Тогда был коммерческий фестиваль в Нью-Йорке, она и здесь, в Калифорнии шла, многие её видели. Поставил фильм Вячеслав Криштофович.

А было так. Меня пригласил Гия Данелия и предложил написать для одного киевского режиссера сценарий.

– Да не буду писать я, – сказал я. – Не хочу этим заниматься.

Я был как раз в том состоянии «фавора», когда мог отказываться от конкретных договоров. Данелия же сказал: «Послушай, я хочу пригласить его в Москву, но ему нужен крепкий сценарий, попробуй написать!»

– Кто такой, поинтересовался я.

Он говорит: «Вячеслав Криштофович».

И я вдруг вспомнил эту фамилию: как раз незадолго до этого я был членом жюри Бакинского кинофестиваля, посмотрел 45 хреновых картин – и одну прелестную вне конкурса. Это как раз была картина Криштофовича.

– Для него напишу! – хотя, повторяю, я был совершенно не знаком с ним. Мне дали материал: когда-то купили какую-то полупьесу, полуповесть у писателя А.Курчаткина. Я прочел и сказал: нет, это я писать не буду! Если хотите сберечь ваши деньги, уже заплаченные за экранизацию, договоритесь с Курчаткиным, чтобы он выдал мне индульгенцию, и смог бы писать, что угодно. А потом припишем – «по мотивам повести», о-кей? Они договорились, и я сел писать. На следующий день из Киева прилетел Вячик Криштофович с бутылкой виски, постучал ко мне в дверь. А я, признаюсь, был после сильного перепоя в Доме кино – мы что-то там праздновали. Раздался стук в дверь: "Владимир Владимирович, вы пьете с утра?". Я говорю: "Кто ты такой, милый?". – "Криштофович". – Я говорю: "Заходи, заходи!".

В общем, я с удовольствием писал для него сценарий, а он с удовольствием снимал.

Во всяком случае, картина получила полное признание в Каннах, получила многие призы, хотя на нее и не рассчитывали, как мне рассказывал потом Гия Данелия, ставший свидетелем этого успеха. Две картины – "Цареубийца" Карена Шахназарова и еще какая-то картина, я не помню названия, выставленные на конкурс, потеряли своих зрителей на третьей или четвертой части. Люди уходили толпами. А когда показали вне конкурса "Ребро Адама", эти чопорные господа, привыкшие к кинематографу, 15 минут аплодировали стоя. После чего генеральный директор "Мосфильма" Досталь умудрился, как полный чудак (здесь, признаюсь, мой собеседник употребил созвучное приведенному слово. – А.П.), продать картину французам за 25 тысяч долларов.

– Это много или мало? – поинтересовался я.

– Гроши! Я только за сценарий беру 75 тысяч. Вы понимаете, а он картину готовую продал за 25!

Бред сивой кобылы....

– А почему же Досталь ее продал? Он что, обладал такими правами?

– А как же – он генеральный директор "Мосфильма". И он – продюссер. В своем кинематографе мы прав не имеем. Ни из одной страны мира я ничего не получил, хотя французы эту картину блистательно перевели и субтитровали на все языки. Я приезжаю недавно в Израиль – она идет в Израиле...

Еще была картина "Разрешите взлет!" с покойными Толей Папановым и Майей Булгаковой. Режиссеры Наташа Трощенко и Толя Вехотко.

Сегодня я сознательно не упоминаю среди нравящихся мне картин "Интердевочку", наделавшую много шума (книга была издана в 23 странах и переведена на 17 языков, общий тираж ее – 3.250.000 экземпляров). Сценарий я писал не на Яковлеву, а на Татьяну Догилеву. Мы с Петром Тодоровским, снявшим картину, были очень дружны до этих съемок, потом как-то разошлись в оценках некоторых ситуаций, и отношения у нас, к сожалению, охладели...

– А не приходило ли в голову сделать сценарий автобиографический – мне кажется, картина вышла бы вполне захватывающая...

– Раньше я все время эксплуатировал свою биографию, за исключением одной ее страницы – той диверсионной школы, выпускником которой я являлся: тогда все было засекречено, и я давал подписи ничего не разглашать...

Признаюсь, здесь я онемел: еще и диверсионная школа!..

А Кунин невозмутимо продолжал.

– Я действительно боялся за свою жизнь и за жизнь близких – жены, сына. Мало ли что могло произойти, только открой рот! Поэтому всю свою военную биографию, начиная с Ташкентской военно-авиационной школы, куда был направлен, я никогда не упоминал.

Теперь я уже понимал, что не ослышался, и что авиационная школа – тоже, может быть, не последняя деталь, которую еще упомянет мой собеседник. И он говорил:

– Последнее же время я на все "забил болтище" в Союзе еще и, не уезжая оттуда, решил, что события столь давние имеют право на опубликование. Может быть, когда-нибудь я об этом и напишу. Но в интервью я довольно нахально об этом рассказывал. Дело в том, что в эту школу я попал в 15 лет, будучи в эвакуации в Алма-Ате – прямо из тюрьмы, где я сидел за групповое вооруженное ограбление.

Ну, вот. Честное слово, я больше ничему не удивлялся и лишь молча слушал.

– Та банда, к которой я, бежав из детского дома, примкнул, попалась на ограблении продуктового ларька – и я оставался довольно долго под следствием, поскольку на нас висело убийство сторожа. Прихлопнули-то его взрослые 18-летние ребята, двоим дали 12 и 10 лет. А нас, малолеток четверых....

– Подставили, что ли?

– Да нет, не подставили: мы выгружали "товар", потом объелись краденым печеньем, пытались что-то продать – а на третий день нас взяли. И не знали, что с нами делать – мы не подходили под соответствующую статью. Так что я отсидел 4 месяца в следственной тюрьме в Алма-Ате. Я даже потом возил Вовку своего показывать, где папа сидел за неблаговидные поступки... Но вот вдруг появились у меня в камере два человека в штатском и начали расспрашивать о родителях. Мама к тому времени умерла в блокадном Ленинграде, отец на фронте снимал фронтовые киносборники – он был кинорежиссером.

На всякий случай, я сказал, что папа умер. Это было, конечно, свинство с моей стороны, это было чудовищно и отвратительно. Ну, я настолько боялся, я настолько любил его и боялся, что ему скажут, что я сижу в тюрьме за вооруженное ограбление, – что "похоронил" папу. Чему они, кстати, очень обрадовались. Им не нужны были люди с корнями. Меня они спросили: "Не хочешь ли ты искупить свою вину?". Я ответил: "Да! Я готов идти на фронт защищать Родину!". И еще я сказал им: "Немедленно дайте мне оружие, и я побегу на фронт!".

А на следующий день приехал еще один. В руках он держал папку – мое уголовное дело, где были мои фотографии в профиль и анфас. Здесь же, в камере, мне вручили комсомольский билет – причем, фотография была вклеена в него из уголовного дела. Потом в закрытом "воронке" долго везли меня куда-то, и я не видел куда: кузов был совсем глухой, только по звуку двигателя догадывался, что мы идем в гору.

В общем, я попал в школу альпинистов-диверсантов под начало полковника НКВД, заслуженного мастера спорта Погребецкого, знаменитого альпиниста. Мы были разбиты на пятерки, в которых собрали таких, как я – из тюрем. Мальчики эти были готовы на все, они были способны перерезать глотку кому угодно. И они ничего не боялись. Чему нас там только не учили – и слалому-гиганту, и скоростному спуску, и стрельбе на скоростном спуске, и умению 250-граммовой толовой шашкой сделать 200-тонный снежный обвал.

И восхождению на "кошках" по глетчеру, скалистому льду. И еще тому, как убить ножом с расстояния 12-15 метров или как заливать свинец в рукоятку, чтобы нож лучше входил в человека. Мы штурмовали пик Сталина и пик Туюк Су на высоте 4000 метров, у нас кровь из ушей шла, потому что 50-52 килограмма весили только амуниция и немецкий автомат "шмайсер" – у нас тогда коротких автоматов не было. Широкий пояс с толовыми шашками, на груди, как у грузинского лихого всадника, газыри, а в газырях, напротив сердца – взрыватели: шлепнуть по ним, и они взрывались.

Сердце вырвет у тебя, разлетишься на части, если будешь неосторожен. А еще связка бикфордова шнура, и ледоруб, и альпеншток, и "кошки", и связка альпийского троса... Короче говоря, 52 кг веса – и еще рожки для автомата боевые, и нож у тебя висит, и связка скальных крючьев, и вязанка дров, чтобы согреться, потому что на леднике растительности нет. Обучали нас пленные немцы из группы "Эдельвейс" и русские наши бандиты из НКВД. Нас готовили для высадки на Карпаты или в Италии.

Первую группу – 14 человек – выбросили, как мы потом узнали, где-то в Италии. Но перед этим немцы получили точную информацию, и вся группа опустилась мертвая – их расстреляли просто в воздухе. После чего взяли с каждого из нас расписку о неразглашении – и школу расформировали. Ребят, кто успел окончить 8 классов, направили в Ташкентское военно-авиационное училище, откуда я потом был переведен во 2-е Чкаловское военно-авиационное училище.

Летал на пикирующих бомбардировщиках с 43-го по 52-й год, счастливо дослужил до демобилизации. Летал и на Пе-2. Это были тяжелые, но скоростные самолеты. Говорили, что летать на "пешке", как их называли, – много страху и мало удовольствия. В 19 лет я стал командиром звена пикирующих бомбардировщиков. У меня в звене было 9 человек летно-подъемного состава, 12 человек технического состава и три аэроплана. А в 24 года меня демобилизовали – по сути дела, выбросили на улицу...

В гражданской жизни я ничего не умел делать: я умел летать, бомбить, стрелять. Только стрелять теперь было не в кого и бомбить нечего. Половина наших ребят, оказавшихся в схожей ситуации, спились. А ведь это был цвет военной авиации! Кто-то пытался устроиться в гражданский флот – но наших туда не брали: это же "звери" (в авиации так прозвали истребителей, штурмовиков и пикировщиков), – рассуждали начальники, – ответственности у них нет никакой, посадишь такого за штурвал – а сзади пассажиры... Нет, уж лучше не надо.

Я занимался всю жизнь спортом и теперь продолжал заниматься им. Ночью работал в такси, утром учился в Институте физкультуры имени Лесгафта – и, в общем-то, закончил его. Дело прошлое – но сначала пришлось пойти на барахолку на Обводной канал, где был мною куплен за 500 рублей аттестат зрелости, "свидетельствующий" о том, что я закончил некую смоленскую школу. Как демобилизованный, я поступил в институт без всяких экзаменов и счастливо проучился 4 года – до мандатной комиссии, пока ее члены не разобрались, что аттестат у меня липовый: печать на аттестате смоленской школы была датирована тем временем, когда в Смоленске ни одна школа не работала. Словом, меня вышибли из института за три месяца до экзаменов, чем и подарили мне возможность писать во всех анкетах, что у меня незаконченное высшее образование. Хотя учился я хорошо и меня даже в аспирантуре оставляли...

– Ну ладно, пусть не сценарий "по мотивам" своей жизни – но хороший роман может написаться... – подумал я вслух.

– Да нет у меня времени для романа. Да и вообще – надоело писать романтические вещи. Я после "Интердевочки" решил, что буду писать сказки. Такие, как "Иванов и Рабинович". Или как "Русские на Мариенплац". Сказки, построенные на абсолютно реальной основе, но с придуманными героями и сюжетом. Они могут быть веселыми или грустными. Я хочу сочинять, мне остоедренил реализм. И вообще, последние 68 лет, я к счастью, не потерял ни одного желания. Я потерял возможности многие, но желания у меня остались довольно серьезные, сильные, иногда просто затмевающие здравый смысл. И потому я хочу писать сказки. Мне это интересно...

– Как и когда уехали вы с Ириной из России? – вопрос, с которого было бы логично начать нашу беседу. Но пришел он почему-то только сейчас.

– Я жил в Ленинграде. А год назад я получил разрешение на постоянное местожительство в Германии. Дело в том, что я нахожусь на несколько особом положении. Мои книжки были неоднократно изданы в Германии. И не было там, наверное, ни одной газеты, которая бы не написала обо мне и не напечатала бы мою фотографию, где я неизменно похож на провинциального опереточного тенора. Вот "Русские на Мариенплац" – история вся фантастическая, выдуманная, но я полтора года собирал для нее материал. А потом еще 17 месяцев сидел и писал. Там, на месте, я собирал материал среди гамбургских полицейских, мюнхенских рэкетиров, членов мафии, наших военных перебежчиков, иммигрантов...

– Но почему – Германия? – поинтересовался я.

– Объясняю. Дело в том, что когда вышла "Интердевочка" – уже пятым или шестым изданием в Советском Союзе – дома у меня раздался звонок: "Здравствуйте, с вами говорит Лев Ройтман, издатель из Мюнхена. Я звонил в журнал "Аврора", но, по-моему, на крейсер "Аврора" дозвониться легче, чем туда, – поэтому я разыскал ваш телефон. Могу ли я издать вашу книгу здесь?". Отвечаю: "Можете. Ради Бога!". Он прислал мне контракт и аванс – 1000 марок, а потом, когда книга вышла, он пригласил нас.

Я почти всё написал в Доме творчества, оставаясь месяцами в одной и той же комнате, в одном и том же Доме творчества "Репино" Союза кинематографистов, где у меня был свой номер. Жил я там в среднем от четырех до восьми месяцев в году. Но вот, получив деньги за издание книг, я поселился в Мюнхене, где смог снять квартиру и где продолжаю работать. Там написана, в частности, "Русские на Мариенплац". И сейчас я воспринимаю Мюнхен как Дом творчества, поскольку живу вдали от своего дома – у меня квартира прекрасная в Ленинграде, и библиотека, многие тысячи томов.

Когда мы в последний раз приехали в Мюнхен, я захватил с собой 500 штук книг для работы и десятка полтора картин, картиночек и рисунков, подаренных мне в разное время разными моими друзьями-художниками. Общего весу этого багажа набралось на шесть с половиной центнеров. А я, между прочим, заплатил по 1,37 доллара за кг, чтобы весь этот груз летел вместе со мной одним самолетом...

– И что – в этом "Доме творчества" вы фундаментально обосновались?

– Не сказал бы. У меня сейчас небольшая квартирка в прелестном доме, в очаровательном районе города. В квартире факс, телефон... Но после того, что произошло в нашей стране, все эти события.... я решил для себя: пока не поставлю все на свои места или не приду к логическому жизненному завершению – не уеду отсюда. Тем более, что усилиями еврейской общины и Министерства культуры Баварии, я получил право на постоянную визу. Немецкий у меня отвратительный. То есть абсолютно никакой... так, наверное, говорит макака, которая свалилась с баобаба на землю. И, тем не менее, я общаюсь, разговариваю, иногда даю интервью.

И никакой ущербности при этом не ощущаю. Я скучаю только по внучке – но недавно был у меня в гостях генеральный консул России в Мюнхене, мой почитатель, он обещал сделать все возможное, чтобы я смог забрать ее на несколько месяцев к себе. Все! Больше ничего. Мы с женой живем друг для друга – и крайне ограничили себя в выборе приятелей или друзей. Я зарабатываю в Германии, получаю гонорар из России, и этого вполне достаточно, чтобы позволить себе, например, поездку в Америку, снять гостиницу, взять машину в аренду, пригласить 8-10 друзей в ресторан. А когда денег нет, я тоже не очень нервничаю: мало ли было случаев, когда у меня их не было. Ничего страшного.

Хожу ли в кино? Практически нет. Только на премьеры – когда приглашают знакомые режиссеры. Все остальное смотрю по телевидению – и, к тому же, у меня прекрасная фильмотека: помимо книжек я привез с собой 110 кассет, на которых примерно 200 лучших фильмов мира, с превосходным русским закадровым переводом лучших переводчиков Советского Союза. Нет, я не испытываю никакой ущербности.

Я дружу с несколькими семьями, из них две немецкие. Это состоятельные серьезные люди, которые нас очень любят, и мы к ним прекрасно относимся.... Что же касается новинок российского кино – сегодняшний стиль его я категорически не приемлю, его плакатность, эклектичность. Сейчас там множество новых людей, свои связи и свои дела. У меня, бывало, по 2 картины за полтора года выходило, но я никогда не был в так называемых тусовках. И никогда не занимался всякими там союзными делами – хотя я член Союза кинематографистов и член Союза писателей уже больше 25 лет.

За все это время, верите ли, я умудрился не быть ни на одном собрании. Мне это просто не интересно. Я всегда дружил с шоферами-дальнерейсниками, летчиками гражданской авиации – таких друзей у меня пруд пруди. Они и теперь книжки мои и гонорары из-за границы привозят. Меня, признаюсь, тошнит от, так сказать, снобистско-корпоративного единства, которое называется "террариум единомышленников"... И если я редко смотрю русские фильмы, то читаю много – больше периодику.

Каждую неделю, если я не получаю кипу газет от друзей из "Свободы", иду и покупаю долларов на 20 российских газет, которые, кстати, у нас чрезвычайно дороги – даже по сравнению с магазином в Лос-Анджелесе, где я накупил много прессы: я в два с половиной раза дороже плачу в "Интернэшнл пресс" на Главном вокзале в Мюнхене...

Что же касается состояния российского кинематографа – по-моему, происходит полнейший его распад, притом идет в нем активная погоня за деньгами. И хотя она идет во всем мире – но самое большое несчастье в том, что в России наиболее способные к тому, чтобы достать деньги на фильм, оказываются наименее способными потом в кинематографе. Деньги попадают к людям неталантливым. Редчайшая удача, предположим, досталась, Валерию Тодоровскому, сыну Петра, – его я считаю несомненно талантливым, и у него как раз получается достать деньги на картину. Я мог бы назвать еще два-три имени.

Российский прокат не приемлет своих картин, экраны забиты американскими вестернами, триллерами, боевиками 20-25-летней давности, купленными за копейки. И его боссы собирают обильную жатву. К тому же, сейчас уже не так часто ходят в кино – по целому ряду других причин. Те же самые "Санта-Барбары" по 150 серий или "Богатые тоже плачут" приковывают среднего зрителя, который нес раньше свой рублишко в кассу кинотеатра, к телевизору – и он это хавает без конца. Да и просто стало опасно.

Опасно теперь по улицам ходить! Я же, когда раньше приезжал в Ленинград, вынужден был много ходить, да еще с пистолетом – гараж мой далековато от дома, за полтора километра. Здесь же, в Мюнхене, я могу въехать к себе в дом прямо к лифту и подняться в квартиру из гаража. Так что пистолет, поняв, что не скоро вернусь в Россию, я подарил приятелю, которому продал гараж.

И все ж, я думаю, может начаться возрождение русского кино, может – если придут какие-то люди, не просто желающие, как раньше, отмыть свои деньги или получить не 17-18 процентов прибыли от затраченных средств, а сразу 100 процентов... Если это произойдет и если возьмутся за дело интеллигентные, я подчеркиваю, деловые люди... Может быть, тогда пойдет возрождение хорошего русского кино. Хотя, честно говоря, процент моей надежды на это крайне ничтожен. Ибо сейчас российское общество захвачено одной мыслью – "выжить!". Не нажить, а именно выжить. Нажить – это лозунг малой части людей. Остальные же хотят просто выжить, не более того, и молят господа Бога, чтобы он помог удержаться на плаву. Не говоря о том, что они потеряли почву под ногами. Эти несчастные пенсионеры-старики, которым нечего есть, и которые просто подыхают с голоду, умирают от дистрофии. Я знаю такие случаи...

Здесь голос моего собеседника сорвался, он замолчал. Помолчал и я.

И, поразмыслив, переменил тему:

– Я вот сейчас думаю о том, что творческие люди в России много охотнее воспринимают необходимость обращаться за помощью к государственным структурам, нежели к каким-то, скажем частным источникам. И это привычнее. Но теперь ситуация изменилась – деньги водятся как раз у тех, к кому обращаться кажется противоестественным и, может быть, даже противным.

Проиллюстрировал я эту мысль рассказом о том, как одному писателю, талантливому и хорошо известному, была вручена стипендия за опубликованный им в журнале роман. И как огорчительно потом было узнать учредившим эту стипендию, что при вручении ее писатель, среди прочего, заметил, что сейчас, мол, такое время, когда люди, у которых есть деньги, хотят облегчить свою совесть, отмыть ее как-то – оттого и меценатствуют. В этом заявлении – вся непривычка, отученность россиянина иметь дело с частной благотворительностью.

А в данном случае, даже не с благотворительностью, но с коллегиальной солидарностью. Писатель этот не один год прожил за границей. Что уж говорить о том, как воспринимается там нынешняя ситуация людьми, которые должны протянуть руку к имеющим деньги: да, может быть, не всегда правильные, может, люди эти не всегда правильные – но у них есть возможность и они хотят помочь, нередко безо всяких условий. Вот и возникает такая неловкая зависимость....

Кунин внимательно выслушал меня.

– Я с этим не сталкивался, – заговорил он после некоторого раздумья, – но, не скрою, был бы рад и столкнуться: ничего страшного! Я не чувствую себя от этого ущербным. В конце концов, я получаю в России гонорар, скажем, от некоего Саши, которого очень люблю, а этот Саша не сам издает, но находится под каким-то очень мощным концерном. Сам он – блистательный русский писатель, который занял сегодня шаткую позицию издателя. При невероятно растущей инфляции, при чудовищных скачках цен на бумагу он сейчас попал под мельничные жернова одного очень крупного и, возможно, не очень чистоплотного концерна...

...Но вот, я сейчас подумал – почему с таким увлечением рассказываю вам о своей молодости? Наверное потому, что я компенсирую этим сегодняшний недостаток сил. Это происходит неподконтрольно. Мне гораздо важнее сегодня то, чем я занимался раньше, чем то, что принесло мне широкую славу, поскольку мои книги продаются во всех странах мира. И мне гораздо милее вспоминать, как в 48-м посадил в тундре на полуострове Ямал самолет, когда у него не вышли шасси: я сбросил бомбы и произвел вынужденную посадку.

Я посадил 12-тонную машину брюхом на лед, слив предварительно полторы тонны горючего, чтобы не взорваться. И потом 107 км мы шли пешком, пришли обмороженные с сорванными голосовыми связками и у нас нечего было жрать в пути, потому что стая песцов забралась в кабину самолета, когда мы отлучились – а там был аварийный запас жратвы, – и они сожрали все, разорвав целлофановые обертки. Консервы же просто обгадили со злости, потому что солидол слизали с металлических банок, а открыть их, естественно, не могли. Вот об этом я рассказываю вам с большим интересом и даже с наслаждением – нежели то, какие замечательные рецензии на мои книги были опубликованы.

– Если бы вы летали в американской армии, ваша фотография была бы непременно на стене в коридоре Пентагона, – вспомнил я свою недавнюю поездку в Вашингтон. – В одном из помещений нашего военного министерства специальная стена – галерея портретов летчиков. Их самолеты были сбиты в бою или попали в аварию. Летчики выбросились где-нибудь в Сахаре или в Альпах – и пришли к своим, выжили. Там несколько десятков фотографий этих пилотов...

– Благодарный народ, благодарная страна! А мы, вернувшись, смотреть не могли на наше начальство – нас вообще никто не искал, считая, что мы упали в море. Ну поднимите же, черт возьми, две-три машины, полетайте в зону! Вам же известен был наш курс!.. Это все – отражение нашей ментальности, воспитанной годами советской жизни. Такая вот плотная, почти непрослеживаемая и страшноватая связь... Психология заключенного. А советский человек был всегда чуточку заключенным.

Знаете, мне сейчас хочется повторить мысль Э.Лимонова из старого его интервью – беседы с вами: "Я далек от всего этого. Они мне все любопытны – будто я попал в зоопарк и с удовольствием наблюдаю часами за какими-то животными, мне это интересно". Примерно так звучал тогда его ответ вам... Я абсолютно вне всего, что там сегодня происходит. Я хочу, чтобы, читая мою книгу, человек плакал, смеялся. Чтобы ему были знакомы те ситуации, которые я сочинил, чтобы они ему пришлись впору, чтоб он увидел – это часть его жизни, его судьбы! А больше мне ничего не надо. Хотя мне очень любопытны эти "новые русские".

Приезжаю я недавно к своей тетке в Женеву, у нее сидит американка, блистательно говорящая по-русски, – она переводчик в ООН, муж – американец. Так она мне рассказывает, что сегодня устроила одного русского, который за 36 тысяч франков в месяц (а это 25 тысяч долларов!) снял дом. И ходит он повсюду с охраной. Мне ужасно интересно – что это за человек? Но что мне очень не безразлично, с чем я сталкиваюсь и обо что я бьюсь, как мордой об стену, до крови – это, когда я вижу людей моего возраста, получающих гроши и голодающих, не имеющих возможности свести концы с концами...

– И с другой стороны, – вставил я, – смотрите, что происходит. Этой действительно ужасной ситуацией пугают Запад: мол, если вы немедленно не примете в нас участие, причем на наших условиях, вам будет хуже – в стране такое может произойти, что никто из вас не останется в стороне. Конечно же, оставаться равнодушным нельзя – независимо от этих угроз: у каждого есть там родные, друзья, близкие. Да и просто есть старики, о которых вы говорите... Но сегодня наша беседа подходит к концу – чем бы вы хотели ее завершить?

– Я безумно хочу, чтобы читатели, особенно те, кто приехал совсем недавно – в Америку ли, в Германию, или в Израиль, – ни в коей мере не хотели бы казаться коренными жителями этих стран уже через 10 дней. Можно ведь сохранить себя, можно придумать свой маленький мир, можно оставить в целости и сохранности добрые и хорошие привычки, которые вывезены из России и от которых так рьяно отказываются, чтобы казаться давно живущими, вросшими в эту нередко чуждую им поначалу жизнь. Но я хочу пожелать им как можно легче войти в эту жизнь – без эдакой унизительной уловки.

– Спасибо большое! – охотно и искренне согласился я с этой мыслью, поскольку она предполагает долгую жизнь языка, на котором мы говорим с вами, нашей газеты и наших книг. – Я думаю, что это пожелание будет правильно понято и принято нашим читателем.

– Главное, чтобы это было правильно понято, – улыбнулся Владимир Кунин.

Подросток-арестант, военный летчик, спортсмен, акробат, таксист, сценарист, писатель. Человек семи жизней.

* * *

Разговор этот происходил у нас в средине 90-х, давно и, как-то сразу, мы перешли на «ты». Но вот, годы спустя, хорошо знакомый голос в трубке – это Кунин из Москвы: завтра премьера фильма, поставленного по «Сволочам», – то есть, всё же снят по такому сценарию. А тогда Кунин категорически заявил:

– Да нет у меня времени для романа! Да и вообще – надоело писать романтические вещи.

Недавно – это я дописываю годы спустя – Кунин перевез из Ленинграда в Мюнхен почти всю библиотеку. Перестал ли Кунин ощущать себя связанным со страной рождения, как бы там ни складывалась жизнь, и какие бы события там ни происходили? – нет, не перестал, для меня это очевидно, видимся-то мы с Володей и Ириной нередко, вот даже как-то оставались они у меня дома на полтора месяца или даже чуть больше.

Человек семи жизней – так я завершил тогда первую публикацию нашей беседы – сначала в газете, а потом – и в сборнике.

* * *

Да что это я – все о прошлом, да все о прошлом...

Вот ведь, случилось нам как-то провести вместе дней 10 в Карловых Варах. Я-то там был планово, купил путевку еще в Лос-Анджелесе, а потом, погостив в Москве, мотнул к чехам. А Кунин сел в машину, усадил рядом жену Ирину, вырулил на автобан Мюнхен–Прага, и уже через несколько часов мы в его номере откупорили бутылку чего-то очень вкусного, привезенного им из Германии.

В общем, провели мы эти дни отменно: бродили по окрестностям, заходили перекусить, отведать местного пива – лучше его нет в мире, это я говорю вполне квалифицированно, или заглядывали в кофейни-кондитерские. Тоже вкусно...

А у Кунина, оказалось, день рождения приходился как раз на эти дни: я почти сразу нашел в местном магазине замечательного фаянсового кота (это традиционный подарок Кунину – в связи с популярнейшим героем его книг, котом Кисей – вот он и собирает коллекцию статуэток). Правда, недавно Кунин признался: в квартире места больше нет, скоро они нас самих выживут из дома – на балкон...

Так вот. Зашли мы отметить это доброе событие в рекомендовнный кем-то из знатоков Карловых Вар рыбный ресторан. Прислуживал нам в симпатичном подвальчике рослый расторопный парень – он быстро и аккуратно уставлял столик заказанными блюдами. Изучая меню, мы обнаружили в нём свежевыловленных креветок и, конечно, заказали себе по порции. Цена на них была проставлена вполне приемлемая, даже и по местным масштабам – что-то долларов пятнадцать значилось в колонке справа от названия.

Естественно, мы их и заказали, и естественно же, помимо всего прочего – как закуску к основным блюдам. Мы славно посидели, запили обед классным чешским пивом... и, переглянувшись, дружно замерли – перед нами лежал счет: там значилась какая-то фантастическая для этих мест сумма. Стали разбираться: может, описка, и ничего не поняли, оказалось – креветки! Дальше произошел такой диалог:

– Но ведь здесь написано 15 долларов! – это мы официанту.

– За 100 граммов, а в каждой порции по 500 граммов примерно... – это официант – нам.

Ну что тут скажешь: приходилось их, этих свежевыловленных созданий, на блюдо штук по пять, ну может – шесть... Выходило – каждая весила граммов сто и, стало быть, стоила десятку, а то и дороже. Так они же съедены, кто и как их теперь взвесит? Посмеялись мы сами над собой – во попались, гурманы! Ведь знал же официант – не мы, наверно, первые. Пережили, однако, а в этот ресторанчик больше не заглядывали – ну его. Так что, любители креветок – в Карло-вых Варах будьте бдительны!

А на этих днях звонили мне Кунины из Нью-Йорка – из отеля «Уолдорф Астория» – там останавливаются короли, звезды кино – в общем, не на каждый день номера – видно, продюсерам нового фильма Кунина оказалось «не западло» потратить дополнительные несколько тысяч на сценариста. Здорово! Наверное, позвонят они из Москвы теперь, там пре-мьера «Сволочей» – про ту самую школу диверсантов – знал я, когда дописывал эту главу.

1995 – 2008 гг.

Глава 8. Судьба книги

Лев Халиф

"Родина – это место, где человек пытается стать счастливым.
Чтоб на могильной плите оставить оптимистическую надпись".

(Эта и последующие цитаты, выделенные курсивом, приведены из книг Л.Халифа "ЦДЛ" и "Ша, я еду в США").

Рукопись прислал мне из Нью-Йорка Каган (прочи-тавший первые главы вспомнит имя этого неординарного человека) – в чемодане, набитом доброй сотней килограммов макулатуры, напечатанной впоследствии их авторами на собственные средства – к ужасу взыскательной части мест-ной читательской аудитории. А эту стопку машинописных страничек я выудил почти сразу, распознав ее каким-то неве-домым чутьем и почти на ощупь. Бог навел?..

И вскоре она увидела свет, будучи набрана Тасей, женою Кагана, на электронном композере, который я к тому времени купил в рассрочку и который тогда казался чудом наборной техники. Потом этот композер долго еще украшал стеллаж в кладовой издательства – рядом с первой купленной мною здесь пишущей машинкой – готовясь стать экспонатами будущего музея.

Пока – не стал, но, как говорится, еще не вечер. Может, и станет, когда придет правильный час. А томики "ЦДЛ" заняли полки в университетских библиотеках и в домах нескольких сот любителей русской литературы, став уже вполне раритетным изданием. Даже и для меня – сохранился чудом один экземпляр – его я никому в руки не даю: унесут ведь, как уносили дареные Сашей Соколовым его томики. Да мало ли что затерялось, исчезло с моих полок...

* * *

Как-то Халиф стал героем документальной ленты, снятой и показанной телевизионным каналом "Паблик" – о российских эмигрантах в Америке. Он оказался в числе тех, чьи судьбы, по замыслу авторов фильма, не сложились: книги раскупались не скоро, в магазин он отправлялся с продуктовыми талонами, выдаваемыми в Америке бедным в качестве социальной помощи.

Потом настала "перестройка", а вместе с нею "гласность". И тележурналисты снова связались с Халифом, чтобы спросить его – не думает ли он теперь вернуться в Россию – там все же его читатель, его писательская слава...

– Нет, – ответил Халиф. Твердо ответил, не задумываясь.

– Почему же? – удивились журналисты.

– Да потому, что там я уже жил! – ответил писатель Халиф. Этот разговор он передал мне году в 87-м.

* * *

Когда мне приходится рассказывать или писать о Нью-Йорке, почти всегда вспоминается чувство напряженности, неуюта – почему-то его у меня до сей поры, после многих туда поездок, вызывает этот город. И все равно есть в Нью-Йорке нечто, заставляющее помимо служебных обстоятельств, время от времени, забросив все домашние дела, вдруг обнаружить себя сходящим по пологим лестницам аэропорта – навстречу тревожащему (другого слова и не подберу) меня городу.

К этому "нечто" я отношу, в частности, и свои встречи с моим давним другом – Лёвой Халифом. Ну, не могу выразиться положенной формой – Львом. Он Лёва.

В этот раз условились мы встретиться в первый же день моего приезда, но дела сложились так, что сумел я к нему приехать в Квинс, где тогда снимал он для себя и сына тесную квартирку, лишь в последний вечер, перед самым моим возвращением.

И мы снова сидим у кухонного столика, уставленного случайно собранной закуской, и обмениваемся последними новостями – моими, с Западного берега, и с Восточного – его. Вскоре я замечаю, что Халиф полностью захватывает инициативу разговора, а я своими вопросами пытаюсь направить его в интересующее меня русло, и только потом – говорю я. Догадываясь, что фразы, которыми мы сейчас обмениваемся, могут составить главу книги, что у меня сейчас в работе, записать бы их, что ли... – почти сразу сознаюсь в этом Халифу.

– Парадокс, но именно здесь, в эмиграции, многим видится спасение русской литературы. Так считает Аксенов. Так не однажды говорил Саша Соколов, – заметил я в какой-то момент разговора.

– Если взять за основу понятие "письменный стол", то эмиграция – это мой лучший письменный стол, – произнес Халиф. – В отличие от московского, в который совали нос все, кому не лень. И где мне мешали работать. Более того: я должен был прятать все, что уходило с него. Да, в эмиграции я избавлен от такой необходимости – прятать свои рукописи, скрывать их, чтобы они остались. Но это – физическое спасение. Выживание. Не более того. Российскую словесность жгут в кислоте.

Возьми пример Гроссмана: даже черновики романа изъяли и сожгли – именно в кислоте. А его роман все равно выходит, хотя и не в факсимильном варианте.

Эмиграция – это тыл, который перестал быть фронтом, но который спасает фронт и помогает ему. Да, русская словесность спасается. И все же – это был огромный стимул для творчества, когда нам мешали писать. Видимо, так устроен художник: чем крепче нас держат за глотку, тем интенсивнее мы дышим!

В России мы приспособили плаху под письменный стол. И, наверное, именно поэтому литература, возникшая в России – самая великая в лучших ее проявлениях. Шекспир велик. Да, его никто не давил, разве что нужда. И тогда он писал халтуру для своего театра. А театр сгорел... Но еще, попутно, он писал "Гамлета".

Да, там мы рисковали не столько своей жизнью, сколько жизнью своих произведений. И эта обостренность жизни в какой-то степени двигала нашу талантливость, наше подвижничество. И подталкивала нас к откровению – подобно войне, обостряющей гениальность народа.

Скажем, Англию спасли два открытия – радар и расшифровка кода немецкой разведки. Код расшифровали ученые, занимавшиеся расшифровкой клинописи. Война перестроила их поиски, и они смогли прочесть донесения немецкой разведки, планы врага. Так же с радаром – не было бы войны, он появился бы много позже. И то же самое я бы сказал о литературе.

О вечной ЛИТЕРАТУРЕ – той, которой не свойственно понятие сиюминутности. Казалось бы, какая разница, когда я напишу шедевр – вчера, сегодня, завтра... В России же это имеет существенное значение, потому что в России литература появлялась именно в тот момент, когда она становилась необходима. Гоголь появился необычайно вовремя и он определил целую нацию. Точнее, не свойственное, казалось бы, русской нации отношение к юмору, к мистике - как бы повернул зрачки её вовнутрь.

Заметь, древнегреческие скульптуры всегда без зрачков – такое впечатление, что их зрачки повернуты вовнутрь. Так и Гоголь – до сих пор загадка, как он мог возникнуть в России. Он так несвойственен ей... он страдал паталогическими отклонениями, был болен, но - какая мощная, какая светлая струя в русской литературе!

Халиф долго разминает в пепельнице окурок сигареты и почти сразу закуривает новую.

– Похоже, ты в эмиграции перестал писать стихи – это так?

– Начнем с того, что стихи я перестал писать ещё в России. С возрастом хотелось писать глобальнее, что ли... Хотя я не вижу в своём творчестве каких-то резких разделов: то, что я сейчас делаю, всё равно стихи. Не нужно придумывать форму – она рождается в тот момент, когда появляется содержание, которое тебя устраивает. Но, вечный парадокс – то, что меня устраивает, зачастую не устраивает моих современников. А бывает, наоборот: тебя хвалят, говорят, старик, ты написал потрясающе! А внутри у тебя не щелкнул какой-то выключатель... и отвечаешь – нет, ребята, это – не то. Или, наоборот, и ты убежден, что ты прав. В этой убежденности мы и умираем.

– Твою первую американскую книгу – "ЦДЛ" мы выпустили года три тому, вторую "Ша, я еду в США" ты издал сам. По-моему, они тесно связаны друг с другом и в то же время противоречат одна другой. Вторая обращена к элитарному читателю, для прочтения она неизмеримо труднее "ЦДЛ" – ты сознательно сузил круг читателей?

– Недавно позвонил мне один врач: "Я перечитал твой "ЦДЛ" в пятнадцатый раз и каждый раз убеждался – какая это нужная для России книга!" Войнович как-то сказал мне: "Если бы я привез в Россию тысчонку своих книг, то был бы обеспечен на всю оставшуюся жизнь". Он выхватил у меня одну из моих книг и сказал: "Она у меня уже есть, но эту передам в Москву, это – средство к существованию". Замечательная похвала для меня: книга приобрела какой-то "хлебный" смысл!

А вторая – она написана как бы продолжением "Друзья напутствовали: "Ты уезжаешь из Москвы, чтобы написать вторую часть: "ЦДЛ – на Западе". Первая может показаться куда значительнее хотя бы потому, что шла в "самиздате", имела даже какую-то легендарность...

– Вторая целиком написана здесь, но вещь-то, я бы сказал, совсем "русская"!

– Я космополит! – встрепенулся Халиф. – И не понимаю, что такое "русская литература". Зиновьев великолепно сказал: "Назови Кафку австрийским писателем, он бы в гробу перевернулся! И оскорбился бы посмертно! Или что, Джойсу быть "ирландским писателем"? Смешно. Моя вторая книга о том, что "ЦДЛ" вечен – он вне времен, вне Америки и вне России. Художник по сути дела всегда находится между Сциллой и Харибдой. Он между двух монстров, и всегда несчастен.

Если там меня давила цензура и я не был в безопасности, то здесь я в относительной безопасности, и рукописи мои – тем более. Но сам факт моей безопасности меня уже не радует. Мои рукописи здесь никому не нужны. Так же, как и я здесь никому не нужен. Там меня "опекало" КГБ, боясь, что я могу что-то сказать. Это меня подогревало – значит, они видели во мне талантливого писателя: раз они меня опекали – значит, знали, что я могу, я в состоянии сказать нечто значительное.

Здесь я могу сказать все – это никого не волнует. Максимальная свобода творчества – настолько неограниченная, что это становится безразлично для всех. Настолько большая, что ты становишься никому не нужен! И эта свобода нас потрясает...

"Назым Хикмет считал, что за первую книгу стихов поэт должен получить кроме гонорара минимум 8 лет тюрьмы. За взрыв общественного спокойствия. За возмущение".

– Ну, и всё же – кто здесь твой читатель, как ты его себе представляешь?

Халиф отвечает не сразу. Он поднимается из-за стола и, потирая переносицу, какое-то время меряет шагами комнату. Потом отвечает мне из её дальнего (впрочем, не очень дальнего – квартирка-то крохотная) угла.

– В России мы не задумывались над вопросом – кто нас читает? Мы мыслили себя всегда среди массового читателя. А здесь обнаружили, что читают нас единицы! Если быть точным, – то и в России-то нас читали тоже единицы – но там этих единиц была масса. И Лимонов бесспорно прав, когда в беседе с тобой говорит, что литературные журналы можно издавать только в России – там, где существует подготовленная аудитория. Там многие поколения подготавливали потенциального читателя. Там, даже если кто-то не понимал меня, к примеру, он всё равно будет искать мою книгу хотя бы потому, что она запрещенная. И это давало мне больше шансов, чем здесь, найти своего читателя.

– Вот я вспоминаю такой случай, – продолжает Халиф. – Как-то в троллейбусе кто-то осторожно трогает меня за рукав и говорит: "Судя по внешнему виду, вы – интеллигентный человек. И, возможно, – порядочный". – "Безусловно", – охотно откликаюсь я. "Ну, тогда – нате! – и сует мне в руку какой-то скомканный папиросный листок. – Только, ради бога, не читайте здесь!" – предупреждает он меня и на всякий случай тут же выходит из троллейбуса. Естественно, я не удержался и сразу развернул листок – это было мое собственное открытое письмо в Союз писателей СССР, уже переданное по Радио "Свобода", и, естественно, циркулирующее в самиздате. На Западе такого со мной не случится – и это, как я понимаю, очень большая для меня трагедия.

Понимаешь, почему именно в том микроклимате создаются настоящие произведения? Хотя, если мы талантливы, то и в Занзибаре будем писать так же, как и в Москве. Здесь нас никто не пытает, а почему? Если нам это на пользу – ну, попытайте нас немножко! Я говорил здесь нашим художникам: Ну выйдите на демонстрацию – "Даешь бульдозер"! Дави нас бульдозером! Никто не давит... Никому не нужны... Видимо, я – мазохист. Мне кажется, что когда нас давили, было лучше. Конечно, это крайность – можно и самого себя раздавить... Если бы Рабин вовремя не отскочил, мог бы оказаться раздавленным вместе со своими картинами.

И вторая моя книга – именно об этом! С юмором, разумеется, с улыбкой. Со злой улыбкой, сквозь слезы. Потому что этот Лёвушка, её герой, явно прослеживается и указывает пальцем на автора. Я там не уточняю его гибель. Но именно

– гибель! Какой парадокс – человек спасся, попал в цивилизацию (в книге я всё время повторяю, что я – западный человек, и то, что я родился в России – это формальность: это моя родина, но – я там никогда не был, я просто знаю, что это – моя родина). Вот сейчас я вернулся домой, в свой родной город. Но художник стремится туда, откуда его выставляют.

В России для художника одна стена – и для расстрелов, и для выставок. Здесь, слава богу, стены раздельные. Правда, не расстреливают – слишком гуманное общество...

– Так в чем же ты видишь главное для себя отличие в работе – Здесь и Там?

– Понимаешь, в России была задача и была отдача: будто ты стреляешь из ружья и чувствуешь отдачу. Попал или не попал, но всё равно чувствуешь. Здесь же отдача абсолютно отсутствует – даже, если ты "попал". И ты продолжаешь работать по той инерции, которая была тебе сообщена в России. Я допускаю, что ты прав – в "ЦДЛ" я отряхнул ноги. Но вот "Молчаливый пилот" – тоже, вроде бы, российская книга, тема её сегодня стала международной.

"Семену Кирсанову заказали песню. «Пристали, как с ножом к горлу, – вспоминал Кирсанов, – напиши!»

– Не хочется.

– Напиши, ведь это выгодно.

– Нет, не выгодно.

– А что же выгодно?

– А то, что хочется..."

...В это время в прихожей хлопает входная дверь. Это Тимур, сын Халифа. Недавно ему исполнилось 16 и он удивительно похож на отца. Славный, умный, увлеченный музыкой парнишка, к тому же способный художник – по свидетельствам наших приятелей Бахчаняна и Нусберга.

– Страшная привычка художника, – снова заговорил Халиф, – быть необычным, хотя эта необычность невыгодна. У меня было много случаев, когда я мог кардинально изменить свою жизнь, еще в Москве – я этого не сделал. Скучно было – меняться: сменить перо жар-птицы на автоматическую шариковую ручку. И золото... В России, как это ни парадоксально, даже среди продажных и определившихся уже холуев существует масса талантливых людей. Талантливость – это неизлечимая болезнь, которая пробивается всё равно – даже сквозь жирную кожу. Хотя долго она там не гнездится – рано или поздно уходит. Потому что это несопоставимо: или – или.

– Когда я приехал в Москву, мы очень подружились с Евтушенко, – рассказывал Халиф. – Еще в Ташкенте я прочел его первый сборник "Разведчики грядущего". Это были очень посредственные стихи, но написанные "по-современному", лесенкой. Тогда так писали трое – Горностаев, Луконин и Евтушенко. Это казалось новаторством. Узнав, что в издательствах платят построчно, я тоже стал разбивать свои стихи, ломал строку. И вместо 70 копеек получал за ту же строчку 2.10.

И меня приняли в круг новаторов с распростертыми объятиями. В Ташкенте меня посчитали чуть ли не классиком и, при всей наивности моих первых стихов, надели на меня тюбетейку и послали на слет поэтов в Москву. Нам были выданы мощные кальсоны со штампом Союза писателей Узбекистана, и наши тюбетейки парадного образца были вышиты парчой. А приехав в Москву, я стал, как говорится, невозвращенцем – к великому огорчению руководителя нашей делегации Гафура Гуляма.

Он, кстати, – один из величайших восточных поэтов. Его первая книга буквально потрясала. Он получил за нее Сталинскую премию. Книга называлась "Я – еврей". Более того – Гафур усыновил 15 еврейских детей, оставшихся в живых после трагедии Бабьего Яра. В Ташкент тогда привезли группу спасшихся мальчиков. Все они были седыми... И они выросли прекрасными людьми.

В Литературный институт меня не приняли – все же я еврей. На приемном экзамене я сдал все. Академик Петров, директор Литинститута, спросил меня: "А где ваш отец?" – "Погиб на фронте, в 42-м, на Северном Кавказе". – "О, я-то знаю, как евреи погибали на фронте!" – иронически протянул академик.

Поверишь, я по-настоящему врезал ему по физиономии – так, что он влетел в угол библиотечного шкафа. А я собрал свои рукописи и ушел. Не знаю, почему это обошлось для меня без особо серьезных последствий. Историю эту вскоре узнали, она почему-то очень понравилась Смирнову и он пожелал познакомиться с моими стихами. Помнишь, горбун, тоже антисемит отчаянный, о котором в России ходила эпиграмма:

Поэт горбат,
Стихи его горбаты,
Кто виноват? –
Евреи виноваты!

Был он человеком исключительно противоречивым: после смерти Сталина, вдруг, написал просталинскую поэму... И всё же я почему-то не могу говорить о нем с ненавистью. Как и о поэте Василии Журавлеве, уж такой просоветской сволочи, таком подонке и антисемите! Наверное, потому, что они оба плакали, когда читали мои стихи:

Смотрит мать и не знает мать,
Как же сына теперь обнять...

– Боже, почему России так не везет: евреи пишут лучше, чем русские! – всхлипывал горбун.

Или Кочетов. "Прочти что-нибудь" – попросил он. Я прочел стихи, посвященные Назыму Хикмету. "Посиди", – сказал он. И через несколько часов газета вышла с моими стихами и напутствием Хикмета. Старика это очень обрадовало – он тогда лежал с очередным инфарктом.

Да, там над нами стояли негодяи, палачи и всякая сволочь. Здесь над нами нет никого – только какие-то розовые беконные люди, абсолютно равнодушные к поэзии... недочеловеки, – помедлив, добавил Халиф.

– Как бы ты объяснил особую популярность лишь нескольких русских авторов здесь, на Западе? Часто, говоря о выживании на Западе русского писателя, приводят пример Севелы, успешность его книг в нашей эмиграции: он сам порой затрудняется ответить, какими тиражами расходятся русские издания его книг. А ведь основные-то тиражи их изданы на других языках – на немецком, на английском...

– Севела, на мой взгляд, – не писатель, он – хороший, талантливый и умный документалист. А его читатель переместился вместе с ним на Запад. Что произошло оттого, что он переместился из Одессы, скажем, на Брайтон-Бич в Бруклин? Он что, полюбил Джойса? Бабель – типичный "брайтонбичевский" писатель, но здесь и Бабеля не читают. Читают Севелу.

Говорят, мы здорово пишем.
Мы с донорством,
а к нам – с вампирством.

И откуда вы такие беретесь?
– С неба попадали.
А, может, это
когда-то повешенные срываются?
У нас страна чудес.
У нас всё может быть.

Есть четкое определение читательского интереса – дорос он до писателя, или – нет. В России писатель демократизировался – он пошел к читателю, он становится одного с ним уровня. И – перестает быть писателем.

Однако, интересная вещь: при полном безразличии подавляющей части нашей эмиграции, существуют издательства, которые пытаюся публиковать книги заведомо непокупаемые! А Проффер, к примеру, издал всего Набокова, всего Аксенова. И теперь воникли "Эрмитаж", "Серебряный век", работающие с серьезной книгой... Знаешь, здесь на одного бездарного читателя есть минимум 15 талантливых писателей! А десять из них может быть даже гениальны.

В последней моей книге есть фраза: те, кому надо ехать – сидят, а те, кому надо сидеть – едут... И всё же, поверь, при всем при том, нет у меня тоски по России – разве что по молодости, которая осталась там. И хотя здесь я чувствую себя порой, как в средневековье, – представляешь, на мостах сидят люди и взимают подать; хозяин дома проверяет, закрыты ли у меня окна, когда он топит – это в стране-то, которая побывала на луне! Но я часто ловлю себя на мысли, что уже никогда не мог бы жить там. И не только роскошную квартиру я оставил там – там остались мои стихи. Их когда-то Домбровский поставил в эпиграф к ”Хранителю древностей“, а цензура – сняла. Но они всё равно остались там, в России.

– Из чего твой панцирь, черепаха? –
Я спросил и получил ответ:
– Он из пережитого мной страха,
И брони надежней в мире нет...

Этим четверостишием Халиф навсегда вписал себя в российскую литературу – его одного достаточно, даже если бы после него он ничего больше не писал...

А он пишет.

* * *

Прошли месяцы, пока я смог вернуться к заметкам, которые делал во время нашей беседы. Я позвонил Халифу в Нью-Йорк.

– Лёва, я слышал – у тебя хорошие новости...

– Да, – ответил Халиф. – Главная, пожалуй, что зазвучу по-английски: пять разных переводчиков перевели ”Ша, я еду в США“, адаптированного ”Орфея“. Сейчас переводится ”ЦДЛ“... Западногерманское издательство, издавшее Карла Хансера, Бунина, Платонова, Блока, заинтересовалось синопсисами ”Молчаливого пилота“ и ”Орфея“. ”Орфей“ же сейчас на просмотре в ”Саймон и Шустер“, издающем массовыми тиражами книги в мягком переплете. В ”Руссике“ готовится к изданию ”Молчалвый пилот“. Недавно вместе с Юзом

Алешковским выступал в университете в Лонг-Айленде – говорят, очень успешно.

– Так что, – спросил я его, – ты сегодня вычеркнул бы из нашего прошлого разговора? От чего-нибудь отказался бы из тогда тобой сказанного?

В трубке возило молчание. Очень недолгое.

– Нет, – уверенно ответил Халиф, – я не отказываюсь ни от чего, сказанного мной тогда. Ни от чего, – подумав, повторил он.

Апрель, 1983 г

Глава 9. Четыре истории из жизни Игоря Губермана… и некоторые размышления по их поводу

Привычка хранить переписку складывается ненамеренно. Ну, кому из нас и когда удается ответить сразу? И лежит письмо в растущей стопке, ожидая своего часа, да так потом и остается, сколотое с уже отосланным ответом. Понадобится – пробежишь взглядом по закладкам в собравшихся за годы папках, выудишь нужную. Совсем как книгу, прочитанную и поставленную на полку, пока однажды не потянется к ней рука…

Папка с письмами Игоря толще других – и не только оттого, что исполнены его письма исключительно рукописным способом: их и правда немало. Почти все они начинаются с четверостишия – одного из тех, что вскоре входят в очередной его сборник, издаются они, кстати, с завидной регулярностью – в Израиле, где он живет, в России, которую он оставил тому уже больше десяти лет, здесь у нас, в Штатах…

Удивительно ли это? Издавать Губермана – дело беспроигрышное: книги его в магазинах не залеживаются, а после выступлений Игоря устроители выносят пустые коробки, в которых были доставлены сюда многие десятки томиков. Что, между прочим, кроме популярности приносит их автору возможность не оставлять свое главное занятие – сочинительство. Сам он, как всегда в шутку, по этому поводу замечает:

В мире нет резвее и шустрей,
Прытче и проворней (словно птица),
Чем немолодой больной еврей,
Ищущий возможность прокормиться...

Выступления Игоря мне знакомы с самых первых его визитов в Штаты. И подготовка к ним – тоже: традицию останавливаться в Лос-Анджелесе у меня мы храним уже который год.

Поклонников его творчества в нашем городе множество, и по приезде Игоря каждый раз я надеюсь, что выкроится у нас время для беседы, содержание которой могло бы стать достоянием читателя. В нынешний его приезд наконец-то получилось. Игорь, притулившись у края стола, заваленного книгами, перебирал странички с какими-то заметками, когда я остановился рядом.

– Ты каждый раз к своему выступлению готовишься, будто заново, – как бы между прочим заметил я.

– А что – я человек ответственный, так и подхожу к этому...

Отметив про себя, что Игорь не против продолжить тему, я подсел к столу и нахально положил между нами магнитофон. Игорь же, поняв, что подготовка к встрече отложится по меньшей мере на час, сдвинул в сторону лежавшие перед ним листки и, положив руки на стол крест-накрест, обреченно уставился на меня.

– Пару вопросов, не больше, – успокоил его я. – Ты вот несколько раз произнес: я стал патриотом Израиля... Нам, «проехавшим мимо исторической родины", всегда интересно понять, как приходит это ощущение? К тебе, например...

– В Израиле я лет десять, даже больше. – Игорь бросил взгляд на медленно вращающуюся в пластмассовом окошечке магнитофона ленту. – Саша, смотри, я не могу долго говорить серьезно...

На это я, в общем-то, и рассчитывал – о чем немедленно ему сообщил. Сейчас, прослушав запись, я вовсе не уверен, что наше намерение оказалось полностью соблюдено. Да, Губерман любит называть себя человеком легкомысленным:

Уже судьбы моей кино -
Сплошное ретро,
А в голове полным-полно
Идей и ветра...

И думаю всё же – ошибется тот, кто, познакомившись с подобным его четверостишием, готов поверить этому утверждению.

А тогда он продолжал:

– Я почему-то сразу ощутил, что я дома. Прости за повторы – я частично написал это в книжке "Пожилые записки". Мы даже и не думали, когда уезжали, что можно поехать куда-то ещё. Я до сих пор уверен, что российский еврей может жить только в России. Или – только в Израиле. Конечно, есть исключения везде – в Германии, например, где просто поразительно живут евреи. Просто поразительно! – с нажимом повторил он. – Ты веришь, я испытал там потрясающее чувство, и я даже знаю, как его назвать – это национальная гордость великоросса. И я испытал там дикое злорадство!..

История первая
ДОЯРКА С ФАМИЛИЕЙ МАХ

Германия сейчас волком воет оттого, что туда приехало два миллиона приволжских немцев. Раньше могли говорить об уехавшем советском человеке только как об еврее. Сейчас уехало полным-полно россиян, но они как бы и не очень заметны. А приволжские немцы сразу проявили чудовищные достижения советской власти: есть советский человек, есть советский характер, есть некая советская ментальность (не люблю это слово), потому что они все советские люди – эти приволжские немцы, которых впустили в Германию. Их ведь в СССР не допускали ко многому: выселяли с насиженных мест, они не занимали высоких должностей – были в лучшем случае механизаторами, небольшими инженерами. И сформировались они как абсолютно советские люди.

Оказавшись вдруг в тихих, маленьких, сонных, уютных, зеленых и аккуратных немецких городках, они проявили свою советскость в полной мере: например, там начались пьяные ночные драки с диким матом и поножовщиной. Это – особые немцы: они не хотят и не любят работать. Немцы, которые все требуют для себя и кричат точно так же, как наши евреи в Израиле: "Вы нас сюда позвали – вы нас и обеспечивайте!". Хотя кто их на хрен звал? Им просто разрешили приехать... Это хороший аргумент в споре с расистами. Здесь срабатывают совершенно другие факторы – но не раса.

Расскажу тебе исключительно интересную историю – хотя она тебе для газеты точно не пригодится, и сейчас ты поймешь почему. У меня была встреча с одной приволжской немкой в Сибири, когда мы жили с Таткой в ссылке. Пришел мой приятель, а у него была новая любовница – немка по фамилии Мах. Дебильная такая баба. Работала она дояркой. И вот мы разговариваем с приятелем минут сорок или час, пьем, естественно, болтаем всякую ерунду – а она молчит. Я в ужас постепенно прихожу и думаю: всё же, немцы – Фейербах, Кант, Гегель... А этой – ну что ей наша болтовня? Час она молчит, другой. А я всё думаю: Фейхтвангер, Гендель, Гете – и вот она... Наконец, мне мой приятель Валера говорит: "Ты видел, Мироныч, вчера Мишка пришел на работу с синяками?". Я спрашиваю: "Кто его побил?". И вдруг она открывает рот: "А никто его не побил, мешок с пиздюлями встретил...".

Ошибся Игорь в этот раз – история, как видите, пригодилась.

История вторая
ВЕНА: КЛИЗМА И ДРУГИЕ ЧУДЕСА

– И вот – мы направляемся в Израиль. Но сначала – в Вену. Знаешь, поразительное было чувство одиночества. И

– разделённости! Нас в самолете около трехсот человек летело – и из них человек 260 ушли в сторону Америки, т.е. к посту ХИАСа. Нас же осталась небольшая кучка, человек тридцать. А когда уходит огромная масса – остается чисто биологическое ощущение одиночества, растерянности. И желание уйти со всеми. И вот, мы стоим, подходит к нам мужчина лет тридцати со значком СОХНУТа. Он чуть запоздал, а хиасовцы уже ушли в другое помещение...

Надо сказать, они как бы враждовали, эти агенты, друг с другом. Там, между прочим, почти на наших глазах, случилась совершенно замечательная ситуация. Зашел в комнату СОХНУТа один старик и говорит, что он болен, у него что-то с желудком, ему нужно каждый вечер ставить клизму. И он просит ему поставить клизму сейчас, немедленно. Наш агент, сохнутовский, спрашивает: «Вы, простите, куда едете?". – «В Америку!». – «Ну вот, пусть агент ХИАСа вам и ставит клизму!".

Так вот, подошедший к нам парень говорит: "Не волнуйтесь, не расстраивайтесь!". Потом мы узнали его имя – Ицхак Авербух – и даже подружились с ним. Опытный невероятно: он смотрел из окна своего аэропортовского кабинета на толпы вываливающихся из наших советских самолетов и знал точно, кто куда поедет. Он обращается к нашей группе: "Грузите вещи на тележки, все будет хорошо". А потом посмотрел на меня и, не спрашивая документов, говорит: «Губерман, пойдемте со мной!». А для меня слово "пойдемте" звучало как «пройдемте» – мне его никогда не забыть! Мы с Татой переглянулись беспомощно, я посмотрел на спины австрийских пограничников: тогда еще были теракты, и мгновенно, как мы только вошли, зал аэропорта был блокирован – кругом встали пограничники с автоматами.

И я поплелся за ним. Мне этот аэропорт показался огромным, я шел не оглядываясь. Потом я там снова побывал – обычный аэропорт...

Мой провожатый юркнул в какую-то маленькую дверь, я – за ним. Так я впервые в жизни оказался в западном баре:

крохотная комнатенка, два столика в углу стоят и чудовищное количество бутылок на полках, которые меня просто загипнотизировали. Смотрел я на них с искренним восторгом, а когда отвлекся от их созерцания, в моих руках оказался большой фужер коньяка. И этот парень говорит мне: «Наш общий друг художник Окунь просил вас встретить именно таким образом!». Старик, у меня брызнули слезы – я не знал, что слезы могут брызнуть с такой силой: наверное, сантиметров пять струя шла горизонтально и потом только изгибалась по параболе. Сам Сашка Окунь уехал... году, кажется, в 78-м. Меня же вскоре посадили. Уже в Сибири я получал от него письма.

Для тех, кто не в курсе, немного хронологии: декабрь 1978-го – заявление на выезд, весна 79-го – беседа в ОВИРе, вроде бы по поводу выезда, на самом же деле – предложение стучать на друзей, с которыми участвовал в выпуске журнала "Евреи в СССР", и по результатам беседы – посадка за якобы купленные краденые иконы. А поскольку икон этих в природе и, соответственно, в наличии у Игоря не было, – то и за их сбыт. Смешно? Правда, обнаружена была при обыске куча недозволенной литературы, изданной "там" и "здесь"...

Брррр... Вспоминать противно, и потому – скорее назад (а точнее, вперед) – в Вену.

– Здесь почти сразу началась серия чудес, – вспоминал Игорь. – Дико напились мы с ним в день прилета в Израиль, естественно. А уже следующим утром Сашка к нам пришел в гостиницу после пьянки и сказал: "Вставайте, лодыри, Голгофа открыта только до двенадцати!". И такое вдруг ощущение дома пришло, совершенно невероятное! Оно точно такое же сохраняется у меня и сейчас.

Надо добавить еще, что собирательства Игорь не оставил – жажда приумножения коллекции, как признавался он в одном из многочисленных теперь интервью в российской прессе, у него сохраняется совершенно патологическая: вся его четырехкомнатная квартира в Иерусалиме завешана картинами от пола до потолка. Досталось и мне от этой страсти – картина, про которую теперь гости спрашивают: откуда она, кто её автор? На второй вопрос ответа нет ни у меня, ни у Игоря, притащившего её с непременного похода на лос-анджелесский блошиный рынок – и это есть ответ на первый вопрос.

Картина, действительно, замечательная, чем описывать её – проще привести репродукцию, что я и делаю. Игорь же, кажется, до сих пор переживает, что не смог забрать её в предстоящую тогда поездку по десятку американских штатов. Теперь он любуется ею, приезжая сюда, и считает интерьер моего жилья продолжением своей домашней галереи.

КОГДА ТАТКА ПЛАЧЕТ...

– Можешь считать, что нам просто повезло. Я знаю довольно много людей – десятки, которые, говоря вульгарно, хорошо устроены, работают по специальности, много зарабатывают, но, тем не менее, они несчастные люди – они эту землю не полюбили. И потом, знаешь, чисто еврейское соображение – они думают: если уж здесь я хорошо устроился, то как бы я устроился в Америке! И это ощущение дико отравляет им жизнь.

«В еврейском духе скрыта порча.

Она для духа много значит:

Еврей неволю терпит молча,

А на свободе горько плачет...» – привел я по памяти начало одного из давних писем Игоря.

– Верно! А наше место оказалось там, – продолжал Игорь. – Интересный феномен: Татка же наполовину русский человек, причем с ужасно российским сознанием, – а полюбила Израиль с совершенно чудовищной силой. Бывает, у нас в гостях сидит какой-нибудь очень симпатичный человек, но отзывается об Израиле снисходительно или даже плохо (а очень большое количество людей, не прижившихся в Израиле и оттуда уехавших, время от времени в эту страну приезжают и ее поносят – видимо, психологическая защита, им так легче), так вот, Тата, поскольку гостя неудобно прерывать, начинает тихо плакать.

В общем, нам там хорошо. Сформулировать это я не могу. Я знаю только вот что, когда я приезжаю в Россию, Германию, Америку, Австралию, Италию... во Франции, Испании, Англии – везде, где я был, я себя ощущаю невероятным израильтянином. Это очень странная смесь чувств: потому что это не гордыня – мол, я из великой страны! И это не имперское чувство, с каким из России люди приезжали в Чехословакию. Это, наверное, провинциальное чувство. Так же, как когда я приезжаю в Америку: я ведь из провинции какой-то приехал, но из провинции мирового значения!

Израиль – средоточие чудовищного количества всяких проблем... Кстати, все это вскоре выяснится. Я не хочу быть пророком, но в XXI веке, когда будет война с исламом, весь мир будет в ней участвовать, и мы при этом – как бы аванпост. Знаешь, странное ощущение... У японцев есть замечательная пословица: "В эпицентре торнадо порхают бабочки". Вот мы, казалось бы, в эпицентре – убийства, взрывы, опасности и все прочее, а внутри полноценная и ужасно интересная жизнь! Притом в Израиле прижиться гораздо легче, чем в Америке, – я уже о Германии не говорю. Гораздо легче, чем в Америке, – уверенно повторил Игорь, – потому что чудовищное российское окружение, потому что очень много россиян.

Верное ли это слово – "прижиться"? – Игорь умолк, я же ждал, что он продолжит своё рассуждение, почему и предложил следующий аргумент.

– В Израиле ты, в общем-то, оказываешься среди своих. Вот у нас в Штатах проблема приживания действительно существует: здесь человек приезжает в совершенно другую среду – и языковую, и общественную... У вас же, как мне кажется, ты будто продолжаешь свою жизнь – вместе с теми, кто приехал с тобой. Разве это не так?

– Да, – согласился Игорь, – я живу как бы в своем чисто квартирном гетто. И, тем не менее, я живу интересами страны.

И я себя ощущаю с ней единым. Я не могу это сформулировать... для этого надо говорить какие-то высокие слова, которые я не в состоянии произнести вслух, либо пытаться выразить какие-то глубокие чувства. Такие попытки для меня заведомо обречены... Но чувства есть, и я могу их назвать: есть чувство единства, чувство пребывания там.

– Тебе на самом деле повезло – и не только в этом. Посмотри, что в Штатах, да и у вас, в Израиле, происходит со многими, и чаще всего с людьми творческих профессий: у них возникает совершенно катастрофическое ощущение собственной ненужности... Они объясняют: "потеряна почва". А на самом деле оказывается потеряна целая биография. И это не обязательно рисовка или попытка оправдаться в нынешней беспомощности. В тебе же очевидна феноменальная способность, не утраченная ни в лагере, ни на советской свободе, ни вот теперь – в Израиле: ты везде умеешь остаться собой. И даже притом, что читатель меняется – от года к году, от страны к стране, твой контакт с ним постоянен... Ты не хочешь прокомментировать эту мысль?

– Прокомментирую – хотя бы потому, что я сам всерьез к ней не отношусь. Я вообще не люблю о своих делах говорить, потому что получается полная и глупая х..ня. – Игорь употребил крепкое российское слово. – Единственное, что я тебе скажу: причины здесь – во-первых, моё легкомыслие и, во-вторых, слабое развитие устного аппарата. И, в-третьих, – я везунчик, просто везунчик. Я уехал в Израиль, и у меня там оказались читатели. А могли не оказаться. Значит, мне просто повезло. А дальше – волна 90-х, и приехали опять читатели. Так что это просто везение! Я не переставал писать ни в тюрьме, ни в лагере, но это, опять-таки, не от меня зависит. Если бы я мог, я бы перестал – я ведь лентяй. Есть, наверное, какой-то органчик, он сам из себя все это делает.

ЭТОТ ВЕСЕЛЫЙ НАРОД – ЕВРЕИ

Игорь – человек легкий: оказавшись в обстоятельствах, при которых другой, обидевшись, возмутится, станет размахивать руками, а то стушуется и промолчит, Игорь, скорее всего, отшутится. Правда, юмор его чаще направлен на себя самого, но его шутки нередко могут быть язвительны и для кого-то казаться обидными: не случайно в Израиле его называют «наш Салман Рушди" – за злословие в адрес суперрелигиозных кругов:

Подозрительна мне атмосфера
Безусловного поклонения,
Ибо очень сомнительна вера,
Отвергающая сомнения...

И теперь, опасаясь, что наши рассуждения обретают несколько отвлеченный и даже тяжеловесный характер, я попытался изменить направление беседы.

– Рассказывают, что у смертного одра Платона собрались его ученики. "Ты прожил долгую жизнь, многое видел и многое познал, ты многому научил нас, – обратились они к учителю. – Но скажи нам теперь – что в этой жизни кажется тебе сегодня самым смешным?". Примерно так, по преданию, звучал их вопрос. И Платон, подумав, сказал: "Вид спешащего". Можно удивляться тому, что к нам так поздно приходит понимание этой, казалось бы, очевидной и простой истины. Но как бы ты ответил на этот вопрос?

– Знаешь, вокруг нас безумно много смешного. Когда мы уезжали, жена Саши Городницкого Аня, замечательная поэтесса, сказала: "Это ты у нас здесь хохмач, там у тебя ни хрена не выйдет – в Израиле все шутят". Я приехал, огляделся – действительно, все шутят, но шутят по-другому, по-своему, поместному. Но то, что доступно мне – это не на иврите: мне доступны только российские шутки.

Евреи – жутко шуткующий народ, отсюда такое количество юмористов-евреев. Обрати внимание, кроме Саши Иванова в передаче "Вокруг смеха" – все евреи... Иванов покойный говорил, что его там держат исключительно для процентной нормы. В Израиле безумно смешная жизнь. И, знаешь, еще какая она – как бы тебе сказать... Как только ты начинаешь жить чересчур всерьез, а так живут там религиозные люди, – тут же терпишь поражения.

Вот у нас ленинградка была одна – старушка, дико интеллигентная. Она пришла как-то на рынок, а иврит она, естественно, не знала, и ей показалось, что продавец, марокканский еврей, с ней невежлив – кидает продукты, грубо разговаривает – ну, будто продавец советский. И она, собрав весь свой запас ругательных слов, ему сказала: ”Хам!“. А ”хам“ на иврите означает ”тепло“. И тот ей ответил: «Что поделаешь, сударыня, лето!”. Но ответил на иврите...

На самом же деле, самое смешное, что наблюдаю в Израиле, прости меня опять за тяжеловесность, это уже трагичные вещи на самом деле. Ты знаешь, что там очень заметны становятся механизмы российской революции – и чрезвычайки, и продотряды, и много других вещей. Ты вдруг начинаешь понимать, что черносотенцы, антисемиты, они в чем-то правы, странным образом...

Я не хотел бы евреев обвинить, они в то время были чистыми россиянами и во всем участвовали наравне с ними, но самый характер технологии устанавливаемого порядка ужасно созвучен еврейскому... У нас там, в Израиле, чудовищный бардак, у нас правительство, которое никто не уважает. Я думаю, их вообще мало – правительств, которые уважают и любят в демократических странах. У нас над правительством дико смеются. Видишь, я все время сбиваюсь на какие-то краски, которые всего этого не объясняют. Я лучше стишком тебе отвечу:

В жизни надвигающийся вечер
Я приму без радости и слез,
Даже со своим народом встречу
Я почти спокойно перенес.

Мы ведь были все уверены, что еврей – это младший научный сотрудник, бухгалтер, экономист, инженер, замначальника цеха, замсекретаря партийной организации – и все вот такого типа. Оказалось же, что у евреев чудовищное количество идиотов – и в этом отношении, ну кошмарно... Ты меня можешь остановить, когда я говорю чего-нибудь неправильно: огромное количество идиотов, таких вот тупых, с шорами, но при этом апломб чудовищный, активность чудовищная, уверенность в своей правоте – чудовищная совершенно. И поэтому у нас такое правительство.

– Игорь, милый, идиотов повсюду хватает. Вспомни, не твои ли строки:

Везде в эмиграции та же картина,
С какой и в России был тесно знаком:
Болван идиотом ругает кретина,
Который его обозвал дураком.

– Мои. У Сашки Окуня есть одна старушка знакомая, она в Англии жила лет двадцать пять – свободный английский, потому что она там работала на радио. И Сашка ее спросил про английское правительство. Про разницу английского народа и еврейского. "Вы знаете, Саша, я вам могу только с ужасом передать свои наблюдения. Англичане ведь, в среднем, не славятся в мире своим умом, но когда им надо выбирать правительство, они напрягаются и выбирают самых способных, талантливых, порядочных, энергичных.

Евреи славятся своим умом все-таки, но они оказываются такими разгильдяями, что, когда они выбирают правительство – они находят самых бездарных и самых слабопорядочных". Я думаю, что ни в одной стране мира, кроме банановых республик, не состоит под судом и следствием такое количество членов правительства, как у нас в Израиле.

– И опять же, это не обязательно так: в США по меньшей мере четверо членов кабинета нынешнего нашего президента Клинтона состояли под следствием в связи со злоупотреблениями по службе, а одному из них даже инкриминировали какие-то преступные действия. Так что всё это, видимо...

– ...общий феномен правительства. Хочу только сказать, что сегодня процесс над вашим президентом настолько смешон, что если настолько же смешны и остальные ваши процессы...

Беседа наша происходила в те дни, когда скандальные подробности интимной жизни Клинтона еще были у всех на слуху.

– Нет-нет, – возразил я. – У этого министра были чисто криминальные дела – денежные фонды, личные подарки...

– У нас тоже случаются какие-то разворовывания, какие-то злоупотребления. Знаешь, бездарности, именно бездарности приходят во власть. Куда девался еврейский гений, когда мы говорим о нашем правительстве? Куда девались люди размаха Бен-Гуриона, Голды Меир? Наверное, евреи становятся талантливыми, когда их прижимают к стенке.

– В минуту наибольшей опасности.

– Да, меняется вся страна... вот когда была у нас эта война, когда "Скады" валились с неба – что я тогда застал? Вдруг возникло чувство невероятного единения, и стал проявляться еврейский характер уже с этой стороны: с готовности помогать друг другу, сотрудничать. Потом мне рассказывали, как во время других войн лавочник, который обычно готов тебя обсчитать и тем более прижать экономически, выкатывал на улицу еду для бесплатного кормления.

На вопрос, заданный Платону его учениками, у Игоря одного ответа не оказалось – это я понял. Хотя их, на самом деле, у него множество – и все они рассыпаны по его гарикам, от выступления к выступлению, от книги к книге. Оставалось продолжить предложенную им тему, что я и попытался сделать.

КОГДА ЧАСОВЫЕ СХОДЯТ С ВЫШЕК...

– Ну, это, скажем, не обязательно еврейский феномен: в России во время войны происходило примерно то же. Лавочники, правда, ничего не выкатывали на улицу, но единение в народе происходило. Хотя там оно вряд ли определялось только духовным фактором: имелись и другие причины – системного характера...

– Точно, это было единение тюремного толка, лагерного: всю свою жизнь я жил в лагере, и от лагерной модели я сегодня отказаться не могу. Лагерной моделью я и объясняю то, что происходит сейчас. Это единственная модель, которая действует и которая абсолютно все объясняет. Я тебе говорил о ней. Этот огромный лагерь – «лагерь мира, социализма и труда» – внезапно построили на плацу и выпустили на свободу. Искусственным образом, сверху, обрати внимание, потому что лагерники тихо, спокойно жили. А им вдруг объявили: свобода! И часовые сошли с вышек.

И действительно, стал переодеваться в штатское надзор, весь лагерный начсостав. И что произошло? Он же первым и опомнился, они же первыми стали и эссеистами, и мыслителями, и демократами! В каком нибудь карцере уже издается газета "На свободу с чистой совестью". Вчерашний сука и христопродавец сегодня машет кадилом. И естественно, одновременно с ними первыми опомнились блатные – причем крупные блатные. Ну и шестерки, бывшие при них. Они немедленно возникли везде в силовых структурах, а сами блатные разворовывают страну – вот что в России сейчас происходит.

Ты понимаешь, можно оперировать высокими словами – «чувство собственного достоинства», «личность», «честь», "законопослушание" и т.д. Но ты имеешь дело с блатными и, соответственно, оперируешь блатными словами, уголовными терминами – так гораздо полнее объяснимо то, что в России сегодня происходит. При этом они все же меняются. А я не устаю рассказывать о своих надеждах, об оптимизме в отношении России... Знаешь, с чем связанными? Как раз вот с этими вчерашними убийцами. И не потому, что их дети закончат Кембриджи и Оксфорды и станут другими людьми – может, даже и не станут... а, может быть, все же станут более грамотными. Но они сами меняются...

История третья
БИСТРО ПРИ БЕНЗОКОЛОНКЕ

– У меня есть приятель, я могу спокойно назвать его имя – Володя Басалаев. Он бывший рэкетир-убийца, с 14 лет сидел в лагере. Я тебе, по-моему, рассказывал историю, случившуюся в Новосибирске. Он один из нефтяных королей или бензиновых – я не знаю, как это называется в Новосибирске, и входит в число 15 богатейших людей Новосибирска, если не в первую их десятку. Как он добыл свои первые миллионы, меня не интересует, но я догадываюсь. Человек, который выжил в "малолетке", он... знаешь, рыба пиранья по сравнению с ним – дельфин благородный.

Был он уверен, что погибнет, много раз, и сам говорил мне: я живу не своей уже жизнью, я много раз уже должен был умереть. А ему сейчас лет 37-38... Миллионер, владелец, помоему, восемнадцати бензоколонок в Новосибирске и гигантского концерна, который занимается внедрением всяких изобретательских дел. И он дико талантливо всё это делает! Надо его видеть: небольшой ростом, такой темный лагерный тип. При этом чудовищно умный и чудовищно одаренный. Так вот, он создал гигантский концерн. А его все ненавидят. Что он мог сделать?

Он мог настроить бензоколонки такие же паршивые, какие были раньше в Новосибирске, и они бы ему обошлись в копейки. А он построил восемнадцать бензоколонок, которые ничем не отличаются от ваших американских, выписав для этого немецких инженеров. Ярко освещенные, вылизанные, с подъездными путями. Они обошлись ему в безумные деньги, и эксплуатация там обходится в пять раз дороже, чем в Америке, потому что на каждой бензоколонке еще стоит амбал, который следит за тем, чтобы русский водитель, набрав бензин, не уехал, вырвав шланг, дабы не платить.

При бензоколонке бистро есть, ты можешь купить там продукты. Там опять стоит амбал, который смотрит, чтобы не ограбили кассиршу и не украли все с полок такие же сумасшедшие. Теперь смотри, как с ним борются. Между каждыми двумя его бензоколонками, на равном расстоянии, посередине, без всяких подъездных путей, с рытвинами и колдобинами – я сам видел – на двух подложенных шпалах стоит цистерна, которая торгует ворованным бензином, и поэтому он вдвое дешевле. И так – по всему городу...

Газеты Новосибирска пишут: "Имейте чувство человеческого достоинства, заправляйтесь на бензоколонках!". Басалаев с ними бы справился, своих "силовых структур" хватает – будь здоровчик, я видел этих амбалов. Он даже ко мне приставил телохранителя, который меня увозил домой, и чуть не сошел с ума от удивления оттого, что я ему руку пожал. Так что с этими цистернами Басалаев сам бы справился и справилась бы прокуратура, потому что известно, что это ворованное. Но владелец их, я уже не помню, то ли сын прокурора, то ли еще чей-то...

Там ты наглядно видишь вчерашний день России, но есть уже и завтрашний. Теперь еще про Басалаева, почему у меня и возник этот жуткий оптимизм.

Мы познакомились с ним в сауне, меня пригласили выпить после концерта. Им скучно было: ну, объявились заезжие фраера – они стеснялись выпить с тем, у кого был концерт, со мной то есть, – а так-то я был им до лампочки. Их было несколько человек. А этот подсел ко мне, обратил внимание. Мы заговорили: за что сидел, где тянул, где чалился – так мы с ним "профессионально" поговорили. Потом я думаю: давай я тебя немножко продену, а то он как-то вяло разговаривал, я ведь для него чужой абсолютно. Я ему говорю: "Слушай, а что ты рассказываешь, что ты татарин? Ты же Басалаев. Басалаев – Салават Юлаев. А он – башкир". На что он мне спокойно отвечает: "Один хрен – я сирота!". Короче, мы расстались с симпатией друг к другу. Уже потом я у него гостевал.

Спустя год после знакомства мне звонит один, мерзковатый такой, чиновного типа человек из СОХНУТа, который только что был в Новосибирске. "Я вот тут вам звоню, потому что у вас странные приятели". Я говорю, что я от своих приятелей не отказываюсь. "Вы такого Басалаева знаете?". – "Ну, это просто мой друг, о чем говорить!". – "Он вам просил передать приветы и все прочее, а также сказал, что, может быть, вам будет интересно: Вовка Басалаев только что финансировал Всероссийский конкурс фортепьянных дуэтов".

Ты слышишь, о чем идет речь? Я думаю, что он меня простит, если прочитает, даже не зная полностью значения всех этих слов. Но ему друзья сказали: там референтная группа, с которой дружит директор филармонии, пытается устроить конкурс – и Басалаев дал им на это деньги. То есть те же российские Щукины и Морозовы – вот кто меценаты сегодня, и они тоже появляются уродливым путем. Но они появляются! И вот это вселяет в меня ужасный оптимизм.

История четвертая
С КОММУНИСТАМИ... ИЛИ С БАНДИТАМИ?

– Игорь, вот тебе еще цитата – из тебя же. – Я выудил из стопки его писем ко мне листок, начинавшийся так:

Какого и когда бы ни спросили
Оракула о будущем России,
То самый выдающийся оракул
Невнятно бормотал и тихо плакал...

Это – примерно годичной давности. И потому закономерен вопрос – каким будущее России представляется тебе сегодня?

– Не знаю точно, но только думаю, что взрыва там не будет. Что я в этот раз там увидел – это апатия чудовищная. Все от всего устали, никто ни во что не верит. Массовый энтузиазм пропал, который нужен для сколачивания сопротивления... Если придут чиновные, тихие, ползучие группировки типа коммунистов – вот это будет чудовищный кошмар. Но кто на самом деле придет, я не знаю... Мне все правительства там несимпатичны.

– Выходит, твое ощущение оптимизма очень условно...

– И все равно это оптимизм. Смотри-ка, я ведь посещаю

невероятное число российских городов, и после каждого концерта пью с новыми русскими разного возраста. А они почти все говорят одно и то же: эта вот жировая прослойка, я не знаю, как ее назвать – бизнесменов, мафии – настолько сильна, что возврата к прежнему абсолютно нет. Но кого они выберут себе в руководство?

Я общался с вице-губернатором одной из гигантских областей, симпатичным человеком. Он, крепко поддавший, хорошо относился к моим стишкам и поэтому был абсолютно раскован. Он, собственно, такой же, как Володя Басалаев, только из гигантской управленческой структуры – но вот куда он повернет, я не знаю... Поэтому говорить о будущем можно лишь совершенно неопределённо. Чиновника можно склонить и на такое, и на этакое, и вообще на все, что угодно. Оптимизм же мой основан на том, что это дико талантливые люди. Ну просто видна эта, животная что ли, энергия.

Знаешь, есть прирожденные организаторы: от них пахнет такой животной энергией! Но в какую сторону и кто их склонит идти, я не скажу. Беседовал я совсем недавно с одним думским человеком, и он очень спокойно так, холодно – это был даже не цинизм, а констатация, он даже сам не слышит, что говорит, – поведал о том, что его знакомые, тоже крупные бизнесмены, не знают, с кем идти: с коммунистами или с бандитами. Речь идет не о нравственности, а о выборе разумного пути для выживания... Так что все там как бы непонятно. Но оптимизм все равно есть – потому что у людей другая походка, потому что у людей другие лица. Такое количество молодых, которые совсем уже другие!

Правда, жизнь за последние два года стала значительно хуже. Я за поездку бываю в семи-восьми городах. Человек живет сегодняшней почвой, на которой он стоит, сегодняшними реалиями и перспективами на будущее. А почва у него из-под ног выбита самым чудовищным образом – потому что всеобщее подорожание, отсутствие работы и прочие беды. И перспектив нет никаких, так что, действительно, люди в жутком состоянии.

Но это не гибель, это не смерть, это не крах, это какая-то глубокая болезнь, при которой внутри что-то все равно вырастает. Жуткое количество предпринимателей, часть из них действительно процветает. Я недавно статью прочитал, что, мол, убита вся поросль молодых бизнесменов. Говорят, что нет совсем производства, что все живут в долг, разворовывают и продают это разворованное. Но все равно, где-то возникает новый завод, какой-то завод перестраивается.

Приведу тебе простой пример, хотя он показателен. Приезжаю я в Екатеринбург в позапрошлом году, остается два дня до концерта, и вместо того, чтобы я по городу ошивался, меня везут в загородный бывший профсоюзный санаторий на берегу роскошного, дико красивого озера. Встречает нас человек, у него на обеих руках нету кистей, он их отморозил в лагере. Лет ему 70, наверное. Так он – владелец всего этого санатория. Все это было при советской власти построено: обшивка деревянная, деревянные панели, прекрасная кормежка. Сам он вкалывает с семи утра: уезжает на рынок (а там все дорого, не всем доступно), привозит оттуда продукты.

У него семейный подряд. Мы с ним разговариваем, ведет он нас на берег озера, говорит: вон напротив пороховой завод стоит, и еще завод (называет – такой же военный) – тоже стоит. Ну, меня это как-то не волнует, я вокруг смотрю и вдруг вижу вокруг озера еще пять-шесть таких же старых санаториев – несколько двухэтажных зданий с выбитыми стеклами, обшарпанные. А его заведение – вот в таком прекрасном виде. Даже не вспомню сейчас, как его зовут... Я ему говорю: смотрите-ка, у вас так хорошо (а мы уже поели, в баньке помылись), а вот там – почему же там так плохо? "Потому что, – отвечает, – у меня рук не хватает, чтобы это все прикупить, и всем этим заниматься".

Везде вдруг находится нужный человек. А там, где он находится, уже все поднимается, поднимается, поднимается... В том же Екатеринбурге мужик, который меня принимал, был, по-моему, зам. главного инженера на кирпичном заводе. Они, когда была приватизация, всем коллективом купили этот завод и производят огнеупорный кирпич, которым торгуют во всем мире. Людей мало осталось ужасно, вот что я тебе хочу сказать. Там, где появляется человек или группа людей, там тоже все возникает, независимо от государственного устройства. Их будут душить налогами – но они все равно будут расти. Свобода – она сама себе удобрение для почвы жизни.

ЕВРЕЙ В РОССИИ – БОЛЬШЕ, ЧЕМ ЕВРЕЙ

– Игорь, а что бы ты посоветовал евреям, живущим сегодня в России? Уезжать ли, оставаться ли там?

– Мы, евреи, – конечно, загадка. Сейчас российских евреев уже невольно соотносят с немецкими: тем также можно было уезжать – до 78-го года. После макашовского выступления и всего остального, казалось, должно было увеличиться количество выезжающих. Но ни в СОХНУТе, нигде в те дни не появились толпы уезжающих. Чуть-чуть, на десяток возросло в каждом городе число людей, которые приходят как бы понюхать и поспрошать, «как там», но при этом совершенно не собирающихся ехать. Потому что пришли из Израиля миллионы, а может, и десятки миллионов писем о том, как там плохо.

И еще: лишь только оказывается, что можно хоть как-то прожить, что климат более или менее стабилен (а климат – это то, чем пахнет в воздухе), – еврей остается. Еврей едет в самой крайней ситуации или даже когда она совсем перехлестывает за край: это когда уже нужно воевать, кричать, призывать международные организации. А так, они все живут, не трогаясь с места, и более того, смотри – всюду лезут в структуры власти в чудовищном количестве.

Темна российская заря,
И смутный страх меня тревожит:
Россия в поисках царя
Себе найти еврея может.

Четверостишие это написано, кажется, в 92-м, самое позднее – в 93-м, когда оно вошло во "Второй иерусалимский дневник" Игоря. Этот сборник, в числе десятка других, я перелистывал в поисках поэтического подтверждения того, что сегодня говорил мне Игорь – и, как правило, быстро находил нужное. Впрочем, оттуда же и это:

Храпит и яростно дрожит
Казацкий конь при слове "жид"...

– Ты знаком, конечно, со статьей Тополя, его обращением к Березовскому. Как ты оцениваешь ее?

– Мы даже передачу по этому поводу делали в Иерусалиме. Мне кажется ужасно смешным это обращение. Это было бы все равно, что в 19-м году или в 20-м некий писатель еврейский (а тогда, между прочим, не было такого количества детективщиков) обратился бы к евреям, работающим в ЧК или во власти – например, к Свердлову или Троцкому. "Г-н Троцкий, хочу вам напомнить: делают революцию Троцкие, а отвечают за нее Бронштейны. Г-н Троцкий, не тратьте свою энергию на революцию, а тратьте ее на коммерцию, на что-нибудь еще! То, что вы сегодня делаете, будет вредно для всех остальных евреев". Все бы громко рассмеялись. Точно так же Тополь сейчас пишет Березовскому.

– Словом, ты расцениваешь это как проявление наивности?

– Не знаю... Я в этом вижу, во всяком случае, и какую-то зашоренность взгляда, странную для умного человека Тополя, скудоумие, что ли. Если ты обращаешься к таким вот владельцам денег, то обращайся тогда и к Черномырдину. Там же полнымполно и россиян-миллиардеров. Почему же ты не призываешь того же Черномырдина, когда призываешь богатых людей поделиться? А кстати, если каждый из них и даст по миллиарду, деньги-то все равно растворятся – точно так же, как растворились все американские и европейские деньги. Но – обратись ко всем!

Если ты обращаешься ради сохранения еврейского народа, то вспомни, что так уже было. Я думаю, что в древности это было свойственно еврейским пророкам, которых впоследствии побивали камнями. Они говорили власть имущим: отдайте все, раздайте, поделитесь и т.д. Но никто не поделился, как не поделится и сейчас. Так что просить бессмысленно. Само же стремление части евреев во властные структуры – это не чисто еврейское качество: я думаю, что это чисто человеческое, это реализация своей энергетики.

Вот ты меня, например, не спрашиваешь: почему никто не обращает внимания на то, что мафиози и бандиты хотят войти во властные структуры? То здесь, то там они выбираются в губернаторы, в мэры городов, а потом их судят. Тополь написал свое письмо, априори, исходя из мысли, что они, еврейские богачи, там чужие. А они себя не чувствуют чужими!

Еврей везде себя чувствует своим. Еврей забывает о том, что другие видят его чужим. Он свой, он здесь. Я помню, у нас на радио с Сашкой Окунем сидел один российский советник... Кстати, среди них чудовищное количество евреев, по счастью, Макашов этого не знает, просто руки у него до этого не дошли, но дойдут однажды – это же не скрывается. В избирательных штабах у всех крупных деятелей огромное количество консультантов-евреев. Это психологи, экономисты, социологи – ну такой мы народ талантливый! И вот один из них приехал. Он в избирательном штабе замечательнейшего человека, чуть ли не руководитель там.

Мы с ним разговариваем на радио, и я говорю: "Старик, послушай". То есть я к нему обратился, как Тополь. Только на соответственно моем уровне – не к самому Березовскому. Я ему говорю: "Ты же еврей, чего ты вмешиваешься в это самое? Как ты можешь?". Он отвечает: "Нет, я русский человек, я там живу, я люблю Россию, я знаю, что России нужно, я врос в нее корнями, пусть они, если не хотят со мной жить, убираются куда угодно!". Это жутко странное, чужеродное, и кажется глупостью, даже когда ты это слышишь в Израиле или в Америке. А там они изнутри ощущают себя своими...

Так что это специфика нашего народа. Мы – такие! Ведь евреи больше немцы, чем немцы. Старик, где ты найдешь такого немецкого писателя, настолько немецкого, как Фейхт-вангер, например, настолько немецкого поэта, как Гейне? Такой народ, он вживается. Это счастье африканцев, что нас там не было. Мы были бы чудовищными африканцами, мы носили бы черную кожу, раскраску, воевали бы, и Мандела, может, был бы евреем.

Обрати внимание, еще не произведен подсчет (а он наверняка будет произведен), какое количество борющихся с советской властью, ну, назовем их диссидентами (хотя я это слово не люблю), какое чудовищное количество среди них было евреев. Если посчитать, сколько народу распространяло самиздат в России, то есть взрывную литературу, то, я думаю, что из ста человек девяносто пять были евреями. Тут я просто отвечаю за свои слова, потому что я знал и видел это. Некая чудовищная активность – такой вот мы народ. Вредно это или хорошо – обнаружится через какое-то время.

– Вернемся к Израилю: какое место в нем заняли сегодня российские евреи? – Времени до выступления Игоря оставалось все меньше, задавая ему вопросы, я почти перешел на скороговорку, зная, что другой подобный случай представится совсем не скоро. И, несмотря на укоризненные взгляды Татьяны (Таты, как ласково зовет её Игорь и следом за ним друзья), сопровождавшей в этот раз супруга в его турне, я быстро заправил в магнитофон новую кассету.

– Тут я тебе отвечу словами Буденного. Году в 62-м мне приятель показывал французскую газету "Монд". Её корреспондент подошел к Буденному на каком-то правительственном приеме, предъявил свою журналистскую карточку, то есть объявил, что он журналист, и получил таким образом право на публикацию, потому что тот понимал, с кем имеет дело.

Он спросил, какую роль, по мнению маршала Буденного, будет иметь конница в Третьей мировой войне. И Буденный ответил: "Как – какую? Решающую!". Так вот, я тебе то же самое могу сказать про россиян в Израиле – теми же интеллектуальными словами. Только что вручались премии за вклад в израильскую науку – пять наиболее престижных премий, в жюри по присвоению премий заседали все израильтяне, россиян там нет: до уровня присуждения премий они еще не дошли. Но они уже их получают. Так вот, за лучшую докторантуру премии получили семеро россиян. Прут чудовищным образом российские евреи, и я не знаю, к добру это или нет...

ПИСАТЕЛЬ, КАК ВОЛК

– Я слышал о требованиях сделать русский вторым государственным языком в Израиле. Насколько это звучит для тебя серьезно?

– Никогда! Никогда этого формально не произойдет. Даже притом, что он стал уже явочным порядком государственным языком. Знаешь, когда в шестимиллионном государстве миллион говорит по-русски, то это заметный государственный язык. Но по-настоящему государственным, языком делопроизводства, он не станет никогда, что естественно. Дети наши свободно говорят на иврите, они уже сами не замечают, как переходят с русского на иврит и обратно. То есть для них нет этой проблемы. Проблема есть для нас, не выучивших иврит. Это ужасно похоже на самом деле на сегодняшнее положение так называемых писателей в России. Их никто не поддерживает. Все они плачут, кричат и жалуются – но ведь это естественное состояние, что литератора никто и не поддерживает: он должен жить сам. Как волк.

И никто в мире никогда не поддерживал литераторов. Ну, возникали какие-нибудь спонсоры, меценаты – но их были единицы. А так человек сам! Какой-нибудь известный английский писатель – помню, читал про одного, написавшего, по-моему, восемьдесят томов, – какой-то средний писатель, имя его я тоже не запомнил, он работал в банке клерком, а сочинял по ночам и вечером. Время его было настолько уплотнено, что, заканчивая очередной роман, он выкуривал сигарету или сигару, выпивал чашку чая – и садился за следующий. Нормальная жизнь литератора! Огромный русский поэт Борис Чичибабин всю жизнь проработал бухгалтером в трамвайном депо...

– Похоже, так сегодня и происходит в России. Главная трибуна писателей – толстые журналы, – лишившись государственной поддержки, завершают свое существование. И вместе с ними уходит из жизни целый пласт словесной культуры, присущий главным образом России.

– Может быть, это и нормальная ситуация. Я точно знаю, что если толстые журналы будут поддерживаться правительством – коль уж ты так настаиваешь на роли толстых журналов в российской духовной жизни (хотя я в этом не очень уверен), – если они даже финансируются, платить авторам все равно не надо. Автор должен жить, как волк – кормить себя сам. Как только ему платят «за музыку», тут же её и заказывают. Мы видим этот феномен в литературе 50–70-х годов в России на примере периодики.

Хотя, в принципе, я понимаю, о чем ты говоришь, так что в разговоре со мной давай сразу вынесем за скобки слово ”убежденность“. Все, что я говорю, – это некая болтовня, это мое мнение. Я ни в чем не убежден, я не экономист, какие-то вещи я просто не знаю. Может быть, газета – некая специфическая штука, которая связана с обществом большим количеством нитей, обществу нужна – и поэтому обществом должна быть оплачена.

Скажем, вот этой частью общества должны быть оплачены коммунистические газеты, эта часть газет должна быть оплачена другой частью общества. Но бряцание на лире есть просто товар: если у тебя его покупают, ты живешь на эти доходы. И если его у тебя не покупают – проклинай на здоровье общество. Может быть, ты – гений! Но вот сегодня ты не нужен. Я знаю многих поэтов и художников, живущих в твердом ощущении и проживающих в нем всю свою жизнь, что они – гении.

Кстати, это очень важная пружина – ощущение, что ты гений. И что общество просто тупое и подлое, и оно не доросло до понимания твоей гениальности. Очень хорошо! Значит, это очень счастливое чувство для личного проживания – но на общество оно не накладывает никаких обязательств.

Скажем, я – гениальный художник. Обществу мои картины не нужны, оно тупое, слепое, идиотическое. Значит, я свои картины складываю и забочусь о том, чтобы дети после моей смерти не выбросили их на помойку, чтобы завтрашние люди могли их оценить. Я проживаю свою жизнь совершенно замечательно – но я ничего не должен требовать от государства, и от общества, в частности. Хотя бы из чувства собственного достоинства – достоинства художника даже, а не личностного.

Потому что, если общество мне заплатило, завтра это общество скажет: а намалюй-ка ту же картинку, которую ты малевал вчера, потому что нам понравилась она. Например, я рисую вместо лиц цветные яйца. И вместо фигур – цветные яйца. Общество покупает. А потом я хочу рисовать зеленый лужок, я внутри созрел для этого, а мне говорят – нет! Дальше я начинаю влачить жизнь изгоя, но настоящего художника, потому что следую своему ощущению. Это составляет предмет моей гордости, мне это очень важно.

Я же еще и артист, я со сцены "завываю", и поэтому часть эстрадная – тоже часть моих доходов, так что я не полностью живу на литературные доходы. Ты смотри, Дина Рубина кормит свою семью на литературные доходы. Правда, она еще работает в одном клубе, хотя там зарабатывает просто копейки. Ну вот, повезло – ее «товар» покупается.

Я читаю российские толстые журналы, но там необыкновенно мало того, что заслуживает чтения. Поэтому я думаю, что твой вопрос про толстые журналы и о необходимости их поддержки устарел. Да, они, действительно, были важными в жизни той, прежней России. Тогда мы их читали. Они были какой-то отдушиной. Мы их читали между строк – и что-то в них прорывалось вдруг. Для нас это было частью стремления выжить. А сейчас вот я читаю дикое количество мусора, дикое количество публицистики, которому место, на самом деле, в тонких журналах – то есть газетного типа.

Возвращаясь к толстым журналам: меня не оставляет ощущение ненужности всего, что там сегодня печатается. Ну, стихи... Поэт счастлив, что напечатал стихи. Подожди год и издай сборник за свои деньги, или найди себе мецената. Статьи публицистические – это для тонких журналов. Романы? Потерял, по-моему, журнал свое назначение. Я начал тебе говорить по поводу чупрининского журнала ("Знамя" – А.П.). Два-три раза мне удалось обнаружить нечто значимое в годовом комплекте журналов. В последний год я вообще ничего не смог в нем найти – хотя он традиционно считался одним из достойных литературных изданий.

ВСЁ БУДЕТ ХОРОШО?

– Ну, да ладно об этом... Знаешь, со мной недавно интервью потрясающее сделали. Двое – один в Петропавловске-на-Камчатке, другой в Тель-Авиве – придумали вопросы и ответили на все эти вопросы моими стишками. Причем, все так здорово подбирается, хотя иногда ответы получаются прямо противоположными...

Что я этим тебе хочу сказать: мир устроен противоречиво и при этом чудовищно жестоко. Но в этой жестокости есть какая-то разумность: я говорю не о естественном отборе, а о том, что мир сопротивляется твоему благополучию. Мир все время ставит тебе какие-то препоны, трудности.

– Я бы не отнес это ко всем: кому-то ставит, кому-то нет...

– Но все равно происходит некое преодоление. Я сейчас вспомнил фразу, не помню, кто её произнес. Кто-то пожаловался на жизнь – кажется, Крылову, академику, который был известен как крупный строитель. И тот ему ответил "физическим" образом. Он сказал, что мы ругаем сопротивление среды, но если бы не было сопротивления среды, не было бы движения, потому что от этого сопротивления, от воды, например, отталкиваются колеса парохода. И к литераторам это ужасно точно относится.

А может, для меня сопротивление среды сконцентрировалось в какие-то времена, когда-то, так что здесь абсолютно ни при чем общество и государство. Недавно умер великий поэт Булат Окуджава. Я сейчас это говорю совершенно официально – великий! Ты представляешь Окуджаву, выступающего с речью, в которой он говорит, что государство должно его содержать? Его жизненная позиция была всегда безупречна.

Меня и сейчас волнует, как там живут в России хорошие писатели – не те десять тысяч, что состояли в Союзе писателей...

– Ельцин дал какие-то деньги на ежегодные стипендии для группы деятелей культуры – и в их числе литераторам, – заметил я.

– Кстати, в связи с журналами – о России. Я ничего не могу сказать аргументированного, может быть, но я точно знаю: в России все будет хорошо, и, наверное, это основа моего оптимизма. Чудовищно талантливая страна! В смысле людей талантливая.

– Ну, а про Израиль: каким ты видишь его будущее?

– Я точно знаю, что и там все будет хорошо. Потому что при всем том, что я вижу внутри страны, если бы все это Богом не охранялось, не содержалось и не паслось, все давно бы рассыпалось к ... матери, было бы завоевано и т.д.

– То есть ты веришь в некое провидение?

– Я не знаю, как это назвать – логика провидения человечества, технология истории народа, судьбы народа... Природа... Развитие взаимоотношений...

– Может быть, выразить это как запрограммированность истории? Существует ведь и такое предположение...

– Очень может быть... Я как-то отчетливо, живя там, внутри, чувствую, что это некая неприступная и нерушимая штука, – иначе давно бы всё разрушилось. Ну, хрупкая вот такая орешина посреди – я не знаю чего, да еще внутри этой орешины такое количество врагов, червей... Ужасно много вещей совершенно невозможно сформулировать, потому что как только ты начинаешь артикулировать, ты видишь, насколько слова не могут это выразить...

* * *

Здесь мы вынуждены были прервать разговор – ехать на выступление было не так и далеко, только времени на дорогу оставалось совсем в обрез. А будь его чуть больше – я, не оспаривая его прогнозы, непременно выразил бы Игорю свое несогласие с его последним утверждением (кстати, вот уже второй раз повторенным в нашей беседе): всё же редко кому удается быть столь выразительным, как это получается у него, Игоря Губермана. В любой момент я могу представить себе его, извергающего на слушателей каскад остроумных и едких четверостиший, или вспоминающего о том, как они рождались – в тюремной камере, на лесоповале, в самолете, несущем его из Израиля в Мельбурн, в Москву, в Лос-Анджелес...

Губермана, действительно, сегодня ждут везде. Я не оговорился: и в местах бывшей отсидки тоже – где его выступления проходят с особым успехом, окрашенным бывшей причастностью Игоря к судьбе людей, остающихся и ныне там.

Чаще всего – не по своей воле...

Ноябрь 1999г.

Глава 10. Этот счастливый человек Севела

В гостях – хорошо пишется!

Продолжая тему писательского счастья, вспомним Эфраима Севелу – одно время Фима, так зовут его друзья, был самым популярным писателем в русском зарубежье. И был он одним из тех, кто чувствовал себя вполне счастливым: потому что выехал он после долгих мытарств из России почти первым в "третьей волне", можно даже сказать, открыв своим выездом эту волну.

И теперь он, бывший киносценарист, делал уже вне СССР то, что действительно умеет хорошо делать: он писал забавные книги, которые потом переводились на многие языки и расходились тиражами фантастическими, недоступными здесь для русских писателей. Книг – десятки: от почти швейковского "Мони Цацкеса – знаменосца" до озорной "Русской бани" – мужского (веселого и скабрезного) разговора, который ведут в ней хорошо "врезавшие" и разомлевшие от духовитого пара и обильных закусок хозяева жизни обкомовского масштаба.

Вот об этом мы с ним и говорили, запивая аппетитный шашлык сухим винцом в ресторане кавказского профиля на нью-йоркском Брайтоне.

– Ничего! После Калифорнии – ни строчки! Если не считать одного американского сценария... – говорил мне Севела теперь, спустя полгода после того, как провел месяца два у моих друзей в Монтерее, излюбленном нашими литераторами, бегущими от шума больших городов.

– Но прошлую зиму – с декабря по май – я бы назвал одним из самых продуктивных периодов. Калифорния – прекраснейшее место для работы, нигде мне так хорошо не пишется, как у вас. Вот посуди: в эти месяцы я успел завершить два романа – "Тойота-Королла" и "Все не как у людей", который уже куплен нью-йоркским издательством "Харпер энд Роу" и немецким издательством. У вас же я написал и сценарий художественного фильма "Сиамские кошечки" – кажется, он скоро будет сниматься.

– Почему-то люди убеждены, что у писателя-юмориста и в жизни должны случаться какие-то забавные истории – ведь откуда-то ты черпаешь сюжеты для своих книг? Было ли что-нибудь подобное, например, во Франкфурте? – поинтересовался я, вспомнив, что он только что вернулся с традиционной книжной ярмарки в Германии.

– Ну, конечно же! – с нескрываемым энтузиазмом заговорил мой собеседник. – Один эпизод, очень для меня приятный, произошел с книгами, выставленными на немецком стенде. Кроме одной на витрине, каждая книга на выставке представлена еще в двадцати девяти копиях – про запас. На третий день выставки все 29 запасных копий моих книг были растащены... самими "сейлзменами" – они должны были их продавать! Главный редактор издательства, присутствовавший на выставке, заверил меня, что это ограбление стенда – лучшая рецензия на книгу.

И еще один эпизод: на выставке я встретился с Евтушенко. Мы и в Москве были с ним соседями, вместе "пасли" детей – я свою Машутку, он – своего Петю. И здесь мы вдруг оказались соседями – наши книжки были выставлены рядом. Я сделал вид, что не узнал его, и прошел мимо – был уверен, что ему не очень захочется встречаться со мной. Но он узнал меня и бросился ко мне с криком: «Ты что, старик, не узнаешь! Неужели я так постарел? – обнял меня, подозвал свою жену, англичанку Джейн: – Иди сюда, я тебя познакомлю с Севелой! Помнишь, я тебе рассказывал о нем?» – «Рассказывал? Да я сама его читала!» – рассмеялась новая супруга Евтушенко. Он попросил надписать ему "Зуб мудрости", что я и сделал с удовольствием – пусть "гэбэшники" прочтут, глядишь, – может, после них и к кому-нибудь из знакомых в Москве попадет.

– Да, представь себе, не избегает Евгений Александрович таких встреч. Мне и Лимонов рассказывал о подобных случаях, – прокомментировал я этот эпизод.

И добавил:

– Фима, ты опять где-то у эмигрантов здесь, на Брайтоне, пристроился – почему не в отеле? Ведь не бедный человек, правда?

– Знаешь, Саша, – не смутился Севела, – в отелях я просто не могу работать. Я не люблю быть один, это очень тяжело. А среди друзей и знакомых создается как бы видимость семьи. Когда ты с кем-то рядом – возникает какое-то наше, из России, человеческое тепло. Это очень важно, потому что оно создает настроение работать, питает его. А для этого мне просто нужна удобная квартира и доброе отношение. И за это не жаль любую плату. Если в городе, куда я прилетаю, есть русские – я через неделю уже работаю. Мне самому это напоминает способ увеличения «яйценоскости» кур: фермеры ночью включают свет, и куры, думая, что наступил новый день, несут дополнительное яйцо. И оттого, что я всегда меняю города и страны, и вокруг меня происходит что-то новое, у меня возникает ощущение нового дня и, глядишь, – снова «яйцо»!

Полученное объяснение звучало вполне удовлетворительно, но и предупреждающе – теперь оставалось только ожидать нового приезда Севелы в наши края, и, стало быть, готовить логово для моего доброго приятеля Фимы Севелы, что всегда было для меня не в тягость. И даже – наоборот.

Январь 1983 г.

Приезжал Севела в Калифорнию после еще не раз, но чаще – в Нью-Йорк. Один из таких визитов совпал с событием печальным: мы навестили с ним умирающего Юру Ойслендера. Госпиталь, куда поместили нашего приятеля, был бесплатным, то есть для неимущих. Совсем неимущих, каким и был здесь Ойслендер. Он знал, что у него рак, усугубленный циррозом печени, и всё равно надеялся жить, мы же как могли с Севелой пытались поддержать эту надежду...

Печальное отступление

Я знал, что Юра тяжело болен. Знали об этом и те немногие друзья его, с которыми он в последние месяцы своей жизни находил силы и, наверное, желание поддерживать отношения. А их, друзей, действительно, оставалось совсем немного. И сил – тоже...

Болезнь пришла незаметно и сразу.

Еще летом прошлого года во время моей поездки в Нью-Йорк выкроилась, выпала каким-то чудесным образом пара свободных дней из сумасшедшего ритма, в который каждый раз оказываешься втянутым, попадая в этот город, и я арендовал в Нью-Йорке машину, чтобы доехать до Вашингтона и навестить Аксенова. Там же жил и Суслов Ильюша, прознав моём намерении друживший с Ильёй Ойслендер упросил взять и его в машину – потом, мол, и вернемся вместе: обратный билет у меня был из Нью-Йорка. „При условии, – предупредил я Ойслендера, – в дороге – ни грамма. Договорились?". – „Конечно!". – легко пообещал Юрка. Усадил я его в арендованный "Мустанг", едва мы выбрались из паутины городских хайвеев и встали на прямое шоссе, ведущее к Вашингтону, я оглянулся: Ойслендер (он удобно разместился на заднем сиденье) полулёжа посасывал виски из плоской бутылочки-фляги.

«Юра! Мы же условились...». – «Да я так, чуть-чуть». Это «чуть-чуть» продолжалось все четыре часа, что мы ехали.

А через несколько часов мы уже распивали чаи и что-то еще в гостеприимном доме Ильи Суслова, что был милях в десяти от Вашингтона. На следующий день, соединившись с Аксеновыми и под их добрым руководством, мы исследовали с Василием столицу нашей нынешней родины. И еще через день, возвращаясь с Ойслендером в Нью-Йорк, умудрился я где-то под Нью-Джерси въехать не на тот "хайвей", что обошлось в добрых три часа потерянного времени. О чем мы, правда, не очень жалели – в дороге всегда есть о чем посудачить, если видишься не часто.

Будничное воспоминание, оно стало приобретать особое значение, когда в следующий мой приезд мы с Севелой навестили Юру в больнице после его первой операции. Как оказалось вскоре – далеко не последней. Юра с трудом поднялся с койки, выпутавшись из покрытых ржавыми пятнами простыней; придерживая под руки, мы вывели его в коридор. И пробыли вместе час, может, немного больше.

Заночевали мы у Сусловых, там, естественно, встретили нас за столом.

Пьющий Юра был человек, да что уж теперь говорить – давно нет его. Не знали мы тогда, что осталось Юре жить совсем мало. Совсем – наверное, его фотографии с того вечера стали самыми последними.

– Вот, – говорил он мне тогда, а кажется, совсем недавно, – встану на ноги, переберусь к тебе в Калифорнию, возьму в аренду такси – и буду водить, на еду и жильё заработаю – много ли мне надо?

А ведь и правда – он заработал бы, если бы... "Надежды – никакой", – сказал мне вполголоса врач, вышедший в коридор, где я поджидал его после визита к больным – там в палате лежало еще человека три. Кажется, все безнадёжные, потому и комната была малолюдная.

– А что, хорошо в Калифорнии? – снова спрашивал он. – Вот бы переехать к вам... Хорошо бы... Я знаю, я бы там быстро поправился...

Дежурный врач, у которого мы уже без Юры старались выпытать что-нибудь, только покачивал головой, разводил руками и улыбался. Улыбчивый был врач.

И вот такая весть. Севела рассказал мне по телефону, что, вернувшись только что из Европы, собирался сразу заехать к Юре в госпиталь – в скверный государственный госпиталь "для бедных", где-то на задворках Нью-Йорка. И не успел.

Юра умер в полночь 26 октября. А на следующий день его хоронили. На похороны пришли Севела и... трое человек, почти посторонних Юре при его жизни. И еще одна девушка, которая, познакомившись с Ойслендером, когда он был уже безнадежно болен, провела с ним его последние дни и часы, бескорыстно и самоотверженно ухаживая за умирающим писателем.

Больше никто не пришел с ним проститься. Никто. Не было тех, кто в общем-то совсем недавно проводил вечера у голубых экранов, когда показывали "Кабачок 13 стульев" или "Голубые огоньки", подготовленные Юрой Ойслендером. Не было тех, кто, начиная листать "Литературку" с 16-й полосы, многозначительно улыбались, читая его миниатюры – во, мол, дает!.. Из редакций нескольких нью-йоркских русских газет, где печатались его последние юморески, тоже никто не пришел. То ли узнали поздно, то ли редакционная текучка не отпустила...

Месяца за два до того Юра начал писать роман. Севела подбадривал его, что-то подсказывал. Сейчас он говорит мне, что роман мог получиться.

Мог бы...

Юрию Ойслендеру было 44 года.

В моем альбоме десятка два фотографий Юры, сделанных в разное время – дома, на нью-йоркских улицах, в Вашингтоне.

Я не обнаружил среди них ни одной, где его лицо было бы серьезным. И тогда я подумал – может быть, так лучше: пусть читатель запомнит его именно таким, каким он всегда был в жизни.

Только сейчас – не о нём. А с Севелой мы встретились после дли-и-и-нного перерыва, лет, наверное, через десять, уже в Москве. За эти годы он был издан и переиздан многократно и на многих языках, успел снять фильм на Одесской студии. А теперь он осел всё же в Москве, и женат на вдове Дунского, переболел – недуги случились серьезные, сбросил вес на треть примерно, постройнел – дай бог ему здоровья надолго.

Январь 1983 г.

...и – Глава 11. Возвращение Эфраима Севелы

А это было лет 15 назад, может, даже больше – но уже после того, как Севела провел, думаю, не самые худшие в его жизни дни в Калифорнии... И в том числе – в крохотной квартирке, которую я снимал в те годы, где на линолеумном полу верстались самые первые полосы "Панорамы". Если вспоминать сегодня, кто там только не останавливался! Но в этот раз мы встретились с ним, где встречаются все, а именно – в Нью-Йорке.

Помню, мы прогуливались по Брайтону, остановились где-то перекусить – кажется, в "Кавказе", у гостеприимной Риммы. Потом я фотографировал его на фоне русских вывесок продуктовых и еще каких-то магазинов. А он тем временем рассказывал, какой он счастливый человек – что дало мне повод так и назвать вскоре появившуюся публикацию в "Панораме" – "Интервью со счастливым человеком". И правда – именно таким он себя чувствовал тогда: в творческом багаже его уже насчитывался десяток книг – переведенных на немецкий, французский, английский и даже японский языки.

Удивительно, что при этом жизнь Севела вел кочевую, редко где задерживаясь больше чем на месяц-другой – разве только у нас, в Калифорнии, и вот теперь – в Нью-Йорке, где он жил уже не первый месяц. И уезжать, кажется, в этот раз никуда не спешил.

Как он умудрялся работать в таких условиях – бог ведает. Но факт остается фактом – почти после каждой "остановки" появлялась новая его книжка.

А потом он исчез из нашего поля зрения. Причем надолго. Понемногу книги его на прилавках магазинов и лотков оказались завалены грудами хлынувших из России дешевых изданий, и имя писателя Севелы в эмиграции стало забываться. Время от времени доходили сведения из России, где полным ходом шла перестройка, что он там. И что книжки его издаются, и что, кажется, он там что-то снова снимает – на одной провинциальной студии. Время от времени даже приходили от Севелы приветы через зачастивших туда и оттуда визитеров.

Но вот он снова здесь. И мы сидим с ним во дворике позади дома; вдоль ограды тянется высокий холм, за который сейчас закатится багровый диск солнца. Севела, щурясь, поглядывает на него и, почти не останавливаясь, говорит.

Вы слышали когда-нибудь, как он рассказывает? И о чем? Тогда – читайте.

Властелины мира носят брюки в клетку

– Есть в Америке небольшое число людей, о которых очень мало знают не только в мире, но в самой Америке. Это своего рода закрытый клуб. Он и составляет тот, можно сказать, скрытый от глаз, но очень важный пласт вершителей судеб – не только Америки, но мира. Они, эти люди, решают, кто будет следующим президентом – и не только в США. А я попал туда! Мне разрешили выступить перед ними. Вот как это было.

Где-то в начале 80-х некто Немайер, очень занятный человек, профессор университета Нотр-Дам в городке Саутхемптон штата Индиана, антикоммунист и такой же антифашист, предложил мне следующее. В Чикаго, сказал он, начинается ежегодный съезд очень правой организации – она, может, даже правее общества Джона Берча. Это группа богатейших людей, объединенных своим происхождением – они потомки первых пилигримов, высадившихся в районе Филадельфии с парусника "Мэйфлауэр". Со временем они захватили большую часть богатств Америки, по крайней мере, ее недра. Так что на самом деле не у евреев главные деньги Америки, как многие думают, а у них.

Посуди сам: большинство евреев с зарплатой, превышающей 100 тыс. долларов, – кто? Юристы, врачи и т.п., т.е. профессионалы, интеллигенция. А по-настоящему богатых евреев в Америке вообще-то немного. Я где-то читал, что евреи, составляя 6 процентов населения Америки, владеют 12 процентами ее богатств. Возможно. Но среди евреев нет Рокфеллеров, Морганов, Гетти... "А эти, – рассказывал мне профессор, – собираются ежегодно, обсуждают всякие проблемы, и в этом году в Чикаго они арендуют целый этаж в "Шератоне". Две тысячи делегатов прибудут туда для встречи. Я, правда, не уверен, что мне дадут пригласить вас, – заключил свой рассказ Немайер. – Они очень строги в отборе: ни евреев, ни негров, ни женщин. И ни католиков – они все протестанты. Но все же я попробую вас провести туда".

Из скудных сведений, которые я почерпнул у профессора Немайера, мне стало казаться очень заманчивым попасть к ним, посмотреть на эти страшноватые лица. И, представь себе, он сумел убедить их: мне было дозволено двадцать минут выступления. 500 долларов за 20 минут. Это я говорю не потому, что меня волновало, сколько мне заплатят, – сейчас поймешь, почему я подчеркиваю эту цифру. А еще я был предупрежден: если с самого начала, с первых слов, я не понравлюсь аудитории, меня немедленно выпроводят оттуда, мне просто не дадут больше говорить.

И я включился в эту гонку, мне захотелось все же их победить – и в то же время что-то новое узнать для себя.

На возвышенности, где разместился президиум, уже появилась карточка с моим именем – прямо напротив огромной тарелки с чикагским стейком. Меня тут же представил председательствующий на этом собрании – ежегодном собрании Филадельфийского общества (Philadelphia Society), так они себя называют – и предупредил аудиторию: "Наш гость необычный, у нас никогда не выступали евреи, а на этот раз мы решили дать слово человеку из этой группы населения, которая все же с нами сталкивается – и очень часто. Нам нужно знать этих людей. Особенно, если они из России, из страны коммунистической. Может быть, они что-нибудь интересное и нам поведают..."

А публика... Когда я глянул сверху на эти сотни столов – посредине каждого торчал микрофон на гибкой ножке, и за каждым сидело по четыре человека, – я ахнул: это были персонажи – ну, я бы сказал...

– Что-нибудь из карикатур Бориса Ефимова? – догадался я.

– Точно! Персонажи Бориса Ефимова с четвертой страницы газеты "Правда": широкие челюсти и узкие макушки голов. Все они были очень пожилые. Клетчатый пиджак или брюки – обязательно что-то в клетку. Потом, они носили очки, совсем "по-ефимовски" сделанные – широкие сверху и узкие внизу. Розовые склеротические щечки, фарфоровые зубки и хохолки редких седых волос. И этим людям, таким милым дедушкам, которых, кажется, боялся сам председательствующий, он сказал: "Я вас прошу потерпеть – если вам не понравится, мы это быстро закруглим". Я подтянул к себе ближе шнур микрофона и обратился к ним – непривычно для них.

Я им сказал: "Джентльмены! Я не могу сказать "леди и джентльмены", потому что ни одной леди в зале я не вижу. Прошу прощения за то, что вам придется немножко напрячься, потерпеть мой акцент; я и сам не терплю людей, говорящих на моем родном, русском языке с акцентом. Я понимаю вас. Так что не только потерпите, но и прислушайтесь к тому, что я буду говорить. И постарайтесь запомнить это – ибо, возможно, завтра вас поднимут ночью с постели и поставят к стенке!".

После этого я заткнул себе пасть куском стейка и глянул робко в зал. Зал онемел. Никто не шевелился, только иногда очки поворачивались друг к другу – они молча переглядывались, затем, как по команде, вскочили и зааплодировали. Я им понравился, и они меня приняли – я оказался так называемый "славный малый". Потом меня долго не отпускали, они меня просто закидали вопросами – о России, о коммунизме. Они, оказывается, очень мало о нем знали...

– Но боялись, – предположил я.

– Но боялись страшно. Ровно час меня пытала эта аудитория. Председательствующий просто умолял их прекратить: "Хватит, больше нельзя, потому что ломается график всего дня!".

– Английский у тебя приличный? – поинтересовался я.

– Да, приличный, но акцент железобетонный, русский. Язык я выучил в эмиграции – никогда его до этого не знал. Я его выучил в гостиницах Америки, слушая тексты реклам. Они повторяются в течение дня по 5-6 раз. Я их запоминал и без словаря догадывался, о чем идет речь. А так как я начинал учить английский в отелях, да и чаще всего слышал английскую речь из уст персонала, обычно негритянского, то и произношение у меня было, как у негров. Я через слово вставлял "you know", так что это был не самый лучший английский.

Господа евреи, с кем вы?

– В общем, председательствующий поднялся и поблагодарил меня, даже похвалил и потом добавил: "Пользуясь тем, что вы, как я знаю, выступаете большей частью перед еврейской аудиторией Америки, я хочу воспользоваться этим и передать мое послание евреям – потому что напрямую у нас никакого контакта не получается. Попробую через вас, и, пожалуйста, постарайтесь это сделать: оно будет полезно и евреям, и нам.

Дело в том, что мы приближаемся к огромнейшей, кровавейшей бойне, которая разразится в скором времени в Америке на расовой почве, и она решит, будет ли продолжаться белая цивилизация или отдаст богу душу.

И вот в этой битве, – повторил он, – евреи, люди одного с нами цвета кожи, находятся на другой стороне – там, где черные и многоцветные латиноамериканцы. Пожалуйста, поговорите с вашими соплеменниками откровенно, напомните им, что в Америке скопилось евреев ровно 6 миллионов. Цифра роковая и зловещая для еврейства. (Он, конечно, имел в виду Холокост, в котором погибло то же число евреев.) Пожалуйста, передайте им, до того как затрещат выстрелы на баррикадах: мы просим их переходить к нам и занимать боевые позиции в наших порядках, а не стоять между или, чаще всего, против нас.

– А ведь правда – самые активные либералы в Америке – преимущественно евреи...

– Да, конечно, да! – согласился Севела. – И он напомнил мне о еврейских молодых парнях, которых скормили крокодилам в Алабаме, когда они защищали там права черных. А черные оказались, при этом, самыми страшными антисемитами в Америке.

Честно говоря, я в этом монологе ничего не понял.

– Так кто кормил ребятами крокодилов?

– Кто кормил? Белая полиция Алабамы. Евреи шли во главе колонны черных – и полиция натравила на них собак, которые их загнали в болота. Между прочим, я сам видел жутковатую картину много лет спустя. Был огромнейший митинг черных в Центральном парке в Нью-Йорке. И туда прорвался отец этого Джерри Гудмана, съеденного крокодилами: он порывался выступить в защиту так называемых негритянских прав – а его, человека с белым цветом кожи, сбросили с трибуны.

И вот, после моего выступления председательствующий сказал мне, что евреям не выжить на стороне черных, потому что те – антисемиты. И он, мол, предлагает, пока не поздно, перейти к ним – потому что, сказал он, "битва будет страшной, и цифра 6 миллионов должна быть в памяти у каждого вашего соплеменника. А вместе мы можем выжить".

Когда я вышел из зала, какой-то служащий протянул мне конверт, и уже в машине я открыл его: там было не 500 долларов, а все 1000. Это замечательная американская черта – с ходу оценить ситуацию и все переделать. Меня они оценили...

– А сам-то ты – как ты их оценил?

– О, они были страшны! Именно тем, что напоминали сказочных гномиков – а я уже понял, какая сила за этими людьми.

– Ну, хорошо – по существу ты разделяешь их идею?

– Абсолютно! – не задумываясь, произнес Севела. – Я полностью попал под ее влияние. У меня и до этого уже были такие предчувствия, собственные выводы, что в стране назревает расовый конфликт, который приведет к резне. Старички эти только подтвердили их. Потому что они это уже знают.

– И ты кому-то передал их призыв? – спросил я.

– Нескольким людям, которые близки к главным еврейским кругам, начиная от "Юнайтэд джуиш эпил"... да и к другим организациям – я рассказывал им об этом. А те усмехались только почему-то... Они, как я понял, посчитали, что их пугают. На мой же взгляд, эти старички никого не пугают – а наоборот, пытаются спасти, перевести евреев в защищенный лагерь.

– Я сейчас вспоминаю один эпизод третьего, кажется, года моей эмиграции. Да, шел 79-й. Я с сыном снимал квартиру в доме, заселенном преимущественно американскими евреями пенсионного возраста – так уж случилось. Как-то меня остановила во дворе соседка. В те дни предстояли президентские выборы, и она спросила, за кого я собираюсь голосовать. "За Рейгана, конечно!" – ответил я.

В те годы большинство нашей эмиграции было решительно настроено против демократов: в них мы видели продолжателей дела социализма здесь, в Штатах, – что нам, по понятным причинам, нравиться не могло. Рейган же с его противостоянием "империи зла" нам вполне импонировал. Моя пожилая собеседница всплеснула ручками: "Боже мой, какой ужас! Неужели вы за республиканцев?" Я говорю: "Да!" – "Но евреи не могут быть за республиканцев! – искренне удивилась она. – Евреи всегда были за демократов!" Я думаю, это та самая линия, которая проходила и проходит до сегодняшнего дня в политике еврейских общин.

– Несомненно, – согласился Севела. – Линия очень сильно, ярко выраженная. А эти старички приглашали всех. Они никому не грозили, но просто предсказывали, что может произойти в недалеком будущем...

– Как это – «всех», если они на свои собрания не допускают евреев?

– Видимо, руководители и тех, и других могут как-то встретиться и могут поговорить...

– Вообще-то, это логично: евреи – одна из наиболее организованных групп населения, и если истеблишмент американской общины решит принять этот призыв, несложно соответствующий «мессидж» передать в средства массовой информации.

– Совершенно верно – рекомендацию принять консервативный уклон. Становится ясным, что в Америке, действительно, где-то уже давно созрело и готовится столкновение. И поскольку этого не избежать, «старички» и пытаются занять выгоднейшую позицию. А союзниками по цвету кожи они считают евреев – больше им неоткуда черпать резервы. Я все же думаю,что евреи с тех пор стали большими консерваторами, – помолчав, добавил Севела.

– В какой-то степени – да. Ты думаешь, оттого, что призыв «старичков» до них дошел?

– Думаю, что да – но не через меня. Они узнали это через средства массовой информации, потому что те стали понемногу это выдавать наружу.

– А как ты вообще видишь будущее Соединенных Штатов? Где бы ты жил сегодня, ты гражданин этой страны, и тебе она не может быть безразлична...

– Совершенно верно. Я считаю, что страна действительно стоит перед выбором – и что этот взрыв произойдет. А что станет потом, я не представляю. Я даже не уверен, что белые победят, потому что их противник занял очень серьезные позиции в американской армии, в национальной гвардии и в руководстве городов. И это может принять очень серьезный характер, так же, как сейчас в России, где нечто подобное уже происходит: ну, кто ожидал, что страна упадет, что она без обеих ног останется сразу! В Америке сегодня очень заметна эта тенденция...

Не в деньгах счастье?

– Знаешь, есть такая шутка: пессимист – это хорошо информированный оптимист. По-моему, как раз про тебя – в связи с твоим прогнозом. Пятнадцать лет назад ты называл себя вполне счастливым человеком. А сейчас? Как за эти годы переменилось твое отношение к жизни, к самому себе?

– Конечно, переменилось: прежде всего, потому, что я стал намного старше. А кроме того, я попал в очень тяжелую полосу социальную, окружающую меня в России. Нет денег для производства, разгул преступности, отсутствие опоры на власть, которая должна что-то значить в жизни общества. И поэтому – растерянность, ослабление организма. К тому же бесперспективность в кино, которое я больше всего люблю. Можно еще, правда, заниматься литературой: мои книги печатают, у меня есть постоянные издатели, и я занимаюсь этим. Но мне обидно: ведь я знаю, что несколько хороших фильмов я мог бы еще сделать.

– И это обстоятельство не дает тебе ощутить себя полностью счастливым... Понять можно. Но вот что интересно: если сравнивать с недавним прошлым – тогда ты был небогат, но чувствовал себя вполне счастливым. Сегодня у тебя серьезная материальная база...

– ...но ощущение счастья ушло, – не дал мне досказать Севела. – Я сейчас стал пессимистом, и это объясняется многими причинами. Во-первых, никакой перспективы – я имею ввиду производственно-творческой. А без нее жизнь для меня уже не мила. И, во-вторых, главное значение в жизни для меня всегда имела некая женщина, которая ко мне всегда хорошо относилась – и это была моя муза. Ну вот. Как в зажигалке кремний, который высекает искру... Я зажигался и начинал работать. Что порой приводило к тому, что я сам не верил, что это именно я написал. И потом я, наконец, убедился: на земле я не чувствую себя дома. Москва потеряла для меня ощущение дома, потому что она страшно изменилась. Друзья или умерли, или уехали...

– Звучишь ты прямо по Экклезиасту: многое познание приносит много горести...

– Хотя, я думаю, планета уцелеет и без меня. Но если бы у меня было много детей, я бы сейчас очень переживал за них...

– Фима, я выключаю магнитофон – потому что не хочу это слушать.

– ...И я боюсь искать где-нибудь своих внуков, – не обращая внимания на мою реплику, продолжал Севела. – они явно где-то должны быть. Но я их даже не ищу, потому что вижу, насколько бесперспективна их жизнь – коль уж моя зашла в тупик.

Будь здоров, Наполеон

– Ну, и над чем ты сейчас работаешь? – спросил я после нескольких минут, ушедших на приготовление свежей чайной заварки. Честно сказать, эти минуты молчания были нам обоим весьма кстати – во всяком случае, куда нужнее каких уже по счету стаканов кипятка, настоянного на терпком цейлонском снадобье.

– Над огромным романом. Я задумал его лет пятнадцать назад, он даже по главам разработан у меня. Это история о жестоковыйном народе, которого в царской России дожали до самой последней ступени социальной лестницы. В своей попытке разогнуться, встать вровень с другими, он расколол земной шар на капитализм и коммунизм. А в результате лег сам в фундамент огромнейшей тюрьмы народов: сначала с великой охотой все кинулись в «светлое будущее», а потом легли первыми под обломки этой красивой мечты. Примерно таков замысел романа – как история ХХ века.

И в нем первый раз о еврее будет говориться всерьез – как о деятеле мирового масштаба. *Еврейская литература – не только литература о евреях, но написанная даже самими евреями, уж не говоря о литературе, созданной так называемыми защитниками евреев – всегда слезливая литература: о жалких «людях воздуха», которые в силу обстоятельств такими стали.*

Но этот типаж у меня вызывает легкое сочувствие и легкое омерзение: потому что я вырос в среде еврейских балагул. Инвалидная улица – это хазары в чистом виде. Эти люди во множестве полегли в Отечественную войну на фронте. А их семьи попали немцам в лапы и были уничтожены. Их страшно жаль – потому что изведена великолепная порода здоровых людей с еврейскими мозгами. Они были очень здоровы!

В «Легендах Инвалидной улицы» я пишу о наших соседях, которые имели своих битюгов – коней-першеронов, таких в России не было. Они были только в цирке и у евреев самой крайней западной черты оседлости. Существует легенда, на которую я хочу опереться в самом начале романа: о том, что когда-то наполеоновские войска уходили через Березину – а там один из предков моих нынешних героев имел корчму на самом берегу реки у моста.

Рассказывают, что больного гриппом Наполеона завезли в его деревенскую хату, и тот его вылечил по-крестьянски: он натопил русскую большую печь, выгреб угли, постлал соломы и «ударил» под свод водой. Пошел пар, как в бане, но он закрыл заслонку и задвинул туда сопротивлявшегося Наполеона. Личный врач Наполеона очень перепугался – и дали императору там побыть всего несколько минут. Наполеон пропарился в этой жаре, полубессознательным его вытащили оттуда, а через два часа он пил чай за столом и чувствовал себя абсолютно здоровым.

В знак благодарности предку моих героев (это, кстати, относится к моим предкам по маминой линии, которые жили извозом) уходящие французы оставили двух больных першеронов – породу, которой там не было и в помине: были лишь жалкие белорусские лошадки, у которых провисало до земли голодное брюхо. Он их выходил – и тогда появилась здесь порода вот этих балагульских коней с очень мохнатыми ногами.

На рекламе пива «Бадвайзер» огромные телеги с бочками везут мохнатоногие огромные кони, чаще всего соловой масти с белыми гривами – это они. Я их видел, когда они еще там были – до Отечественной войны. Балагулы их никому не продавали, только балагула – балагуле. Вот так возникла на Березине эта порода.

Возвращаюсь к теме: это не автобиографическая повесть, я опираюсь на факты двух семей. По отцу я выходец из испанских евреев. Ты знаешь, что при царе, как и при королеве в Англии, были евреи, получившие дворянство за заслуги перед родиной. В Англии сейчас пятнадцать евреев – члены палаты лордов. Один из них мне очень хорошо был знаком – сэр Джозеф Кейген.

Он хотел, чтобы я писал роман о нем. Он – сильный человек, английский Егор Булычев. И он сказал мне: «Ты не получишь ни копейки аванса. На севере Англии у меня есть огромный дом на берегу озера, там ты будешь вкалывать с утра до ночи – писать этот роман. А два раза в неделю, в четверг и пятницу, к тебе будет приезжать очень хорошая англичаночка». Я говорю: «Почему в четверг и пятницу?» – А чтобы ты знал, что на это тебе мало времени отпущено – все остальное время ты будешь вкалывать».

Он один из богатейших людей, это он придумал водоотталкивающую ткань – и никому не продал ее секрет. Он с женой Марой, впоследствии леди Маргарет, изготовлял ткань на ручном станке в сарае. Немцы его забрали с собой из Каунаса, когда отступали, и он был поставлен директором военного завода, на котором работали евреи из гетто и русские военнопленные. Ему на чердак, откуда он всем руководил, подавалось все необходимое немцами-хозяйственниками, державшими это предприятие.

– Это тоже материал для романа? – поинтересовался я.

– Да.

Уничтожить своего вождя

– А еще я расскажу в романе про Парвуса. Мои сведения о нем идут из двух огромных книг, вышедших на Западе. Одна из них называется «Плейбой революции». Клан Гельфандов – а это настоящее имя Парвуса – гнездится на реке Березине. Это город Бобруйск и станция Березино. Книга «Плейбой революции» – она здесь у вас во всех библиотеках – основана на документах, взятых американцами в 45-году в Германии в архиве Министерства иностранных дел. Там рассказано, как на самом деле был свергнут Романов.

В детстве Парвус стал свидетелем одесского погрома. Сидя в крестьянском доме, он видел из-под кровати, как ловили, резали, убивали евреев, как волокли девушек насиловать. И мальчик поклялся (говорят, характер у него был бешеный), что он не успокоится и не умрет, пока царский режим не уничтожит.

Кстати, Азеф то же самое пережил в Ростове мальчиком, и поклялся той же клятвой! Ты знаешь, что я обнаружил у Азефа в биографии? Он, став главой боевиков-эсеров в Париже, пользовался всеобщим уважением со стороны революционеров. Савинков его любил, как брата. Когда Азефа разоблачили, Савинков сказал: «Если это подтвердится, я пущу себе пулю в лоб. Никогда не поверю!». Азеф, как и Парвус, из-за процентной нормы не был принят в университет, и родители отправили его в кузницу будущих могильщиков царя – в Цюрих и Женеву. Там сидел Плеханов – и всех пропускал через свою «машинку».

Парвус не прошел по конкурсу после окончания гимназии с золотой медалью – его не взяли в коммерческое училище.

Папа, собрав со всех родственников деньги, отправил его в Цюрих. И там он стал марксистом, кстати, одним из лучших теоретиков того времени. Знаешь, что он писал в 18-м году в годовщину Октябрьской революции? «Если в России так продлится еще недолго, то русским рабочим, кровью которых и во имя счастья которых была проведена эта революция, останется только одна возможность проявить свою сознательность – уничтожить своего вождя».

Это было опубликовано в 18-м году 7 ноября в газете «Форвертс» в Германии, органе социал-демократов. Кстати, ты знаешь, что Бенито Муссолини на съезде РСДРП был делегатом от марксистов Италии? А Парвус представлял Германию и Россию одновременно, какие-то российские губернии...

Что же он сделал? Во-первых, он перегнал, как ты знаешь, в Россию запломбированный вагон с вождями революции. А до этого в Цюрихе он кормил Ленина и всю эту вшивую банду, выезжая периодически в Монте-Карло и за ночь выигрывая огромные суммы: он очень хорошо конструировал карточные ходы. Ленин, зная, что лучше не связываться с картежниками, как-то сказал Радеку: «Я у него ничего не возьму!». А Радек сказал: «Можно, я возьму и вам передам?». На что Ленин быстро согласился.

И Парвус передавал Ленину – через Радека – огромные суммы. Он в ночь мог сделать за карточным столом 3-4 миллиона франков – это известно было всем, у него был исключительный компьютерный мозг. При этом Парвус презирал Ленина, он считал его абсолютно негодным для революции – даже как философа. Кстати, теорию перманентной революции Троцкий именно у Парвуса украл в Вене. Парвус разработал ее и дал ему читать, на целую ночь. Троцкий у него ночевал. А потом Троцкий возник как автор теории перманентной революции...

Словом, мальчиком Гельфанд попал к Плеханову. Плеханов был удивительно интересным русским интеллигентом – хорошей породы, хорошего происхождения и, со свойственным такого типа людям, легким презрением к плебеям. А окружали его, в основном, плебеи. Но у него была жена еврейка, и это проявлялось в его легком антисемитизме: долго жить с еврейкой оказалось для него сложно. Когда в Европе обсуждали вопрос с Бундом, он сказал гениальнейшую вещь: «Бунд – это те же сионисты, только страдающие морской болезнью». Морем-то надо было добираться до Палестины...

В Цюрихе Парвус окончил электротехнический институт. Кстати, Азеф тоже поступил в это самое время в электротехнический институт.

Потом, когда шла Первая мировая война, Парвус поселился в нейтральной Дании. А вскоре он стал представителем Круппа по продаже оружия всему миру. Годы спустя его избрали дуайеном дипломатического корпуса в Стамбуле, где гнездились шпионы со всего мира. Был он обожаем всеми в Константинополе, как тогда называли Стамбул, поскольку был галантен и воспитан и отличался от других дипломатов тем, что щедро тратил свои деньги – ради реализации своих идей.

И на женщин тоже. Вот, кстати, об одной из них – о Розе Люксембург. Говорят, она была маленькая, некрасивая и страшно похотливая женщина. И настойчивая – она смогла добиться того, что он переспал с ней, забыв, что она некрасива. В общем, был он жуткий бабник. При этом у него было четверо детей – от четырех жен...

Знаешь, чем он еще занимался из-за своей ненависти к царю? Он поддерживал деньгами и оружием армянских дашнаков и западноукраинских националистов – врагов евреев. Словом, денег он потратил на поддержку всех антимонархических режимов огромнейшее количество.

И было у него громадное имение на Ванзее. Я, конечно, при первой возможности, 8 лет назад, поехал в это имение, – скоро ты поймешь, почему. Это грандиозный дворец с копиями римских статуй, огромный парк – и прямо на Ванзее. Там устроили спортивную базу для немецких юношеских организаций. Я встретил хранительницу этого имения, немку

– она на базе вроде кастелянши – и спросил ее: кто тут жил раньше? Она говорит: какой-то очень богатый еврейский негоциант. Парвус всегда считался негоциантом. Так вот, самое интересное в моей истории о Парвусе: он – двоюродный дядя моей мамы. Это потом он стал Александром – так его звали по-русски, на самом деле его имя было Израиль Гельфанд.

Что он сделал по ходу Первой мировой войны? Ему удавались самые гениальные трюки. На самом деле он не собирался Российскую империю уничтожить – он хотел свергнуть царя. Но после февральской революции, когда в Россию прибыли одновременно эти эсеры, меньшевики и большевики, он понял, что сами они ничего не сделают. И Парвус предложил немцам простой, но гениальный трюк. Он представляет экспортно-импортную компанию в Копенгагене, в нейтральной стране, и договаривается через своих дядей в России с некоей Женей Сумаксон, которая держит счет в Петроградском отделении Сибирского банка, о следующем: он берет у немцев деньги в сумме, которая фактически расходуется ими за один день войны, и покупает стратегические материалы – прежде всего взрывчатку. В ней тогда особенно нуждалась российская военная промышленность. И пароходами гонит ее туда.

В России – радость! А Парвус с Сумаксон получают за взрывчатку деньги в русских рублях, и Женя кладет их на свой счет. Тогда уже было ясно, что русская армия разваливается. Но и Германия тоже разваливается: она не сможет, преследуя русскую армию, проглотить столь огромную территорию.

И Парвус на деньги, которые Женя Сумаксон выручила от продажи стратегического материала, стала скупать по всей европейской части России типографии – от маленьких городишек до крупных городов. К октябрю у Парвуса было больше печатных органов, чем у всех других партий, и он выбросил миллионами листовки: «Оружие – в землю! Все по домам! Разбирай землю!» Никто не мог противостоять такому натиску листовок.

Началось неконтролируемое отступление русской армии. Солдаты рванули за землей. Украину захватили немцы, и потом Троцкий в Брест-Литовске пытался их остановить.

Вот так Парвус уничтожил царя... Какой стратег!

– Плюс – вагон с этими политэмигрантами... – добавил я.

– Два вагона, – уточнил Севела, – в одном ехали большевики, в другом меньшевики. Не хотели они вместе ехать. Ленин запретил Парвусу встречать их (они через Копенгаген ехали), и их встречал Радек, который работал у Парвуса.

И что же Ленин сделал, когда пришел к власти? Он знал, что Парвус его презирает, в грош не ставит – и он после 7 ноября запретил тому въезд в Россию.

Парвус остался в развалившейся Германии, в Берлине. Дальше что любопытно: они почти одного года рождения и даже одного месяца – и оба скончались в 24-году. Один – от сифилиса мозга, другой – от сахарной болезни. Парвус похоронен на кладбище в Берлине. Я ходил туда и с трудом нашел его могилу: она безымянная, лишь под номером – для того, чтобы политики не уничтожили ее. Мне сказали: войдите в контору, назовите имя, и вам скажут ее номер. Это я помнил: Александр Парвус, урожденный Израиль Гельфанд, родился в 1869 – умер в 1924-м...

Между прочим, интересная судьба его детей. Один из них, знаменитый Гнедин, пресс-секретарь Министерства иностранных дел при Литвинове, был посажен, отсидел, вышел, успел написать книгу воспоминаний (они были напечаты в «Новом мире») и умер. Второго я никак не вспомню. А третий был профессором Колумбийского университета в Нью-Йорке. Я разминулся с ним буквально на две недели, когда стал искать его – он умер. Так что мне не повезло – а очень хотел встретиться: все же мы хоть дальняя, но родня. Из той ветви оставалась только девочка, рожденная от него его секретаршей-немкой в Берлине. Она родилась в 24-м году, за месяц до его смерти. Но ее след я не смог найти. А может быть она еще жива...

Так вот. Парвус развернул бурную издательскую деятельность. Он открыл новое издание в Берлине, когда социал-демократы пришли к власти, и был у них главным политическим советником. А еще он издавал газету «Форвертс», был ее владельцем и редактором, и журнал «Глеке» – «Колокол»: видимо, пример Герцена не давал ему покоя.

Очень интересны его рассказы о тех, с кем он имел дело. Он мог бы стать крупнейшим бизнесменом...А вообще таких людей, «трахнутых по черепу» революцией, было несколько: знаменитый Иосиф Труппельдорф, например – он в войне четыре Георгия получил. В Порт-Артуре с оторванной рукой вышел из госпиталя, вернулся в строй. Он был единственный, воевавший без руки, не офицер, а унтер-офицер. Знаменательная фигура...

Знаешь ли ты, кстати, о том, что в 1930–40-е годы двумя воздушными флотами, Германии и СССР, руководили евреи? Смушкевич, командующий ВВС Советского Союза, и фельдмаршал, имя его выскочило из головы... Вспомнил, Мильх! Гитлер знал, что он еврей. Его же Геринг взял на эту должность: он когда-то попал выпускником авиационной школы в эскадрилью Эвергарда Мильха. И вот Гитлеру в 37-ом году на стол во время заседания правительства положили четыре фотографии – двух дедушек и двух бабушек Мильха, все с шестиконечными звездами на могильных камнях на кладбищах Германии.

Существует в Германии по этому поводу полулегенда, но дочь Геринга утверждает, что это правда. Гитлер, сдвинув к Герингу эти фотографии, спросил: Герман, что ты на это скажешь? И Геринг, стукнув кулаком по столу, сказал: «Давайте договоримся так: кто в Германии еврей – решаю всё же я!». И Мильх остался до конца войны фельдмаршалом. Потом он был осужден на Нюрнбергском процессе на 10 лет, отсидел в тюрьме, вернулся и в 68-м году в Западной Германии со всеми почестями был похоронен как национальный герой. Он не был нацистом, но он был патриотом Германии. Гитлер же нужных людей не трогал. Кстати, Мильх был одним из испытателей «Юнкерса» и «Мессершмидта», и очень много поправок внес в их конструкцию – с этого началась его карьера при Гитлере.

И вот рядом пример: что сделал Сталин со Смушкевичем? Дважды Герой Советского Союза, за спиной – Испания и Халхин-Гол. Когда началась война, он сразу расстрелял командующего Западным фронтом Павлова. Со Смушкевичем же случилась неувязка: он разбился незадолго до того, как его должны были арестовать, пилотируя спортивный самолет, который хотели приспособить для вывозки раненых. Он сам взялся за это и при посадке разбился – сломал руки, ноги. Он лежал в Самаре в госпитале, весь в гипсе – так его вынесли на носилках и тяжелыми автоматами, пробивая гипс, расстреляли...

Севела для внешкольного чтения

– Ну, ладно – это все преданья старины глубокой. Расскажи про последние пятнадцать лет. Что мы не виделись, – чем они тебе запомнились? Тогда, каким-то образом, ты вдруг пропал... Или все же не вдруг?

– Попробую по порядку. Как-то, лет 14 назад, я врубился в такую работу, что думал – до конца жизни буду ею занят. В Россию я приехал на две недели по приглашению нашего Союза кинематографистов, откуда был в свое время изгнан. Меня хорошо встретили, восстановили в Союзе, новый председатель вручил мне билет с учетом всего стажа – эмигрантские годы зачли тоже. Я оказался первым, кого восстановили – было это в 89-м. Устроили все торжественно, люди прослезились. Я ведь пенсию теперь получаю – аж 400 рублей.

Это примерно 15 долларов. А взял я ее знаешь для чего? Чтобы получить бесплатный проезд. Пенсионеры имеют право на бесплатный проезд на всех видах общественного транспорта – в метро и т.д.

Первым напечатал меня журнал «Искусство кино» в четырех номерах – «Остановите самолет, я слезу». В библиотеках записывались в очередь, чтобы его почитать. Помню, я летел самолетом на съемки своего фильма «Попугай, говорящий на идиш» в Сухуми. Я должен был передать по радио в Сухуми, чтобы мне зарезервировали место – до Батуми долететь, потому что прямого рейса не было, а я опаздывал на съемки. И я подписал телеграмму своей фамилией – так меня чуть с самолета не сбросили: весь экипаж бросился ко мне, одного пилота оставили. У них была с собой одна-единственная книжка, которую они должны были вернуть в авиаотряд.

А журнал благодаря «Попугаю» поднял тираж. Главным редактором был тогда Костя Щербаков – смелым редактором, но при этом повесть мою сократил процентов на 15, ведь там были такие, например, сюжеты: секретарь партбюро – дама, ее часто «пользуют» в ее же кабинете на столе под портретами вождей, а она держит героя на руках, качает его, здоровеннейшая русская тетка, и говорит: «Ой, Рубинчик, ухайдакал бабу! Да, нельзя засорять ряды евреями...» Великолепно! Для тех времен – особенно.

Потом инициативу перехватило очень хорошее издательство – «Книжная палата». Они издали «Попугая» 100-тысячным тиражом. Я выступал в городе Тольятти с фильмом «Колыбельная» – и там ко мне подходят с книгами несколько человек с просьбой дать автограф. Я их спрашиваю: как здесь у них оказалась эта книга? По списку горисполкома, сказали. 147 экземпляров на город поступило.

А потом я пошел к разным издателям, воришкам и не воришкам: начался новый НЭП, деньги появились – и они мне платили. Платить там стали хорошо – кроме тех, конечно, кто пиратски печатал. А я, не зная, что произойдет, все деньги клал в советский сбербанк.

– Выходит, ты все свои деньги вкладывал в советские банки – и поэтому богатым стать не успел?

– Я потерял 600 тысяч долларов в России...

– Но чтобы потерять 600 тысяч, сначала надо их иметь. Значит, ты прилично зарабатывал?

– Конечно. Например, я заключил контракт в Германии – те мне заплатили 90 тысяч марок авансом. Там мои книги рекомендовали школьникам старших классов для внешкольного чтения.

– Для удовлетворения комплекса германской вины перед еврейским народом?

– Да, именно поэтому! И особенно «Моню Цацкеса» – где впервые описано, как евреи бьют немцев. Только издатели просили меня слезно: там Моня Цацкес берет в плен штабс-капитана, а они: «Оставьте хотя бы фельдфебеля, слишком жирно все же для еврея – капитан!»

Замечательные отношения с немцами

С 85-го по 86-й я жил в Польше. Но сначала, в 84-м, я приехал из Америки в Берлин. Достал денег и стал писать. Я очень люблю Берлин, очень люблю немцев. Я вообще очень люблю аккуратных людей. Я люблю вести переговоры с людьми, которые держат свое слово, а немецкие издатели поразительно точные люди. Притом, немцы не стесняются заплатить тебе хорошо, если книга хорошо пошла. Они, например, издали сборник, в котором участвовали 15 авторов: Гашек, Зощенко, Арт Бухвальд, Шолом-Алейхем, Чапек... И я среди них. На каждого был шарж и биография – один абзац. И каждому дали десять страниц текста. У меня взяли первую главу «Мони Цацкеса».

Я жил в Германии в тот год, когда представлены были все издательства на франкфуртской ярмарке. Д-р Фляйшнер выставил там 12 книг, в том числе мои.

В отеле «Хейцише Хофф» издатель представлял своих авторов прессе. Двенадцать отдельных столов, по шесть с каждой стороны, за столом сидит один писатель. А напротив каждого – журналист, их тоже 12: те задают вопросы, и ты отвечаешь. Потом вызывают по алфавиту с двух столов, установленных напротив друг друга, авторов, и мы должны выйти на середину между этими двумя рядами, поздороваться друг с другом и сказать своему визави какие-то симпатичные слова – неважно, знаешь ты его или не знаешь... Объявлют: Эфраим Севела! Я поднялся. Альберт Шпеер! Представляешь – в паре со мной оказался единственный вышедший из тюрьмы военный преступник, главный архитектор Гитлера.

И вот, мы стоим друг против друга – и вдруг весь зал понял, что произошло: в одной паре оказались нацистский преступник и еврей из Советского Союза, теперь американец. Он на полторы головы выше меня, рослый, сухощавый, очень умный мужик. Слушай, что он мне говорит: «Дорогой мистер Севела, я страшно рад пожать вашу талантливую руку». И тут меня осенило. Я говорю ему: «Герр Шпеер, а мне еще более приятно пожать вашу руку – 45 годами позже». Мне зааплодировали. Он рассмеялся, прижал меня к себе и поцеловал в темечко, обратился к фотокорреспондентам и сказал: «Будьте свидетелями, что я приглашаю этого молодого человека, автора прелестнейшей книги, к себе в имение. Я хочу, чтобы вы, - это уже ко мне, - по крайней мере две недели прожили у меня, и хочу кое в чем исповедоваться».

Я к нему не поехал. А он скончался через четыре месяца. Так что я упустил возможность написать удивительную книгу...

Иерусалим как начало и конец цивилизации

– С немцами у тебя сложились замечательные отношения. А как с израильскими евреями, ведь ты и там пожил в свое время?

– Меня в Израиле преследовали все время, мое имя просто не давало им покоя! Они набрасывались на меня, как кошка на пса.

– За что?

– Я думаю, что по пустякам. Во-первых, они во мне все время чувствовали чужого. Я – чужак. Я не истекаю слюнями, когда говорю о евреях. Я долблю их по черепу еще сильнее, чем не евреев, потому что понимаю: иначе погибнет нация. Иначе они совершенно распояшутся. Евреи без удара по заднице превращаются в то, что они есть в Израиле.

– В крепкий орешек? – не понял я.

– В какой орешек?! Содержащийся американскими евреями и правительством...

– Что ты имеешь в виду – левантизм, самовлюбленность израильтян?

– Левантизм плюс еврейская местечковая гонористость со рваной задницей. Да, я им дал повод один. До этого повода не было – все же патриот, участник войны, участник открытия эмиграции. Но язык мой – враг мой! Сидели как-то дома у меня гости в 72-м году, в Иерусалиме. Среди них был один американский профессор, с которым я на ломаном английском общался. И он меня спросил: вас знают как сатирика, и вы уже два года здесь, известно лично ваше участие в еврейских делах – в выезде из России. Можете ли вы охарактеризовать одной фразой, что такое Израиль? И я сказал что-то про Израиль... ради красного словца, ответил одной фразой: это страна вооруженных дантистов. Все! Присутствующие много смеялись, а потом разнесли мои слова по Израилю.

А юмора там в стране не понимают – Израиль ведь страна без юмора. И меня перестали принимать в домах... И ведь я ничего плохого не сделал! Наоборот: привез 400 миллионов долларов – прокатившись по Америке, собрал их. Мне же не заплатили за это даже зарплату. Сохнут, например: они и моей жене не заплатили ни копейки – она только что родила, второй ребенок, а ей квартиры не дали, вывели из очереди на квартиру. Почему? «А он, ваш муж, еще, возможно, не вернется из-за границы»...

– А что, собственно, обидного в этой шутке? В Америке, скажем, дантист – одна из самых почетных профессий.

– Мы с тобой нормальные люди. Мы понимаем, что, если мы шутим о самих себе – значит, мы крепки. А эта небрежно брошенная шутка, пущенная просто так, для внутреннего употребления, сразу пошла...

Сейчас меня в Израиле очень хорошо принимают – теперь это другая страна с огромным количеством «русских». Я каждый год приезжаю туда на месяц. И сажусь на набережной и принимаю парад поклонников. Они кидаются ко мне, чтобы вместе сфотографироваться. А тогда я в своем романе «Остановите самолет, я слезу» писал, что правители страны проваливают иммиграцию в Израиль. Я нащупал нерв: они ведь лучших людей нашей эмиграции сами спровоцировали уехать в Америку.

Почему? Потому, что в этом местечке, растянувшемся вдоль Средиземного моря, нашим было нечего делать: они знали, что над ними будут подтрунивать эти говнюки, которые не могут дважды два сосчитать. Ну, я обо всем этом рассказал, а некоторые холуи из нашей эмиграции тут же поддержали моих гонителей. Хотя сами они приехали в Израиль по разминированному мною полю.

Вообще же у меня страшное сожаление по Израилю. Пока была битва за Ближний Восток между двумя странами – США и Россией – Израиль мог находить себе нишу и выживать в этой битве: он всегда был кому-то нужен. А сейчас, когда одна сторона рухнула, а другая может почти беспрепятственно править Ближним Востоком, единственное, что ей мешает – это ее доброе отношение к Израилю. Но от этого можно запросто отойти: отказать в поддержке Израилю или потребовать от него капитуляции – что и происходит сейчас: Иерусалим, например, требуют делить пополам. Десять лет назад об этом и не думали, даже разговор не возникал.

– Ты, как я понимаю, видишь в этом недальновидность американской политики...Но американцы и сами уже догадываются, что с арабами надежно дружить нельзя.

– Это недальновидно и потому, что очень ослабляет Израиль. Ну, и еще появление у мусульман атомной бомбы...

– И опять же, многие американцы осознают, что их страна неоднократно отличалась вполне самоубийственной политикой: предав иранского шаха, к примеру...

– Она подводила своих самых верных союзников: так было и с Южным Вьетнамом, и с Анголой, и с Мозамбиком. Америка отказывала им в поддержке в последний момент – когда они в ней нуждались. А сейчас мне кажется, что Израиль стал тяжелым бременем для Соединенных Штатов.

– Значит твой прогноз, в принципе, не очень радостный, так?

– Абсолютно! Я пессимист, и у меня даже есть формулировка очень печальная по этому поводу: современная цивилизация вышла из Иерусалима, оттуда же десять заповедей, которые стали законом всего мира. Но она и погибнет в Иерусалиме. Потому что при первой бомбе, сброшенной на Тель-Авив (на Иерусалим не будут бросать, там же мусульманские святыни), будет уничтожен Израиль: там вся команда страны и вся ее промышленность. Там в силосных траншеях заложены ракеты, наведенные на все столицы мусульманских государств. Но такой удар по Израилю вызовет радиацию, которая погубит и Восточную, и Западную Европу.

Благословение генерала Минина

– Помню, как генерал, начальник антисионистского отдела КГБ СССР, после нашей акции по захвату приемной Верховного совета встречал меня.... Это было в 71-м году, 24 февраля. Все евреи узнали в ночь после этого события, что открывается выезд. Так вот, утром, когда я приехал в ОВИР, я не мог на второй этаж пробиться: у входа стояла толпа женщин в каракулевых шубах. Там кричат: «Севела! Вас ждут наверху!». Позже я узнал – это генерал приехал туда со мной встретиться: он решил, что именно я инициатор и идеолог этой акции.

Произошла забавнейшая вещь. Я говорю: «Разрешите мне пройти!», а одна дама, ткнув меня локтем в грудь, говорит: «Вот, всегда вы первый!».

– И все же, как тебя вовлекли в эту акцию?

– Пришел ко мне парень – биолог, кандидат наук, с которым я до этого встретился в каком-то доме, где говорили об Израиле. Он написал мне записку-приглашение принять участие в акции: у меня были гости, при которых говорить было нельзя... Позже он объяснил, что завтра состоится историческое событие, что они готовили к нему 100 человек – а уже

75 из них отказались. Завтра, говорит, люди рискуют головой. Не пойдешь ли, мол, и ты? Мне стало неловко. Вопрос стоял так: мужик ты или не мужик? И я явился первым в приемную Верховного Совета, ранним утром.

А там произошли очень интересные события, они длились до 9 часов вечера. Я это все отчасти превратил в фарс. Я захотел в туалет по малой нужде. А там стояли ряды офицеров КГБ за стеклом. Мне говорят: если ты сунешься туда, нас всех арестуют. Что о нас подумают? Я говорю: ребята, хуже подумают, если у меня станут мокрые штаны: скажут – оскорбили страну в ее правительственном учреждении. Я пошел, стеклянная дверь сама разъехалась – и они тоже «разъехались», и крайний показал мне, где туалет.

Меня потом возненавидели все участники этого движения: они меня не знали и не знали, что я явился по призыву дублером. А это были сионисты, некоторые из них сидели в тюрьме. Я же был случайный жуир. Там находился Слепак Володя, Польских, Павел Абрамович... их потом не выпускали много лет. Это была вторая волна, после нас. Меня же из страны выставили в числе первых. Почему? Они решили,что я идеолог: умею писать, кино, то-се... Но дело не в этом.

Итак... Пригласил меня на беседу генерал Минин в ОВИР, и у нас с ним состоялся такой разговор: сидят друг напротив друга два советских человека, оба понимающие, что страна в дерьме, и у них разные пути – я хочу покинуть ее, а он мне объясняет, что он знает иврит, кончил факультет востоковедения, а ведь не едет. Куда, мол, вы-то едете? Вы идете на войну! Вот все ваше личное дело лежит у меня, у вас столько благодарностей! Такого солдата отдавать – а что нам в ответ дадут за вас? Голда Меир – что она даст за вас? А я тогда и сам не знал, что она ничего за нас не даст – потому что там нас не считают людьми. Сама Голда – это же абсолютная социал-демократическая функционерка! Она родилась в Киевской губернии, и когда ей было три года, родители переехали в Милуоки...

Тогда в ОВИРе, я впервые отчетливо понял, что все в России летит на... В конце разговора генерал встал, протянул мне руку и сказал: «Там скоро начнется война, вы, конечно, попадете на фронт. Так вот, дорогой мой, не посрамите честь своих учителей». Представляешь, это сказал начальник отдела антисионистского по сути КГБ! И тогда же он мне объяснил, почему нам разрешают выехать, почему нас не отсылают в обратном направлении – на восток, в лагеря: «В Судане, – сказал генерал, – стали вырезать коммунистов нашим же оружием, которое мы им даем только для того, чтобы они воевали им с израильтянами». А тогда была там суданская контрреволюция.

И их решили напугать тем, что прибудут в Израиль хорошо подготовленные офицеры. Поэтому пассажирские салоны первых самолетов в Израиль были заполнены мужчинами – правда, летевшими со своими женами. Но ни одной бабушки, ни одного дедушки не взяли. Ехали готовые воинские части. И еще генерал сказал: вы попадете на фронт – и мы, таким образом, сможем быстро заткнуть им пасть, чтобы они молчали. Мы же не пошлем туда свою армию – мы можем потерять всю нефть, все влияние на Ближнем Востоке. А с вами мы как демократическое государство поступаем: «Евреи пристали с ножом к горлу – мы их отпускаем». Но при этом отпускаем исключительно военнообязанных.

Такой вот оказался свойский мужик. А еще он сказал: не забудь, ведь мы вместе плакали над «Чапаевым» в детстве. И так же вместе мы жрем канадский хлеб, поскольку у нас нет своего.

Догонять тех, кто уехал

– Я вот отметил любопытное обстоятельство: ты, гражданин Израиля и гражданин США, применительно к России говоришь – «наша страна»...

– Потому что я там живу. Да и тогда – меня, в общем-то, выставили из страны, чтобы лишить «движение» головы: они же не понимали, что я просто жуир. А еще был с нами в приемной Верховного совета Фимка Фаинков. Очень серьезный человек – он был главный инженер военного завода в Кунцево. Я его много лет спустя встретил в Израиле – он к тому времени уже стал директором химического комбината на Мертвом море.

– И его выпустили в такой должности? – удивился я.

– Представь себе – и наверное, по той же причине. Меня из Вены на три дня раньше других вывезли – в Париж. А остальных отправили по традиционному венскому каналу – через Рим. Ну, и началась у меня великолепная жизнь – какой, наверное, никогда больше не будет. Я чувствовал себя настоящим «поручиком Киже». И когда я говорил им это, они отвечали: молчите – а то нам неинтересно будет с вами работать. То есть я должен был подчиняться всей этой пропагандистской машине.

И меня повезли по всему земному шару.

– Ну, и все же, что ты успел за эти годы сделать в России? – вернулся я к теме.

– Восемь фильмов. «Годен к нестроевой» – мой последний фильм: я был в нем и режиссером, и сценаристом. А еще один документальный – «Господи, кто я?» И художественные – «Попугай, говорящий на идиш», «Ноев ковчег», «Актер Шопен»... Сейчас и книги мои издаются массово – два миллиона их суммарный тираж. Причем, оплачивают книги хорошо. Но главное, я готовился писать великий роман – я тебе уже говорил о нем, называться он пока будет «Пляска рыжих».

Почему «рыжих»? Это – три или четыре поколения одной семьи. Структурно роман строится по известным стандартам семейных хроник – вроде «Голсуорси» и т.д. Но я нашел очень хороший прием: в каждом поколении у меня несколько рыжих попадается. Я выбрал только рыжих – рассказ именно о них.

Этот роман завершается концом столетия. Два мальчика, которые начинают роман, два близнеца, оба рыжих, только у одного глаза карие, у другого – зеленые, и по этому признаку различали их. Они очень здоровые, у них папа гигант. Папа их, бросив семью после Первой мировой войны, бросив огромную ораву голодных детей, ушел в Палестину и погиб там. На этих двух мальчиках держится вся история.

– А что за фильм ты готовишься снимать, на который собираешь сейчас средства? – Севела при каждом случае, включая и встречу его с живущими в Штатах читателями, – что бывало и на моих глазах, – приглашал аудиторию подключиться в материальном смысле к его проекту. То есть поучаствовать в нем деньгами.

– Это трагикомедия – «Муж, как все мужья». Я уже четыре года с ней ношусь и считаю, что это будет мой самый лучший фильм. Это фильм об израильском Кола Брюньоне. И так же, как Кола Брюньон – это сексуальный гигант. Он грузчик, который на своем трехколесном автомобиле развозит по городу холодильники, и в четырехэтажных домах, где нет лифтов, он носит их на себе; и обязательно спит с хозяйкой, если она выглядит хорошо и если муж в это время служит месяц в армии. Он это сразу узнает и сразу садится к ее детям, делает с ними уроки, потом он с ними вместе обедает, потом уже его армейские ботинки стоят в спальне. Чудесный человек! Мне кажется, я нашел очень хорошего актера. Мне помог Алеша Герман. Ты смотрел его картину «Хрусталев, машину!»? Неудачная картина. Хотя сам он не считает так...

– Говорят, в Каннах на просмотре зрители покидали зал, не досмотрев фильм.

– То же самое произошло в Нью-Йорке. Он показывал там картину, и я ходил смотреть на экране будущего исполнителя моего героя. Прелестный, огромный актер – он грузчиком у меня будет. С немножко еврейской физиономией. Такой сластолюб и мудрец! Подарок женщине. Каждый раз, возвращаясь из поездки с этими холодильниками, он налетает на жену. «Чтоб ты пропал – кричит она ему, – почему тебя ни одна женщина не завлечет! Я не могу больше!». А он отвечает смущенно: «Я однолюб».

Далее – со всеми остановками

– Неужели все же на тебе, живущем там, нынешняя ситуация в России никак не отразилась?

– Знаешь, поначалу она меня очень возбуждала. Я был возбужден ею, как хорошей женщиной – страна просто на глазах падала, разрывалась, и у меня в душе, да и у каждого россиянина, наверное, было ощущение, что вот, сейчас, рождается новый бутон, он скоро зацветет – и мы все будем счастливы. Но этого не случилось – страна провалилась. Спасение ее сегодня только одно – железный кулак.

– И в чем же ты видишь ее будущее?

– Генерал Лебедь!

– Это что, твой прогноз?

– Да, он будет руководить страной.

– Многие считают, что диктатуре есть альтернативы – например, такая: Россия распадается на удельные княжества...

– Нет, я такого себе не представляю. Недавно я был в Париже, мне там показали старую запись магнитофонную, мое выступление перед ребятами из очень хороших староэмигрантских семей: там, например, была мать одного из них – Костомарова, а у отца корни – с одной стороны, граф Витен (это был командующий всем флотом России во время русско-японской войны), а с другой – из Нессельроде.

Тогда они меня спросили: как я себя чувствую в Европе, выпав из огромной страны – СССР? И я ответил, будучи, правда, здорово под «газом»: «До сих пор я стоял очень прочно на своих ногах, упираясь лопатками в воздушный столб высотою в 10 тысяч километров – от Балтики до Тихого океана. А сейчас этого столба нет, и меня качает, как матроса». Я боюсь выпасть за границу того государства, где я сейчас нахожусь. Страна эта у меня вызывает жалость. Несчастный народ...

– И продолжает оставаться любимой?

– В чем-то она любимая. Она любимая, потому что она говорит на моем языке. Там мои читатели. Там есть великолепная публика, которая воспринимает так чувственно все, что я делаю!

– Сегодня и в Израиле высокий процент населения, который ты можешь считать своей аудиторией – но ты, вроде, не собираешься туда переезжать?

– Нет, конечно, потому что иврит – это мой враг. Он не дается мне.

– Говорят, сейчас второй язык в Израиле – русский. И, кажется, у него немало шансов стать первым.

– Может быть... Поглядим... Но очень возможно, что я вытащу из своего баула паспорт американский – и перееду жить на это побережье: я вдруг почувствовал, что мог бы прожить счастливо и здесь.

– В Америке ты никогда не имел постоянного места, всегда жил у друзей – и всегда на чемоданах. А сейчас в Москве сам Лужков подарил тебе квартиру...

– Да, а было это так. Я выступал на Первой сессии Всероссийского еврейского конгресса и рассказал историю о том, как проходил военно-медицинскую комиссию в Израиле. Делается это очень быстро: всех гонят голыми из комнаты в комнату. Главное отличие от советской медицинской комиссии: сразу снимаешь трусы и бегом дальше. И меня попросил об одолжении один ловкий малый из Одессы, который бежал рядом со мной: он решил, что поскольку я старше его – мне 43, а ему 25, моя моча «лучше»: уступи, мол, маленько для анализа... Думал парень: сдаст ее – и его немедленно освободят.

Я же с блеском прошел все комиссии и умудрился прослужить в израильской армии, зная только два слова «Огонь!», «Прекратить огонь!» – все остальные не нужны для победы. Там все делается автоматически – четыре раза в день кормят, три блюда горячих, иначе армия не пойдет в наступление. И уважение к праву солдата. Офицер, как правило, идет первым в атаку, не как наши – сзади. Поэтому потери офицерские очень большие. Он выходит на бруствер окопа, и пока его не кокнули, он обязательно обращается к солдатам в окопе: «Я вас очень прошу, пожалуйста, следуйте за мной»...

Это настолько приятно, что хочется пойти в бой: ну, как можно подвести, когда с тобой так разговаривают! После осмотра, когда я одевался, там оказался врач, который нас принимал – единственный, говорящий немножко по-русски. Он что-то мне говорил, я разобрал только цифру 97 и спросил, что это означает. Он сказал, что это процент физической годности. Он потрясен – 43-летних он никогда не видел с 97 процентами годности, хотя много лет служит в военно-медицинских комиссиях. И поэтому он меня поздравляет. А я, как советский человек, который не знает границ, спросил – а почему же тогда не 100? «100 процентов я еще никому не давал: 3 процента мы априори списываем на сделанное обрезание».

Так вот, о Лужкове. Он страшно хохотал, когда услышал мой рассказ про медкомиссию. И он попросил своих людей привезти меня – прямо к нему. Я приехал. Он меня дружески, улыбаясь до ушей, встретил, вылез из кресла. И когда он спросил «чем я вам могу услужить», я ответил ему: меня выставили из страны и из моей собственной купленной квартиры, оплаченной на 100 процентов вперед. А сейчас, куда ни пойду, говорят – обращайтесь к Брежневу. «Никуда не надо обращаться, сколько у вас было метров, столько получите», – говорит Лужков. «Но я же у метро жил», – говорю я ему. « Я вам дам тоже метро, но только не Аэропорт, а у Таганки. Там у нас есть дом хороший».

И он действительно все сделал. Знаешь, если я даже уеду оттуда, я сохраню эту квартирку, в которой мы живем с Зоей: пусть у нас на земле будет свое место. Но я бы с удовольствием переехал сюда: Калифорния – первое место по количеству приятных мне людей из нашей эмиграции. Место, где живет банда людей, без которых жить уже невмоготу.

Хотя, и в России я мог бы продолжать жить, я там могу несколько лет не зарабатывать и жить хорошо.

– Разве там меньше людей, чем здесь?

– Многие умерли.... А сколько уехало! И я вынужден общаться с мальчиками втрое моложе меня.

– А теперь пора догонять тех, кто уехал?

– Да.

Дополнение первое, необходимое

Читатель без труда заметит, что хронология в этом изложении нашей беседы с Севелой несколько условна – так уж продиктовала ее магнитофонная лента и логика рассказа моего собеседника. Вот и здесь оказалось вдруг уместным вернуться во время, предшествующее всему описанному выше. Оправданием этому явится разве что возможность точнее расставить акценты в жизнеописании моего приятеля, солдата двух армий, гражданина двух государств, сценариста, режиссера, писателя и ныне московского пенсионера Эфраима Севелы.

– Должен тебе сказать, я рвался служить. Я на фронте чувствовал себя счастливым человеком. Когда в 73-м году началась война, у меня было такое состояние, как у наших комсомольцев в первые дни Отечественной войны: они рвались на фронт – я видел фильм документальный, очень было похоже на Израиль 73-го... И я доволен тем, что был на этой войне и очень многое повидал на ней...

Можно сказать, что с войны начиналась вся моя биография. Я проучился в школе пять лет, когда грянула война, стал беспризорником, но вскоре меня подобрали солдаты на станции. Я не хотел воровать, и я хорошо пел – за хлеб и за сахар. Они меня взяли на поезд. А там я все время читал – где бы мы ни останавливались, я всегда находил книжки – и читал, читал, читал... Когда после войны, в 45-м, нас демобилизовали, я экстерном сдал за все оставшиеся классы, пошел в университет в 18 лет – и с первого курса перешел на третий, а с третьего – на пятый.

Веришь, я был способный мальчик... В общем, окончил я факультет журналистики, а первый сценарий написал на спор с ребятами – на три бутылки коньяка: за три дня, сидя в редакции провинциальной газетки. Редактор, зная об этом, меня не беспокоил. И я повез сценарий в Москву. У меня его в тот же день купили – и выдали деньги. Пиотровский был тогда заведующим сценарной студией при Госкино... И дальше все развивалось вполне благополучно, никто меня, в общем-то, никогда не трогал. А уехал я в числе самых первых.

Послесловие... Назавтра Севела улетал. Его выступлений ждали в других штатах Америки – по всеобщим отзывам, прошедшие очень успешно. Сопровождались они показом двух его фильмов – тех же, что и в Лос-Анжелесе. А в этот вечер, когда мы вернулись после встречи с его читателями ко мне домой, Севела, укладывая в чемодан коробки с видеофильмами, вдруг снова повторил: «Знаешь, я смотрю их вот уже который раз и каждый раз думаю – неужели это все написал и поставил я?..»

Но вот, дополнение второе, непредвиденное

– А знаешь ли ты, что я довольно близко знал сэра Кейгена? И всю его историю...

Сай Фрумкин, хитро посматривая на меня, отставил в сторону бокал с вином, сопровождавшим нашу традиционную трапезу – жареная рыба по четвергам. Перед этим он успел просмотреть только что вынутую из почтового ящика «Панораму» с публикацией первой части этих заметок.

Сай знает множество историй, нередко рассказывает их – и не только за обеденным столом: послушать его собираются полные залы – студенты, полицейские, жители американских городов. Чаще всего он рассказывает о войне, которая застала его ребенком, о гетто и концлагерях, в которых ему пришлось побывать в те годы, о нынешней угрозе фашизма. И вдруг – такой поворот темы.

Я приготовился слушать...

– Так вот, нынешняя Маргарет, бывшая Мара – жена сэра Джозефа Кейгена, а попросту Иосифа Кагана – есть родная сестра хорошо известного тебе Алика Штромаса, социолога, литовского диссидента, которого Каганы сумели вытащить из СССР и пристроить профессорствовать в Англии. Он действительно очень состоятельный человек – я гостил у него в доме под Лондоном – а скорее, в замке, который является памятником и охраняется государством почти наравне с Букингемским дворцом.

Когда я, приехав в Лондон по его приглашению, позвонил по телефону и спросил, могу ли я говорить с Маргарет Кейген, после некоторого молчания сухой высокомерный голос мажордома ответил мне: «Вы, конечно, имеете в виду леди Маргарет Кейген?». Лордом Каган стал благодаря премьер-министру Англии Вильсону – тот, уходя в отставку, по традиции имел право назвать королеве имя человека, достойного, по его мнению, стать лордом Англии – и он назвал Кагана, ставшего к тому времени Джозефом Кейгеном.

Вот что в Англии делает дружба. И, конечно, деньги: Каган весьма щедро жертвовал на Лейбористскую партию, где, как ты можешь помнить, Вильсон был не последним человеком. Кстати, представление королеве он написал на розовой салфетке – другой бумаги под рукой не оказалось...

Каган и здесь, в Штатах, гостил – и на моей памяти немало забавных эпизодов из нашего с ним общения. Сказать, что у него в биографии все было гладко, вряд ли можно – ему, например, пришлось, уже будучи лордом, посидеть в английской тюрьме около 3-х лет – как нетрудно догадаться, было в его хозяйстве что-то не так с налогами. Сначала, почувствовав, что дело пахнет керосином, он исчез из Англии – между прочим, с 19-летней дочкой своей экономки. Пожил в Испании, во Франции – а потом затосковал по дому. Вернулся, отсидел – и снова заседал в Палате лордов: лишить звания, присвоенного королевой, в Англии невозможно. А умер он совсем недавно – всего несколько лет назад.

Декабрь 1998 г.

Глава 12. Конкретная жизнь мешает... Разговоры с Сашей Соколовым

Наверное, это была середина 90-х. Саша позвонил из Канады и очень осторожно осведомился – стану ли я с ним говорить. Почему – нет? Хотя, было почему, и сомневался он неспроста...

Мало кто вспомнит сегодня – но было такое: После развода с дамой из Австрии, он перебрался в Штаты, женившись на русской женщине Лиле, тогда она носила фамилию мужа-американца, Паклер, преподавала в университете Южной Калифорнии, жила в Лос-Анджелесе в небольшом доме, доставшемся ей после развода, неподалеку от океана. Здесь же теперь обосновался и Саша.

Все это происходило в конце 70-х, а в 80-м он принял приглашение на Радио "Голос Канады", Лиля уволилась, поехала за ним. Только там они вскоре развелись, Лиля вернулась в Лос-Анджелес, где оставался её пудель, умнейшая собака, Пушкин. Честное слово, он умел улыбаться, этот пёс: я заметил это, когда однажды мы зашли к Лиле с друзьями, ведущими на поводке болонку. Пушкин подошел к ней, обнюхал – и улыбнулся...

Друзья – это были Каган с супругой Тасей – только что перебрались в Калифорнию. Они остались жить в этом доме: Лиля сдала им две комнаты из наличествующих трех, к болонке Пушкин быстро охладел – так, ни любви, ни дружбы, сосуществовали. Потом жильцы съехали, нашли квартиру в "русском" районе города, что при их несовершенном английском было очень кстати. К Соколовым (Лиля взяла фамилию Саши), в годы их совместной жизни, наезжали Лимонов, Цветков Алёша, замечательный поэт, живущий в Вашингтоне, и другие известные поэты и писатели.

Тогда-то, – из сложившегося в редакции портфеля рукописей, я собрал стихи Цветкова, Лимоновские поэтические опыты и забавные поэмки Кости Кузминского, Саша написал предисловие – и вышел сборничек, который получил название "Трое". Точно, это был 82-й – у меня чудом сохранился единственный экземпляр, его я никому в руки не даю: где остальной тираж – Бог ведает. Часть его, конечно досталась авторам, часть разошлась постепенно по университетским библиотекам. Да и части эти были невелики – в сумме, кажется, составляли пять сотен книжечек.

Свои же стихи, из тех, что не вошли в изданную Профером вторую книгу Саши, он передал мне для «Панорамы»

– там они почти все и увидели свет – самобытные, не похожие ни на чьи другие:

...Шел по льду инвалид,
Костыли его были в крови...

Мало кто сегодня знает стихи Соколова – он никогда отдельно их не публиковал: я, во всяком случае, таких публикаций не знаю, почти все, к тому времени написанные, он включил в эту, вторую книгу – «Между собакой и волком», ставшую вершиной творчества Саши – на тот период. Появившаяся же вскоре «Палисандрия» представилась мне откровенной творческой неудачей – изменой жанру, а может, и самому себе, каким я Соколова знал. Так мне кажется и теперь, годы спустя.

Помотавшись по миру – жил он в Италии, жил в Греции, где сгорел сарай, его временное место ночлега, вместе с новым романом, над которым Саша работал (так он говорил, когда его спрашивали – "а новые книги, где они?"), – Саша оказался в России. Здесь он давал интервью, иногда сам в газетах появлялся со статьями, в которых крайне нелестно отзывался о наших Штатах.

Видел я эти тексты – очень несправедливо ругал Соколов Америку, не по делу, хотя, конечно, всегда есть за что, только у Саши всё получалось как-то неправильно. И – неталантливо. Наверное, он и сам это понимал – вот и спрашивал – не откажусь ли с ним говорить. Не отказался – мало ли какие заскоки у друзей случаются. А мы дружили: я и в Вермонт к нему ездил – там он лыжным тренером одно время прирабатывал, жил неподалеку от Аксеновых (Василий Павлович преподавал в Вермонтской летней школе).

Примерно тогда же довелось мне помочь Саше через газетные связи – нашелся канадский госпиталь, где он родился, и, стало быть, теперь мог претендовать на канадское гражданство. Вскоре он его и получил...

А родиться там ему повезло, поскольку отец Саши служил в советском посольстве в Канаде. Причем повезло дважды: сначала – потому что он успел появиться на свет прямо перед тем, как отец, в числе сотрудников, в полном составе посольства, внезапно бежал из Оттавы вместе с семьей, будучи разоблачен ушедшим "на Запад" шифровальщиком посольства Гузенко. Разоблачили понятно в чём – все они числились в штатах КГБ или в ГРУ. Вот Саше и теперь, вторым везением, удалось найти документы – записи о его рождении.

К слову: папа Саши Соколова, к 75-му уже отставник, председатель профкома Российского общества автомотолюбителей, места моей самой последней – предэмиграционной – службы, требовал исключить меня из профсоюза как изменника родины. "Не имеете права!" – нагло заявил я. – "Как это – не имеем?!" Я приводил подсказанную кем-то из друзей-"отъезжантов" причину: "Если я заболею не будучи членом профсоюза, я не смогу получать деньги по больничному листу, а это против конституции", – и еще бог знает что я там плёл – терять-то было нечего...

А больше уже неоткуда меня было исключать: партбилет уже в порядке «самоисключения» я сдал в райком незадолго до того, повергнув в столбняк пожилую даму с прической «кукишем» в окошке орготдела. Честное слово, мне даже в какой-то момент стало ее жалко…

Только сейчас не об этом – когда-нибудь вспомню все подробности - и оно того стоит.

Итак, в 81-м, после развода, вернувшись из Канады, Саша жил в спокойном уединении в Северной Калифорнии. Снимал он небольшую квартирку неподалеку от Монтерейского залива - к нему мы с Сашей похаживали небольшой компанией, спускаясь с крутых отрогов подступавших вплотную к заливу холмов. Вообще-то, были там, конечно, и удобные спуски, пологие – и даже со ступенями. Но это - в местах оживленных.

Мы туда не ходили, избегали даже улицы с прелестными ресторанчиками – хотя там можно было бы провести час-другой, смакуя превосходное и недорогое в этих местах калифорнийское шабли и рассматривая видневшиеся где-то на границе моря и неба, у самой линии горизонта, паруса рыбачьих шхун.

В один из не по сезону прохладных дней мы не пошли к заливу. Воспользовавшись случаем, нагрянула с фотоаппаратом некая профессиональная (в фотографии) дама, имени ее я не запомнил, и отняла часа два, может больше, на съемки Саши и его тогдашней подруги Карин – кажется, для какого-то печатного альбома.

День уходил. Карин хлопотала где-то на кухне. В крохотной комнатенке, служившей Саше кабинетом, мы сгрудились вокруг кофейного столика. Мы - это Саша Соколов, Сережа Рахлин, трудившийся в редакции со дня её основания, сопровождавший меня в этой поездке, и я.

Помню, заглянул Рахлин ко мне домой. На полу в комнатухе (о ней рассказывал я чуть выше) были разложены монтажные листы с выклеенными на них текстами статей для "Обозрения", которому со следующего выпуска предстояло стать "Панорамой", стало быть, уходил год 80-й. Я ползал по полу, перекладывая и перетаскивая с полосы на полосу гранки, время от времени отрывался от этого занятия, чтобы встать под душ, смыть пот, да и просто освежиться – жара стояла невыносимая, августовская, кондиционера здесь не было.

– А я? – спросил Сережа.

– Что, ты?

– Я бы тоже мог что-то делать.

Конечно, мог бы! – с его-то десятилетним стажем в рижских газетах. Пока же он, совсем недавний эмигрант, подрабатывал в крохотной ювелирной компании, состоящей из пожилого американского еврея-хасида в неснимаемой ермолке и его жены. И еще Сережи: ему здесь было доверено раскладывать золотые и серебряные магендовиды, но и католические крестики – ювелирный бизнес поистине экуменистичен... За этим занятием я его и застал как-то в подвальном помещении, где ютилась контора и складик хасида-ювелира, и привез к себе – в колыбель "Панорамы".

Так Сережа остался в редакции – несмотря на предупреждение: штатов нет, денег нет, зарплаты не предвидится, будущее темно и покрыто... ну и так далее. Все эти обстоятельства не смутили Рахлина, как не смутили меня, оставившего незадолго до того приличную работу с приличным заработком в рекламном издательстве – но и об этом уже было, – и мы поплыли в неизвестном, но желанном для нас направлении.

К дням, о которых я сейчас пишу, мы плыли вместе уже с год, чуть больше – выгребали как-то, но плыли – от выпуска к выпуску, которые уже стали еженедельными (правда, со сбоями, нечастыми, но иногда неделю и пропускали).

Так вот, расселись мы у столика, я вытащил блокнотик и попытался предложить тему, потому что к формальному интервью ни мы, ни тем более Соколов, не готовились. Из нелюбви к жанру, наверное.

– Саша, – спросил я его, – как ты стал писать?

Нормальное начало беседы – не так ли?

– Первый рассказ я написал, видимо, лет в девять, – охотно поддержал тему Саша. – Естественно, все это было наивно, глупо; не хватало слов. Но хотелось писать – единственное четкое и явное ощущение детства. Может быть, это у многих бывает в детстве. Во всяком случае, во мне это было всегда – ощущение внутреннего мотива, какого-то ритма. Вот это всегда и заставляло писать. Начал я с прозы, стихи пришли потом... Где-то лет в двенадцать я написал первую большую повесть про каких-то бандитов. Не помню ее сейчас...

– Позже пришли стихи, – продолжал вспоминать Саша. – Очень смешные, пародийные. В школе их многие знали наизусть. Выпускали мы "сборники стихов". И еще я писал псевдонаучные статьи, сочинял эпиграммы на учителей... Потом – военное училище, где я тоже пытался что-то делать.

Вскоре решил бросить его и поступать в литинститут, а попал на факультет журналистики. И несколько лет работал в газетах, потому что учился на заочном.

После третьего курса уехал в провинцию. Работал в районной газете в Марийской республике, в совершенно глухом селе, где по странной случайности была районная газета. Там я много экспериментировал – редактор, в силу того, что очень уважал меня как человека из Москвы и будучи не очень грамотен, не исправлял у меня ни запятой, ни одной точки и писал я всё что хотел. Например в течение года я писал очерки о людях деревни, о трактористах, о каких-то народных умельцах. Но всё это по жанру были не очерки, а рассказы. Я всё придумывал сам, это были сюжетные вещи.

Для меня главным было – не что пишу, не о ком, а как я пишу. Для меня всегда это было важнее – как, а не что. Поэтому я, например, многие из этих очерков писал ритмической прозой. Никто, конечно, не замечал, но мне самому было интересно. То есть, шел постоянный эксперимент... Я, не читавший к тому времени Андрея Белого, примерно вот так же писал... Мне было интересно. И должна была выйти книга. Но, поскольку я уехал из Марийской республики, книгу рассыпали. Она уже была в наборе – книга очерков.

Я слушал Соколова, почти не перебивая, да этого и не требовалось – казалось, вспоминая, он и сам увлекся, негромко рассказывал, останавливаясь только, чтобы глотнуть из стакана остывший чай. Как ведь хорошо, думаю я сегодня, что сохранилась лента с той записью – ведь теперь я могу воспроизвести текст Сашиного рассказа почти дословно. Вот его продолжение:

А потом я работал в "Литературной России". Вот это была отличная школа. И там я почувствовал впервые, что действительно научился писать. В газете работали люди, у которых было чему поучиться. Я ездил по России, писал очерки – о писателях, в основном. Статьи писал – лирические. Потом мне надоело: ну зачем я должен писать все время о тех, кто пишет – я сам хочу писать!

И я уехал на Волгу. Начал работать егерем в Калининской области. Ехал я туда с твердым убеждением, что именно там должен написать свою настоящую первую книгу прозы – роман. Я знал, что это единственное место, где у меня будет достаточно для этого времени. Так и случилось. А написав книгу, я ее сразу же отправил на Запад: потому что мне стало совершенно ясно, что все, что я пишу, для советских издательств неприемлемо.

И вскоре я получил от Карла Проффера, к которому попала рукопись, совершенно замечательное письмо, где он писал, что, насколько он может судить, он и Набоков (еще живший тогда), – "ничего подобного в русской прозе не было пока". И что жаждет меня увидеть, хочет познакомиться... Затем я уехал. Но напечатана «Школа для дураков» была не так скоро... Произошла какая-то задержка.

Я уезжал тогда, уезжал трудно и сложно. Решался вопрос, где книга должна быть опубликована. Ну и, наконец, Карл напечатал. По-моему, это было осенью 1975-го. Или в 76 году, в начале. Потом она вышла на английском. Переведена на французский, на итальянский и должна выйти вместе с «Собакой».* Если вообще удастся им перевести «Собаку». И в Голландии вышла. И в лучшем немецком издательстве, где издают немецких классиков.

Вот такой монолог произнес Саша. Говорил он вполголоса, иногда замолкал на минуту-другую. А мы прихлебывали из больших глиняных кружек крепко заваренный чай и ждали, когда он продолжит. Но в этом месте он как будто остановился. И тогда я решился нарушить его повествование:

– А с Набоковым тебе не довелось лично встретиться?

– Нет. То есть, я колебался, я как раз в это время был в Швейцарии, когда Карл получил от него это письмо с исключительно хорошим отзывом. И Карл предложил мне съездить к Набокову. Потом всё же он сам поехал к нему. Или Белла** поехала к нему одна. А я не видел, с какими предложениями или вопросами должно к нему обратиться; почему я, собственно, должен к нему ехать, о чем мы будем говорить?... – вот ведь в чем дело. Самое страшное, когда не о чем говорить... Сказать ему «...я просто хотел на вас посмотреть» – глупо. Получить указания, как писать?

Мы рассмеялись.

– Ну и что – получил ты за книгу какой-то гонорар? – спросил Сережа.

– Да, я жил на деньги от нее. Можно сказать, с этого момента я стал профессиональным писателем. На эти деньги я сумел прожить первых два года в Америке. Правда, у Проффера сохранились издательские права на книгу. А для меня в то время это было нормально – 10 тысяч долларов с учетом второй книги. Потом мне говорили, что он меня обманул. Что значит – обманул? Ведь мне тогда никто большего не предлагал! Слава Богу, что нашелся такой человек, а иначе я бы всё еще оставался в Венском лесу лесорубом – там, где я работал первые восемь месяцев. Туда меня Крайский*** устроил через неделю после того, как я приехал. Он пригласил меня к себе, говорили мы минут двадцать... на английском языке.

– Кажется, и из России тебя вытаскивали с его помощью?

Саша, вспоминая, задумался.

– Да, он написал два письма Брежневу, одно из них Крайский вручил ему лично на какой-то предхельсинкской встрече. И в результате меня неожиданно нашли. Именно «нашли», потому что я скрывался.

– Вот тебе паспорт, – сказали они, – когда хочешь уезжать?

– Через два дня. То есть, я ничего не ждал, я не заполнял никаких документов – они всё заполнили сами. И они знали, что я не вернусь. Хотя формально меня отпускали на месяц... В Министерстве иностранных дел Австрии мне сказали, что они получили такую дипломатическую формулировку – «Возвращение Соколова в Москву не ожидается». Моя жена была австрийской подданной...

– А где ты писал «Между собакой и волком»?

– Начал в Вене, работая лесорубом. Причем, поскольку времени у меня было мало, я писал, в основном, стихи. Проза же требует долгого «вхождения». Она требует неотрывной жизни, постоянного нахождения в определенном состоянии, в состоянии себя. А стихи можно писать в подъезде, где угодно... В Австрии я мог писать каждый вечер – но стихи. Потому что, когда приходишь домой из леса в девять часов вечера с топором, с вилами или с пилой в руках, ни о какой прозе не может быть и речи. Поэтому, наверное, форма «Собаки» во многом так необычна – в книге перемежаются стихи и проза.

Потом Карл Проффер приехал в Вену, чтобы меня вызволить из этой ситуации. И только в Америке я по-настоящему смог писать. Преподавал что-то в колледже... Но, в основном, в первый год сидел в Ан-Арборе, в Мичигане, и писал.

– Обе твои книги – о России. А что дальше – есть какие-то новые темы?

Вообще-то, с этого вопроса я готовился начать нашу беседу, но и здесь, после всего сказанного Сашей, он был уместным. И Саша, казалось, ждал его – во всяком случае, был к нему готов.

– Я думаю, что всё, что я пишу и о чем еще смогу написать – будет уже не о России, а, собственно, обо мне. Россия уходит, как песок сквозь пальцы... В общем-то, уже и не чувствуешь её. Да я и с самого начала не особенно её чувствовал. Если, например, Алешковский говорит о какой-то непереносимой, навязчивой реальности, то у меня никакой реальности никогда не было... Я никогда не чувствовал, что всё окружающее нас – это, действительно, реальность. Поэтому и Россия была для меня такой же чужой, как и, скажем, Америка. Да и все другие страны... То есть, я везде чувствую себя чужим человеком. Я никогда не хотел, даже в первой книге, вот этой самой реальности. Реалии были, реальности не было.

Меня вообще раздражают реалии, особенно в литературе, – продолжал Саша.

А мы с Рахлиным слушали его, не перебивая: текст получался роскошным, на такой подробный и открытый я и не рассчитывал – обычно Соколов на людях был сдержан, даже и с друзьями.

– Ведь реалии – преходящи, и непреходящ только дух человека, – говорил Саша, глядя куда-то за окно, там синело удивительно чистое небо, в котором то и дело возникали силуэты пролетавших ширококрылых птиц, наверное, чаек. Или альбатросов – пород для меня и поныне неразличимых. А Саша завершил свою мысль следующим пассажем:

– И чем больше связан текст книги с конкретными вещами, тем он более приземлен, а значит, – не вечен. Поэтому поэзия как бы парит все время, она – на взлете. Но в лучших своих проявлениях проза может и должна, по моему мнению (так, во всяком случае, я вижу свою прозу), достичь вот этого самого уровня поэзии, который и делает ее "изящной словесностью". Проза может, она должна быть изящной словесностью – это единственный для нее способ выжить на протяжении многих десятков и даже сотен лет.

Я думаю, что для литературы необходимо это качество некоторой возвышенности и над обстоятельствами конкретными, и над фактурой жизни – всей этой ерундой, которая так завлекает других пистелей. Вся эта сиюминутность, чуть ли не репортажные моменты их прозы – это всё хорошо для современного читателя. Настоящая, вечная литература – она вне времени, она с самого начала рождается вне времени.

Потому что писатель, художник, Мастер – живет вне времени, вне среды, вне места. Он живёт просто в себе. Потому что он Мастер, и чем менее он подавлен обстоятельствами, чем внутренне более раскрепощен он от этих вот реалий, от конкретности (можно найти массу синонимов), тем он более свободен. Он решает все свои проблемы только внутри себя. Его талант собственный развивает. А конкретная жизнь, она просто... мне она просто мешает. Важно уйти от этого, не слышать.

Дальше, я опускаю наши вопросы, реплики и другие подробности беседы, приведенные при ее первой публикации, сегодня мне кажутся они привязанными к тому времени, к тем дням, да просто излишни. Сашин текст самодостаточен, из его ответов всё и без того ясно, – им и ограничусь:

– Читатель вообще удручает, – тихо, вполголоса, неторопливо говорил он, – современный читатель... Читательская масса, она вообще с очень низкими запросами и вкусами, ей нужны какие-то там анекдотцы, написанные простым, понятным языком. Скажем, про Чонкина. Я пишу и, наверное, сознаю, что я не вижу, я не знаю этого читателя, я не знаю, кто он. Я знаю, что меня всегда прочтут и поймут двадцать человек.

– Я еще в России думал, что если вообще найдутся двадцать или сто человек, которые поймут то, что я делаю, – их вполне достаточно. Этим уже оправдывается все, что ты делаешь. Может быть, даже важен вообще один, гипотетический, читатель. Меня, казалось бы, должна удручать ситуация с читателями здесь, в зарубежье... Но я больше надеюсь на русского читателя в России.

– Выходит, по твоему, будущее русской литературы – там?

– Там, конечно... русская же литература.

– Но мы говорим о процессе её созидания...

– А, тогда – здесь. Здесь она будет делаться, а там она будет читаться. А когда произойдет всеми ожидаемый катаклизм – тогда всё уже будет там. Причем это будет поток...

– Так что же, по-твоему, освободятся какие-то творческие силы у людей, и многие вдруг начнут писать хорошо? Или просто больше людей станет писать и сработает закон больших чисел?

– Не думаю, что начнут писать лучше, – прокомментировал он мое предположение. И пояснил: – Количество пишущих никакого отношения не имеет к качеству. Потому что все равно, как я уже говорил на конференции (имеется в виду состоявшаяся в 1981 году в Лос-Анджелесе конференция русских писателей, работающих в Зарубежье. Она была организована профессором Лос-Анджелесского университета Олей Матич, приложившей с той поры немало усилий для популяризации творчества этих писателей, в первую очередь, Саши Соколова, уже в России. – А.П.) к 1979 году, в нашем поколении из всей огромной массы пишущих, признанных было – три человека, максимум – пять. То есть, я считаю, что по-настоящему это делают сегодня всего пять человек – Битов, Катаев (там просто никого больше нет), а здесь – вот Лимонов, ну, скажем, Цветков, Бродский – в поэзии, Синявский делает эссе совершенно классически.

Может быть, я забыл кого-то – подскажи, я просто не знаю... Это ужасно, вообще, с моей точки зрения, то, что происходит. Если они делают литературу, если Войнович – это литература, то, с моей точки зрения, я занимаюсь чем-то другим... Ведь идет-то все от слова. Если человек не владеет словом, если он не чувствует слово, если у него нет абсолютного слуха – значит, он не писатель. Ну, разве можно быть композитором без абсолютного слуха?

Здесь я пытался ему возразить:

– Почему не допустить, что существует, и так было всегда, разная литература и разные литераторы – все те, чье творчество отвечает определенным эмоциональным потребностям сегодняшнего дня и сегодняшнего читателя?

– Может быть... может быть... – ни согласившись, ни споря, тихо, как бы про себя, произнес Соколов. Он снова смотрел в окно, сейчас там совсем стемнело. Сколько времени мы проговорили – два часа? Три?

– Они отвечают потребностям низкопробного вкуса. Вот это – печально. Ну, в России это, конечно, тоже есть. Но там, несмотря на все репрессии, всё-таки выделяется какая-то элита, которую читают. Там эти люди всегда на Олимпе. Там есть тираж и есть читатели.

– Зарубежный читатель русских книг нерепрезентативен: возможно, на Запад уехали наиболее сильные и смелые, но на уровне генетическом, физиологическом. И не обязательно – самые культурные.

– Не лучший писатель уехал, это во-первых. Во-вторых, сама обстановка здесь не способствует читательской традиции, она разобщает.

– Выходит, произошел чудовищный разрыв: уехали не лучшие читатели, но лучшие писатели...

– Точно. Совершенно точно! А здесь размываются даже те привычки, которые заставляли читателя хотя бы в метро читать. Здесь едут в машине. Тут технология прямым образом бьет эстетику. Телевидение, кино и политика – враги литературы. И автомобили. И вот уже оказываешься в каком-то вакууме. Но вакуум, в общем, прекрасен – потому что он избавляет от всех обязанностей перед кем бы то ни было. Единственно обязанным остаешься перед собой, перед этим внутренним ритмом.

– А ты замечаешь, как чужой язык вторгается в зарубежные книги русских писателей?

– У меня он не вторгается совершенно. Даже когда я буду говорить очень хорошо по-английски, лет через пять, это всё равно не заставит меня засорять речь. Я могу сказать «запарковаться» и тут же ловлю себя, поправляюсь – «поставить машину». Это от природы просто, внутри хранится.

– Лимонов употребляет американизмы, даже делает это приемом. И у него всё низко, у него реалии... А ты это высоко ценишь. В чем же ты видишь различие между ним и другими писателями, от которых ты его так решительно отделил?

– Ну, говоря о Лимонове, я бы начал с головы. Его голова – это поэзия. Он один из самых оригинальных поэтов за всю историю русской литературы. Он ни на кого не похож. Его там с Хармсом как-то связывают, это – ерунда! В таком случае, мы все похожи на Пушкина... Это не подход. Я ставлю его поэзию выше, может, это начало какого-то ряда, может, от него пойдет образование целого ряда поэтических явлений. А в прозе – можно сказать, что это один и тот же лирический герой, который перешел из его стихов в прозу. Очаровательно совершенно наивен, с одной стороны, с другой – неверотно агрессивен. И свободен.

И вот здесь, на стыке чистейших и ясно выраженных оголенных чувств, образуется в атмосфере его книг, повисает что-то такое совершенно новое, что-то звенящее – по звуку, какое-то обнаженное несчастье человека. И радость жизни в этом есть совершенно колоссальная. Ощущение естественности, правдивости. Она, его проза, идет прямо. Язык перестает существовать в этой прозе. Интересно, что это как будто не опосредовано языком. Как будто всё это – чистая передача эмоции: язык совершенно не попадает в сферу рассмотрения. Даже может быть отброшен. Каким-то образом с помощью языка передается его отсутствие. Читатель получает эффект присутствия.

Язык для Лимонова – это второстепенная вещь. Я всё-таки в какой-то традиции. А он – ни в какой. Его, наверное, очень легко переводить. Для него язык – не инструмент, а для русских писателей – это всегда инструмент. А у него – это просто мешающая перегородка. Он ее пытается сломать с помощью избавления от прилагательных, у него никогда нет метафор. Его поэзия, конечно, это проза. И все приемы из стихов он принес в прозу. Я боюсь, что он начнет писать вещи на потребу дня, коммерческие.

А что касается многих других – у них все равно видишь, в лучшем случае, небрежность по отношению к русскому языку. А в худшем случае – просто неумение с ним обращаться. Они пишут вроде бы разговорным языком, они говорят языком улицы, языком советского учреждения. Но от этого не возникает литература, как у Сэлинджера, например, если он просто перенесен на бумагу. Я думаю, что всё начинается и кончается музыкой языка.

– Так ведь об этом мы тебя и спрашивали! Значит, для тебя всё же имеет значение, где ты живешь, где ты пишешь?

– Важно, чтоб мне ничто не мешало. Потому что город меня подавляет. Я чувствую многократно усиленные биотоки. Так я не могу жить в больших многоэтажных домах: в доме может быть полная тишина, но я чувствую, что какое-то есть напряжение.

– А если бы ты в России оставался егерем, ты мог бы писать так, как ты пишешь здесь?

– Наверное, я бы писал немного по-другому, но в принципе – так же. А может быть, даже лучше... но по-другому. Влияние, конечно, есть. Мироощущение стало глобальным совершенно, то есть, наступил определенный момент, когда я понял, что нет ни России, ни добра, ни зла даже. И тогда ты как бы выходишь в абсолютный космос. Я даже точно знаю, когда это произошло со мной. Это было в Лос-Анджелесе. Там вот этот колоссальный муравейник вдруг дал мне ощущение полной свободы. Уже что бы с тобой ни происходило, ты понимаешь сам, что это не имеет значения. Это происходит везде и нигде. Ты свободен от всяких обязательств. Это ощущение, которого я бы никогда в России не обрел.

– Не часто приходится встретить человека в российском зарубежье, который уверенно говорит, что он счастлив. От тебя мы это услышали...

– Я почувствовал себя счастливым, когда понял, что могу писать. Что умею писать. И это – безотносительно места. А когда я это понимаю, мне абсолютно всё равно, что происходит вне меня. Вне моей лаборатории. И мне совершенно не интересны проблемы большинства человечества, меня не интересует политика, заботы моих соседей... А кроме меня есть, может быть, Карин. Это уверенность колоссальная, она дается вместе с талантом и она же необходимая вещь, питающаяся от таланта.

Я помню, мне одна женщина сказала – это было в Вене: «Какой же ты счастливый – ты же один из очень немногих, кто может жить здесь литературой (она – русская эмигрантка). Не от литературы, а ЛИТЕРАТУРОЙ! Именно это меня и отстраняло всегда от мирских сует. Где бы я ни жил и где бы ни работал. Там, в Москве, я чувствовал, что все мои одноклассники куда-то рвутся, что-то хотят делать... А меня ничего абсолютно не интересовало. У меня это в «Школе» есть: многие рвутся стать инженерами, а для меня это колоссальное несчастье – представить себе, что я инженер...

Лёне Хотину я как-то сказал, что в моем представлении самый большой неудчник – это «кандидат наук». Кандидат каких-то наук, потому что он ни то, ни сё. А он говорит: «Благодарю тебя за комплимент, потому что я дважды кандидат».

– Но не обязательно же это понятие «неудачливости» связывать с литературой – можно в чем угодно быть одаренным...

– Да, конечно... Главное – одаренность. Одаренным можно быть и егерем. И еще я хотел сказать, что можно рассматривать Мастера просто как явление природы, её самовыражение.

– Иначе, Бог говорит через художника?...

– Не знаю... про Бога ничего не могу сказать, ничего... Я – чистый агностик, так что оставим эту тему. Но вот вопрос, который я ожидал и не услышал его – о переходе на английский язык. Всё равно отмечу: это не мой путь. Я потеряю всё, что у меня есть. А зачем? Если ты будешь писать по-английски – нужен обратный перевод на русский. А аудитория моих читателей здесь в любом случае меньше, чем в России: даже если пятьдесят человек прочитают книгу по-английски, в России их гораздо больше! Выходит, если бы я жил в Греции, например, или во Франции – значит мне нужно было бы писать по-гречески, по-французски? У меня уже так много всего, что мне страшно терять это.

Так, в споре Саши Соколова с самим собой мы заканчивали тогда эту беседу. И мне казалось, что он не случайно, но намеренно и как бы апробируя на нас с Сережей, произносил эти аргументы в пользу сохранения себя именно русским и по-русски пишущим писателем.

– Ты много переписываешь себя? – уже как бы между прочим спросил я его.

– Я просто много правлю. Так обо мне друзья в России говорили, когда смотрели, как я работаю. Они говорили – ты же больше зачеркиваешь, чем пишешь. Я бы очень хотел писать легко, найти такую возможность. Но у меня ничего не получается. Я не считаю, вообще-то, что я пишу прозу. Цветков, например, считает, что я пишу не прозу, а что-то новое, другое – не стихи и не проза. Может быть, это действительно нужно выделить в какой-то особый ряд. Какой-то новый жанровый аспект.

Всё же не удержусь, чтобы не привести и вопросы, что я задал Саше последними. Помнится, спросил я его:

– А какие у тебя вкусы как у читателя, что ты читаешь?

– В последнее время – почти ничего. Когда я много пишу, я просто не могу читать. Меня это сбивает, как посторонний шум. Но когда я кончаю свою вещь, я начинаю много читать. Тогда уже я не могу из этого долго выйти, взять свою ноту. Чтение теперь мешает. Я уже достаточно много прочитал. Мне еще такое сравнение в голову пришло. Вот я думаю, что меня прочитает какой-то ряд советских или русских писателей, прозаиков современных.

Или, я вот в конференции в Лос-Анджелесе участвовал, был среди этих людей. Они многое сделали, их читают. Но у меня такое ощущение, что я попал на собрание лесорубов или сотрудников дровяного склада, – а я краснодеревщик, человек, который совершенно другим занимается. Я умею делать комоды, такую тонкую филигранную вещь, а они просто дрова рубят.

Вот такое у меня ощущение.

А впрочем, пусть...

* * *

Саша, Саша – где твои комоды, где твоя филигрань, где ты сам сегодня? – дописываю я ровно четверть века спустя.

Кто-то говорил – в Канаде он, в Канаде... и вдруг – бац! Появляется интервью, взятое у него совсем недавно каким-то российским изданием – заметил я его в перепечатке, скорее всего пиратской, местной, американской.

Может, и Лимонов тогда заметил этот текст – а то он всегда при встречах спрашивал – где Соколов-то, не знаешь ли? Спрашивает и теперь... Не знаю, где он, но знаю всё же – где-то он есть.

И слава Богу.

Сентябрь 1981 г.

Глава 13. Кто Вы, Эдичка?

Разговор первый с Лимоновым:
Каждый человек – миф

В конце семидесятых – сначала в Париже, в издаваемом тогда Николаем Боковым журнале "Ковчег", а вскоре и в Нью-Йорке – отдельной книгой вышел на русском языке роман Лимонова "Это я – Эдичка". И почти сразу даже те, кто не читал романа, стали иметь о нем свое мнение. При этом все знали, что книга – необычная, смелая, вызывающе откровенная.

Кто-то вообще не считал роман литературой, но лишь упражнениями в порнографии, отказывая Лимонову в наличии писательского дара. А было – и что называли его провокатором, льющим воду на мельницу советской пропаганды. Другие же посчитали Лимонова одним из самых ярких и талантливых писателей, работающих в русском языке.

Мне роман показался крайне, даже болезненно поэтическим. Я потом возвращался к его главам, перечитывал, чтобы утвердиться в этом ощущении – или от него отказаться. Не отказался. Я и сейчас, когда писательская популярность Лимонова поддерживается ежегодно новой книгой, – а они выходили даже и при его двухлетней отсидке в заключении, – так думаю.

Вот и получается, что его первая книга стала не просто заявкой автора на свое место в современной литературе – но утвердила своим появлением жанр, в котором Лимонов продолжает работать и сегодня при всем разнотемье его новых опусов. А тогда почти сразу книга была издана во Франции, в Западной Германии и в Голландии.

Не случайно, наверное, в 1981 году в Лос-Анджелесе, на упомянутой во вступлении к этим главам писательской конференции, не было выступлений, так или иначе не касавшихся Эдуарда Лимонова – и личности тоже, не только его творчества. Вот она, слава, о чём мы тоже говорили с ним в тот год, но об этом – ниже.

А спустя несколько месяцев мы с Сережей Рахлиным, незадолго до того примкнувшим к редакции «Панорамы», чтобы составить 50% её тогдашнего творческого коллектива (другие 50% составлял автор этих заметок) уехали на неделю в Северную Калифорнию...

Конечной целью поездки был Сан-Франциско: кому доводилось ездить по этому шоссе, знает – оно имеет свой номер, как и все другие. У этого – номер был "1". Наверное, исчисление их начинается с западной части Североамериканского материка, потому что западнее был только океан. Тихий. Великий. Потрясающий – тоже было бы верно: своей необъятностью, даже когда линия горизонта сокрыта ночной тьмой, угадывается эта его необъятность, его величие.

Днем же (а ночью я бы теперь не рискнул пробираться по узкой дороге, двум встречным машинам с трудом разминуться, зажатой между каменной стеной – склоном горы, и пропастью, на дне которой плещется прибой). Жуть – но и безумно красиво. А тогда, ровно четверть века назад – рисковал. Итак – в Сан-Франциско. Но не сразу: в прибрежном Монтерее, отстоящем в двух часах автопути от Сан-Франциско, меня ждали, как мы условились, поселившиеся там на какое-то время Саша Соколов и Лимонов.

Избегая подробностей, – а их было немало приведено при тогдашней публикации текста наших разговоров, – я сохраняю лишь то, что помогает мне и сегодня утвердиться в своем отношении к тому, что тогда существовало, и что состоялось в творчестве и в судьбе писателей, но и к последующим коллизиям в их судьбах, вплоть до нынешних дней.

Ну вот, например, я спрашивал его:

– Эдик, один из самых частых вопросов, на который можно услышать ответ от тех, кто читал твой первый роман: не о себе ли он? Наделив героя своим именем, ты неизбежно оставил место для вопроса – насколько аутентичен герой автору. Тем более, что биографические данные во многом совпадают. Так кто же он, Эдичка – ты?

– Это секрет, – рассмеялся Лимонов. – Куда интереснее, если я не отвечу на этот вопрос. Пусть сами догадываются.

– Ты хочешь сказать, что для литературы это неважно?

– Да. Оставим хлеб будущим исследователям.

– Поле «Эдички»ты написал еще две книги – они сюжетно как-то связны с первой?

– Я всегда пишу о себе. Все писатели пишут в какой-то степени «о себе»; но я пишу о себе впрямую. В этом смысл – мои книги связаны – я продолжаю в них быть, перехожу из книги в книгу.

– «О себе» – понятно, но может же тебя творческая фантазия и увести куда-то?

– Нет, – ответ Лимонова прозвучал категорично, – в основном, я реалист. Единственное, что я себе позволил, так это во второй книге – «Дневник неудачника» – воссоздать ситуации из будущего. Но это не фантазия, а литературный прием.

– На конференции в Лос-Анджелесе ты заявил с трибуны, что не считаешь себя русским писателем. Но почему? Может, ты просто не видишь будущего за русской литературой вне России?

– Пока я пишу по-русски, естественно, я русский писатель. Моё желание нельзя понимать буквально: я сказал, что не считаю себя «русским писателем» в том смысле, что отказываюсь писать на традиционно русские темы. Например, писать о России. Я, может быть, даже не умею, не способен писать о России. Наверное, потому, что прозаиком я стал только здесь. Во всяком случае, свой первый роман я написал здесь. До этого я никогда не писал в прозе больше 50 страниц.

Видимо, оттого, что я ощутил себя писателем здесь, и пишу я об этой жизни.

А может, это моя особенность человеческая – жить сегодняшним днем, забывать прошлое. Конечно, совсем забыть его невозможно, разве что до какой-то степени. Я – русский писатель. Нужно быть сумасшедшим, чтобы отрицать это! Если я даже буду писать по-английски, я буду русским писателем. Это ведь не только вопрос языка. Но я сформировался в России, я русский и никогда не смогу стать американцем. Я (может, это ужасно звучит) против того, что понимается под русским писателем – нечто вечно консервативное, недвижное... и совершенно твердолобое.

– Но тогда поставим вопрос так – ты русский поэт?

– Безусловно. Потому что поэзия – более консервативная форма творчества.

– Как по-твоему, – процесс отторжения всё большего числа русских писателей и поэтов от росссийской земли – на пользу он или во вред русской литературе?

– Я считаю, что это очень здорово! Конечно, будет масса жертв. Часть литераторов в эмиграции погибнет – в творческом смысле. Но эмиграция безумно оживит русскую литературу: она даст ей новые силы, новые темы, продвинет её в настоящий мир. Россию одни рассматривают как тюремную камеру, другие склонны считать ее теплицей, комнатой со спертым воздухом – я имею в виду культурный климат России.

Поэтому очень здорово, что открылись, наконец, двери – и мы вышли в этот мир. Полихорадит, пройдет трудный период и, наверное, русская литература обогатится массой хороших вещей. У Запада есть чему поучиться, даже у презираемых всеми авторов бестселлеров. Кстати, они совсем неплохие профессионалы... Русской литературе, искореженной идеологией, недоступны сегодня даже такие вот немудренные книги.

– Это, наверное, не вполне справедливо – «вершины» всё же сильны, но нет дробротного среднего уровня... Не так ли?

– Эта тема заведет нас далеко. Конечно, есть советские писатели, которые пишут на совсем неплохом уровне. Они есть и пишут иногда лучше, чем многие уехавшие писатели. Но в той же России существует целый ряд запретных тем. Например, – секс, за который на меня все дружно набросились два года назад, а теперь не менее дружно начинают хвалить. Тема совершенно не изведанная русскими писателями, даже слов соответствующих не имеется в нашей письменности. Вот я и столкнулся с необходимостью употреблять отвратительные ругательства.

Может быть, через одно литературное поколение эти слова станут вполне приличными. Область секса – только один пример. Русские люди и русская литература не очень "флексибл", не гибкие они. Видимо, это результат более чем шестидесятилетней изоляции – и духовной, и культурной. Я считаю, что России пора приобщиться к общемировым ценностям. А потом разберемся – что плохо и что хорошо в этих ценностях.

– Несмотря на шокирующие читателя элементы, "Эдичка" может казаться произведением лирическим, даже трогательным... Сам-то ты как это представляешь? – спросил я Лимонова. В его ответе сегодня следовало бы, и мне безумно хочется сделать это сейчас, – поставить подряд три восклицательных знака, читатель без труда заметит – где именно.

– Конечно, – согласился Лимонов. – Это "лав стори", история любви – все остальное потом. Я и не пытался писать книгу о политике, я далек от всего этого. Я далек даже от социологии. И включил я эти элементы в книгу только как неотъемлемую часть сознания моего героя. Не писал я книгу и об эмигрантах, как это многие поняли. В сущности, я написал экзистенциалистскую книгу о любви. Герой мог быть китайцем, приехавшим в Японию... «Лав стори», культурный шок, меняющаяся вдруг жизнь – это могло быть где угодно... Мог быть американец, приехавший в Москву.

Я знаю одного кубинского писателя – с ним в Советском Союзе произошла подобная история с любимой девушкой. Он живет в Париже и, после выхода моей книги по-французски, он позвонил мне и сказал об этом. В 1976 году я встретил в одном из Университетов Калифорнии немца, который, приехав в Америку, тоже испытал культурный шок. А он всё же из Западной Германии человек. И его бросила здесь любимая женщина. Эта история – вечна. Всегда она была, есть и будет. Всё остальное – постольку поскольку...

– Читают ли книгу в России, есть об этом сведения?

– Да.. Даже журнал «Ковчег» с неполным её вариантом стоил в Москве на «черном рынке» 45 рублей. Сейчас, после статьи в «Литературке», может даже и больше. («Литературная газета» тогда поместила тенденциозный обзор книги Лимонова, пытаясь создать искаженное впечатление о жизни эмигрантов из СССР в Америке. – А.П.) В России мало моих книг: наверное, организации, ведающие засылкой книг в СССР, расценили мою как... просоветскую и отказались ее переправлять. Даже тот номер «Ковчега», где она была напечатана, отказались перебрасывать. Но я знаю людей, которые ее там читали. Значит, всё же попадает. Некоторые ее там любят, другие говорят – автор хочет только денег. Хотя, кто их не хочет? Насколько я понимаю, Пушкин тоже всегда хотел денег за то, что он писал. И это – нормально.

– А как ты сам относишься к тому, что твоя книга используется советской пропагандой для дискредитации эмиграции?

– Ну и что? Западная пропаганда использует Солженицина. Это же идеология. У них свои дела. Что я могу сделать? Не могу же я им запретить. Единственный выход – не писать. Но это абсурд. Кстати, в той же статье в «Литгазете» её автор Почивало восклицал с совершеннейшим недоумением: «Вот был против Советского Союза, теперь – против Америки... Оригигнал!»

Смешно! – я думаю, это самая лучшая похвала. Я не то, чтобы над схваткой: я не стараюсь быть над ней, я просто использую ситуацию как прием. На Конференции я сказал, что сейчас быть русским писателем тяжело, потому что со всех сторон нас используют. Даже израильтяне используют какие-то вещи, написанные об Америке, чтобы убеждать евреев ехать в Израиль. А вот вышла моя книга по-французски и ее там используют те, кто хочет доказать – какие плохие Соединенные Штаты.

– Может быть, сейчас уместно вернуться к первому вопросу. Задавая его, мы имели в виду не сексуальные переживания героя и их соответствие твоему собственному опыту, а скорее то, как корреспондируется отношение твоего героя, выраженное в книге, к Америке, к Западу, с твоим собственным отношением, как человека и как писателя.

– Я считаю, что тогда многое было недалеко от истины, а себя я считаю чрезвычайно честным писателем: у меня расстояние от первичного чувства до бумаги самое короткое. У других есть «фильтры», самоцензура. А я себя мало цензурирую – это моё качество, как личности, я вот такой родился, ничего не поделаешь. Если меня сейчас попросить рассказать об Америке, я могу поведать массу иных вещей и получится в достаточной степени не то, что все ожидали бы. Всё куда сложнее... Я пытался передать, что действительно чувствовал. А временами у меня было полнейшее отвращение к тому, что я видел.

Мы помолчали, размышляя над услышанным, и Лимонов продолжил:

– Почему я дал герою свое имя, рискуя многим? Мне хотелось максимально усилить эффект правды, правдивости всего происходящего. Я хотел так дать в лоб, чтобы все поняли – это серьезно и правдиво. И я никого не хотел эпатировать. Можно было бы написать для нашего сумасшедшего русского читателя массу вещей пострашнее, чем те, что в книге, но я убрал наибольшие страшности просто потому, что психология человека такова, что он не верит в самые большие ужасы. Есть и предел того, до чего можно доходить в литературе. Я надеюсь, что остался как раз на границе позволительного. Эффектом я доволен, все-таки это была моя первая книга. Кажется, я, наконец, почувствал себя по-настоящему свободным.

– По мере того, как успех и признание приближаются, меняется ли твое отношение к Америке, к окружающей жизни?

– Я, честно говоря, перестал уже как-то замечать, какая она жизнь – американская или еще какая-то. Выучив язык, и уйдя из «русского гетто», я где-то к середине 1977 года потерял границу между «той» и «этой» жизнью. Всё стало элементами моей собственной жизни. Я иногда говорю американцам «вы», а потом осекаюсь – «мы» ведь! Иногда, правда, думаю, как советский гражданин я не боюсь этого сказать, и ничего тут нет удивительного, это глубоко внутри... Но всё чаще я совершенно четко ощущаю – я здесь!.. Ладно, спросите меня что-то острое. Что-нибудь эдакое «селедочное», не эмигрантское. Ну, спросите меня – хочу ли я быть богатым? Богатым и свободным?

– А что – пришел финансовый успех, и ты это приравниваешь к свободе?

Что он ответит, думал я: ведь ответит его характер, если ответ будет откровенным. А мне, и правда, это было интересно, не обязательно в связи с моим собеседником, а так – вообще. Признаюсь, мне это и сейчас интересно. Даже особенно – сейчас: в одной из наших недавних встреч я спросил Лимонова – не хотел ли бы он снова побывать в Штатах? «Может быть... Только ведь потом меня не впустят обратно в Россию». Выходит, свобода имеет свои пределы... А тогда он ответил следующее:

– Безусловно. Как и для всякого благородного человека, деньги для меня никакой ценности не представляют. Но те возможности, которые они дают, я бы с удовольствием использовал. Мне, например, очень хочется поехать в Гонконг! И пожить там, скажем, год. Как здорово! И я бы поехал, но не могу себе позволить...

– А почему именно Гонконг?.. – Сегодня я бы этого вопроса не задал, знаю – почему.

– Любопытный город, – ответил Лимонов. – Я очень люблю фильмы о Джеймсе Бонде. В них действие часто происходит в городах вроде Гонконга. Погоня, стрельба... я это очень люблю. Люблю приключения. Просто поехать в Гонконг, пожить там год и посмотреть – что произойдет.

– Как бы поставить себя на карту?

– Конечно! Это очень интересно. Приезжаешь в совершенно незнакомый огромный город, восемь миллионов китайцев, или сколько их там, английская цивилизация, полисмены в пробковых шлемах. Опять же опиум... Приятно будет потолкаться там, походить, попробовать всё...

– Как в фильме «Эммануэль»...

– Да, может быть. Я насмотрелся этих фильмов, и ничего плохого в этом не вижу. Мне репутация серьезного писателя не грозит, поэтому я не боюсь сказать, что очень люблю фильмы о Джеймсе Бонде – это моё любимое развлечение.

– А не кажется ли тебе, что эти фильмы привлекательны тем, что они как бы творят новые мифы нашего времени, сродни древнегреческим?

– Совершенно верно! Я тоже пытаюсь создать миф о себе. Каждый человек, я думаю, миф. А мне еще Бог дал возможность говорить об этом.

– Ну, хорошо, получил ты, скажем, миллион, – приставал я к Эдику. – Что бы ты стал делать? Отгородился бы от мира, как Солженицын – стал бы новым "вермонтским отшельником" – и писал бы, писал бы... – так?

Ответ Лимонова впечатлил меня ровно настолько, насколько может впечатлить удачная шутка. А сейчас я знаю – не шутил Эдик:

– Ну, нет! Я бы закупил оружие, нанял бы мерсенерис (наемники – А.П.) и сделал бы маленький переворот в Латинской Америке или в какой-нибудь азиатской стране. И сам бы участвовал, это же интересно! Погибнуть с честью – какой конец для русского писателя! При захвате острова

Санта-Люсия или как он там... Это моя любимая тема. Я всегда говорю: ну вот, исполнится мне 40, потом – 50. Что впереди?

Стать неповоротливым старым писателем, менять жену на более молодую – неинтересно же. Вообще, надо вовремя уйти. Этот вопрос пока еще не подошел ко мне вплотную, но я о нем думаю. Уйти, закрыв за собой дверь! Это ничего общего не имеет с политикой, это – чисто персональное. Каждый должен вовремя уйти, как боксер уходит с ринга, и уйти надо хорошо.

– О, выходит, ты любишь власть! – полушутя прокомментировал я, надеясь продолжить безумно интересную тему, – не так ли?

– Конечно, – не задумываясь, он даже привстал, отвечая, – это одно из самых больших удовольствий в жизни!

– Ну, хорошо, армии у тебя вроде нет, разве что читательская, и как ты мог бы реализовать свое стремление к власти – владея умами людей как любимый писатель, так что ли? – Я ожидал, что сейчас мы оба рассмеемся, но нет – Лимонов оставался серьезным и продолжал:

– Быть духовным вождем совсем неплохо! Это очень приятное занятие. Я, конечно, иронизирую, но все же власть – это хорошо... Кстати говоря, моя книга «Дневник неудачника» как раз и посвящена этим скрытым желаниям человеческим, часто насильственным. Там у меня тоже есть о власти: «Хорошо стоять в смушковой шапке на мавзолее, когда сотни тысяч, миллионы юношей в военной форме проходят перед тобой, старым пердуном, – это очень приятно!»

В каждом из нас, нормальном человеке, тысячи всяких людей, – неторопливо продолжал Лимонов. – Это не большое открытие, но часто об этом забывают... В «Дневнике неудачника» я пытался передать насильственные желания человека, который находится на дне общества. А ему так хочется всей этой жизни – красивых автомобилей, красивых женщин... много женщин. Это же нормально!

– А где будет опубликована вторая книга и когда? – спросил я его тогда.

– «Дневник неудачника» продан издательству «Индекс», выпустившему «Это я, Эдичка». Книга на грани набора... Вообще мне страшно не везет с моими изданиями: сначала их все не хотят, потом все снова хотят. «Эдичка» разошелся очень большим, рекордным тиражом, но это мало что изменило. Надо надеяться, что глубокой осенью книга выйдет. А третью книгу – у нее еще нет русского названия, по-английски она называется "In the belly of the beast" – я еще никому не предлагал, я её сейчас просто переписываю на машинке.

– И где бы ты хотел видеть ее опубликованной?

– В журнале «Новый мир», – рассмеялся Лимонов. – Я имею в виду, что хотел бы публиковаться в журнале с возможно большим тиражом, чтобы достичь наибольшего числа читателей. Сейчас меня ни один русский журнал не публикует.

– Ну, и традиционно: каковы твои ближайшие планы?

– В сентябре я возвращаюсь в Париж, потому что вторая моя книга должна выйти по-французски, сейчас она переводится. Я должен поработать с переводчиком, а по дороге заеду в Лос-Анджелес.

– Дает ли европейская жизнь Лимонову-писателю такой же материал, как Нью-Йорк?

– Я езжу в Европу по делам – там мои издатели. К сожалению, я не зарабатываю деньги в Штатах. Но уже второй год живу на то, что получаю от литературы. Я всё равно зарабатываю меньше, чем например, американский «тракдрайвер», водитель грузовика... Мне достаточно – я не привык к роскошной жизни. Это и так достижение, что русский писатель живет на Западе на свой собственный литературный труд. Но каждый раз нужно торговаться, маневрировать.

Вот пример: французы при заключении контракта поначалу предложили в несколько раз меньше, чем я в итоге получил – нужно за себя постоять. Они мне сказали, что издали какую-то книгу американского автора и заплатили ему меньше, чем мне. А я ответил – он же американец, у него есть мама и папа, бабушка и дедушка, которые при нужде ему дадут деньги. А у меня это единственное средство к существованию. Мне 37 лет. Я был кем угодно: в одной Америке я сменил 12 профессий, а теперь хочу уделять всё время литературе.

– Не как в России?...

– Единственный раз мой приятель Дима Савицкий напечатал в многотиражке «За рулем», что ли, семь моих стихотворений. Это – всё. Не был... не состоял... не служил... Я яркий пример нонконформиста. Зарабатывал деньги шитьем брюк и еще разными странными способами. Всё свое время отдавал писанию стихов. Иосиф Бродский говорит, что я хорошо пишу стихи.

– Ты много читатешь?

– Массу книг, минимум десяток каждый месяц, даже если очень занят. Исключительно на английском языке. И не потому, что я русофоб, а просто по-русски особо и нечего читать – сногсшибательных отрытий не происходит.

– Ну, а видишь ли ты для себя реальной цель писать по-английски?

– У меня есть гигантское желание, но силы воли недостаточно... Я не могу со всей определенностью сказать – да, я буду писать по-английски. Но я буду очень стараться: иногда мне кажется, что я очень хорошо владею английским, свободно. Я читаю книги с дикой скоростью по-английски, как русские. Для меня это большое достижение, потому что я приехал в страну, не зная ни слова. Но писать? – я постараюсь...

Я постараюсь...

Эта беседа была записана в июле 1981 года... Потом мы виделись с Лимоновым многажды…

Но здесь, в пересказе той беседы, мне кажется уместным сохранить и эти подробности нашего разговора – даже и сегодня, спустя много лет. Тем более еще и потому, что в изданном в Москве сборнике «Между прошлым и будущим», тексты многих «разговоров», приводимых и в этом издании, вошли лишь отчасти, фрагментами.

Разговор второй: Я – представитель богемы

И вот – сентябрь 82-го...

Лимонов снова оказался в Калифорнии: отчитал лекции в калифорнийских университетах, встретился с читателями – незадолго до того при нашей редакции образовался самодеятельный клуб любителей литературы. Какой там клуб! – клубик: человек пятнадцать пытались не пропустить нечастые приезды литераторов – из других штатов, иногда из Европы. Советских тогда в наших краях почти не случалось. А если приезжали, почти всегда – в университеты: те приглашали, и даже платили. Доллары.

Остановился Лимонов у меня – в небольшой квартирке, которую я снимал в тот год в не лучшем, не боюсь признаться, районе города. Но это как раз здесь, года за четыре назад, на электрической машинке отстукивались столбцы первой начатой мной газетки – "Обозрения"... здесь же записывал я передачи-пятиминутки для американского радио, конечно, на русском языке... И здесь же, незадолго до приезда Лимонова, на полу, покрытом истертым ковром, верстались и клеились первые полосы самого первого выпуска "Панорамы".

Теперь же это помещение использовалось, главным образом, как гостиный двор для прибывающих ко мне иногородних коллег и знакомцев (разумеется, тех прежде всего, кого следовало приютить у себя). И вообще квартирка очень годилась для подсобных нужд издательства.

Уважив мою просьбу, Лимонов изготовил щи – по рецепту, приведенному им в "Эдичке". Ели мы их два последующих дня. И когда дно емкой кастрюли обнажилось, оказалось, что разговоров у нас набралось достаточно для нового текста, условно говоря, интервью в газету. Хотя, какого там интервью – трепались не переставая; будучи впоследствии записанным, этот трёп приобрел следующий вид.

– А помнишь, еще год тому назад ты говорил: "Мне репутация серьезного писателя не грозит...". Ты и сейчас так думаешь?

Эдик нахмурился, а потом сказал примерно следующее:

– Трудно понять о себе – серьезный ты писатель или нет... Меня приглашали и в Оксфорд, и в Корнелльский университет. Вот сейчас еду в Стэнфорд. Наверное, для того, чтобы считаться "серьезным" писателем, нужно обязательно "быть приглашенным" в Кэмбридж или в Гарвард. А туда меня еще не приглашали, – смеясь, добавил он. – Моя первая книга поставила меня в позицию как бы литературного хулигана. Все люди как люди, пишут о серьезных вещах – о "пробуждении религиозного сознания", например, или нечто тому подобное. И занимаются они чем-то серьезным – например, ненавидят советскую власть... А я, вроде как шпана от литературы.

И герой у меня такой – шпанистый. Занимается он совсем "несерьезными вещами" – секс, "драгс". Кто-то философствовал и говорил о том, что нужно себя перестроить, ходить в церковь, "жить не по лжи"... А мой герой вроде бы и не очень к этому стремился. И я говорил вместе с ним – "лив ми элоун!" (оставьте меня в покое – англ.). Но сейчас, по-моему, читатель начинает понимать, что секс – это тоже достаточно серьезно. Он, секс, может буквально угробить всю жизнь. Или, наоборот, превратить ее в цветущий рай, сделать "парадайз". Тело – это очень важно в нашей жизни. И если говорить серьезно, – наверное, я все же серьезный писатель. Потому что я обращаюсь к основным, к глубоким жизненным проблемам, к фундаменту этих проблем.

В другой раз я спросил Эдика... Нет, сегодня всё же следует писать – Лимонова: недавно он вошел в своё седьмое десятилетие, а это и правда серьезно. А я все – Эдик, Эдик... При первой публикации было так уместно. Но не сейчас, когда он столько себе напридумывал в жизни (или, может, точнее сказать – себя в жизни), что она попросту вышла из-под его контроля. Теперь другие люди и другие обстоятельства ведут Лимонова. А тогда я спросил его:

– Сам-то ты что сейчас читаешь из написанного по-русски? И следишь ли за периодикой?

– По-русски, по-моему, ничего нового, что можно было бы считать выдающимся явлением, назвать не могу. Разумеется, это в моем, писательском понимании. Читатель, естественно, может иметь другую точку зрения... Русская периодика почти заглохла: были вот в Париже два интересных журнала – «Эхо» и «Ковчег», они уже практически закрылись, года полтора, как ни одного нового номера не выходило. «Континент» – сами знаем, это журнал, так сказать, «партийный». Что там читать – там у них всё по «струне и дисциплине». О других журналах мало что могу сказать... Вообще-то, меня в литературе интересуют прежде всего вещи необычные, такие тёмные углы и закоулки, чего, вроде бы, и нет в русской литературе.

– Ну как же – нет! Вот журнал «22», на мой взгляд, – один из самых интересных сегодня. Там и Милославский печатался, многократно после этого обруганный, – помнишь «Собирайтесь и идите»? В русской прессе время от времени возникают незаурядные вещи. Вот я и хочу понять, почему ты так безразличен к ней – времени на чтение нет или ты априорно не приемлешь её?

– Я думаю, что когда появляется что-то действительно стоящее – об этом всё же узнаешь. А вот чтобы постоянно читать... Я эти журналы никогда не покупаю, не выписываю их. Если что и попадет в руки – пролистать такой журнал можно, по-моему, в полчаса. И – всё. Юра Милославский мне представляется действительно одним из самых интересных писателей моего поколения. Многие его рассказы я знаю еще по Харькову, где мы жили и встречались с ним, – теперь он публикует их здесь.

– Кажется, когда ты говоришь о своих друзьях-писателях, ты становишься многословнее, нежели, когда говоришь о себе.

– Отвечу: знаешь, о других, конечно, сказать легче. Вообще же, честно говоря, мне все зарубежные русские журналы кажутся провинциальными. Литература, которую они публикуют, – она вся находится в периоде, я бы сказал, «модернизма». Это все еще пеленки – и для писателя, и для литературы. Я, между прочим, всегда говорил, что русская литература последних двадцати лет ужасно подражательна. И поэзия, и проза. В поэзии, например, целое поколение людей подражало Пастернаку. Потом – Мандельштаму.

А свой голос – очень редок. И тогда, и сейчас. И это сгубило огромное число пишущих, множество талантов. Потому что каждый такой путь хорош для одного-двух писателей. Платонов, например, очень хороший писатель. Но он – один. И не может быть триста Платоновых! О чем тут говорить. А наша неофициальная литература всегда находила себе вожака... Каждый писатель находил себе «вождя и учителя» и слепо за ним следовал. Я горжусь тем, что к каким бы истокам мои стихи, например, не отсылали, но прошли годы, а моя книжка стихов, единственная опубликованная, – она так и осталась. Это очень самостоятельная книжка на фоне всего, что тогда делалось. Другое дело, как эти стихи могут оценивать. Но они самостоятельны. И проза, которую я стал писать – тоже ведь не ткнешь пальцем и не скажешь: вот это под такого-то писателя, а это – под такого-то. Поэтому у меня высокие требования и к другим.

– Вернемся, однако к периодике. Есть у тебя какое-либо оъяснение тому, что все попытки издания серьезных журналов предприняты в Европе, в Израиле? А в Америке и попытки такой не было... Разве что, за исключением журнала «Глагол», выходившего в «Ардисе» – но и тот два года уже не выходит...

– Я думаю, тому множество причин. Во-первых, Америка стремится всех приехавших сделать «американцами». Здесь климат жизненный такой: он заставляет людей как бы перемалывать себя и становиться другим. Вместо того, чтобы обращаться к прошлому и пытаться создавать, например, русские журналы, возникает немало других забот. Люди пытаются адаптироваться, начать жить по-новому. К тому же, в Европу, во Францию, в особенности, стекались люди, чего-то уже добившиеся в литературе.

Париж – вообще традиционное место культурной эмиграции, особенно – русской. Там русских писателей, русских художников больше «на квадратный метр», чем здесь. Там

больше творческой интеллигенции. Поэтому они, естественно, всё время пытаются что-то сделать. Но я – против
такой самоизоляции. Я понимаю, что нужны русские газеты.
Вот, например, «Новое Русское Слово» – газета существует
много лет, у нее сравнительно большое число читателей.

Но литературный журнал все же требует много большего
числа людей, говорящих по-русски, он требует, чтобы образовался какой-то потенциальный читательский контингент.
И требует другого культурного климата. Русский литературный журнал можно выпускать в России, но глупо пытаться
выпускать его за границей. И существующие журналы тому
пример: они, как правило, невысокого класса – им нужно
заполнить каждый номер, но это сложно – просто не хватает творческого материала. Отсюда – снижаются критерии,
предъявляемые к публикациям.

– Читают ли тебя в России, что тебе об этом известно?
Какова реакция российского читателя на то, что ты пишешь?

– Конечно, читают. Я там, как будто, один из самых популярных писателей, хотя экземпляров моей книги – я говорю
об «Эдичке» – там немного. В прошлый раз я говорил тебе,
что соответствующие организации в Америке и в Европе,
занимающиеся переправкой книг, мою книгу и журнал «Ковчег», где впервые были опубликованы ее главы, отказались
распространять в России. Но книги находят туда путь, их
читают, и я слышал немало отзывов: например, о том, сколько
они стоят на книжном рынке – цена «Ковчега» там дошла до
80 рублей за экземпляр.

А сама книга – вполне серьезно рассказывали, – менялась на три экземпляра «Архипелага ГУЛАГ». По-моему, это
естественно: «Архипелаг» – книга полезная, но скучная и
читать ее страшно. Мою книгу, наверное, читают с большим
удовольствием: для исстрадавшегося российского читателя
интересны приключения моего героя.

– Я в прошлый раз спрашивал, не трогает ли тебя, что у
этого многострадального российского читателя может соз-
даться, скажем так, – несколько одностороннее впечатление

об эмигрантском здесь существовании. За этот год твоя точка зрения не переменилась?

– Да нет же! Книгу-то я писал, в общем, и не об эмиграции, хотя и есть в ней какие-то ее черты. Это, в основном, «лав стори» – рассказ о любви. И я уже столько раз это повторял! Еще раз говорю – если бы уж я хотел написать книгу об эмигрантах, я бы написал её по-иному. А то, что там происходит, эмигрантская среда к ним – только «бэк-граунд», фон.

– Я, наверное, неточно поставил вопрос. Я говорю не собственно об эмигрантской судьбе как таковой, а об американской действительности, в которой мы живем. Ты описываешь некоторые действительно мрачные стороны жизни, они каким-то образом преломляются, возникает твоё к ним личное отношение, и всё это приходит к читателю уже от тебя. Верно, ведь? Другой-то писатель, выбрав ту же ситуацию, те же коллизии, передал бы их по-иному...

– Видишь ли, даже когда я жил в Москве, среди своих друзей, они всегда считали меня несколько странным человеком – и творчески, и в других смыслах. Вот сейчас думают – чего это я вдруг стал писать о сексе? А это – не вдруг. Я писал о нем еще в 1969 году. Например, поэма «Три длинные песни» – она вся эротична, она вся – о сексе. У меня всегда был интерес к этой теме. Я никогда не был «нормальным советским гражданином», и таким остался.

Эмиграция же, в основном, состоит из «нормальных людей» – бухгалтеров, продавцов, инженеров и так далее... а я таким никогда не был. Я – представитель богемы и я много взял из этой среды – хорошего и плохого. И развивался-то я, вероятно, как-то искривленно, на обычный взгляд – странно. У меня всегда был интерес к извращенным, с точки зрения нормального человека, ситуациям. Для меня это – нормально, а для них – нет. И с этим ничего не поделать...

– Что нового произошло в твоей жизни за этот год? Как издательские дела – какие книги вышли? Что с твоим сценарием?

– В этом году у меня уже вышли три «иностранные» книжки – я имею в виду в переводах – голландский и немецкий «Эдичка». На французском вышла моя вторая книжка, в конце апреля. И только после этого вышла она по-русски – я говорю о «Дневнике неудачника». Еще должна выйти книга на русском языке в издательстве у Синявских в Париже. 5 книг за год – это, вроде, неплохо. Французскому издательству я продал третью книгу – «История его слуги», у тебя сейчас ее русский вариант. В мае следующего года выходит «Эдичка» в издательстве «Рэндом Хауз». Это для меня большая победа, я добивался этого столько лет, и вот, наконец-то!

– Это что – заслуга твоего литературного агента?

– Да нет, агент тут не при чем. Я ей посоветовал отдать туда книгу. Попался очень необычный редактор, Эрл Макдональд. Он всегда выбирает такие, мягко говоря, трудные книги. Его предыдущая книга была написана Джеком Абботом – «В брюхе зверя».

– Выходит, судьба книги на Западе в огромной степени зависит от личного вкуса того, к кому она попадает для первого прочтения?

– Да, и еще от множества вещей. Наверное, какую-то роль в решении редактора сыграло и то обстоятельство, что книга уже вышла на трех языках – он читал её по-французски. В общем, я, честно говоря, доволен, как складывается моя литературная карьера. Кажется, мне успешно удается войти в интернациональный мир.

– И все же, насколько ты близок сегодня к тому, чтобы начать писать по-английски?

– Как ни странно, это зависит от моих финансовых дел. Я горжусь тем, что уже два года живу исключительно на свои литературные доходы. И хотя я еще далек от того, чтобы чувствовать себя в этом смысле достаточно свободно, но всё же... Для того же, чтобы написать книгу по-английски, мне нужно куда больше времени. По-русски я могу написать, скажем, две книги в год, но написать одну английскую книгу – на это мне потребовалось бы минимум полтора года. И на этот период я должен быть обеспечен финансово. А пока у меня такой ситуации не сложилось: я не могу позволить себе такую роскошь – засесть за английскую книгу и медленно ее писать.

– И это – единственная причина?

– Пожалуй... да. Единственный способ научиться писать по-английски – это начать писать. Конечно же, у меня словарный запас в английском не так велик и не так развит, как в русском. Но я думаю, что основным качеством, необходимым для того, чтобы перейти на другой язык, я обладаю. Очень часто я уже и думаю «по-английски». Хотя мой английский далеко не так совершенен, как, например, у Наврозова. Или у Бродского. Зато у меня есть потрясающее качество – я очень гибкий человек.

Я знаю, что часто мне что-то труднее сформулировать по-русски, чем, пусть на неправильном, но английском языке: это сказывается досточно долгий американский опыт. Я очень хочу начать писать по-английски, даже просто для себя. И я знаю, что если у меня достанет на это сил – я выйду победителем. Ну, а по-французски я стал говорить, я читаю, хотя мой французский пока много слабее английского. Но он вполне достаточен для того, чтобы объясниться и чтобы меня поняли. Все знают, в этом деле главное – смелость.

– Говорят, во Франции иностранный акцент принимают много хуже, чем в Америке. Французы к иностранцам не так лояльны...

– Это всё, в общем, не совсем так. Париж, например, город интернациональный, там всегда полно туристов. И никого особенно не трогает, как ты говоришь: деньги платишь – значит, ты хорош, на каком бы языке и с каким бы акцентом ты ни объяснялся. Хотя, конечно, Франция, в отличие от Соединенных Штатов, государство более национальное. Франция населена всё же французами, а не всяким «сбродом», как Штаты. Естественно, им было бы приятнее, если бы все говорили на чистом француском языке. Но – времена меняются.

Ну, а со сценарием – долгая история. У меня купили его...
Но актер, которого наметили на главную роль, – Патрик
Довер, один из самых известных молодых актеров (его всегда
в опросах называли вторым или третьим по популярности),
покончил с собой несколько месяцев тому назад. Если в течение года они не выплатят договорную сумму, я могу забрать
сценарий. Наверное, так и будет – как обычно, деньги они
собрали именно под этого актера, что обеспечило бы гаран-
тированные кассовые сборы.

– Отдав свое имя литературному герою, не хотел бы ты
сам сыграть его?

– Ну, нет! Для этого я уже недосточно молод – ведь ему,
герою, должно быть около 30 лет. Ну, и потом, я ведь не актер
и не тешу себя подобными мыслями – стать им когда-нибудь.

– Ну вот, ты говоришь, что ты для чего-то нового, могу-
щего каким-то образом изменить твою жизнь, чувствуешь
себя недостаточно молодым. Такое я от тебя слышу впервые...
А тебе все еще хочется произвести переворот в какой-нибудь
южноамериканской республике? – напомнил я ему.

– Почему же нет, хочется, конечно! – Я ожидал, что он
рассмеется, как хорошей шутке. А он отвечал очень серьезно.

– Хочется поучаствовать в каком-нибудь беспорядке.
Что я и сделаю. Мне всегда хотелось этого, просто я себе не
позволял, но мог бы давным-давно. Видишь ли, я еще очень
честолюбив. Мне не хотелось бы подставлять себя под пули
"ни за фиг собачий", умереть никому не известным. Это
неинтересно. Но я, наверняка, пересекусь в своей жизни где-
нибудь с подобными событиями. Я на жизнь смотрю очень
фаталистически. И я всегда ощущал себя не только писателем.
Я бы не хотел умереть профессором, преподающим русскую
литературу где-нибудь в заштатном университете. И я стараюсь следовать этой линии – не поехал же я в какую-нибудь
Миннесоту, а я поехал в Париж. Мне всегда хотелось быть на
виду. Детское желание – но...

– Вот вчера ты встречался с эмигрантской аудиторией, а
перед этим выступал в университетах перед американскими

студентами. Как бы ты определил главное различие в этих встречах? Я говорю о восприятии слушателями тебя, того что ты делаешь, как ты это делаешь. Какая аудитория тебе показалась более адекватной в этом смысле?

– Видишь ли, по сути своей, я – писатель для молодежи. Мой опыт подтверждает это. Особо – мой опыт в иностранных изданиях. Я виделся с читателями, мне присылали письма, я подписывал в магазинах книги – в основном, это была молодежь – от 20 до 30 лет.

– Не знаю, насколько это – правило... Вот в прошлом году я поместил в «Панораме» отрывки из «Эдички» и, естественно, реакция читателей составила довольно широкий диапазон: кто-то беспощадно ругался (в первую очередь, в адрес редактора – как, мол, можно печатать такое!). В других письмах выражалось понимание авторской позиции и даже восхищение силой и степенью выразительности его метода. И, представь себе, – эти отзывы принадлежали людям пожилым, умудренным определенным жизненным опытом, чей, кстати сказать, литературный вкус для меня лично вне всякого сомнения. Не парадоксально ли это? Возможно, когда ты пишешь, ты, в первую очередь, апеллируешь к молодому читателю. Но как складывается потом читательское отношение...

– Тогда я могу поправиться – наверное, книга эта («Эдичка») нравится и молодым, и другим, уже прожившим жизнь. Я хочу сказать, что люди среднего возраста наиболее склонны к компромиссу, они, в основном, конформисты. Они уже похоронили идеалы молодости и еще находят в себе силы признаться в собственном провале своем, как человеческой личности. Потому что, когда человек становится стандартным инструментом, он более склонен к консервативным взглядам, он в большей степени склонен поддерживать общество, в котором живет. Он просто устает...

А к старости у многих наиболее честных людей появляется новое видение, у них как бы открываются глаза. И они с эдакой легкой грустью вдруг начинают понимать что-то новое для себя. Я встречал немало таких вот всепрощающих и всепонимающих стариков. Люди же среднего возраста, как правило, буржуазны. Как, впрочем, и сама буржуазия есть средний возраст человечества.

– Ты сейчас говоришь о возрастном различии. Но, допустим, и та, и другая аудитория – люди одного возраста. Какова в этом случае разница в восприятии тебя, твоей книги русскими эмигрантами и, к примеру, американцами?

– Видишь ли, пока опыт познания американской аудитории у меня невелик. Я много ездил по американским университетам, но слависты – народ особый. По ним судить нельзя, у них к русской литературе специальный интерес. Хотя, на последней моей лекции в Калифорнийском университете, народ был разный – и слависты, и с других кафедр. И вопросы были разные, в том числе – лично обо мне, о моих взглядах на разные проблемы.

Я не думаю, что многие из тогда присутствовавших читали мои книги – славистов там было меньше половины, а на английском книга еще не вышла. Пришли они, я думаю, потому что им любопытно было услышать меня, – представленного им в качестве одного из самых противоречивых современных русских писателей, к тому же пишущего отличное от того, к чему они, вроде бы, привыкли – «вот в России, мол, всё плохо, а здесь всё хорошо». Тема выступления была довольно приблизительна – о новой волне в русской литературе. Сюда я обычно включаю Юру Милославского, Сашу Соколова, себя, Сережу Юренена, Зиновия Зинника.

Понравилась мне книга «Псих» Александра Невина. Я бы и рецензию написал на эту книгу – жаль, что уезжаю скоро. Ну, а разница мне представляется в следующем: американец, который приходит на мои лекции, более свободен, более открыт, он менее экстремист, чем русский читатель, в своих реакциях на то или иное. Он менее нетерпим. Если нам, русским, что-то кажется выходящим за рамки традиций, стандартов, первое наше желание – быстро вытеснить это из себя каким-то образом.

Воинственное отрицание – это первая реакция нашего читателя. Это – реакция большинства. Не могут они относиться к этому спокойно, как к литературной категории. Ужасная нетерпимость! Это даже не советская наследственность, как многие считают, а чисто российская традиция, вошедшая во всех, кто там жил, даже независимо от национальности.

А вообще, как было бы славно, если бы не было национальных различий, этого разделения по национальностям! Я вот не хочу чувствовать себя русским. Я стараюсь меньше себя чувствовать русским. Я желал бы, чтобы и шведы, и французы, и евреи чувствовали себя членами одной общечеловеческой нации. Я, например, с удовольствием женился бы на негритянке. Даже "мор фан" – веселее!

Теперь Эдик рассмеялся, и было непонятно, он всё еще серьезен или шутит, и я заметил:

– Хорошо бы, только вряд ли до этого созрело человечество... я имею в виду и твои матримониальные устремления.

Здесь мы оба рассмеялись, а Эдик продолжил:

– Ну вот, все говорят – не созрело... Это же мракобесие! Мы живем в XX веке!

– Ну и какие же твои ближайшие планы?

Эдик помолчал, как бы прикидывая мысленно свой маршрут.

– Отчитаю в Калифорнии лекции – и назад, в Париж. С короткой остановкой в Нью-Йорке, до начала декабря – уладить какие-то дела с изданием английского перевода. Так что, привет тем, кому нравятся мои книги, и тем, кто уже (или еще) не в соответствующем возрасте. Можешь познакомить их вот с этим рассказом, он из недавних и еще нигде не публиковался. Видимо, я передам его, в числе других, в немецкий «Плейбой» – я перед самым отъездом из Парижа получил от них такое предложение.

Примечание. Декабрь 1982 г. – эта дата стояла в первой публикации наших разговоров, за ней следовал рассказ

Лимонова "Press Clips", вызвавший очередную волну читательских писем в редакцию. Впрочем, так случалось всегда.

Не верил я тогда серьезности намерений Лимонова – принять участие в каком-нибудь государственном перевороте, или в чем-нибудь таком же «веселеньком». Выходит, был я неправ: где-то сохраняются у меня фотографии, присланные Лимоновым из Сербии – вот он в окопе, целится куда-то из пулемета, что ли, или какой-то другой убойной штуковины, с его припиской, что-то вроде: «Несколько албанцев уже уложено...».

Я чуть ли не умолял его в ответном письме: «Эдик! Да брось ты, ради бога, эту фигню, заигрался, будет с тебя! Садись, работай!». И вот его ответ, дословный: «Ты был последний, кто меня понимал...».

Да нет, ошибался Эдик: этого я как раз никогда не понимал.

Но и при этом сохраняется очень ностальгическое отношение к тогдашнему Лимонову, в общем-то, еще едва выросшему из харьковского мальчишки-хулигана, из московского поэта богемного андерграунда, жившему шитьем брюк для модников из его круга. И не только... Отношение это в большой степени переносится и на нынешнего Лимонова – и с этим ничего не поделаешь: так уж мы устроены.

Что же касается сантиментов – мои заметки казались бы мне неполными, если бы я не упомянул сегодня визит к Лимонову, чья неприязнь ко всему советскому и казарменному мне была хорошо памятна с давних времен. Не то – теперь...

Если не ошибаюсь, в 2000-м навестил я Лимонова в квартире добротного арбатского дома, что почти напротив Вахтанговского театра. Казалось бы, чего желать лучше? Только он готовится к переезду куда-то в Алтайский край. Там у него, объясняет он, много товарищей по основанной им "национал-большевистской" партии – "партайгеноссе", что ли?

Дверь мне открыла белобрысая девица, коротко, почти наголо стриженая, на вид лет пятнадцати, вся такая "панковая" и очень серьезная. Лимонов оттеснил ее от двери и почему-то сразу стал меня заверять: "Ей уже есть восемнадцать!".

Наверное, последнее, что мне пришло бы в голову, это интересоваться возрастом его подруги, было о чем помимо этого поспрашивать друг друга – ведь последний раз мы виделись в Париже, лет десять назад.

Я осмотрелся в квартирке – скудное убранство, мебели почти нет, на стенах – плакатные портреты: какие-то красноармейцы, красные знамена и звезды. Очень было похоже на его парижское жильё – хотя, кажется, об этом уже было выше... Оттуда, рассорившись вдрызг, от него убегала Наталья и потом сюда возвращалась. Просидели мы недолго – оба куда-то торопились, условились встретиться в другой раз.

Другой раз, даже другие разы – я стал бывать в Москве чаще – произошел спустя два с лишним года, уже после его лагерной отсидки – добился всё же... (Ахматова однажды выразилась, когда ей сказали – сослали Бродского; говорят, она даже как-то и не очень огорчилась: "Они же "Рыжему" биографию делают!.." Вот так и с Лимоновым.)

И совсем недавно, в его новой квартире, где-то за Курским вокзалом, "новой" очень условно: то же убранство, квартирка совсем запущенная, в подъезде – строительный мусор.

И еще появилась собака – щенок, крупный годовалый питбуль, он всё норовил зайти со спины, пока мы сидели за кухонным столиком, и тогда я начинал себя чувствовать неуютно. Эдик это заметил, и Настя, все та же, и так же стриженная, и так же похожая на подростка, увела собаку в другую комнату. Я оказываюсь за этим столиком каждый приезд, в этот раз я занес бутылку водки и какую-то снедь: была годовщина кончины Медведвой.

Эдик признался, что, по его мнению, Наташка ушла из жизни из-за непрошедших чувств к нему... Может быть. Хотя настоящая причина – передозировка наркотиков – могла быть и случайной. Кто сегодня скажет... Они же давно, очень давно не были вместе.

А его партия, – рассказывает Эдик, – численно выросла многократно – за время, что он оставался в заключении. Всё же мне казалось, что многие его приверженцы и сами-то не очень понимали – за что надо бороться, хотя против кого – было ясно и без программы, которая сама по себе не очень внятно изложена. Но все они изначально задиристы, хулиганисты, и только имя их вождя для них священно. При этом, мне представляются, очевидными истоки этого поклонения – они, конечно же, лежат в литературном даре Лимонова, в его книгах. Он сейчас издается, действительно, массовыми тиражами, что для нынешних лет есть чудо.

Когда-то Лимонов признавался мне, что самая большая его писательская мечта – взять интервью у Каддафи, но тогда я как-то об этом не задумывался. Не то – он: вернувшись из эмиграции и начав с вмешательства (разумеется, на личном уровне) в балканскую сумятицу, он в какой-то момент, почти перестав писать, появился вдруг на первых полосах московских газет.

Со стороны я видел в этом своего рода эпатаж, забаву уже не вполне молодого человека – о чем честно и сообщал ему в нашей тогдашней переписке, призывая вернуться в литературу. Ответ его повторно цитирую дословно: "...Вот и ты перестал меня понимать – был последним". А я и вправду перестал – искренне опасаясь последующих похорон незаурядного литературного дара, которые казались мне не за горами.

Слава богу, в этом я обманулся: подаренную им новую его книгу я прочел не отрываясь. Хотя были к тому и свои причины. С его согласия приведу ниже несколько страниц из "Книги воды"– в ней он не впервые вспоминает эпизоды из наших калифорнийских лет – а ведь я и сам забыл, честно говоря, что это я его знакомил тогда, в начале восьмидесятых, с Медведевой – потом он забрал Наташу в Париж. А он – не забыл, оказывается, и еще много чего не забыл: мне говорили, что и в других книгах он вспоминал что-то из нашей молодости.

И еще: Лимонов пишет, не переставая, – как только управляется за всеми сопутствующими его политической активности обстоятельствами? Но он и много читает: по его просьбе я передавал ему из Америки английские книги – биографию Клинтона, еще что-то...

Что будет дальше с Лимоновым – один Господь знает. И, наверное, еще те, кто политическую активность писателя Лимонова принимает всерьез и близко с сердцу, – вот отсидел ведь он, хоть и не весь срок. Пока же при нашей арбатской встрече в отрощенной бородке и усах "а-ля Дзержинский" он стал почему-то мне напоминать не этого палача, но стареющего китайского кули. А он так и тянет телегу, в которую некогда впряг себя то ли из мальчишеского азарта, то ли из честолюбия. А телега эта своей тяжестью набирает инерцию и уже толкает его самого в направлении, которое, может быть, поначалу он и не выбирал. И с ним в упряжке – его ребята, во многом честные и отчаянные, этого у них не отнимешь, да что говорить – вон, все есть в газетах.

А вообще-то, кто скажет сегодня, что ждет страну, в которой снова живет Лимонов?

В самый недавний приезд в Москву я вёз Лимонову скопированные на компьютерную дискету фотографии четвертьвековой давности – где он с Наташей, здесь, в Лос-Анджелесе, где мы вместе на парижских улицах. И те, что сделала наша знакомая Люба, профессорша из Техаса – это когда мы с Эдом поминаем Наташу бутылкой "Гжелки"...

Не случилось передать ему эту дискету, хоть и два-три раза мы перезванивались – то он не мог, то я был занят. Квартиру Эд снова поменял, звал меня куда-то на Павелецкую, только предупредил, что у метро встретит не он, а некто и отведет "куда надо"... в бункер. Куда? Не поехал я к Павелецкой, сославшись на какие-то домашние обстоятельства, а если честно, – побоялся: пасут ведь его, как пить дать, соответствующие службы, а у меня въездная виза на год, хоть и "многократка", да долго ли ее закрыть. Была – и нету. Сын-то мой пока в Москве, внуки с ним.

Эду я что-то объяснял, наверное, он всё понял – ладно, говорит, мы друзья были и остаемся, я всегда помню присылаемые тобой очень нужные тогда доллары: ты печатал меня, а больше – никто...

На том мы тогда и попрощались. А вернувшись домой, я переслал ему фотографии электронной почтой – с третьего раза, вроде прошло: один из трех продиктованных им адресов, кажется, сработал. Я еще вернусь в завершение книги 2-й к Эдуарду Лимонову – моему, несмотря ни на что, доброму приятелю, чьей дружбой я по-прежнему дорожу.

А теперь – ну как удержаться от соблазна привести несколько страниц из недавно вышедшей в московском издательстве новой книги Лимонова. Название поначалу кажется странным – надо прочесть ее, чтобы понять почему – «Книга Воды». Может, она и не попала бы ко мне в руки – но кто-то позвонил, говорит – прочти непременно, там про тебя. Про меня? Оказалось, правда – про нас, точнее, молодых, про «тридцать лет назад». Вот они, эти строки.

„ТИХИЙ ОКЕАН – ВЭНИС-БИЧ... "

...В один из этих нескольких дней мы приехали на машине Олега на Вэнис-бич, где жил тогда Феликс Фролов, наш общий знакомый.

Все-таки, кажется, к Феликсу Фролову мы приехали в 1980 году, и приехали вчетвером: я, поэт Алексей Цветков (не путать с ответственным секретарем „Лимонки"), писатель Саша Соколов и редактор лос-анджелесской газеты „Панорама" Александр Половец. Собственно, ну и пусть, ну и черт с ним, с годом, важен Вэнис-бич, просторная местность, атмосфера парилки.

Кайф вечного отдыха, вечного фланирования, вечных неспешных разговоров хозяина магазина спортинвентаря с седовласым атлетом, остановившимся пожать руку. И через сто лет здесь будет так. Запах марихуаны над асфальтовым променадом, просветленные лица святых старых хиппи, усохших индейцев, запах бобов от мексиканской забегаловки (никогда не научился варить бобы).

Передо мною был проигран тогда (ну хорошо, сойдемся на 1980 году...) один из вариантов судьбы. Остаться здесь, найти легкий job, не найти никакого job, писать в газету „Панорама” статьи Половцу по 40 долларов штука, бродить по Вэнис-бич, пока жена – официантка в мексиканской забегаловке – не очень утруждается. Идти с ней купаться. Курить марихуану, думать до дури об ацтеках, о Монтесуме, о грибе „пайот”, о вулкане Попокатепетль, произносить „Попокатепетль”, „Попокатепетль”, называть жену Кафи... а если выпьешь, „Катькой”.

Тогда, в феврале 1980-го (я отпраздновал свой день рождения в Лос-Анджелесе), судьба приоткрыла передо мной свой театральный тяжелый занавес и показала мне будущее. Жену Наташу Медведеву вперед срока. За два с половиной года вперед. Вот как это случилось.

Ресторан „Мишка”. Действующие лица и исполнители те же: Соколов, Цветков, Лимонов, Половец. Сидим в ресторане в отдельном зале на банкете. С нами еще два десятка людей. Время от времени дамы и господа встают и произносят тосты. Вдохновитель всего этого Половец. Подают шашлык. Хозяин ресторана Мишка – армянин, потому шашлык подается с толком. Дымно пахнет шашлыком – жженым уксусным мясом и жженым луком. Меня тоже заставляют говорить; я говорю, ведь заставляют. Табачный дым. Алкоголь. Самое время появиться женщине. Женщина на выход!

Банкет рассеивается, люди исчезают. Стоим у выхода, рядом с баром. Ждем: я, и Половец, и Соколов. Следовательно, ждем Цветкова, тот, хромая, отошел отлить в туалет. Из зала, противоположного тому, где происходит наш банкет, выходит высокая, стройная девушка, юбка до колен, шелковая блузка, длинные рыжие волосы, резкие движения. Всплеск юбки, всплеск волос. Подходит к бару: протягивает бармену широкий с толстым дном стакан. Бармен без слов доливает. Девушка берет стакан и подходит к стеклянной двери, задумчиво смотрит на освещенный Сансет-бульвар. Некоторое время стоит так. Не глядя на нас, уходит в тот зал, откуда появилась.

– Кто такая? – спрашиваю я Половца, не отрывая взгляда от решительной стройной фигуры, скрывающейся в табачном дыме.

– Наташа... Певица. Поет здесь.

– Хороша.

– Она не для тебя, Эдуард...

Я некоторое время обдумывал, что сказать.

Половец приходит на помощь:

– Хочу сказать, что она не нашего круга. С бандитами крутит.

– Ну, это еще не помеха, – говорю я.

И мы выходим из ресторана. На следующий день я улетаю в Нью-Йорк, у меня куплен обратный билет.

В октябре 1982 года именно Половец познакомит меня с Наташей здесь же, в ресторане „Мишка". И я, и он давно забыли о сцене у бара в 1980 году. Познакомившись, мы, конечно, прошлись по Вэнис-бич. Я ее пригласил."

Закрыв цитату, добавлю, что спустя несколько лет Наташа признавалась мне, что всегда мечтала жить в Париже. И жила, и хорошая семья сложилась с Эдиком, хотя, конечно, не без коллизий – ну, это Эдик сам описывал в книгах, не раз возвращаясь к теме. А Наташа работала в хороших ресторанах – пела, пока какой-то шизофреник не изуродовал ей лицо, напав в фойе ресторана после очередного ее выступления.

Потом Наташа уехала из Парижа в Москву – ее стали печатать, приглашали выступить в клубах и клубиках, в светские (какими они представляются сегодняшним москвичам) салоны – со своими стихами тоже.

А потом – что было потом, об этом читатель уже знает... Славная она была девчонка, все, кто знал её, по сей день вспоминают добром Наташу. Царство ей небесное, разбитной компанейской девчонке, какой она всегда оставалась для своих – Наташке, поэтессе, певице, Наталье Медведевой.

1982–2006 гг.

Глава 14. Учиться свободе

Виктор Ерофеев

Сейчас я при встречах приветствую Виктора – "Привет, крёстный!". Поясняю – Виктор стал одним из двух рекомендовавших меня в Союз писателей Москвы. Другим был Городницкий. Не требуй традиция непременно двух рекомендаций, – одного, любого из них, хватало бы за глаза.

А в тот его приезд в Лос-Анджелес мы были подолгу вместе – на университетских семинарах, в поездках по городу, да и просто дома. О чем мы говорили? Темы приходили сами: иногда на них наводило уличное происшествие, случайными свидетелями которого мы становились. Это мог быть отрывок разговора, подслушанного в супермаркете... Иногда – статья в последнем выпуске "Московских новостей".

В чем-то мы с Виктором соглашались, в чем-то – нет, и, бывало, спорили. Но всё же больше – мы расспрашивали один другого. И тогда, по общему согласию, мы включали магнитофон: Виктор преследовал свою писательскую цель, я – свою.

И потом, потратив несколько часов на прослушивание этих записей, мы разделили пленки на две, примерно равные, части: одну из них Виктор увез в Москву, другую я оставил у себя.

Из историй издательских, и другое...

– Помню, гостивший в Лос-Анджелесе Окуджава с большим энтузиазмом рассказывал в компании наших друзей, собравшихся у меня дома, о подготовке к созданию издательского кооператива. "Вот там-то, – говорил он, – мы будем печатать и того, и эту...". Тема, Виктор, как ты понимаешь, мне очень близка, и я задавал ему вопрос за вопросом. Например, я спрашивал: "А где вы будете брать бумагу? И кто будет продавать книги?" – "Ну, – отвечал он, – над этим мы работаем, главное, что уже можно..." И вот недавно выясняется, что на самом деле совсем "не можно"... Так ли это? – обращался я к Ерофееву.

– В общем – да. Сегодня кооперативных издательств просто не существует. Была попытка их организовать, но она провалилась, просто потому, что им всем было отказано... Пока, во всяком случае... Так же, как было отказано и кинокооперативам. То есть монополию на печатное слово разрушить пока что не удается.

Шел год 1988-й...

– Надо сказать, – рассказывал тогда Виктор, – что идет большая дифференциация журналов, газет и книжных издательств – среди которых есть более смелые и менее смелые. Вот, например, смело действует "Московский рабочий" – там сейчас издают книжечку рассказов, название которой будет соответствовать напечатанному в твоей "Панораме" рассказу "Тело Анны, или конец русского авангарда".

И знаешь, это очень любопытная идея: издательство собрало общественный совет, в него вошли наши независимые критики, поэты, писатели – Алла Латынина, Алеша Парщиков, Таня Толстая, Женя Попов – в общем, люди достаточно самостоятельные. И они предложили издать целую серию небольших книг. Они выбрали авторов, но не из своего состава – причем отбирали не тексты, просто имена. И вот моя книга выходит первой или второй по счету в этой серии.

Ну, и возникают какие-то общественные издательства – они и не кооперативные, и не государственные... на базе новых общественных организаций – хотел и я с Таней Толстой – помнишь, я тебе рассказывал в прошлом году – создать издательство... мы не натолкнулись ни на одно "нет", но я просто не располагаю для этого временем, этому надо бы было посвящать всего себя. Поэтому у нас ничего не получилось.

Получилось, у одного из первых! – это я написал в 2005-м. На то он Ерофеев. «Лежит в его издательстве и мой сборничек на полтыщи страниц – обещают, вот-вот... Дай-то Бог» – завершал я тот текст. Не один, а два моих сборника издала «Зебра» – так, почему-то назвал Виктор своё издательство. И когда я на встрече в Союзе русских писателей Израиля показал один

из них, к тому году уже увидевший свет, – «О-о-о – «Зебра»!..
– пронеслось почтительное за большим круглым столом, где
заседало правление Союза.

А тогда Виктор говорил:

– Знаешь, все чаще и здесь, и у вас высказывается мысль:
сложись подобная ситуация лет десять-пятнадцать назад,
многие из тех, чьи произведения составили сегодняшний
день зарубежной русской литературы, не уехали бы, они
оставались бы там... Ну, разве что, сделали бы кому-то из них
мерзость – плюнул бы он на все и поехал бы поработать год-
другой где-нибудь в Каталонии...

И еще раз скажу – это вовсе не значит пока, что у нас есть
гарантированное будущее. Да и сейчас не всегда всё гладко:
вот Пригов тебе, наверное, расказывал – там была борьба за
разрешение, выезжал он в первый раз. Но победили ведь! Но
все может закрыться в любой день. И наши с тобой приятные
беседы могут оказаться последними... А может быть – первыми в ряду еще многих таких. И пока у меня нет никаких
оснований сказать, как это будет – так или иначе...

Пока, слава Богу – не оказалось…

Пока?

Но тогда, в далеком 89-м, Виктор говорил:

– Моя точка зрения не очень популярна в СССР, но
единственной гарантией предотвращения в моей стране
рецидивов её трагической истории я считаю создание много-
партийной системы.

Не комментируя дела российские сегодня, просто про-
должу пересказ сказанного Виктором тогда в ответ на мою
реплику о ставших доступными массовому читателю книгах,
еще недавно бывших в России под запретом:

– Дело не только в этих книгах, которые безусловно играют
свою роль, но и в тех которые сейчас у нас начинают выходить
в государственных издательствах: например вышла «Лолита»
тиражом 400 тысяч, с моим предисловием.

– Прости, – не сдержался я, – да нужны ли в России 400
тысяч «Лолит»!

– Вот видишь, – парировал Виктор, – ты уже заговорил с этаких американских консервативных позиций... Вначале мы предполагали издать ее стотысячным тиражом, но в издательство позвонили из Общества книголюбов и сказали, что дают нам бумагу, чтобы напечатать еще 300 тысяч.

– Как это, – поразился я, – Общество располагает своей бумагой и может предложить ее издательству?

– Да, сейчас так можно: общества имеют право покупать бумагу в оптовой продаже.

– И бумаги на всех хватает?

– Да нет, её никогда не хватало. Но сейчас, когда я непосредственно причастен к издательским делам, я вижу, что есть резервы, добыть бумагу всегда можно. Вот для издателства «Искусство» я готовлю огромный том сочинений Василия Розанова – в серии «Памятники эстетической мысли». Представить себе еще какое-то время назад, что такое произойдет, было просто невозможно. Для этой же серии я готовлю книгу Шестова – с моим предисловием и отбором текстов.

В издательстве «Правда» – вряд ли это имя нуждается в комментариях, – выходит полумиллионным тиражом тоже с моим предисловим «Мелкий бес» Сологуба. А еще три года назад, когда я предложил им эту книгу, мне ответили: это не наша книга. Потом они сами нашли меня и предложили готовить ее к изданию. Но ведь это произведение тоже очень сильно влияет на ментальность читателя, меняет её.

Потом Виктор перечислил названия книг, которые, по его словам, одна лучше другой, и среди них сборник философа Лосева «с потрясающими письмами из лагеря», четыре тома Набокова... «Видишь, – добавил он, – как меняется ситуация, и особенно пробивать ничего и не приходилось – я получал просьбу подготовить эти книги. Вот Аксенов числится во «врагах народа», а в 4-м номере «Юности» с трехмиллионым тиражом, публикуется интервью с ним...

Так он из «плохого» превращается во вроде бы приемлемого... Напечатан, как ты знаешь, Войнович. Со скандалом, но напечатали «Жить не по лжи» Солженицына. Я даже не знаю, кто у них сейчас «плохой»... Разве что остался Максимов. Мне кажется, ситуация пременилась даже с прошлого августа, за то время, что мы с тобой не виделись. Сейчас просто боятся быть нелиберальными!...

И еще есть определенный отряд писателей, сильно пострадавших от перемен – люди официозного лагеря, они потеряли читателя. Издательства увиливают от публикации их сочинений огромными тиражами, к котрым они привыкли. Это Бондарев и Проскурин какой-нибудь, – Виктор перечислил несколько имен в ответ на мою просьбу. – Сколько их там... они сейчас в оппозиции. Я читал их манифесты, написанные почти славянской вязью, все они теперь перекрашиваются в националистов и, по-видимому, будут защищать «устои русского народа», дружить с «Памятью».

Но то, что они находятся в оппозиции, совсем не значит, что вся ситуация стала либеральной. Есть еще определенные институты, определенные точки, которые действительно законсервированы. Как изменить, например Союз писателей, на 90 процентов набранный в брежневские и добрежневские времена из числа, порой, халтурщиков – демократическим путем это сделать невозможно.

– Я недавно читал стенограмму писательского съезда – как там катали Карпова! – заметил я. – Хотя, ведь и раньше бывало разрешали частные типографии, пользовавшиеся почти вседозволенностью – вспомним недолгий период НЭПа.

– Ну да... хотя всё же в кавычках «вседозволенностью», потому что не полной: «Миросозерцание» Достоевского запретили, Бердяева в 22-м запретили – философские книги «резали» сразу же со страшной силой. А партийное решение о борьбе с Ахматовой и Есениным – это 25-й год. Слава Богу, выслали в 21 и 22-м годах за границу 161 философа – это еще вроде был либерализм. Я специально занимался этим периодом и вскоре у меня будет семинар в «Литгазете» по Замятину. Фактически всё из литературы 20-х годов, что хотели напечатать, уже издано. В «Иностранке» идет вообще никогда раньше у нас не издававшийся маркиз де Кюстин – недавно я написал большое эссе о нём «Клеветник России, или Долгий путь к застою»...

– Сейчас возник и набирает силу процесс в двух направлениях – эмигрантские писатели хотят вернуть себе российскую читательскую аудиторию, и напротив, – участились приезды сюда советских писателей, и уже реже упрекают первых «хождением в Каноссу», с покаянием, то есть, и вторым – не устраивают здесь обструкцию, как бывало с гастролями актеров из СССР. В этой связи хочу спросить тебя – что тебе в плане профессиональном, да и просто человеческом, принесла Америка?

– Я чувствую себя просто счастливым человеком, – почти не дослушав, прервал меня Виктор, – потому что получил возможность общения на достаточно высоком уровне с американскими издателями и университетской аудиторией. У меня появилось много коллег, с которыми установились замечательные, и даже порой дружеские отношения по всей Америке – здесь в Калифорнии, в Нью-Йорке, Вашингтоне... Сейчас складывается так, что американцы сами приглашают тех, кого они хотят видеть и тех, кто, слава Богу, приезжает.

Ну и, суммируя мои впечатления от поездки: Америка, конечно же, великая страна – с таким ощущением я уехал отсюда в первый раз, и хорошо ведь, что появилась возможность посещать её снова. Если говорить серьезно о предложениях, которые я получил, о них может только мечтать большинство американских писателей...

Я же чувствую себя изменившимся – после моего первого приезда, и особенно сейчас. Америка помогла мне лучше понять самого себя – на фоне неисчерпаемого многообразия культурной жизни, политического плюрализма.

А главное, – в связи с моим американским опытом, – хоть то, что я сейчас скажу, может звучать банально: Америка учит свободе.

Весна 1998 г. – Октябрь 2010 г.

Глава 15. Мы имеем тот литературный процесс, который мы имеем...

Илюше Суслову, другу моему,
к его юбилею.

Вместо вступления

Название это пришло после того, как я поставил последнюю точку в конце предлагаемого вниманию читателя текста.

Но сначала – вот о чем. Совсем недавно попалась мне на глаза заметка в "Литературной газете", всего четыре строчки, набранные крохотными буковками: «В соответствии с уставом Международного литературного фонда... бюро освободило от обязанностей председателя МЛФ Юрия Полякова и утвердило исполняющим обязанности председателя МЛФ Ф. Ф. Кузнецова». Ну и что, – скажет непосвященный читатель: одного освободили, другого назначили – должность выборная, не век же ее занимать. Так-то так, а сведущего эти три идущие подряд "Ф" – ...Ф Ф.Ф. Кузнецов – не могут не смутить...

Трех месяцев не прошло со дня нашей беседы с Поляковым, главным редактором "Литературной газеты", и вот – эта заметка. О газете и о ее редакторе – ниже. Собственно, именно это я собирался рассказать. А вот Ф.Ф.Кузнецов – фигура, так сказать, отдельная – гонитель неофициального альманаха "Метрополь" и его авторов, ксенофоб и антисемит... И теперь он возглавит в России Международный Литфонд. Только и остается повторить за классиком: "...неладно что-то в Датском королевстве".

Знаете, честное слово, я после каждого визита в Москву все чаще начинаю чувствовать себя специалистом по тамошним творческим фондам. Рассказывал я совсем недавно о фонде российских кинематографистов, о конфликтной ситуации, затеянной его руководителями. Там делят недвижимость – здесь, оказывается, тоже. В том и в другом фондах она сложилась, как наследство советских времен, когда власть не скупилась на вливания в культуру – в кино, в литературу, в театр и т.п. – такую, какой она хотела ее видеть.

Отдавались старинные особняки штабам творческих союзов, строились жилые дома, дома отдыха и просто дачные поселки. Хотя не просто – вот, к примеру, что досталось писательским союзам – только в Москве и Подмосковье: Переделкино с Домом творчества и арендуемыми дачами, а также Малеевка, Голицинский дом творчества, Внуковский дом тввочества, поликлиника, детский сад. Но и на территориях других республик дома творчества – в Коктебеле, в Ялте, в Дубултах, в Пицунде...

Не то теперь. Теперь – самое время успеть прибрать к рукам, что еще не прибрано. Но все же, сегодня – о писательских союзах: Московский и Российский литфонды практически потеряли Внуково, Голицино, Малеевку. Голицинский дом творчества отошел "на долгосрочную аренду" и ушел от писателей, Малеевка недавно продана. Поликлиника? – в результате разного рода трансформаций тоже "ушла" и, говорят, за немалые деньги. Писателей в ней принимают – но задорого. Детский сад вот-вот тоже отторгнут: на его месте планируется стройка "элитного" жилого дома. Коктебель, Ялта, Дубулты – уже заграница.

Итак, процесс "прихватизации" (этот термин я впервые услышал лет десять назад в беседе с академиком Георгием Арбатовым) продолжается.

И выходит, что писатели, а правильнее сказать – члены союзов писателей (союзов теперь несколько) – тратят свое драгоценное время не на создание нетленных произведений, способных украсить мировой фонд литературы – чему и должен был бы содействовать Международный литературный фонд. Куда там! В нескольких словах попытаюсь описать ситуацию.

Некогда, а точнее, с 1991 года, после развала СССР, МЛФ возглавлялся Владимиром Огневым. С сентября прошлого года им руководит известная поэтесса Римма Казакова. Она – председатель президиума фонда. Ее предшественник был освобожден, можно выразиться, "из-за серьезных финансовых осложнений". Поясним: Огнев арендовал дачу в писательском поселке Переделкино. Вокруг него сгруппировались такие же, как он, "арендаторы", соблазненные возможностью приватизировать свои дачи – то есть сделать их по-настоящему своими.

Да и плохо ли? – стоимость земли и строений там сегодня выражается в числах со многими нулями – разумеется, в условных единицах – так стыдливо именуют в России наш доллар. Говорят, численность писателей в населении Переделкина упала с когдатошних ста процентов (или почти ста) до половины, а то и меньше. Зато какие особняки, упрятанные за глухими заборами, там построились в эти годы! И продолжают строиться – в чем убеждаюсь с каждым туда приездом. Писателям же, еще недавно имевшим надежду провести там лето-другое, сегодня не светит солнышко.

Так вот, сторонники Огнева, сместив его, выбрали свой – второй (!) президиум. Альтернативный. И теперь уже год идут судебные разбирательства – какой президиум законнее. Дело рассматривается в двух московских судах – одновременно! Ну не расцвет ли демократии? Один из них, следуя логике, поддерживает "казаковский". Другой же, естественно, – "огневский". Самое время вспомнить, что пришедший на смену Огневу, после двух лет председательства, новый председатель Юрий Поляков сложил с себя полномочия. Что и сообщалось в заметке...

Это к нему спешил я на встречу в один из июньских дней минувшего лета. Но тогда я многого не знал. Да и теперь видна нам лишь верхушка айсберга – а интересоваться глубже особой нужды не вижу. Ни мне, ни вам, дорогой читатель, дачей в Переделкино не владеть, да и зачем бы... Хватит, однако, об этом.

* * *

А вот о чем рассказать хотелось бы. В одном из недавних выпусков "Вестника" помещен полемический материал по поводу вероятного плагиата, совершенного в свое время Михаилом Шолоховым. Мне, если честно, эта тема безразлична. И результат дискуссии мне, как выражаются острословы, "без разницы". Признаюсь: я "Тихий Дон", да и другое, приписываемое перу Шолохова (за исключением одного-двух рассказов), не считал, а сейчас и тем более, не считаю классикой, шедеврами мировой литературы, в чем, может, я и не прав. И, может, был прав Нобелевский комитет, отметивший Шолохова премией (или, на самом деле, возможно, кого-то еще) – какое это сегодня имеет значение?

Ну, сохраняется повод дотошным литературоведам скрестить перья в научной дискуссии, партийным (неважно, каким партиям принадлежащим) публицистам обличить противную сторону во всех возможных и невозможных грехах. Восстановление справедливости? Опять же, возможно. Только в любом случае автора «Тихого Дона» – мнимого, настоящего ли, скорее всего, в живых сегодня нет. А так – ну, любопытно: да, еще одна мистификация, мало что значащая на фоне глобальной мистификации, коей являлся сам строй в стране той поры.

Я бы не стал упоминать этот полемический текст, но, знакомясь с ним, я особо отметил про себя замечание автора, брошенное как бы вскользь, в адрес "Литературной газеты": "... увы, "ЛГ" уже совсем не та, которую мы помним".

Конечно, не та. И что значит – "та"? Она и не может по определению быть той, которую редактировал ныне покойный Чаковский, и даже той, которую еще пару лет назад вел бывший "крокодилец" Лев Гущин. А сегодня у нее другой редактор, но и другой, позволю себе сказать – хозяин, частный издательский дом. Да, именно хозяин – в прямом, "капиталистическом", смысле. Кто бы, еще недавно, осмелился назвать вслух "хозяином" газеты Отдел пропаганды ЦК КПСС, звонка из которого пуще смерти боялся Александр Борисович Чаковский (как и его предшественники советской поры), редактировавший "Литературку".

Я и дальше, с разрешения читателя, буду так называть "Литературную газету" – в этом сокращении сохраняется не пренебрежение, но пиетет, дружеская расположенность, какие питала к ней подсоветская интеллигенция 60-х и "предперестроечных" годов. Газета, и правда, казалась другом, который иногда и вдруг может сказать что-то такое, пусть аллегорически, эвфемизмом, о чем не всегда и не всякому на своей кухоньке скажешь. А какие там работали журналисты!

О той поре красочно рассказывает мой добрый друг Илья Суслов, отслуживший в "Литературке" многие годы, вплоть до самой эмиграции, состоявшейся почти тридцать лет назад. Для него-то газета уж точно сегодня не "та". Ну и что? Возможно ли, да и должно ли сохраниться газете "той", когда вокруг все рушится, когда меняется весь уклад жизни. А разве читатель газеты – "тот"? Ведь было время, когда подписка на "Литературку" была отличительным признаком человека определенного круга – и значит, изначально интеллигентного, причем мыслящего критически и неординарно.

Чистые пруды и окрестности

А что сегодня? Вступление явно затянулось, но оно самым непосредственным образом относится к тому, о чем я собираюсь рассказать.

В редакции "Литературки", которая давно переехала с Цветного бульвара в район Чистых прудов, я в последние приезды бываю часто.

Так вот. В сегодняшней "Литературке" у меня образовался новый круг знакомств.

Да и вообще интересно было просто побродить по комнатам редакции – с кем-то из ее нынешних сотрудников у меня был случай познакомиться в ЦДЛ (в Центральном Доме Литераторов – редко произносят это полностью) на презентации чьей-то книги, ритуально завершившейся в "нижнем", наиболее доступном по нынешним ценам, буфете. Милейшие люди – литератор, публицист, критик, поэт... Они познакомили меня с Игорем Гамаюновым – он ведает в «ЛГ» отделом публицистики и общественной жизни. Его предложение мне вести в газете рубрику «Наш человек в Калифорнии» – наподобие существующих «Наш человек в Германии» и где-то еще – я вежливо отклонил по причинам, которые станут понятны из дальнейшего текста этих заметок. И, наконец, меня познакомили с нынешним редактором газеты – Юрием Поляковым.

Договориться о встрече с ним оказалось не сложно. Согласитесь, объяснимо желание познакомиться с успешным писателем, лауреатом многих литературных премий, альтернативным президентом Международного литфонда, принявшим на себя не во всем благодарный (сужу по собственному опыту) труд редактора еженедельника, Юрием Поляковым. А «Международный» фонд – это тот, что объединил литфонды бывших советских республик, – в его собственности, в частности, Переделкино с Домом творчества и дачами...

Нашей встрече с Поляковым предшествовала публикация в «Литературке» моих заметок – в них я полемизировал со статьей порочащей эмиграцию из России, о чём уже было выше в «Заметках по поводу». Её инициаторами из газеты предполагалась устроить нечто вроде «интервью» главреда для зарубежной русской прессы. Прощаясь же, Поляков заметил – "Ну, и кто кого сегодня интервьюировал?". Но ведь я сразу признался, что "брать интервью" у него не стану, а рассчитываю просто на беседу. Против чего Поляков, вроде, не возражал. А еще скопились у меня к нему вопросы, и не последний из них – касающийся судьбы моего текста, предложенного "Литературке" и опубликованного в ней около полугода назад. Казалось бы – чего еще желать автору. А желать было чего. Хотя, лучше об этом ниже.

Мне рассказывали наши с ним общие знакомые, знавшие о предстоящей встрече: начинал Поляков как талантливый поэт и прозаик, был при этом комсомольским вожаком, но и лидером либеральных сегментов общественного движения в последние советские годы. И там, и там был успешен. А сейчас? Подаренную им книгу, вышедшую сравнительно недавно, я прочитал сразу – сочная проза, и вот, уже вернувшись домой, жду случая взять в руки и другие, а они выходят постоянно. Вот и причина, подсказавшая первый вопрос: «Как это вам удается – вести газету, многостраничную, и при этом не оставить писательского занятия?»

– А так, – не задержался с ответом Поляков, – не писать не могу. Конечно, это происходит за счет чего-то, что делать не успеваю: иногда, и даже чаще всего – за счет отдыха.

Дело знакомое...

Что лучше расскажет о моем собеседнике, помимо его книг, как не газета, которую он редактирует. Русская газета для читателя и сегодня, перефразируя Евтушенко, остается "больше, чем газета". Что есть не всегда хорошо: нравы нынешней российской прессы не назовешь салонными или даже просто умеренными. Я сейчас не говорю об изданиях бульварных (они сегодня там в большинстве) – таблоиды, чаще еженедельные – нередко на грани порно, они-то и самые многотиражные, самые востребованные. "Экспресс газета", "Мегаполис-Экспресс" и, кажется, просто "Экспресс". Кстати, бренд "Московский комсомолец" не мешает газете находиться в том же ряду, причем в фарватере этой флотилии.

Левая, правая где сторона...

"Литературная газета" – тоже бренд, да еще какой. А какой? – задал я себе вопрос, пролистав страницы (а иные успев внимательно прочитать перед нашей встречей с Поляковым) последних выпусков газеты. Превосходные материалы в разделе "Наука", публицистика, сталкивающая полярно различные точки зрения авторов – здесь весь спектр общественной мысли.

– Прекрасно, пусть спорят, так и должно быть! – заметил по этому поводу Поляков, – главное, чтобы, не переходя на личности, – здесь мы храним грань, которую не позволено перейти тем, кто бывает чрезмерно увлечен возникшим спором. Будь то случайный автор или (и тем более) наш сотрудник.

При этих словах я чуть не подпрыгнул: ведь это слово в слово было декларировано в самом первом выпуске

"Панорамы", еще тогда – больше 20 лет назад. Правда, тогда я оговорился, что мы готовы принять к публикации материал, содержащий любую точку зрения, если только она не коммунистическая или фашистская.

А что "Литературка" сегодня?

В тех ее выпусках, с которыми я успел ознакомиться, мне не попалось откровенной ругани, хотя полемические тексты, показалось мне, порой выглядят в газете достаточно раскованными. Это относится как к текстам, авторы которых исповедуют полный нигилизм по отношению к десятилетиям подсоветского существования страны, так и к их оппонентам – апологетам той поры. Мне показалось, что к последним – чаще. Словом, трудно было не заметить определенный крен "вправо", к т.н. нацпатриотам, о чем мне и говорили знакомые. Хотя, кто сегодня разберет, где в России "право" и где "лево".

– Не потому ли так происходит, что сотрудники редакции отбирают материалы, идя навстречу аудитории сегодняшней "Литературки"? – спросил я Полякова. И еще я спросил его:
– Вот принято говорить – "редакционная политика". Бывает, взглянешь на полосы газеты, на экран телевизора – многое становится ясным. Не является ли редакционная политика "Литературки" отражением взглядов ее главного редактора, ее издателя? Вообще-то, понятно, когда есть точка зрения издателя, редактора или обозревателя – и их статьи подписаны авторами. А, кстати, существует ли в вашей газете, условно говоря, цензура – идеологические рамки, которых авторы обязаны придерживаться?

– Я привык, не могу сказать к "вседозволенности", но повторю – всегда существуют какие-то грани, которые нельзя преступить. Но при этом мы позволяем высказаться авторам, придерживающимся крайних взглядов: хотите спорить – спорьте, мы никому не навязывали – читателю остается судить, где правда и кто прав... Может, как раз в этом причина устойчивости газеты и ее успех – мы доверяем читателю, уважаем его, и он это чувствует.

– И все же – где они в «ЛГ», эти грани? И кем они установлены?

– Ну-у-у... – помедлил Поляков, – цензуры сейчас, как известно, нет... Есть газеты, которые являются политическим инструментом каких-то экономических блоков. В свое время газета стала собственностью коллектива редакции, потом – при прежних редакторах – коллектив продал свои акции "Менатепу" (название банка – А.П.), и, в конце концов, основной пакет принадлежит крупной корпорации, а 25 процентов принадлежат правительству Москвы. Надо сказать, что с акционерами нам повезло: они абсолютно не вмешиваются в политику газеты. Естественно, мы соблюдаем определенную корпоративную этику: это неизбежно, но действительно наши акционеры дают возможность развиваться коллективу.

Что же касается редакционной политики и ограничений при ее претворении в жизнь, замечу следующее: одно время у тех же акционеров "Литературка" стояла на крайних либеральных, так сказать, позициях. Потом, после того как два года назад я пришел в газету, некоторые сотрудники редакции уволились. Основной же коллектив, его состав остался неизменным: у нас сейчас работают такие, скажем, "легенды", как Игорь Гамаюнов, он ведет отдел "Общество", и сам продолжает печататься.

Газета же довольно серьезно изменила свой курс. Потребность в этом была вызвана тем, что в свободной России стало очень много несвободных изданий – в силу внутренней ангажированности или в силу внешней – читатель к 2000 году испытывал очень серьезный недостаток в реальной свободе слова. Телевидение наше сегодня вообще насквозь тенденциозно, газеты, как правило, тоже дают только одну точку зрения – и здесь мы не изобрели никакого велосипеда, оставив в неприкосновенности экспертов, авторов и писателей, которые исповедуют либеральные взгляды. Но зато пришли и те, кого раньше в "ЛГ" не печатали.

– Вот вы повторяете "мы"... "Мы" – это кто? Главный редактор, или группа людей, которые с ним во всем согласны?

Или все же – не во всем? – вернулся я к теме: кем и как формируется редакционная политика его газеты.

– Мы – это коллектив. Естественно, я пришел со своей программой. Но эта программа была радостно воспринята всеми сотрудниками, за исключением нескольких человек, которым настолько дороги их либеральные ценности, что они ушли, а коллектив давно уже устал от огромного информационного духовного массива, который определял – то, что можно, и то, что нельзя. От этого мы отказались. И у газеты сразу пошел вверх тираж, и материальное наше положение улучшилось.

– То есть газета одновременно может быть и для левых, и для правых? – спросил я Полякова. – Так, кто же он сегодня, ваш читатель?

– Наша газета ни для кого! Наша задача дать читателю, по возможности, объективную и полную картину.

И еще я спросил Полякова:

– Название "Литературная" все же обязывает – мне показалось, что собственно литература, во всяком случае, в тех выпусках, что я успел посмотреть, занимает, ну, процентов тридцать... Остальное же – общественные и политические тексты, полемические, так что же, "ЛГ" сегодня – как и "Московский комсомолец", "Комсомольская правда" – просто сохраняемый бренд?

– Нет, зачем же: точно так же, как "Московский комсомолец" никогда не писал только о комсомоле, а я как литератор дебютировал именно в этой газете, – точно так же "ЛГ" никогда не была чисто литературной. Тогда существовало четкое разделение – на литературную часть и нелитературную – она всегда была общественно-политической.

История – наука специфическая

– Я знаю, что вы начинали как литератор, и продолжаете им оставаться... Но одновременно вы активно занимались и общественной, и политической деятельностью.

– К сегодняшнему дню это не имеет никакого отношения... Кстати, в процентном отношении после того, как я пришел в газету, литературных материалов стало больше, а политика – так ведь газета всегда была политизирована. Ну, а кто у нас тогда не был ангажирован? "ЛГ", кстати, сделала довольно много для пробуждения, скажем, свободолюбивых настроений в обществе.

Вопрос не в том, что было тогда, и что сейчас. На какие-то противопоставляемые периоды историю страны мы не делим – и в этом основная позиция "ЛГ". Что же касается оценки советского, минувшего периода, так ведь периоды идеологического давления – они были везде, и в Америке тоже. Правда, там это не приняло такие формы в силу специфики истории. Вот поэтому у нас нет того, что есть во многих либеральных изданиях – которые пытаются представить весь советский период одним мрачным таким периодом.

Это тем более несправедливо, потому что многие слои населения, довольно большие, стали жить гораздо хуже, и для них советский период был периодом стабильности и определенного благосостояния. Им никогда не объяснишь, что они были неправы в этом своем благосостоянии, лишь потому, что у некоторых диссидентов был конфликт с советской властью – а они, эти люди, они жили своей жизнью. Поэтому мы и стараемся отойти от мифа – мол, все прошлое плохо, и пытаемся все-таки дать взгляд и на ту эпоху сбалансированным, и давать слово всем.

Ближе к концу беседы мы еще вернемся к этой теме. А сейчас я задал вопрос, могущий смутить многих нынешних руководителей когда-то популярных российских периодических изданий. Но я его задал:

– Сегодняшний тираж "Литературки" многократно ниже былого – так может, причина этому как раз в курсе, которого придерживается сейчас ваше издание, в его "поправлении"?

Поляков оставался невозмутимым:

– Да, тираж сейчас не тот, что был, но ведь падение нашего тиража абсолютно сопоставимо с падением тиража всех крупных изданий. Скажем, у нас сейчас тираж 78 тысяч, у

"Известий" – 230 тысяч – так же соотносился трехмиллионный тираж "Литературки" советского периода с 10-миллионным тиражом "Известий".

Признаюсь, я остался собой доволен, оставив как бы без внимания замечание Полякова по поводу «идеологического давления» на прессу в Америке...

Когда деньги пахнут...

И теперь предложенный мной следующий вопрос выглядел уместно:

– За счет чего все же живет сегодня "ЛГ"? Коллектив редакции солидный, помещения недешевы, не говоря уже о типографии...

– Основные источники бюджета, который формируется у "Литературной газеты" сегодня: подписка, розница и реклама, – не задержался с ответом собеседник.

– Но ведь рекламы почти нет в газете – чем это объясняется? Скромной подпиской?

– На первом месте в доходах стоит все же розница, потом подписка. Что же касается рекламы, мы, зная, что наш читатель традиционно, главным образом, гуманитарно сориентирован, стараемся рекламу давать направленную, тематическую. Например, у нас печатается вкладыш "Наука" – это наш совместный проект с Академией наук, и мы за это получаем какие-то деньги. У нас есть и развлекательные рекламы. Коммерческой рекламы у нас действительно немного, хотя есть традиционная реклама "Аэрофлота". Не так много у нас в стране изданий, рассчитанных на эту среду, и поэтому реклама идет "целевая": мы если и не монополист в этом отношении, то один из них. Существует же огромное количество узко направленных изданий – медицинских, посвященных отдыху, международным услугам и т.д.

– А не случалось ли вам отказать по каким-то мотивам в приеме рекламы? Притом, что платной рекламы немного, такая роскошь была бы рискованна...

Задавая этот вопрос, я припомнил собственную практику – бывают же обстоятельства...

– Да, были такие случаи – от одной партии, не буду называть какой, мы рекламу не приняли. Это была такая, скажем, агрессивная реклама, где пытались очернить людей – и мы отказались от нее. Знаете, напечатаем такой материал за деньги, даже в качестве полемического – и мы встанем в череду этих "продающихся" изданий... «Нет, – говорим мы, – дорогие друзья!»

– И кто же решает в таких случаях, брать ли рекламу – вы лично?

– Зачем я? – есть же отдел рекламы...

– Но они советуются с вами, когда реклама носит спорный характер, и все же вы принимаете решение?

– Нет, это вопрос профессиональный – я доверяю больше нашим специалистам... У нас вообще очень профессиональные сотрудники, во всех службах. В первую очередь это, конечно, журналисты: вот мой первый заместитель, он долгие годы возглавлял газету "Неделя".

Этот тезис Полякова сомнения не вызвает – действительно, газету делают профессионалы.

Здесь я позволю себе небольшое отступление. Что касается практики службы рекламы – будь я знаком со статьей «Литературки», попавшей ко мне в руки уже по пути домой, в полете, – я бы задал вопрос Полякову: не лукавит ли он, говоря о принципиальном подходе сотрудников к приему платной рекламы? Во всяком случае, думать, что материал этот помещен в «Литературке» за большие деньги, мне было бы приятнее.

Поясню: на полной полосе приведена беседа с лицом, подозревавшимся в причастности к деятельности крупнейшей преступной группировки и задержанным в этой связи правоохранительными органами в Европе во время его зарубежной поездки. Отпустили его там – ну, и слава богу.

Не стану цитировать тезисы этой беседы – интересующихся отошлю к июньским выпускам «Литературки». Но этот текст, правда, не в первую очередь, наряду с некоторыми другими публикациями газеты, побудил меня вежливо отклонить предложение Гамаюнова стать «нашим человеком в Калифорнии» – о чем я сообщил ему электронным письмом уже из Лос-Анджелеса...

* * *

– И все же, возвращаясь к теме, – продолжил я, – в какой степени работа в газете отвлекает вас лично от писательства?

– Она не может не отвлекать – конечно, отвлекает! Но что я хочу сказать: во первых, я 15 лет просидел за письменным столом – с 1986 года по 2001 год, и я человек, который очень и очень неплохо зарабатывал при советской власти и после советской власти. Я человек, который умеет зарабатывать, сидя за письменным столом: прежде всего это самодисциплина, потому что проще всего расслабиться, когда ты не ходишь на работу. И вот с этим навыком, конечно, какие-то трудности возникли, но не роковые.

Уже работая в газете, я выпустил несколько повестей, написал несколько сценариев, для театра Ширвиндта ("Театра сатиры" – А.П.) написал новую пьесу – сейчас ее начинают репетировать... Для Говорухина написал пьесу, которую уже поставили, и т.д...

Просто остается меньше времени на отдых. Я нередко и из редакции материалы беру домой. Но, повторюсь, я в этом отношении очень доверяю сотрудникам, и если я с людьми работаю, то я им доверяю. Если мне заведующий отделом "Общество", например, говорит, что этот материал интересный и он нам годится, то я могу и не перечитывать за ним этот материал. Или, скажем, отдел литературы, но иногда, конечно, бывают случаи, когда я решение беру на себя...

Следующий вопрос я просто не мог не задать после знакомства с несколькими последними выпусками газеты:

– Вы ощущаете недостаток в хороших литературных материалах – по-вашему хороших? Ну, юмора, например?

Смех – дело не шуточное

Поляков, кажется, понял меня правильно.

– Это наша проблема, и обидно это прежде всего потому, что именно "Литературная газета" сформировала тип юмора

– смеховую культуру середины 60-х годов. Советский Союз двадцать пять лет смеялся по "литгазетовски", но сейчас мы не можем продолжать делать то же: смеховая культура изменилась, потому что изменилось общество, ну и так далее... И найти художественный эквивалент новой смеховой культуры мы пока не можем. А еще потому, может быть, что нет сегодня такого человека, каким был Веселовский... (Это с ним готовил Илья Суслов выпуски "Клуба 12 стульев" – последней, 16-й полосы газеты, но именно с нее мы всегда начинали читать "Литературку" – А.П.)

Здесь трудно было не согласиться с Поляковым, и вот почему. Я вспомнил вслух следующий эпизод: Арканов, один из старейших авторов "Литературки", недавно отмечал юбилей, причем дважды – в ЦДЛ, в присутствии широкой общественности, в Большом зале, и потом в Доме актера на Арбате, уже в узком кругу, который включил в себя десятка два-три друзей писателя, не забудем, видного юмориста. Стало быть, людей тоже не чуждых этому виду искусства.

И там, и там были представлены звезды современной российской эстрады... Не стану перечислять их имена. Естественно, каждый выступающий старался быть остроумным в меру сил и возможностей, поскольку регламент тостов установлен не был. И было понятно – чем вызваны проблемы нынешней 16-й полосы "Литературки". Я думаю, это и имел в виду Поляков, сетуя на кризис жанра. Именно кризис – так я его понял. И еще одна проблема, в чем мы оба согласились, – мало, почти нет поэзии, способной украсить полосы газеты.

– Да, – поддержал Поляков, – и эта проблема существует – мы сейчас пытаемся и ее поправить... Поэты наши разошлись по разным полюсам: на одном – экспериментальная поэзия, но этот эксперимент уже просто неинтересен, целая плеяда идет за Приговым... а на другом – традиционная гражданственная – так отошла к своему краю, что ее тоже уже неинтересно читать, потому что это уже зарифмованная газета. Взаимодействия между ними нет – ну, мы и имеем тот литературный процесс, который мы имеем.

Мы отслеживаем любое более-менее интересное имя, которое появляется, печатаем. Но так всегда ведь было! А возьмите "Чтец-декламатор" за 1907 й год, где напечатан тогдашний отбор – сливки, вроде, а сейчас читаешь и думаешь: боже мой! На Блока или Брюсова приходится такое количество никому не нужных имен. И ведь это предлагалось для чтения с эстрады...

– Только ли в этом дело? А нет ли у вас таких имен, – задал я вопрос, – упоминать которые сегодня в газете не следует?

– Видите ли, конечно, у меня есть свои политические симпатии и антипатии, но таких имен нет. Когда я был не связан с редактированием газеты, я, конечно, был свободнее в этом отношении.

– Если я правильно понял, вы определяете позицию своей газеты как центристскую, не так ли?

– Да, но, поверьте, это самая неудобная позиция: нас ругают не только в России... Например, в Америке нью-йоркская "Новое Русское Слово"... Или, скажем, прочитал я недавно совершенно странный, такой шизофренический материал, в другом американском издании...

Ну вот, подошел случай задать и этот вопрос:

– Надо же, я-то, было, подумал, что вы из корпоративной солидарности с "НРС" изъяли абзацы в опубликованном материале, в тех местах, где я критически отозвался о некоторых аспектах нынешней деятельности этой газеты.

– Нет, просто был большой объем. Никакой концепции там не было заложено: у меня люди и с либеральными взглядами работают прекрасно. Есть и сотрудники, настроенные державно-патриотически, есть люди, настроенные консервативно, – и это придает газете полифоническое звучание. Согласитесь, когда все в редакции единомышленники – не может быть серьезной полемики, а читателю полезно столкновение разных мнений.

...и так далее

К концу беседы я спросил редактора:

– Как вы себе представляете будущее "Литературки"?

Газета, на ваш взгляд, устоялась и не нуждается в каких-либо переменах?

– Могу сказать следующее: "Литературная газета" – это национальное достояние, она основана Пушкиным бог знает сколько лет назад, возобновлена Горьким, тоже уже бог знает сколько лет назад, и она будет всегда! Будут закрываться и открываться другие газеты – а эта будет жить. В плане ее судьбы с глобальной точки зрения, вечности, у меня сомнений никаких нет. На какой-то период жизненные пути наши – мой и газеты – совпали, потом они могут разойтись. Тогда, конечно, она может измениться: очень многое зависит от редактора.

Эту фразу я ждал, и Поляков ее произнес.

Дальше я молча слушал, и все, что говорил Поляков, я позволю себе привести здесь как его монолог:

– В заключение, я хотел бы сказать следующее, обращаясь к американским читателям "Литературки". Неоднократно приходили к нам письма, появлялись и статьи в американской печати, в которых присутствует очень частый пассаж: "Вот, мол, нам так нравились ваши повести – вы были настроены демократично и либерально, и вдруг при вас газета так изменилась, так "поправела...". Ну и так далее... Вот что можно на это ответить – поправел в нормальном смысле слова читатель. "Поправел" не так, как у нас сейчас в России это понимают.

И я хочу здесь поставить все точки над "i": дело в том, что писательствовать – это одно, а быть главным редактором – это другое. И задача главного редактора состоит в следующем: сделать так, чтобы его газета была интересна максимально большей части общества, а все наше общество – оно движется к центру. Оно очень сильно отошло от раннего либерального романтизма, который нанес России жуткий урон – он теперь будет восполняться десятилетиями. И в этом смысле "Литературная газета" просто отражает перемены, которые происходят, и отражает настроения в обществе – те, что и раньше были.

Но те, кто делал раньше "Литературную газету", делали вид, что просто нет таких настроений. А они есть, и в газете лишь перенесены из голов писателей на ее страницы. И тем, кто хочет понять, живя в отдалении, что сейчас происходит в России, в ее духовной сфере, в экономике, в политике, в культуре – им надо не злиться оттого, что они видят в газете имена, которые им, скажем, по какой-либо причине неприятны, например, потому что они в свой доэмиграционный период с этими людьми конфликтовали или исповедовали другие точки зрения.

Не возмущаться надо по этому поводу, а попытаться понять – почему именно эти люди сейчас завладевают общественным мнением – это не злой умысел Полякова! И если их имена появляются на страницах газеты, значит, они имеют вес в общественной жизни, значит к их мнению прислушиваются, и не только рядовые читатели, но власть предержащие – и им доводится отражать новую духовно-политическую реальность. Так что понять надо, а не сердиться оттого, что "ЛГ" сегодня не такая, какой была раньше, и какой им хотелось бы, чтобы она была.

* * *

Вот таким образом главный редактор "Литературки", не ведая того, прокомментировал тезис нашего автора, который я привел в начале этих заметок. Здесь, уважаемые читатели, я умолкаю – выводы вы сделаете сами.

Эпилог книги первой

Итак, терпеливый читатель, добравшийся до этих страниц, спрашивает себя – а почему всё же «БП»? Что это за БП? – поясню. Когда-то редакторы 16-й полосы «Литературки» известной как «Клуб 12 стульев», кажется, это был Ильюша Суслов, (или он вместе с Веселовским, какая разница?) – с подачи Розовского Марка основали забавную рубрику – «Роман века», а в ней из номера в номер печатался придуманный Розовским автор – «Евгений Сазонов». «Роман» назывался «Бурный Поток».

Текст был примерно такой: «Мария вышла на пригорок и пристально всмотрелась вдаль... (Продолжение – в следующем номере)». А через неделю было: «Она видела, как Семен бодро управлял трактором, распахивая целину». И следом – «Продолжение в следующем...» Ну, и так далее до бесконечости.

Танечка Кузовлева, с интересом принимающая мои литературные упражнения, как-то поинтересовалась: «Что это ты там пишешь так долго?» – «Да вот, – отвечаю, – роман века, «Бурный поток» называется». Посмеялись мы оба, а «Бурный поток» так и остался – «БП», став нашим паролем. Вот потому и «БП»: эти две буквы просто напрашивались в название – им они и стали.

А почему бы – нет?

Эти записки не есть затянувшийся пересказ собственной биографии их автора. Хотя и в этом – что дурного, но всё же.... Мемуар – да, может быть: потому что это, прежде всего, о людях, с которыми свела автора жизнь. И, конечно, – о времени, каким оно выдалось...

О чём бы, не попавшем на эти страницы, или ещё о ком бы автор здесь мог вспомнить? Ну, например, о встречах с Михаилом Шемякиным, с Гариком Каспаровым, с Андроном Кончаловским, с легендарным Олегом Лундстремом – в своё время пересказ бесед с ними стал достоянием читателя. Вернуться к этим текстам мы сумеем во второй книге трилогии, что, собственно, и вызвало сегодня её появление. Или вот, вспомнилось неожиданное знакомство с дочкой композитора Кальмана (да, да – тот самый, который «Сильва ты меня не любишь...») – оказалось, она живет по соседству и успела многое рассказать о своем замечательном отце...

Или о такой недолгой дружбе с Валерием Фридом – началась она неожиданно (он всё же жил там а ты – здесь, или, наоборот, кто знает, как сказать правильнее) и завершившейся совершенно мистически. Трогательно надписанная тебе его только что вышедшая книга, и переданная с кем-то попутно в Штаты, путешествовала с полгода, наконец попала к тебе в руки – и именно в этой самый день тебе звонят из Москвы – Фрид умер...

И как не вспомнить недолгое личное, но многолетнее «на расстоянии», знакомство, жаль, что не могу сказать «дружба», с Довлатовым. И всё же: как-то получаю я из Нью-Йорка бандерольку, адрес обратный – от Сережи, открываю, а там 12 (!) курительных трубок. И записка, воспроизвожу ее по памяти: «Мне, – писал Довлатов, – врачи запретили курить (не знаю, чего еще скоро запретят), а чтоб не пропадали зря – вот, пользуйте трубки, какие-то из них с барахолок, но, может, есть и приличные...». А совсем скоро – не стало Сергея.

Так случилось, что столпы русского театра Ширвиндт и Козаков, оба курящие трубки, оказались, каждый на свое шестидесятилетие, у автора дома – и оба получили по экспонату из этой коллекции. Курили ли они их, не знаю, при случае думал спросить, но уверен – сохранили их. Ширвиндта видел с дымящейся трубкой в зубах, кажется, с той самой. А Козакова теперь уже спросить не смогу...

А однажды к нам в редакцию привел самого Рудольфа Баршая его сын, и, конечно, тогда же «Панорама» напечатала на своих страницах рассказ музыканта – он и здесь, в книге второй, присутствует. Оказалось, выдающийся дирижер в России бывал только наездами – но и в Швейцарии, где он с супругой жил последние годы, подолгу не оставался – гастроли, гастроли, гастроли... Только и его уже нет. А разговор наш сохранился – вернемся мы и к нему в продолжении трилогии.

И как не упомянуть Михалкова-младшего, Никиту Сергеевича – ему мы как-то устроили в редакции дли-и-инную беседу с русско-американскими коллегами. Интересовали нас и творческие планы, и политические амбиции гостя. Очень интересно поговорили!

А Кашпировский! – он же трижды, кажется, живал в моём доме: хозяина не врачевал, но поговорили мы с ним вдосталь, и потом публикации пересказа наших разговоров пользовались если не успехом, то уж популярностью – это точно! И не только: однажды вечером я привел Анатолия Михайловича к знакомому художнику и, естественно, «на Кашпировского» там сразу же собрались еще человек десять.

Застолье сопровождалось анекдотами – о нём, о Кашпировском, а их тогда было входу больше, чем «про чукчу», и не все они были безобидны. Я с опаской посматривал на моего гостя, – а он смеялся громче всех. Умница потому что. С ним беседа – в книге третьей, рядом с пересказами историй, объяснение которым найти не просто, а то его и вовсе нет.

Или вот еще вспоминается, как с Шаргородским Лёвой мы условились встретиться в Риме, в самые последние дни эмиграции евреев из СССР, чтобы там поспрошать руководство американских организаций, причастных к приёму эмигрантов – почему всё кончается? И о том, что из этого вышло –страницы этой трилогии – книги Второй - вместили в себя немногое из того, что там было...

Да, там была замешана большая политика. И раз уж о политике – как здесь не упомянуть беседы с Георгием Арбатовым? Или с Владимиром Лукиным – тогда он служил послом России в США, и потом – теперь он уже один из ведущих думских политиков... А тогда, в первой беседе, тема-то как называлась в публикации: «Чем помочь России», – не слабо, да?

А Бережкова как не вспомнить, его рассказы при наших встречах? - эти тексты потом было многократно распечатаны здесь, в Штатах, но и в российских журналах. Еще бы: называлась та серия «...И тогда он сказал Сталину», - Валентин Михайлович много лет был личным переводчиком вождя – включена она, отчасти, и в это издание.

Ну, и совсем уже невероятные бывали встречи, например: привели однажды в редакцию Маршала Советского Союза – настоящего и последнего, теперь-то они все Российской Федерации маршалы, или как их там числят, – не уверен. А этот командовал группировкой советских войск в Германии, объединенными войсками стран Варшавского договора,

Генштабом СССР – уф.... Вроде не упустил ничего. Между прочим, оказался вполне свойский мужик, порассказал на десять
газетных страниц. Знакомство на другой день продолжилось
домашним обедом у общих друзей (Господи, – оказались и
такие здесь!).

Была совсем уже ностальгическая встреча – пришли к
нам пятеро ветеранов советского футбола, во главе с самим
Старостиным (!) – только болельщики, мои сверстники, –
поймут, каково было пожать ему руку...

Да и своих, то есть «американских», гостей в редакции
случилось предостаточно: вот, навестили как-то «Панораму»
руководители «Голоса Америки», вскоре после чего довелось
побывать и автору с ответным визитом в Вашингтоне – у них
на радиостанции, о чем я успел коротко рассказать выше.

А наши поездки – например, в Корею, где мы, группа журналистов, были приняты в штаб-квартире Муна его первым
заместителем полковником Паком – в советской прессе его
называли обер-шпионом мирового класса, наймитом ЦРУ
(кто знает, может, так оно и есть, ну и пусть – интересно же!).
Меня лично он вербовать не стал, за других не поручусь.

Это я перечислил только вспомнившееся сейчас, пока
пишу. В общем, всего не перескажешь... Да и не надо – остались
фотографии, они сами за себя говорят, достоверны, причем,
почти все – «жанровые», то есть не из фотоателье, а сделанные
нами же, большей частью аппаратом автора, почему у него и
сохраняются – несколько полок заняты этими альбомами.

И они здесь, в трилогии, не все, конечно, – главным
образом, на них запечатлены те, кто оказался упомянут на
страницах этих записок – для достоверности, так сказать.
И не из бахвальства – чего уж тут, хочу думать только, что
друзья-приятели тоже хранят эти фотографии и при случае
показывают их: вот, мол, смотрите, – мы тут с Половцем (или
у Половца в редакции, или у него дома). А нет – так и пусть...

Конечно же, случались и просто житейские коллизии,
никак не связанные с событиями выдающимися, или с кем-то,
чьё имя на слуху и здесь, и там – в России, в Европе. Что-то

там было грустно, что-то забавно, в общем, начать рассказывать – всего не уместить под одним переплетом. Вот уж точно, получился бы «роман века»...

Ну вот, чем, например, не история о том, как автор трижды не стал богатым в Соединенных Штатах Америки, и стало быть, этих историй было целых три. На них и отдохнем: если без подробностей – вот они.

Самая старая – нью-йоркская: тогда меня на выходе из недешевого шмоточного магазина остановил охранник, завел в какую-то подвальную каморку, где при участии нескольких сотрудников подвергли обыску. Не то чтобы совсем, до исподнего, – только «почти», но все же... Обидно. Что-то у них там зазвенело, или замигало на выходе – и я попал под унижение. Хорошо, что был не один, а с приятелем, актером. Он-то и стал, даже не предлагать, но требовать: вызываем немедленно полицию, составим протокол, будем их судить, и ты уже миллионер!

– Брось ты, говорю, они же извинились...

– Ну и дурак! – только и сказал мой приятель.

История вторая не очень давняя: уболтали меня друзья переместить пенсионные сбережения из банка, приносящего пусть скромные, но стабильные, несколько процентов – ровно столько, чтобы побороть инфляцию – ну и хорошо, посчитал я.

– Ты что! Ты же сам себя обкрадываешь, да посмотри, как растет биржа!

Сопротивлялся я долго, может, даже год, а потом сдался. Продолжать? В общем, нет теперь этих сбережений.

– Да и ладно, – рассуждаю я, – Бог дал, Бог и взял...

И, наконец, третья, самая свежая. Копченая рыба на прилавке выглядела фантастически вкусной, я и взял ее – штуку или две. Позвал гостей, приготовился угощать, к их приходу приготовил стол, открыл рыбу – а в ней вместо икры или, на худой конец, молоки... плесень! Ну просто вся белая изнутри. Беда, в общем. Засунул я ее подальше – надо бы при случае предупредить менеджера магазина – ведь отравится кто-то!

Эх, как же и ругала меня потом одна дама из ожидавшихся в гости:

– Всё, ты уже миллионер: потому что ты всё же съел рыбу, пришел к врачу (справку добудем, как ты чуть не умер), от врача – сразу к адвокату! Это же миллион! – это была её первая реакция, едва она узнала про плесень.

Миллиона я не заработал и в тот раз, зато менеджер магазина, прослезившись, и поняв, что зла я его магазину не ищу, принял (почти выхватил из рук) с благодарностью у меня пакет с рыбой, после чего торжественно подвел меня к рыбному прилавку и широким жестом предложил: выбирайте любую – в подарок! Я только попятился – еще?!

– Спасибо, не надо, просто уберите несвежую, вот и ладно, а мне – верните всё же деньги – не миллион, но так, – из принципа.

Получил я свои десять долларов и отложил их как залог будущего миллиона. Пока они лежат сохранные, пополняются помаленьку...

Так... кажется, послесловие затянулось непозволительно – то и дело вспоминается, что ещё не вошло в эти записки и что просится на их страницы. Включить бы и это – только тогда, понимаю, я никогда не поставлю здесь точку, а пора. Тем более, что на очереди их продолжение с участием в нем кого-то из числа упомянутых выше, но и тех, кто становился фигурантом публикаций "Панорамы", а бывало – и участником будней нашей редакции... после чего те дни и буднями-то называть можно очень условно.

И теперь – обещанное: некоторые фотографии – отобрались, главным образом, те, к каким сохранились автографы их фигурантов. Может, придет когда-то время и для остальных.

А пока – до свидания в Книге 2-й...

Портрет Шаляпина- дар
Анны Семеновны теперь в США.

Литературка», г.г. 50-е :
«Я путешественник – такая у меня профессия!» - Василий Захарченко
Фотография автора.

«Подхожу к кухонной помойке, в ней кто-то роется... да это Киршон!» - писа-
тель Андрей Алдан-Семенов, он только что выпущен из лагеря – амнистия...
Фотография автора.

Дни литературы в Болгарии, София 1980 г., на фото рядом с Булатом Окуджавой Татьяна Кузовлева, Юлия Друнина и Георгий Бакланов.

Нью-Йорк, в лофте у Славы Цукермана: пятилетие "Панорамы", на фото - слева-направо Марк Поповский, Вагрич Бахчанян, Александр Генис, Алексей Батчан, Катя Мечик, Петр Вайль, Лев Халиф.

В Русском Пен-центре: теперь здесь директор Алексей Симонов.

*Борис Сичкин всегда окружен друзьями: встреча Нового года в "Русском самоваре".
За столом слева от Сичкина: Тамара Нисневич, МаяАксенова, автор, в центре
Василий Аксенов, крайний слева Александр Журбин, за Журбиным Лев Нисневич.*

День памяти Булата в Переделкинском зале под открытым небом: слева-направо Б.Мессерер, Б.Ахмадулина, Ю.Ряшенцев, Ю.Карякин, А.Городницкий, крайний слева - автор.

Только раз бывает в жизни встреча... - строчка из романса очень кстати.

ВМЕСТО ПОСЛЕСЛОВИЯ

Алексей Гелейн,
Союз Писателей Москвы

Обладая талантом, надо стать эмигрантом

Размышления о прошлом и воспоминания о будущем по обе стороны границ.

В книгу не входишь – сбегаешь, как все мы по лестнице сбегали когда-то в детстве: стремительно, без оглядки, не глядя под ноги... Кто быстрей! Первыми – обступают запахи. Эвакуация. Запахи пустого города, товарного вагона-теплушки, самокруток, заваренного чая, немытого человеческого тела – запах беды.

Затем – звук. Тяжелые, густые шумы завода, на котором начальником цеха работал отец. Гомон бийского рынка и крик продавца, бьющего инвалида за недоплаченный рупь. Звук разделенности. Следом – вкус. Вкус патоки. Жмыха. Вкус тюри из водки и черного хлеба. Вкус арбузов и соевых батончиков. Вкус времени. А дальше – свет. Острый свет пестрых Красных Ворот и блатной Домниковки, приглушенный – «Бродвея» и Коктейль-Холла... И свет авторской любви, который выхватывает – из прошлого ли, настоящего ли – героев книги. Лица, лица, лица... Да какие!

Окуджава и Городницкий, Евтушенко и Лимонов, Сичкин и Крамаров, Шемякин и Халиф, Авторханов и Гладилин, Клинтон и Медведева, Довлатов и Битов, Коржавин и Ахмадуллина, Аксенов и Кунин, Вайль и Генис... И многие еще! С ними Александра Половца – литератора и профессионального издателя, автора восьми книг прозы, основателя русского издательства «Альманах» (США) и американского еженедельника на русском языке «Панорама», президента Всеамериканского культурного фонда имени Окуджавы – жизнь сводила по ту и эту сторону рубежа.

Рубеж пришелся на 76-й. Когда райкомовский партчиновник бросил ему в лицо уничижительно-высокомерное: «Свободен!», прозвучавшее как «Пошел вон!». Но – свободен?! Свободен! Внутренняя свобода автора и его героев и есть главное действующее лицо книги. Она определяет поступки, встречи, судьбы, жизнь… И именно она гонит и гонит нас вниз по лестнице воспоминаний, гонит в прошлое, даря восхитительное ощущение полета над ним.

Толстый пожилой майор в военкомате, куда Александр Половец перед отъездом пришел сдавать военный билет, искренне убеждал: «Хорошо, хорошо! Но сначала поезжай на пару недель на сборы с другими запасниками! А уж потом и сдашь!» После, когда билет был сдан, майор подошел к Половцу в коридоре: «А что, там правда хорошо? Лучше, чем здесь?..» Ответ нашелся много позже… Однажды Булат Окуджава вспомнил чье-то давнее четверостишие: «Обладая талантом,/ Не любимым в России,/ Надо стать эмигрантом,/ Чтоб вернуться мессией…» Услышавший его Александр Половец тут же пошутил: «Здесь лишние 2-я и 4-я строки. Смотри, как хорошо без них: «Обладая талантом… надо стать эмигрантом…» В этой книге все – эмигранты. Где бы они ни жили. Тогда ли, сейчас… В силу данного – каждому – таланта. Мессией же на родину не довелось вернуться никому.

«БП». Размышления о прошлом и «воспоминания о будущем», – две главные части этой увлекательной книги мемуаров Александра Половца. Но есть еще и письма: Рыбакова, Максимова, Довлатова, Владимова, Авторханова, Окуджавы… А есть множество удивительных, по-настоящему уникальных фотографий. На них те, с кем не раз доводилось встречаться автору: Клинтон и Горбачев, Шемякин и Окуджава, Некрасов и Саша Соколов, Битов и Лимонов, Буковский и Щаранский, Лундстрем и Алешковский, Синявский и Симон Визенталь…

Как-то так вышло, что все они эмигрировали в книгу

Александра Половца и зажили там своей жизнью, словно бы и не зависящей от воли автора… У этой жизни есть свой манящий звук, запах и вкус. И обжигающий свет – свет русской культуры и человеческого достоинства, свет искренности и любви. Сбегая из нашего нынешнего далека, из ненадежного – по точному определению Мандельштама – года в мир книги, вдруг обнаруживаешь себя поднимающимся – от страницы к странице – к этим высотам. И тут уже каждый шаг дается не так-то легко. Но труд этот – благодарный. И – ко времени. Его обязательно надо совершить читателю, чтобы сегодня уцелеть среди «окружающих огнем столетий».

Конец книги первой

Александр Половец

От издательства

В книги 1-ю и 2-ю включены материалы, впервые опубликованные в разные годы в периодике и в авторских сборниках. Во 2-м томе читатель встретит имена собеседников автора, определивших в немалой степени целую эпоху культурной и политической жизни нашего времени, и в их числе, например, переводчик Сталина В.Бережков, и директор Института США Г.Арбатов.

И автор, за чьими книгам, нелегально попадавшими в СССР, охотился Комитет Госбезопасности, а их читателям грозил немалый тюремный срок – это А.Авторханов.

И академик А.Федосеев бежавший во Франции, где он представлял свой институт на авиационной выставке в Орли.

И последний из живущих Маршал Советского Союза В.Куликов.

И гениальный Гарри Каспаров, оставивший шахматную доску ради борьбы за гражданские права и справедливость в стране, где он живет.

Беседы с многими из них, как и тексты разговоров автора с выдающимися музыкантами Р.Баршаем и О.Лундстремом, ушедшими из жизни срвсем недавно, неоднократно перепечатывались в российской и в американской периодике – иногда с согласия автора, а бывало - и без.

И наши современники писатели А.Алексин, Э.Лимонов и С.Соколов.

Режиссер М.Розовский, кинорежиссер А.Кончаловский, актеры Е.Коренева и Э.Баскин, художник М.Шемякин стали в числе других фигурантами этого издания.

Глава книги «Причины» посвящена беседам с людьми, чья деятельность вторгается в область не исследованного и наукой пока не познанного – эзотерики.

Тексты бесед, помещенные в Книгу 2-ю (главы 1-3) приведены в существенном сокращении. В последующих её главах представлены некоторые статьи и рецензии автора опубликованные в периодике последних нескольких лет.

Не вошли в это двухтомное собрание рассказы автора и о многих других встречах с его замечательными собеседниками, встречи с которыми лишь отчасти представлены здесь только фотоиллюстрациями.

Последние главы 2-й книги включили в себя некоторые статьи автора в периодических изданиях – рецензии на новые книги и театральные постановки.

Заключают 2-ю книгу письма автору фигурантов ряд её глав, чьим согласием на публикацию их корреспонденции в большинстве случаев автор успел заручиться.

Фотоиллюстрации к текстам книги «БП. Между прошлым и будущим», опубликованной в Москве («Зебра», 2008 г.) и сохраненные здесь в виде фотоальбома, составили лишь малую часть архива автора. Сегодня мы пытаемся восполнить этот пробел разделом «Патеон» и некоторыми фотографиями иллюстритующими содержание книг этого двухтомника.

www.ingramcontent.com/pod-product-compliance
Lightning Source LLC
Chambersburg PA
CBHW070931150426

42814CB00024B/99